平沼髙明先生追悼

医と法の課題と挑戦

有賀 徹　小賀野晶一　木ノ元直樹　黒木尚長　杉田雅彦　平沼直人 編

発行　民事法研究会

平沼髙明法律事務所会議室にて

平沼高明法律事務所執務室にて

はしがき

　平沼髙明(たかはる)先生と法曹、法学、医療、医学など、それぞれの分野、関係においてつながりの深い先生方が進んで参加し、先生を追悼する企画の1つとして本論文集は刊行されました。

　平沼髙明先生は1961年に弁護士登録をされ、医療過誤をはじめとして、弁護士賠償、税理士賠償、建築家賠償等の専門家責任保険事件、交通事件など多数の事件を処理されてきました。先生は弁護士としてのキャリアを徹底して追求し、法曹界を永年先導してこられました。

　先生は賠償科学の研究を進め、日本賠償科学会の発展に尽力されました。本学会は賠償・補償・保険に関する問題、医療に関する問題等について医と法から学際研究を行う団体として1982年に創立しました。先生は2003年7月に理事長に就任され、学会史に刻まれる功績を残されました。たとえば、本学会編『賠償科学概説』（民事法研究会）は2007年に出版され、ここでは賠償科学を学問として位置づけようとしています。本書は2013年、当時の理事長杉田雅彦先生のもとで『賠償科学〔改訂版〕——医学と法学の融合』（民事法研究会）として展開しています。

　先生は2001年に母校の中央大学から法学博士の学位を授与され、その論文『専門家責任保険の理論と実務』（信山社出版）は2002年に出版されています。本研究は、学問としては未開拓といえる専門家責任と専門家責任保険の分野を研究対象とし、弁護士実務の実践に基づいて学問として体系化されたものです。先生のご研究は法曹、保険実務、学界の各分野に展開、影響を及ぼし、その一部は2005年に古稀記念論文集（編集代表塩崎勤）『損害賠償法と責任保険の理論と実務』（信山社出版）としてまとめられています。先生は2009年、昭和大学から医学博士の学位を授与されました。こうして先生の研究の裾野は広がり、進化し、賠償科学は一層の発展を遂げることができました。

　先生はこの間、法曹教育や大学教育に尽力され、実質的な意味でのリーガルマインドの実践教育に結実しました。

はしがき

　先生のスタイルは、真実の追求、公正な紛争処理、弱者への配慮という点で確固とした信念があり、法学の基本となる論理と利益衡量のバランスにおいて、卓越した識見と技術をもっておられたように思います。在野精神と、しなやかでスケールの大きい発想は、私たち後進の者に大きな勇気を与えてくださっています。晩年、先生の知的関心は法や医の枠を超え、宗教、哲学、芸術などに及び、人間の生老病死に深い関心をもたれたように思われます。ご一緒された方々にはそれぞれに感慨があるものと拝察します。

　民法学は近年、理論の分析化が一層加速し、とりわけ不法行為法の理論は一部に実務との乖離が目立ちます。しかし、それがいかに精緻であっても部分的な観察にとどまり、科学的視点や本質を見失っては、法の正義はもとより紛争処理において真に通用する理論となり得ません。科学的、総合的に観察するために、実務との関連を濃密にし、法と医、法と科学との関係を追求することが必要であり、賠償科学的アプローチは不可欠ではないかと考えます。今日、情報通信技術（ICT）が発達し、情報化、国際化が高度に進んでおり、賠償科学のテーマは広がっています。精神医療、非器質性精神障害をめぐる問題、チーム医療、医療ガイドライン、先進医療、医療水準、看護問題、介護問題、成年後見問題、薬害問題、環境問題、医療ADR、医療倫理、医学教育、法と医・科学に関する問題など、さまざまです。

　平沼髙明先生が蒔かれた種は法曹、保険実務、学界の各所で実ってきているように思います。先生の学恩に対し私ども一同心より感謝申し上げます。

　最後になりましたが、本論文集にご執筆をいただいた方々、本書の刊行にご配慮をいただいた㈱民事法研究会代表取締役社長の田口信義氏、編集部の安倍雄一氏（前任）、瀬川雄士氏（後任）、その他関係各位の皆様に深く感謝します。

平成31年4月20日

中央大学法学部教授　小賀野晶一
（日本賠償科学会理事長）

〔平沼髙明先生追悼　医と法の課題と挑戦〕

目　次

はしがき……………………………………………………………小賀野晶一

第1編　医と法の課題

1　医と法……………………………………………………平沼直人
　Ⅰ　医と法を統合する試み………………………………………………2
　Ⅱ　医と法、それぞれのあり方…………………………………………4
　Ⅲ　人の営みとしての医と法……………………………………………9
　Ⅳ　相互に学ぶべきもの…………………………………………………13
　Ⅴ　医と法の架橋…………………………………………………………16

2　臨床医学の問題点──医療事故調査制度との関連を含めて………………………………………………………有賀　徹
　Ⅰ　はじめに………………………………………………………………23
　Ⅱ　臨床医学・病院医療の基本的フレーム……………………………24
　Ⅲ　医療事故調査制度に関する視座……………………………………30
　Ⅳ　医師法21条と医療事故調査制度……………………………………47
　Ⅴ　まとめ──超高齢社会の今後における展望など…………………49

第2編　賠償科学の挑戦

1　賠償科学の体系……………………………………………杉田雅彦
　Ⅰ　総論　第1部──賠償科学（日本賠償科学会）総論………………54
　Ⅱ　総論　第2部──賠償科学の研究対象分野…………………………70
　Ⅲ　総論　第3部──これまでの賠償科学の成果………………………73
　Ⅳ　各論　第1部──賠償科学的寄与度論（損害賠償における
　　　因果関係論・損害論）………………………………………………83

目 次

 Ⅴ 各論　第２部——賠償科学とPTSD・脳脊髄液減少症問題………85
 Ⅵ 各論　第３部——損害認定基準のための基本的な対応法………93
 Ⅶ 結論——公正（Justice）賠償論………………………………98
 Ⅷ おわりに………………………………………………………102

② 診療過誤訴訟上の諸問題………………………………鈴木俊光
 Ⅰ はじめに………………………………………………………104
 Ⅱ 当事者適格について…………………………………………107
 Ⅲ 請求の趣旨について…………………………………………107
 Ⅳ 請求原因をめぐる諸問題について…………………………108
 Ⅴ 結　び…………………………………………………………120

③ 民法と賠償科学——判例における割合的認定論の構成…………小賀野晶一
 Ⅰ はじめに………………………………………………………122
 Ⅱ 不法行為法の目的……………………………………………123
 Ⅲ 因果関係の立証に関する判例の考え方——医療事故訴訟の最高裁判決を契機に……………………………………………126
 Ⅳ 交通事故訴訟における割合的認定論………………………128
 Ⅴ 公害訴訟における割合的認定論……………………………132
 Ⅵ 学校事故における割合的認定論……………………………142
 Ⅶ 労働災害と割合的認定論……………………………………144
 Ⅷ 割合的認定論と学説…………………………………………147
 Ⅸ おわりに………………………………………………………153

④ 日本賠償科学会の軌跡……………………………田口智子＝道解公一
 Ⅰ はじめに………………………………………………………155
 Ⅱ 日本賠償科学会………………………………………………155
 Ⅲ 賠償医学か賠償科学か………………………………………160
 Ⅳ 追悼に寄せて…………………………………………………161
 Ⅴ おわりに………………………………………………………166

第3編　医療訴訟・損害賠償の課題

1　医療事故訴訟の問題点──被告側代理人の視点から ……………………………………… 加々美光子
- Ⅰ　医療事故訴訟の概念と医療事故訴訟の動向………………… 168
- Ⅱ　過失の判断における問題点について………………………… 170
- Ⅲ　因果関係──相当程度の可能性理論………………………… 189
- Ⅳ　おわりに……………………………………………………… 194

2　説明義務違反の因果関係について──患者側の訴訟代理人の視点から ……………………………… 加治一毅
- Ⅰ　平沼事務所時代……………………………………………… 195
- Ⅱ　説明義務違反の因果関係の問題…………………………… 196
- Ⅲ　説明義務違反の因果関係についての考察………………… 197
- Ⅳ　最後に………………………………………………………… 201

3　医薬品をめぐる賠償問題 ……………………… 木ノ元直樹
- Ⅰ　医療行為と薬物療法………………………………………… 202
- Ⅱ　医薬品添付文書……………………………………………… 203
- Ⅲ　添付文書違反の合理性立証………………………………… 217
- Ⅳ　まとめ………………………………………………………… 220

4　産科医療補償制度創設から現在、その功績と今後の展望 ……………………………………………………… 石渡　勇
- Ⅰ　はじめに……………………………………………………… 221
- Ⅱ　本制度の創設に向けて……………………………………… 223
- Ⅲ　本制度の普及、特に産科医療機関の加入促進に向けて……… 224
- Ⅳ　補償のしくみ………………………………………………… 225
- Ⅴ　補償対象となる脳性麻痺の基準…………………………… 225
- Ⅵ　各種委員会…………………………………………………… 228
- Ⅶ　原因分析委員会における原因分析………………………… 228

Ⅷ　再発防止委員会における再発防止……………………………… 231
　　Ⅸ　本制度の成果と評価……………………………………………… 233
　　Ⅹ　今後の課題：制度の見直し……………………………………… 239
　　Ⅺ　おわりに………………………………………………………… 240
5　神奈川県医師会医事紛争特別委員会………………………吉田勝明
　　Ⅰ　はじめに──平沼髙明先生を偲んで…………………………… 241
　　Ⅱ　神奈川県医師会医事紛争特別委員会…………………………… 243
　　Ⅲ　医事紛争防止と解決の道（平沼髙明弁護士筆）……………… 244
　　Ⅳ　おわりに………………………………………………………… 249

第4編　法医学の挑戦

1　法医学の進歩──この50年で何が変わったのか…黒木尚長
　　Ⅰ　50年前の生活と医療……………………………………………… 252
　　Ⅱ　この50年の法医学……………………………………………… 255
　　Ⅲ　この50年での法医学の変化…………………………………… 263
　　Ⅳ　さいごに………………………………………………………… 284
2　─医療事故裁判と刑事手続における死因究明の
　　問題点……………………………………………………吉田謙一
　　Ⅰ　はじめに………………………………………………………… 285
　　Ⅱ　割り箸事件概観………………………………………………… 286
　　Ⅲ　急性硬膜下血腫………………………………………………… 286
　　Ⅳ　法律家による過失認定の問題点……………………………… 287
　　Ⅴ　医療事故案件にかかわる司法解剖や刑事手続の問題……… 289
　　Ⅵ　死因に関する問題点…………………………………………… 290
　　Ⅶ　過失に関する問題点…………………………………………… 291
　　Ⅷ　英米圏との比較からわかる、日本の死因究明制度の問題点……… 294
　　Ⅸ　筆者らの医療事故事例の解剖・鑑定に関するトライアル……… 297

　　　　X　まとめ……………………………………………………… 301
③　医療関連死解剖例から学ぶこと ………………… 佐藤啓造
　　　　I　はじめに…………………………………………………… 304
　　　　II　研究方法…………………………………………………… 305
　　　　III　事例提示…………………………………………………… 306
　　　　IV　解　説……………………………………………………… 324
　　　　V　おわりに…………………………………………………… 334
　　　　VI　謝辞・追悼………………………………………………… 334
④　法科学とその実務 ………………………………… 高取健彦
　　　　I　法科学とは………………………………………………… 336
　　　　II　法科学の領域……………………………………………… 337
　　　　III　法科学の歴史的背景……………………………………… 337
　　　　IV　法科学の実務と研究……………………………………… 341
　　　　V　法医学と法科学…………………………………………… 344
⑤　歯科法医学──歯科医学における法医学としての
　　　　役割 ……………………………………………… 佐藤慶太
　　　　I　緒　言……………………………………………………… 347
　　　　II　業務と活動………………………………………………… 348
　　　　III　大規模災害における身元確認…………………………… 349
　　　　IV　死因究明制度における歯科医師………………………… 357
　　　　V　歯科医療に関連した事故の原因解明…………………… 359
　　　　VI　さいごに…………………………………………………… 365

第5編　臨床医学の挑戦

①　臨床医学の進歩──この50年で何が変わっ
　　　　たのか ……………………………………………… 甲能直幸
　　　　I　はじめに…………………………………………………… 368

目次

- Ⅱ　平均寿命の変遷と医療制度………………………………………… 369
- Ⅲ　疾病構造の変化……………………………………………………… 370
- Ⅳ　がん対策……………………………………………………………… 371
- Ⅴ　新規感染症…………………………………………………………… 376
- Ⅵ　移植医療……………………………………………………………… 376
- Ⅶ　ゲノム医療…………………………………………………………… 378
- Ⅷ　医療安全に対する考え方・リスクマネジメント………………… 378
- Ⅳ　おわりに……………………………………………………………… 379

2　産業精神保健の概念と精神障害の労災認定後の
　　課題 …………………………………………………… 黒木宣夫
- Ⅰ　はじめに……………………………………………………………… 381
- Ⅱ　労働安全衛生法とメンタルヘルス………………………………… 382
- Ⅲ　ストレスチェック制度とメンタルヘルス………………………… 385
- Ⅳ　働き方改革とパワーハラスメント対策・メンタルヘルス対策…… 387
- Ⅴ　精神障害の労災認定後の課題……………………………………… 389
- Ⅵ　おわりに……………………………………………………………… 394

3　認知症と意思決定支援 ……………………………… 成本　迅
- Ⅰ　はじめに……………………………………………………………… 395
- Ⅱ　認知症の症状と意思決定能力の低下……………………………… 397
- Ⅲ　意思決定支援………………………………………………………… 404
- Ⅳ　おわりに……………………………………………………………… 406

4　スポーツ医学 ………………………………………… 平沼憲治
- Ⅰ　スポーツ医学の歴史………………………………………………… 407
- Ⅱ　スポーツ外傷・障害の予防………………………………………… 409
- Ⅲ　私とスポーツ医学…………………………………………………… 412
- Ⅳ　最後に………………………………………………………………… 415

5　神奈川歯科医師会における紛争への
　　取組み ………………………………………… 松井克之＝末石倫大

Ⅰ　序　　文……………………………………………………… 416
　　Ⅱ　本会における医師賠償責任保険の仕組み………………… 418
　　Ⅲ　神奈川県歯科医師会における取組み……………………… 419
　　Ⅳ　結　　語……………………………………………………… 423
　6　死亡時画像診断が活用される背景と最近の
　　　トピックス………………………………………福原隆一郎
　　Ⅰ　病理学における死亡時画像診断…………………………… 426
　　Ⅱ　法医学における死亡時画像診断…………………………… 428

第6編　法律家の挑戦

　1　損害とは何か――保険法実務の視点から …………八島宏平
　　Ⅰ　はじめに……………………………………………………… 432
　　Ⅱ　人身損害の意義……………………………………………… 433
　　Ⅲ　民法による人身損害の算定………………………………… 436
　　Ⅳ　責任保険による人身損害の填補…………………………… 441
　　Ⅴ　人身損害に関する実務……………………………………… 446
　　Ⅵ　まとめ………………………………………………………… 451
　2　裁判実務への提言――和解論も含めて……………塩崎　勤
　　Ⅰ　はじめに……………………………………………………… 452
　　Ⅱ　事実認定と法令の解釈適用………………………………… 452
　　Ⅲ　審　　理……………………………………………………… 454
　　Ⅳ　判　　決……………………………………………………… 459
　　Ⅴ　和　　解……………………………………………………… 463
　　Ⅵ　おわりに……………………………………………………… 467
　3　弁護士実務――生命保険協会「裁定審査会」の
　　　活動と課題………………………………………北河隆之
　　Ⅰ　はじめに……………………………………………………… 469

Ⅱ　沿革 …………………………………………………………… 470
　Ⅲ　生命保険協会における苦情処理・紛争解決手続の概要……… 471
　Ⅳ　若干の感想と課題……………………………………………… 483
　Ⅴ　おわりに……………………………………………………… 485

4　死と刑事事件 …………………………………………… 勝丸充啓
　Ⅰ　はじめに……………………………………………………… 496
　Ⅱ　川治プリンスホテル火災事件とホテルニュージャパン火災
　　　事件…………………………………………………………… 497
　Ⅲ　脳死は死か…………………………………………………… 505

5　原子力事故損害賠償——放射線被曝と疾病との
　　　因果関係を中心に ………………………………………… 卯辰　昇
　Ⅰ　はじめに……………………………………………………… 515
　Ⅱ　福島原発事故による損害賠償の構造………………………… 517
　Ⅲ　TMI 原発事故訴訟——低線量被曝による身体損害賠償請求 …… 520
　Ⅳ　低線量被曝に起因する疾病に対する因果関係の立証……… 525
　Ⅴ　不法行為損害賠償としての低線量被曝による疾病に対する
　　　被爆者救済の方向性…………………………………………… 536
　Ⅵ　おわりに……………………………………………………… 541

第7編　医と法は何ができるのか

1　医と音楽 ………………………………………………… 中村俊夫
　Ⅰ　平沼髙明先生との出会い……………………………………… 544
　Ⅱ　平沼髙明先生と音楽…………………………………………… 545
　Ⅲ　音楽の医療における効用……………………………………… 555
　Ⅳ　音楽を人間はどのように認知しているのか、そのメカニズム
　　　について医学はどこまで解明できているのか……………… 560

② 首長・元大学病院長としての地域医療――大磯町がすすめた健康づくり「おあしす24健康おおいぞ」をきっかけにして ……………………………… 中﨑久雄

- Ⅰ　はじめに――大磯町長となるまで………………………………… 563
- Ⅱ　改革の始まり………………………………………………………… 564
- Ⅲ　派生して生まれた「お宅 de おあしす」「おあしす新聞」………… 570
- Ⅳ　"産・官・学"連携…………………………………………………… 572
- Ⅴ　新たな取組みの拡大――「アンチロコモ教室」スタート………… 575
- Ⅵ　継続と発展…………………………………………………………… 578
- Ⅶ　これまでの結果……………………………………………………… 582
- Ⅷ　最後に………………………………………………………………… 584

③ 医療トラブルにおける病院と医療側弁護士 ……… 北澤　将

- Ⅰ　診療継続こそ使命…………………………………………………… 588
- Ⅱ　トラブルは訴訟だけではない……………………………………… 589
- Ⅲ　病院を取り巻く環境………………………………………………… 590
- Ⅳ　トラブル解決に欠かせないもの…………………………………… 592
- Ⅴ　病院見解を固める大切さ…………………………………………… 593
- Ⅵ　交渉の前提…………………………………………………………… 594
- Ⅶ　病院が行う交渉の範囲……………………………………………… 594
- Ⅷ　対応プロセスの確認――やりとりは文書が基本………………… 595
- Ⅸ　期待値を上げない…………………………………………………… 595
- Ⅹ　相互理解ができない場合も………………………………………… 596
- Ⅺ　着地点を決めておく………………………………………………… 596
- Ⅻ　交渉の要素…………………………………………………………… 597
- ⅩⅢ　トラブル対応のパス化……………………………………………… 599
- ⅩⅣ　職員フォロー………………………………………………………… 599
- ⅩⅤ　説明会の要求………………………………………………………… 600
- ⅩⅥ　劣勢な交渉…………………………………………………………… 600

XVII	気持の整理………………………………………………………	601
XVIII	禁忌──自宅訪問………………………………………………	602
XIX	誠意の基準………………………………………………………	602
XX	破談も …………………………………………………………	603
XXI	おわりに…………………………………………………………	603

4 弁護士──平沼髙明の挑戦　　　　　平沼大輔

I	はじめに…………………………………………………………	605
II	医療事故…………………………………………………………	608
III	専門家責任・専門家賠償責任保険……………………………	614
IV	その他の業績……………………………………………………	616
V	経歴・人となり…………………………………………………	618
VI	結びに……………………………………………………………	620

執筆者一覧………………………………………………………………… 621

あとがき ………………………………………………………… 有賀　徹

第 1 編

医と法の課題

1 医と法

平 沼 直 人

弁護士・医学博士

I 医と法を統合する試み

1. イコノロジー

　医神アスクレピオスは、蛇が巻きつく杖をついた姿で表される。ヒポクラテス（紀元前460年頃～370年頃）の時代、古代ギリシアの神殿には医神官がおり、訪問する患者からその見た夢を聴いて、病気の診断をした。患者の夢は、神殿に住む聖なる蛇がもたらすものであった。脱皮を繰り返す蛇は、再生のシンボルだった[1]。

　正義の女神として知られるテミスは、一方の手に剣、他方の手に秤を持っている。註釈するまでもなかろうが、剣は、権力ないし暴力を、天秤は、衡平ないし中立を象徴する。さらに公平無私を強調して、目隠しをしている正義の女神像もみられるところである。

　ともにギリシア神話の神々でありながら、現代人のわれわれには、2つのイコンが共に手を携えてある姿をイメージすることができないのではないか。渋谷駅前のハチ公像とモヤイ像のように、仲が悪いわけではないが、誰かが待合せ場所を間違ったときに互いにかかわりを感じる程度であろう。

1 　ウィリアム・バイナム（鈴木晃仁・鈴木実佳訳）『医学の歴史』（丸善出版・2015年）9頁。

Ⅰ 医と法を統合する試み

〈アスクレピオス〉
平沼髙明法律事務所にて著者撮す

〈テミス〉
虎ノ門法曹ビル前にて著者撮す

2．現　状

　医と法のどちらも、人々の生命や生活を守るという大切な役割を担っている。

　けれども、医と法を統一的に理解し位置づけるという営為は、なされていない。その試みさえ、寡聞にして知らない。

　医学の分野からは、法医学が主として刑事事件において司法解剖を実施する立場を通じて法と関係を有し、法学の分野では、医師法や医療法といった医療関係法規や医療事故紛争・訴訟の研究という方面で医事法学が形成されているが、いずれも医と法の相互に部分的なかかわりをもつにとどまり、医

2　平沼髙明「賠償科学の概念・目的」日本賠償科学会編『賠償科学〔改訂版〕――医学と法学の融合』（民事法研究会・2013年）3頁。

と法の両者を全体として統合ないし融合する学問領域は、その萌芽すらみられない。

3．目　的

本稿は、端的には、医と法とを統合する試みである。

もっとも、それがめざすのは、一切の知的営為を数学ないし物理学を範型とする自然科学的方法によって解決しようとした統一科学運動のごとき、勇ましさやときに愚かしさを伴うものではなく、医と法がバラバラに孤立しているような状況に対し率直に疑問を呈し、医と法とを単一の視点から包括的にとらえ、これをもって両者を1個の有機体として把握せんとする試みの端緒である。

本稿がその礎とならずとも、そのきっかけともなれば望外の幸せである。

Ⅱ　医と法、それぞれのあり方

1．性　格

ステレオタイプを承知でいえば、医学は、日進月歩の進歩性・革新性が特徴であり、法学は、過去の判例や文献を渉猟し読み解くという意味で本性的に訓詁学的であり、法的判断というものは、社会的な安定を優先して保守的となりがちな傾向がある。

医学では、それまで常識とされてきたことが簡単にひっくり返ることがめずらしくない。喘息は、19世紀までヒポクラテスの四体液説（血液・粘液・黄胆汁・黒胆汁）に基づく治療が延々と行われた後、20世紀に入ってしばらくの間、喘息の病態は気道の収縮反応であるとされ、それゆえ治療方法は気管支拡張薬の吸入であったが、1990年代初め、喘息は気道の慢性炎症性疾患

3　東田有智「喘息治療の進歩（特集　気管支喘息診療の進歩2014）」日本呼吸器学会誌3巻2号（2014年）152頁。

であるとの理解が確立し、そのため吸入ステロイドが喘息の長期管理治療薬の第1選択としての位置を占めるに至った。[4]

権威ある学会の診療ガイドラインが、ある治療法を禁忌から推奨に変更することもあれば、その逆もあり、ことのついでに申せば複数のガイドラインの間で矛盾がみられることも医学界の常識として指摘されている。それゆえ、ともすると法律家というものは診療ガイドラインをあたかも実定法のように扱う傾向があるが、この一事をもってしても、これは明白な誤りであり、法律家のかくなる思い込み、振舞いが医家との間の溝を広げる一因をなしていることを法曹は肝に銘ずべきである。ガイドラインが法律に似た体裁をとっているからというのでは、論理学の初歩とされる類推ないし類比の誤謬を犯すものである。医療側からもガイドラインを守らせようとする動きが一部にあるが、模倣によるリーガリズムであれば直ちに斥けられるべきである。

2. 修 正

繰り返しになるが、医学は進歩的で法学は保守的だというのは、もちろん、単純化した話である。

「法の生命が論理であったことはなかった。法の生命は経験というものであった」(The life of the law has not been logic : it has been experience)[5]。ホームズ判事(1841〜1935)のあまりに有名な言葉である。

医学者は、法律家の没論理性を非難するかもしれないが、法律や判例が時代にそぐわないものとなってしまった場合には、勇気を振り絞りながら落ち着いて、経験知や常識に従いながら正義や衡平を実現すべきなのである。そうやって法も何とか苦労しながら同時代性を確保してきたのも、また事実である。

それを越えて、法律家が時代を先取りしようとすることには賛否両論があ

---

4 田中明彦＝足立満「治療の変遷（特集 気管支喘息：診断と治療の進歩）」日本内科学会雑誌102巻6号（2013年）1328頁。
5 Oliver Wendell Holmes, Jr., *The common law*（New York: Dover Publications, 1991）p.1.

ろう。

3．政治経済との関係

医療と法は、政治や経済といかなる関係にあるだろうか。

(1) 医師会・弁護士会

わが国の裁判所は、司法権の独立を重んじるあまり、行き過ぎた司法消極主義に陥っている。最高裁判所は、新憲法によって、違憲立法審査権を与えられたにもかかわらず（憲法81条）、戦後70年の間に法令を違憲と判断したものはわずか10件にとどまっている。議員定数不均衡訴訟において、違憲状態だが違憲無効判決は出さないという甚だ理解の困難ないわゆる事情判決を繰り返しているのは、象徴的である。

これに対して日本医師会（日医）は、もっとも裁判所ではなく対比すべきは日本弁護士連合会（日弁連）かもしれないが、それにしても政権与党である自由民主党の利益団体として巨大なパワーを誇示してきたことは驚嘆に値する。医学部の新設や定員の増加に反対し、わが国の医師数をコントロールしてきたことは、需要に応じて供給を増やさなければ価格は上昇するというアダム・スミスの古典的自由主義経済理論に則って行動した結果にすぎない。

日医とは天と地か、日弁連は、司法改革の美名に酔って踊らされ、やすやすと弁護士人口の急激な爆発的大増員に応じてしまい、需給バランスが崩壊しても、ケインズのような助けもなく、その結果、経済的基盤を失った弁護士は、明治以来あまたの先達が培ってきた社会からの在野法曹たる弁護士に対する尊敬や信頼までをも手放すという大失態を演じた。

(2) 上部構造

もっとも、医療関係者個々は、その職業倫理として、政治や経済から自由であろうとし、ときに医療機関の内部は治外法権を許す雰囲気に満ちている。法律家も、政治・経済からは超然を旨とし、裁判官の一般社会から隔絶され

6　2015年12月16日付け産経ニュース「夫婦同姓規定は合憲　再婚禁止6カ月は違憲　最高裁が初判断」。

た生活ぶりは孤立主義と称すべきものである。

しかしながら、そうした態度は、ニーチェ流に表現すれば、現実を糊塗しようとする不健康な精神がなさしむるロマンチシズムにほかならない[7]。

人類の知的遺産・共有財産として、マルクスの思想に習うとき、資本主義経済体制が堅牢な下部構造をなし、その上部構造として、法制度も医療制度も色濃く資本家による支配や競争原理を賛美するマインドに包まれていることは否定のしようがない。「政治的支配・国政・統治の根本的基礎は経済的優越であり、統治の内容は、主として経済的利益に還元される。法律は、かかる利益の保護・達成のための社会的な規範であり、それ自身、かかる利益およびかかる利益を中心とする経済的諸関係に規定されている法的関係の反映・要約であり、かかる法的関係の不文的または成分的表現にほかならないのである」[8]。「法は、これ（=「道徳、習慣、風俗等々、いろいろな行為規範」筆者注記）とはまったく異なった概念である。すなわち、法とは、支配階級が、自己の支配関係を維持するために、国家権力を用いて被支配階級に強制する規範なのである。法は、直接国家権力により支持されている点で、行為規範とははっきり異なっている」[9]。

医療そのものも、宗教的な制約やナチスの優生思想に明らかなとおり、政治的ないし社会的な性格を帯びている。医療法は7条6項で「営利を目的として、病院、診療所又は助産所を開設しようとする者に対しては、第4項（=都道府県知事等は許可を与えなければならないこと：筆者注）の規定にかかわらず、第1項（=病院等開設：筆者注）の許可を与えないことができる」と定めて、医療機関の営利行為を禁止しているが、現実には医療機関同士の営利競争が繰り広げられている。医療ツーリズムが国家的経済戦略に取り込まれているように経済的な側面が無視できないこともさることながら、医療の内

---

[7] 清水真木『ニーチェ入門』（ちくま学芸文庫・2018年）103頁。
[8] 鈴木安蔵『史的唯物論の研究』（実業之日本社・1948年）174頁。
[9] 長谷川正安「マルクシズム法学と法社会学」藤田勇=江守五夫編『文献研究・日本の法社会学（法社会学論争）』（日本評論社・1969年）114頁。

部と外部を精力的に行き来する製薬企業の存在がさらにグローバルな政治・経済の舞台に各国の医療を引っ張り出す働きを果たす結果となっている。巨大な経済権力である製薬企業の暴走を食い止めるのに、研究者個人のCOI（conflict of interest＝利益相反）の自己申告および開示をもって足りるとの発想は、あまりに貧弱であって、実効性を期待しうべくもない。

(3) **スポーツ**

　法の一種といってよいかどうか定かではないが、少なくとも法の周縁にあるスポーツにおけるルールも、（民放）テレビという民間企業をスポンサーとする媒体から直接的な干渉を被っている。世間がスポーツに抱くイメージは、自律的で純粋なものであろう。

　国際陸上競技連盟（IAAF）によって、陸上競技短距離走のフライングが1発で失格と変更されたのは2010年のことであるが、これは再スタートに時間がかかることから放送時間の短縮を意図するものであり、国際バスケットボール連盟（FIBA）によって、バスケットボールの試合時間が前・後半制からクオーター制に変更されたのはテレビコマーシャルを入れやすくするためである。早くも2020年東京オリンピックの競泳競技の決勝レースを競泳の強豪国で国民的な人気の高いアメリカの視聴者に合わせよとの圧力が米テレビ局からあり、国際オリンピック委員会も膝を屈している[11]。競技者は通常の大会で慣れ親しんでいる競技スケジュールの変更を強いられる[12]。五輪競技になる鍵の1つがテレビ受けするかで、ルールを簡略化し、試合時間も短くかつスリリングにすればいいという[13]。

　ここには、"アスリートファースト"の精神など微塵もない。近代オリン

10　長岡邦子講師・壇蜜出演「スポーツの技術、戦術、ルールの変化とメディアの影響」（NHKラジオ　高校講座　保健体育・2017年）〈https://www.nhk.or.jp/kokokoza/radio/r2_hoken/archive/chapter005.html〉。

11　2018年7月20日付け読売新聞「東京五輪の競泳、午前に決勝…米テレビ局要請」。

12　許宜宏講演（野上玲子＝関根正美翻訳）「スポーツは単なるスポーツではない：ハンス・レンク著『S.O.S オリンピック精神を救え』に関する哲学的考察」体育・スポーツ哲学研究38巻2号（2016年）148頁。

13　2018年8月29日付け朝日新聞「ストライク　新方式で30点」。

ピックの父、クーベルタン男爵（1863～1937）が掲げたアマチュアリズムの深淵を、皮肉にも反面教師たちのお陰でのぞき込むことができよう。

III　人の営みとしての医と法

1．分　化

あえて自明なことを申せば、医や法というものが先にあって、人々の生活がそれに沿って営まれてきたわけではない。実際、呪術的な世界では、古今東西の時空を超えて、医も法も未分化である。

では、いつどこで、医は医として、法は法として、分かれたのであろうか。

2．"法"

"新解さん"として親しまれる三省堂の『新明解国語辞典〔第7版〕』（2012年）で、「法」と引いてみると、おおよそ、法律・規準といった意味と仏の教えという意味が記されている（その他には、英文法で学習した仮定法といった場合の法、数学で除数つまり割るほうの数の古い表現があげられている）。

禅僧は、朝起きたら顔の洗い方や口のすすぎ方に始まって、日常生活の立ち居振舞いの規律がこと細かに決まっている。それは、人間の生活のすべてに仏法があると考えるからである。そして、それは、道元（1200～1253）が重んじた歯磨きが口腔内疾患の予防に役立ったであろうように、効果的な治療法のなかった時代の予防医学の役割をもきっと果たしていたはずである。[14]

イスラムでは、信仰も社会規範もコーランという経典を拠り所とする。コーランやマホメットの言行録であるハディースの解釈がイスラム法学者の仕事である。

これに対して、キリスト教では、イエスが"書物そのもの"であるため、

---

[14] 立松和平『道元禅師（下）』（新潮文庫・2010年）24頁。

その始まりから社会規範を欠いていた。戒律よりも愛を説く宗教こそキリスト教といえよう。

　ところが、中世キリスト教会は、11世紀後半から12世紀にかけて、6世紀に編纂されたローマ法大全に代表される古代ローマ法を"発見"し、それらを継受することによって、信仰と切り離された社会規範を取り込みわがものとするに至る。

　法制史の教授でラカン派の精神分析家であるピエール・ルジャンドル（1930～）は、この信仰と社会規範の乖離を"キリスト教的分裂"とよぶ。古代ローマ法の構築した技術的領域においては、法学者の合理的な法解釈に従うことになった。そのためルジャンドルはこの出来事を"解釈者革命"と命名して重要視するのである。

　こうした経緯から出来した合理性の追求の先に、近代科学革命が続くと論じても過言ではなかろう。それはまた、ルジャンドルが分裂（schize）と表現したように精神分裂病（schizophrènie. 現在は統合失調症と呼称変更されている）を連想させるものであり、西洋近代文明の急激な飛躍は病理的側面を宿している。

3．不合理

　2017年のノーベル経済学賞は行動経済学者のリチャード・セイラー教授（シカゴ大学）が受賞した。

　伝統的な近代経済学は、"合理的経済人"をモデルとして人間の行動を数理的に説明してきた。2002年、行動経済学の創始者のひとり、プリンストン大学の心理学者ダニエル・カーネマン教授がノーベル経済学賞を受賞した際の授賞理由は、「不確実性下における人間の判断や意思決定に関して、心理学の研究成果を経済学の考え方に統合したこと」とされている。不合理に満

15　Pierre Legendre, *Le Point fixe*（Paris :Librairie Arthème Fayard, 2010）p84.
16　田口正樹「ピエール・ルジャンドルの『解釈者革命』について」北大法学論集57巻2号（2006年）704頁。

ちたわれわれの経済活動には神の見えざる手は働かず、バブル経済とその崩壊の似たような過ちは金融工学がいかに進歩しようとも繰り返されることだろう。

医療健康行動に関する行動経済学からの研究は、近年、急速に進展している。たとえばデフォルト（初期設定）の設定や変更の研究である。何を標準書式にするかで人々の選択が劇的に変化する。最も有名なのは臓器提供の意思表示で、"提供しない"をデフォルトにしているわが国のような国々では臓器提供の意思表示は大体10％前後と低いが、逆に"提供する"をデフォルト設定しているフランスのような国々では100％に迫る水準となる。[18]行動経済学ではデフォルト変更によって行動変容を促すようなことを"ナッジ"（原義は軽く肘でつついてアクションを促すこと）とよぶが、医療行動経済学がリバタリアン・パターナリズムの見地から肥満や喫煙に積極的に働きかけることに意義を見出すことは、一歩間違えれば国民を誤導ひいては洗脳する危険をはらんでいる。

乳癌検診について、リスク回避的でない人のほうが検診を受ける傾向があるという意外な結果が海外の先行研究で報告されており[19]、日本人女性の乳癌検診でも同様の結果が得られていて[20]、一筋縄ではいかない人間心理が垣間みえる。

法律の世界でもごくわずかだが、行動経済学に言及するものが現れている[21]。そこでは主に消費者契約において、約款がデフォルトとして意思決定を歪め

17　多田洋介『行動経済学入門』（日経文庫・2014年）4頁。
18　大竹文雄・平井啓編『医療現場の行動経済学　すれ違う医者と患者』（東洋経済新報社・2018年）61頁。
19　Gabriel Picone, Frank Sloan, Donald Taylor, JR. *Effects of risk and time preference and expected longevity on demand for medical tests,* The Journal of Risk and Uncertainty, 28:1;39,2004.
20　佐々木周作＝平井啓＝大竹文雄「リスク選好が乳がん検診の受診行動に及ぼす影響：プログレス・レポート」行動経済学9巻（2016年）132～135頁。
21　西内康人「行動経済学が契約法に受容されるまで～法学・経済学・行動経済学の進化と融合～」ビジネス法務2017年6月号137～140頁。

11

ていること、消費者心理としての楽観主義バイアス、現状維持バイアス、近視眼バイアスなどが指摘されており、こうした行動経済学の消費者行動的な知見は、早急に立法や裁判実務に取り込まれることが望まれる。消費者の近視眼的性向は、脳科学の知見とも整合的である[22]。

4．科　学

　行動経済学の成果は、しょせん神ならぬ身のなすことゆえ、と考えるべきであろうか。

　ニールス・ボーア（1885～1962）は、1913年、電子が"粒"でもあり"波"でもあるという二重性に注目し、原子モデルを築き上げた。その理論的背景には、ボーアが東洋哲学に大きな関心を寄せていたことがあるのではないかといわれている。物事が1つに定まらないという二重性を彼は「相補性」とよんだ。それは、大天才アインシュタイン（1879～1955）ですら呪縛されたニュートン物理学以来の決定論との対決・訣別であった。

　そして、ボーアの弟子であり、やはり東洋哲学に触発されたヴェルナー・ハイゼンベルク（1901～1976）は、粒子の位置と運動量を同時に厳密に測定することはできないという量子力学の金字塔である「不確定性原理」を打ち立て、もはや決定論の退場は争いようがなくなったのである[23]。

5．パラダイム

　およそ科学なるものは、理論と観察を峻別する二段階説を所与のものとしてきたが、トーマス・クーン（1922～1996）を旗頭とする科学哲学の新潮流は、観察の理論負荷性、つまり理論的枠組みに則って事実を解釈してしまうものであることを明らかにした。

　このことは、「自然科学の社会科学化」を意味する。

22　オレン・バー＝ギル（太田勝造監訳）『消費者契約の法と行動経済学』（木鐸社・2017年）44頁。
23　三田一郎『科学者はなぜ神を信じるのか　コペルニクスからホーキングまで』（講談社ブルーバックス・2018年）189～198頁。

人文社会科学を遅れた学問として自然科学化することを要求した統一科学運動は、こうして正反対の結末をみたのである。
　まさに大いなるパラダイムの転換であった。[24]

Ⅳ　相互に学ぶべきもの

1．方　途

　医が法に学ぶべきこと、法が医に学ぶべきことがある。
　それが医と法を統合する1つの道となる。

2．EBM

　EBMとは、いわずと知れたEvidence-Based Medicine＝根拠に基づく医療のことである。
　そこで思うのは、実務法曹は、なんと思いつきで、エビデンスのない仕事をすることがあるのだろうか、ということである。EBMには学ぶべきものがある。
　もっとも、EBMほど誤解されているものはないともいわれる。それは本家の医療者においてすらそうであり、ましてや法律家は聞きかじりの浅薄な理解にとどまり、あろうことか臆面もなく誤った理解を振りかざしている。
　その最たるものが「EBMとは医療をレシピ（料理本）化することである」という誤解とされる。[25]
　EBMの代名詞的な人物であるデビッド・サケット（1934～）は、EBMとは、「個々の患者のケアについて決定を行うために、最新で最良のエビデンスを誠実に明確に慎重に用いること」と定義している（"Evidence based medicine

---

24　野家啓一『科学の解釈学』（新曜社・1993年）1～10頁。
25　斎藤清二『医療におけるナラティブとエビデンス〔改訂版〕――対立から調和へ』（遠見書房・2016年）164頁。

is the conscientious, explicit, and judicious use of current best evidence in making decisions about the care of individual patients.")[26]。

　つまり、臨床の現場において医師が治療法を選択する際の意思決定を支援するツールがEBMなのである。

　EBMに対する誤解のうち、わが国における最も深刻な誤解は診療ガイドラインに関するものである。EBMの理解として、RCT（Randomized Controlled Trial＝ランダム化比較試験）を重視し、臨床疫学的な知見に則った診療こそEBMの主旨であるととらえる見解である。いわばガイドラインを診断・治療のルールブックとみなす立場である。

　その判例版がガイドラインに違反すれば過失を推定するとの規範を定立するものである。東京地判平成23・12・9判タ1412号241頁・裁判所ウェブサイトは、急性肺血栓塞栓症の事案につき、「予防ガイドラインは、日本血栓止血学会等の10学会又は研究会が参加して作成され、また、治療ガイドラインも、日本循環器病学会等の7学会が参加した合同研究班により作成されたもので、その公表後、被告病院を含む多数の医療機関等において、現に予防ガイドライン等に準拠した静脈血栓塞栓症発症の予防措置が講じられていることが認められているのであって、このような予防ガイドライン等の作成経緯、その実施状況等に鑑みると、少なくとも本件において、予防ガイドライン等に従った医療行為が実施されなかった場合には、このことにつき特段の合理的理由があると認められない限り、これは医師としての合理的裁量の範囲を逸脱するものというべきである」と判示している。

　しかし、診療ガイドラインは専門家委員会の意見であってRCTではなく、専門家委員会の意見は最も低いエビデンスに位置づけられている以上、EBM＝RCT＝ガイドラインとの上記見解は、甚だしい自己矛盾に陥っている[27]。

　上記予防ガイドライン自体は、「本ガイドラインは医療行為を制限するも

26　David Sackett et al., *Evidence based medicine : what it is and :what it isn't*, BMJ312; 71, 1996.
27　斎藤・前掲書（注25）35頁。

のではなく、本ガイドラインで推奨する予防法を医療従事者に義務づけるものではないことを明記しておく。本ガイドラインを基本にして、各施設が各々の実情に応じた独自のマニュアルを作成して実践することが理想である」[28]と、「本ガイドラインの解釈に関する重要な留意事項」を記している。

診療ガイドラインは、「実際には学会が規定するものではなく、あくまで標準化であり、『別段の理由がない限り従うべき』ほどのものとは考えられていないのが実情である」[29]という医療側の状況は、実務法曹が裁判所や弁護士会の示したマニュアルや書式を参考程度にしか利用していない状況と共通するものがある。

3. インターン

医師法は、昭和43年に改正されるまでは、戦後、アメリカの例に倣って、大学医学部卒業後、さらに1年以上の診療および公衆衛生に関する実地修練、いわゆるインターンを経ることを、医師国家試験の受験資格としていた。しかしながら、実地修練性の地位や生活基盤について問題が指摘され、現在は、医師の免許を取得した後、臨床研修という形で行うこととなり、実地修練（インターン）制度は、廃止されている。その後、医師の研修制度は紆余曲折を経ているが、必ずしもうまくいっていないことは周知のとおりである。

これに対して、法曹三者すなわち裁判官・検察官・弁護士の実務法曹となるためには、司法試験に合格するだけではなく、2年間の司法修習を経た後、世間では全く知られていないが、司法修習生考試いわゆる二回試験に合格しなければならない（司法制度改革で修習期間が1年間に短縮されているのは誠に残念である）。

少し考えればわかることだが、医学部でいくら臨床実習があるからといっ

---

[28] 「本ガイドラインの解釈に関する重要な留意事項」肺血栓塞栓症／深部静脈血栓症（静脈血栓塞栓症）予防ガイドライン作成委員会『肺血栓塞栓症／深部静脈血栓症（静脈血栓塞栓症）予防ガイドライン ダイジェスト版第2版』〈http://www.ja-sper.org/guideline2/index.html〉。
[29] 高瀬浩造「医師から見た医療と法曹との相互理解の現状と課題」高橋譲編著『医療訴訟の実務』（商事法務・2013年）19頁。

て、大学医学部を卒業して医師国家試験に合格すれば、医師免許がとれて、その日からでも法律的には開頭手術だって精神療法だってできるというのは、あまりにも乱暴である。

　プロフェッションは、師匠・先生・先輩からの学びが存在の中核をなすものである。特に言葉にできないノンバーバルな部分を盗んでこそ一人前というものであろう。専門資格がその資格付与にあたって研修を軽んじるようでは、やがてAIにすべてをとって代わられることを自ら進んで行っているようなものではないか。

V　医と法の架橋

1．幻　肢

　幻肢ないし幻影肢とは、手腕や足肢の切断後に失ったはずの手足が存在するかのように感じられることで、その幻肢が痛むのを幻肢痛とよんで、不思議な現象とされている。メルロ＝ポンティ（1908〜1961）をはじめとして多くの哲学者が思索してきた問題である。[31]

　幻肢については、最先端の脳科学をもってしてもいまだ解明されていないようであるが、では脳科学の進歩を待っていればそれでよいかといえばそうではない。

　なぜなら、仮に脳科学によって完全に幻肢の病態が解明されて治療法が開発されたとしても、それが直ちに自分の手足を失った者の気持を理解することにならないのは当然であり、あるいは、患者が幻肢を感じなくなっても自分の手足が戻ってくるわけではないからだ。

　フッサール（1859〜1938）が創始しメルロ＝ポンティらが発展させた現象

---

[30] 医政発0730第84号平成30年7月30日厚生労働省医政局長「医学部の臨床実習において実施可能な医行為について」。
[31] 澤田哲夫『メルロ＝ポンティと病理の現象学』（人文書院・2012年）135頁。

学（Phänomenologie）は、事象そのものへと意識を向けるものである。

この現象学とは何かを説明することは、哲学上の１つの難題とされているが、現象学は、一人称の観点から私たちの経験を探求する、誤解されるおそれが強いが、つまり経験の哲学といっても間違いはなかろう。[32]

医療の世界では、看護の領域において現象学的なアプローチが積極的に導入され、1990年代以降、現象学的看護研究が導入され定着するに至っている。[33]

精神科医の間ではある程度現象学の思潮が浸透していたが、救急医療の大家が現象学を究め、現代のわれわれが相変わらずデカルト的な「正しい判断」があり得るのだと誤解していることを指摘し、診療の過程では誰も「正しい判断」を得ることはできず、「正しいと確信する判断」のみが可能だと説いている。[34]

現象学の立場から医学を見通すことは、大いに示唆に富むところがある。

２．現象学的法学

これに対して、法学にあっては、全くといっていいほど現象学の影響がみられない。僅かに法哲学の分野において、いささかの関心が示される程度である。

カントの用語に従ってはいるが、法は理論理性の対象とはならず、実践理性を要請するものであり、法の生成過程はあまりに複雑であるため、適切な記述ができない以上、因果的システムではないと説くのを、現象学的還元ととらえるのは飛躍であろうか。[35]現象学的還元とは、現象学の中核をなす概念であり、たとえば自然科学的説明であれば正しいものと受け入れるような日常的な態度をいったんカッコに入れ（これを判断中止（エポケー）とよぶ）、物事を意識に現れるがままに受け入れることとされている。

---

32 植村玄輝＝八重樫徹＝吉川孝編著『現代現象学　経験から始める哲学入門』（新曜社・2017年）6頁。
33 松葉祥一＝西村ユミ編『現象学的看護研究――理論と分析の実際』（医学書院・2014年）36頁。
34 行岡哲男『医療とは何か――現場で根本問題を解きほぐす』（河出ブックス・2012年）94〜101頁。
35 駒城鎮一『法的現象論序説』（世界思想社・1985年）78〜81頁。

交通事故や医療事故で不幸にして被害者の手足が奪われた場合、それを塡補賠償と称して直ちに金銭に換算するのは資本主義経済下の法律学においては至極もっともなことであるが、被害者に真っすぐ眼差しを向ければ、それが最善の解決策でないことは明らかである。一方で、加害者側の謝罪のみを求める被害者からすれば、金銭的な補償の話をもち出すのはかえって失礼なことであろうし、他方で、余命いくばくもないご老人の命を重大な過失とは評価できない軽過失で奪った場合に遺族に葬儀費を支払うことは、本来的に遺族が負担すべき出捐を漫然と形式的に判例に従って遺族に生じた損害として塡補することであって、違和感を拭えない。

　平井宜雄（1937～2013）をその人たらしめている保護範囲説は、事実的因果関係・保護範囲・損害の金銭的評価の各要素からなるが、相当因果関係論・差額説という通説に対して、現象学への親近感を覚えるものがある。[36]

　損害賠償の分野で医学と法学の融合をめざす賠償科学という学問領域は、医学的・法律的にいかなる賠償が適切であるかを追究しており、最も現象学的アプローチに近いところにいる。[37]

3．悟　り

　ヴィトゲンシュタイン（1889～1951）の曰まうように、歯痛の経験ほど他人に伝えるのに絶望を伴うものはない。

　他人の痛みを理解することは、医療においても、法的救済においても、基本となるべきものであろう。

　他人の痛みを分かち合うという営為は、仏教の悟りに似ている。悟りは個々の修行者に訪れるもので、いわば個人的な経験である。その悟りを分け与えたり、共有したりするすべはない。これは、歯痛がその人だけのものであるのと一緒である。[38]

36　平井宜雄『債権各論Ⅱ不法行為』（弘文堂・1992年）109～161頁。
37　日本賠償科学会・前掲書（注2）は、サブタイトルに「医学と法学の融合」をうたっている。
38　橋爪大三郎『仏教の言説戦略』（サンガ文庫・2013年）95頁。

キリスト教のような啓示宗教と違って、仏教では教えは伝道の過程で不確実なものとならざるを得ず、経典の始まりが「如是我聞」つまり「是くの如く我聞けり」という受け身というか控え目に表現されるのも必定なのである。そうした状況で、仏教者は、悟りを開き、悟りを伝え、悟りに導き、あるいは、仏陀の教えを聞き、仏陀の教えを広めることに務めている。

そうしてみると、NBM（Narrative Based Medicine＝物語（と対話）に基づく医療）や、さらに進んで物語能力を身に付けた医療者によって実践されるナラティブ・メディスン（物語医療）がEBMにとって代わろうとし、対話を基本的技法とするADR（Alternative Dispute Resolution＝裁判外紛争解決手続）が紛争解決において訴訟の前置的な段階を獲得しつつあって、院内医療メディエーターに注目が集まるのも必然であろう。ただし、たとえば医療メディエーションについては、「非常に憂うべき」現状にあり、「きちんと議論し検証する必要」があると指摘されているようなありさまであって[40]、これらの思想・制度は遠い未来の時点からみればまだまだ発展途上の初めの初めの段階なのであろう。

4. 芸　術

外科手術においては、メスなどを手渡すいわゆる器械出しの看護師の手際やタイミング次第で手技のリズムやハーモニーがうまくいったりいかなかったりするという。

そもそも手術室で音楽を流していることが多いという事実はあまり知られていない。

音楽は、言語学的には非言語的な記号であるとともに、神秘的でもあり、アンビバレントなことに科学的なものでもあった。古代ギリシア時代にはす

39　斎藤・前掲書（注25）124〜136頁。
40　畔柳達雄「医療事故紛争とADR ——日本の医師会医師賠償責任保険制度とドイツ州医師会が設立した医療事故鑑定委員会・調停所制度との比較——」日本弁護士連合会　ADR（裁判外紛争解決機関）センター編『医療紛争解決とADR』（弘文堂・2011年）13頁。

でに、振動数が整数比になる2音が協和することが知られていた。すなわち、1：1は同度、1：2は8度（オクターブ）、2：3は5度、3：4は4度となり、これら4つの音程が協和音程として認識されていた。音楽が数比として理解されたことで、音楽は、代数学、幾何学、天文学と並ぶ、ヨーロッパ中世では大学で教えられる理数系の科目の1つとなった。[41]

音楽と法学の関係については、いまだほとんど研究されていない。しかし、マリー・テレーズ・フェーゲン（Marie Theres Fögen 1946～2009）は、詩や歌のリズムや音色ほど、われわれの自然な規律感覚に似通ったものはなく、歌は、死せる文字と音なき言語よりもすぐれているという。語り得ないことについては歌わなければならないのである。[42]

絵画について、メルロ＝ポンティは、沈黙せる言語があり、絵画はそれ自体の流儀で語っているという。[43] 知覚を基礎に産出された絵画は、誰か他人の目にふれることで、それを製作した主体から時空を超えて、間主体性をもつようになる。[44] そこには絵画によってしか成立しないコミュニケーションがある。教会に飾られた宗教画は文盲の教化のためにあるという理解は、あまりに皮相である。

裁判所の和解室や準備室の壁には、たいてい複製画とは思うが、10号くらいのほどよい大きさの絵がかかっている。そのことを意識化している法曹関係者は少ない。

5．コミュニティ

観念的にではなく物理的な仕方で、医と法を合体させてみよう。

広井良典教授のアンケート調査によれば、人々が地域コミュニティの中心

---

[41] 久保田慶一ほか『決定版 はじめての音楽史――古代ギリシアの音楽から日本の現代音楽まで』（音楽之友社・2017年）34頁。
[42] ベルンハルト・グロスフェルト（楢崎みどり訳）「音楽と法 Musik und Recht」比較法雑誌50巻2号（2016年）214頁。
[43] 村上靖彦『治癒の現象学』（講談社選書メチエ・2011年）57頁。
[44] 廣松渉＝港道隆『メルロ＝ポンティ』（岩波書店・1983年）85～86頁。

として特に重要な場所と回答したものは、1位が学校、2位が福祉・医療関連施設、3位が自然関連施設、4位が商店街、5位が神社・仏閣であった。[45]

であれば、地域センターというものに公立病院と裁判所を同居させてみるのはどうだろうか。弁護士ビルと医療モールを組み合わせるのは、より現実的である。

広井教授の看破するように、高齢化問題は実は少子化問題であるから、アンケート1位の学校をも地域センターに組み込むことも面白い。

高度経済成長は、"カイシャとマイホーム"に二極化し、それ以外のコミュニティを辺縁化するものであったが、学び、病み、争う人々を集約するコミュニティの再建が望まれる。

6．希 望

行動経済学にまず関心を示したのは、医療の現場である。医療専門家の直感を疑問視する態度は、疫学的な研究を重視するEBMが産声をあげたのに呼応するところがあった。大腸内視鏡検査を実施する際に苦痛を最短化するために即手技を中止するよりも、苦痛が和らぐのを待ってスコープを引き抜いたほうが苦痛の総量は増えているのに苦痛の印象は小さかったのである。[46] このピーク・エンドの法則は、患者の苦痛そのものに目を向ける現象学的なアプローチである。心理学、医学、哲学は、いつの間にかもう融合し始めている。

医と法を本気で融合しようとするのであれば、表面的で形ばかりのペアリングでは意味がない。

私は、とりあえずは、近代社会の自由主義、民主主義、価値相対主義、世俗主義といった共通の価値観の下に、医と法をある程度までは統合できるの

---

[45] 広井良典『持続可能な医療——超高齢化時代の科学・公共性・死生観（シリーズ ケアを考える）』（ちくま新書・2018年）140頁。

[46] Redelmeier DA, Kahneman D, *Patients' memories of painful medical treatments :real-time and retrospective evaluations of two minimally invasive procedures,* Pain 1996 jul;66（1）:3-8.

ではないかと考えている。

　医と法を統合しようなどという試みは、確かに突拍子もないことかもしれないし、その緒につけたのかさえ、定かではないのだろう。

　それでも、私には、大天才が現れるのか、人工知能が計算してくれるのか、はたまたわれわれのような凡才とは卑下しないまでも秀才程度の者が血の滲むような努力の末か知れないけれど、あたかもコロンブスの卵のようにいとも簡単な仕方で、医と法が一つになっている光景が不思議なことに目に浮かぶのである。

2 臨床医学の問題点
――医療事故調査制度との関連を含めて

有 賀　　徹

独立行政法人労働者健康安全機構理事長

I　はじめに

　法曹と医療の分野に係る諸問題について、たとえばかつては医療事故に際して警察への届出が医師法21条に従って求められるなどの議論があったことは周知である。その後これに関する最高裁判所による判例もあって、事態は一見落ち着いたかのようではあるものの、判例の解釈については現在も全く混乱がないとはいえない。本件は後に詳述することとしたいが、このような臨床側からの課題を考察するためには、医療者が現場において協働するチーム医療の基本的な考え方、臨床倫理的な視点などが基本となる。

　そして、平成26年の医療法の改正（地域における医療及び介護の総合的な確保を推進するための関係法律の整備等に関する法律）において制定され、現時点において展開している医療事故調査制度についてもまた、そのような臨床倫理的な基本を軸に据えると「残された課題」も少なからず明らかとなる。このような観点で全国医学部長病院長会議や東京都医師会などの活動が多大に貢献していると筆者は認識している。したがって、まずは臨床医学の基本と病院管理者のガバナンスなどについて論考し、続いて医療事故調査制度について、そして最後に紙幅の許す範囲で医師法21条についても触れたい。

II 臨床医学・病院医療の基本的フレーム

1．組織的な医療

　医療法によれば、病院とは20床以上の入院施設を有し、科学的かつ組織的な医療を提供する医療施設をいう（同法1条の5）とあり、したがってこの規定を満たすために、病院は"科学的かつ組織的"な運営を基本概念として質管理の考え方や方法を導入することが求められる。[1]科学的とはその医療施設において医療を展開するにあたり、その施設にとってその時点におけるふさわしい医療内容を提供できていることとなろう。そして、組織的な医療とは今やチーム医療として表現される方法であることは論をまたない。

　医師の直接的な指示が、病棟にいる看護師に、厨房にいる管理栄養士に、リハビリテーション訓練室にいる作業療法士らに、薬局にいる薬剤師にそれぞれ与えられていた一昔前と異なり、今や病棟において看護師と管理栄養士、リハビリテーションスタッフ、薬剤師、メディカルソーシャルワーカーらとがともに協力して働くことは決して稀ではなくなった。そこでは入院患者の病態にあわせて各職種による働き方をあらかじめ決めておき、医師による包括的な指示の下で作業を進めていく方法がもっぱらである。このような方法論について今は、多くがクリティカルパスないしクリニカルパスなどとよばれているが、これらの方法をわが国に最初に紹介した郡司はパス法と称していた。[2]この方法を臨床医学に導入することにより、まずは業務内容の標準化が図られ、ひいては提供する医療の質向上と効率化に資することから、現在では多くの病院にて普及しつつある。

　このように作業を共有する、つまり皆で協業するにあたっては、時に自ら

---

[1] 全日本病院協会「第7章 医療の質 病院のあり方に関する報告書」〈http://www.ajha.or.jp/voice/arikata/2011/07.html〉（2011年）24〜37頁。
[2] 郡司篤晃『パス法：その原理と導入・評価の実際』（へるす出版・2000年）。

と異なる職種の仕事に力を貸すなり、代行するなりが求められる。後者については医師による医行為について一定の訓練を経た看護師が医師からの包括的な指示の下に遂行する「看護師による特定行為」が知られている。冒頭に述べた「地域における医療及び介護の総合的な確保を推進するための関係法律の整備等に関する法律」と軌を一にした保健師助産師看護師法（以下、「保助看法」という）の改正に伴うものである。従前より医師の個別具体的な指示があれば、看護師は診療の補助として医行為を行うことはできるとされていて、現に筆者も集中治療室において人工呼吸器の管理下にある患者について人工呼吸器からの離脱を看護師に指示してきた経験を有している。しかし、保助看法の改正に伴う状況は、看護師が包括的な指示の下で患者の状態を判断して一連の医行為を行うなどとなっている。同様に診療放射線技師が点滴や注腸により造影剤を投与することも可能となっている。

2．医療チームの倫理規範

かくして、増加した医療需要と提供体制の不均衡を背景に、多くの職種が病棟において相互に仕事を乗り入れるように医療の提供にあたる状況は、今や背景たる社会的、経済的な状況に応ずべく総力戦を余儀なくされているという言い方もありうるが、元来は現場で働く医療者らの共有する価値規範のゆえにそのようであると考えられる。後者は一般的に引用される生命倫理の四原則、すなわち善行、自律、無危害、公正・正義のうち、医療者が患者にとってよかれと思うことを行う善行の原則に則って、それも自律的に相互に協業しながらそのようにしているということである。

もちろん、患者の自律、すなわち患者による選択を尊重する考え方についても、同時に医療者は具備しているが、それでも自らの意思を表現できない

3　有賀徹＝末永裕之「チーム医療における医師の役割」保健の科学57号（2015年）729〜733頁。
4　地域の包括的な医療に関する研究会『「多職種相互乗り入れ型」のチーム医療：その現状と展望』（へるす出版・2012年）。
5　大藪毅「チーム医療と医療組織改革」第51回日本医療・病院管理学会（2013年）。

患者も含めて、まずは患者の尊厳を最も重要な価値規範とみなす思いが根底に横たわっている。秋葉は、患者の選択こそ最も倫理的であるとする倫理規範を個人主義的な生命倫理と、また患者の尊厳こそ最高原理とする規範を人格主義的な生命倫理とよんでいる。後者はヒポクラテスによる医の倫理やナイチンゲール誓詞の系譜にあり、医学がそもそも本質的に有してきた病者の救済、弱者への慈愛といった精神性を中核においている。

わが国における高齢化がますます進展するにあたり、高齢者自身の選択ないしその権利の擁護も確かに重要であろうが、むしろ高齢者の尊厳を軸においた議論こそ望ましいと思われる。医療や介護を提供するにあたっても、そのための資源に限りがあることは周知の事実である。したがって、上記に述べた生命倫理の四原則をここでも引き合いに出すなら、個々の高齢者の尊厳に鑑みて、資源の"公正"な配分を具現する"正義"が問われていることになる。加えて、119番通報で現場に出動した救急隊による、終末期における心肺蘇生術の是非がしばしば俎上に載るが、これについても患者個人がそれを望まないからという理由ではなく、いたずらに負荷を加えることによって患者の尊厳を損なう可能性があるなら、そのような執拗な蘇生術を行わないことが正しい医学的な判断となる。

3．病院のガバナンス

患者の尊厳を第一義においた医療を全うするには、院長をはじめ病院で働くすべての職員がそのような価値規範を共有していると同時に、院長ら病院執行部がその理念を具体的に実践するリーダーシップを発揮する必要がある。病院のスタッフらはこのことを下から支えなくてはならない。医療事故に関連してこのことを詳述すると次のようである。すなわち、①われわれ医療者

6　秋葉悦子『人格主義生命倫理学：死にゆく者、生まれてくる者、医職の尊厳の尊重に向けて』（創文社・2014年）。

7　芳賀茂「安全文化についてもう一度考えてみる」大阪大学医学部付属病院中央リスクマネジメント部「医療安全へのレジリエンスアプローチ：イントロダクション：平成25年度国公私立大学附属病院医療安全セミナー報告書」（2014年）32〜40頁。

には、たとえばマニュアルに従うなどして日常的にこなす仕事以外にも、緊急的な"外乱"とも称すべき事態にしばしば遭遇する。これらには臨機応変に、脅威を予知したり的確に回避したりと、柔軟な判断や調整を行う。そのような作業の結果として、adverse event となることもあり得よう。②つまり、成功と失敗とは"紙一重"であり、そのような作業にあたる第一線と、組織医療の責任者である管理者（病院長）とは、この意味で信頼し合い、価値観を共有せねばならない。③ adverse event となればそれなりに、また成功事例となれば外乱をいかに調整できたかなどについて学習を進める必要がある。ここでは、柔軟に判断する、その結果を報告する、そしてそれらから学習し不断に向上を試みることが求められる。

上記②に「信頼し合うこと」への言及があるが、この点についてはイタリア国家生命倫理委員会による行動指針が参考となろう。そこには２つの大きな行動指針として、病院において患者の自己決定を尊重することと、医師・看護師らによる「診療や看護における」自律を保護すべきこととが述べられている。後者について誰が保護するかとなれば、まずは現場でチーム医療を牽引する医師となろうが、病院の中でそのような医療を組織的に展開させているとなれば、管理者である病院長にこそ責任があるといわざるを得ない。

法律学的な立場からも、たとえば米国では組織責任の法理（Corporate Liability Theory。アメリカ法）において、「病院が患者の安全・医療の質の確保を怠った場合には組織体が直接的に責任を負う。それは病院に滞在する間の、患者の安全と福祉を保障するものである」とされ、病院が患者に対して直接負う義務として、ⓐ安全と適切な設備・備品の保持において合理的な注意を行使する義務、ⓑ能力ある医師を選択し、保持する義務、ⓒ患者のケアに関して病院の建物内で、医療を行うすべての人を監督する義務、ⓓ患者に

---

8 E. スグレッチャ（秋葉悦子訳）『人格主義生命倫理学総論：諸々の基礎と生物医学倫理学』（知泉書館・2015年）267〜285頁における「医師・患者関係　第６章生命倫理学と医学」。
9 有賀＝末長・前掲論文（注３）729〜733頁。
10 峯川浩子「組織医療における損害賠償責任」賠償科学45号（2016年）48〜65頁。

適切なケアを保障するための、適切なルールおよび手続を案出・採択・執行する義務がそれぞれうたわれている。病院医療を評価する折の語彙を用いるなら、前二者はストラクチャーであり、後二者はプロセスである。病院管理者はストラクチャーのみならず、プロセスに関する責務を負うことも求められている。

　昭和40年代以降の交通戦争などを契機として、各地における救命救急センター設置の波に合わせるように多くの大学医学部に救急医学講座が新設された。そして、今や総合診療に関して医師養成の議論が沸騰している。かつての国立大学病院も独立法人化され、また最近ではそれら特定機能病院に第三者評価を課すべきなどの議論もあって、大学病院には時代の変遷とともに自らが発信すべき機能的な価値について進化させることが求められている。このような状況を理解すると、病院管理者は病院組織の理念、基本方針について表明できなければならないことがわかる。病院は基本的に非営利団体であるので、本件は極めて重要である。[11]理念や基本方針についての説明により、病院の職員全体の進むべき方向性が大きなベクトルとして統一され、病院そのものが全体として有機的かつ組織的に機能することとなる。理念の下に戦略が構築され、おのおのの戦略を成し遂げるための戦術が組まれていく。これこそが病院を俯瞰し管理すること、すなわち病院のガバナンスである。

4．組織的な医療における責任の所在

　後述するが、現行の医療事故調査制度においては、病院長が何らかの死亡事例に遭遇した折に、それが法によって定義された報告すべき医療事故であるか否かを判断し、院内で事故調査をして報告書を提出するとなれば、関係した医療従事者の識別ができない表現にすべきであるなどと、病院長には極めて大きな責任が課せられている。このように医療事故調査制度での管理者に課せられた責任の大きさは、病院を俯瞰し管理できていることを前提にし[12]

---

[11] 野中郁次郎『アメリカ海兵隊：非営利型組織の自己革新〔第16版〕』（中央公論新社・2012年）。
[12] 有賀徹＝水谷渉編『賢者の規範「医療事故調査制度」』（へるす出版・2016年）21〜25頁。

ている。現に某大学病院での内視鏡手術に伴う連続的な患者死亡という医療事故に関して、平成28年9月21日付け讀賣新聞によれば、病院は医師による医療行為の結果のそれぞれについて補償するという一般的な水準を超えて、「病院としての組織責任」を認めるに至っている。

　米国における病院の責任に関する法理も前述のように、いくつもの医療チームが重層して仕事をこなし、部門と部門とが共鳴しながら展開するダイナミックな病院医療において、その責任の所在は病院管理者にあることを示している。この部分はわが国における医療事故への対応を先取りしていたとみなすことができる。先のイタリアにおける倫理委員会からの引用にもあるように、医師・看護師らによる、診療や看護における自律を保護すべき責任は、包括的な指示といった方法論をも含めて、管理者である病院長にある。[13] これは地域における救急医療のしくみ、たとえば患者搬送のルールが自治体の責任の下にあるとするなら、このことについて自治体の長に責任が課せられることと同等であろう。[14]

　この部分について追記する。看護師による投薬の誤りは病院において残念ながら決して稀ではない。それが患者の死亡といった重大事例となれば、最後に患者に接した看護師にしばしば責任が課せられる。しかし、処方から投薬に至る一連のプロセスを俎上に載せ、それらシステムの不全としてとらえれば、それは最終的に病院管理者の責任となろう。刑事司法のうえでは、業務上過失致死罪について最後に患者と接した看護師に、または病院長に課せられることになるのであろう。後者に関連して、津波に伴う福島第一原子力発電所事故について東京電力株式会社の社長が業務上過失致死罪に問われていると聞く。引き続き、医療事故調査制度に関する諸々を論じたいが、業務上過失致死という概念の広さなど、医療事故に関する法曹の体系について整合性をもって理解することは決して容易でないようにも思われる。

---

[13] 有賀＝末長・前掲論文（注3）729～733頁。有賀徹「医療と法～チーム医療について～」賠償科学45号（2016年）66～69頁。
[14] 有賀・前掲論文（注13）66～69頁。

29

Ⅲ 医療事故調査制度に関する視座

1．医療事故調査制度の創設

　病院においては、従来から〔図1〕に示すようにインシデントなどの報告とその後の検討などを定期的に行い医療安全の徹底を期してきた。日本医療機能評価機構によると、急性期病院におけるインシデント報告は月々100床あたり40件以上が目安といい、1000床の大学病院クラスではそれが400件以上となる。これらと、時折生じるアクシデント（〔図1〕におけるレベル3b～5）報告とを糧に病院では不断の医療安全活動が行われている。筆者が病院長をしていた昭和大学病院においては、アクシデントかもしれないという重大事例が生じた場合には、直ちに臨時で医療安全管理・対策委員会を開き"医療事故である"との認識に至れば、この会議を第1回医療事故調査委員会と位置づけて第2回以降につなげていた。このような中で、いよいよ平成26年に「地域における医療及び介護の総合的な確保を推進するための関係法律の整備等に関する法律」（〈表1〉における「医療介護総合確保推進法案の成立」）[15]によって医療事故に係る調査のしくみが位置づけられた。

　そして、平成27年10月からは医療事故調査制度の運用が開始され（〈表1〉）、〔図2〕[16]のような流れとなった。先に言及したように、現行の医療事故調査制度においては、病院長が何らかの死亡事例に遭遇した折に、それが法によって定義された報告すべき医療事故であるか否かを判断し、精緻なルールの下で院内事故調査報告書を提出するなどと、病院長に課せられた責任は大きい。ここでいう報告すべき医療事故の法的な定義は「事案が医療に関連していて、なおかつ予期できなかった事故」である。前者と後者についてはそれぞれ〈表2〉と〔図3〕[17]に示す。これらは院長が判断すべきこととなっていて（〔図2〕

15　深澤雅則「指標　医療事故調査制度と問題点」北海道医報1170号（2016年3月1日）3～6頁。
16　於曽能正博「医療事故調査制度とは」診療研究513号（2015年）51～55頁。

Ⅲ　医療事故調査制度に関する視座

〔図1〕　影響度分類（内容）によるインシデント・アクシデント報告と流れ

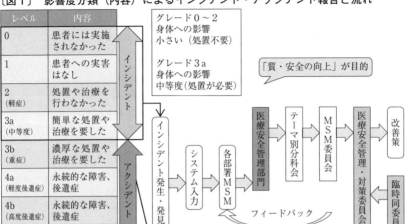

〔図2〕　医療事故に係る調査の流れ

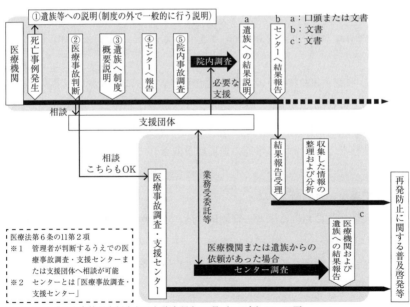

於曽能正博「医療事故調査制度とは」診療研究513号（2015年）51〜55頁。

〔図3〕 当該死亡または死産を予期しなかったもの

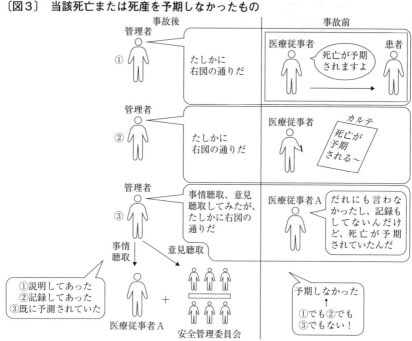

有賀徹：水谷渉編『賢者の規範「医療事故調査制度」』（へるす出版・2016年）21〜25頁

における"②医療事故判断"）、院長は①患者と家族らにあらかじめ事故の可能性について直接的に説明してあったか、②診療録に記載してあるか、③すでに予測されていたかについて確認する。この③は、医療事故調査委員会にて病態の推移などからすでに事態の進展が予測されていたかどうかであり、そのようであれば、①②がなくとも「③すでに予測されていた」となり、報告の対象ではないと判断される。

昭和大学病院における筆者の経験例では、主治医の予測がどのようであるかを尋ねるチャート（〔図4〕）において、主治医の予測については「なし」と判断された1例の事故報告があった。本症例について直ちに臨時で医療安

---

17 有賀＝水谷・前掲書（注12）21〜25頁。

Ⅲ 医療事故調査制度に関する視座

〔図4〕 患者死亡時確認チェックシート

患者氏名　その他の情報…　　　　　　　　　　　医師サイン［　　　　　　　］

1. 手術歴		
	あり　・　なし	
1-1. ありの場合	術式　術者　術日　時間　出血量など	

2. 侵襲性の高い手技・処置		
	あり　・　なし	剖検率は低くない 約2割・90～100件/年
2-1. ありの場合	手技（処置）名　実施日	

3. 死亡を予期していたか	あり　・（なし）	※「なし」の場合は、即時に医療安全管理部門に連絡すること ※「なし」の場合は、必ず病理解剖を実施すること
	主治医の判断・1例あり	
3-1. 具体的な死亡率について事前に説明していましたか	委員会2回の後、管理者の判断"③"	あり　・　なし
3-2. 死亡の可能性を説明したことがカルテに記載されていますか	都医師会（支援団体）"原病の進行"	あり　・　なし

4. 病理解剖（Ai含む）の必要性の説明		
	あり　・　なし	
4-1. 病理解剖の必要性を説明したことがカルテに記載されていますか		あり　・　なし
4-2. 病理解剖の有無		あり　・　なし

5. 先進医療（ある場合）	
先進医療名：	

※死亡を予期していなかった場合は、医療安全管理部門（内線：8786、時間外は事務当直3699）へ
　ご連絡ください。
※本紙は、死亡診断書作成後すみやかに記載してください。
※記載後は、入院サマリーと一緒に診療録管理室に提出してください。

昭和大学病院

〈表1〉　医療事故調査制度創設までの経緯

1999年	1月	横浜市立大学病院事件
	2月	都立広尾病院事件：医療事故に関する警察届出が増加する契機
2004年	4月	都立広尾病院事件に関する最高裁判決 自己の診療していた患者であっても、異常死であれば医師法第21条の届出義務を負う
	9月	日本医学会加盟の主要19学会による共同声明 『診療行為に関連した患者死亡の届出について～中立的専門機関の創設に向けて～』
2005年	9月	『診療行為に関連した死亡の調査分析モデル事業』　開始
2006年	2月	福島県立大野病院事件 帝王切開中の出血により妊婦が死亡した事例において産科医が業務上過失致死・医師法第21条違反容疑で逮捕　→　起訴後、2008年無罪判決が確定
2007年	4月	厚生労働省『診断行為に関連した死亡に係る死因究明等のあり方に関する検討会』の設置
2008年	6月	厚生労働省『医療安全調査委員会設置法案（大綱案）』
2011年	4月	規制・制度改革に係る方針（閣議決定）
	8月	厚生労働省『医療の質の向上に資する無過失補償制度等のあり方に関する検討会』
2012年	2月	厚生労働省『医療事故に係る調査の仕組み等のあり方に関する検討会』全13回
2013年	5月	厚生労働省『医療事故に係る調査の仕組み等のあり方について』公表
	11月	厚生労働省『第35回社会保障審議会医療部会』開催
2014年	6月	医療介護総合確保推進法案　成立　⇒　医療法改正
2015年	10月	『医療事故調査制度』運用開始

深澤雅則「指標　医療事故調査制度と問題点」北海道医報1170号（2016年）3～6頁

33

〈表２〉「医療に起因する（疑いを含む）死亡又は資産の考え方

『当該病院等に勤務する医療従事者が提供した医療に起因し、又は起因すると疑われる死亡又は死産であって、当該管理者が当該死亡又は死産を予期しなかったもの』を、医療事故として管理者が報告する

『医療』（下記に示したもの）に起因し、又は起因すると疑われる死亡又は死産（①）	①に含まれない死亡又は死産（②）
○診察 　─徴候、症状に関連するもの ○検査等（経過観察を含む） 　─検体検査に関連するもの 　─生体検査に関連するもの 　─診断穿刺・検体採取に関連するもの 　─画像検査に関連するもの ○治療（経過観察含む） 　─投薬・注射（輸血含む）に関連するもの 　─リハビリテーションに関連するもの 　─処置に関連するもの 　─手術（分娩含む）に関連するもの 　─麻酔に関連するもの 　─放射線治療に関連するもの 　─医療機器の使用に関連するもの ○その他 以下のような事案については、管理者が医療に起因し、又は起因すると疑われるものと判断した場合 　─療養に関連するもの 　─転倒・転落に関連するもの 　─誤嚥に関連するもの 　─患者の隔離・身体的拘束／身体抑制に関連するもの	左記以外のもの 〈具体例〉 ○施設管理に関連するもの 　─火災等に関連するもの 　─地震や落雷等、天災によるもの 　─その他 ○併発症 　（提供した医療に関連のない、偶発的に生じた疾患） ○原病の進行 ○自殺（本人の意思によるもの） ○その他 　─院内で発生した殺人・障害致死、等

※１　医師の項目には全ての医療従事者が提供する医療が含まれる。
※２　①、②への該当性は、疾患や医療機関における医療提供体制の特性・専門性によって異なる。
医政局長通知より

有賀徹：水谷渉編『賢者の規範「医療事故調査制度」』（へるす出版・2016年）21～25頁

全管理・対策委員会を開き、これを第１回事故調査委員会とし、その後の医療事故調査委員会を経て、支援団体（〔図２〕参照）である東京都医師会の該当委員会（東京都医療事故等調査支援団体協議会運営委員会。後述する）からも「現病の悪化」という見解を得て、最終的に「③すでに予測されていた」（〔図３〕参照）として医療事故調査・支援センターへの報告をしない判断を下した。院内事故調査委員会には外部から事例に造詣の深い専門家を交えて議論を行い、加えて支援団体の同じく造詣の深い専門家からの意見をも聞くことができたので、当時の病院長として筆者には「医療事故調査・支援センターへの

報告に及ばず」に至る経過と結果とに十分な自信をもつことができたと記憶している。

2．全国医学部長病院長会議による見解——医療事故調査の本質

　現行の医療事故調査制度の特徴は、当時の大綱案（〈表1〉2008年6月）において医師法21条に基づいて医療事故の警察への届出を求められていた状況を克服すべく練られた中で、やはり場合によって警察の扱いとなる場合などがあった（〔図5〕。左欄）ことに比し、純粋に再発防止という医療安全に焦点をしぼったもの（同、右欄）となっている。法の主旨は全くこのとおりであるが、医療事故に関連した民事訴訟に今回の医療事故調査制度が利用される懸念が払拭されているわけではない。従前から医療事故の報告書については、それが院内で作成されようが、第三者によるものであろうが、民事訴訟に利用されてきた（〈表3〉）。裁判所による過失や因果関係の認定が報告書にある内容からなされていて（〈表3〉における③、④、矢印で示す）、患者側からの訴えに利用できることは明らかである。

　現に医療事故調査制度創設以来1年間における医療事故調査・支援センターへの調査依頼件数は圧倒的に患者の遺族から（〔図6〕）で、その理由も死因や治療内容を含めた院内調査に納得できないというものである（〔図6〕下表参照）。この制度が患者側弁護士に利用できるものとなっていることは、この制度を検討するために厚生労働省に組織された「医療事故に係る調査の仕組み等のあり方に関する検討部会」にその趣旨を述べる委員が同席していたことからも予想され、このことはまさに利益相反を問うべきであったものと考える。その第13回検討委員会（平成25年5月29日）では、遺族が第三者機関（当時、現在の医療安全調査機構）に調査を依頼するにあたって総務課長

18　大坪寛子「医療事故調査制度の創設に向けて」日本救急医学会専門医セミナー（2015年3月28日）兵庫。
19　桑原博道＝墨岡亮「医療事故調査報告書の記述は、日本の裁判所における民事訴訟の判決の中で、どのように引用されたか？」安全医学12号（2016年）23〜29頁。

第1編 ②　臨床医学の問題点——医療事故調査制度との関連を含めて

〈表3〉　医療事故調査報告書が引用された裁判例

	判決	民/刑	調査主体	提出者	事実経過	死因(因果関係)	再発防止策	適切・不適切
1	2013.9.17 福岡地裁	民	院内	原告	②	④	×	×
2	〃	民	第三者	原告被告	②	④	②	×
3	2013.2.28 名古屋高裁	民	院内	原告	③	①④	①③	×
4	2012.5.16 広島高裁松江支部	民	院内	被告	②	×	×	×
5	2011.3.30 東京地裁	民	第三者	原告被告	×	①②④	①	③
6	2011.2.10 東京地裁	民	院内	被告	①	×	×	×
7	2011.1.13 大津地裁	民	院内	原告被告	①	③	×	②
8	2009.7.13 鳥取地裁米子支部	民	院内	被告	②	×	×	×
9	2008.12.16 仙台地裁	民	院内	不明	②	①	×	×
10	2006.5.18 東京地裁	民	院内	被告	①③	×	×	×
11	2005.1.27 東京高裁	民	院内	原告	×	×	×	③

※①当事者の主張、②事実経過、③過失の有無、④原因（因果関係）

事故調査報告書に含まれる記載「事実経過」「死因（因果関係）」「再発防止策」「適切・不適切」

裁判所による認定 ②③④

桑原博道：墨岡亮「医療事故調査報告書の記述は、日本の裁判所における民事訴訟の判決の中で、どのように引用されたか？」安全医学12号（2015年）23～29頁

（当時）が「費用は受益者負担である」旨を発言している。医療事故調査制度そのものが、実は医療安全を本旨とするものではなく、医療者と患者・遺族との対峙を前提としていたかの感は拭えない。

　以上のように少なからぬ懸念を抱きつつ、全国医学部長病院長会議は「診療に関連した予期せぬ有害事象（死亡事故など）の調査のあり方」（平成25年5月16日理事会）と題して、「我々医療者は、患者の人としての尊厳に鑑みてその患者にとって最も正しいと思われる医療を行う。このことが、患者の意思を尊重することとともに、我々の職業倫理の主軸を成している。診療に関連した有害事象（死亡事故など）について調査をすることは、このようにして展開している日常診療の延長線上に位置づけられる我々の責務である。す

Ⅲ 医療事故調査制度に関する視座

〔図5〕 医療事故調査制度の特徴（大綱案との比較など）

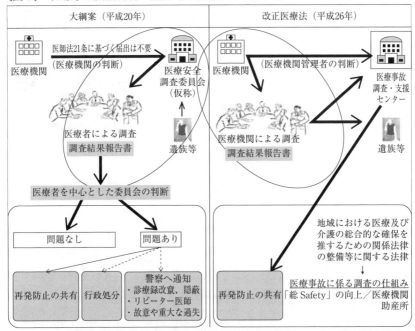

大坪寛子「医療事故調査制度の創設に向けて」日本救急医学会専門医セミナー（2015年3月28日）兵庫

なわち、調査を行う目的は、事故の原因分析を通じて再発の防止について、つまり院内における『システム』の改善などについて検討し、日常診療における患者の安全をより一層高め、医療の進歩に寄与することである。その意味で、調査を行うことそのものと、患者・家族の意思の如何とは直接的な関係にない」とのメッセージを発している。

また、「医療事故調査制度に関するガイドライン」を発表（平成27年11月20日理事会）した折には、その前文で「確かに法の趣旨は医療の確保に資すべく病院医療の安全面における質向上を構築することであり、医療事故にしばしば伴う、患者側からの訴えや係争を直接的に取扱うものではありません。しかし、患者や家族にとって看過できない事例ともなれば、やはり医療者はこのことを見据えて対応する場面もあり得ましょう」と述べ、しかし「事故

37

第1編　②　臨床医学の問題点——医療事故調査制度との関連を含めて

〔図6〕　センター調査依頼件数（月別）合計16件

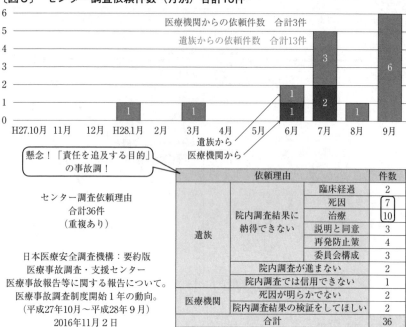

センター調査の依頼理由は、依頼があった16件の理由を複数計上しているが、遺族からは、治療に関する調査結果に納得ができないが10件と一番多かった。次いで、死因について納得ができないが7件であった。

の調査が患者・家族と医療者との相対的な均衡の上に展開するものではなく、医療のあり方そのものとして、我々の職務の延長上に行うべき事柄であるということです。つまり、調査の基本は院内事故調査で、これは院内の医療者が職業倫理に則る自律と軌を一にします」としている。

全国医学部長病院長会議は次のようなメッセージも発信している（平成26年5月15日理事会）。ここに述べている第三者機関は現在の医療安全調査機構ではいまだないことに要注意であるが、「死因究明に向けての動向に鑑みて」と題して、「医療機関は、事象の発生後に速やかに、まず第三者機関に連絡し、剖検取得の支援、調査分析支援チームの派遣を受ける。そして、院内事故調査委員会の開催、報告書の作成を第三者機関の支援を受けながら行う。ここ

で第三者機関は地域（県）医師会に置かれ、実質的に地域医師会によって束ねられた大学病院などが協力している。一般診療と同様に、医療安全の面でも中小病院を地域の基幹病院が支援する構図となっている。このことにより、事故の当事者である患者・家族と医療者の間における信頼関係が強化・補完されているものと理解することができる」という。地域医療の本質的なあり方として重要な観点が述べられている。

　なお、医療安全調査機構に全国から少なからず医療事故調査・支援センターへの報告の要否を尋ねる問合せが入っていた。そのことはこの制度の黎明期においては仕方のないことだったかもしれないが、医療安全調査機構における作業の多寡と補助金とのあり方から次のようなメッセージを発信している（平成29年4月12日）。すなわち「①既述のごとく、我々医療者は患者の尊厳を軸に医療を行っており、その倫理規範の延長上に事故の調査がある。つまり、院内事故調査が原則であり、医学的な調査を進めるにあたり、たとえば病理解剖においては主治医が陪席して病理医と質疑することなど、日常的な医学の方法論に沿った医学的な検討こそ重要であると認識する。②医学的な検討に必要であれば、それに相応しい専門医を院外から招聘することはあり得る。ただし、これは院内事故調査の法的な条件となっているわけではない。いわんや、中立性や透明性といった『真摯に医学的な検討をすすめることとは全く異次元』の価値判断が検討の場に迷入するはずもない。中立性などは医療者と遺族とが対峙することを示唆しているかのようで、法の主旨にも沿っていない」という原則論がまずは述べられ、それらに続いて「③日本医療安全調査機構が医療事故報告対象であるか否かを判断することは、行政当局からの財政支援と報告数に伴う作業量の多寡とが勘案される事態となり、利益相反状態に陥っていることを否めない。加えて、医療とはそもそもが地域医療であり、そのような地域医療に詳しいということからも、そのような対象判断は都道府県医師会など地域の支援団体に任せることが正しい」という内容である。このメッセージは後述する東京都医師会による支援活動にも密に関係する。

3．事故調査制度の"目的外使用"の懸念

　上記に発表したメッセージは「Ⅱ臨床医学・病院医療の基本的フレーム」において述べたこととおおむね軌を一にしていることが理解できる。しかし、現実的な揺らぎともいうべき「外圧からの影響など」についても論じなくてはならない。ここではそれらについて触れたい。

　先の懸念が実際の事態へと発展した折の対処についても、全国医学部長病院長会議は医療安全調査機構に申入れをしている。具体的には平成28年9月23日付けで、全国医学部長病院長会議の会長と、そこに組織されている大学病院の医療事故対策委員会の委員長の連名で曰く「全国医学部長病院長会議に組織されます『大学病院の医療事故対策委員会』では、いわゆる改正医療法に伴って"法的に定義された医療事故"を貴機構に報告する際の一連の作業において、各地に所在する大学医学部、同附属病院と都道府県医師会が支援団体として協力する方策や、関連する諸課題について議論してまいりました。そこで、本会議として貴機構に確認すべく、以下について申し入れたく思います。宜しくご検討ください」として「①医療事故調査制度は、上記の法の趣旨に鑑みて、警察への届け出に代替えするものではないこと、および係争の手段でないことについて確認する。②大学病院ではいわゆるアクシデントについて、今までも真摯に事例の検討を行ってきた。それは"法的に定義された医療事故"であるか否かを問わない。上記の協力関係においてもこの方針の通りであるが、貴機構への報告事例は"法的に定義された医療事故"である。③都道府県医師会には各種支援団体を取り纏める協議会の設置が求められている。各地に所在する大学医学部、同附属病院はこの観点でも都道府県医師会と協力体制を組む。④医療事故の判断並びに調査の主体は管理者にある。報告の責任も管理者の下にある。調査の展開にあっては主体的ないし自律的な方法を阻害してはならない。中立性などの"相対的な価値"を以て、外部から不要な干渉をすることは許されない。⑤各地に所在する大学医学部、同附属病院と都道府県医師会とが支援団体として協力する際にも、上

記①、②、③、④の諸原則を遵守する。このことにより、地域医療において医療者と患者・家族らとの信頼関係を強化することは、先の法の趣旨と調和ないし共鳴する。⑥未来に渡って予測することは不可能であるが、現に事故調査報告書が係争の具として利用されることが明らかな場合には、医療安全の確保という制度の目的に鑑みて、貴機構において今回の法に規定される作業は行わない。係争の手段として行われる事象は全て、この法の埒外にて処理されるべきである」というメッセージであった。

　上記⑥で述べていることは大変重要な提案であるが、医療安全調査機構からの応答はなかった。民事訴訟の道具として医療事故調査制度の目的外使用にそれなりの価値をおく立場からは相容れない提案であろう。先の検討委員会における利益相反を示唆する委員の同席に言及したが、医療安全調査機構を構成する人員にそのような向きなきにしもあらずと想像できるからである。以上のように、ここではもっぱら事故調査制度の"目的外使用"について焦点をあてて医療事故調査制度の課題を述べた。なお、上記⑤は前記2.の地域医療に関連したメッセージと符合するところである。

4．支援団体としての東京都医師会活動

　医療事故調査制度が開始されてから、支援団体（〔図2〕参照）が具体的に組織されてきた。大きな流れは日本医師会から都道府県医師会に各地域に所在する大学病院との連携を進めるように促すことがあって、平成28年、平成29年、平成30年と連携が進んで行き、平成30年では全国80大学病院のほとんどにおいて、実際の支援の手順が決まった、またはすでに実際に支援した（55大学病院）となっている（〔図7〕AJMCとは全国医学部長病院長会議の略称）。[20]東京都医師会は、死後画像についてNPO法人Aiシステムとの契約によって、また病理解剖については大学病院以外にも多くの会員病院からの協力によって万全の支援体制を組んでいる（〔図8〕）。このような周到な体制につ

---

[20] 中村伸理子ほか「大学病院の医療事故調査制度への対応：都道府県医師会との連携」日本医師会雑誌147号（2018年）1254～1258頁。

いては、医療事故調査制度の発足を見越して、それに先立つ数年前から24時間体制の「よろず相談窓口」を構築してきた結果である。〔図9〕～〔図13〕は制度発足以来の結果である。相談件数の3割弱が報告の要否に関する相談であり（〔図9〕）、東京都医療事故調査等支援団体連絡協議会運営委員会の委員が会員病院の管理者（病院長）や当事者からの相談に"地域医療の一環"として乗っている。制度の発足から2年ほどで東京都の医療施設で100件以上の事案が生じているが、その6割で東京都医師会の支援がなされている（〔図10〕）。それらの活動はおおむね月に4.4件（〔図11〕）で、病院規模は多岐にわたる（〔図12〕）。事案の診療分野については、やや外科系に多いこともわかる（〔図13〕）。

　そして、東京都医師会の支援があって医療安全調査機構（医療事故調査・支援センター）へ報告した症例は発足から平成30年9月までに計29例であったので、それらについてアンケート調査を行ったところ19例について回答を得た（〈表4〉）。それらによると支援はおおむねよい評価となっていたので、今後とも同じように支援を続けて行くことになるが、興味深いこととして事故発生から医療事故調査の報告書提出まで6カ月時点での累計が47％であったことがわかる。同報告書の作成にはそれなりの月数がかかることが理解できるが、半年が"一つの山"ということである。加えて〈表5〉によれば、同報告書そのものが直接的には訴訟に結びつく結果となっていなかったものの、全国医学部長病院長会議（〈表5〉にはAJMCと表記）が各大学からまとめたアンケートでは「報告書の訴訟への利用」が課題として第一にあげられている。また、19例中の1例で「詳細な検査、解剖の結果が無い状況での調査であり、限界があると思うが、病院主体の調査結果とセンターからの調査結果には隔たりがあった。ご家族がどう受け止めていらっしゃるかを考えると心苦しく思うと同時に残念」というコメントがあった（〈表5〉下段）。これは極めて重要な指摘である。病院からの報告書と医療安全調査機構からの報告書とに差異がありうるという事態は、差異によって引き起こされる現場の混乱を放置するわけにもいかないであろうという観点からも、医療事故調

〔図7〕 大学病院・都道府県医師会連携
　日本医師会の呼び掛けにより、中央医療事故調査等支援団体等連絡協議会が組織され、都道府県医師会は、各地域で当該医療機関を支援する諸団体を束ねる役割を担うよう求められている。後者については たとえば、東京都医師会を中心に東京都医療事故調査等支援団体連絡協議会が組織され、本協議会運営委員会が都内の大学病院などからの協力を得ることにより具体的な作業を進めている。
　本委員会は、法に則った事例の報告および法の目的に従った報告書作成が本制度の重点課題と捉え、日本医療安全調査機構、日本医師会および各都道府県医師会に対して、「日常的な医学の方法論に沿った医学的な検討こそ重要である」などとするメッセージ（平成29年4月12日）を発信している[2]。

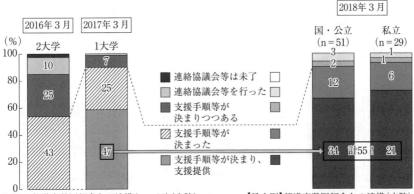

図1：都道府県医師会との連携（n＝80）（本院）　　【設立別】都道府県医師会との連携（本院）
　　　　　　　　　　　　　　　　　　　　　　　　　　AJMC 理事会　2018年11月16日
中村伸理子ほか「大学病院の医療事故調査制度への対応：都道府県医師会との連携」日本医師会雑誌147号（2018年）1254～1258頁

査制度の今後にとって重要な課題であると考える。
　なお、アンケートの自由記載（〈表5〉下段）には「制度の名称が医療事故調査制度となっており、当院では2例の報告実績があるのですが、どちらのケースもご家族に制度のご説明をした際に、『事故ってことはやはり何かあったのですね』と態度が変わってしまい、名称が刺激になっている印象」ともあり、これは全国医学部長病院長会議（同じくAJMC）のアンケート結果とも符合する。
　以上、東京都医師会の活動などを解説したが、東京都の人口は全国のおおむね10分の1である。したがって、このことから全国各地の状況について推

第1編　②　臨床医学の問題点——医療事故調査制度との関連を含めて

〔図8〕　東京都医師会による支援（解剖・Ai など）

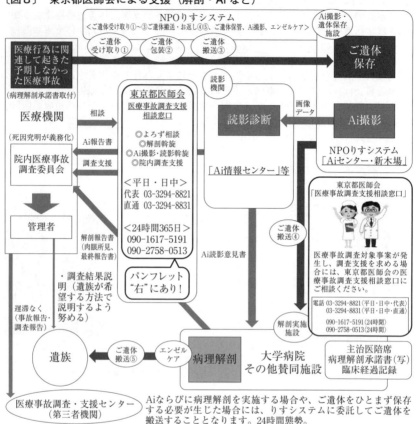

〔図9〕　内容別相談件数
　　　　161件　　　　H27.10～H30.9

〔図10〕　東京都事案における都医師会
　　　　　の関与　　　　H27.10～H29.12

Ⅲ　医療事故調査制度に関する視座

〔図11〕　東京都医師会　相談受付件数　月別推移（161件）
◆月平均4.4件
◆制度開始直後に増加し、その後も継続的に一定件数の相談

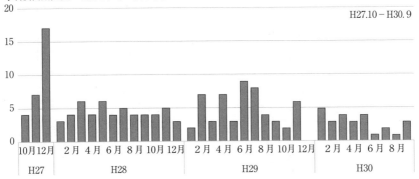

〔図12〕　医療機関規模別　相談件数（計161件）
◆様々な規模の医療機関から相談がある

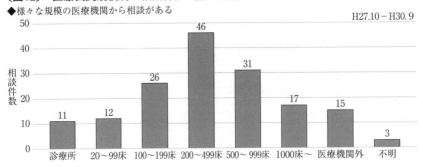

〔図13〕　都医師会に相談・診療科別統計

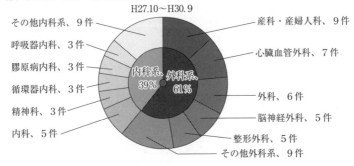

〈表４〉 東京都医師会の支援があって医療安全調査機構へ報告した病院へのアンケート29例中19例から回答　　　　　　　　　　　（H27.10〜H30.9）

回答	件数	割合
1. 良かった ・医療事故の内容を客観的に記述できました。 ・単科での調査には限界があり、第三者委員の存在はとても重要だと感じた。 一病院では、きちんと意見が通らなかったであろうと思う。その位センターの指示は断定的だった。 ・大変有益なご意見をいただきました。 ・公正な第三者の意見を入れて検討をすすめられたため。 ・当院が希望した科（専門分野）の領域の先生を派遣頂けたため。 ・報告書に関して文書の構成等も含め、丁寧にご指導いただいた。 ・外部委員の先生の意見を調査書に入れる事ができた。	15	78%
2. まあ良かった ・事案をすぐに理解し、いくつかの有用な意見をいただいた。	3	15%
3. 少し悪かった ・外部委員の中に制度のことをよくわからない方がいらして対応に困りました。	1	5%
4. 悪かった	0	0%
計	19	100%

支援は役に立ちましたか？

事故発生から報告書提出まで

期間	件数	割合	累計
3ヶ月	2	10%	10%
4ヶ月	1	5%	15%
5ヶ月	2	10%	26%
6ヶ月	4	21%	47%
7ヶ月	3	15%	63%
9ヶ月	2	10%	73%
10ヶ月	1	5%	78%
11ヶ月	1	5%	84%
12ヶ月	1	5%	89%
14ヶ月	1	5%	94%
15ヶ月	1	5%	100%

概ねここで半数

〈表5〉 東京都医師会の支援があって医療安全調査機構へ報告した病院へのアンケート（続き）

Q．当該事案は訴訟になったか	件数	割合
1．訴訟あり	1	5%
2．示談（和解、見舞金）	4	21%
3．今後、訴訟の可能性あり	3	15%
4．訴訟無し	10	52%
5．不明	1	5%
計	19	100%

【訴訟ありの場合】 Q．訴訟事案になることはどの時点で認識されたか	件数	割合
1．当初から	1	100%
2．調査の過程で	0	0%
3．報告書提出後	0	0%
4．その他	0	0%
計	1	100%

回答（抜粋）事故調査制度について意見　医療事故調査が必ずしも訴訟に直結するわけではない。でも…

・詳細な検査、解剖の結果が無い状況での調査であり、限界があると思うが、病院主体の調査結果とセンターからの調査結果には隔たりがあった。ご家族がどう受け止めていらっしゃるかを考えると心苦しく思うと同時に残念。

・制度の名称が「医療事故調査制度」となっており、当院では2例報告実績があるのですが、どちらのケースもご家族に制度のご説明をした際に、「事故ってことはやはり何かあったのですね」と態度が変わってしまい、名称が刺激になっている印象を持ちます。医療安全を担保することが主である制度であり、「医療安全調査制度」という名称にしてほしかったです。臨床の現場で「事故」という言葉は、ご家族、患者様にとって、敏感な言葉であり、医療者側も敏感になります。

医療事故調査制度の課題
（各項目にあり・なしで回答）
本院 n＝80

①	報告書訴訟利用	55大学	69%
2	調査労務負担	51大学	64%
3	遺族対応	50大学	63%
④	医療事故の名称	48大学	60%
5	医療事故の定義	46大学	58%
6	調査費用負担	38大学	48%
7	司法解剖症例	35大学	44%
8	解剖・Aiの同意	28大学	35%
9	外部専門家確保	27大学	34%
9	支援団体体制	27大学	34%

AJMC理事会2018年11月16日

し量ることも可能であろう。

Ⅳ　医師法21条と医療事故調査制度

　医師法21条との関連で医療事故調査制度へ言及した試みがあるので、最後に報告したい。平成30年3月26日に全国医学部長病院長会議会長から会員各位へとして「病院に勤務する医師の皆様にご理解いただきたいこと（周知）」を発信した（3月9日付け）。これは要するに「誤解のありそうな事柄について整理し纏めた」もので、Ⅰ医師法21条に関する事実の記載と、Ⅱ実際の行動に関するいざないとについて述べている。前者は次のようである。すなわち、①医師法21条（死体懸案にて異状ありの場合に警察へ届け出る）について

第1編　②　臨床医学の問題点——医療事故調査制度との関連を含めて

は「異状死」ではなく、「異状死体（死亡を伴う犯罪に係る可能性のあるもの）」の（外表を検査し異状を認めた場合における）届出義務を定義したものである（最判平成6・4・13刑集58巻4号247頁）。②「旧厚生省による国立病院リスクマネジメントマニュアル作成指針（医療過誤による警察への届出を指導している）は、医師法21条の解釈を示したものではない」のと見解が示されたことから、医師法21条を根拠に警察へ医療事故を届け出るとする従前の解釈はすでに撤回されている。③医師法21条は医療事故などを想定したものではなく、法律制定時から変わっていない。[22]

そして、Ⅱ実際の行動については、「1）院外心肺停止で搬入されるなど死因が分からない症例は、外表に異状を認めなければ医師法21条で定義される届出義務は存在しない。しかし、明確に病死と判断されなければ、検察官の検視に協力することを目的に警察署に届出ている。2）3）略」とされたが、その後に全国医学部長病院長会議に組織されている大学病院の医療事故検討委員会では「医療と刑事司法の関わり方」についての議論の中で、このⅡ-1）の記載について、単なる「協力」というよりは「道義的な義務」もあろうとのことから、平成21年2月8日に開かれた上記委員会では平成30年3月に発信したメッセージを改訂して「関係者の皆様にご理解いただきたいこと」をまとめた。[23]これは2月14日に会員である大学病院院長に発送された。そこでは「当委員会としては、医師は、薬物中毒、熱中症、溺水など死体外表に異常所見を認めない事例であっても、所轄警察署に届け出るべきと考える」との内容となっている。その後、厚生労働省からの通知（2月8日付け）[24]によると、「死体外表面に異常所見を認めない場合であっても……異状を認

21　2012年10月26日「第8回医療事故に係る調査の仕組み等のあり方に関する検討部会」における、厚生労働省医事課長による発言。

22　2014年6月の衆議院厚生労働委員会における田村厚生労働大臣（当時）発言。

23　山下英俊、有賀徹「関係者の皆様にご理解いただきたいこと（周知）」平成31年2月14日全医・病会議発第350号。

24　厚生労働省医政局医事課長「医師による異状死体の届出の徹底について（通知）」平成31年2月8日医政医発0208第4号。

48

める場合には、医師法21条に基づき、所轄警察署に届け出ること」とされ、いわば行政上の解釈が示された。これら2つは一見同じ内容であるが、上記委員会は必ずしも「医師法21条に従って届け出る」と示してはいない。〔図14〕にみるように（AJMCとは〔図7〕などと同じく、全国医学部長病院長会議）外表に異状のない場合に届け出る理由は、法的というものではなく社会正義に基づく道徳的な義務が課されているという理解である。

　上記の点については、医師法21条の解釈に関する射程範囲に諸説あって、上記委員会内でも意見が分かれている。ただし、医師法21条に基づくとの説をとった場合には、外表に異状のない診療関連死において同条による届出義務が生じるとする考え方の延長上には、憲法38条1項と衝突し得る。いずれにせよ、医師法21条の問題は、捜査の端緒としての問題であり、わが国での本質的な問題は刑事司法にこそあると考えられる（〔図15〕）[25]。この端緒の件は、医師法21条を医療関連死には適用しないとしても、院外心停止による死体の検案について、死亡の背景もわからない中で24時間以内に警察に届け出なければ犯罪とされ、罰金刑という前科がつく事態に陥る。このような状況では医師が検案を安易にできなくなる懸念もあろう。この点で警察への届出について厚生労働省通知のように医師法21条を根拠にするのであれば、日本医師会による臨時答申のように「医師法第33条の2（罰則）から第21条違反を削除する」ことが妥当であるとの主張も重要である[26]。関連して監察医務院制度の全国的な普及も求められよう。

V　まとめ——超高齢社会の今後における展望など

これまでの論考において、特定行為に関する教育を受けた看護師に対して

---

[25]　山下英俊、有賀徹「医療と刑事司法の関わり方について（周知）」平成31年2月21日全医・病会議発第358号。
[26]　日本医師会医事法関係検討委員会「臨時答申　医師法21法第条の規定の見直しについて」平成28年2月。

包括的な指示を出し、その折に医療事故が生じた場合にあっても、その責任は指示を出した医師や実際に特定行為を行った看護師ではなく、そのような方法論を用いて病院医療を展開することとした病院管理者にこそ課せられるなどについて説明した。このことは医療を行う病院であれ、往診や訪問診療を行う診療所であっても同様であろう。もちろん、介護施設であっても、その場所をいわば実効支配している管理者に基本的な責任があることに変わりはなかろう。

　しかし、今後における医療、介護において、現在も各地で検討が進められている地域包括ケアシステムの中で、特に居宅において何らかの事故が生じた場合の責任の所在はどのように整理されるのであろうか。[27]すなわち、主治医が医療の観点から包括的な指示を多くの職種に与えて医療事故が生ずれば、上記と論理的に同じであろうが、そのようではなく、患者の療養上の世話、ないしそれに準ずる作業にあたって、それも患者の居宅において事故が生じたときに、責任の所在という観点から誰がどのような位置づけになるのであろうか。基本的には多職種が横並びでそれぞれの作業にあたっていて、それも病院内や施設内ではなく、居宅において生じた事故の場合を想定している。

　以上の例は医療事故ではなく、介護事故とよんでもよかろうが、これらについての責任の所在については、社会や時代の変遷とも絡む難しいテーマである。医療事故調査制度が創設されたから何かが大きく変わったかといえば、日常的な診療の毎日においてその実感はまことに乏しいといわざるを得ない。しかしそれでも、万が一にアクシデント（〔図１〕参照）に遭遇すれば、多くの病院が支援団体からの知恵を得て医療安全の向上へと模索できることになった。このことは決して小さなことではない。ここに論考してきた課題についても、時代とともに漸次進化していくのであろう。

　故平沼髙明先生には貴重なご指導を多大に賜って今日に至っていることに深甚なる感謝の念を表したい。そして引き続き、多くの方々からのご鞭撻を

---

[27]　峯川浩子「高齢者と医療介護施策（問題提起）」日本賠償科学会第71回研究会要旨集（2017年）11～13頁。

V まとめ——超高齢社会の今後における展望など

〔図14〕 関係者の皆様に理解いただきたいこと（平成31年2月8日委員会）説明図

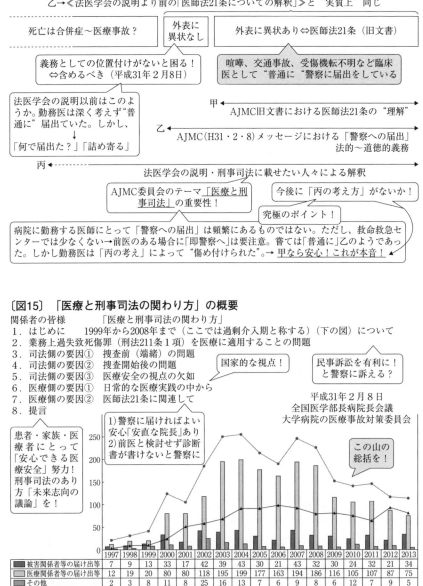

〔図15〕 「医療と刑事司法の関わり方」の概要

得るなどして、医と法の課題に邁進していく所存である。

第2編

賠償科学の挑戦

1 賠償科学の体系

杉田雅彦

弁護士

〈抄録〉

　本稿のテーマは「賠償科学の体系」である。大変広く、深いテーマである。「賠償科学」という言葉は、日本賠償科学会が作り、育てあげてきた。
　そこで、本稿では、まず日本賠償科学会の歴史と、学会活動について述べる。そして、学会のこれまでの業績、研究テーマ、将来の研究テーマについて論ずるものである。
　「賠償科学」を切り口として、医と法、法実務と法理論との連携により、交通事故訴訟における裁判実務の改革に迫りたい。

I　総論　第1部——賠償科学(日本賠償科学会)総論

1．賠償科学とは

　「賠償医学」という言葉は、現在の「日本賠償科学会」(以下、賠償医学会・賠償科学会を含め原則として「学会」という)の前身である「日本賠償医学研究会」、「日本賠償医学会」が、使用してから普及してきたものである。[1]

---

[1]　若杉長英「賠償医学の現状と問題点」交通事故民事判例集創刊25周年記念論文集『交通事故賠償の新たな動向』(ぎょうせい・1996年) 543頁。

このように、賠償医学という言葉は、学会が創造し、育て上げてきたものである。

上記のとおりであるので、本稿においては、学会の活動を中心として述べることとする。

2．日本賠償科学会史

(1) 学会の沿革

「賠償科学学会」は、次のような歴史をもっている。

1982年4月24日、日本賠償医学研究会として設立。同研究会は、当時、昭和大学医学部の法医学担当であった渡辺富雄教授の主唱により設立された。[2]

1984年、日本賠償医学会と改称。

1997年、さらに、日本賠償科学会と名称が変更された。医学以外の諸科学の成果を取り入れて損害賠償問題を解決するためである。

(2) 学会の事業

会則4条は、前記の目的を達成するため、学会の事業について、次のように規定している。

(事業)
第4条　本会は、前条の目的を達成するために、次の事業を行う。
① 　学術集会の開催
② 　機関誌「賠償科学」及び学術書の刊行
③ 　その他、本会の目的を達成するため必要な事業

学会は、医学研究者、医師からなる医学系と法学研究者、弁護士等からなる法学系の会員からなり、その性格上、不文律として理事長は医学系と法学系の交代で就任し、また理事・副理事長も医と法の同数としている。評議員については会則19条において、医学系25名以内、法学系25名以内と定められ

2　若杉・前掲論文（注1）544頁。

(3) 研究会（学術集会）の開催

2019年6月1日、第74回の学術集会（研究会）を開催した。

研究会は、2018年12月までに全国各地において73回開催されている（原則年2回）。

研究会のテーマは、因果関係など賠償科学における交通事故の基本的なテーマをはじめとして社会問題となったものまで広範囲なものとなっている[3]。

(4) 学会活動

1989年には、学会の活動が注目され、日本弁護士連合会の機関誌である「自由と正義」40巻9号に、「賠償医学を巡る諸問題——交通事故を中心として——」という特集が組まれるに至った。渡辺富雄（昭和大学医学部教授）[4]、小嶋亨（広島大学医学部教授）、若杉長英（大阪大学医学部教授）、江守一郎（成蹊大学工学部教授）、古村節男（京都府立医科大学教授）、その他裁判官、弁護士が執筆している。また、「賠償医学をめぐって」と題し裁判官、医師、弁護士らによる座談会が掲載されている。

2000年、学会は日本学術会議（第2部社会法学の部）に登録された。

2001年、文部科学省から科学研究費を与えられ、昭和大学上條講堂において、「医と法から見たPTSD（心の傷）[5]」と題するシンポジウムを開催した。大勢の参加者があり盛況であった。

2010年6月5日、韓国賠償医学会と合同して、近時の日韓の賠償科学的問題点を討議するため第1回日韓合同研究会を昭和大学講堂において開催し、成功裡に終わった。

2018年6月時点で、学会員数は480人を超えた。

3　機関誌である賠償科学1号〜39号までのテーマは、日本賠償科学会編『賠償科学〔改訂版〕——医学と法学の融合——』（民事法研究会・2013年）686頁以下に掲載されている。

4　肩書は当時のもの。以下同じ。

5　PTSD"Post-traumatic Stress Disorder"、「外傷後ストレス障害」または「心的外傷後ストレス障害」。以下、本稿ではPTSDと表記する。

(5) 学会誌(機関誌「賠償科学(賠償医学)」の発行)

　日本賠償科学会が33年間にわたり発行してきた機関誌である「賠償科学」(23号より「賠償医学」から「賠償科学」に改称)は、2018年6月までに46号まで発行されている。

　なお28号は、「学会創立20周年記念号」(頁数は216頁)として発行された。同号3頁以下に、座談会「21世紀の賠償科学(学会創立20周年を振り返って)」が掲載されている。また、2011年には37号4頁以下において「第1回日韓両国の賠償科学の課題と連携」のシンポジウムが開催された内容が掲載されている。2013年の39号は、日本賠償科学会創立30周年記念号として発行された。同号5頁以下において、学会創立30周年の歴代理事長による記念座談会が掲載されている。

(6) 学会の基本書の発行

　学会は2007年5月、故平沼髙明弁護士が学会理事長の時、創立25周年を記念して『賠償科学概説──医学と法学との融合──』[6]を出版した。「賠償科学」という言葉がかなり認知されてきたのに、その基本書・教科書がなかったからである。初版は好評であった。

　次いで、筆者が学会理事長であった2013年9月、初版から数年を経たので、その改訂版を発行した。学会創立30周年記念出版として、前述の『賠償科学概説』の書名を改題し『賠償科学〔改訂版〕』として発行した。同一テーマを医学と法学等の諸科学より専門的に論じているので、ずばりこの題名がふさわしいと考えたからである。

　改訂版は、初版後に特に問題となった「脳脊髄液減少症(低髄液圧症候群)、軽度外傷性脳損傷(MTBI)、線維筋痛症、複合性局所疼痛症候群(CRPS)、非器質性精神障害」という新しいテーマも取り入れ"up to date"なものとした。改訂版も好評であった。医学・法学とも進歩を続けているので、この後も改訂を続けるつもりである。

---

[6] 日本賠償科学会編『賠償科学概説──医学と法学との融合──』(民事法研究会・2007年)。

学会の活動については、拙稿を読んでいただきたいが、これまで賠償問題を医と法が協力し合い公正・妥当な損害賠償問題の解決をめざして活動してきたものである。学会の活動は各方面にいまだ十分に浸透したとはいえないが、立派に市民権を得たと考えている。科学（医学）技術は日々、新しくなっている。医学も法学の世界も進歩しなければならない。

前述の『賠償科学概説』、『賠償科学〔改訂版〕』のいずれも好評であり、賠償科学の教科書・基本書の役割を果たした。いずれも賠償問題について医学と法学の両側面から検討したものである。本稿は、賠償科学の理論をさらに深化させるとともに、最近問題となっている新しいテーマも盛り込んだものである。賠償科学的な考え方をすることにより適正な損害賠償の算定が図られるものである。

3．賠償科学の概念・目的

(1) 日本賠償科学会の概念・目的

日本賠償科学会の目的は、学会会則3条（目的）にあるように「損害賠償に関する諸問題を医学と法学の両側面から学際的に研究し、人身障害の認定並びに民事責任の適正化に資する」ことである（医学とあるがいずれ「科学」とすべきである）。今後もこの目的に即して学会を発展させるべきである。

すなわち「賠償科学」とは、損害賠償に関する諸問題を学際的に研究することを目的とする学問である。

当初、学会名を賠償医学としたのは、学会のめざす学際領域への社会や学会の認識が低かったこと、また、学会の誕生母体が医学系であったことから、学会名を賠償医学としたものである。

しかし、科学を広くとらえるほうが適切であるので、1997年に学会の名称を「賠償科学」と変更した（なお、以下本稿では「賠償医学」とするほうが適切な場合には賠償医学と記すこととする）。

7　杉田雅彦「日本賠償学会史」日本賠償科学会・前掲書（注3）15頁。
8　渡辺富雄「自動車事故と賠償医学」ジュリスト増刊総合特集42号（1986年）25頁。

学会のテーマは、学会の成り立ち、その後の活動の領域からして、今後も当分の間は人身損害賠償問題が中心になると思われる[10]。また、賠償の問題以外に、さらに、「諸補償制度」、「刑事問題」などにも対象を広げるべきという考えもある[11]。

(2) 「医学的考え方」と「法学的考え方」

(ア) 医と法の協力

「賠償科学」は、医学をはじめとする自然科学と法学が協力し合わなければ、その成果を上げられないものである[12]。医と法は、その専門性を発揮するために、互いを理解し合い、切磋琢磨しなければならない。

医と法は互いに協力し合わなければならないが、たとえば医と法には次のような問題がある。

(イ) 医と法の乖離

交通事故、医療過誤に関する研究をしていて、「医」と「法」の乖離（ギャップ）を感ずることがしばしばある。これをこのままにしておいてよいとは到底思われない。この乖離は、「医」のほうは、法的判断にあまり関心がなく、「法」は「医」のことに十分な理解を示さない傾向があるということに原因があるのではないかと思われる。元福島県立医科大学教授で、学会の第６代目理事長であった平岩幸一は次のようにいう[13]。

① 日本の医学が育った培地は自然科学である。その中で突然変異や自然淘汰を繰り返しながら現在の医学へと成長してきた。一方、法学が育った培地は社会科学である。もちろん法学も発展の過程で葛藤や矛盾を克服してきたに違いない。

---

9 渡辺富雄『賠償医学全書第１系』（株式会社トミー・1991年）17頁。
10 平沼高明ほか「〈座談会〉21世紀の賠償科学　学会創立20周年を振り返って」賠償科学28号（2002年）15頁〔野村好弘発言〕。
11 高取健彦ほか「〈座談会〉賠償医学の今後の展望——10年を振り返って」賠償医学15号（1992年）21頁〔若杉長英発言〕。
12 以下、医学・法学を略して医・法と記す。最近はこのような使用法となっている。
13 平岩幸一「遺伝子導入の賠償医学」賠償医学14号（1991年）１～２頁より要約。

② ともすれば両学問はお互いを異質の学問（異物）と認識していたのではないだろうか。医学は法学の新たな理論を、一方法学は法学で医学の新知見を異物として認識し、それを単に摂取・消化していたかにみえる。まして、法医学は医学の一分野とされているし、しかも偏った栄養の培地で成長してきたとも思われている。こうした観点で法医学と法学の発展の歴史を振り返れば、両者が相互に影響し合いつつ新たな理論を展開するという素地は全くなかったといっても過言ではない。

③ とりわけ人身傷害における損害賠償においてはそれが顕著に現れる。にもかかわらず医学を異物視し、法学のみにて損害賠償を処理することに固執すれば、人身の損害賠償に関する法理と実務は頓挫せざるを得ないのは当然のことであろう。そして、医学側もそれに全く無関心であったことは否めない。その帰結が"むちうち症"の多発であろう。

④ このような時代に生まれたのが賠償医学である。賠償医学は細胞融合の技術ではない。医学に法学という遺伝子の一部を導入する技術である。遺伝子を導入された細胞の新たな機能や形質の発現を詳細に調べ、その社会的利用価値を評価する。これは法学側でも応用できる。このような実験系の確立は素晴らしいことではないか。

「医」のほうは、行った医療行為がどのような法的判断を受けるのかということに関心が薄く、一方、「法」は、発生した結果に重点をおいて原因を考えるという違いがある。

このような違いは、「医」はプロスペクティブ（Prospective＝将来を予期する）的な考えをするのに対し、「法」はレトロスペクティブ（Retrospective＝過去を振り返る）的な考え方をすることにも原因があるかと思われる。「医」のほうは、治療行為をし、現に苦しんでいる病者を病苦より救うのであるからそのようになり、一方、「法」は起こってしまった結果に対して、後に法的判断を下すのであるから、遡及的な考え方になるのではないかと思われる。[14]

---

[14] 角南譲「レトロスペクティブな判断とプロスペクティブな判断」日本賠償科学会・前掲書（注3）261～264頁、杉田・前掲論文（注7）15頁以下。

(ウ) 医と法の相互理解

　医と法の相互理解が必要である。上記のように医と法の両者がこのような傾向にあるのは仕方ないとしても、それに固まってはいけない。両者は、互いの考え方に十分な理解を示すことがぜひとも必要である。すなわち、「医」と「法」の「相互理解」が必要である。この点、たとえば法の論文は医の論文が多く引用されるのに、医のほうの論文には法学の論文の引用がほとんどないのは気になるところである。

　「医」と「法」に横たわる問題を、科学である「医」と科学である「法」の両側面により十分に検討することが必要である。医も法も互いの科学的専門性を尊重しながらも、研究の成果を互いに学び合う必要がある。ここに賠償科学の必要性がある。医科学（医学）の進歩は日進月歩であり、法は、これに対応していかなければならない。また医のほうも法の判断に理解を示さなければならない。

(3) 賠償科学への期待

　(ア) 学者の賠償科学への期待

　　(A) 民事訴訟法学者・小島武司

　民事訴訟法学者の小島武司教授（当時中央大法学部教授・元桐蔭横浜大学学長）は、賠償科学に対し、次のように記し[15]、賠償科学の発展を期待している[16]。

　「事故の原因を究明する賠償科学は、過去の１回的な出来事の中から科学的真実を発掘する作業であるという点において、回顧的な性格を帯びるものであり、そこに独自の専門性が存する。この作業は、専門知識と蓄積経験との統合によってこそ適切に行われるものであり、この分野における専門家の要請には特別の配慮を必要としよう。そして、賠償科学がその水準を高めていくためには、各専門家間のネットワークを通じた相互啓発が必要であり、また、多様な専門分野のエキスパートの意見交換の場である組織の構成も必

15　小島武司「裁判・裁判外紛争解決・相対交渉と賠償科学的知見」木川統一郎博士古希祝賀『民事裁判の充実と促進（上巻）』（判例タイムズ社・1994年）51頁。
16　小島武司『民事訴訟法』（有斐閣・2013年）493頁。

要となるのである。この点で特筆すべきことには、すでに賠償医学の学会が設立されており、こうした方向での努力は、より総合的な賠償科学の構築へ向けての里程標となるものと期待される」。

(B) 民法学者・小賀野晶一

民法学者の小賀野晶一（中央大学法学部教授・学会第8代目理事長）は次のようにいう。[17]

① 不法行為損害賠償法は、不法行為によって発生した損害を被害者と加害者との間で公平に分担し、これにより被害者救済を図ることを目的とする。そして、法における正義は、このようにして公平を追求することによって実現されると考えている。

② 賠償科学は法学分野では主として、不法行為法・事故法を基礎にし、また、不法行為法・事故法の応用としての役割を担っている。そこにおける理念は、①公平、②客観的知見に裏づけられた適正な被害者救済、③損害賠償・補償の実効性の確保、などが考えられる。

③ 賠償科学は、損害賠償・補償を中心とする法律問題について、科学的知見を提供する。これにより科学的知見を基礎にした法的判断をすることができる。また、法理論（あるいは法的構成）の客観性が担保され、説得力を高めることができる。

以上のとおり「賠償科学」とは、過去の出来事を、医学をはじめとする諸科学の力を集結して再現・解明する学際的・総合的学問なのである。とりわけ医学をはじめとする「実学」に重点をおいた研究が重要である。[18]

(イ) 裁判官の賠償科学への期待

(A) 学会座談会「判例診断」シリーズへの期待

東京地方裁判所の能代雅音裁判官も、「賠償科学」に連載されている「判例診断」に次のように関心をよせている。[19]

---

17 日本賠償科学会・前掲書（注3）108～110頁より要約。
18 高取健彦「今後の賠償科学のあり方」日本賠償科学会・前掲書（注3）96頁。
19 能代雅音「医療訴訟における説明義務について」ジュリスト1315号（2006年）145頁。

「野村好弘ほか『〔判例診断〕乳癌手術法の選択可能性と医師の説明義務』賠償科学29号135頁が医師の立場、法律家の立場からそれぞれ感想や見解を述べており注目される。なお、同誌の上記「判例診断」シリーズは、医療訴訟に関する重要な最高裁判決について、法律家や医師等がそれぞれの立場から意見を交わし対談するものであり、極めて興味深い」。

学会誌に毎号連載されている「判例診断（新・判例診断）」シリーズは、わが国で初めての、最高裁判所の重要で興味深い判例について、そのテーマに最も適任である「医と法の専門家中の専門家」による「判例を診断する」座談会である。同一テーマを医と法から研究するという学会の特色を十分に活かしているものである。筆者も毎回この座談会に出席しているが、そのテーマの著名な専門家である医師が、判決の医学的見解に対し疑問を呈することも多い。法律家が医学的知見を誤解しているとすれば、それは法的判断に直結するのでまことに問題である。

(B) 東京地方裁判所交通部の裁判官による賠償科学関係の文献引用例

近時、著名な交通部裁判官による論文や著書において、賠償科学に関する引用や、学会関係者が執筆した論文からの引用が多くなっている。裁判官は賠償科学に期待していると思われる[20]。

たとえば一例であるが、東京地方裁判所交通部の有冨正剛裁判官は、その論考において、当学会関係者の論文を末尾の「参考文献」として多く引用している[21]。裁判官執筆の論文等を除く16の参考文献のうち12が、以下のとおり賠償科学の会員によるもの、または学会誌からの引用となっている[22]。

20　斎藤顕「素因（身体的要因・心因的要因）減額の諸問題」森冨義明＝村主隆行編著『裁判実務シリーズ9 交通関係訴訟の実務』（商事法務・2016年）329〜350頁、『賠償科学〔改訂版〕』ほか、学会関係の文献が多数引用されている。また、有冨正剛「後遺障害の諸問題4（低髄液圧症候群・RSD〈CRPS〉・PTSD〉」同書233〜250頁。

21　有冨正剛「CRPS（RSD）の後遺症による損害の額の算定について」赤い本〔2013年版〕（下巻）23頁。赤い本（赤本）は、公益財団法人日弁連交通事故相談センター東京支部が毎年発行している書籍『民事交通事故訴訟　損害賠償額算定基準』の通称であり、上下巻構成となっている。本稿では、以下「赤本」という。

22　有冨・前掲論文（注21）32〜33頁より抜粋。

① 松居英二「後遺症を巡る最近の裁判例など」自由と正義63巻10号（2012年）47頁。
② 古笛恵子「後遺障害認定手続について」日本弁護士連合会編『現代法律実務の諸問題・平成23年度研修版』（第一法規・2012年）71頁。
③ 羽成守「交通事故損害賠償の最先端——高次脳機能障害等の特殊受傷案件の問題」日本弁護士連合会編『現代法律実務の諸問題・平成22年度研修版』（第一法規・2011年）181頁。
④ 高野真人「損害の算定3——後遺症・後遺障害入門、損益相殺」東京弁護士会弁護士研修センター運営委員会編『弁護士専門研修講座・民事交通事故訴訟の実務——保険実務と損害額の算定』（ぎょうせい・2010年）204頁。
⑤ 藤村和夫「RSDあるいはCRPSの認定・評価について」筑波ロー・ジャーナル5号（2009年）153頁。
⑥ 溝辺克己「交通事故における賠償医療の知見と損害算定論の交錯——PTSD・RSD又はCRPS・高次脳機能障害の損害論への影響——」高野真人ほか編『交通事故賠償の再構築——新たな実務的課題の登場と賠償論の視点（法律のひろば創刊60周年記念別冊）』（ぎょうせい・2009年）21頁。
⑦ 松居英二「心因的要因の寄与を理由とする素因減額」高野真人ほか編『交通事故賠償の再構築——新たな実務的課題の登場と賠償論の視点（法律のひろば創刊60周年記念別冊）』（ぎょうせい・2009年）153頁。
⑧ 古笛恵子「特殊な性状の疼痛」高野真人編著『後遺障害等級認定と裁判実務　訴訟上の争点と実務の視点』（新日本法規出版・2008年）282頁。
⑨ 杉田雅彦「交通外傷におけるPTSD（心的外傷後ストレス障害）とRSD（反射性交感神経性萎縮症）の動向と問題点」賠償科学26号（2001年）3頁。
⑩ 堀内行雄「反射性交感神経性ジストロフィー（萎縮症）——特にその病因・病態について——」賠償科学26号（2001年）47頁。
⑪ 小川節郎「RSDの診断と治療」賠償科学26号（2001年）54頁。

⑫　野村好弘ほか「判例診断　反射性交感神経性萎縮症（RSD）」賠償科学26号（2001年）93頁。

4．賠償科学会の研究方法

(1)　「判例診断の会」（「新・判例診断の会」）

新しい学問の発展には、新しい研究手法が必要である。

かねてから「医」と「法」のプロジェクトチームをつくり、両側面から徹底的に研究すべきであるということがいわれてきた[23]。

その1つの試みとして1994年、「医」と「法」の多方面から裁判例を検討する座談会「判例診断」の会が発足した（医と法の分析をさらに深く追求するため、「賠償科学」38号よりタイトルを「新・判例診断の会」に変更した）。

㈦　第1回「判例診断の会」のテーマ

賠償科学会において、新しく発足した研究会の第1回目（1994年11月実施）のテーマは「ガス壊疽をめぐって」であった。「ガス壊疽」について医師の過失を認める判決であった。「医」と「法」の専門家が集まり、具体的な判決について忌憚のない意見を述べ合い、判例を診断（評釈）している[24]。このような「医」と「法」による判例評釈は新しい試みである。このような医と法の、同一テーマについての専門家中の専門家が討議することは、もっと評価されてよいのではないかと考える。

たとえば、上記の第1回目研究会では、交通事故後の「ガス壊疽」について「医」の専門家の意見を聞くと、ガス壊疽を肯定する判決の内容とかなりのギャップがあることを感じた。ほかの参加者もそのように述べていた。

交通事故後のガス壊疽については、被告の過失を認める判決がほとんどであるが、その判決（横浜地判昭和57・11・2判時1077号111頁・判タ495号167頁）の内容をみると「通常の医師であれば、ガス壊疽の発症の危険性が極めて高い状態にあることを容易に予見し、または予見し得べかりしものであった」

23　平沼ほか・前掲座談会（注10）6頁〔小嶋享発言〕。
24　詳細については賠償医学20号（1995年）35頁以下に掲載されているのでお読みいただきたい。

と認定している。[25]判決はこのように認定しているが、この研究会に参加したガス壊疽の専門家によれば、臨床学的にはそうとはいえないとのことであった。法律家が医学的根拠を理解できないとすれば、誤った法的結論となる。

ここに「医」と「法」との間に大きな乖離を感じるのである。筆者は、以前からこのようなことを感じていたが、第1回目の研究会でそのことを強く感じた。この判決を臨床医が読めばおそらく奇異に感ずると思われる。筆者は、何人かの臨床医にこの事件の判決（横浜地判昭和57・11・2判時1077号111頁・判タ495号167頁）を読んでもらったが「判決の内容は納得しがたい」と言っていた。前記したようにこのような「医」と「法」のギャップは問題である。[26]

このギャップを埋めるため、「医」と「法」の両面から、今後も各種の判決について専門家による徹底的な分析が行われるべきである。そうすれば、「医」と「法」の相互理解が深まり、情報交換もスムーズとなり、乖離は少なくなるものと考える。「医」と「法」が、車の両輪となって走り出せば、必ずや妥当な結論がみつかるはずである。弁護士と医師は競争相手ではない。このように互いの仕事を理解・補足し合って医と法で問題を分析し解決していくのが賠償科学なのである。[27]「賠償科学」誌上において毎号「判例診断」（現「新・判例診断」）[28]と題し、医と法が分析・討論しているものである。

賠償科学会は、今後も新しいテーマに挑戦し、新しい手法で問題の解決にあたるべきであろう。

　(イ)　これまでの判例診断の会のテーマ

この判例診断の会の判例研究は、現在も引き続き行われており、好評を博している。[29]

25　賠償科学20号（1995年）40～41頁。
26　杉田雅彦「医学――賠償科学――法学」賠償科学20号（1995）1頁。
27　渡辺富雄「賠償医学と弁護士の役割」自由と正義40巻9号（1998年）9頁。
28　「判例診断」は賠償科学38号（2001年1月）より、名を「新・判例診断」と変えた。これは当学会の目的であるテーマを医と法によりさらに深くするため、また読者の理解を深めるため、座談会の末尾に医師と法律家によるテーマについて「医の目」、「法の目」として掲載している。

(2) 今後の新しい研究──プロジェクト──CS

判例診断については前記のとおりであり、学会の特色である医と法による共同研究として注目を集めている研究方法である。

学会では、この「判例診断」に続く研究として2002年12月、理事会・評議会において、次のような提案がなされた。それは、賠償科学的なテーマを、諸科学の専門家によるプロジェクトチームをつくり、数年にわたり深く研究しようとするものである。「賠償科学」は実学ではあるが、具体的・理論的研究も重要である。

第1回目のテーマとして、近時クローズアップされてきたPTSDを取り上げることとなった[30]。

第2回、プロジェクト──CSは精神科学についてである（テーマ「医と法から見た精神医療に関する諸問題」）[31]。

第3回のテーマは鑑定問題であり、現在、医と法による研究がなされている。

その後、医と法の重要な問題について研究チームが発足し、研究を続行している状況にある。

今後重要となってくる問題は、因果関係・割合的認定・寄与度問題となると思われる。

5．賠償科学の未来

(1) 賠償科学教育

(ア) 人材育成

賠償科学を今後、さらに発展させるためには、人材の養成が不可欠である。賠償科学は専門的知見を必要とするのであるから、そのためには、まず、専

---

[29] これまでのテーマや出席者については日本賠償科学会・前掲書（注3）688頁以下のとおりである。
[30] その成果は賠償科学31号（2004年）96頁に掲載されている。
[31] その成果は賠償科学34号（2006年）5頁に掲載されている。

門的知見を有する人材を養成する必要がある。

　学会の理事長であった若杉長英教授は、賠償科学教育について次のように指摘した。[32]

　「賠償医学に関しては、外傷患者診察の心得、診断書の記載方法、後遺障害についての正しい認識と正確な診断、医師のモラル、患者に対する適切な説明方法、患者の精神的コントロール、診療録の記載方法などの教育が、医学生に対しても医師に対しても必要である。しかし、そのような教育を行う専門家はきわめて少なく、現在のところ十分な教育はなされていない。医学領域における今後の重要な問題である」。

　　(イ)　医学部・法学部・法科大学院等における賠償科学教育

　賠償科学教育は、医学部・法学部・法科大学院において活発に行われているとはいいがたい。医学部において、賠償医学を独立した科目として教えているところはないようである。法学部においては、日本医科大学の大野曜吉教授（法医学）が「賠償医学」という講座名で、早稲田大学法学部において講義をされている。法学部の中で、学際科学である賠償科学を講義するのは珍しいことである。

　今のところ、法学部において賠償科学を講義しているのは、早稲田大学だけだと思われる。早稲田大学では、学会の創立者である渡辺富雄教授が1988年、賠償医学の講座を開講し、その後1998年、学会理事の大野教授が担当している。なお、法学部の中で「法医学」の講義が行われているのは東京大学、日本大学、上智大学などである。大野教授は、「他大学法学部でもこのような『賠償医学』・『賠償科学』の科目が新設されることを望む」と述べられている。[33・34]

　賠償科学の発展のため医学部、法科大学院などにおいて賠償科学の講座を

32　若杉・前掲論文（注1）561頁。
33　大野曜吉「早稲田大学法学部賠償医学を担当して」賠償科学28号（2002年）76～80頁。
34　金澤理「法学教育における法医学、賠償医学の意義」賠償科学7号（1988年）1頁で、金澤は賠償科学教育の必要性を訴える。これを理解しない法律家は誤った結論を導くおそれがあるという。

設け、多くの人材を育成すべきである。藤村和夫（当時、筑波大学法科大学院教授）は「法科大学院のカリキュラムに『賠償科学』という科目が採り入れられてしかるべき」と提言されている。[35]

また、法律関係者（弁護士・裁判官・検察官・民事法学者）等にも保険実務関係を含む賠償科学教育は必要であると考える。[36]

法科大学院（ロースクール）が2004年4月から開校された。法科大学院は、司法が21世紀のわが国の社会において期待される役割を、十分に果たすための人的基盤を確立することを目的とし、司法試験、司法修習と連携した基幹的な高度専門教育機関である。

法科大学院は「専門職大学院」であり、その教育理念は、理論的教育と実務的教育を架橋するものとして公平性・開放性・多様性を旨としている。

日本賠償科学会は学際的研究を目的としているので、賠償科学はまさに法科大学院の目的に即した学問である。法科大学院においても講座の1つに加えることを要望するものである。

法科大学院は、法律実務家を養成するところであるので、その教育は民法理論と裁判実務の両者を熟知した学者が教育するべきである。各法科大学院はそのようになっているのだろうか。筆者も法科大学院で教えた経験があるが疑問である。また、司法試験、医師国家試験にも賠償科学を出題すべきである。

(2) 今後の賠償科学のあり方

これまで賠償科学についての沿革、歴史、成果、今後のテーマなどについて述べてきた。

これからはさらに、学会は学会研究会、また「座談会」「新・判例診断の会」および「プロジェクト―― CS」などにおいて、中期・長期の専門家による共同研究をするべきである。そして賠償科学的問題についての研究を集積し、

---

35 藤村和夫「法科大学院と賠償科学」賠償科学29号（2003年）2頁。
36 担当者は、PTSD訴訟でいえば、WHOのICD-10、APA（アメリカ精神医学会）のDSM-Ⅳ等を学習しているだろうか。

前記のテーマのような賠償問題について、医と法の協力の下、その判断基準の「普遍化」「客観化」「一般化」「科学化」をめざして、妥当な賠償基準を構築すべきである。科学性を追求することは、不法行為の損害論を担保することにもなる。[37]

　学会は多くの医師・学者・弁護士らの実務家を会員としているのであるから、裁判所などから鑑定や意見書作成などの要請があれば、それに応えるべきである（これまでもあったが）。

　医学界では、各医師会が試験制度をつくり「認定医師制度」を設けている。弁護士会もこれに倣い「認定弁護士制度」を設置すべきである。これには当学会も協力すべきであると考える。

　賠償科学は、これから問題となるであろうAI（人工知能）、自動運転車、ロボットなどについても研究テーマとすべきである。

　当学会は、学会の先達である渡辺富雄（元昭和大学医学部教授。学会創立者であり、初代学会理事長。2008年没）、学会顧問・野村好弘（元東京都立大学教授。2013年没）、学会顧問・倉田卓次（元東京高等裁判所部統括裁判官。2011年没）、そして平沼髙明（元昭和大学医学部客員教授。医学・法学博士。学会第5代目理事長。2017年没）を失ってしまった。この4人の先達が過去に学会誌「賠償科学（医学）」に発表された論文等を多くの方に読んでいただきたい。これらの先達をお手本にして、ますます複雑・多様化する損害賠償問題についてさらに研究し、賠償科学を普及させ、発展させていくべきである。今後、賠償科学がなすべきことは、後記各論第2部において述べる。

II　総論　第2部——賠償科学の研究対象分野

　賠償科学の研究分野別、その具体的テーマとしては〈表1〉のようなものがある。[38・39・40] 医学も法学も、実用的な学問であるから、その守備範囲は実に広い。

37　若杉・前掲論文（注1）561頁。

分野、具体的テーマもあまりにも多いので、〈表1〉には主として、その交通事故関係の一部を例示するにとどめる。

---

38 若杉・前掲論文（注1）547頁。
39 平沼髙明『専門家責任保険の理論と実務』（信山社出版・2002年）99頁。
40 日本賠償科学会・前掲書（注3）収録の、平沼髙明「賠償科学の概念・目的」同書10頁以下、平岩幸一「賠償科学研究対象──医学からのアプローチ」同書32頁以下、杉田雅彦「賠償科学研究対象──法学からのアプローチ」同書40頁以下を参照した。

第2編　①　賠償科学の体系

〈表1〉　賠償科学の研究分野別具体的テーマ（例）

①	不法行為・賠償科学・違法性論・損害論・医と法・弁護士と民法学者
②	賠償科学的損害認定・損害の公平な分担・公正賠償論
③	交通事故と民事・刑事・行政事件
④	損害とは何か・過失利益・死亡損害・慰謝料
⑤	後遺障害問題・保険制度・人身傷害補償保険・交通刑事事件
⑥	過失相殺・過失相殺類推適用
⑦	任意基準と裁判基準の二重基準問題[41]
⑧	後遺障害の認定と異議申立制度
⑨	医療過誤関係
⑩	インフォームド・コンセント
⑪	労働災害関係
⑫	紛争解決制度
⑬	消滅時効
⑭	公害
⑮	薬害
⑯	老人・医療関係・リビングウィル
⑰	介護福祉関係
⑱	AI・自動運転車・ロボット・遺伝子治療など先端分野関係
⑲	新たに発生してきた病態分野（PTSDなどの「目に見えない症状」など）
⑳	原子力損害賠償制度
㉑	カルテ・診断書・鑑定・診断基準・治療基準の準則化
㉒	専門医制度（既存）・弁護士の専門弁護士制度の創設（「専門損害賠償弁護士」）
㉓	詐病
㉔	外国の損害賠償法の比較法的研究
㉕	成年後見制度
㉖	因果関係論・割合的認定論・寄与度論
㉗	証明論（高度の蓋然性論など）
㉘	医と法と倫理・クローン人間・生殖補助医療・代理出産・ES細胞など
㉙	いじめ・セクシャルハラスメント・パワーハラスメント・ドメスティックバイオレンス・幼児虐待・障害者虐待などの社会的問題

---

[41] 交通事故のうち、9割以上が損害保険会社の示談代行制度によって示談がなされ、そのほとんどが任意保険の損害賠償基準により示談が成立していると思われる。任意基準は裁判基準より相当低い基準であり、ここに「二重基準問題」がある。すなわち、国民は裁判基準のことを不知の間に示談させられているものと思われる。損害保険会社は、弁護士が関与した段階で裁判基準により示談が成立することが多い。この二重基準は大問題ではないのか（静岡県弁護士会の一部の弁護士は、この問題に着手している）。なお、赤本・青本ほか大阪・愛知県弁護士会などの基準は、国民にわかりやすいように赤本基準に統一したらどうか（金額にすれば次のようになる。赤本・青本（裁判基準）＞任意基準（公表していない。赤・青本に記載すべきである）＞自賠責）。

III　総論　第3部——これまでの賠償科学の成果

　学会のこれまでの成果は多々あるが、主なものを歴史的にたどると、①むち打ち損傷問題、②因果関係問題（割合的認定論・寄与度論）、③PTSD問題、④脳脊髄液減少症（低髄液圧症候群）などがある。その他、社会問題化した東日本大地震等々についてもその成果を発表している。これについて以下に述べるが、学会はこのように学界および裁判実務に影響を与えてきたものである。上記①、③、④の問題は、本学会の活動等により判決の傾向はいずれも学会の見解と同一方向に向かっている。
　以下、①②③④の順で述べていく。

1．むち打ち損傷問題

　むち打ち損傷は、学会設立当初のメインテーマであった。むち打ち損傷は、自動車事故による損傷の中でも大きな割合を占め、社会病理現象ともいわれていた。現在も妥当な解決策はみつかっていない。「むち打ち症」という言葉がひとり歩きし、問題をこじらせてしまったものである。
　下記のように表している文献もある。
　「鞭打ち損傷の名称は、いうまでもなく、頸部損傷における受傷機転を示すものであって、惹起された損傷の部位、性状を示すものではない。しかも『鞭打ち』という残酷な言葉の響きとマスコミの誇伝は、その内容がよくわからないままに、途方もない誤解と恐怖を一般に植えつける結果となった。したがって、現在においては、診断名として絶対に避けるべきものということができよう[42]」。
　上記のように、むち打ち損傷を意味する病名の多さをみても、当時のその混乱状況がわかるものである。[43]

---

[42] 杉本侃編集＝恩地裕監修『外傷外科学』（医歯薬出版・1973年）631頁。

73

学会は、むち打ち損傷の実態がどのようなものであるか、むち打ち損傷の発症のメカニズム、むち打ち損傷の法的問題点について、大いに論じて成果を上げてきた。[44]

しかし、現在においても、鞭打ち損傷について多くの問題があるのは残念である。

2．因果関係問題（割合的認定・寄与度論を含む）

以下、当学会と因果関係論問題について述べる。

(1) **相当因果関係説**[45]

損害賠償の範囲を画する要件として機能するのが因果関係（「あるかないか」）である。

この伝統的な相当因果関係説に対する有力な批判はあるものの、損害賠償実務においては、依然として「相当因果関係認定」として因果関係、損害が認定されている。

(2) **割合的因果関係論（寄与度論）**[46]

相当因果関係説を基礎としつつも、因果関係を割合的にとらえるという説である（結果への寄与度）。公平・公正な解決をめざし、不法行為の目的は損害の公平な分担であるととらえ、民法722条2項の過失相殺規定を類推適用するものである。

割合的因果関係問題は、民事交通法において中心的問題となっており、また賠償科学の中でも最も重要な研究領域に属するものである。この問題は主として前記のむち打ち損傷問題を契機として提唱されたものであり、これについても、学会は重要な役割を果たしてきた。以下に述べるように、寄与度

---

[43] 浅井登美彦「むちうち症患者の診察の実情と問題点」塩崎勤編『現代民事裁判の課題（8）交通損害労働災害』（新日本法規出版・1998年）625頁。
[44] 平沼ほか・前掲座談会（注10）5頁〔平沼高明発言〕。
[45] 小賀野晶一＝栗宇一樹＝古笛恵子『交通事故における素因減額問題』（保険毎日新聞社・2014年）23頁。
[46] 小賀野ほか・前掲書（注45）24〜25頁。

を科学的に基準化することが求められている。

　㋐　割合的認定論史

　割合的認定説は、1969年に野村好弘が唱えてから50年も経過し、実務にも長い間「判例法」として定着している[47]。この考え方は、加藤一郎のいう「公正賠償論」にも影響を受けていると思われる。これは実務が、割合的認定は加害者にも被害者にも公平・公正であると判断しているためである。割合的認定は、損害の公平・公正であり被害者救済にもなるからであろう（特に裁判上の和解において用いられている）。また科学的根拠に基づく判断なので当事者も納得できるからであろう。病状を把握するについて診断のためにMR・MRI・CTなどの科学的ツールを駆使して診断するのと同じように、法的判断も法的判断基準のツールを駆使して、総合的に判断している。これまでの最高裁判例等をみれば、確立された先例は拘束力をもつ「判例法」である。これを否定すれば裁判実務を否定することになろう。

　法医学者である渡辺・若杉基準は医に重点をおきすぎるように思われ、赤本解説本[48]の基準は、法的判断に重点をおきすぎていると思われる。そこで難しいことではあるが、筆者は医と法を融合した、新しい「賠償科学的判断基準」を作成すべきであると考える。損害賠償の目的である公平・公正の理想の下に、その割合は具体的事実ごとにできるだけ上記理念に適する基準を作成すべきである。その目的に近づくには、症状別の基準を考えるべきである。後に述べる「主観病」である目に見えにくい症状（PTSD・脳脊髄液減少症を含む）については、筆者は各症状別に判断することができると考える。この主観病のような因果関係・損害関係の判断の難しい症状でさえも診断・判断ができるのであるから、それ以外の訴訟事案も判断できるはずである。後にあらためて近時問題となっているPTSD事案、脳脊髄液減少症の判決を医

47　小賀野晶一「素因競合と割合的認定」賠償科学37号（2011年）18頁。

48　前掲（注21）で述べた「赤本」を解説する書籍が、損害賠償算定基準研究会編『注解交通損害賠償算定基準（下）過失相殺・寄与度編――実務上の争点と理論――』（ぎょうせい）である。本稿では、「赤本解説本」として2002年発行の〔三訂版〕を参照している。

的・法的に分析をすることにより、この問題に迫ってみたい。賠償科学であるから、やはり医学に重点をおいて判断すべきである。

　民法学者は割合的認定論に否定的なようであるが、これを工夫して民法理論に取り入れることを考えるべきである。判例法である割合的認定論を否定するには、それなりの相当な理由が必要である。民法理論は筆者が主張する科学的（医学的）損害賠償認定論を採用すべきであると考える。不法行為理論は民法学者により学問上ますます複雑化・精緻化しつつあるが、民法施行から100年を経た今日、実務に適する過去の我妻栄・末川博・加藤一郎・野村好弘らがリードした相関関係論・相当因果関係論・違法性論・受忍限度論・新受忍限度論などのような、実務に影響を与える壮大な民法理論を考え出すべきである。また法律実務家も民法理論を常に学習し、民法理論を作成し協力しなければならない。すなわち、医と法の協力、民法学者と法律実務家は専門家同士であるから、後に述べる損害の「公正賠償認定」のため協力し合わなければならない。

　医師・弁護士・民法学者の三者と法律実務家は、専門家として相互に協力し、その責任を果たさなければならないのである。

　(イ)　野村好弘の考え方

　学会の理事で、割合的認定の提唱者である野村好弘は、座談会において、次のように振り返っておられる。

　「1969年すなわち昭和44年4月に出た『交通民集』第1巻索引解説号におきまして、私は割合的因果関係論の提唱をいたしました。

　後になって知ったことですが、渡辺富雄先生をはじめ医学界の先生たちは、

49　小賀野晶一「巻頭言　平沼髙明先生のご逝去を悼む」賠償科学46号（2017年）2頁で、小賀野は次のように述べる。「民法学は近年、理論の分析化、精緻化が一層加速し、不法行為法の理論は一部に実務との乖離が目立ちます。部分的に見ることによって本質を見失っては、紛争処理において真に通用する理論となり得ません。理論の分析は法学手法の1つですが、総合的な観察を放棄することはできません。実務との関連を濃密にし、法と医学・科学との関係を追求するために、賠償科学的アプローチは不可欠ではないかと考えます」。

50　平沼ほか・前掲座談会（注10）7頁〔野村好弘発言〕。

法学界におけるそのような考え方に早くから関心をお持ち下さり、単に理論的根拠の探求にとどまらず、実際にいかなる基準によって因果関係を割合的に判断すべきかという現実的、実際的な提言にまで踏み込まれたのであります。その先駆的成果の1つが、1980年に発表されました『事故の寄与度判定方式（いわゆる渡辺方式）』であったと思います。割合的因果関係論の立場からいいますと、提唱時から10年余りかかって一粒の種の具体的な定着場所が見つかり、そこにすばらしい花が咲いた、そんなふうに思いました。

『賠償医学』15号（1992年発刊）では、『賠償医学の今後の展望』と題して座談会がなされております。（中略）その中で、きょうご参加の平岩先生は、医学の専門家と法律家の間で、発想の違うことにまことにびっくりしたとおっしゃっておられます。そして具体例として因果関係の割合的判断の問題を取り上げ、『法律的な因果関係と医学的な因果関係の考え方が全く隔たっているのに驚きました』と述べられておられます。（中略）判例や保険実務では、かなりの程度それ［引用者注：割合的因果関係論］を受け入れておられますし、私ども推進派といたしましては定着が進んでいると見ているのですが、これを例とするように、法学界の先端的理論と医学界の実際的な解決手法とがこの学会において結びついて、連携・協力の関係をつくり上げたし、今も続いていると思います」。

割合的因果関係論については前記したが、賠償医学・賠償法学の観点より事故の寄与度を判定する。各症状に医と法の医側に基準をおく割合的判断ができると考える。なお、各寄与度の段階において「高度の蓋然性」が要求される[51]。

　(ウ)　小賀野晶一の寄与度論（相当性から寄与度へ）

中央大学法学部の小賀野晶一教授（現学会理事長）は、当学会の会員であった加藤一郎・野村好弘の考え方を継承し、次のとおり賠償科学的寄与度論を展開しており、注目される。

51　最判昭和50・10・24民集29巻9号1417頁〔東大ルンバール事件〕。あくまでも「高度の科学的可能性」である。

「寄与度論（私見）は、相当因果関係における相当性判断の柔軟性を追求する。相当因果関係論に対して区分論が行った批判に学びつつも、科学的知見に基礎をおく事故の寄与度（賠償科学的寄与度）を因果関係論と損害論の双方に位置づける。その基礎となるのは交通事故判例法（その構造や機能）である。相当因果関係論における相当性の判断は、因果関係と損害の双方に及んでおり、因果関係論と損害論とは密接に関連していると捉える（中略）寄与度論は割合的因果関係論の捉え方の1つである」[52]。

「同学会［引用者注：賠償科学会］は事故の賠償・保険・補償に関する問題、医療に関する問題等について医と法から学際研究を行い、そのなかで賠償科学的寄与度に基づく割合的認定の方法を開発、提案している。なお、医学的知見あるいは科学的知見を重視することは、医学的知見・科学的知見に支配されることではない。寄与度論は医学的知見・科学的知見を参考にして法的判断を行うものであり、医学情報・科学情報に対して主体的であり、医学情報・科学情報と法的判断とは緊張関係に立っている」[53]。

　(エ)　確率的心証論（東京地判昭和45・6・20判時615号38頁）

当学会の会員であり、著名な裁判官である倉田卓次が裁判長であった時の判決に、「確率的心証論」がある[54]。

「損害額の70パーセントを認容することこそ、証拠上肯定しうる相当因果関係の判断に即応し、不法行為損害賠償の理念である損害の公平な分担の精神に協い、事宜に適し、結論的に正義を実現しうる所以である」。

「割合的認定が損害の公平な分担の精神に協い、結論的に正義を実現する」と判決し、被害者救済という「正義の実現」を目的化していることに注目す

52　小賀野晶一『現代民法講義〔第3版〕』（成文堂・2009年）307頁。
53　小賀野晶一「不法行為法の現代化と寄与度論」植木哲先生古稀記念論文集『民事法学の基礎的課題』（勁草書房・2017年）191〜209頁。これは小賀野による最近の論文であり、寄与度論のすぐれた学術的研究である。本稿では、小賀野によるこれ以外の研究論文も参考にしている。
54　判時615号38頁。倉田裁判官は学会員であり（筆者も大変お世話になった）、倉田の著書には、筆者の「主観病」に関する好意的紹介もある（倉田卓次『民事裁判論集──将来損害・事実認定・交通訴訟』（判例タイムズ社・2007年）210頁）。

べきである。これに賠償科学の視点が加われば、賠償科学的・割合的認定に近くなる。

(3) 寄与度の認定基準

1980年、昭和大学の渡辺富雄教授（学会創立者）は事故との寄与度の判定基準を発表した[55]。

この基準は、事故と死亡、傷害、後遺障害との因果関係を割合的に判定する基準であって、下記のとおり事故の関与の程度を0％から100％まで、10％間隔で11段階に区分しており、割合的認定の考えを入れた画期的な基準である。表現が抽象的であるとの指摘もある[56]。寄与度の判定基準が11段階もあり、また医師側としては実務上判断に苦慮することが多々あるとの指摘がある[57]。内容も医学に偏りすぎているため、実用には向いていないと思われる[58]。

その後、学会の若杉長英は1994年、「外因の関与程度判決基準（判定0～100％）」を発表した。これについては、実務上非常に有用であるとの指摘がある[59]。

後に述べるが、この説においては寄与度判定基準が寄与度を決めることになる。難しいことではあるが、当学会の特色を活かした、医と法による寄与度基準を考えるべきである。

(4) 渡辺方式による事故の寄与度判定基準（1984年改訂）[60]

渡辺方式による事故の寄与度判定基準は、〈表2〉のとおりである。

(5) 赤本解説本基準説

上記(4)の「渡辺基準」（寄与度0～100％）[61]と対比するため、「赤本解説本」について述べておく。ここでは「心因的要因による減額基準表」[62]のみを記す。

---

55 渡辺富雄「自動車事故における死亡・傷害・後遺障害の割合的認定――事故の寄与度についての一判定基準」法医学の実際と研究23号（1980年）209頁。
56 平沼ほか・前掲座談会（注10）7頁〔野村好弘発言〕。
57 黒須明＝徳留省悟「因果関係問題・医学からのアプローチ（その1）」日本賠償科学会・前掲書（注3）156頁。
58 日本賠償科学会・前掲書（注3）157頁。
59 日本賠償科学会・前掲書（注3）158～159頁。
60 渡辺・前掲書（注9）224～225頁。

〈表２〉　渡辺方式による事故の寄与度判定基準（1984年改訂）

分類標識	判定度合	説明	事故の寄与度
A	ゼロ段階	事故と無関係に存在する傷病と、事故による傷病との判断が混在し、前者に死亡（または傷害・後遺障害）の原因を構成している確実性がある場合	0％
B	第1段階	事故が誘発した疾病で、事故後の短期間に死亡を惹起している場合	10％
C	第2段階	事故が原因となって発現した可能性のある傷病が、他よりも劣勢である死亡（または傷害・後遺障害）の場合	20％
D	第3段階	事故が主な原因となって発現した可能性のある傷病が、他よりも劣勢である死亡（または傷害・後遺障害）の場合	30％
E	第4段階	事故が決定的な原因となって発現した可能性のある傷病が、他よりも劣勢である死亡（または傷害・後遺障害）の場合	40％
F	第5段階	事故と無関係に存在する傷病と、事故による傷病とが競合し、その片方のみでは死亡（または傷害・後遺障害）を惹起しない可能性のある場合	50％
G	第6段階	事故と無関係に存在する傷病と、事故による傷病とが競合し、そのいずれでも死亡（または傷害・後遺障害）を惹起する蓋然性の高い場合	60％
H	第7段階	事故が原因となって発現した蓋然性の高い傷病が、他よりも優勢である死亡（または傷害・後遺障害）の場合	70％
I	第8段階	事故が主な原因となって発現した蓋然性の高い傷病が、他よりも優勢である死亡（または傷害・後遺障害）の場合	80％
J	第9段階	事故が決定的な原因となって発現した蓋然性の高い傷病が他よりも優勢である死亡（または傷害・後遺障害）の場合	90％
K	第10段階	事故と無関係に存在する傷病と、事故による傷病との判断が混在し、後者に死亡（または傷害・後遺障害）の原因を構成している確実性がある場合	100％

61　若杉長英の割合的認定も、寄与度０〜100％としている。日本賠償科学会・前掲書（注3）158〜159頁。

〈表3〉 心因的要因による減額基準

分類	程　　度	減額率
第Ⅰ類	傷害の部位・程度、事故内容から見て、通常人であっても心因的影響を受けやすい状況にあると認められるもの	0％
第Ⅱ類	傷害の部位・程度、事故内容から見て、通常人であれば心因的影響をあまり受けないと認められるが、影響を受ける可能性も相当程度認められるもの	0％
第Ⅲ類	傷害の部位・程度、事故内容が軽く、気質的な要因が相当程度加わっていると認められ、通常人では影響を受ける可能性がないとはいえないが極めて低いもの	20～40％
第Ⅳ類	通常であれば傷害を受けるような事故ではなく、受傷当初の傷害の程度が軽く（遅発性の疾病を除く）、明らかに被害者の気質的、性格的な要因の関与が認められ、通常人であれば考えられない程度の損害が発生したと見られるもの	30～50％

　なお、心因的要因の最大減額率を50％としている。
　このほかに、既往症減額基準（減額率0～70％）・自殺への寄与基準がある（減額率0～80％）[63]。
　渡辺基準は医学的基準に重点をおきすぎ、赤本解説本の基準は法的判断に重点をおきすぎている。小賀野晶一教授は割合的認定について一連の寄与度論に関する論文を発表しているが、筆者は基本的には正しい考え方としてこの説を支持したい[64]。その方向で寄与度論を発展させると、後に述べる「医と法を融合した賠償科学的寄与度論」による過失相殺率の認定基準を参考にし

62　東京三弁護士会交通事故処理委員会『寄与度と非典型過失相殺——判例分析（東京三弁護士会交通事故処理委員会創立40周年記念出版）』（ぎょうせい・2002年）39頁。
63　損害賠償算定基準研究会編『注解　交通損害賠償算定基準（下）過失相殺・寄与度編〔三訂版〕』（ぎょうせい・2002年）。

た新たな基準を作るべきであるという考えに至った。

3．PTSD問題

　学会誌「賠償科学」におけるPTSD論文の一部を記しておく。なお、PTSDの詳細については、本稿Ⅴ「各論　第2部」で述べる。

　①　杉田雅彦「交通事故におけるPTSDとRSD（反射性交感神経性萎縮症）の動向と問題点」賠償科学26号（2001年）3頁。

　②　「判例診断・外傷後ストレス傷害（PTSD）」賠償科学26号（2001年）73頁。

　③　北見公一「交通事故後にPTSDは起こり得るか？」賠償科学27号（2002年）91頁。

　④　前田均ほか「外傷後ストレス傷害の賠償医学的問題点」賠償科学27号（2002年）100頁。

　⑤　藤田武宏「PTSD判決に関する一考察」賠償科学28号（2002年）142頁。

　⑥　北見公一「日本におけるPTSDとは何か？」賠償科学31号（2004年）121頁。

　⑦　プロジェクト——CS第1回座談会「PTSD並びにPTSD周辺疾患をめぐる諸問題」賠償科学31号（2004年）96頁。

　⑧　杉田雅彦「PTSD問題・法学からのアプローチ」日本賠償科学会編『賠償科学〔改訂版〕』（民事法研究会・2013年）221頁。

4．その他、新しい症状・病名・問題

　最近、急に以下の新しい症状・病名への対応に迫られている。社会問題となっているものもあり、学会はいち早く、次のように対応している（『賠償

64　小賀野晶一の新しい論文として、「因果関係問題・法学からのアプローチ」日本賠償科学会・前掲書（注3）183頁、同・前掲論文（注53）など。なお、この説を支持するものとして、亀井隆太「県立高校プール事故国家賠償請求事件（奈良県）」判例地方自治430号 29年索引・解説号（ぎょうせい・2018年）60～62頁がある。学校プール事件での「割合的瑕疵」を主張している。

科学〔改訂版〕』における執筆者も記載する）。筆者は、難しい症状の底にはいまだ十分に解決していない「むち打ち損傷問題」があると考える。

① 軽度外傷性脳損傷（MTBI）……〈医〉吉本智信、〈法〉松居英二
② 脳脊髄液減少症（低髄液圧症候群）……〈医〉吉本智信、〈法〉溝辺克己
③ 線維筋痛症……〈医〉三木健司ほか、〈法〉古笛恵子
④ 複合性局所疼痛症候群（CRPS）……〈医〉住谷昌彦ほか、〈法〉古笛恵子
⑤ 非器質性精神障害……〈医〉黒木宣夫、〈法〉中村一郎

Ⅳ 各論 第1部——賠償科学的寄与度論（損害賠償における因果関係論・損害論）

1．問題提起

前記Ⅲ「総論 第3部」では、学会活動の成果として、①むち打ち損害問題、②因果関係問題（割合的認定論・寄与度論）、③PTSD問題、④脳脊髄液減少症（低髄液圧症候群）問題について述べた。学会において、現在最も解決すべきは②の「因果関係問題（割合的認定論・寄与度論）」である。

近時、特に「目に見えにくい後遺障害（主観病）[65]」の1つである、とりわけ脳脊髄液減少症とPTSDの動向が問題となっている。本稿では特に、この2つの症状について賠償科学的検討を加えたい。前記したが、渡辺基準・若杉基準・赤本解説本基準など多くの判断基準があるが、どれも完成度が高いとはいいがたい。

しかし、後述するように、基準化の必要は認めつつも、すべての交通事故事案について現段階での一般的基準化は困難であると思われる。そこで、筆者が長年研究してきた近時問題となっている、上記のPTSD（心的外傷後ス

---
[65] 筆者は、患者の主観的側面を重視しなければならないと考え、これらを「主観病」と呼称した。

トレス障害）と脳脊髄液減少症（低髄液圧症候群）に例をとり、この「認定基準化」について考えてみることとしたい。賠償を科学するのであるから、まずその症状の医学的診断基準による医学的根拠について認定しなければならないのは当然である。本稿の終わりにおいて基準化について述べてみたが、これを叩き台として、判例タイムズにおける『過失相殺率の認定基準』[66]のようなことを考えることはできないかと提案したい。筆者はいずれ、すべての交通事故事案について、医と法を融合させた認定基準を確立させたいと考えている。

2．「目に見えにくい後遺障害（主観病）」

(1) 目に見えにくい後遺障害

　PTSDも脳脊髄液減少症も「目に見えにくい後遺障害」であるが、全く病態の違う病状である。しかるに、この2つの病態に関する裁判の傾向が同じような判決の傾向をたどっているのは興味深いものである。この2つの病状はいずれも「目に見えない・目に見えにくい・他覚的所見が乏しい患者の主観を重視すべき後遺障害」であり、むち打ち損傷問題と似たような経過となっている[67]。その後、新たに「目に見えない・見えにくい後遺障害」である、①線維筋痛症、②軽度外傷性脳損傷、③身体表現性障害、④転換性障害などの判決が続々と登場するようになった。今後もこの傾向は続くと思われる。見方を変えれば、医学・医術の発達した結果、このような目に見えにくい後遺障害にも医学の光があてられるようになったために発生してきた後遺障害ともいえる。この「目に見えにくい症状」の損害認定は難しく、割合的認定にも関係してくるので、筆者はこれまで、特にPTSD・脳脊髄液減少症について研究してきた。

66　東京地裁民事交通訴訟研究会編『民事交通訴訟における過失相殺率の認定基準〔全訂5版〕（別冊判例タイムズ38号）』（判例タイムズ社・2014年）。
67　近年になって、「目に見えない・見えにくい後遺障害」ということがいわれ始めた。たとえば、古笛恵子「複合性局所疼痛症候群（CRPS）第2節　法学からのアプローチ」日本賠償科学会・前掲書（注6）642頁など。

しかし、法的判断としてこのような目に見えない・見えにくい、他覚的所見が明らかでない後遺障害の損害算定をするのは非常に困難なことであるので、問題となっているのである。このような主観病の損害認定について、寄与度論による解決をすべきであると考える。

(2) 「主観病」

筆者は、このような目に見えない・見えにくい後遺障害病状を「主観病」と名づけた。主観的病状である痛みは、客観化できないのでその法的認定は困難を極める。患者の主観的な部分は重視しなければならないが、その裏付けには医学的（科学的）根拠を要すると考える。筆者は、上記2つの主観病についての法的認定をいかに考えるべきかについてこれまで多くの論文を発表してきた。後に記すように本稿は、このように近時大問題となっている髄液漏問題とPTSDの判決を分析することにより、主観病問題の認定についての対応案を探ったものである。本稿は、筆者のこのテーマについてこれまで発表した数多くの論文を前提として、最新の判決も検討して論じたものである。

V 各論 第2部——賠償科学とPTSD・脳脊髄液減少症問題

前述した判例タイムズの「過失相殺率の認定基準」のようなものの作成のため、PTSDと脳脊髄液減少症の2つの判例研究を行う。

この2つのテーマの判決は、病状が違うにもかかわらず判決の経過・結論は似たような動向となっている。多くの判決の過程も似たような経過となっ

---

68 筆者の「主観病」については、小賀野晶一が「CRPS（RSD）の損害賠償事例」不法行為法研究会編『交通事故民事裁判例集 第47巻 索引・解説号』（ぎょうせい・2017年）25〜32頁において、筆者の論文を好意的に紹介・解説している。

69 最近でいえば、髄液漏問題については、杉田雅彦「髄液漏症（脳脊髄液減少症・低髄液圧症候群・髄液漏出症）訴訟の研究——医の診断と法の判断（科学的認定論の提唱）——』千葉大学法学論集30巻1・2号（2015年）612頁があり、PTSD問題については、日本賠償科学会・前掲書（注3）において「PTSD、法学からのアプローチ」などを発表した。

70 前掲（注66）を参照のこと。

ている。判決は「公の学会で認められた医学的知見」により判断されているものである（すなわち「高度の証明」である）。なお、診断医については、両症状に精通した医師でなければならない。

1．賠償科学とPTSD問題

(1) PTSD概念

主観病の1つと考えられるPTSD（"Post-traumatic Stress Disorder"、「外傷後ストレス障害」または「心的外傷後ストレス障害」）とは、強烈な恐怖体験（外傷体験）により、心に大きな傷（トラウマ）を負い、

① 持続的再体験症状（フラッシュバック、過去の映像の再生）
② 持続的覚醒亢進症状
③ 持続的回避症状

の「3大症状」が発生し、そのため社会生活・日常生活などの機能に支障を来すという疾患である。

主観病は患者の主訴を重視して判断しなければならない。PTSDは、基準Aである外傷体験を初めとして、上記の「3大症状」について患者の主訴に基づき判断しなければならないところに難しさがある。そういう意味ではPTSDは主観病の典型といえる。

アメリカ精神医学会が1980年に発表した精神疾患の診断基準であるDSM-Ⅲにおいて導入されたのが始まりである。わが国においては「ガルーダ・インドネシア航空機事故」、「阪神大震災」、「地下鉄サリン事件」などでPTSDが発症したと報道されている。

(2) PTSD事案

横浜地方裁判所は、平成10年6月8日、PTSD（心的外傷後ストレス障害）事件について初めてPTSDを後遺障害と認める判決を言い渡した。

筆者はこの判決に衝撃を受けた。急いで判決文を取り寄せ、検討したが、PTSDについての世界的な診断基準であるICD-10、DSM-Ⅳの診断基準を満たすものではなかった。その後判決はPTSDを否定する判決、肯定する

判決と一時混乱したが、裁判所がPTSDの医学的診断基準の充足を次のように十分に検討するようになったため、PTSDを否定する傾向となっている。

(3) 「PTSDターニング・ポイント判決」

PTSDの流れについて決定的な役割を果たした「PTSDターニング・ポイント判決」[71]について述べる。後に述べる賠償科学的対応をしているものであり、名判決である。

この東京地裁平成14年7月17日判決は、PTSD交通事故事案の判決の流れを決めた「ターニング・ポイント」となった。この判決は、全国の民事交通事故裁判をリードする東京地方裁判所民事第27部（民事交通部）の判決であり、またPTSDについて明確に判示しているのが特徴である。

その他の裁判所の判決もこれに追随し、現在は、否定判決が圧倒的に多くなってきている状況にある。

以下、このターニング・ポイント判決の概略を記す。

(ア) 事故の概要

原告は、父の運転する原告車両の左後部座席に同乗し、原告車両は国道4号線の南行車線を時速40キロメートルで走行していた。国道4号線は、片側1車線で、最高速度が毎時60キロメートルと定められていた。被告は、被告車両を運転して、国道4号線北行車線を時速約40キロメートルで走行していたが、小雪が降っていて路面が凍結していたにもかかわらず、ノーマルタイヤで走行しチェーンもつけておらず、ゆるやかな下り坂で後輪がスリップし、あわててブレーキをかけたため、被告車両が右前方へ滑走して反対車線に進入し、対向進行してきた原告車両に正面衝突した。

(イ) 判決要旨

① PTSDとは、強烈な外傷体験により心に大きな傷を負い（トラウマ）、再体験症状（フラッシュバック）、回避症状、覚醒亢進症状が発生し、そのため社会生活・日常生活の機能に支障を来す疾患である。

---

[71] 東京地判平成14・7・17（平成12年(ワ)第4079号）自動車保険ジャーナル1454号2頁・判時1792号92頁。鈴木順子裁判官、損害賠償請求事件、確定。

② 外傷体験の要件について、DSM-ⅣのほうがÂ緩和されているといわれるが、DSM-ⅣもICD-10もわかりにくい表現で多義的であるうえ、いずれも医学的診断基準であって、損害賠償基準ではなく、PTSDと診断されたからといって、後遺障害等級7級あるいは9級などの評価が直接導き出されるわけではない。

③ 労災保険の障害認定基準に準拠している自賠責保険実務上は、器質的損害によるものとの証明ができない心因反応は、外傷性神経症に該当するとして後遺障害等級14級10号と認定されている。交通事故は程度の差はあれ誰しもストレスを感じる出来事であるが、ストレス症状が、傷害の治癒や時の経過によっても消失せず後遺障害として残存した場合には、傷害慰謝料を超える賠償の対象となり得るところ、目に見えない後遺障害の判断を客観的に行うためには、今のところ上記基準に依存せざるを得ない。

④ 外傷性神経症より重度の障害を伴う後遺障害として位置づけられたPTSDの判断にあたっては、DSM-ⅣおよびICD-10の示す「自分又は他人が死ぬ又は重傷を負うような外傷的出来事を体験したこと」、「外傷的な出来事が継続的に再体験されていること」、「外傷と関連した刺激を持続的に回避すること」、「持続的な覚醒亢進症状があること」という要件を厳格に適用していく必要がある。

これを本件について検討すると、外傷的な出来事の要件について本件事故の様態は、被告車両のセンターオーバーによる正面衝突であるが、高速度で衝突したわけではなく、その後救急車が到着するまでの間に、目の前で同乗していた家族が死亡してしまったのであればともかく、原告は軽傷であり、家族も重傷を負ったとまではいえないこと、また、原告は、記憶障害により事故状況を健忘している旨主張するが、左後部座席にいた原告が衝突を目撃した可能性は低いことなどを考慮すると、原告が、自分または他人が死ぬまたは重傷を負うような外傷的な出来事を体験したものとみることは困難である。

⑤　再体験症状であるが、原告の症状は、遅くとも平成11年10月22日には症状固定したものとみられるが、原告の見る悪夢は本件事故に関連したものに限られない。また、事故の記憶が日常的に反復して想起されるのではなく、車や携帯電話が引き金になって、事故直後の救助を待っている情景のフラッシュバックが生じるが、事故時に感じた「家族を失ってしまうのではないかという恐怖感」がよみがえってくるわけではなく、外傷的な出来事が継続的に再体験されていることを全面的には肯定できない。

⑥　回避症状については、原告は、仕事上必要な場合に限らず、プライベートでも頻繁に車に乗っていることが認められる。原告は、車に乗ることが最良の治療法であるので実践した旨述べるが、治療として一定期間挑戦することは理解することができるものの、乗車後の症状により仕事にも支障が出るのであれば、少なくともプライベートでの乗車は極力避けるのが自然であり、外傷と関連した刺激の持続的な回避症状は認めがたいといわざるを得ない。

⑦　覚醒亢進症状について、原告は、睡眠困難、集中困難等があるというが、その程度は明白ではない。

⑧　以上のとおり、外傷体験の要件に該当しないだけではなく、ストレス反応の量と質が基準以上に大きいものであるとはいえず、原告の症状はPTSDに該当しないといわざるを得ない。原告には脳の器質的変化は認められないところ、原告の神経症状は本件以前にはなかったにもかかわらず、本件事故を契機として発症しており、本件事故に起因する心因反応として外傷性神経症ととらえるのが相当である。

⑨　原告は、K医師のPTSDとの診断を根拠に、後遺障害等級9級10号に該当し労働能力を35％喪失したとして逸失利益および後遺障害慰謝料を請求するが、損害を算定する場合のPTSDであるか否かの判断が、治療を目的とした精神科医の診断と異なることはありうることである。

⑩　次に被告は、原告に後遺障害が認められるとしても、素因減額をすべ

きである旨主張するので検討するに、原告の外傷性神経症は、同一事故を体験した家族に原告と同様の症状が認められないことからみても、原告の心因反応を引き起こしやすい素因等が寄与しているものと推認され、個性の多様さとして通常想定される範囲を外れており、損害の公平な負担という見地から民法722条2項の過失相殺の規定を類推適用して、その割合については、前記認定の原告の症状、治療経過等に加え、被告が肉体的障害による損害については慰謝料を除きすでに支払済みであること、入通院分も含まれること等を考慮すると、肉体的傷害による損害と神経症状による損害とを分離せず、全体から20％を減額するのが相当である。

(4) **PTSD（心的外傷後ストレス障害）についての賠償科学的対応法**

筆者は、交通事故と PTSD に関する判決を200件以上収集した。判決を検討した結果、〈表4〉のような法的対応法となった。

2．賠償科学と脳脊髄液減少症問題

(1) **脳脊髄液減少症の問題点**

福岡地方裁判所行橋支部は、平成17年2月22日、脳脊髄液減少症事案についてこれを認める最初の判決を言い渡した。この判決も、十分な検討をすることもなく、簡単に認めてしまった。脳脊髄液減少症説は、日本の篠永正道医師が世界で初めて主張した私的・医学的見解であり、公的である医学会が認めたものではなかった。

その後、多くの関連医学会・厚生労働省の研究班の研究も進み、裁判所も医学的な診断基準の充足を重視した結果、脳脊髄液減少症を否定する傾向となった。しかるに、最近においてもいまだに自動車保険ジャーナル誌上等に多くの脳脊髄液減少症事案の判決が紹介されている（筆者は、本症状について250件以上の判決を収集した）。判決の傾向は、確固とした傾向になっているのに PTSD と異なり、何ゆえに多くの訴訟が提起されるのか疑問である。

〈表4〉 PTSDの判断に関する法的対応法

1	公的な世界的診断基準であるICD-10（WHO）・DSM-Ⅳ（APA＝アメリカ精神医学会）の診断基準を充足しているか。DSM-ⅣのA～Fまでの診断基準を、医学的根拠をもって認定をすべきである。あわせて、判例の動きも把握すべきである。
2	PTSD診断基準の厳格・厳密適用 PTSDを認定するにあたっては、ICD-10・DSM-Ⅳの示す主要な4要件（Ⓐ強烈な心的外傷体験・3大症状、Ⓑ再体験症状、Ⓒ回避症状、Ⓓ覚醒亢進症状）を「厳格」、「厳密」に適用することが大事である。また法的判断にあたってはまずⒶの外傷体験を充足することを確認してから「3大病状」、その他の基準の順に判断していくことが必要である。「診断基準A」を充足するかという点が最も重要である。
3	上記2の4要件の具体的事実を明確に把握することが大事である。
4	「強烈な心的外傷体験（自分または他人が死ぬ、または重傷を負うような外傷的出来事）」はあるか。その他の診断基準も大事であるが、この判断が一番重要である。「心の中」はブラック・ボックスなので結局「外傷体験」で判断するほかないと考える。被害者本人の訴える症状からのみで4要件を判断してはならないと考える。
5	心的外傷体験と発症との間に相当因果関係があるか。これを明確にすることが必要である。
6	治療を目的とした主治医の診断がそのまま法的判断にならない（医師は診断基準を充足することを十分に確認してから診断書を作成すること）。
7	被害者の性格、素因、事故後の生活状況、加害者との関係などを把握すること。
8	患者の主訴はとりあえず信用すること。しかし、詐病の疑いの検討を要する。
9	PTSDに詳しい精神科医によって診断・治療がなされているか。 ・被害者の主観的事情のみを取り上げていないか。 ・精神的既往症はないか。うつ病などのほかの精神疾患の可能性はないか。 ・精神的脆弱性の影響はないか。 ・ほかの疾患の可能性。 ・社会生活・日常生活に支障を来しているか。 また、鑑定する場合は、次の「構造化診断面接」を行うこと。[72] ①　DSM-Ⅳ構造化臨床面接（Structured Clinical Interview for DSM-Ⅳ） ②　PTSD臨床診断面接尺度：CAPS（Clinician Administered PTSD Scale） 　なお、CAPSは現在のところ、最も精度の高いPTSD診断法であるといわれている。

---

[72] 溝辺克己「交通事故における賠償医療の知見と損害算定論の交錯──PTSD・RSD又はCRPS・高次脳機能障害の損害論への影響──」高野真人ほか編『交通事故賠償の再構築──新たな実務的課題の登場と賠償論の視点（法律のひろば創刊60周年記念別冊）』（ぎょうせい・2009年）23頁。

(2) 脳脊髄液減少症への賠償科学的対応法

本稿では紙幅の関係上、脳脊髄液減少症については前記したPTSDと異なり判決の詳細な分析をすることができなかった。しかし、多くの判決を検討した結果、その傾向はPTSDと同様であり、その対応法も基本的には、前記したPTSDについてのものと同じである。ほかの主観病などに対しても、同じ対応法が応用できると考える。

また、以下に最新の典型的な高等裁判所判例を記しておく[73]。名判決である。

① 「現在、医学的に承認された最新の主要な脳脊髄液減少症等に関する診断基準は、厚労省基準及びICHD-3β基準であると認められるのであって、これらの基準を離れて、脳脊髄液減少症等の発症の有無を判断することが相当であるということはできない」。

② Xの「腰椎部MRミエロMIP画像がガイドライン基準の『Ⅲ 画像診断』における明らかな漏出像に該当する」との主張については、「厚労省基準においてMRミエロで硬膜外に脳脊髄液の貯留を認めるための3条件を満たしていないことに加え、ガイドライン基準の『Ⅲ 画像診断』において、MRミエロが、機種及び撮影法による差が著しいため、参考所見に留まるものであることも考慮すると、上記画像をもって、本件事故を原因として、Xに脳脊髄液減少症が発症したとみとめることはできない」。

③ ブラッドパッチ療法の改善効果については、「ブラッドパッチ療法による改善効果をもって、Xに脳脊髄液減少症等が発症したと認めることができない」等からも、Xの脳脊髄液減少症の発症を否認した。

なお、東京高判平成22・10・20判タ1344号176頁では、いわゆる確率的心証論を採用することはできないとした。しかし、本件は一審の東京地方裁判所で脳脊髄液減少症が否定された事案である。その後、控訴審において確率的心証論が主張された事案であることに特異性がある。本来なら、被告側に

---

[73] 札幌高判平成30・4・26自動車保険ジャーナル2027号2頁より要約。否定・確定。

おいて素因減額を主張する事案である。[74]

Ⅵ 各論 第3部——損害認定基準のための基本的な対応法

筆者は、後に述べる損害認定のための基準として「大基準」「中基準」「小基準」というものを考え、一覧表としてみた（〈表6〉参照）。いつになるかわからないが、将来このような基準を完成させたいという強い思いから考案したものである。当然、理論的なものではない。

1．判例タイムズの過失相殺基準のような、すべての交通事故（後遺障害）への対応法

前項では、現在、筆者が特に研究中のPTSDと脳脊髄液減少症の判決を参考にして、中間的な認定基準（中基準）を考えてみた。今後、さらに進んだ損害認定基準の研究をしてみたいと考える。そのための準備として、以下のように、試論として記してみた。

筆者は、割合的認定論の立場から、「医と法による損害認定法の基準化」を試みた。[75] 大基準・中基準・小基準として一覧表としてみたが、これはあくまでもすべて「試論」としての考えにすぎない。

判例は単に「損害の公平な分担」というが、これは一般条項であり、これを具体的基準に基づいて認定すべきである。

① 「大基準」は、医と法によるすべての交通事故の症状に通用する基準で、小基準・中基準をクリアした後に、医と法の両側面から検討した最後の

---

74 小賀野ほか・前掲書（注45）14頁。
75 多くの研究者が基準の明確化の必要性を指摘している（小賀野晶一「今後の賠償科学のあり方・法学からのアプローチ」日本賠償科学会・前掲書（注3）108頁など）。長沢幸男（元裁判官・現在は弁護士）も、法的安定性の観点から基準の必要性を示唆している（同「判解」最判解民〔平成8年度〕（下）826頁）。赤本解説本においても、認定基準について「より客観性を求めて、分析を行っていく必要のあることは論を俟たない」と述べている（損害賠償算定基準研究会・前掲書（注63）370頁）。今後の若い研究者の研究を期待する。

〈表5〉 脳脊髄液減少症（低髄液圧症候群）・脳脊髄液漏出症の賠償科学的法的対応法

1	①公的な団体である日本脳神経外傷学会等の最新診断基準、②厚生労働省研究班の最新画像判定（案）・画像診断基準（案）、③ICHD-3βの最新診断基準を充足しているか。診断時・判断時においては、私的ではなく公的な学会の最新基準によるべきである（脳脊髄液減少症の始唱者、篠永正道医師のグループは、私的な団体にすぎない）。判決の傾向もこのようになっている。関係者はこれらの基準を学習すべきである。刑事事件については慎重に判断すべきである（髄液漏出症に限らないが、医の診断は法の判断に先行する）。
2	RI脳槽シンチの際、針穴からの髄液漏れの可能性はないか。
3	医学的に極めて特徴のある「起立性頭痛」があるか。カルテに記載があるか。
4	ブラッドパッチ（EBP）による改善の根拠があるか。被害者の主観的症状のみを取り上げていないか（プラシーボ効果・ホーソン効果を考慮する必要がある）。
5	事故と脳脊髄液漏出症との間に相当因果関係があるか。
6	事故時の状況、被害者の年齢・職業・健康状況・性格・素因・事故前・事故後の生活状況、加害者との関係などを十分に把握すること。
7	脳脊髄液減少症・低髄液圧症候群・脳脊髄液漏出症について詳しい脳神経外科医によって診断・治療がなされているか。
8	ほかの疾患の可能性（うつ病などの精神疾患その他の疾患の可能性はないか）。

結論となるものである。

② 「中基準」では、PTSDと脳脊髄液減少症を中心に検討してみた。

③ 「小基準」は、医と法から考えるべき多くの基準を示してみた。

2．大・中・小の3つの認定基準

このように損害認定を基準化することは、不法行為の目的である被害者救済に資するものであるという公平・公正の面からも重要なことである。法的最終結論は、基準を参考にしつつもやはり具体的事案ごとに判断するしかない。これは、判タの過失相殺基準（注66参照）でも同じである。

なお、次のような指摘がある。[76]

〈表6〉 賠償科学的損害認定論の公正損害認定の考え方（医と法による「公正賠償学の確立」）

大基準	医の診断と法の診断による、公正な賠償科学的認定を目標とする。医と法の融和・被害者救済と正義ある公正賠償論

1. 医と法の両側面から検討し、学会の目的である「公正な損害賠償」の立場から「人身損害の認定並びに民事責任の認定の適正化」に資する考え方の確立。公正（Justice）すなわち「正義ある損害の公正な分担」による認定。
2. 相当性から医・科学的寄与度による判断法の確立。鑑定制度・専門医の制度を活用すべきである。専門医・専門弁護士・学会が協力し、公正な認定をすべきである。
3. 医の公的な診断基準・治療法の作成。症状についての医学的根拠の存在（刑事記録・ドライブレコーダー・カルテ・X線・MRI・MRなどの活用）
4. 法的認定には、原則として医学的根拠が必要である。上記医療記録等の検討、法の通説・判例・有力説の検討、各基準の類型化・数値化・透明化の検討、不法行為の要件事実を充足するか、医と法・法律実務家と民法学者は協力し合うべきである。医と法の学会である賠償科学会は、学会の総力を結集してこの基準をつくるべきである。

中基準	

1. 目に見えにくい症状（主観病）の認定基準
本稿の各論第2部（V）において、PTSD・脳脊髄液減少症に例をとって検討してみた。
2. 〔医〕PTSD・脳脊髄液減少症に詳しい医師に協力を求め、診断基準の充足を確認すること。医学界の動きに注意すること。いずれも動向に変化がある可能性がある。〔法〕判例の動向に注意すること。
3. 訴訟の初期・中期・後期において、医と法より事案を検討し、上記の「大基準」のような考え方に従って、訴訟の終結までのストーリーを考えること。訴訟関係者は、常に実務の動向を研究しておくこと。

小基準	小基準は、医と法の両面のあらゆる要素。 　これらは将来、事故の「過失相殺表」に準じて因果関係表を作成する場合の「基本的小要素」となるものである。将来、完成するであろう基準の作成は非常に困難なことではあるが、基本的にはより定型化の進んでいる事故の「過失相殺基準」を参考にすべきであろう。しかし、素因減額と過失相殺とは異なる部分があることに注意すべきである。 　後に述べるように、AI（人工知能）を駆使して、基準を作成することが必要である。

76 小賀野ほか・前掲書（注45）53頁。

第2編　1　賠償科学の体系

> 以下の基準にいくつあてはまるか。☑[77]が多いほどよい。
> ☐ 交通事故現場の把握（現場に行き、調査すること。刑事記録・不起訴記録の十分な検討）
> ☐ 交通事故の状況
> ☐ 自賠責保険の等級認定に該当するか。該当するのであれば、何級何号か。[78]
> ☐ 異議申立ての結論を尊重する。[79]
> ☐ 事故過失相殺
> ☐ 現在の症状が、最新の公的（学会など）医療診断基準に合致するか。
> ☐ 診療録（カルテ）・診断書・看護記録・MRI・MR・X線・CT・レントゲン・PET・ドライブレコーダーなどの検討
> ☐ 事故から予想される病名
> ☐ 既往症（事故前の健康状況）
> ☐ 症状固定時期
> ☐ 患者の初期・中期・後期の身体の状況
> ☐ 患者の年齢・職業・健康などの生活状況
> ☐ 性格・ストレス因子・遺伝的要素・精神既往症・事故以外の原因
> ☐ 精神的要素
> ☐ 傷害
> ☐ 後遺障害の部位・程度・変化
> ☐ 各症状・各損害の関連
> ☐ 事故と後遺障害から加害者に賠償させる賠償科学的相当性
> ☐ その他

（上記の基準作成のための参考文献）
① 東京三弁護士会交通事故処理委員会『寄与度と非典型過失相殺——判例分析（東京三弁護士会交通事故処理委員会創立40周年記念出版）』（ぎょうせい・2002年）39頁以下。
② 天野智子「素因減額の考慮要素」判タ1181号（2005年）72頁以下。
③ 湯川浩昭「既往症がある場合の過失相殺の適用の問題」東京三弁護士会交通事故処理委員会・財団法人日弁連交通事故相談センター東京支部共編『交通事故による損害賠償の諸問題Ⅱ——損害賠償に関する講演録——』（東京三弁護士会交通事故処理委員会・2000年）202頁以下。
④ 中武由紀「交通損害賠償事件における非器質性精神障害をめぐる問題(3)因果関係論及び素因減額等の割合的解決を中心として」判タ1379号（2012年）11頁以下。
⑤ 松居英二「心因的要因の寄与を理由とする素因減額」高野真人＝溝辺克己＝八木一洋編『交通事故賠償の再構築』（ぎょうせい・2009年）153頁以下。
⑥ 小賀野晶一＝栗宇一樹＝古笛恵子『交通事故における素因減額問題』（保険毎日新聞社・2014年）。

---

77 重複する要素もある。
78 有冨・前掲論文（注21）31頁。
79 有冨・前掲論文（注21）31頁において、「自賠責保険の等級認定基準の該当性が民事裁判においても1つの合理性を有する」という指摘がある。

「素因減額の可否については、一定の方向性に集約された感はある。しかし、素因減額と因果関係が、表裏ないしは同一線上にある問題であることから、減額の可否についてさえ明確な基準があるとも言い難い。

さらに、素因減額の割合については、青本が『減額はケースバイケースで目安と言えるものはない』、赤い本が『減額の割合は、具体的事案毎に個別に判断されているのが現状である』とするとおりであり、少なくとも、過失相殺率のように定型化した基準は存在しない。

もっとも、だからといって場当たり的な素因減額の処理が許されるわけでもない。（中略）素因をめぐる裁判例を分析することによって、ある程度の基準化ができないか、若杉基準に代わりうる基準ができないのか、何度も失敗している基準化ではあるが、これを再度試みる端緒としたい」。

3．認定基準作成のための試論

このような賠償科学的認定はほかの主観病や症状にも応用できるものである。すなわち、これらの多くの判決を分析することにより、不法行為の因果関係と損害の認定について迫っていくことができると考える。[80]

4．AI（Artificial Intelligence, 人工知能）による基準作成

(1) 最近の損害保険会社のAIによる過失相殺の利用

本稿の脱稿直前に、次のような新聞記事に接した。[81] 以下のとおり、大手損害保険会社は、自動車事故についてドライブレコーダーを利用し、過去の判例などをAI（人工知能）により分析し、示談交渉に利用する。

① 損保ジャパン日本興亜は自動車事故の過失割合を人工知能（AI）が自動算出するシステムを年内にも導入する。ドライブレコーダーで撮影し

---

[80] 古笛恵子「複合性局所疼痛症候群（CRPS）・法学からのアプローチ」日本賠償科学会・前掲書（注3）642頁、650頁、有冨・前掲論文（注20）233頁。
[81] 日本経済新聞電子版「イブニングスクープ車事故、AIが過失判定・最短1週間で損保ジャパン」2019年2月7日より要約。

た映像から交通事故の状況を再現。AIが過去の事故データや判例も踏まえて分析する。事故発生から保険金支払いまでの期間は従来の2カ月から最短で約1週間に短縮する。

② 東京海上ホールディングスは過失判定の必要ない単独事故を対象にAIが車の損害を判断し、保険金を最短で即日に払うシステムを2020年をメドに導入する。

③ 三井住友海上火災保険株式会社はAIが即座に損害査定できるしくみの実用化をめざしている。

(2) **AIと賠償科学**

筆者がこれまで述べてきた損害認定のための基準やAIなどを利用し、将来は医と法による事故の過失相殺と後遺障害を含めて損害を認定・算定することができるかもしれない。急速に進歩するAIは、驚くほどの進化を遂げている。AIを利用すれば、損害算定のため大いに役立つであろうと思われる。

AIを利用して、事故の過失相殺の基準、そして人身損害を含めた損害算定についても、寄与度による損害を算定する方向に努力すべきである。損害保険協会・損害保険各社・法律実務家・学者らが協力して作成すべきであろう。このようなものがあれば、基準の数値化・透明化が可能となると思われる。

Ⅶ 結論——公正（Justice）賠償論

1．医と法を融合させた「公正賠償論」

(1) **最高裁判例と蓋然性および寄与度論**

現在、裁判実務では因果関係の立証について「東大ルンバール事件」[82]のような考え方をしており、この判決後は「高度の蓋然性ルール」が判例法とし

---

82 前掲（注51）最判昭和50・10・24。

て確立している。現在の実務がこのようである以上、筆者がこれまで述べてきた賠償科学的認定法（割合的認定論）はひとまずおき、現状においては次のように考えるようにしたい。

相当因果関係論は、因果関係の判断において伝統的因果関係の「あるかないか」という二者択一の批判から生まれた。次に、この「相当性」の判断が問題視されるようになった。割合的認定論は「科学性」を持ち込み、科学的寄与度に応じて責任を負うというものである。小賀野の「寄与度論（私見）」[83]も、後述する加藤一郎の考えを受け継ぐものであり、科学的知見に基礎をおく事故の賠償科学的寄与度を、因果関係論と損害論の双方に位置づけるものである。この寄与度論は割合的因果関係の1つである。公正（Justice）、すなわち「正義」に基づくものである。

前記したが、東京地方裁判所の確率的心証論の判決文も、「証拠上認容しうる範囲が70パーセントである場合に、（中略）全然棄却することも不当に加害者を利得せしめるものであり、むしろ、この場合、損害額の70パーセントを認容することこそ、証拠上肯定しうる相当因果関係の判断に即応し、不法行為損害賠償の理念である損害の公平な分担の精神に協い、事宜に適し、結論的に正義を実現しうる所以である」[84]と判示している。

(2) 解明度と被害者救済

前掲（注53）最判昭和50・10・24のいう、この「高度の蓋然性の証明」とはおよそ80％くらいではないかとされているが[85]、この最高裁判例の判示は、この点を含めわかりにくい表現である。「80％」では、79％もの高い蓋然性（解明度）があっても請求棄却となり、被害者は利益を失うことになる（逆に80％しかないのに100％認定されてしまうことにもなり、これでは20％は「不当利得」である）。これでは「高度の蓋然性」のルールがさらなる「被害者」を生むことにもなり、不法行為の目的が達成されないということにもなろう。

---

83 小賀野・前掲書（注52）307頁。
84 倉田・前掲書（注54）。
85 藤村和夫＝山野嘉朗『概説交通事故賠償法〔第3版〕』（日本評論社・2014年）345頁。

これは高度の蓋然性ルールの最大の欠点であるので、前述した倉田裁判官による判決のような、「正義」による判断「確率的心証論」が出てくるのである（肯定的心証度において損害額を認定する）。やはり、後に述べるように、筆者の主張する医と法の基準による「公正」すなわち「正義」に基づく「公正賠償論」が妥当である。「確率的心証論」は割合的認定の判断を、裁判官の「心証」に委ねることが問題である。因果関係の根拠は、「科学的知見・根拠」に求めるべきであろう。

これまで述べてきたとおり、現実の裁判実務は高度の蓋然性論である。筆者らの主張するような賠償科学的・割合的認定論の寄与度の基準化の完成を急がなければならないと考える。[86]

(3) **筆者の結論（医の診断と法の判断）**

交通損害賠償訴訟の事故には1つとして同じものはない。したがって事故・態様・被害者の人体に対する影響・その後の症状にも何1つとして同じものはない。

いずれにせよ、医と法・法律実務家・研究者の協力によって一刻も早く寄与度損害認定基準を完成させなければならないということを強調しておきたい。

2．「公正（Justice）賠償論」（中立の立場からの被害者と加害者間の公平・公正賠償論）

(1) **民法の著名な研究者・加藤一郎の公正賠償論（「加藤法学」の真髄）**

「公正賠償論」について加藤一郎は、「被害者にできるだけ多くの賠償を与

---

[86] この点につき、加藤新太郎元裁判官（中央大学法科大学院教授）は、長崎原爆訴訟の上告書について次のようにいう（長文につき要点のみ抜粋）。「『高度の蓋然性』の概念は、控訴審でいうような相当の蓋然性の程度を高度の蓋然性と評価すればよいのであって、実務の現場は高度の蓋然性を高く見過ぎているというメッセージを発したものと理解しています。以上が判定法理であり、実務家の見方の現状ということになります」（公益財団法人日弁連交通事故相談センター編『交通賠償実務の最前線（公益財団法人日弁連交通事故相談センター設立50周年記念出版）』（ぎょうせい・2017年）39～40頁）。

Ⅶ 結論——公正（Justice）賠償論

えることが常に望ましいわけではなく、被害者・加害者双方にとって公正な賠償でなければならない」と指摘している。不法行為の本来の理念をあらためて想起し、それを基礎に据える必要があると思われる。これは加藤の晩年の説である。加藤はその当時、不法行為の判例や実例においてかなり厚く賠償を認められるようになってきたので、この説を主張した。すなわち、被害者救済のためにできるだけ損害賠償を認めていくのがよいのではなく、被害者と加害者双方にとって公正であるべきということである。被害者と加害者のどちらか一方に偏ることなく、中立の立場に立って損害について公正に取り扱おうとするものである。加藤は、不法行為論としては、その当時の状況と将来の状況も考慮してこのような主張をした。また小賀野は、「加藤一郎によって提唱された公正な賠償論は、我が国の裁判例及び学説の動向や、アメリカ不法行為法の状況をも考慮し、損害賠償法のあるべき理念として提示されたものといえる」と述べている。

筆者は、あらゆる事故関係を含め、広い意味でその時代に求められる「医と法の判断基準」を融合させた、その当時の不法行為に適合し「正義」に基準をおいた「公正な賠償」をしなければならないと考える。このような「賠償科学的・公正賠償論」が正しい方向であると考える。

(2) 良心的・法的心証論

交通損害訴訟においては、その虚構性と精緻性はつとにいわれていることであり、両方が入り混じったところに結論を出している。筆者は、医と法を融合させた公正・中立の立場から、科学的基準に基づき被害者・加害者の公正・公平な賠償がなされるべきであるということを強く述べたいが、最終的

---

87 加藤一郎「戦後不法行為法の展開——被害者保護から公正な賠償へ——」法学教室76号（1987年）6〜11頁。加藤一郎による中立の立場からの被害者と加害者の間における「損害公平・公正分担」の主張は、近代社会にとって自動車の利便性からもこれは当然な結論といえよう。運転行為は、国民の誰もが毎日行っている日常的な行為であり、誰もが被害者・加害者になる可能性がある。ここに自動車事故の特殊性がある。そこで筆者は、被害者・加害者双方にとって公正である賠償論を「公正賠償論」と称することとした。

88 小賀野・前掲書（注52）317〜318頁。

89 大島眞一「交通損害賠償訴訟における虚構性と精緻性」判タ1197号（2006年）27頁以下。

101

には法律家の良心的判断（良心的医道・法道）に頼るしかないと考える。医師と法律家の、専門家としての責任である。故楠本安雄裁判官は、人身損害賠償の認定について次のように述べている。[91]

「判例・学説を顧慮しつつ、個別事件に最もふさわしい適正な損害賠償額を決定することは、法律家、最終的には裁判官のみがなしうるものとして社会から信託された大切な、さらにいえば崇高な仕事のひとつではなかっただろうか」。

(3) 最終結論

筆者が述べてきた最終的結論は、因果関係論と損害論の両者に及ぶものである。すなわち、割合的寄与度（賠償科学的寄与度）による判断によることになる。そして、最終的法的判断は法律家の良心的法的判断、そして医（科学）と法を融合させた、賠償科学的・割合的認定に基づくものとなる。

Ⅷ　おわりに

本稿は、主として筆者が執筆した以下の論文等において記したものに、その後の事情も大幅に加除訂正等して執筆したものである。

なお、筆者がいただいたテーマは「賠償科学の体系」という大変広いテーマであるため、割愛せざるを得ない部分があり、結論が出せなかったり、大胆すぎたりする主張もあると思われる。

筆者は、故平沼髙明先生に日本賠償科学会入会当初より大変お世話になった。平沼先生は医学博士と法学博士の2つの博士号を有するわが国でも稀有な学者であり、また法律実務家であった。平沼先生は東京都立日比谷高校から中央大学法学部へ進学、卒業された。筆者の先輩である。

平沼先生は哲学、芸術、語学、俳句、音楽、ゴルフ、自動車運転などと多趣味な方であった。また、愛犬家でもあった（ゴールデンレトリバーで、名は

90　同旨に、古笛恵子「交通事故訴訟における賠償科学」賠償科学37号（2011年）16頁。
91　楠本安雄『人身損害賠償論』（日本評論社・1984年）298頁。

Ⅷ　おわりに

「カリーノ」)。筆者は、医と法の理論上のこと、具体的事件のこと、また個人的なことまで教えを受けた。本稿は、敬服する平沼髙明先生のことを想起しながら執筆したものである。

①	「賠償科学」 平沼髙明先生古稀記念論集『損害賠償法と責任保険の理論と実務』(信山社出版・2005年) 6～102頁
②	「日本賠償科学会史」 日本賠償科学会編『賠償科学〔改訂版〕』(民事法研究会・2013年) 15～29頁
③	「賠償科学研究対象」 上記②30～43頁
④	「賠償科学創立30年」 筆者の学会誌の巻頭言。賠償科学37号 (2011年) 1頁
⑤	「〈座談会〉21世紀の賠償科学 (学会創立20周年を振り返って)」 司会は筆者。賠償科学28号 (2002年) 3頁
⑥	「髄液漏症 (脳脊髄液減少症・低髄液圧症候群・髄液漏出症) 訴訟の研究──医の診断と法の判断 (科学的認定論の提唱)──」 千葉大学法学論集30巻1・2号 (2015年) 612頁以下
⑦	「最近までの高裁判例から見た『目に見えにくい後遺障害』(主観病) 問題」 自動車保険ジャーナル1997号 (2017年) 1頁
⑧	「目に見えにくい後遺障害の認定法 (客観的所見に乏しい疾患、主観病)──賠償科学的認定法の提唱──」 賠償科学45号 (2016年) 99頁

② 診療過誤訴訟上の諸問題

鈴 木 俊 光
弁護士・税理士・明治大学名誉教授

> 本稿は、法律論叢41巻4・5・6合併号（1968年）に掲載されたものである。このたび、平沼髙明先生の追悼論集への寄稿を依頼されたものの、健康上の理由から執筆が困難な状況であったため、ご遺族、編集委員のご了承をいただき、筆者がこれまで発表した論考の中から本稿を再掲することで、生前の平沼先生へのご高配への御礼とさせていただきたい（なお、文字表記は、本書統一表記に従っているが、法令、表現等は当時のままである）。

I　はじめに

　診療過誤訴訟（medical malpractice case）[1]は、医師が医行為、すなわち疾病（予防、助産、整形行為を含む）の診察、治療を行うにあたって、故意または業務上必要な注意の懈怠ないしは未熟な技術によって、他人に損害を加えたことを理由として、患者の側から医師側に対してその責任を追及する訴訟である。

　診療過誤の概会にいかなる範囲のものを取り込むかということ自体、1個の問題であり、医師法にいう医師が過誤行為をなした場合だけを指すのか、

---

[1] 医療過誤訴訟という呼名もあるが——刑事事件関係の場合に多いように思われる——診察・治療を行うにあたっての過誤という意味をもたせて診療過誤という名称によった。なお malpractice という語は害意という言外の意味をも含んでいるので、より正確には professional negligence というべきであるという（Charles Kramer,medical malpractice,（1965）p,3）。

患者が被害を受けた場合だけでなく付添人らが医師の指図不良のため伝染病に罹患した場合、これらの者からの賠償請求の場合も含むか、いわゆる美容整形の場合はどうかなどの問題もあるが、本稿では、診療過誤訴訟の主要な問題点が、医師、病院と患者、付添人との関係をどう評価するか、医師がその特殊専門的な業務を行うに際して、その義務の遂行に欠けるところがなかったかどうか、その義務に欠けたことが、損害発生の原因となっているかどうかにあると考えるので、一応、頭書のように定義づけたいと考える。

　診療にあたって過誤のないことは保証しがたいところであり、すでに大宝律令中の職制律にも侍医、一般医師の診療過誤の罪について定めがあり、ハムラビ法典中にも過誤を犯した医師の手足切断の制裁についての定めがある。英国では、1374年に傷の手当てを誤ったことを理由に外科医が訴求されており、米国では1794年に手術の失敗から妻を失った夫が医師を訴求し勝訴したのが最初の診療過誤訴訟であるといわれている。

　わが国においても明治38年12月19日の大阪控訴院判決（法律新聞321号7頁）をはじめ、その後いくつかの診療過誤訴訟の判決例が紹介されているが、ここ数年、件数も急激に増え、原告たる患者側の勝訴率も高まり、加えて、新聞の報道などで大衆の関心をひくことも多くなってきたので、医師、法律家の間でもこの問題に対する研究が活発に行われるようになってきた。

　戦後、この種の訴訟が増加した理由については、"人心の悪化"などといわれることもあるが、医師みずからの分析した、「個人の権利意識の向上、医学知識の普及、患者増加による診療の機械化、安全性の不充分な医薬品の出廻り、注射の乱用、弁護士や新聞記者の関心、医師の態度の問題、法律、規則、通達に対する医師の無関心、同業医師の非好意的発言、医師、医学生、看護婦、看学生の勉強不足」といった原因に尽きているといってよいであろ

2　丸山正次「医師の診療過誤に就て」司法研究報告書集18輯（1934年）3頁以下。
3　Charles Kramer, op.cit., p.2 et seq.
4　野田寛「わが国における医師の診療過誤訴訟（民事）の実態とその問題点」法学論叢77巻3号（1965年）107頁、厚生省医務局監修『医療過誤民事裁判例集』（東京法令出版・1967年）など。

う。なお、米国における診療過誤訴訟の増加について、同国の著名な医師らが、「手術の半分が未熟ないしは手術をするには不十分な訓練しか受けていない医師によってなされているものと思われる」「術中死の50％近くが麻酔あるいは施術ないしはこの両者の判断あるいはテクニックの誤りによる」と卒直に述べ、また、「もし患者が帰責事由のある医師全部に対して、診療過誤訴訟を提起するとすれば、裁判所は現在の同種訴訟の3倍の訴訟によってあふれるであろう」と述べていることも注目されてよいだろう。ところで、戦後の診療過誤訴訟においては人権思想の向上、損害填補制度の拡大ということを背景としてか、戦前における13.5％から68.8％と原告の勝訴率が極めて高くなり、医師がその責任を負わねばならぬケースが増加している。

　判決例の中には事故の結果から医師の注意義務懈怠を推定し、責任排除の特別の事情を医師側が立証しない限り医師に過失があるとして被告を敗訴せしめているものもある。元来、診療行為は、行為の性質上、多かれ、少なかれ危険な要素を含むものであり、定型的な疾病は別として、ある種の疾病においては、あえて、この危険な分野に踏み込むことによって疾病に対決せねばならないのに、あまりに医師の責任を重くしては、医師はあえてこの「許された危険」をおかさなくなり、ことなかれ主義の診療に堕するおそれもないではない。かくては、患者の側の利益を図ろうとすることが、かえって患者側に不利益をもたらすことになる。反面、医師の責任追及があまりに緩やかなことは、被害者の人権擁護に欠けることとなり、また一部の心ない医師をして、医術の進歩から脱落させ、誤った安逸さを貪らせることとなり、社会にとっても、医学界にとっても、マイナスとなる。

　この2つの立場の間にあって、最適の結果を求めることが診療過誤訴訟において法曹に課せられた任務であろう。しかしながら、認定の対象となる事

5　赤石英『臨床医のための法医学』（南江堂・1967年）251頁、野田・前掲論文（注4）111頁、丸山・前掲論文（注2）112頁。

6　Charles Kramer, op.cit., p.l.

7　野田寛「医療過誤をめぐる判例の動向」法時40巻2号（1968年）4頁。

項が、特殊専門的な分野の現象であるだけに、過失有無の認定をはじめとして、通常の不法行為による賠償請求事件におけるそれとは異なり格別に困難な問題が多い。以下、問題点のいくつかについて考察してみる。

II　当事者適格について

　原告の適格についてはあまり問題はない。通常は施術を受けた患者自身、または固有の（民法711条）ないしは死亡した患者の賠償請求権を相続した遺族である。しかし、まれではあろうが右以外の第三者、たとえば、意識不明の患者に代わって診療を依頼した契約当事者が原告となることもあろう。また、患者に付添中に医師の指示不適当なため、患者が罹患していた伝染病に感染した家族ないしは付添看護婦などが原告となる場合も考えられる。

　被告の場合は後述の請求原因との関係で決まってくるが、直接、施術をした医師またはこれらの医師を雇用する病院、または右医師と病院の両者の場合が一般である。最近、新聞などで取り上げられた予防接種による事故など[8]法律の規定によって施術がなされた場合は、施術の医師のほか、市町村長（予防接種法5条）、都道府県知事、国（同法6条）などが被告となることも考えられよう。なお、この場合、予防接種の指示をする保健所長（同法8条）の責任も問題となってこよう。

III　請求の趣旨について

　診療過誤訴訟の多くは被告に対し金銭賠償を求めるもの（民法722条）であるが、謝罪広告を請求した例もあるという。[9]しかしながら、神経科などで誤

---

[8] 昭和42年10月8日付け読売新聞朝刊の記事によると、厚生省の非公式調査で、昭和37年から同41年までに報告された事故件数50件、うち死亡27件で、後遺症にも補償がなく、大きな社会問題となっているという。

[9] 丸山・前掲論文（注2）104頁。

診した場合名誉を侵害したとされ、あるいは診療上の秘密を漏えいしたことなどから名誉毀損が問題とされることは考えられるにしても、診療行為そのものからの名誉侵害は考えられない。右請求も原告敗訴となったというが、当然のことと思われる。診療過誤訴訟そのものではないが、開業医がシミ、アザの治療のため、ストロンチュウムの照射をしたところ、ケロイド症状を呈したという事件に関連して、右事件を報道した新聞社を相手取って、医師が名誉毀損による損害賠償を請求した事例がある。[10]

Ⅳ 請求原因をめぐる諸問題について

1．診療契約について

　診療にあたって何らかの法律関係が存在するわけであるが、この場合、考えられる法律関係は、いわゆる診療契約とよばれる契約関係である場合と、それ以外の場合に大別できる。

　契約関係以外の場合であることが、一番はっきりするのは、事故などにより人事不省に陥った者を通りがかりの医師が診療する場合が考えられ、民法上は事務管理の法律関係となる。救急車で入院した患者と病院の関係も当初は事務管理となる場合が多く、その後、関係者の来院あるいは意識回復後の患者本人との話し合いによって契約関係に移行することとなろう。救急患者の場合であっても、関係者が付き添ってきたような場合は、その付添人と患者との関係から、病院との関係も決まるように思われる。たとえば、全く無関係の通りすがりの人が連れてきたような場合は、前述したような法律関係になろうし、加害者が連れてきて、自ら治療の責任を負うことを明言したような場合は、その者との間の契約関係となろう。[11]

10　大阪地判昭和42・3・31判時492号74頁。
11　鍛冶良堅＝鍛冶千鶴子編『家庭の法律』（小学館・1971年）503頁参照。通常、病院では氏名不詳としてカルテを作成し、警察に連絡して身許を調査し、関係者の来院を待って入院手続をする。

IV　請求原因をめぐる諸問題について

　診療契約の場合、契約当事者に問題がある。患者に意思能力があり、行為能力者であれば問題ないが、未成年者の場合、精神科の患者などの場合は問題である。未成年者の場合は、法律的には親権者が契約当事者になるべきものと考えられるが、就学、就職のため親権者の居住地を離れた場所で発病し、診療を受けるような場合は、雇用主などの関係者が付き添って診療を受けにきた場合、本人自身できた場合などと複雑な場合を生ずる。
　前者の場合は、その付添人との間の診療契約と構成できようが、後者の場合は取り消しうる契約となる。しかし、ことは生命に関するもので、患者にとって利益をもたらすだけの行為であれば、一般取引上の行為とは異なり、取り消すことはできないものと解すべきであろう。[12]
　申込みを受けた例については、個人開業医の場合は問題がないが、病院、診療所の場合は問題がある。まず、病院、診療所が医療法人（医療法39条）である場合と、法人格のない場合があり、法人格のない場合は、契約の相手方として、開設者（同法7条）、管理者（同法10条）、担当医師という三者が考えられるので、この関係を明確にする必要がある。一般的には開設者との間の契約ということになろうか。
　次に、診療契約の内容についてであるが、診療契約の場合は、その内容が特殊専門的であるため、患者の側からその内容を特定することが困難であり、したがって、その内容が明確でない場合が多いと思われる。診療契約の範囲は内科の場合、一般的には概括的になされ、これに反して手術の場合はその目的が特定されるとの見解もあるが、手術の場合であっても、試験開腹の場合などでは、その結果、どの部分の手術まで必要なのか、当初は不明の場合もあろうから右見解も必ずしもあたらない。[13]判決例の中にも、肥厚性鼻炎の手術について「……患者に対する診断並に治療の方法について各医師の間で、

12　清水兼男「診療過誤と医師の民事責任」民商法雑誌52巻6号797頁は、たとえ、近親者の依額や承諾があったとしても、他人との契約によって患者を診療することはできない、とするのに反して、丸山・前掲論文（注2）44頁は、患者以外の者と医師との間の契約を民法537条の第三者のためにする契約だとする。

13　丸山・前掲論文（注2）44頁。

109

微妙な見解の差異を生ずることは避け得ないところと認められ、また医師に患者の治療について多少の自由裁量の余地を認めなければ、時宜を得た適切妥当な処置を期待し得ないものと解すべきであるから……」と判示したものもある。[14]

　もともと、疾病は単一化されたものではなく、いかなることが原因となって、病的症状が現れているのか明らかでない場合も多い。通常、患者は現れた病的な症状を訴えて、身体的、精神的不快の状態の除去を念頭に医師に診療を依頼するわけであるが、医師の側では患者の訴える「表現された症状」だけでは完全にその病的状態を解明することはできないと考えているのが普通である。医師の立場から、この点を「表現された客観的所見はたしかにある実在する病的現象を指示するが、それは"それ以外の異常状態がその患者にない"ということをそのまま意味するものではない。『表現された症状』と『実在する現象』とは必ずしも一致せず、それゆえに医学の格言に、病気を診るのではなく、病人を診よ、といわれるのもこのためである」と述べている医学者もある。[15]

　かくのごとく、診療契約の内容範囲は決して明確に決まっているものではなく、申込側の患者、相手方の医師の間に明確に範囲について意思の合致があったかどうかも疑わしく、せいぜいその内容を特定するとしても、胸部に痛みを感じて受診した患者が薬物注射によりショック死した事件に際して診療契約の性質に言及した「通常病的症状を訴えて医院を訪れる患者と医師の間には、患者において先ず病的症状の医学的解明を求め、これに対する治療方法があるなら治療行為も求める旨の事務処理を目的とした準委任契約の申込をなし、医師において診察を始める以上は右病的症状の医学的解明という事務処理を目的とした準委任契約の申込を意思の実現により承諾し、続いて患者を他に紹介する等これに対する治療を断らずこれを行う以上は治療行為という事務処理をも引続き行うことを前同様承諾したものと解するのが相当

14　大阪地判昭和39・2・3判時369号34頁。
15　松倉豊治「医療過誤と医師の立場」法時40巻2号（1968年）13頁。

である。本件についてこれをみるに、訴外亡キミエと被告間に同女の胸部の痛みの医学的解明とこれを治療する事務処理を目的とした準委任契約が成立したものと解せられる」という程度のことになろうか。そして、診療契約の内容が右のごときものであるとすれば、たとえば、簡単な治療のために子宮を切開したところ、卵巣を抉出しなければ命に危険があることを発見し、直ちにその手術をしたような場合でも、これをいわゆる緊急診療という特別の概念で理解する必要はなく、診療契約一般の問題として取り扱えばよいであろう。ただし、叙上のところは、整形美容など、その目的、内容が明確で法律上も請負契約と解されているような場合にはあてはまらず、この場合は別途に考察さるべきものと考える。

2．不法行為か債務不履行か

　診療過誤を原因として損害賠償を求める場合、請求原因としては不法行為に構成することもできるし、債務不履行に構成することもできるし、一次的に債務不履行を主張し、予備的に不法行為を主張することも考えられる。

　わが国の訴訟の実際においては不法行為を主張するものが圧倒的に多数であり、債務不履行を主張する場合でも、不法行為が抱き合わせに（予備的である場合と予備的なのかどうかハッキリしないものもある）主張されている状況にある。ただ、最近、前出（脚注16）の神戸地裁判決が、医師と患者との診療契約について正面から判示し、医師の債務不履行責任を認めた点で注目されている。

　不法行為責任と契約責任との関係については、民法の一般論として、請求権競合の問題として研究されており、また、診療過誤訴訟の場合のその問題についても、すでに数多くの学者によって検討が加えられている。判例、多

16　神戸地判昭和42・1・25判時481号20頁。
17　丸山・前掲論文（注2）35頁以下。
18　滝川春雄「医療をめぐる法律上の諸論点」法時40巻2号（1968年）19頁。
19　野田・前掲論文（注7）103頁。

数説は請求競合を認めるのに対して、加藤一郎教授は、契約責任と不法行為責任の相違点として、過失の挙証責任、損害賠償の範囲、過失相殺、債務の連帯性、時効期間、相殺の許否、履行補助者による責任と使用者責任の差異、遺族の請求権などをあげられたうえ、実際に最も相違の出てくる挙証責任と実行期間の点では、契約責任のほうが被害者側に有利であること、原告が不法行為の主張を固執した場合、請求を棄却しなければならなくなるという不競合説の難点は、裁判所が当事者の法的請求にとらわれず、契約責任の要件である事実が主張、立証されていれば契約責任として請求を容認できるのであるから、実際上の不都合もないことを理由として、診療過誤訴訟の場合、理論的にまさっている不競合説をとり、契約責任で請求するべきであるとされる。[21]

しかしながら理論的にも実際的にも契約責任で訴求するほうが原告である患者側にとっては有利であると説かれながら、なぜに不法行為による請求が圧倒的に多数を占めるのであろうか。この点について、私は次のように考える。

第1は、契約責任でゆく場合、いつ、誰との間で契約がなされたかという契約締結の点について明確な主張をすることが困難であるということである。先に、診療契約の当事者について述べたが、契約当事者の確定には問題が多い。特に、患者が意識不明だった場合あるいは意識不明でなくとも苦痛が甚だしいため、もっぱら付添いの人との間で病歴の聴取りとか、入院手続とかがなされたような場合は、いつ、誰と誰との間で契約がなされたというのか疑問がある。前出（脚注16）の契約責任を認めた初めての判決である神戸地裁の判決文が「病的症状を訴えて医院を訪れる患者と医師の間には……」と判示しているのも、右のような場合を考慮に入れて患者自身が症状を医師に対し訴えた場合だけに契約責任を限定している趣旨であろうか。

20　清水・前掲論文（注12）806頁、丸山・前掲論文（注2）109頁。
21　加藤一郎「医師の責任」我妻榮先生還暦記念『損害賠償責任の研究（上）』（有斐閣・1957年）509頁。清水・前掲論文（注12）807頁。

IV 請求原因をめぐる諸問題について

　第2は、契約責任の主張をするためには、まず、なすべき債務の内容が特定していなければならないが、前に述べたように診療契約の内容範囲の特定は困難であるということが考えられる。[22] 仮に、診療契約の内容は前に述べたように「胸部の痛みの医学的解明とこれを治療する事務処理を目的とした準委任契約」というように、大枠で特定したとしても、訴訟の実際においては原告の側で、どういう点が債務の不履行であるかを主張しなければならないであろう。そうしなければ、争点が明確にならず、被告の側で責に帰すべからざるものであったことを主張し、立証しようにも対象が把握できないからである。そして、かかる主張を原告に要求するとすれば不法行為によって請求する場合と何ら変わりはなく、かえって、前提である債務内容を無理に構成しなければならないという重荷が原告にのしかかるだけに不利になると思われる。まして、後述のように、立証の点でも契約責任と不法行為責任の間に、さほどの差異が実際上、生じてこないということになればなおさらであろう。

　第3は、数名の医師が問題となった診療に関与していた場合、あるいは、加害者と医師と双方に責任追及をしようとする場合などの処理が複雑になる[23]ということである。1人の患者の診療に数人の医師が関与する場合も多い。いく人かの全く別個の医師、病院が数次にわたって関与する場合もあり、また、同一の病院において医師が交替で関与するような場合もある。後者の場合は、契約責任を問うにしても、病院自体が診療契約の当事者となるから問題ないが、前者の場合は、相互に関係のない医師、病院の関係となるから、当然には連帯責任を問うことはできない。これらの医師、病院を相手に共同訴訟の提起は可能（民訴59条後段、ただし管轄については問題がある）であるが、請求の内容は各自について別個である。こういう場合に不法行為責任であれば民法第719条1項後段により容易に請求できるという利点がある。

22　清水・前掲論文（注12）802頁以下。
23　東京地判昭和42・6・7判時485号21頁は、交通事故の加害者と被害者の治療をした国立病院とに共同不法行為責任を認めた。

第4は、積極的債権侵害とよばれる損害が発生した場合について問題がある。たとえば、注射をしたところ、器具の消毒不完全のため化膿したり、あるいは侵入した病源菌によって死亡したりした場合のように、本来の債権債務関係を得て、新しい侵害行為と目されるものが発生したような場合（診療過誤訴訟は大体こういう場合である）に、これを単に債務不履行の損害として処理できるか、別に不法行為の責任もあるのかという問題があり、医師の責任は契約責任であるとする説は、「積極的債権侵害の理論は、そもそも、従来不法行為とされていた領域を債務不履行の中に取入れるために作り出されたものといえるのであって、その方向に従えば、医師の責任もすべて債務不履行の問題として考えるべきだということになるであろう。またふつうの不完全履行の場合には、本来の債務不履行による損害と積極的債権侵害による損害といちおう形の上で区別できるが、医師の責任については、それを区別することが不可能に近い。そこで、理論的にも、実際的にも医師の契約責任は、そこから生じたすべての損害に及ぶと解せられる」[24]とし、あるいは「これらの第二次的侵害をも債務不履行の内容に属するものとして扱うことが妥当であろうと思う。なぜならば、これらの第二次的侵害は債務者がその債務を履行するために為した行為によって引き起されたものであり、債権債務の関係のない者の間において為された行為とは異なり、かかる債務がなければ起きることのないことだからである」[25]と説く。しかしながら、端的に不法行為責任を問いうる場合、こういう理論上の一抹の疑問を残しながら、あえて契約責任を問う必要があるであろうかという疑いがある。

　以上のような理論上の疑問があるうえに加えて、次のことがある意味においては上記の問題点以上に当事者の意識にあるからではないかと思われる。これをひとことにしていえば、訴訟提起をする原告に契約関係の意識を欠如させる要素があるということである。まず、診療過誤訴訟は、当事者ないし関係者にとって、予想外の結果が発生した場合に提起されるものであること、[26]

---

[24] 加藤・前掲論文（注21）508頁。
[25] 清水・前掲論文（注12）805頁。

このことは換言すれば、診療契約をはみ出した位置で事故が発生していることを意味する。もう1つは、医師と患者との間における信頼関係の欠如である。否、単に信頼関係の欠如以上に、医師側の態度（医術的な誤りも含めて）に対して責任を追及してやろうという、通常の契約を破棄された場合とは異質の責任追及の姿勢が原告側にあるということである。単なる契約不履行は、取引社会では、ある意味で予想された結果であり、それは金銭によって清算されれば足りると思わざるを得ない意識が当事者間にあるが、診療過誤の場合は、それとは異なり、前述のように予想外の結果に対する責任追及であり、こととは生命、身体に関するものとして単に金銭賠償で足りるとは当事者にとって考えられないものであり（金銭による賠償は結果である）、訴え提起に至るまでに医師との間にかもし出された感情上の不和もあり、これらの要素は、いずれも契約責任を問うより不法行為責任を追及するのにふさわしいもののように思われるのである。

これらのことを総合して、私は、特殊の請負契約と目されるような診療契約の場合は別として、[27]その他の一般の場合は、無理な構成をして契約責任を請求原因とするより、より争点が明確になる不法行為を請求原因とすべきであると考える。

なお、医師と患者の間を契約関係として把握することと、診療過誤訴訟の場合、契約責任で追及すべしとすることとの間には矛盾はない。何となれば、契約関係を措定すればこそ、医師の患者に対する診療上の善管義務も基礎づけられるのであるし、反面、診療過誤訴訟を引き起こすものは多くの診療のうちの例外的現象であるから、この場合は必ずしも契約関係を前提としなくともよいと考えるのである。

---

26 唄孝一「医療における過失認定の論理」文部省大学病院資料5号（1967年）4頁。
27 米国では「治癒」または「特別な結果」について特約があった場合に契約責任が生ずるものとされている。なお、この場合は損害賠償保険約款で、保険会社は免責されるのが大部分である（Charles Kramer,op.cit.,p.18 et seq）。わが国の保険約款も同様である。

3．過失の認定についての問題

　これまでの診療過誤訴訟の中で、請求原因中に故意を主張したものは、私の知る限りでは、わずかに1件で、それ以外はすべて過失を主張するものである。

　過失の認定の困難さは、診療過誤訴訟における場合だけではないことはいうまでもない。

　「過失」それ自体を直接、証明対象となし得ないので、過失の認定は、被告がなした事実の確定とそれに対する法的評価をすることとなる。ところで、診療過誤訴訟におけるこの2つの証明は原告にとっても困難であると同時に裁判所にとっても極めて困難な作業である。その理由は「それにかかわる道具や人員が業務者たる医師の独占的コントロールのもとにあること、その行為の意味（因果関係、注意義務）の認識のために専門的知識を必要とすること」にあろう。該訴訟における過失認定の問題を考える場合には常にこのことが底辺にあって考えられているといってよい。

　過失認定の抽象的基準が、個々の医師の能力ではなく、その立場におかれた場合の平均的医師の、現在医学の水準における能力を基準として判断すべきものとすることには異論はない。問題はこの基準に照らして過失ありと認定するためには何をどう立証したらよいかである。従来、この立証が困難なところから、挙証責任の分配いかんによって、訴訟の結果が左右されることを当然の前提として、前述の契約責任、不法行為責任の問題と並んで立証の問題が論じられてきたのであるが、最近、過失認定の内容について、より分

28　大阪地判昭和38・3・26判時343号17頁。
29　法時39巻4号（1967年）は「過失をめぐる刑法理論と民法理論」を特集している。
30　唄孝一「戦後の民事判例における医師の過失責任（上）」法律のひろば昭和42年6月号。
31　唄孝一「戦後の民事判例における医師の過失責任（下）」法律のひろば昭和42年7月号42頁、同「医療における過誤訴訟の位置」科学1966年10月号571頁、加藤・前掲論文（注21）520頁、米国医師協会の医師倫理綱領2条は、医師が常に医学知識と技術の進歩につとめなければならない旨を規定する（Charles Kramer op.cit.,p.6 et seq）。

析的、具体的研究がなされてきている。その１つに阪大中野教授の"過失の「一応の推定」について"（法時19巻10号、11号）があり、その中で、同教授は極めて注目すべき意見を述べられている。「もともと問題となる過失の内容じたいは、契約責任でも不法行為責任でも変わりがないはずであるのに、手続上そのいずれを主張するかによって、過失の真否不明の訴訟上の結果が全く逆になるというのが根本的におかしいといわなければならないが、この点が契約責任に基づく請求だけを認めてつねに医師側に無過失の挙証責任を負わせることによって解決されるとみるのは皮相であろう。過失の立証が被害者たる患者やその遺族にとって困難であるのと同様に無過失の立証もまた、医師の側にとって必ずしも容易ではなく、医師側が無過失を立証できない場合に医師側に過失があったことの蓋然性が高いとも必ずしもいえないからである」「診療事故一般につき債務不履行責任のみを取り上げ医師につねに無過失の挙証責任を負わせるというのでは、問題を裏返しにしたにとどまって、その解決とはならないであろう。むしろ、問題は、過失事実の認定にあたる裁判官の経験にしたがう自由な心証形成の過程において、必要な範囲では『一応の推定』の利用をとおして、いわば挙証責任転換の半歩手前で解決されるべきであろう」[32]と。そして、教授は、「過失の一応の推定は通常の証拠によっては認定できない過失を経験則の適用のみによって推断しようとするものであるが、このように証拠による事実認定の限界を経験則の利用によってのり越えることは、裁判の適正を得るために、しばしば決定的な意味をもつものと考えられるのである」[33]として、「一応の推定」の一般的基準として、大審院明治40年３月５日判決の「事件ニ依リテハ其ノ損害ガ被告ノ過失アルニ非ザレハ通常生ゼザルベキ事情ノ存スルコトナキニアラザルヲ以テ斯クノ如キ場合ニ於テハ其損害ハ一応被告ノ過失ニ原因シタルモノト推定スルヲ得ベシ」（民録16輯328頁）という判決をよるべき基準とされるのである。[34]

---

32 中野貞一郎「過失の『一応の推定』について（２・完）」法時19巻11号（1967年）30頁以下。
33 中野貞一郎「過失の『一応の推定』について（１）」法時19巻10号（1967年）９頁。
34 中野・前掲論文（注33）15頁。

過失の認定が、明確な基準が認識されたうえでなされることは、適正な判決をうるために望ましいことであり、右に引用した提言はこの意味において、有用である。そして、右提言に関連して今後の問題は「損害ガ被告ニ過失アルニ非サレバ通常生セザルベキ事情」ある場合というのは、いかなる場合がこれにあたるかということが、医学者との共同作業によって明らかにされるべきであろう。それと同時に右推定はいかなる事実が立証されたとき覆されることになるのか、通常の場合と異なった結果が現れた原因たとえば特異体質までが立証されなければならないのか、それとも、具体的（決定的といってもよい）原因まで証明できなくとも、医師として、その診療に適当であった処置の1つひとつを誤りなく、履行したことのみが証明されれば、その結果の原因まで特定立証できなくとも反証として十分であるのかも検討されなくてはならないであろう。ともあれ、過失認定の問題については稿を改めて他日検討を加えたいと考えている。

4．承諾書（免責約款）について

　手術に際して、手術の結果について異議を述べない旨の手術承諾書を差し入れる慣行があり、この承諾書の法的効果について、これを法律上意味のないものとする説と、有効とする説とがある。前者は承諾書が医師のいかなる処置、いかなる過誤に対しても全く異議を述べないというのであれば、あらかじめ不法行為に対し承諾したことになり、公序良俗に反するし、もし、将来発生する損害賠償請求権の免除の趣旨であれば、不法行為を奨励する結果となるので同じく公序良俗に反し無効である。また、医師としてなすべき相当の処置をしたが悪結果を生じたような場合に責任を追及しないという意味ならば、かかる場合はもともと法律上責任を負わない場合であるから不必要な契約となることを理由とする。これに反して、後者は、かかる承諾書は故意の傷害まで許す趣旨ではないから不法行為を承諾したことにはならない。

35　山崎佐「手術と承諾」同『医業と法律第4輯開業医の法律問題』（克誠堂書店・1921年）344頁以下。

IV 請求原因をめぐる諸問題について

また将来発生する権利であっても、処分可能であり、将来権利者となった場合に賠償請求権を行使しないという契約もそれだけでは公序良俗に反するとはいえない。例文、すなわち、きまり文句として有効、無効の争いを生ずる余地はあるが、これは当事者が真にこの契約を締結する意思があったかどうかで決めねばならないとする。[36]

前者の説くように、かような承諾書は全く法律上、意味のない当事者の気休めにすぎないものと一概にいうことはできないと考えるが、現在、習慣的に行われている手術承諾書の差入れについてはその取扱いに反省すべきものがあると思う。これまでのように手術に際して、特別の説明もなしにかかる承諾書を差し入れさせたような場合は、例文として、当事者にそれによって拘束される意思がなかったとみるか、あるいは急迫の状態にある者との契約として無効と解せざるを得ないであろう。

医師側としては今後、真にかかる承諾書の必要な場合に限って、何ゆえ必要かの事情を説明して、そのうえで承諾書を差し入れさせるという方向にゆくべきであろう。[37] たとえば、新鮮血を輸血せねばならないような場合に、輸血に先立って、将来、梅毒に罹患する危険性がないわけではないこと、それにもかかわらず、あえて新鮮血の輸血をする必要のあることを説明して、そのうえで承諾書の提出を求めるというがごときである。かようなことは新薬を使用する場合などにも考えられよう。なお、こうすることは、事前に無用な紛争を防止することにもなる。

最近の高裁判決に「右誓約書は開胸手術を受けようとする患者が手術の直前に病院に対し、差し入れたもので、たといその中に第一審被告主張のごとき文言の記載があるとしても、これを以って当該手術に関する病院側の過失を予め宥恕し、あるいはその過失に基く損害賠償請求権を予め放棄したもの[38]

---

36 丸山・前掲論文（注2）108頁。
37 唄孝一「治療行為における患者の意思と医師の説明」『契約法大系Ⅶ』（有斐閣・1984年）66頁以下。
38 東京高判昭和42・7・11判時496号48頁。

119

と解することは、他に特別の事情がない限り、患者に対して酷に失し衡平の原則に反すると解せられるから、第一審被告は右誓約書を理由に損害賠償の責任を免れることはできない」と判示したものがあるが、特別の事情のある場合には、かかる免責の契約も有効と解する余地のあることを示している点が注目されるのである。

V　結　び

　以上は、診療過誤訴訟の問題点のいくつかをごく皮相的に考察したにすぎない。

　実務の経験を多少有することから、判決の形成過程の考察こそ真に裁判学にふさわしいものとして好個の研究テーマと年来考えてきたし、診療過誤訴訟において、医学的判断と法的判断のギャップの解明という点からは特にこの角度からの研究が重要であると思いながらも、それにふれ得なかったのは能力不足に加えて研究不足以外の何ものでもない。この点で、都立大、唄教授の「……もっと正確に研究するためには、それらの裁判関係書類の事後的分析では所詮不充分であろう。ある事件をめぐって、それが法廷にあらわれるまでの事実、訴訟問題となる契機、そして、訴訟提起、準備書面を経て法廷の追行とともに進行する裁判官の判断の形成過程を法廷におけるやりとりの推移に対応させ同時に平行観察する方法を必要とするのではあるまいか」[39]という提案には全面的に賛成であるし、今この角度からの解明を図りたいと考えているものである。

〔追記〕

　昭和38年12月から安田火災海上保険株式会社が医師賠償責任保険を開始したが、「過失によって生じた偶然な事故」の保険であるから、依然として、

39　唄・前掲論文（注26）20頁。

V 結 び

過失認定の問題は残る。右の保険制度が診療過誤訴訟にどういう影響を及ぼすかは、興味あるところであるが、今回はこれにふれ得なかったので、後日、この点については検討を加えたいと考えている。

③ 民法と賠償科学
―― 判例における割合的認定論の構成

小賀野晶一

中央大学法学部教授

I はじめに

　日本賠償科学会は、損害賠償・保険（共済）・補償に関する問題などを医学・医療や法学・法実務から学際的に研究する団体として、日本賠償医学研究会の名称で1982年に創立された。当初は法医学と民事法、保険法の研究者・実務家が中心となり、その後は臨床医学の専門家が関与して研究体制を拡大させてきた。こうして賠償科学という新しい学問分野が形成されたのである。

　広義には、不法行為法において損害賠償責任を「あるかないか」でなく、割合的にとらえる考え方を割合的認定論という。割合的認定論の典型的理論は割合的因果関係論であり、これは事故が結果に及ぼす寄与度、すなわち結果への影響の割合を基礎にして因果関係を認定し、損害賠償責任（責任および損害）を認定しようとするものである。本学会をリードする見解は割合的因果関係論を支持し、賠償科学からその強化に努めてきた。特に、日本賠償科学会編『賠償科学』（民事法研究会。初版は2007年、改訂版は2013年）の公刊は実務的に、ひいては学問的に特筆すべきである。本書は、平沼髙明と杉田雅彦のリーダーシップのもと本学会有志の独創的な構想・企画によって成し遂げられたものである。

　割合的認定論は今日、判例法として定着し、交通事故訴訟のほか、公害・環境問題、学校事故、労働災害などその他の不法行為訴訟においても用いら

れている。他方、私法学会の有力説は割合的因果関係論の意義や機能に懐疑的である。このように、割合的認定論について判例（および判例を支持する見解）と有力説が対立し相互に議論がかみ合わないまま今日に至っていることは、理論と実務の双方にとって残念なことである。このことを踏まえ、不法行為の加害者の責任や被害者の損害を判断するにあたり、因果関係論および損害論がどのような役割を担っているかを明らかにしなければならない。以下、「民法と賠償科学」の大テーマの下に、不法行為法の目的を確認し、判例における割合的認定論の構成について概観する。

II 不法行為法の目的

　不法行為法は、違法な加害行為によって他人に損害を及ぼした場合における加害者の損害賠償責任について規律している。かかる損害賠償責任は、被害者の損害賠償請求権（これに対応する損害賠償債務）が行使（履行）されることによって実現される。民法典の不法行為法の規定はわずか16カ条にすぎないが、膨大な判例法が蓄積し規定の不足を補ってきており、同時に判例法をめぐる議論も進められてきた。本稿テーマである割合的認定論は近時集中的に議論されているテーマの１つである。

　民法709条は不法行為法の原則規定であり、不法行為の態様は行為者自身の行為を原因とする（同法710条～711条を含めることもできる）。これに対して、監督義務者等の責任（同法714条）、使用者責任（同法715条）は行為者以外の人の行為を原因とし、また土地工作物責任は物の瑕疵を原因とするものであり、特殊不法行為として分類されている（共同不法行為や名誉毀損も特殊不法行為に含めるものがある）。

1　小賀野晶一「素因減額」塩崎勤＝園部秀穂編『新・裁判実務大系(5)交通損害賠償訴訟法』（青林書院・2003年）267頁以下。
2　窪田充見『不法行為法──民法を学ぶ〔第２版〕』（有斐閣・2018年）450頁、451頁。
3　森島昭夫『不法行為法講義』（有斐閣・1987年）１頁以下。

1. 損害の公平な分担

　不法行為法は損害の公平な分担を目的とする。その内容は損害賠償であり、金銭賠償を原則とする（民法722条1項、417条）。民法では発生した損害をどのように分担すれば公平かということに主眼があるから、刑法のように行為に対する非難という要素は後退している。そのため、加害者の故意と過失によって効果に違いを設けていない（故意は慰謝料の増額事由になることがある）。

　損害の項目は、財産上の損害（財産的損害）とそれ以外の損害（非財産的損害）である。非財産的損害の典型は慰謝料（精神的損害ともいう）である（法人の名誉毀損が行われた場合には無形損害とされる）。

　公平の内容は、不変ということはなく、損害賠償請求権をとりまく状況等によって変化することが考えられる。しかし、公平の概念は不法行為法の理念としてこれからも維持されるべきであろう。

2. 不法行為責任と刑事責任の役割分担

　不法行為法は発生した損害を公平に填補することを目的とするが、二次的には加害者に対する制裁や加害行為の抑止などの機能も有する。

　日本の不法行為法はアメリカ法などと異なり、懲罰的損害賠償（制裁的慰謝料）は認めていない。不法行為責任の目的や機能は、刑事責任とは明確に区別されている。学説の中には私罰の必要性を強調し、制裁・予防を不法行為制度の重要な目的と位置づけるもの、加害行為の抑制を目的とし被害者救済と加害者制裁の統一をめざした損害賠償論を提唱するものなどがある。

　加藤は、民事責任と刑事責任では性質上の相違と実際上の相違があるとし、性質上の相違について、「刑事責任は、行為者に対する応報であるとともに、将来そのような害悪が発生するのを防止しようとするものであって、行為者の社会に対する責任を問うものである。これに対して、民事責任は、被害者に生じた損害を填補することによって、過去の害悪の結果を回復し、加害者・被害者間の負担の公平をはかるものであって、行為者の被害者個人に対する

責任を問うものである」という。そして、かかる基本的相違から、「刑事責任は、行為者の悪性を追及し、その道義的責任を問うものであるから、主観的事情を重視し、故意犯だけを罰するのが原則であり、過失犯を罰するのは例外であるし、また、他面において、未遂でも罰せられることがある。これに対して、民事責任においては、損害の填補が問題であるから、主観的事情に差を設けず、故意であっても過失であっても他人に損害を与えたならば一様にそれを賠償することになるし、また、現実の損害を生じない未遂は全く問題にならない」と指摘する。ここでは被害者・加害者間の公平が強調されている（加藤の公平論は公正賠償論として展開している）。

他方、平井は、不法行為法の機能である損害填補的機能、予防的機能および制裁的機能は、相互に矛盾するところと共通するところがあると分析し、現在のところ損害填補的機能を重視し、かつ広く社会に生じた損失負担制度一般との関連において不法行為法をとらえようとする見解がどちらかといえば有力であるとする。そして自らは損害填補的機能を重視するとともに、予防的機能ないし制裁的機能を重視する立場をとり、故意不法行為の保護範囲の決定基準は過失のそれと区別して定立されるべきであると指摘する。ここでは故意不法行為を制裁し、不法行為を予防するという視点が強調されている。

3．不法行為責任と債務不履行責任の異同

不法行為責任（民法709条以下）と債務不履行責任（民法415条以下）とは、その要件や立証責任は異なるが、その効果として損害賠償請求権が発生する点では共通する。本稿でとりあげる割合的認定論については、行為と結果とのつながり（事実と評価）を問題にすることから、両責任で考え方を異にす

---

[4] 加藤一郎『不法行為〔増補版〕』（有斐閣・1974年）3頁。
[5] 平井宜雄『債権各論Ⅱ不法行為』（弘文堂・1992年）4頁以下、124頁、同「責任の沿革的・比較法的考察——不法行為責任を中心として」芦部信喜ほか編『岩波講座基本法学(5)責任』（岩波書店・1984年）3頁以下。

る必要はなく、不法行為責任における議論は基本的に債務不履行責任にも妥当し、また、安全配慮義務違反（その法的構成について議論は分かれている）にも妥当する。割合的認定論は事故法の基本理論として位置づけることができる（本稿では割愛するが医療事故訴訟についても妥当するものと考える）。

III 因果関係の立証に関する判例の考え方——医療事故訴訟の最高裁判決を契機に

1．高度の蓋然性の証明

　不法行為の損害賠償請求において因果関係の立証責任は被害者側にある。民事訴訟において証明とは、裁判官が要証事実の存在につき確信を抱いた状態をいうところ、どの程度の確信があれば証明があったといえるかが問題になる。[6]

　この問題について、東大病院ルンバール事件（最判昭和50・10・24民集29巻9号1417頁）は、訴訟上の因果関係の立証は、一点の疑義も許されない自然科学的証明ではなく、経験則に照らして全証拠を総合検討し、特定の事実が特定の結果発生を招来した関係を是認しうる高度の蓋然性を証明することであり、その判定は、通常人が疑を差し挟まない程度に真実性の確信をもちうるものであることを必要とし、かつ、それで足りると判断した。

　因果関係の立証に関する以上のような考え方を、以下「高度の蓋然性ルール」という。高度の蓋然性ルールは従来、刑事訴訟において採用されてきたが、本判決はこれを民事訴訟の証明において初めて明確に示した。

　今日、高度の蓋然性ルールは判例法として定着し、不法行為法、契約法など民法の各分野において採用されている。もっとも、裁判例の中には、医療事故、交通事故、公害・環境問題などの訴訟において証明の程度をより低く

---

[6] 司法研修所編『6訂　民事弁護における立証活動』（日本弁護士連合会・2017年）33頁。

する事例があり、学説も蓋然性説、証拠の優越性説などの見解がみられる。こうした立証や証明の程度に関する問題は、紛争の公平な解決とは何か、ひいては裁判の権利とは何かを問うている。

交通事故損害賠償請求事件において高度の蓋然性ルールを修正する裁判例（裁判官の確率的心証に基づく判断）が出されたが、これについては割合的認定論に位置づけ、Ⅳでとりあげる。

2．相当程度の可能性の存在の証明（不作為医療行為）

医療事故訴訟の判例の中には、因果関係の立証に係る高度の蓋然性の証明ができない場合に、「相当程度の可能性の存在の証明」ができれば一定の損害（慰謝料）を認めるものがある。高度の蓋然性ルールによれば死亡の結果について「あるかないか」の因果関係の立証ができていない事案について、被害者救済を図ろうとするものである。すなわち、「生命を維持すること」を人の最も基本的な利益とし、生命維持の可能性は法的保護の対象となる利益ととらえている。訴訟法的には証明度を下げ、実体法的には損害を認めた範囲で因果関係も認めたことになるであろう（研究の進展が期待される）。

第1に、不法行為責任については、最判平成12・9・22民集54巻7号2574頁が次のように判断している。

「疾病のため死亡した患者の診療に当たった医師の医療行為が、その過失により、当時の医療水準にかなったものでなかった場合において、右医療行為と患者の死亡との間の因果関係の存在は証明されないけれども、医療水準にかなった医療が行われていたならば患者がその死亡の時点においてなお生存していた相当程度の可能性の存在が証明されるときは、医師は、患者に対し、不法行為による損害を賠償する責任を負うものと解するのが相当である。けだし、生命を維持することは人にとって最も基本的な利益であって、右の可能性は法によって保護されるべき利益であり、医師が過失により医療水準にかなった医療を行わないことによって患者の法益が侵害されたものということができるからである」。

第2に、債務不履行責任についても、最判平成16・1・15判時1853号85頁、判タ1147号152頁が同様の判断をしている。

　「（前掲最判平成12・9・22の考え方は）診療契約上の債務不履行責任についても同様に解される。すなわち、医師に適時に適切な検査を行うべき診療契約上の義務を怠った過失があり、その結果患者が早期に適切な医療行為を受けることができなかった場合において、上記検査義務を怠った医師の過失と患者の死亡との間の因果関係の存在は証明されなくとも、適時に適切な検査を行うことによって病変が発見され、当該病変に対して早期に適切な治療等の医療行為が行われていたならば、患者がその死亡の時点においてなお生存していた相当程度の可能性の存在が証明されるときには、医師は、患者が上記可能性を侵害されたことによって被った損害を賠償すべき診療契約上の債務不履行責任を負うものと解するのが相当である」。

Ⅳ　交通事故訴訟における割合的認定論

1．判例における割合的認定論の萌芽

　本稿Ⅲで概観したように、判例は因果関係の立証について高度の蓋然性ルールを原則としている。しかし、他方、裁判例の中には、高度の蓋然性ルールを修正するものもある。なかでも注目されるのが、交通事故損害賠償訴訟において、裁判官の確率的心証に基づいて因果関係を割合的に認定した東京地判昭和45・6・29判時615号38頁（裁判長の名を付して「倉田コート」）である。

　本判決は裁判における被害者救済と、被害者・加害者間の損害の公平な分担を図るために割合的認定が必要であることを述べており、ここに割合的認定論の本質を求めることができる。すなわち、被害者救済の観点から一定の考慮をなしうる事案にもかかわらず、高度の蓋然性ルールによれば請求が棄却されてしまうことに対する被害者救済上の問題点を指摘し、割合的認定論の根拠（必要性）を明確にしている。これは民事訴訟における立証問題につ

いて、裁判官の専門職として問題提起をしたものである。本判決における確率的心証の考え方は確率的心証論と称され、理論の発展が期待されたが、これを積極的に支持する裁判官等の見解（論考）はほとんどみられなかった。しかし、確率的心証論における割合的認定論の本質はその後のいくつかの裁判例に浸透し、後に概観するように判例における割合的認定論として定着するのである。なお、学説には確率的心証論と割合的因果関係論との違いを強調する見解が優勢であるが、いずれの理論も基本的には、民事訴訟法と民法の違いを超えて因果関係の割合的認定を認めていることを評価すべきである。

本判決は以下のように述べている。

「肯定の証拠と否定の証拠とが並び存する場合、相当因果関係があるのかないのか、そのいずれか一つで答えねばならぬものとすれば、70パーセントの肯定の心証を以て十分とし、以下損害の算定に入るか、70パーセントでは因果関係を肯定する心証としては不足するとして、再発後以後の損害賠償請求を全然排斥するか、二途のいずれかを選ばねばならない。しかし、当裁判所は、損害賠償請求の特殊性に鑑み、この場合、第3の方途として再発以後の損害額に70パーセントを乗じて事故と相当因果関係ある損害の認容額とすることも許されるものと考える。けだし、不可分の一個請求権を訴訟物とする場合と異なり、可分的な損害賠償請求権を訴訟物とする本件のような事案においては、必ずしも100パーセントの肯定か全然の否定かいずれかでなければ結論が許されないものではない。否、証拠上認容し得る範囲が70パーセントである場合に、これを100パーセントと擬制することが不当に被害者を有利にする反面、全然棄却することも不当に加害者を利得せしめるものであり、むしろ、この場合、損害額の70パーセントを認容することこそ、証拠上肯定し得る相当因果関係の判断に即応し、不法行為損害賠償の理念である損害の公平な分担の精神に協い、事宜に適し、結論的に正義を実現し得る所以であると考える。したがって、再発以後の後遺症に基づく損害については、その7割を賠償額と見ることとする」。

2．判例における割合的認定論の定着

　最高裁判決によって割合的認定の判断が行われるようになったのは、交通事故における事実審裁判所の蓄積のうえに存立している[7]。たとえば、東京高判昭和53・7・4判時909号54頁は、頭部外傷等の傷害を受けた交通事故の被害者がその後、精神分裂病（現在は統合失調症と呼称）を発病させた場合に、事故と発病との間に法的因果関係があるとしたうえで、事故が結果に及ぼした起因力の割合を3分の1と認め、その限度で損害を認めた。本判決は素因競合の事案において、被害者の遺伝性素因を考慮して割合的認定を行っている。

　裁判例における割合的認定の考え方を判例法として定着させる契機となったのが、後掲最判昭和63・4・21である。1970年代から1980年代の地裁判決・高裁判決における素因競合事案をみると、交通事故被害者が事故前に、身体あるいは精神に先天的・後天的に何らかの素因を有する場合に、損害賠償責任の判断あるいは損害算定において割合的認定をしている。割合的認定は従来、主に外傷性頸部症候群（むち打ち損傷）の事案処理に用いられてきた。その後は、後にみる後縦靱帯骨化症などその他の傷病においても割合的認定が行われている。

　以下、割合的認定論に関する判例の到達点を整理する[8]（〈表1〉）。

　第1に、心因的要因との競合の場合である。被害者の特異な性格、回帰への自発的意欲の欠如等が認められる事例において割合的認定をした（最判昭和63・4・21民集42巻4号243頁）。この考え方は交通事故後の自殺事例についても採用されている（最判平成5・9・9判時1477号42頁、判タ832号267頁）。

　第2に、疾患との競合の場合である。被害者の一酸化炭素中毒による各種

---

[7] 小賀野晶一『交通事故損害賠償の判例と考え方・むち打ち損傷編』（保険毎日新聞社・1989年）において若干の整理をした。

[8] 小賀野晶一「素因競合と割合的認定——日本不法行為法の課題」千葉大学法学論集25巻2号（2010年）、同「素因競合と割合的認定——理論からの考察」賠償科学37号（2011年）18頁。

Ⅳ 交通事故訴訟における割合的認定論

〈表1〉 割合的認定に関する判例法

(1)心因的要因との競合	○被害者の特異な性格、回帰への自発的意欲の欠如等（最判昭和63・4・21民集42巻4号243頁）→割合的認定		
	○交通事故後の自殺（最判平成5・9・9判時1477号42頁、判タ832号267頁）→割合的認定		
(2)疾患との競合	○被害者の一酸化炭素中毒による各種の精神的症状（最判平成4・6・25民集46巻4号400頁）→割合的認定		
	○後縦靱帯骨化症、OPLL（最判平成8・10・29交民29巻5号1272頁）→割合的認定		
(3)身体的特徴との競合（最判平成8・10・29民集50巻9号2474頁）	○平均的な体格ないし通常の体質と異なる身体的特徴	①疾患にあたる場合→上記(2)（割合的認定）	
		②疾患にあたらない場合	ⓐ特段の事情がない場合（疾患の程度に至らない身体的特徴は、個々人の個体差の範囲として当然にその存在が予定される）→損害の減額は認められない
			ⓑ特段の事情がある場合（通常人の平均値から著しくかけ離れた身体的特徴を有し、日常生活において通常人に比べてより慎重な行動をとることが求められる場合──極端な肥満など）→割合的認定

の精神的症状が認められる事例について割合的認定をした（最判平成4・6・25民集46巻4号400頁）。ここでの考え方は、後縦靱帯骨化症（OPLL）の事例ではより徹底している。すなわち、最判平成8・10・29交民集29巻5号1272頁は、「（被害者の疾患を斟酌できることは）加害行為前に疾患に伴う症状が発

131

現していたかどうか、疾患が難病であるかどうか、疾患に罹患するにつき被害者の責めに帰すべき事由があるかどうか、加害行為により被害者が被った衝撃の強弱、損害拡大の素因を有しながら社会生活を営んでいる者の多寡等の事情によって左右されるものではない」と判断している。

　第3に、身体的特徴との競合の場合である（最判平成8・10・29民集50巻9号2474頁）。すなわち、平均的な体格ないし通常の体質と異なる身体的特徴について、①疾患にあたる場合には割合的認定を行う、②疾患にあたらない場合は2つに分かれ、ⓐ特段の事情がない場合には（疾患の程度に至らない身体的特徴は、個々人の個体差の範囲として当然にその存在が予定されているとして）損害の減額は認められない、ⓑ特段の事情がある場合には（通常人の平均値から著しくかけ離れた身体的特徴を有し、日常生活において通常人に比べてより慎重な行動をとることが求められる場合——極端な肥満など）には割合的認定を行うというものである。

　以上のように、判例における類型化はほぼ完成している。判例は割合的認定にあたり、過失相殺の規定（民法722条2項）の類推適用という形式を用いている。学説はここに注目し、判例の法的構成は過失相殺類推適用説として整理している。

V　公害訴訟における割合的認定論

　割合的認定論は交通事故訴訟だけでなく、公害訴訟においても用いられている（ⅥおよびⅦで概観するようにその他の訴訟でも割合的認定論はみられる）。
　大気汚染訴訟をみると、四日市訴訟判決では全部連帯責任を認め割合的認定の主張を排斥したが、その後の一連の都市型複合大気汚染訴訟では割合的認定が行われた。以下、大阪地判平成6・7・11判時1506号5頁、判タ856号81頁〔水俣病関西訴訟第一審判決〕（以下、「大阪地裁平成6年判決」ともいう）

9　野村好弘『公害法の基礎知識』（帝国地方行政学会・1973年）240頁以下、同「到達の因果関係（寄与度）と共同不法行為」判タ850号（1994年）26頁、27頁。

と、西淀川訴訟（2次～4次）判決を概観する（以下、「大阪地裁平成7年判決」ともいう）。[10]

1. 水俣病関西訴訟判決における割合的認定論

　本件訴訟は、かつて水俣湾周辺地域に居住し、後に関西地方に移り住んだ原告らが、さまざまな症状等を訴え、その原因は水俣湾周辺地域で魚介類を摂取し、メチル水銀（有機水銀）が体内に蓄積されたことによる水俣病であるとして、民法709条、国家賠償法1条1項、2条1項、その他の法律に基づき、被告ら（チッソ、国、熊本県）に対して損害賠償を請求したものである。

(1)　**大阪地判平成6・7・11における割合的認定論**

　(ア)　割合的認定の根拠

　大阪地裁平成6年判決は、割合的認定論に基づき、チッソの損害賠償責任を認定した（なお、水俣病の発生・拡大に係る国および熊本県の規制権限の不行使等による国家賠償法上の責任については否定した）。割合的認定論の構成は、判決の表現を参考にして確率的因果関係ととらえるものが多い。

　本判決は、原告らが主張する病像論にみられる症候があるだけでは水俣病に罹患していることについて高度の蓋然性があるとは認めなかったが、他方、被告らが主張する条件を満たさなければ水俣病でないとするものではなく、「有機水銀曝露歴を有する者に発現している健康障害が水俣病に起因する可能性の程度は、0％から100％まで連続的に分布している」との考え方に立ち、各患者の症候が水俣病に起因する可能性を割合的（確率的）に判断した。本判決は割合的認定（確率的認定）をした主たる理由として3点あげた。

　第1に、因果関係は過去に起きた一回的事実の有無というよりは、むしろ過去の事実関係を基に行う評価としての側面をもっている。また、割合的認定（確率的認定）を反映させる対象が損害賠償額（金銭賠償額）という可分なものである。

10　小賀野晶一『基本講義環境問題・環境法』（成文堂・2019年近刊）。

第2に、間接立証において使われる経験則そのものの存否、客観的蓋然性について、専門家たる医師の間においても見解の対立が深刻な状況の下において、医学の専門家ではない裁判所が経験則の取捨選択の名の下に一方の見解を医学的に正しいものと判断することは適切でない。もしも現段階の医学的知見を基に医学的見解が確立していないことを高度の蓋然性がないとし悉無的に判断するならば、現代医学の限界による不利益を原告らに負担させることになり相当でない。不法行為法が損害の公平な分担を目的としている以上、現代医学の限界による不利益は割合的判断（確率的判断）に基づき両当事者に公平に分配されるべきである。

　第3に、本件における因果関係については、複数原因の競合という事実も考えられる。本件患者の有機水銀曝露の終了（汚染地域からの転出）からすでに長い年月が経過しており、現在本件患者に存する症候がすべてチッソ水俣工場の排水に原因があるといえるかどうかは疑わしく、むしろ右の長い年月の間に、程度の差はあっても他の原因が競合した可能性があると考えるほうが科学的である。また、水俣病はメチル水銀（有機水銀）に汚染された魚介類を摂取した不特定多数の者に発現した中毒症であるから、すでに他の疾患に罹患していた者が水俣病を併発した場合も考えられ、その疾患が水俣病と類似の症候を呈するときには、当該患者の症候については原因の競合があることになる。本件は複数の原因のうち、被告チッソ水俣工場廃水に起因する症候を量定する操作を必要とし、この見地からも割合的認定（確率的認定）を必要とする場合である。

　以上3点の理由は割合的認定論の実質的根拠を示している。割合的認定（確率的認定）という紛争処理方法は、本判決に先立つ水俣病東京訴訟（東京地判平成4・2・7判時平成4年4月25日号3頁、判タ782号65頁）において示された。これらは有機水銀中毒の事例を公平、妥当に処理しうる理論として評価することができる[11]。

　　(イ)　病像論

　大阪地裁平成6年判決における以上の判断は、水俣病の病像をどのように

V 公害訴訟における割合的認定論

とらえるかという病像論と密接に関連している。すなわち、本判決は感覚障害のみを呈する水俣病の有無について、「感覚障害のみを呈する患者については、現時点の医学的知見では、それが水俣病である可能性ないし疑いは否定できないにしても、例外的なものといえる。……四肢末端ほど強い感覚障害があるという前提事実が認められるだけで水俣病であると判断する経験則は認められない。ただし、四肢末端ほど強い感覚障害は水俣病の主要症候の一つであり、他の症候が認められるならば水俣病と診断できる場合もあるし四肢末端ほど強い感覚障害しか認められなかった場合でも、医学的可能性として水俣病が考えられるならば、本件患者に対する判断においてその可能性の程度を考慮に入れることはできる」と述べた。そして52年判断条件と水俣病罹患の可能性について判決は、「52年判断条件は、直接には公害の健康被害の補償等に関する法律における『水俣病』患者と認定できるかどうかの診断基準として作成されたものであるが、その作成過程においては、当時における医学的知見を基礎として作成されたことが認められる。また、原告らが主張する52年判断条件よりも広い病像は、……昭和52年以降の医学的研究成果を斟酌しても、被告らが52年判断条件を基礎にして主張する病像にとって代わるものではない。したがって、当裁判所が本件患者の水俣病罹患の有無を判断するにあたって依拠すべき病像は、遅発性水俣病の点を除き、水俣病の症候については、52年判断条件によることになり、これを満たす患者については水俣病である高度の蓋然性があると考えられるが、これを満たさない患者については水俣病である高度の蓋然性まであるとはいえない。しかし、本件では、各患者の個別的因果関係の有無が問題となっているのであり、行政上の水俣病認定の可否が問題になっているわけではない。また、本件は、因果関係を確率的に認定できる場合であると考えられるから、52年判断条件を満たさない患者について、直ちに請求棄却とするのではなく、高度の蓋然

---

11 野村好弘「因果関係の確率的、割合的認定——定性的判断から定量的判断へ」不法行為法研究会編『交通事故賠償の新たな動向（交通事故民事裁判例集創刊25周年記念論文集）』（ぎょうせい・1996年）138頁以下。

135

性はない場合であっても、証拠から認められる水俣病である可能性を量定して、それを損害賠償額に反映させるべきである」と判断したのである（本稿では読者に注目していただくため判決中の「52年判断条件」にアンダーラインを付した）。

　高度の蓋然性の証明を要求すると事実的因果関係が認められない場合に、このままでは被害者救済上適切でない場合が考えられる。伝統的因果関係論の下においては、この場合にも裁判官は0か100かの判断をしなければならない。0とすれば被害者救済上問題であり、100とすることは擬制である。いずれも裁判官は理論と実際の双方において無理を強いられることになる（ここでのディレンマは確率的心証論に基づいて紛争処理を試みた前掲倉田コートのそれと共通する）。以上のように、本判決では52年判断条件をどのようにとらえるかが要点となっている。本判決は病像論として52年判断条件を維持した場合には水俣病罹患の可能性のある者の救済ができないことを重視し、高度の蓋然性を修正したものと考えられる。

　以上が第一審判決における割合的認定論の概要である。

(2)　**最高裁判決の視点**

　本件訴訟の上告審最判平成16・10・15民集58巻7号1802頁は国と県の責任を認めた。すなわち、原審（大阪高判平成13・4・27判時1761号3頁、判タ1105号96頁）が、昭和35年1月以降、上告人らが本件工場の排水に関して規制権限を行使しなかったことが違法であり、水俣湾周辺海域の魚介類を摂取して水俣病になった者および健康被害の拡大があった者に対して国家賠償法上の損害賠償責任を負うとした判断は、正当として是認した（なお、昭和34年12月末以前に水俣湾周辺地域から転居した本件患者らのうち8名に係る損害賠償請求を一部認容したのは、因果関係の存否の判断につき、法令の違反があるとした）。

　最高裁判決は水俣病の病像論について、行政上の基準（52年判断条件）からは独立して判断をしており、前掲大阪地裁平成6年判決（第1審判決）とは異なっている。本件訴訟の各判決を評価するにあたっては、このような裁

〈表2〉 都市型複合大気汚染訴訟に係る判決例→控訴の後、和解で解決

① 過去分の損害賠償を認め、差止めを認めなかったもの
  ⓐ 西淀川訴訟（1次） 大阪地判平成3・3・29判時1383号22頁、判タ761号46頁
  ⓑ 川崎訴訟（1次） 横浜地川崎支判平成6・1・25判時1481号19頁、判タ845号105頁
  ⓒ 倉敷訴訟 岡山地判平成6・3・23判時1493号3頁、判タ845号46頁
  ⓓ 西淀川訴訟（2〜4次） 大阪地判平成7・7・5判時1538号17頁、判タ889号64頁←以下に概観
  ⓔ 川崎訴訟（2〜4次） 横浜地川崎支判平成10・8・5判時1658号3頁
  ⓕ 東京訴訟 東京地判平成14・10・29判時1885号23頁、判自239号61頁
② 過去分の損害賠償と差止めの双方を認めたもの
  ⓐ 尼崎訴訟 神戸地判平成12・1・31判時1726号20頁、判タ1031号91頁
  ⓑ 名古屋南部訴訟 名古屋地判平成12・11・27判時1746号3頁、判タ1066号104頁

判所のアプローチの違いを踏まえることが必要である。司法判断としていずれのアプローチが妥当かは直ちにいえないが、本判決は行政上の基準が現に行政救済において果たしている意義を尊重し、しかしこれによると司法の正義が実現できないとしており、地裁判決とは異なる科学的・医学的知見の見方や司法救済のあり方を示している。

2．西淀川訴訟（2次〜4次）判決における割合的認定

　都市型複合大気汚染訴訟の各裁判例（〈表2〉）における割合的認定は、損害賠償請求に関する因果関係論や共同不法行為論に顕著に現れている。[12]

---

[12] 小賀野晶一「個人別的因果関係」判タ850号9頁以下（1994年）、同「環境民事訴訟の新たな動向」環境法研究26号83頁以下（2001年）、同「東京大気汚染訴訟東京地裁判決における因果関係論」判タ1114号4頁以下（2003年）、同「東京大気汚染公害訴訟　損害賠償における瑕疵論、過失論」環境法研究28号126頁以下（2003年）、同「環境民事訴訟」松村弓彦ほか『ロースクール環境法〔補訂版〕』（成文堂・2008年）413頁以下など。

本稿では以下、西淀川訴訟（2～4次）判決における考え方の結論部分のみを引用する。これは民事責任における割合的認定の環境問題における応用例を示すものである（その他の裁判例も割合的認定をしている）。

(ア) 因果関係論

一連の都市型複合大気汚染訴訟の主たる論点は、有害物質の排出→到達→発症の過程をどのように評価すべきかにあった。この問題について、大阪地裁平成7年判決は到達の因果関係を35％とし、かつ、発症の因果関係を50～80％の限度で認め、症状の程度、他因子の影響（喫煙等の割合）などを総合的に考慮して、100％の損害額にその割合を乗じて賠償額を算定した。これは、都市型複合大気汚染訴訟の解決法理として分割責任の考え方を示したものである。

大阪地裁平成7年判決が展開した「集団の縮図論」は以下のような構造を有する。第1に、本判決は、集団への関与の割合自体を証明対象とする。その根拠として、①加害者の行為の関与により一定の被害（疾病の発症・増悪）が現に生じていること、②当該訴訟の時点における科学水準によれば、疫学等によって統計的ないし集団的には加害行為との間に一定割合の事実的因果関係の存在が認められるが、集団に属する個々の者について因果関係を証明することが不可能あるいは極めて困難であること、③被害者にその証明責任を負担させることが社会的経済的妥当性を欠く一方、加害行為の態様等から少なくとも右一般的な割合の限度においては加害者に責任を負担させるのが相当と判断されること、をあげている。

第2に、集団への関与の割合自体を証明対象とする利点が損害の適正（公正）な分配を可能にする点にあることを明らかにした。具体的には、①従来の因果関係の立証責任の分配、証明度についての原則を維持できること、②本件のような事例について、被害者側に帰することが妥当でない証明困難により全面的に請求が棄却される事態を防止できること、③他方、加害者側にも加害行為に対応しないおそれのある損害の負担をさせないこと、を示している。

第3に、本判決は、因果関係の投影は疫学的調査を基礎とする割合的な主張立証の枠組みの下で行われるととらえられるとし、「原告らには、個々の患者について、大気汚染が右割合より大きい影響を及ぼしたこと（究極的には、専ら大気汚染により発症・増悪したこと）を明らかにすべく主張立証する余地があり、被告らには、同様に、右割合より小さい影響しか及ぼしていないこと（究極的には、専ら他因子により発症・増悪したこと）を明らかにすべく主張立証する余地があるのは当然である」と述べた。

　(イ)　共同不法行為論

　大阪地裁平成7年判決の因果関係における割合的認定の考え方は以下のように、共同不法行為論に影響している。すなわち、以下に判決をたどるが、共同不法行為による全部連帯責任が認められる場合と、寄与度に基づく減責あるいは分割責任が認められる場合について述べている。

　本判決はまず、「共同行為に客観的関連性が認められ、加えて、共同行為者間に主観的な要素（共謀、教唆、幇助のほか、他人の行為を認識しつつ、自己の行為と合わさって被害を生じることを認容している場合等）が存在したり、結果に対し質的に関わり、その関与の度合いが高い場合や、量的な関与であっても、自己の行為のみによっても全部又は主要な結果を惹起する場合など（以下、このような場合を『強い共同関係』という）は、共同行為の結果生じた損害の全部に対し責任を負わせることは相当であり、共同行為者各自の寄与の程度に対応した責任の分割を認める必要性はないし、被害者保護の観点からも許されないと解すべきである」と原則を述べる。

　しかし、これには例外的な場合があるとして、「右のような主観的な要素が存在しないか、希薄であり、共同行為への関与の程度が低く、自己の行為のみでは結果発生の危険が少ないなど、共同行為への参加の態様、そこにおける帰責性の強弱、結果への寄与の程度等を総合的に判断して、連帯して損害賠償義務を負担させることが具体的妥当性を欠く場合（以下、このような場合を『弱い共同関係』という）には、各人の寄与の程度を合理的に分割することができる限り、責任の分割を認めるのが相当である」とし、「その場合

の責任の割合は、結果への量的及び質的な寄与の程度を中心とし、共同関係の態様、帰責性等を総合して判断すべきものと考える」と述べている。

　本判決は主張立証責任について、「以上のような理解に立つとき、被害者側は、共同行為者各自の行為、各行為の客観的関連共同性、損害の発生、共同行為と損害との因果関係、責任要件（責任能力、故意・過失・無過失責任）、違法性を主張立証し、加害者側は、弱い共同関係であることと自己の寄与の程度及び責任の分割が合理的に可能であることを主張立証して、責任の分割の抗弁を主張することができる。これに対し、被害者側は、責任の分割を不当とするときは、強い共同関係があることを主張することになる（これは責任分割の抗弁に対する積極否認事実の主張であり、反証にあたる）」とする。

　以上の考え方を踏まえ、本判決はさらに、重合的競合における一部寄与者の責任について判断する。

　重合的競合とは何かについては、「以上に検討してきたのは、狭義の共同不法行為（1項前段）においては、共同行為者の行為によって全部の結果、あるいは少なくともその主要な部分が惹起されたことを前提とし、加害者不明の共同不法行為（1項後段）においては、共同行為者とされた者のうちのいずれか（単独又は複数）が全部の結果を惹起していることを前提としている」とし、「しかし、本件のような都市型複合大気汚染の場合は、先に判断したように、工場・事業場、自動車、ビル暖房などの他にも家庭の冷暖房・厨房や自然発生まで、極めて多数の大小様々な発生源が存在しており、個々の発生源だけでは全部の結果を惹起させる可能性はない。このように共同行為にも全部又は幾つかの行為が積み重なってはじめて結果を惹起するにすぎない場合（以下「重合的競合」といい、その行為者を『競合行為者』という）がある」とする。そして、「このような場合であっても、結果の全部又は主要な部分を惹起した、あるいは惹起する危険のある行為をした競合行為者が特定されたうえで、前記の各要件が証明されれば、共同不法行為の規定を適用することになんら問題はない。しかし、重合的競合で競合行為者が極めて多数にのぼる場合などでは結果の全部又は主要な部分を惹起した者を具体的に特定し、

それぞれの行為を明らかにすることは容易ではなく、その一部の行為者しか特定できない場合がある。そのような場合には、右の要件からすれば、直ちに共同不法行為規定を適用することはできない」「しかし、個々の行為が単独では被害を発生させないとしても、それらが重合した結果、現実に被害が生じている場合に、その被害をまったく救済しないことは不法行為法の理念に照らして不当といわなければならない。そこで、一定の要件が備われば、このような場合にも同条を類推適用して公平・妥当な解決が図られるべきである」と述べている。

以上の重合的競合のまとめとして、本判決は「重合的競合における民法719条の類推適用の要件と効果」について次のように整理する。

第1に、類推適用の相当性について、「競合行為者の行為が客観的に共同して被害が発生していることが明らかであるが、競合行為者数や加害行為の多様性など、被害者側に関わりのない行為の態様から、全部又は主要な部分を惹起した加害者あるいはその可能性のある者を特定し、かつ、各行為者の関与の程度などを具体的に特定することが極めて困難であり、これを要求すると被害者が損害賠償を求めることができなくなるおそれが強い場合であって、寄与の程度によって損害を合理的に判定できる場合には、右のような特定が十分でなくても、民法719条を類推適用して、特定された競合行為者（以下『特定競合者』という）に対する損害賠償の請求を認めるのが相当である」。

第2に、特定競合者の責任の範囲について、「右のように特定競合者の行為を総合しても被害の一部を惹起したにすぎず、しかもそれ以外の競合行為者（以下「不特定競合者」という）について具体的な特定もされない以上、特定競合者のうちで被告とされた者は、個々の不特定競合者との共同関係の有無・程度・態様について、適切な防禦を尽くすこともできないのであるから、特定競合行為者にすべての損害を負担させることは相当ではない。したがって、結果の全体に対する特定競合者の行為の総体についての寄与の割合を算定し、その限度で賠償させることとするほかはない」。

第3に、責任の分割の可否について、「特定競合者間の関係については、

民法719条の共同不法行為の場合と同様の理由から、客観的関連共同性が認められる限り、原則として連帯負担とするのが相当であると考えるが、加害者側において、共同不法行為の場合と同様に、特定競合者間に弱い共同関係しかないことと、各人の寄与の程度を証明することによって、各人の寄与の割合に従った責任の分割あるいは減免責を主張することができると解する」と述べている。

本判決の論拠は難解との評価があるが[13]、他方では割合的認定論に理解を示し都市型複合大気汚染という複雑な環境問題に対して割合的認定をした事例として評価することができる。

Ⅵ　学校事故における割合的認定論

割合的認定論は学校事故においても用いられている[14]。本稿では、最近の事例である東京地判平成28・2・24判タ1432号204頁をとりあげる。本判決は、高等学校のバスケットボール部の顧問教諭Ａ（本件訴訟の補助参加人）から継続的な暴行や威迫的言動等の行為を伴う指導を受けていた生徒が自殺した場合において、当該行為が不法行為に該当し、当該行為と自殺との間に相当因果関係を認め、自殺に対する当該行為の寄与度を70％と認めた。

第1に、因果関係論では、「本件生徒の自殺は、本件生徒が補助参加人による本件暴行等によって強い心理的打撃や屈辱感等を受けて著しい精神的苦痛を被り、これにより強い不安や恐怖及び苦悩や混乱に陥り、何を言ってもいかに努力してもこれを回避する手立てがなく、かえって更に暴行の強度や威迫的言動等の態様が激化して更なる身体的、心理的な受傷を甘受し続けるほかないという絶望感と心理的窮境に追い込まれ、精神的に追い詰められたことを原因として惹起されたものとみるのが相当であり、補助参加人による

---

[13] 米村滋人「判批」民法判例百選Ⅱ債権〔第8版〕（2018年）195頁。
[14] 小賀野晶一「学校事故自殺事例に関する因果関係論からの考察」平沼髙明先生古稀記念論集『損害賠償法と責任保険の理論と実務』（信山社出版・2005年）138頁以下。

本件暴行等がなければ本件生徒が自殺に至ることはなかったといえることは明らかであって、補助参加人による本件暴行等と本件生徒の自殺との間に条件関係が優に認められるものというべきである」とし、また、「補助参加人は、本件暴行等を行った時点において、高校の保健体育の教諭並びに運動部の顧問及び監督を務める教員として、当該部に所属する生徒の自殺の予防のために適切な措置や配慮を講ずべき注意義務を負っていたにもかかわらず、それに反して生徒の自殺の危険性を増大させる行為である本件暴行等を自ら行い、その強度を激化させていったものであって、これらの自らの行為によって本件生徒が精神的に追い詰められて自殺に至る危険のあることにつき、当然に予見してこれに留意すべき立場にあり、かつ、現に予見し得たものというべきであるから、補助参加人には本件生徒の自殺について予見可能性があったものと認めるのが相当である」と判断して、結論として、「以上のとおり、補助参加人の本件暴行等と本件生徒の自殺との間には条件関係が認められ、本件生徒を指導する教員であった補助参加人において、本件暴行等によって本件生徒が精神的に追い詰められて自殺に至る危険があることについて教員として予見すべきであり現に予見し得たものと認められる以上、補助参加人の本件暴行等と本件生徒の自殺との間には相当因果関係が認められるものというべきである」とした。

　第2に、本判決は、損害論において、寄与度による減額の可否およびその割合について次のように判断した。すなわち、本件は、「補助参加人による多数回にわたる一連一体の不法行為としての本件暴行等の態様が強度かつ反復継続的なものであり、本件生徒に甚大な精神的苦痛を与え、精神的に追い詰めて自殺に至らしめたということができるのであって、補助参加人による本件暴行等と本件生徒の自殺との間には相当因果関係があると認められ、補助参加人による本件暴行等が本件生徒の自殺の原因であったものというべきである」とし、他方で、「担任教諭や原告父母との相談を通じて補助参加人から従前のような暴行や威迫的言動等を受け続ける苦境を改善する余地は非常に困難ながら可能性としてはあり得たものと考えられる中で、担任教諭や

原告父母に本件暴行等の実態や程度及びこれによる本件生徒の精神的苦境の実情等を十分に伝えて対処策の相談をすることなく一人で思い詰めて短期間に自殺を決意し自死に至ったことについては、本件生徒において、気が優しく気遣いが細やかで責任感が強く真面目で素直であるなどの非常に優れた美点……を数多く備えていた一方で、Aによる継続的な強度の暴行や威迫的言動等による強度の身体的、精神的負荷（ストレス等）に対して脆弱な面があったとみられることは否定し難く、本件生徒の自殺という結果の発生にそうした脆弱性が本件生徒自身の心因的要因として一定程度寄与したことは否定し難いものといわざるを得ない」として、「本件生徒の自殺については、その自殺という結果の発生に本件生徒の上記のような心因的要因も一定程度寄与したものと認められることに照らすと、被告が賠償責任を負うべき損害の額については、損害の公平な分担の観点から、民法722条2項を類推適用し、その寄与度に応じた減額を行うのが相当であると解される」と判断した。

本判決は以上のように述べ、本件生徒の自殺における補助参加人の本件暴行等の寄与度は70％であると判断した。

Ⅶ 労働災害と割合的認定論

判例は労災民事訴訟においても割合的認定を行っている。電通事件（最判平成12・3・24民集54巻3号1155頁）は労働者が過労により自殺した事例において、結論として減額を否定したが、判例における割合的認定の本質は維持している（この点、前掲身体的特徴の最高裁判決の評価にも妥当する）。本判決は労働者の特徴を考慮し「その性格及びこれに基づく業務遂行の態様等を、心因的要因としてしんしゃくすることはできない」として割合的認定の原則を修正したことに意義がある。

「身体に対する加害行為を原因とする被害者の損害賠償請求において、裁

---

15 菅野和夫『労働法〔第11版補訂版〕』（弘文堂・2017年）642頁以下。
16 たとえば、三柴丈典「判批」労働判例百選〔第9版〕（2016年）101頁。

Ⅶ　労働災害と割合的認定論

判所は、加害者の賠償すべき額を決定するに当たり、損害を公平に分担させるという損害賠償法の理念に照らし、民法722条2項の過失相殺の規定を類推適用して、損害の発生又は拡大に寄与した被害者の性格等の心因的要因を一定の限度でしんしゃくすることができる（最高裁昭和59年（オ）第33号同63年4月21日第一小法廷判決・民集42巻4号243頁参照）。この趣旨は、労働者の業務の負担が過重であることを原因とする損害賠償請求においても、基本的に同様に解すべきものである。しかしながら、企業等に雇用される労働者の性格が多様のものであることはいうまでもないところ、ある業務に従事する特定の労働者の性格が同種の業務に従事する労働者の個性の多様さとして通常想定される範囲を外れるものでない限り、その性格及びこれに基づく業務遂行の態様等が業務の過重負担に起因して当該労働者に生じた損害の発生又は拡大に寄与したとしても、そのような事態は使用者として予想すべきものということができる。しかも、使用者又はこれに代わって労働者に対し業務上の指揮監督を行う者は、各労働者がその従事すべき業務に適するか否かを判断して、その配置先、遂行すべき業務の内容等を定めるのであり、その際に、各労働者の性格をも考慮することができるのである。したがって、労働者の性格が前記の範囲を外れるものでない場合には、裁判所は、業務の負担が過重であることを原因とする損害賠償請求において使用者の賠償すべき額を決定するに当たり、その性格およびこれに基づく業務遂行の態様等を、心因的要因としてしんしゃくすることはできないというべきである」。

　その後に出された最判平成20・3・27判タ1267号156頁・判時2003号155頁は、上告人の従業員であったAの相続人である被上告人らが、Aが急性心筋虚血で死亡したのは、上告人がAの健康状態に対して十分な注意を払わずに研修に参加させたことなどが原因であるとして、上告人に対し、不法行為または債務不履行に基づく損害賠償請求をした事案について、過失相殺の主張が訴訟上の信義則に反するとし民法722条2項の規定を類推適用しなかった原審の判断には違法があるとして、次のように述べた（信義則上の問題は割愛）。

　すなわち、「被害者に対する加害行為と加害行為前から存在した被害者の

145

疾患とが共に原因となって損害が発生した場合において、当該疾患の態様、程度等に照らし、加害者に損害の全部を賠償させるのが公平を失するときは、裁判所は、損害賠償の額を定めるに当たり、民法722条2項の規定を類推適用して、被害者の疾患をしんしゃくすることができる（最高裁昭和63年（オ）第1094号平成4年6月25日第一小法廷判決・民集46巻4号400頁参照）。このことは、労災事故による損害賠償請求の場合においても、基本的に同様であると解される」とし、「同項の規定による過失相殺については、賠償義務者から過失相殺の主張がなくとも、裁判所は訴訟にあらわれた資料に基づき被害者に過失があると認めるべき場合には、損害賠償の額を定めるに当たり、職権をもってこれをしんしゃくすることができる（最高裁昭和39年（オ）第437号同41年6月21日第三小法廷判決・民集20巻5号1078頁参照）。このことは、同項の規定を類推適用する場合においても、別異に解すべき理由はない」として、本件事実関係等を考慮し、「Aが急性心筋虚血により死亡するに至ったことについては、業務上の過重負荷とAが有していた基礎疾患とが共に原因となったものということができるところ、家族性高コレステロール血症（ヘテロ型）にり患し、冠状動脈の2枝に障害があり、陳旧性心筋梗塞の合併症を有していたというAの基礎疾患の態様、程度、本件における不法行為の態様等に照らせば、上告人にAの死亡による損害の全部を賠償させることは、公平を失するものといわざるを得ない」と判断した。

以上は労災民事裁判であるが、労働者災害補償保険法に基づく救済制度の下では社会福祉の視点から一定の割り切りを行うことによって被災労働者を救済している。[17]

17　菅野・前掲書（注15）605頁以下。

Ⅷ　割合的認定論と学説

1．民事訴訟法学

　判例は因果関係の立証について高度の蓋然性ルールを基礎にしているが、本稿ⅢおよびⅣで概観したようにこのルールを貫徹すると公平な解決ができない場合がある（被害者救済に問題がある）ことから、交通事故訴訟の事実審裁判所において割合的認定論に基づいて紛争処理を行う裁判例が現れ、この考え方を最高裁判所も導入したのである。今日、割合的認定論は判例法として定着したが、民事訴訟法学（学説）はやや距離をおいてきたように思われる。

　割合的認定に関する本稿テーマは民事訴訟法の自由心証主義（同法247条）や、損害額の認定（同法248条）の規定が関連するが、民事訴訟法における証明度および証明責任の問題は実体的問題からは独立し、堅牢な訴訟法の体系を構築している[18]。そして、248条の規定の法的性質については、損害額立証の基礎となる事実について証明度の軽減を図っているとする見解と、基礎となる事実については通常の証明を要するが、損害の評価については裁量的であるとする見解とが対立している[19]。賠償科学からは、割合的認定論に基づく紛争処理について、訴訟法と実体法との接点に関心を示す研究に注目したい[20]。ここでは本稿Ⅲ～Ⅶで取り上げた判例をどのように評価するかが要点になるであろう。

---

[18]　高橋宏志『重点講義民事訴訟法（下）〔第2版補訂版〕』（有斐閣・2014年）44頁、『条解民事訴訟法〔第2版〕』（弘文堂・2014年）1367頁、高田裕成ほか『注釈民事訴訟法(4)』（有斐閣・2017年）54～56頁〔大村雅彦〕、987頁、988頁〔山本和彦〕など。

[19]　司法研修所編・前掲書（注6）33頁。

[20]　加藤新太郎『手続裁量論』（弘文堂・1996年）124頁、高橋宏志『民事訴訟法概論』（有斐閣・2016年）228頁、同「因果関係の割合的認定」塩崎勤編『交通損害賠償の諸問題』（判例タイムズ社・1999年）122頁以下（初出1987年、判タ633号を改訂）。

2．民法学

(1) 被害者の素因と過失相殺——「あるがまま論」と割合的認定論

　学説の有力説は因果の事実的（自然的）つながりとして事実的因果関係をとらえこれを因果関係論の独立概念として観念し、事実的因果関係は「あるかないか」でとらえられるものとして区分論を提唱する。すなわち、因果関係の判断を3つに区分し、事実的因果関係が「あるかないか」を判断し「ある」とされたら、その保護範囲を画定し、画定された保護範囲について損害の金銭的評価を行うとする考え方である[21]。

　学説はまた、「被害者のあるがまま」を認めるべきであるとする見解（「あるがまま論」）が有力である。すなわち、素因による結果の発生、拡大については「素因の存在を知りながら適切な処置をしなかった場合のように、被害者にも何らかの意味で不注意と評価しうるような事情があった場合」に限り、過失相殺の規定の類推適用ではなく、本来の過失相殺の適用が可能になると指摘する[22]。吉村は窪田、平井、潮見の各文献に応接し自らの位置を確かめ「あるがまま論」の妥当性について丁寧に説明している。論旨は被害者救済を志向し説得力がある。不法行為法のあるべき考え方の1つであることはいうまでもない。

　しかし、割合的認定論からは以下のような疑問がある。第1に、論旨は「事故がなければその結果は生じなかった」という前提を所与のものとしているようにみえるが、被害者の「あるがまま」を認めるべきであるとしても検証を必要としないだろうか。割合的認定論はかかる前提を科学的、医学的知見によって検証することを許容し、その結果を法的に評価する。第2に、被害者が素因改善の営みをしていなかったことを、過失相殺に位置づけていることは問題がないだろうか。素因を改善しなかったことを過失相殺における過

---

[21] 平井宜雄『債権各論Ⅱ不法行為』（弘文堂・1992年）82頁以下。この考え方は同『損害賠償法の理論』（東京大学出版会・1971年）に基づく。
[22] 吉村良一『不法行為法〔第4版〕』（有斐閣・2010年）180頁、181頁。

失と評価することは、高齢者や障がい者を高齢者や障がい者であること自体を直接的に過失と評価する考え方に接近する。また、「素因の存在を知りながら適切な処置をしなかった場合」に過失相殺がなされるとなると、多くの事例が過失相殺の対象になってしまうのではないか。何が適切な処置かは評価の問題として議論が分かれうる。この点、同様の疑問は過失相殺類推適用説のうち、本来の用法で「類推適用」を用いる見解にも妥当するが、「類推適用」と位置づける限りで問題性はやや緩和される。割合的認定論からは、過失相殺類推適用説は過失相殺制度の理念である「公平」を根拠にするという意味でのみ説得力をもつ。割合的認定論は、寄与度責任にも素因減額にも働く中立の理論であり、かかる中立性こそ不法行為法における「損害の公平な分担」を達成することができると考える。

(2) 相当因果関係論の位置づけ

判例における割合的認定論を肯定的にとらえる見解も、割合的認定の法的構成については確率的心証論、過失相殺類推適用説、割合的因果関係論など諸説が分かれ、前二者は損害論に、後者は因果関係論に位置づけられている。以上(1)(2)のように学界の諸説が一致点を見出せない中で、打開の鍵は判例法に注目し判例法をどのように評価するかに求めたい。

民法709条の法文では因果関係は、①故意または過失と権利（利益）侵害、②権利（利益）侵害と損害の2つに分かれる。別の視点からみると、行為と結果との間に因果関係があるか（事実的因果関係として整理される）、損害賠償の範囲がその事故によって通常生ずべき損害かどうかの判断である。すなわち、因果の流れは無限に広がりうる。「風が吹けば桶屋がもうかる」式に広がる因果の流れをそのまま損害賠償の範囲としたのでは法の求める公平とは到底いえないので、法的視点から限定する必要がある。これが法的因果関係である。判例が採用してきた相当因果関係論は、その行為がなければその損害が生じなかったであろうと認められ、かつ、そのような行為があれば通常はそのような損害が生じるであろうと認められる場合に、法的因果関係が認められるとする。そこでは、事実的因果関係の存在を前提にし、さらに法

的に、損害賠償責任の有無を確定する（法的因果関係という）。そして、法的因果関係は損害賠償の範囲を確定する機能を有している。以上のように、日本の判例は相当因果関係の概念を用いて紛争処理をしてきたのである。[23]

判例の相当因果関係論に対しては、分析的研究、比較法研究に基づく批判説（平井理論など）が民法学界を席巻している。確かに、批判説は不法行為法学の中枢に位置し相当因果関係論の構造を分析するなど不法行為法学に貢献してきたが、理論の比較法的起源はともかく、日本の判例法として相当因果関係論が果たしてきた機能に注目すると、法理論の新たな形成（規範の創造）を否定することはできない。かかる成果は曖昧な理論と結論づけられるものではなく、長期に及ぶ紛争処理実務に基づく日本法の成果である。相当因果関係論は複雑な事案の処理方法として柔軟性に富み、法理論としての独自性を有すると評価すべきではないだろうか。

(3) 割合的認定論の実体的構成——割合的因果関係論

割合的認定論は事故が結果に寄与した影響の割合を判断し、その分を加害者に賠償させることに求めることができることにある。100％の賠償（あるがまま）を基準にすると減額されることがあるが、事故の寄与（度）の割合を賠償責任として認めることができる。割合的因果関係論は、かかる割合的認定論を民法から実体的に構成したものである。[24]

前述のように、学界の有力説は事実的因果関係に独立した意味を与えており、寄与度の概念を認めない。これに対して、行為と結果とのつながりについて医学的、科学的に解明することが必要であるとして問題を打開しようとしたのが割合的認定論であり、割合的因果関係論による問題提起であった。

(4) 寄与度論

寄与度論は、寄与度に基づく割合的責任を認めることにおいて割合的因果

---

23 加藤一郎・前掲書（注４）152頁以下。
24 野村好弘「因果関係の本質　寄与度に基づく割合的因果関係論」交通事故紛争処理センター編『交通事故損害賠償の法理と実務（交通事故紛争処理センター創立10周年記念論文集）』（ぎょうせい・1985年）62頁以下。

関係論の本質に学び、同時に、判例を基礎にしてこれを実務理論として位置づけようとする。ここに実務理論とは実務の発展を目的とする理論をいう。すなわち、ひとくちに法理論といっても、実務と関連の深いものから、ひとまず実務と切り離して理論を追求するものまで、いくつかの段階が考えられる。不法行為法の論考の中で実務理論を意識するものは少ないが、割合的認定をテーマにする論考の中には注目すべき論考も現れている。[25]

　寄与度論は割合的因果関係論の本質に学び、相当因果関係論における相当性の判断方法を参考にする。[26]判例が採用する相当因果関係論における相当性判断は、因果関係と損害の双方に及ぶことによって、割合的認定、すなわち寄与度責任を認めることができる。そして、寄与度責任の考え方は同時に、素因減額を可能にしている。相当因果関係論の本質である相当性の判断は、科学的、医学的知見に基づき相当性を数値化することを許容する。[27]これが判例における割合的認定論ではないだろうか。本稿で概観したように、割合的認定論は判例において各種の事故態様に用いられているが、それらを寄与度論として整理することができる。

(5)　共同不法行為論と割合的認定

　複数加害行為には、加害行為が行われた時間の間隔をとらえ、異時的加害行為（異時的不法行為）と同時的加害行為（同時的不法行為）に分けることができる。学説は共同不法行為論について諸説分かれ混迷している。

　第1に、割合的認定と共同不法行為論（民法719条）との関係についてみる

25　初期のものとして加藤新太郎「因果関係の割合的認定」塩崎勤編『交通損害賠償の諸問題』（判例タイムズ社・1999年）122頁以下（初出1987年、判タ633号を1998年に改訂）、最近では中武由紀「交通損害賠償事件における非器質性精神障害をめぐる問題(1)～(3)因果関係論及び素因減額等の割合的解決を中心として」判タ1377号10頁、1378号14頁、1379号11頁（いずれも2012年）。

26　小賀野晶一「割合的認定論の法的構成──相当因果関係論の再構成」日弁連交通事故相談センター編『交通賠償論の新次元（財団法人日弁連交通事故相談センター設立40周年記念論文集）』（判例タイムズ社・2007年）100頁以下。

27　日本賠償科学会では渡辺基準、若杉基準などが提案され、法学からも野村基準などが提案されているが、これらの提案を基礎にして判例のビッグデータとAI（人工知能）の活用による基準化が検討課題として指摘されている。

151

と、複数加害行為における責任のあり方が問題になる。原因競合における紛争解決の枠組みとしては、下記①〜④のような考え方が提案されている[28]。このうち②については、共同不法行為が成立すると分割責任はあり得ないとする考え方と、共同不法行為の類型（たとえば民法719条1項後段など）によっては分割責任の可能性があるとする考え方がありうる。

① 共同不法行為が成立し、各加害者は結果に対して全部責任を負う。結果に対する寄与度は加害者内部の求償関係にすぎないとする考え方。

② 共同不法行為が成立し、全部責任ではなく分割責任あるいは一部連帯責任を認めるべきであるとする考え方。

③ 共同不法行為の成立を否定し、各加害者の単独責任を認めるべきであるとする考え方。

④ 原因競合の問題としてとらえ、賠償責任を寄与度に基づいて割合的に判断すべきであるとする考え方。

この問題について野村は、「寄与関係（結果発生に対して相当な要因となったか、ということ。伝統的な「相当因果関係」の概念をオーバーホールしてつくりなおし、ここで用いることも考えられる）の有無とその程度（寄与度又は寄与率。原因力ともいう）の判断が出発点である。つぎに複数の要因相互間での共同不法行為の成否が問題である。そこでのしぼりを広くするか、狭くするかは、検討課題である。共同不法行為にならなければ、さきの寄与度を反映させて損害賠償額を算定することになる。共同不法行為になる場合であっても、情（状）況に応じて全部賠償責任、一部連帯責任、限定（分割）責任の選択の余地を残すほうがよい（もっとも、共同不法行為成立のところで、きついしぼりをかけるのであれば、全部賠償責任一本でよいかもしれない）」と指摘している[29]。実務の発展に資する柔軟な考え方を示しており、寄与度論にもつ

---

[28] 野村好弘「原因競合の場合における因果関係の割合的判断」交民集16巻索引・解説号（1985年）342頁、野村好弘＝小賀野晶一「川崎市大気汚染訴訟判決——寄与率・因果関係・共同不法行為」判タ845号（1994年）20頁以下。

[29] 野村・前掲論文（注28）342頁。

ながるものである。

IX　おわりに

　本稿テーマは民法の損害賠償論に関するが、保険・共済や社会保障とも密接に関連しており、保険・補償制度を含む民事政策のあり方にも及んでいる。今日、複雑な事案が出現しており、損害賠償論や民事政策論において賠償科学が担うべき役割は大きくなっている。近年の医学、医療の発達に伴って顕在化した「目に見えにくい後遺障害」と表現される問題もその1つであり、法理論、特に実務理論として果たすべき寄与度論の機能が問われている。[30]

　故平沼髙明先生は57年の長期に及ぶ弁護士実務の実績と、かかる実績に基づく学者としての研究成果があり、加えて裁判官、弁護士を対象とする実務教育や、学生を対象とする大学教育においても尽力した。[31] 先生のこのような活動が賠償科学の発展に大きく貢献した。永年にわたり親しくご指導を賜ることができたことに感謝し心から御礼を申し上げる。

〈参考文献〉
　注に掲げたもののほか、以下の文献がある。
・野村好弘監修・北河隆之＝小賀野晶一編著『割合的解決と公平の原則』（ぎょうせい・2002年）
・杉田雅彦『脳脊髄液減少症（低髄液圧症候群）の判例と実務』（民事法研究会・2008年）
・黒木宣夫＝杉田雅彦『PTSD　医の診断と法の判断』（中外医学社・2009年）
・栗宇一樹＝古笛恵子『交通事故における鞭打ち損傷問題〔2版〕』（保険毎日新聞社・2012年）

30　杉田雅彦「髄液漏症（脳脊髄液減少症・低髄液圧症候群・髄液漏出症）訴訟の研究　医の診断と法の判断（科学的認定論の提唱）」千葉大学法学論集30巻1・2合併号（2015年）612（35）頁以下、同「最近までの高裁判例から見た『目に見えにくい後遺障害（主観病）問題』」自保ジャーナル1997号（2017年）1頁以下。
31　代表作は学位論文『専門家責任保険の理論と実務』（信山社出版・2002年）。

第2編 ③ 民法と賠償科学──判例における割合的認定論の構成

・杉田雅彦＝吉本智信『医と法から検証した脳脊髄液減少症（低髄液圧症候群）の理論と実務　医の診断と法の判断』（民事法研究会・2014年）
・小賀野晶一＝栗宇一樹＝古笛恵子編『交通事故における素因減額問題』（保険毎日新聞社・2014年）

④ 日本賠償科学会の軌跡

田口智子＝道解公一

昭和大学医学部法医学講座

Ⅰ　はじめに

　日本賠償科学会は、1982年4月に昭和大学医学部法医学教室・渡辺富雄教授の主唱の下、「日本賠償医学研究会」として発足した。本学会の理念は、「損害賠償に関する医学上の諸問題を医学と法学の両側面から学際的に研究し、人身傷害の認定並びに民事責任の認定の適正化に資すること」である。

　故平沼髙明先生は、渡辺とともに学会発足時から賠償科学を長年にわたり牽引し、本学会の発展に多大な貢献をされた。本学会の基盤をつくられた功績者の一人である。

Ⅱ　日本賠償科学会

1．概　要

(1)　名　称

日本賠償科学会

Japanese Society of Compensation Science

(2)　創立年月日

1982年4月24日

(3) **目　的**

本学会は、損害賠償に関する医学上の諸問題を医学と法学の両側面から学際的に研究し、人身傷害の認定ならびに民事責任の認定の適正化に資することを目的とした学会である。

(4) **事　業**

本学会の目的を達成するために次の事業を行う。

① 学術集会の開催
② 賠償科学に関する研究成果の発表
　（機関紙「賠償科学」および学術書の刊行）
③ 内外における関連学会との交流
　（韓国賠償医学会との国際交流等）
④ その他本学会の目的を達成するために必要な事業

(5) **会員数**

475名（2019年4月現在）

(6) **役　員**

理事長1名、副理事長2名、理事約20名（理事長・副理事長を含む）、監事2名。

(7) **評議員**

約50名

(8) **学術集会**

次の学術集会を開催する。

① 賠償科学研究会　年2回開催（6月と12月の第一土曜日）
② その他の集会　随時

(9) **学会誌**

機関紙「賠償科学」　年1〜2回発行

(10) **所在地**

〒142-8555　東京都品川区旗の台1−5−8　昭和大学医学部法医学講座内

2. 設立趣意書

(1) 設立趣意書

日本賠償医学研究会
設 立 趣 意 書

　現憲法下、民事法学では各種の損害賠償問題が大きな領域を占めるようになり、それに対応して交通事故関係をはじめその他多くの損害賠償制度が拡充してきた。

　民事訴訟、裁判前紛争処理または損害賠償保険などにおける人身傷害に関する認定の適正化に資するため、医学と法学の両側面から対処しなければならないのが賠償医学であるが、従来、この分野の学際的研究は疎んじられており、不合理な認定を余儀無くされている場合も少なくないので、これらを是正することが重要な課題である。

　われわれは、国民福祉の担い手として賠償医学の向上発展に尽力するとともに、その社会性と公共性を認識し、ここに日本賠償医学研究会を結成し、損害賠償の公正化に寄与する所存である。

1982年4月24日

(2) 発起人

発起人

(医学関係)

北海道大学医学部教授	高取　健彦
山形大学医学部教授	鈴木　庸夫
筑波大学医学専門学群教授	三沢　章吾
茨城県医師会長	秦　　資宣
昭和大学医学部教授	渡辺　富雄
山梨医科大学教授	大矢　正算
名古屋市立大学医学部教授	高部福太郎
金沢大学医学部教授	永野　耐造

第2編　4　日本賠償科学会の軌跡

三重大学医学部教授	羽場　喬一
京都府立医科大学教授	古村　節男
和歌山県立医科大学教授	若杉　長英
島根医科大学教授	福井　有公
広島大学医学部教授	小嶋　　亨
高知医科大学教授	石津日出雄
福岡大学医学部教授	永田　武明
琉球大学医学部教授	永盛　　肇

(法曹関係)

東京・関東地区	弁護士	溝呂木商太郎
	弁護士	宮原　守男
	弁護士	平沼　髙明
	弁護士	田中　　登
	弁護士	高崎　尚志
	弁護士	田邨　正義
	弁護士	小川　征也
	弁護士	安藤　武久
明治大学法学部教授		鈴木　俊光
中部地区	弁護士	内河　恵一
近畿地区	弁護士	藤田　良昭
	弁護士	真砂　泰三
	弁護士	長沢　正範
	弁護士	梅谷　　亨
	弁護士	中垣一二三
中国地区	弁護士	椎木　緑司
九州地区	弁護士	竹中一太郎
	弁護士	西田　　稔

顧　問

　　大阪大学名誉教授　　　　　　松倉　豊治

3．学会の沿革

　　1982年4月　　日本賠償医学研究会創立
　　1982年12月　　第1回研究会を開催
　　1984年　　　　日本賠償医学会と改称
　　1985年　　　　機関紙「賠償医学」創刊
　　1997年　　　　日本賠償科学会と改称
　　1998年　　　　機関紙「賠償科学」に改称
　　2000年　　　　日本学術会議学術研究団体に登録
　　　　　　　　　（第2部社会法学の部）
　　2001年　　　　文部科学省科研費「研究成果公開促進費」補助事業
　　　　　　　　　シンポジウム「医と法から見たPTSD」を開催
　　2010年　　　　日韓合同研究会を開催

4．歴代理事長

　　第1代　　高部福太郎　　1982年4月～1986年6月
　　第2代　　渡辺　富雄　　1986年6月～1993年6月
　　第3代　　若杉　長英　　1993年6月～1996年11月
　　第4代　　鈴木　俊光　　1996月12月～2001年6月
　　第5代　　小嶋　　亨　　2001月6月～2004年6月
　　第6代　　平沼　髙明　　2004月6月～2007年6月
　　第7代　　平岩　幸一　　2007月6月～2010年6月
　　第8代　　杉田　雅彦　　2010月6月～2013年6月
　　第9代　　有賀　　徹　　2013月6月～2016年6月
　　第10代　　小賀野晶一　　2016月6月～現在

III　賠償医学か賠償科学か

　本学会は、1997年12月に開催された、「日本賠償医学会第31回研究会」を機に、「日本賠償医学会」から「日本賠償科学会」へと改称された。学会名を、「賠償科学」とすることは、創立者渡辺富雄のかねてよりの願いであった。「賠償医学」か「賠償科学」か、揺れる思いが綴られた渡辺の随筆（1986年）をここに紹介する。

> ### 賠償医学か賠償科学か
> 　「賠償医学」というからには、従来の医学（狭義の医学）の一分野であろうと想像する既成概念は捨ててもらいたい。「賠償科学」のほうが適切な呼称であるが、学際領域に対する社会や学界の認識が未だ低いので、発祥の地が医学分野であるので、その原籍地を名乗っているにすぎない。「賠償医学」の居住地は原籍地とは違う。このたとえは、科学の各分野のセクショナリズムを打破することが意外と容易でないことを現実として許容しながら、医学そのものの社会化を目指してのレジスタンスである。さりとて、「賠償医学」が医学の呼称を棄てきれないためらいもある。医学は単に理論だけでは不充分であり、その理論の実践を必要とするからであり、他の自然科学と違って人間が対象であり、そして人間を対象とする社会科学との連携によって成り立っているからである。
> 　医学は狭義の医の理論であるとともに、医の技術すなわち医術でもなければならない。「医は仁術なり」という表現があるも、古来、「仁術」は実践されることが少なかったので教訓として語り継がれていることが多い。技術とは人間が自然にはたらきかけるものであるのに対し、仁術とは人間が人間にはたらきかけるものであると解釈することによって、この二つの術の目的そのものの根本的相異を明らかにできるのではないだろうか。
> 　わが国で最初に医学概論の講義を開講した澤瀉久敬元大阪大学教授は、「技術とは人間が自然を征服するためのものであるのに対して、仁術、すなわち人が人に対するときには、少なくともそれが道徳的関係として成立する時には、自分の相手を征服するというものではないのである。あるいはこう言ってもよい。技術は自然を自分の生活の道具とし、そのためにまた道具を作るのが目的

である。しかし、道徳においては他人を道具とすることは許されない。道徳とは人格と人格の交渉であるが、そのような道徳的交渉にあっては、他人を自分の生活の道具とするなどということは許されないのである」と、『医学の哲学（誠信書房）』に書いてある。

1970年代になって、ライフサイエンス（生命科学）が注目されるようになった。その中心になるのは、従来の生物学的思考ではなく、人間の生き方についての自然科学と、生命の倫理についての社会科学とのタイアップである。つまり、人間の生存を考えるためには自然科学だけでは不可能であって、人間学・生命哲学・生命倫理学の研究が平行して進められなければならないので、その専門家の育成または発想の転換を待望する。

従来、生命思考や障害対策については、細胞などの構造の解明に重点を置いた。しかし最近では生命の仕組みや障害の程度を知るために、構造中心の考え方から脱却して機能や能力など動的な側面から捉えるようになった。

ところで、ライフサイエンスは人間生存の科学であり、人間の価値観につながる科学である。人間の価値観は、観念論的な生命評価や人間理解のみにとどまってはならない。現実的・具体的に人間の価値が毀損されたかどうかの判断と処方のための科学である賠償医学の将来に夢がある。

現代の科学で証明できない、できる、というのはあくまでも、今この瞬間では、という条件をつけてはじめて言えることである。だから、方法論としてどんどん新しいモノサシを導入していくべきである。

――渡辺富雄（1986年）――

Ⅳ　追悼に寄せて

日本賠償科学会のユニークな試みとして医師、裁判官、民法学者、弁護士が参加して、医学と法学の両側面から判例の問題点を掘り下げて検討する『判例診断』という座談会がある。医と法を融合させた、このウィットに富んだ名前の名づけの親は創立者渡辺富雄である。

『判例診断』において本学会の取り組むべき問題としてしばしば話題にあがる「医と法の乖離」について、ここで少しばかり考えてみたい。

1. 医と法の乖離の原因は何か

(1) 法律家の科学観

　(ア) わが国の法律家の科学観

　医と法の乖離を生む原因の1つに法律家の科学観があげられるのではないだろうか。

　わが国の法律家の科学観は、民事訴訟における因果関係の証明についてのリーディングケースとなっているルンバール事件判決の判旨の冒頭の一文からうかがえる。

　「訴訟上の因果関係の立証は、一点の疑義も許されない自然科学的証明ではなく、経験則に照らして全証拠を総合検討し、特定の事実が特定の結果発生を招来した関係を是認しうる高度の蓋然性を証明することであり、その判定は、通常人が疑を差し挟まない程度に真実性の確信を持ちうるものであることを必要とし、かつ、それで足りるものである（最判昭和50・10・24民集29巻9号1417頁）」

　これによれば、訴訟上の証明は、自然科学的証明とは異なり、通常人が疑いを挟まない程度の高度の蓋然性を証明すれば足りるとしている。この判示は、民事訴訟に要求される証明度を示すものとして、その後の裁判例にもしばしば引用されている。

　ここで、自然科学的証明を、「一点の疑義も許さない[1]」としているところに、科学を普遍的な真理であると認識するわが国の法律家の科学観をみることができる。

　(イ) 科学とは何か

　科学の定義として広く受け入れられているものに、科学哲学者のカール・ポパー（1902～1994）が提唱した「反証可能性[2]」という概念がある。

1　「自然科学的証明が『一点の疑義も許されないもの』であるといってよいかどうかには、疑問があり得るであろう」司法研修所編『民事訴訟における事実認定』（法曹会・2007年）4頁。

2　カール・ポパー、藤本隆志ほか訳『推測と反駁：科学的知識の発展』（法政大学出版局・2009年）64頁。

科学は仮説を立て、その仮説が本当に正しいかどうかを実験や観察で検証する営みである。しかし、ポパーはそれだけでは不十分であると考えた。どんなに多数の観察事実を集めてもそこから法則を導き出すことはできないからだ。しかし、法則の反証は矛盾する一個の観察事実から論理的に導き出すことができる。そこで、ポパーは科学的であるためには、その仮説が反証可能なものでなければならないとした。

事実に照らして順次誤りを発見し、排除（反証）していくことでしか真理に近づくことはできない。その過程を経ても排除されないで残っている理論（仮説）は、それだけ妥当性が高く、真理に近いということになる。しかし、どれだけ厳密なテストに耐えてきたとしても、理論が真であるとは決していえない。今ある理論の中で最も良い理論であるとか、以前のどの理論よりも優れているということがいえるだけである。[3]

あらゆる理論は今のところ反証されずに残っているという意味で仮説にすぎない。科学とは絶対的なものではないのである。

(ウ) 連邦最高裁判所の科学観

アメリカ連邦最高裁判所の科学に対する認識は、わが国の法律家とは異なるようである。

連邦最高裁判所の科学観は、1993年の連邦最高裁ダウバート判決（Daubert v.Merrell Dow Pharmaceuticals, Inc., 509 U.S.579）に示された科学的証拠の許容性の判断基準（ダウバート基準）にあらわれている。ダウバート判決とは、1970年代の終わりに数多く提起されたベンデクティン（つわり薬）訴訟の1つで、妊娠中に服用したベンデクティンと新生児の先天性異常の因果関係を立証しようとした製造物責任訴訟であり、科学的証拠の採用が争点となった裁判である。[4]

3　A. F. チャルマーズ、高田紀代志＝佐野正博訳『科学論の展開：科学と呼ばれているのは何なのか？』（恒星社厚生閣・2017年）100頁。
4　渡辺千原「事実認定における『科学』(一)合衆国のベンディクティン訴訟を手がかりに」民商法雑誌116巻3号（1997年）365頁。

この判決によれば「議論の余地はあるが、科学に確実性は存在しない」としたうえで、科学的証拠の許容性を判断するにあたって、次の4つの要素[5]を考慮しなければならないとした。
① 理論や技術がテスト可能であること
② 理論や技術が査読され、専門誌に掲載されていること
③ 結果を評価するために誤差率や標準的な手法が明らかにされていること
④ 当該専門分野において一般的に受け入れられていること

①は、前述のカール・ポパーの「反証可能性」の理論を基礎としたもので、科学的方法論が、仮説の構築とその仮説の反証の試みとしてのテストに基づくものであるという考えに由来する。

連邦最高裁の科学観は、科学哲学を基盤としており、科学の不確実性を認めているという点でわが国の法律家の科学観とは異なっていることがわかる。

ダウバート判決以降、米国では裁判官に「門番（ゲートキーパー）」として科学的証拠の許容性を判断することが求められるようになったことから、科学的証拠の妥当性についての議論が活発に行われるようなった。また、ダウバート判決を受けて、1994年から連邦司法センター（Federal Judicial Center）が科学的証拠マニュアル（Reference Manual on Scientific Evidence）を発行するようになった[6]。これは法律家が科学の不確実性を理解するうえで重要な文書となっている。インターネットで閲覧することも可能である。

(2) 科学と法の違い

医と法の乖離を生むもう1つの原因として科学と法の文化の違いがあげられる。

科学と法はそれぞれめざす目的が異なる。科学は真実の追求を目的としているのに対し、法は正義の実現を目的としている。法ももちろん真実の追求

---

5 Federal Judicial Center *"Reference Manual on Scientific Evidence Third Edition"*（The National Academies Press・2011）p51.
6 渡辺千原・前掲論文（注4）385頁。

を目的の1つとしているが、限られた時間の中で明確な法的結論を下さなければならないため、おのずと限界がある。一方、科学的追求には最終的に決定を下さなければならない期限はない。

科学と法において、同じ言葉を使用していても言葉の意味が異なることもしばしばある。

前節に登場した「反証」という言葉も、法では「挙証責任を負わない当事者が、相手方がその挙証責任に基づいて主張する事実又は提出した証拠を否定する目的でこれらと反対の事実を証明するために提出する証拠方法のこと」[7]をいう。科学では「事実」は「実際にあった事柄、現実にある事柄」[8]を示すが、法では「一定の法律効果を生ずる原因となる事物の関係」[9]をいう。また、科学では「証明」は「ある事柄などが真実であるか否かを明らかにすること」[10]であるが、法では「裁判官が事実の存否につき確信を得た状態、または裁判官にその確信を得させるために当事者がする努力」[11]のことをいう。さらに、法では「事実認定」という言葉が使われるが、これは「訴訟またはこれに準ずる公的手続において、法律効果の発生の前提となる事実の存否について判断すること」[12]であり、法律用語である。科学においては「事実」は「証明」するものであって「認定」するものではない。

科学と法の違いは、事実に対するアプローチの仕方にもあらわれる。科学にとっては事実を正しく把握することが最も重要であるが、法にとっては、事実を正しく立証していくことが重要である。しかし、それは紛争を公平かつ効率的に解決するという一義的な目的に付随するものである。[13]

法では、事実を認定する資料は原則として当事者提出のものに限られてい

7　法令用語研究会編『有斐閣法律用語辞典〔第2版〕』（有斐閣・2000年）。
8　小学館国語辞典編集部ほか編『日本国語大辞典〔第二版〕』（小学館・2001年）。
9　法令用語研究会・前掲書（注7）。
10　小学館ほか・前掲書（注8）。
11　法令用語研究会・前掲書（注7）。
12　法令用語研究会・前掲書（注7）。
13　シーラ・ジャサノフ、渡辺千原ほか訳『法廷に立つ科学：「法と科学」入門』（勁草書房・2015年）9頁。

る。事実の主張を裏づける証拠がない場合には事実は存在しないものとみなされる。裁判官が私的経験によって知っている事実や特殊な知識を証拠原因（訴訟において裁判官が確信の心証を抱く原因となった資料や情況）とすることはできない。時間の制約があるうえに、必ず結論を出さなければならないため、たとえ科学的に証明されていないことでも限られた時間内に結論を出すことが求められる。こうした場合には証明責任の原則があり、それによって結論を決定することになっている。

　一方、科学では、科学的知見の基礎となる情報収集に制限もなければ、時間の制限もない。科学的知見は時とともに修正され、新しいものに置き換わる可能性もある。

　以上のように、科学と法ではそれぞれが異なる目的、言葉の意味、様式をもつことがわかる。人間がある物事をみるときには、そこに価値判断が介在するため、たとえ同じ言葉を使って同じ物事をみても全く違うとらえ方をしていることがある。医と法とが協働していくためには、お互いの様式の違いを理解し、それぞれの使う言葉の意味を１つ１つ明確にし、誤解を取り除いたうえで、問題となる事柄の着地点を医と法の双方で探ることが必要なのではないだろうか。

Ⅴ　おわりに

　今後も、故平沼髙明先生の遺志を継ぎ、「旧来の医学、旧来の法律学の枠を超えた、新しい発想と多元的アプローチによって賠償科学でなければ不可能な研究」に取り組み、日本賠償科学会のさらなる発展をめざしていきたいと思う。

14　法令用語研究会・前掲書（注７）。
15　加藤新太郎『民事事実認定論』（弘文堂・2014年）31頁。
16　平沼髙明「賠償科学の概念・目的」日本賠償科学会編『賠償科学〔改訂版〕――医学と法学の融合――』（民事法研究会・2013年）12頁。

第3編

医療訴訟・損害賠償の課題

１ 医療事故訴訟の問題点
──被告側代理人の視点から

加々美光子

弁護士

Ⅰ 医療事故訴訟の概念と医療事故訴訟の動向

1．医療事故訴訟と医療事故、医療過誤

「医療事故訴訟」（以下、「医療訴訟」という）とは、法律実務上、「医療事故」すなわち医療に関わる場所で医療の全過程において発生する人身事故について、患者側（患者本人もしくはその相続人ら親族ら）から医療機関または医師に対して、不法行為（民法709条、715条、719条等）もしくは債務不履行（診療契約上の善管注意義務違反。民法415条）に基づき提起される損害賠償請求事件を指すことが一般的である。そして、「医療事故」のうち、その発生原因に、医療機関・医療従事者の過失（医療行為上の注意義務違反）がある場合に、「医療過誤」として、これと相当因果関係のある結果に関する損害につき、賠償請求権が認められる。[1]

2．医療事故訴訟の動向

平成年代に入り、平成11年2月発生の都立広尾病院薬剤誤投与事件（刑事事件につき最判平成16・4・13刑集第58巻4号247頁）や、平成13年3月発生の

---

[1] 医療事故と医療過誤の定義については厚生労働省平成14年4月17日「医療安全推進総合対策～医療事故を未然に防止するために～」の医療安全対策検討会議における定義による。

東京女子医大人工心肺装置誤作動事件、平成16年12月発生の福島県立大野病院産科事故事件（刑事事件につき福島地判平成20・8・20判時2295号6頁。無罪確定）など、刑事司法が介入して社会的耳目を集める医療事故が相次ぐとともに、医療事故訴訟の件数も平成10年前後から平成16年頃までの間急速に増加し、全国の一審地方裁判所に提起された訴訟の年間新受件数が倍増して平成16年には合計1110件に達した（最高裁判所ウェブサイト・医事関係訴訟に関する統計）。ただし、その後は徐々に減少し、平成21年頃からは年700〜800件程度の横ばい傾向とされている。このように年1000件を超える最高新受件数から減少してその後一定の件数となった原因としては、各医療機関における医療安全管理の取組みの進展、医療ADR等の訴外和解のあっせん・仲介手続が全国的に広がったこと、産科無過失補償制度（平成21年1月1日施行。保障機能と原因分析機能をもつ。前者は医療機関側が無過失でも一定の要件を満たす脳性麻痺児が出生した場合、最高3000万円まで補償する制度）の創設などにより医療事故発生数にあまり変化はないとみられるものの、訴外での話合い等での解決が図られて訴訟への移行が少なくなったことがあげられている。[2]

　一方、医療事故訴訟の審理期間の方は、一審裁判所の平均審理期間につき従来は優に3年を超えていたものが平成19年に一時23.6カ月と短縮されたものの、その後また伸び出して、近年は24、25カ月余りと2年を超える平均審理期間となっている。これは民事通常事件の一審平均審理期間が8カ月余りとされているので、約3倍の長期審理期間を要する状況にある（前掲最高裁判所ウェブサイトの統計）。このように医療事故訴訟が長期審理期間を要する原因としては、医学・医療という本来高度に専門性、複雑性、不確定性を有する事柄を対象とし、後述のとおり過失や因果関係の責任判断に困難が伴う専門訴訟の典型であることと、人身事故の一種でもあって当事者間に感情的な対立が生じやすいことなども一因に考えられる。

　なお、医療事故訴訟事件の終局区分の特徴としては、和解での終局が一審

---

[2] 福田剛久＝高橋譲＝中村也寸志「座談会　新しい医療訴訟のプラクティス」福田剛久ほか『最新裁判実務大系　2　医療訴訟』（青林書院・2014年）5頁。

裁判所の全既済事件数の50％を超える高い数値を示しており、かたや前記最高裁判所の統計上判決による認容率が通常事件に比してかなり低い数値を示す。しかしその実態は、踏み込んだ争点整理手続（民訴法168条以下の弁論準備手続が多い）や集中証拠調べ等を経て裁判所の心証上被告医療側が不利と判断される事件については、強力な条例勧告等により高い割合で和解（被告が相当額の和解金を支払って）による終了がなされているといえる。

II 過失の判断における問題点について

1．医療事故における過失の判断構造と過失判断の困難性

　医療事故訴訟においては、医療の特性、診療契約上医療側が負う債務の性質、医師の裁量性の観点等から当該医療行為における医師の注意義務の内容およびこれに違反したか否かに関する判断の困難性がある。これを当事者側からみれば、過失に関する主張・立証（反証を含む）上の困難性といえる。

　医療事故訴訟における損害賠償請求権の法的根拠につき不法行為と債務不履行（契約構成）の両者があり、いわゆる要件事実上は、後者の方が被告の不履行の事実を主張立証すれば違法性の推定を受けて原告の主張立証責任の負担が少ないと解されるものの、実際の裁判実務上は、前記いずれの法律構成であっても医師の過失（注意義務違反）の認定、判断のあり方はほとんど変わりがないとされている。

　債務不履行構成の場合、医療機関または医師と患者との間には診療契約が成立し、その契約類型は準委任契約（民法656条）とされる。準委任契約上の受任者の負う債務は、いわゆる「手段債務」であり、請負等における「結果債務」（一定の仕事の完成・結果を約束する）とは異なり、一定の手段を講ずることを約束することである。すなわち診療契約においては、医師が患者の傷病に対して相当な診断・治療等の医療行為（手段）を行う債務を負うのであって、当該傷病の治癒・回復の結果を保証したり約束するものではない。

この点、医療事故訴訟においては個々の事案で当該診療契約上医師が負う相当・適正な手段債務とは何かが常に問題となり、結果債務における契約上の仕事の完成・結果のような客観的、明確な判断は困難である。

　また医療はそもそも、医学という高度に専門性の高い分野における行為であり、それゆえの複雑性と患者の個体差等による不確定性を有するものであるため、医療を行う医師には、診療行為上の「裁量」が相当程度の範囲で認められる。この医師の裁量性に鑑みれば、診療対象の傷病に対する各医師の検査、診断、治療等の医療行為のあり方は決して一義的ではなく、規範的な観点をもってしても、あるべき医師の注意義務の内容には一定の幅と選択肢が認められるといえる。

　以上のことから、医療行為上の医師の注意義務の内容とこれに違反したか否かの判断すなわち過失の有無の判断には困難性を伴う。主張立証責任の分配における通説（規範説）によれば、損害賠償請求権の根拠である過失の主張、立証責任は原告側にあるが、医療訴訟の場合、専門的知見や診療録等の証拠が被告側に偏在しているとの特性上、原告側で注意義務の内容とその違反の事実をある程度特定して主張し、一般教科書レベルであっても何らかの立証活動をした場合には、これに対して被告医療側で積極的かつ具体的な反論と反証（当該医療行為の適正性の裏付け）をすることが裁判所から求められる状況にある。そのため、前記過失判断の困難性の問題は、原告側にだけ不利益に働く問題とはいえない。

２．医療行為上の過失の判断基準──医療水準論

　医療事故訴訟上常に問題となる医療行為上の医師の過失に関する判断基準として、判例上確立されたのが、いわゆる「臨床医学の実践の場における医療水準」すなわち、一般的医療水準論である。これは、最判昭和57・3・30判時1039号66頁を最初に、その後平成4年まで相次いで言い渡された一連の未熟児網膜症事件（未熟児に対する網膜症治療のための光凝固法実施要否またはこれを実施するための転医義務が問題となった事案）の最高裁判決で踏襲され、

判例上確立された。

　これ以前に医師の過失の判断基準につき判示したとされる最判昭和36・2・16民集15巻2号244頁のいわゆる輸血梅毒事件判決が、「(医業)に従事するものは、(中略)危険防止のため実験上必要とされる最善の注意義務を要求されるのはやむを得ない」旨判示した。しかし、この「最善の注意義務」との概念に照らせば医療現場における臨床医療上の医師の責任が加重に傾きすぎる弊害があったため、前記の医療水準論は、医師の高度な注意義務と医療現場の臨床医療のあり方との調和を図る概念としてあらためて示された判例理論であり、医師の責任を相当な程度に軽減する作用をもったとされる。

　その後医療水準論に関し、未熟児網膜症姫路日赤事件（最判平成7・6・9民集49巻6号1499頁）が、新規の治療法（未熟児網膜症に対する光凝固法）を前提として、これが診療契約に基づき医療機関に要求される医療水準であるかについて当該医療機関の性質、所在地域の医療環境の特性等の諸般の事情を考慮すべきでありすべての医療機関について一律に解するのは相当でないと判示し、医療水準が「相対的概念」であるとともに、「知見」に関する医療水準であること（医療機関の物的・人的設備上実施不能であれば転医転送義務があること）を判断した。さらに、平均的医師が現に行っている医療慣行と医療水準の異同につき最判平成8・1・23民集50巻1号1頁は、必ずしも両者が一致するものではなく、医療水準はより「規範的」な概念であることを判示した。

　このように、医師の過失の判断基準となる医療水準が、本件事故当時の臨床医学の実践の場における標準的医療を指すと解され、一見客観的な基準のようであるものの、前記の過失判断の困難性の要因（医学医療の高度の専門性等や医師の裁量性）に加えて、医療機関の性質や役割、規模、所在地の医療環境等によっても異なる相対的な概念で、かつ医療慣行と医療水準とが必ずしも同一概念ではなく後者がより規範的な概念とされるなど、やはりその判断には困難がつきまとい、医療事故訴訟における過失論の最大の争点となっている。

3．診療ガイドラインと医療水準

(1) 医療水準（医学的知見）に関する証拠と診療ガイドラインの定義

　医療事故の原因である当該医療行為に関し、当時の一般的医療水準にあった医師の注意義務の具体的内容はどのようなもので、これに違反したのかどうか、その認定・判断の資料としては一般的に、①原著論文、医学雑誌、医学教科書、②診療ガイドライン、③鑑定、私的意見書などがある。①および②のいわゆる医学文献書証の証拠価値に関する評価については、これらが十分なエビデンスや統計データに基づいているかなどの信頼性、対象事案における症例へのあてはめに適切なものかなどの観点から吟味が必要となる。

　このうち診療ガイドラインは、近年多くの診療科、診療カテゴリーにおいて多数のガイドラインが策定されており、当該分野における複数の優れた専門家によって対象疾患の検査、診断、治療等の診療行為に関しエビデンスレベルや推奨度（有効性に関する評価）が明示されて作成されているなど、策定当時の医療水準に関する重要資料の1つとして頻用されている（国内の診療ガイドラインについては、公益財団法人日本医療機能評価機構の「Mindsガイドラインライブラリ」に収録されweb上で公開されており誰でも利用可能となっている）。診療ガイドラインとは「診療上の重要度の高い医療行為について、エビデンスのシステマティックレビューとその総体評価、益と害のバランスなどを考慮して、患者と医療者の意思決定を支援するために最適と考えられる推奨を提示する文書」と定義されている[3]。当然、診療ガイドラインは現在大小の医学研究団体（学会や研究グループ）によりさまざまな目的や作成過程を経て多くのものが発表されているため、その評価も一律でないことはいうまでもない。このうち、一定の評価を受けている診療ガイドライン記載の医療行為が当該疾患等に対する臨床医療の場の標準的医療を示すものとして医療水準であるかが問題となる。

3　福井次矢ほか監修『Minds　診療ガイドライン作成の手引き2014』（医学書院・2014年）3頁。

(2) **診療ガイドラインの位置づけと役割**

　医療に必要とされる医学的知識に関する分野が多岐にわたり、各分野の知見・技術も医学医療の進歩により膨大化、精緻化する一方で、1人の臨床医がこれらを網羅的に経験し学ぶことは困難であり、また急速な医学医療の進歩を逐次追跡する時間もない実情にある。そのため、診療ガイドラインは、各分野の優れた専門家の叡智を集めた「診療の手引き」を作成し、①容易に臨床現場で参照できるようにし、②スタンダードな医療情報をあらゆる医師に供給する、③医療者が効率よく安全に医療を施行できるようになることを目的として作成されるといわれる[4]。

　このように診療ガイドラインは、当該分野の専門家たちにより作成当時までの医学的知見を集約し検討したものとして、一般的な観点から「標準的診療の内容」とそのエビデンスレベル、推奨度を示すことにより、臨床医が個々の患者の診療方針を決定するための「指針」になることが期待されている。他方、臨床医療の場では、同一疾患等が問題となる場合でも、個々の患者の既往等も含めて症状・経過や状態が異なり、各患者の意思決定の問題もあるため、必ずしもガイドラインの記載どおりの診療ができないことやその実施が不適切なこともある。したがって、診療ガイドラインの有用性には限界があり、あくまでも1つの指針であって臨床医療における個々の医師の判断等を拘束するものではない。このことは、各ガイドラインの序文などにも明記されている（たとえば、日本血栓止血学会、日本産婦人科学会等10の学会が参加して作成された「肺血栓塞栓症／深部静脈血栓症（静脈血栓塞栓症）予防ガイドライン」の序文では、「1つの指針に過ぎないことを十分に念頭に置く必要がある」、「本ガイドラインは医療行為を制限するものではなく、本ガイドラインで推奨する予防法を医療従事者に義務づけるものでは無いことを明記しておく」と記載されている）。

4　森冨義明＝西澤健太郎「診療ガイドライン」福田剛久ほか・前掲書（注2）303頁。

(3) 医療事故訴訟における診療ガイドラインの位置づけと留意点

　前項のとおり医療事故訴訟において、各事案における個々の医療行為についてこれに関する診療ガイドラインの記載がそのまま医療水準になるとか、当該医師の注意義務の内容になるわけではない。訴訟上医療水準の認定、医師の具体的な注意義務の内容等については他の医学的知見やこれに関する他の証拠なども斟酌されて、総合的に評価、判断されることになる。ただし、診療ガイドラインに関して注意義務違反の判断の「一応の基準になる」との学説もあり[5]、裁判所も医療水準を推認させる資料として重視する傾向があるため、当該医療行為が診療ガイドラインどおりでなかった場合には、被告医療側に、ガイドラインどおりでなくとも医学・医療上の合理性があることを具体的に反論し、他の証拠をもって積極的に反証する必要性が考えられる。

　医療事故訴訟の裁判例によれば、医療水準に関する判断資料として診療ガイドラインの記載を考慮する際、次の問題点があるとされる[6]。まず、①ガイドラインの公表時期と対象診療行為との関係である。原則的には、同診療行為よりも後に発表されたガイドラインは、その医療水準の認定上そのままは適用されない。しかし、当該診療行為の時点ですでに臨床上広く知られて支持されている知見や被告医療機関の機能・役割（大学病院等研究教育機関も兼ねるなど）によっては後に発表されたガイドラインの内容も認定資料となりうる。医療水準の認定上、対象診療行為後のガイドラインの適用が肯定された裁判例として、東京地判平成19・9・20ウエストロー・ジャパン（インフルエンザ脳症の初発神経症状と転医義務の例）および大阪地判平成21・11・25判タ1320号198頁（後縦靱帯骨化症に対する前方除圧術の除圧幅の例）が、行為後発表のガイドラインの適用が否定された裁判例として、仙台地判平成20・8・19ウエストロー・ジャパン（下肢ギプス固定後の深部静脈血栓症の予防・診断の例）がある。

　次に、②診療ガイドラインの記載の内容、趣旨を正確に理解する必要性で

5　潮見佳男『不法行為法Ⅰ〔第2版〕』（信山社出版・2009年）333頁。
6　森冨ほか・前掲論文（注4）308頁以下。

ある。前提となる医学的知識をもってガイドラインの記載に関する正確な理解がなくては、対象診療行為と同ガイドラインの適合性が判断できず、したがって医療事故訴訟ではその前提知識となる当該疾患の病態、発生機序、典型症状（鑑別症状）、治療方法に関する文献資料など当該ガイドラインの記載内容の根拠となる医学文献等の基本的書証の提出も必要とされる。患者の症状・状態が原告主張の診療ガイドラインの記載に適合せず、同記載を医療水準（当該医師の注意義務）としなかった裁判例として、東京地判平成19・6・21医療判例解説13号143頁（喘息患者へのテオフィリンとステロイドの併用投与の要否が争点の例）、東京地判平成20・3・27医療判例解説13号143頁（免疫不全合併肺炎に対するST合剤投与の要否が争点の例）、東京地判平成21・4・16判医療判例解説27号152頁（両側肺梗塞に対する血栓除去術後の一時留置型下大静脈フィルター留置の要否が争点の例）がある。

　第3に、③診療ガイドラインに示された推奨度、エビデンスレベルを確認し有効性や信頼度を吟味することである。ガイドラインの記載には推奨度につきA〜Dの、エビデンスレベルにつきⅠ〜Ⅴの分類記載が付記されるのが一般的であるが、推奨度やエビデンスレベルが低いものは、まだ評価が不十分ながら診療上の1つの目安として記載されているとはいえ、これが直ちに医療水準と認定されることにはならない。対象ガイドラインの記載の推奨度、エビデンスレベルが低いことを理由に医師の注意義務違反を否定した裁判例として、東京地判平成19・7・26ウエストロー・ジャパン（急性膵炎による重症感染症、多臓器不全の患者に対する持続的血液濾過分析と選択的消化管除菌の実施の要否が争点の例）、東京地判平成19・8・27ウエストロー・ジャパン（高血圧性脳出血患者に対する降圧開始や降圧目標値が争点の例）、東京地判平成25・7・17ウエストロー・ジャパン（くも膜下出血クリッピング術後の細菌性髄膜炎治療の抗生剤投与方法等が争点の例）がある。

　第4に、診療ガイドラインの記載と異なる診療がなされた場合にその理由の検討が必要である。当該患者の既往症、具体的症状経過、緊急性等から診療ガイドラインどおりの診療行為でなくとも、その合理性がほかの文献書証、

医学的知見等を総合的に考慮して裏付けられれば（反証できれば）、医師の裁量性の範囲内の行為と評価でき、直ちに注意義務違反とはならない。他方、単にガイドラインの記載の不知や理解不足、軽視したなどの理由では一応の基準（医療水準）に反したとして過失の評価を受けやすい。①ガイドラインの記載と異なる診療行為につき合理性があるとして過失が否定された裁判例として、札幌地判平成19・11・21判タ1274号214頁（喘息治療につきステロイド投与後のテオドール追加投与の相当性が争点の例）、仙台地判平成20・9・29ウエストロー・ジャパン（ステロイドの全身投与既往の喘息患者に対する侵襲性高度の心臓手術の前日と当日におけるステロイド投与の要否が争点）、大阪地判平成23・1・31判タ1344号180頁（前化学療法無効または再発した非小細胞肺癌患者に対するドセタキセル投与の要否が争点の例）、東京地判平成24・5・30医療判例解説42号71頁（急性肺血栓塞栓症に対するヘパリン投与方法の適否が争点の例）、大阪地判平成25・4・26判タ1395号228頁（ERCP後急性膵炎の診断と適切な輸液による循環血液量維持義務違反の有無が争点の例）等がある。他方、②異なる診療行為の合理性が否定されて過失を認めた裁判例として、山形地判平成19・4・24医療判例解説17号68頁（肺癌高危険群患者に対する喀痰細胞診の再実施義務違反を認めた例）、仙台地判平成21・1・27医療判例解説23号113頁（急性胆道感染症の診断と保存的治療・経皮経肝胆道ドレナージの遅れを認めた例）、岐阜地判平成21・6・18ウエストロー・ジャパン（心房細動に対する除細動施行後実施した抗凝固療法の不適切性を認めた例）、大阪地判平成21・9・29判タ1319号211頁（脳出血で入院中の患者に対する肺血栓塞栓症予防のための弾性ストッキングまたは弾性包帯を着用させる義務違反を認めた例）、前掲大阪地判平成21・11・15判タ1320号198頁（後縦靱帯骨化症に対する前方除圧術の当該医師の除圧幅に合理性がなく過失ありとした例）、仙台地判平成22・6・30ウエストロー・ジャパン（肝細胞癌高危険群患者に対する穿刺吸引細胞診実施義務を認めた例）、東京地判平成23・12・9判タ1412号241頁（子宮脱手術後の肺血栓塞栓症等予防ガイドラインで推奨する弾性ストッキングまたは間欠的空気圧迫法を実施すべき過失ありとした例）、仙台地判平成24・5・7医療判例

解説40号105頁（乳腺症と診断した患者に対する穿刺吸引細胞診を実施すべき義務違反を認めた例）、名古屋地判平成26・9・5判時2244号65頁（前期破水で入院、陣痛促進剤投与中の妊産婦に胎児心拍数モニター上遅発一過性徐脈が複数回認められかつ基線細変動にも異常が認められた時点で陣痛促進剤投与を中止し、急速遂娩の準備をすべき義務違反が認められた例）等多数存在する。

4．専門外診療における非専門医の注意義務における医療水準

(1) 問題の所在

　一般に、医療事故が発生する時間帯として、夜間や土日、祝日など通常の日常診療体制がとられている以外の時間外診療の時が多い。その背景には、当直医らは限られた人員のみの体制となり、必ずしも事故の原因となった対象疾患等に対する専門医ではなく、専門外診療を実施する中で悪しき結果が生じた場合に、患者側から見落としや対応の不足を問題視され紛争に発展しやすいためといえる。この点、非専門医が専門外診療を行う場合の注意義務の内容・程度、すなわち医療水準が専門医と同じであるのかが問題となる。

　前掲最判平成7・6・9の姫路日赤事件（前記Ⅱの2項）が、新規の治療法に関して医療水準の前提となる治療法の普及につき、医療機関の性質、その所在する地域の医療環境の特性とともに、「医師の専門分野等」によって普及に要する時間に差異があるとし、当該治療法が医療機関に要求される医療水準であるかどうかを決するについては当該医療機関の性質など前記の諸般の事情を考慮すべきとして、医療水準につき相対的な概念であると判示したことからすれば、判例上も、専門的診療行為につき非専門医と専門医の医療水準が必ずしも同じではなく、差異があることを認めるものと解される。しかしながら、同判例は同時に、医療水準があくまで医学的「知見」に関する水準であるとも判断しているので、非専門医が専門外診療につき専門医と同等の判断や専門的処置対応までは求められないものの、患者の症状等により他の専門科の診療の必要性が判断でき、緊急性、結果の重大性が予見されうる場合には、転医・転送義務や専門医へのコンサルト（診療依頼）の義務

が発生しうる。

(2) **参考裁判例**

この問題に関し、近年の注目される裁判例として、福岡高判平成22・11・26判時2110号73頁がある。これは、約3時間前から持続する喉から胸にかけての痛みと気分不快感等を訴えて午後6時頃市内の病院の時間外診療を受けた42歳会社員の男性患者に対し、診察をした当直医である消化器・一般内科医が診察および心電図検査の結果（自動解析結果は正常範囲、異常なしだが、軽度のST上昇等があった）、逆流性食道炎を疑ってその治療薬の処方をして帰宅させたところ、約30分後に病院から約500メートル離れた場所で同患者が心肺停止の状態で発見され救急搬送されたが、搬送先医療機関で右冠動脈完全閉塞が確認されて急性心筋梗塞で死亡した事案である。本判決の原審（一審）判決が、当直医につき遅くとも心電図検査結果が明かとなった時点で急性冠症候群発症を疑うべきとして、転医等の措置義務違反を認め、5200万円余りの一部認容判決をしたのに対し、控訴審である本判決は、「循環器以外を専門とする医師が本件心電図から急性心筋梗塞を疑わせる徴候（軽度のST上昇等）を把握することは困難」とし、消化器を中心とする一般内科医である当直医に「循環器専門医と同等の判断を要求することは酷といえ、上記徴候を見逃したことはやむを得なかった」ことを理由に、胸痛の性状および程度等診察所見から当直医が急性心筋梗塞を含む急性冠症候群の疑いをもつことが可能であったとは認められないと判断して、原判決を取り消し請求棄却とした。この事件では、原審で鑑定がなされ、一審判決は同鑑定の結果に依拠した判断をし、これに対し本控訴審では、控訴人（一審被告）から循環器内科専門医の意見書が提出され、その内容が評価されて逆転の結果となっている。両判決で結論を異にした主な要因は、前提となる本件患者の胸痛の性状や程度（逆流性食道炎と同様ともいえる軽度であったか）、経過等症状に関する事実認定の内容と、心電図検査結果における自動解析結果が「異常なし」でもなお軽度のST上昇等の異常に循環器専門外の消化器・一般内科医師が気づくべきであったかとの専門外診療における非専門医の注意義務の

内容・程度（医療水準）に関する評価の違いにあるといえる（同判決の評釈として、平野哲郎の判例評釈：判時2136号182頁、医学医療の観点から高橋利之医師のコメント：医療判例解説37巻6頁参照）。

　また、2次救急病院の交通外傷救急医療に関する専門外診療の事案として、大阪高判平成15・10・24判時1850号65頁がある。これは、交通事故（38歳女性が母親を同乗させて自動車運転中民家のブロック塀に激突）で搬送されてきた前記女性患者が外傷性の心タンポナーデで死亡したことにつき、当直医であった脳神経外科医に胸腹部超音波と動脈血ガス分析の検査実施および心囊穿刺の処置上の注意義務違反があったかが争点となった事案である。同事件では、原審（一審）判決は本件当直医の注意義務違反を否定し、請求棄却とした。実際、本件当直医は、救急搬送により本件患者と母親（肺挫傷等の重症外傷により当病院から3次救急病院に転送された直後に死亡）の2名の患者を受け入れ、同時並行的に両名の診察、頭部CTを含む頭部〜腹部のX線検査、急変時の救命処置等脳神経外科医としての知識と経験に基づき、懸命な医療行為を行っており、原審および控訴審でそれぞれ実施された2つの鑑定のいずれの結果においても同医師の医療行為は2次救急医療機関として期待される医療水準を満たしていたとの意見であった。しかし、控訴審である本判決は、次のように判示して当直医の過失を認め、控訴人ら（一審原告ら）の請求を一部認容した。すなわち、「（被控訴人医師）としては、自らの知識と経験に基づき、（当該患者）につき最善の措置を講じたということができるのであって、注意義務を脳神経外科医に一般的に求められる医療水準であると考えると、被控訴人医師に過失や注意義務違反を認めることはできないことになる」としながらも、「しかしながら、救急医療機関は、『救急医療について相当の知識及び経験を有する医師が常時診療に従事していること』などが要件とされ、その要件を満たす医療機関を救急病院等として、都道府県知事が認定することになっており（救急病院等を定める省令1条1項）、またその医師は、『救急蘇生法、呼吸循環管理、意識障害の鑑別、救急手術要否の判断、緊急検査データの評価、救急医療品の使用等について相当の知識及び経験を

有すること』が求められている（昭和62年1月14日厚生省通知）のであるから、担当医の具体的な専門科目によって注意義務の内容、程度が異なると解するのは相当でなく、本件においては2次救急医療機関の医師として救急医療に求められる医療水準の注意義務を負うと解すべき」ことを理由に、当該当直医は本件患者に対し高エネルギー外傷で起こりやすい緊急度の高い危険な病態（急性心タンポナーデ、緊張性気胸、腹腔内出血等）に対する検査として、胸部超音波検査を実施し、心嚢内出血と診断した上で必要な措置（心嚢穿刺等）を講ずるべきであった（自ら実施困難な場合は可能な医師の応援依頼や転送）と判断した。

　以上2つの近年の参考裁判例においても、原則的には、専門外診療につき非専門医が専門医と同じ知識と経験、技能を有することは求められておらず、専門医における医療水準をもって非専門医の医療行為の注意義務やその違反の有無を判断することは相当でないと解していることが認められる。しかしながら、2次救急医療機関等の救急病院における救急医療の場合には、前記の省令による救急病院指定の要件およびこれに関する厚生省通知による解釈を根拠に、救急医療を担当する医師において、本来の専門科以外に救急医療に関する一定の知識と経験を有していることが求められると解される。この場合、2次救急病院等の救急科以外の非専門科担当医師がどの程度の救急医療に関する知識と経験、技能を有しなくてはならないのか明確ではないが、前掲最判平成7年の判例における判示によれば、救急医療施設の各階層別（初期、2次、3次）に求められる救急医療の内容・レベル、当該病院の医療設備や人員体制、おかれた所在地の医療環境など諸般の事情を総合考慮して判断されることになると考えられる。

　また、救急指定病院での救急医療以外の専門外診療における非専門医の診療行為に関する医療水準をどのレベルに認定してこれによる注意義務の内容、程度をどのように判断すべきかについては、明確な基準はなく、困難な問題である。前記の原則論からすれば当然、対象傷病に関する専門診療科の分野において専門医間で普及・定着し、またこれらの間で一定の評価を受けてい

181

る論文やガイドライン、教科書をもって直ちに非専門医の医療行為の医療水準を論じ、判断することは相当でないであろう。患者の症状、全身状態などの臨床経過、これらから一般的に疑われる疾患の内容とその緊急性、重大性（生命への危険等）、当該病院の役割、医療体制など諸事情を総合的に斟酌して判断されることになると解される[7]。実際、前記2つの裁判例を含めてこの容易でない問題が争点となったこれまでの参考裁判例によれば、その審理につきほとんどが鑑定もしくは当事者からの私的意見書による立証活動がなされている実情にある。

　前記2つの高裁判決のほか、近年における参考裁判例として、専門外診療における非専門医の責任を否定したものとして、東京地判平成18・11・30ウエストロー・ジャパン（企業内診療所の衛生学教授における狭心症に対する診断、専門病院への受診勧告義務等が争点の例）、仙台地判平成21・11・10医療判例解説27巻39頁（国立大学病院精神科医師においてヒステリー疑い、統合失調症疑いで同科に定期通院していた女性患者の脳梗塞発症による救急診療につき緊急CTの遅れや放射線科への読影依頼の遅れ等が争点となった例）、宇都宮地判平成25・10・30ウエストロー・ジャパン（2次救急指定総合病院の夜間当直の消化器内科医において、急性心筋梗塞に対する疑い診断と心電図および血液検査を30分〜1時間毎に実施する経時的観察義務の有無が争点の例）などがある。他方非専門医の責任を肯定した裁判例として、東京地判平成11・2・24判タ1072号216頁（救急指定病院の当直医である脳神経外科医において、精神分裂病既往で高所から飛び降りて救急搬送の女性患者に対し多発外傷者に対する胸腹部X線検査、動脈血液ガス検査等検査義務、応急処置のうえ転送義務が争点の例）、神戸地判平成14・8・27ウエストロー・ジャパン（総合病院の夜間当直の麻酔科医師において、2歳女児の外傷性視神経障害につき詳細問診と対光反応検査義務もしくは眼科医への診療依頼や眼科への転送義務が争点の例）、福岡地判平成24・3・27判時2157号68頁（救急告示病院の当直の消化器外科医と翌日診察の循環器科医

---

[7] 渕上玲子「専門科目外の医療をする医師の義務」太田幸夫編『新・裁判実務大系1　医療過誤訴訟法』（青林書院・2000年）167頁。

において、脳梗塞発症患者に対する一過性脳虚血発作の診断義務、原因検索・治療開始義務が争点となった例）などがある。

なお、前記宇都宮地判平成25・10・30と前記福岡地判平成24・3・27は、対象（原告主張）の医療行為の臨床の場における普及・実施状況や対象疾患に関するガイドライン（前記事件では脳卒中ガイドライン）の普及・認知度に関する立証方法として、同一県内等の同種救急医療機関や一般内科医に対する「アンケート調査」が実施されてその結果が証拠とされており、鑑定や意見書以外の医療水準に関する立証方法として注目される。

5．説明義務違反

(1) 医療事故訴訟上の問題点と説明義務の法的根拠、類型

医療事故訴訟における過失の主張の1つとして、医師の説明義務違反が主張されることが多い。平成26年度の東京地方裁判所医療集中部の新受件数のうち約4割の事件に説明義務違反が主張されているとのことである。[8]対象である医療行為に関する診断上や手技ミス等治療上の過誤などと合わせて、担当医師に説明義務違反があったとして慰謝料等の損害賠償が請求されることはめずらしくなく、近年では説明義務違反のみを請求原因として提訴される事件も少なくない。かねてより、この医師の説明義務については、その根拠として「患者の自己決定権」を保障することにあるとの見解が強く、そのため特に医師の説明義務の内容（説明すべき事項）、説明の範囲の問題について、後方視的観点（悪しき結果の観点）から当該患者の意向や主観に照らして結果責任的な議論に持ち込まれやすく、またその判断基準があいまいとなって医療事故訴訟の難問の1つといえる。

医師の説明義務の法的根拠としては、診療契約（民法656条の準委任契約）の債務不履行構成においては、受任者の善管注意義務（同法644条）により医療行為に付随する義務および受任者の報告義務（同法645条）として、不法行

8　近藤昌昭＝石川紘紹「医師の説明義務」判時2257号（2015年）3頁。

為構成においては、信義則から導かれる義務として認められる。

　説明義務の類型としては、主に、①（侵襲性ある医療行為に対し）患者の有効な同意を得るための説明義務（例として、最判平成12・2・29民集54巻2号582頁エホバの証人輸血拒否事件および最判平成13・11・27民集55巻6号1154頁乳房温存療法説明義務事件における各説明義務）、②療養指導のための説明義務（服薬指導、退院時自宅療養方法に関する説明等結果回避義務としての説明義務ともいわれる。最判平成7・5・30判時1553号78頁未熟児核黄疸事件の説明義務。最判昭和57・3・30等の一連の未熟児網膜症事件における転医勧告の説明義務も含まれるとされる）、③顛末報告義務（一旦診療が終了する時点などでそれまで行ってきた診療、治療経過等に関する説明）の3つがあるとされている。

　説明義務違反と損害との関係は重要であり、留意する必要がある。すなわち前記①の類型の説明義務違反は、医師に説明不足があっても実際の医療行為が適正に実施されている場合といえ、その損害は患者の自由な意思決定の機会の喪失（自己決定権の侵害）による慰謝料に留まるのが原則である。

　他方、②の類型の説明義務違反は療養指導の説明が医療行為そのものとも評価しうるので、悪しき結果に対する損害賠償となりやすい。

　前記3種の説明義務のうち、患者の治療等の選択すなわち「自己決定権」との関係で医事紛争となりやすく、また訴訟上も重要な争点となる頻度が高いのは、①の患者の有効な同意を得るための説明義務であるといえる。以下、①の説明義務を中心として記述する。

(2) 医師の説明義務の内容と範囲

　近年の臨床医療の現場では、医師をはじめ医療関係者間にインフォームドコンセントの重要性の意識が広まっているといえ、医師が患者に対して何らの説明もなく特定の医療行為を行うということはほとんどない。そのため、医療事故訴訟等の医事紛争上説明義務違反として問題となるのは、医師の説明した内容が十分であったか、説明すべき範囲等に不足があったのではない

9　法曹会『最高裁判所判例解説　民事篇　平成13年度（下）』723頁〔中村也寸志〕。

かが事後に争われるという、主として説明すべき事項や説明すべき範囲に関する問題である。

この点医師の説明義務も、診療行為（医療行為）に付随する医療上の行為でありかつ診療契約上の債務である以上、原則として医療行為の過失の基準である「医療水準」が適用されることになる。最判平成13・11・27民集55巻6号1154頁（乳房温存療法の説明義務事件）も、「一般的にいうならば、実施予定の療法（術式）は医療水準として確立したものであるが、他の療法（術式）が医療水準として未確立のものである場合には、医師は後者について常に説明義務を負うと解することはできない」と判示しており、一般原則的には、このような考え方に立っていると解される。そして、同最判は合わせて、手術を実施する際の医師の説明義務の内容として、「特段の事情のない限り、患者に対し、当該疾患の診断（病名と病状）、実施予定の手術の内容、手術に付随する危険性、他の選択可能な治療方法があれば、その内容と利害得失、予後などについて説明すべき義務があると解される」と判断し、この判示部分が、手術等侵襲性の高い医療行為に対する患者の同意を得るための医師の説明義務の内容、事項に関する最高裁の判断として、後の判例や裁判例等で引用、踏襲されている。したがって前記の原則論からすれば、医師は、手術等侵襲を伴う医療行為を実施する際には、当時の医療水準として確立された知見の範囲で、前記の診断（患者の病名、症状）、実施予定の医療行為の内容、これに付随する合併症等の危険性、他に医療水準上確立した選択可能な医療行為があればその内容と予定されている行為との利害得失、当該医療行為を実施した後の予後等について説明をすればよいと考えられる。しかも医師には医学・医療の高度専門家として一定の裁量があるので、医療水準の範囲内であれば、その説明内容や説明範囲についても一定の裁量が認められることとなる。

しかしながら他方、従来より医師の説明義務は患者の「自己決定権」の実現を保障するための義務であるとの学説や下級審裁判例の見解が強く、近年の有力学説には、医師の説明義務に対応する患者の同意を違法性阻却事由と

とらえるのではなく、医師の説明義務の保護法益自体を患者の自己決定権とし、医師の説明義務違反の問題は端的に患者の自己決定権を侵害する不法行為としてとらえるべきと解する見解もある。これまでの最高裁判所の判例上は、医師の説明義務の根拠として「自己決定権」との表現を用いたものは見あたらないとのことである。しかし、最判平成12・2・29民集54巻2号582頁（エホバの証人輸血拒否事件）では、「（宗教上輸血を伴う医療行為を拒否するとの）意思決定をする権利は人格権の一内容として尊重されなければならない」と、また前記最判平成13・11・27でも「（当該）医師により胸筋温存乳房切除術を受けるか、あるいは乳房温存療法を実施している他の医療機関において同療法を受ける可能性を探るか、そのいずれの途を選ぶかについて熟慮し判断する機会を与えるべき義務があったというべき」と、同様に最判平成17・9・8集民217巻681頁（分娩方法に関する説明義務違反事件）も胎児の最新状態の認識と経膣分娩の危険性の具体的理解のうえで「（当該）医師の下で経膣分娩を受け入れるか否かについて判断する機会を与えるべき義務があったというべき」とそれぞれ判示しており、これらの人格権の一種として当該医師の下で予定の医療行為を受けるか否かにつき患者に自由な意思決定（選択判断）の機会を認めるべきとの判断が、自己決定権と同様の権利を認めているものと解釈されている。しかも、前記平成13年の最高裁判所判決が、未確立療法については医師が常に説明義務を負うと解することはできないとしつつ、事情によっては未確立療法（当該事案では乳房温存療法）であっても医師が説明義務を負うと解される場合もあると判示しており、この例外として当該未確立療法につき医師が「知ってる範囲」で説明すべき場合の要件に該当する事情につき、同判決上必ずしも普遍性が十分ともいえない当該事案特有の諸事情が列挙されていると解され、医師が医療水準を超えて説明すべきなのはどのような場合で、その際医療水準の範囲外の事項をどの程度詳しく説明すべきかなどの判断をよりあいまい、困難なものとしているとの印象

---

10 潮見佳男『基本講義 債権各論Ⅱ 不法行為法〔第2版〕』（新世社・2009年）202〜203頁。
11 近藤ほか・前掲論文（注8）12頁。

をぬぐえない。

　以上によれば、医療訴訟上も医師の説明義務の解釈上、医療水準の原則論のみでその内容、範囲を画することはできず、療養選択（当該医師のもとで医師が説明する療法を受けるか、それとも他の医療機関でそれ以外の療法を受けるか）につき患者の自由かつ任意の意思決定の機会という利益をも考慮する必要がある。結局、医療水準にある医師の裁量と、患者の意思決定の機会を得る利益（自己決定権）との間の調整、衡量の問題となるが、後者の患者の自己決定権を強調する見解に立つと、事後の結果を基にした後方視的観点から、患者の主観的な事情も含めて結果責任論的な議論に傾きやすく、診療当時の時点に立った前方視的観点からの医師の説明義務の内容、範囲の判断があいまいとなって拡大しがちとなり、その判断を明確に画することが困難になるといえる。

　近年、医療事故訴訟に精通した東京地裁医療集中部の裁判官から、医師の説明義務の根拠につき、患者の自己決定権を強調する立場に対して前記のような弊害と問題点を指摘のうえ疑問を呈し、端的に診療契約における債務の一内容として生じると解すればよいとする論稿が発表されており、医療事故訴訟の実務上有益でかつより明確性のある判断基準を示すものとして、注目される。[12]この見解によれば、医師の説明義務は診療契約上の債務行為として、医療行為の過失の判断基準である医療水準を基に、原則的には医療水準上確立された知見の範囲をもって説明すべき事項および説明の範囲、程度を画することになるとする。また、療法選択（当該医師の下での医療行為を受けるか否か）の問題や事案によっては一般的医療水準の範囲を超えてなお患者へ詳細説明を要する場合の要件等についても、随時解除可能との委任の解除に関する規定（民法656条、651条1項）および委任者の請求がある時または委任者の利益のため必要性がある時の受任者の報告義務の規定（同法656条、645条）など準委任契約（委任契約）の規定の解釈をもって判断できると論じられて

12　近藤ほか・前掲論文（注8）。

いる。医師の説明義務の範囲、程度に関する判断の明確化に資する重要な意見と解される。[13]

　この見解によれば、患者の有効な同意を得るための説明として医師は医療水準として確立された知見の範囲内で患者の病状、それに対する治療方法、医療水準上確立された治療法が複数あればそれぞれの利害得失、この中で医師が実施予定の医療行為を決定した理由など、前記平成13年最判において医師が説明すべきと判示された一般的事項と同医療行為の正当性（合理性）を説明すればよく、それ以外の事柄については医師は原則として説明義務を負わない。しかし、患者が明示的に説明を求めてきた事柄や患者が当該医師の下で医療行為を受けるか否かを選択するのに重大な影響を与えることが客観的に明らかな事柄については、前記民法645条所定の報告義務がある場合に該当し、医師はこれらについても説明義務を負うと考えられるとする。そして、前記最判平成17・9・8（分娩方法の説明義務違反事件）や最判平成18・10・27集民221巻701頁（未破裂動脈瘤の治療方法説明義務違反事件）が、いずれも担当医師において予定の治療方法等につき当時の医療水準にある相応の説明をしていると認められるにもかかわらず、より詳細な説明をすべきとして説明義務違反を認めた理由についても、前記の判断基準をもってすれば説明可能であるとする。[14] すなわち、前記平成17年最判の場合には、原告ら夫婦より再三にわたり帝王切開希望の申出があってこれには当時の胎児の胎位等から医学的知見に照らして相応の理由があったため、医師には同人らが胎児の最新の状態（分娩誘発までには複臀位になっていた）を認識し、経膣分娩の場合の危険性を具体的に理解できるよう説明しなければならないとしたものであり、前記夫婦の相応の合理性ある申出等から分娩方法に関する具体的な危険性が同夫婦にとって当該医師の下で経膣分娩をするか否かを選択するうえで重大な影響を与えることにつき客観的に明らかであったことと、合わせて医師が直ぐに帝王切開に移行できる旨誤解を与えるような説明をしたこと

13　近藤ほか・前掲論文（注8）4頁。
14　近藤ほか・前掲論文（注8）。

も重視されて説明義務が加重されたと指摘している。また、後者の前記平成18年最判は、未破裂動脈瘤に対する予防的な療法に関する説明義務が問題となった事案につき、担当医師が一度は医療水準上確立された複数術式の利害得失と、保存的に経過をみる方法もあるなど相当程度の説明をしていたが、術前の医師間のカンファレンスの結果前記手術のリスクに関する事情に変動（患者が選択した術式の危険性が高いことが判明）が生じ、これに基づく再度の説明の場面で、医師の説明義務違反が認められた。この理由として、複数の療法間の選択またはいずれの療法も受けずに保存的に経過をみるとの選択は、「患者自身の生き方や生活の質にもかかわる」ことおよび「上記選択をするうえで時間的余裕もあること」が重視されたとみられ、予防的療法として医療行為の緊急性がない場合は手術の合併症の危険性とのかねあいから、医療行為を受ける事の必要性が相対的に低くなり、患者もこれらの選択上慎重に吟味する必要があってその判断の前提となる情報取得の必要性が高まり、これに応じて医師の説明義務の程度も加重されることになると指摘されている[15]。

Ⅲ　因果関係——相当程度の可能性理論

1．医療事故訴訟における因果関係上の問題

　医療事故訴訟における因果関係の判断も、一般的な不法行為等のそれと同じであり、まずは行為と結果の間の事実的因果関係（あれなければこれなし）を認定のうえ、そのうち相当因果関係のある範囲で認められる。事実的因果関係の証明度（立証責任の分配上は原告が証明責任を負う）については、最判昭和50・10・24民集29巻9号1417頁（東大ルンバール事件）が、一点の疑義もない自然科学的な証明である必要はなく、経験則に照らして特定の過失行為が特定の結果を招来した「高度の蓋然性」を証明すれば足りると判断した。

15　近藤ほか・前掲論文（注8）11〜12頁。

この高度の蓋然性理論は、公害事件や薬害事件、医療事件など証拠の偏在や高度の専門性等により原告側の因果関係の立証が困難な不法行為類型も少なくない中、被害者側の立証困難を救済する理論として判例上確立された。しかし、高度の蓋然性も民事訴訟法上のいわゆる「表見証明」に該当し、その証明度すなわち裁判官の心証の程度として100％の確信までは必要ないが、80％以上を必要とするとされるなど（「十中八、九」の心証とか、治癒率・救命率が8割以上の証明を要するなどといわれる）、相当に高い証明度合いを要する。[16]

　一方、医療事故訴訟の場合、他の不法行為類型に比較してさらに原告側（患者側）の因果関係の立証が困難な事情を有するとされる。すなわち、まず医療事故の場合問題となる医師の過失行為は不作為の過失が非常に多い（診断見落としとか、経過観察や転医転送等の対応の遅れなど）。不作為の過失の場合は、因果関係の判断につき、あるべき作為義務は何で（どの時点で、何をすべきであったか）、この作為義務を尽くしていれば当該結果が生じなかったかどうかという二重の仮定の推論を経る必要があるためその証明に困難を伴うとされる。また医療事故の場合、医学上人の身体内部の機能や作用、疾患との関係・機序等が未解明な部分も多いことや、本来患者は元々傷病に罹患していて悪しき結果への因果の流れがすでに形成されている場合が少なくないこと、個々の患者の体質等個体差もあって不確定的要素が高いことなども因果関係の立証を困難にしているといわれている。[17]そのため、学説および裁判実務において、医師側の過失が認められるのに因果関係の立証の困難さから一切の救済が認められないことの問題意識が醸成され、因果関係の立証の緩和の流れが出てきた経緯がある。この過程で、医師の不作為の過失による死亡事案につき最判平成11・2・25民集53巻2号235頁が、医師の不作為の過失と結果との因果関係の証明につき東大ルンバール事件判決の高度の蓋然性理論が妥当することを明かにするとともに、侵害の対象（法益）となる人の「生

16　中野貞一郎ほか編『新民事訴訟法講義〔第2版補訂版〕』（有斐閣・2006年）351頁、鎌田薫「医師の診療義務の懈怠と患者の死亡との因果関係」私法判例リマークス2000〔上〕70頁。
17　永野圧彦＝伊藤孝至「『相当程度の可能性』に関する一考察——分析と展望」判タ1287号63頁。

命」につき一定の生存期間を伴う量的概念ではなく、実際に死亡した時点すなわち特定の「時点における生存」という時的因子を折り込んだ概念とし、患者側の死亡との因果関係の立証負担の軽減を図ったと解されている[18]。

2．相当程度の可能性

　前記のとおり医療事故訴訟の場合、因果関係の証明緩和の理論がとられても、「高度の蓋然性」が相応の証明度を要するため、なお全証拠をもってしても「死亡の時点で生存していたであろう高度の蓋然性」も立証しえない事案は少なくない。この場合、医師の過失は認められながら因果関係なしのため被告医療側の賠償責任が完全否定されてよいかにつき、被害者の救済や公正性の観点から、学説や下級審裁判例において従前より論じられてきた。この従前の理論としては、①期待権侵害論（例：福岡地判昭和52・3・29判時867号90頁）、②延命利益の喪失論（例：東京地判昭和51・2・9判時824号83頁）、③治療機会の喪失論（例：東京高判平成8・9・26民集54巻7号2611頁）が存している。

　この問題につき最高裁判所が判断を示したのが、最判平成12・9・22民集54巻7号2574頁である。早朝、市中病院の時間外外来を独歩来院で受診し背部痛と心窩部痛を訴えた男性患者が点滴等を受けている最中に激烈な急性心筋梗塞の発作を起こし、心不全で短時間内に死亡したとの事案につき、原審高裁判決（前記東京高判平成8・9・26）は担当医師に、狭心症も疑ったのであるから心電図等の検査とニトログリセリン舌下投与という初期診療を実施すべき注意義務の違反（過失）を認めたが、死亡の時点でなお生存したであろう高度の蓋然性までは認められないとして因果関係は否定し、前記③の理論をもって慰謝料200万円と弁護士費用20万円を認容したのに対し、最高裁判所が、医療側からの上告を棄却したものである（原審の判断が確定した）。同判決は、医療行為と患者の死亡との間の因果関係の存在は証明されないが、

18　法曹会『最高裁判所判例解説　民事篇　平成11年度（上）』133頁〔八木一洋〕。

191

「医療水準にかなった医療が行われていたならば患者がその死亡の時点においてなお生存していた相当程度の可能性の存在が証明されるときは、医師は患者に対し、不法行為による損害を賠償する責任を負う」とし、その理由は「生命を維持することは人にとって最も基本的な利益であって、右の可能性は法によって保護されるべき利益であり」医師の過失行為はこの法益侵害に該当するからであると判示した。

この判示によれば、最高裁判所は、因果関係における高度の蓋然性の証明がない場合に従前の前記①～③の理論を採用せず、「死亡の時点においてなお生存していた相当程度の可能性」という新しい保護法益を作出し、これに対する侵害により損害賠償責任が発生するとの法構成をとったものである。同判例が前記従前の学説等を採用せず、また実質的には因果関係の立証緩和の機能を有するにもかかわらず、因果関係の証明を軽減するとの論法をとらなかった理由は、前記①～③の見解はいずれも判断基準として主観や推測の要素が強くあいまいになりやすいこと、因果関係の証明論をさらに緩和すれば、元々因果関係が経験則に基づく判断であって広がりやすく、また他の類型の不法行為全体にも通じることとなり、救済の歯止めなき拡大を生じる恐れがあるため救済の範囲の限定を図ったからであると指摘されている。[19]

前記平成12年判例の医療事故訴訟の実務に与えた影響は大であり、その後相次いで、同理論に基づく重要な最高裁判所判例が出された。すなわち重度後遺症（男児の急性脳症による脳機能障害）に同理論を適用した最判平成15・11・11民集57巻10号1466頁、債務不履行による損害賠償請求にも適用されるとした最判平成16・1・15判時1853号85頁（スキルス胃がん見落とし例）、相当程度の可能性の立証は原告側にあるとした最判平成17・12・8判時1923号26頁（拘置所内脳梗塞事件）などである。これら判例における相当程度の可能性理論の確立により、医療事故訴訟における和解解決の可能性も従来より広がった状況にある。

---

19 永野ら・前掲論文（注17）67頁。

III　因果関係——相当程度の可能性理論

　ただし、前記12年判例はじめ一連の判例が出された現在もなお、この相当程度の可能性理論につき次の問題が残っている。すなわち、①相当程度の可能性があるとするためには、死亡時点での生存可能性等が何％以上あればよいのか、明確に判示されていない。平成12年判例の事件で実施された鑑定では「20％以下であるが、救命の可能性は残る」との意見であったことや、前記平成15年判例が小児の急性脳症生存者中の63％に中枢神経後遺症が残ったが、残り37％には残らなかったこと、完全回復した者が全体の22.2％であり、残り77.8％には軽症の者も含まれていると判示していることに鑑みれば、治癒率や救命率が50％を切るような低い数値でも認められるであろうと解されている。また②相当程度の可能性の侵害に対する損害賠償は慰謝料のみかの問題もある。損害論の通説であるいわゆる「差学説」によれば、慰謝料のみが認められるべきと考える。これまでの同理論を採用した多数の裁判例においても慰謝料以外を認めたものはない。③この慰謝料の相当額はいくらか。永野ほか・前掲論文「『相当程度の可能性』に関する一考察」の論稿によれば、これまでの同理論をもって原告の請求を一部認容した平成13年から平成20年の裁判例を収集して検討した結果、死亡事案で、下限100万円から上限1000万円の慰謝料であったとのことである。[20]筆者も、その後平成20年から平成29年までの相当程度の可能性理論によって慰謝料を認容したと認められる死亡事案22件の裁判例を検索したが、同様に下限200万円から上限1000万円程度（大阪地判平成21・3・25判タ1297号224頁は1500万円）の慰謝料額であった。過失の内容・程度、相当程度の可能性の程度、患者の傷病、属性などの諸事情が慰謝料額の判断に影響すると考えられる。④相当程度の可能性の証明もない場合、期待権侵害や治療機会喪失論等による慰謝料は認められるのか。これについては、最判平成23・2・25判時2108号45頁が前記平成17年判例の多数意見を踏襲し、適切な医療行為を受ける期待権の侵害のみを理由とする不法行為責任の有無につき、医療行為が著しく不適切なものである事案につい

---

[20]　判タ1287号73頁一欄表。

193

て検討しうるにとどまるとした。

Ⅳ　おわりに

　以上、医療事故訴訟の責任論（過失と因果関係）を中心に、医療事故訴訟の実務において近年問題とされる事項について、雑駁ながら主として被告代理人側の立場によって記載した。同訴訟の審理では、当事者間で責任論が中心に争われて主たる争点となるが、責任論が認められても、なお損害論の場面でも医療事故訴訟特有の問題がある。医療が医師・医療機関と患者の相互の信頼、協力関係の下で適正に実施されるものであることから、患者の療養態度の不良等が結果へ影響を与えた場合には過失相殺が問題となる。また、重い傷病に罹患している患者の場合医療水準にある適正な医療行為が実施されていたとしても完全な回復が本来期待できないこともあり、また既存障害として適正な治療後も既往の障害が残ることが想定される事案も少なくない。この場合素因減額や既存障害として、過失相殺の類推適用や損害額の減額考慮を要するなどの問題もある。いずれも「損害の公平な分担」の理念を基盤とし、裁判所の裁量的判断や価値観の影響も受けうる問題であるが、これらの斟酌事情を裏付ける具体的事実関係の積極的な立証活動は当事者、主に被告側がすべきことはいうまでもない。紙幅の都合上、損害論の問題点は上記の指摘のみにとどめたい。

② 説明義務違反の因果関係について
―― 患者側の訴訟代理人の視点から

加 治 一 毅

医師・弁護士

I 平沼事務所時代

　私は、いわゆる「イソ弁」時代を平沼髙明法律事務所で過ごし、その際、平沼髙明先生には、大いにご指導いただき、大変お世話になった。

　平沼先生は、非常に勉強家で、博識であられ、幾度となく深い見識を拝聴させていただいたが、その1つに、善きサマリア人の法は、医療に通ずる精神であると仰っておられたのを思い出す。

　「災難にあったり急病になったりした人（窮地の人）などを救うために無償で善意の行動をとった場合、良識的かつ誠実にその人ができることをしたのなら、たとえ失敗してもその結果につき責任を問われない」という趣旨の法である。

　実際、ご本人も、大変大らかで、泰然としておられ、度量の大きい先生であった。

　弁護士になりたての私に対し、弁護士の基本を厳しくお教えいただいたが、それ以外の点については、おおむね任せていただけた。

　一方では、一所懸命頑張った姿はみてくださっており、たとえ、私の担当事件が思わしくない結果に終わっても、頭ごなしに不首尾の結果を責めることは決してなされず、私の弁明を真摯に聞いていただき、時には、私の至らない点を直截にご指摘くださり、時には、私と一緒に顧客へ顛末の説明をし

195

ていただいたことを覚えている。

　惜しむらくは、もっとフランクにいろいろなことをお伺いし、先生の博学を吸収できていればと思う次第である。

II　説明義務違反の因果関係の問題

　さて、今回、私がテーマとしてあげたいと思うのは、説明義務違反における因果関係をどう考えるべきかという点である。

　なぜ、このテーマを取り上げるかといえば、1つには、医療訴訟での最大のハードルである、診療上の過失については、近時、わが国でも、EBMに基づいた標準治療の確立が進み（従前は、治療方法や治療技術は、各医師の独自の職人技として、医師の徒弟制の中で秘密裏に伝授されてきた等の経緯があるが、情報化・国際化が進んだ近時の医療では、そうした玄人芸は消失しつつある）、診療ガイドラインや教科書等を参照すれば、誰でも比較的容易にその内容・レベルを知ることができ、立証上のハードルは、昔に比べれば、相当低くなっている印象がある。

　また、もう1つの難関である因果関係の立証についても、多くの場合、予後や治療効果に関する統計データ等を利用することにより、わかりやすい立証が可能になってきていると思われる。

　ただ、そうした中にあって、説明義務違反の因果関係については、今なお、少々混迷にあるように感じられる。

　すなわち、まず、説明義務違反が不作為型の過失であるため、その因果関係は、もし正しい説明がなされていれば、結果がどう違ったのかという、仮定的な因果経過を考察しなければならず、作為型過失の因果関係と比べて複雑である。

　加えて、説明義務違反は身体侵襲行為そのものではなく、その前段階の治療法の選択の問題であるため、結果への因果性が間接的であり、必ずしも、医学的な統計データ等だけでの決着とはならない（法的評価、裁判官の主観的

判断の介在余地が大きい）。

それゆえ、ともすれば、説明義務違反の因果関係については、判断基準が曖昧になりがちであり、裁判例によるまちまちさも見受けられる。

私が調べた範囲では、少なくとも最高裁判所判決において、説明義務違反の因果関係について、正面から判断したものはなく、成書等をみても、定まった考え方、学説等は確立されているともいいがたい。

そこで、本稿では、説明義務違反の因果関係について考察したいと思うが、平沼先生と違い、私には、法学の研究者としての素養はなく、以下に述べるのは、実務家としての一私見に過ぎないが、諸先生方の頭を整理するための一助になれば幸いである。

III　説明義務違反の因果関係についての考察

1．モデルケース

ある疾患に対し、治療法Aと治療法Bがあり、それぞれの合併症リスクが、10％と5％であった場合に、医師がこの合併症リスクに関する説明を怠り、その結果、患者が10％の高リスクの治療法Aを選択し、実施され、当該合併症が発生したというケースを考えてみる。

実際には、こうしたデメリットの差だけでなく、メリットの差もあり、複雑さが増すが、ここでは、簡略化して、デメリットの差だけを取り上げることとする。

2．モデルケースにおける因果関係

(1)　高度の蓋然性

これまでの最高裁判所判決には、説明義務違反の内容について判示したものはあるが（「医師は、患者の疾患の治療のために手術を実施するに当たっては、診療契約に基づき、特段の事情の無い限り、患者に対し、当該疾患の診断（病名

と病状)、実施予定の手術の内容、手術に随伴する危険性、他に選択可能な治療法があれば、その内容と利害得失、予後などについて説明すべき義務があると解される」最判平成13・11・27判タ1097号198頁、乳がん手術における乳房温存療法に関する説明義務違反、最判平成18・10・27判タ1225号220頁、未破裂動脈瘤のコイル塞栓術につき、当該患者の場合には、破裂した時の救命困難性等に関する説明義務違反)、その因果関係について、正面から判断を示したものはない。

ただ、最高裁判所判決は、説明義務違反を含む不作為型の過失について、以下のような因果関係のあり方を判示している。

因果関係の立証は、「一点の疑義も許されない自然科学的証明ではなく、経験則に照らして全証拠を総合検討し、特定の事実が特定の結果発生を招来した関係を是認しうる高度の蓋然性を証明することであり、その判定は、通常人が疑を差し挟まない程度に真実性の確信を持ちうるものであることを必要とし、かつ、それで足りるものである」(ルンバール事件。最判昭和50・10・24判タ328号132頁) ところ、不作為型の過失の場合にも、医師が注意義務を尽くして診療行為を行っていたならば、患者に当該悪い結果が生じていなかったであろう点につき、高度の蓋然性が証明されれば足りるとしている(「医師が注意義務を尽くして診療行為を行っていたならば患者がその死亡の時点においてなお生存していたであろうことを是認し得る高度の蓋然性が証明されれば、医師の右不作為と患者の死亡との間の因果関係は肯定されるものと解すべきである」最判平成11・2・25判タ997号159頁)。

これに即していえば、説明義務違反の因果関係は、①<u>説明義務違反がなければ患者が当該治療法に同意しなかったこと</u>、および、②<u>その同意がなければ当該患者に当該結果が生じなかったこと</u>につき、高度の蓋然性が認められるか否かによって判断されることになる(「説明義務違反と死亡との間に因果関係が認められるためには、説明義務違反がなければ太郎がコイルそく栓術の実施に同意しなかったとの事実およびその同意がなければ太郎が死亡することもなかったとの事実が認められる必要があると解される」東京高判平成19・10・18判タ1264号317頁、上記最判平成18・10・27の差戻審)。

Ⅲ　説明義務違反の因果関係についての考察

(2)　リスクの差は５％に過ぎない

　上記モデルケースでみた場合、治療法Ａと治療法Ｂの合併症リスクは、10％と５％であり、メリットの違いを抜きに考えると、こうしたリスクの差について説明を受ければ、誰しもリスクの少ない治療法Ｂを選ぶのが極めて自然である（上記①クリア）。

　そして、治療法Ｂの合併症リスクは５％であるから、これを選んでいれば、当該合併症が生じなかった確率は95％であり、高度の蓋然性（十中八九）が認められる（上記②クリア）。

　そうすると、説明義務違反と結果との間には、簡単に、因果関係が認められることになる。

　こうした結論は、一見すると至極当然のようであるが、しかし少し考えると、他のもっと直截な手技ミス（たとえば、手術手技によって関係のない重要な血管を損傷し、出血死させてしまったというような事案）などと比べた場合、単なる説明の懈怠だけで、生じた悪い結果の全責任を医師ないしは医療機関に負わせてよいのであろうかとか、治療法Ａを選んだからといっても、その合併症リスクは10％に過ぎず、９割は成功するはずだったのだから、合併症が発生したのは、たまたま運が悪かっただけではないのか、といった疑問も生じうるところである。

　かかる疑問は、感覚的には理解できるところであり、その根底には、合併症リスクについて、治療法Ａと治療法Ｂで差があるとはいえ、ともにさほど大きくはなく（ともに９割は成功する治療法である）、しかもそのリスクの差も５％に過ぎず、説明義務違反が結果に与えた影響は小さいのではないか、これが高度の蓋然性をもって結果を招来したとはいえないのではないかという思いがあるからであろう（ただ、数字の上では、上記②はほとんどのケースでクリアされる）。

　実際、こうした疑問を反映してか、下級審の裁判例をみても、説明義務違反を認めつつ、かなりざっくりした理由づけで上記①を否定し、因果関係を否定している例が散見される（高松地判平成24・5・30（平成16(ワ)4号、水戸

地判平成28・3・25（平成20(ワ)701号）、東京地判平成30・4・26（平成26(ワ)13581号）等）。

(3) **裁判例の判断に異論あり**

しかし、こうした下級審の裁判例の判断には、大いに異論がある。

すなわち、そもそも、医師、医療機関の説明義務は、患者の自己決定権（インフォームド・コンセント）を保障するためのものであり、説明義務違反につき全損害の責任を認めずに、単なる慰謝料（迷惑料）のみで片付けようとする姿勢は、真に治療法を自己決定できる権利を保障していることにならない。

リスクの差が5％しかなかったとしても、よりリスクの小さい方を選択したいというのが現在の一般感覚であろうし、その5％の差が現実化した場合には、やはり、その結果を保障してもらいたいというのが、通常の感覚であろう。

上記の下級審裁判例には、ひょっとすると、5％程度のリスクの差は、因果関係を肯定するには小さいとの価値判断があるのかもしれないが、確率の大小に固執することは、過失責任の本質を見誤っているように思われる。

たとえば、脇見運転や信号無視によって交通事故を起こし、人身事故等を生じさせた場合、加害運転手には、生じた全損害についての賠償責任が認められるのが通常であるが、一方で、こうした脇見運転や信号無視が、必ずしも、高確率に事故を引き起こす危険な行為というわけではないであろう。

むろん、こうした行為を擁護する趣旨では毛頭ないが、少なくとも、一般的な感覚では、1回の脇見運転、信号無視で、直ちに、高度の蓋然性をもって、人身事故を起こすというわけではなく、そうした確率は相当に低いのではないかと思われる。

しかし、それでも、当然のことながら、脇見運転、信号無視は、厳然として注意義務違反を構成し、それによって生じた全損害について、賠償責任を課すというのが過失責任の考え方である。

かえって、高度の蓋然性をもって人身事故を起こすような危険な運転行為は、単なる民事上の過失責任にとどまらず、刑事責任が問責されるべき場面

である。

　医療訴訟における説明義務違反も、こうした車の脇見運転、信号無視等と同様であり、それによるリスク増大の確率が仮に数％程度であったとしても、これが現に顕在化し害悪が生じたのであれば、その全損害について、損害賠償義務が生じるというのが、過失責任の本来のあり方である。

　医療訴訟において、ともすれば説明義務違反は、付属的であるとか2次的であるとかとして軽視されがちに感じられるが、本来、そうしたものではなく、今後の判例、裁判例の動向・集積に注目したいと考える。

Ⅳ　最後に

　以上は、一実務家としてのほんの私見に過ぎず、大変心苦しい次第であるが、善きサマリア人の法に精通しておられた平沼先生であれば、苦笑いしてくださるかもしれない。

　平沼先生には、改めて感謝を申し上げます。

③ 医薬品をめぐる賠償問題

木ノ元直樹

弁護士

I　医療行為と薬物療法

　医療行為とは、医師が、病気に罹患した患者に対して、疾病の治療、健康回復を目的として、治療行為を施すことであり、①疾病治療・軽減、②疾病予防、③奇形矯正、④助産・医術的堕胎、⑤治療目的のための患者に対する試験、⑥医療上の進歩のための実験の、およそ6種類といわれている。[1]

　医療行為と医薬品について述べれば、医療行為中、「疾病治療」の中心にあるのが薬物療法であり、薬剤（医薬品）なくして現代の医療は成り立ちえないといっても過言ではない。すなわち、医薬品の供給は医療にとって必要不可欠な重大要素であり、診療経過の中で、「医薬品の供給」を専門業務とする薬剤師の使命は小さくないものの、「医薬品の最終使用者」である医師の責任は非常に重大であるといえる。

　現行法上、薬剤師の責任は「疑義照会義務」で具現化されているが（薬剤師法24条）、医師については、責任発生場面は特に限定されておらず、薬剤師も、「処方せんに記載された医薬品につき、その処方せんを交付した医師、歯科医師又は獣医師の同意を得た場合を除くほか、これを変更して調剤してはならない」と法律に規定されている（薬剤師法23条の2）。このように、薬

---

[1] 松倉豊治「医師から見た法律」大阪府医師会編『医療と法律』（法律文化社・1971年）。

剤師の責任は重大であるものの、薬物療法の最終責任者はあくまでも医師というのが現行法の立場といえるのである。

　医師が薬物治療に際して処方ミス等を行い、その結果、患者に有害事象が発生し具体的損害が生じれば医師に対して民事賠償責任が課せられることになるが、医師のミス（医療過誤）の有無を判断する基準としてどのようなものがあり、どのように判断評価をされるかについて、医薬品添付文書を中心にしながら、最近の裁判動向を踏まえ、明らかにしたうえで、主に薬剤処方を専門的に行う医師が、日常臨床においてどのような点に留意すべきかを示すことが本稿の目的である。つまり、読者としては基本的に医師を想定しているが、そのほか医師をサポートする弁護士や、医師の過失の有無を判断する裁判官に向けても一定のメッセージをもちうることを期待するものである。

II　医薬品添付文書

1．はじめに

　医薬品添付文書は、薬機法52条の規定による法定文書である。

　医薬品添付文書は、製薬会社、輸入会社が医薬品の有効性と安全性、品質を確保するために必要な情報を提供する手段であり、その記載方法についても薬機法53条が規定し、虚偽事項などを記載してはならないことも同法54条が規定している。

　平成5年のソリブジン事件（抗がん剤と抗ウイルス薬併用による患者の死亡事件)[2]、平成7年の製造物責任法の施行、平成8年の薬事法改正などを経て、平成9年、厚生労働省は添付文書作成のガイドラインを示した（行政通知）ので、それまで製薬会社の宣伝、広告文書視されていた添付文書の記載内容は著しく改善され、医薬品投与者、利用者への医薬品情報提供手段として、

---

[2]　山崎浩史「ソリブジンの遺したもの」ファルマシア49巻11号（2013年）1106頁。

重要な働きを示すようになった。

このような医学品添付文書は、現在のところ、医師の薬物治療上の過誤の有無を判断する重要な基準として位置づけられている。

2．裁判所の医薬品添付文書に対する考え方

(1) 最高裁判所の基本的立場

医薬品添付文書と医師の責任については、すでに最高裁判所が2つの重要な判決を出しており、法的枠組みの基本は確立されているといってよいであろう。

　(ア)　最三小判平成8・1・23民集50巻1号1頁

本判決の結論を端的に述べれば、「添付文書違反は過失を推定する」というものである。

最高裁判所は、「医薬品の添付文書の記載事項は、当該医薬品の危険性（副作用等）につき最も高度な情報を有している製造業者又は輸入業者が、投与を受ける患者の安全を確保するために、これを使用する医師等に対して、必要な情報を提供する目的で記載するものであるから、医師が医薬品を使用するに当たって、右文書に記載された使用上の注意事項に従わず、それによって医療事故が発生した場合には、これに従わなかったことにつき、特段の合理的理由がない限り、当該医師の過失が推定される」とした。

　(イ)　最二小判平成14・11・8判時1809号30頁

本判決の結論を端的に述べれば、「医師には医薬品最新情報調査義務がある」というものである。

本件は精神科の事件であったが、最高裁判所は、「精神科医は、向精神薬を治療に用いる場合において、その使用する向精神薬の副作用については、常にこれを念頭において治療に当たるべきであり、向精神薬の副作用についての医療上の知見については、その最新の添付文書を確認し、必要に応じて文献を参照するなど、当該医師のおかれた状況の下で可能な限りの最新情報を収集する義務があるというべきである」とした。

(2) 医薬品添付文書に関する最高裁判決の射程範囲

上記2つの最高裁判決の解釈をめぐっては議論のあるところではあるが、おおむね以下の通りの射程範囲を持っているものと理解できる。

(ア) 最三小判平成8・1・23民集50巻1号1頁

(A) 過失推定の要件を示した

平成8年最判は、医薬品添付文書に基づく医師の過失判断の要件として以下の3要件を示した。

① 添付文書に記載された使用上の注意事項に従わないこと。
② それによって医療事故が発生したこと。
③ 添付文書に従わない特段の合理的理由がないこと。

(B) 添付文書の形式的記載文言が出発点である

添付文書の記載された使用上の注意に従ったか否かは、添付文書に記載された記載文言を基準に判断されることになるということである。したがって、添付文書に記載された文言について的確な解釈判断がなされることが必要となるが、実は添付文書の記載文言は一義的に明確でない場合が多い。たとえば「投与後2分ごとに血圧を測定」との記載違反の有無の判断は容易であるが、「慎重に投与する」との記載違反の有無の判断は容易ではない。

(C) 結果不発生の場合にまで過失推定は及ばない

医薬品添付文書の記載文言に反する薬物治療がなされたとしても、それだけでは賠償責任を問われることはない。あくまでも、薬物療法の結果、患者に具体的損害が発生することが要件となる。

(D) 添付文書に従わない医師の裁量的判断について合理性立証の余地がある

ここは非常に重要な点である。添付文書の記載に反する薬剤処方(たとえば、禁忌投与、適応外処方、用量オーバー等)があったとしても、そのような処方の必要性・正当性等について合理的な立証が可能であれば、医師は過失を問われないのである。

(イ) 最二小判平成14・11・8判時1809号30頁

「医薬品最新情報調査義務」の具体的内容には以下が含まれるということである。
① 添付文書の記載だけでは免責されるとは限らない。
② 最新情報調査は添付文書に反する医師の裁量合理性を裏付ける。

すなわち、①のとおり、医師としては添付文書の記載文言だけを墨守していれば足りるというものではなく、添付文書に記載されていない新規の副作用等が紹介されている等の最新情報があれば、それを踏まえた薬物治療を検討しなければならないということになり、逆に、②のとおり、形式的な添付文書違反の薬剤処方について、その合理的立証のための証拠として最新情報を利用できるということである。

(3) **医薬品添付文書に対する下級審裁判所の判決**

上記2つの最高裁判決を基本に据え、下級審の多くは、添付文書は有力な証拠だが、ほかに合理的エビデンスがあれば、添付文書の記載に従わない薬物治療を直ちに過誤とはしない傾向にある（広島地判平成9・12・24判例集未登載、東京高判平成13・9・12判時1771号91頁、東京地判平成15・12・2判例集未登載等）。添付文書の記載内容と明らかに異なるほかの合理的エビデンスを添付文書に優先させた（添付文書より診療ガイドラインの記載を優先させた）裁判例も登場している（高松高判平成17・5・17判例集未登載、原審である高松地観音寺支判平成16・4・22を変更したもの）。

この高松の事件はユニークなので紹介すると、事案は以下のとおりであった。

原動機付き自転車を運転して道路を進行中、Aの運転する自動車と衝突する事故を起こし、転倒して頭部等を打撲した事故当時70歳の女性が、事故現場近くの病院で診察を受け、さらに転送されたB総合病院で入院治療を受けたものの、事故から23日目に死亡したというケースについて、女性の遺族が自動車運転者Aの過失とB総合病院の医療過誤が原因であるとして損害賠償請求訴訟を提起した事例である。担当医師らがマンニトール（脳圧降下剤）の投与を開始したのは、硬膜下血腫除去術の執刀を開始した後、開頭し脳圧

が高いことを確認した時点だったが、マンニトールの添付文書には、「急性頭蓋内血腫が疑われる患者には出血源を処理し、再出血のおそれのないことを確認されるまではその使用が禁忌」と記載されているのに対し、日本神経外傷学会のガイドラインでは、血腫や浮腫の悪化を回避するために添付文書と異なるマンニトールの使用が推奨されていた。

　高松高等裁判所の判決は、まず、「添付文書は製薬会社の製造物責任を果たすための注意書き」であると踏み込んだ指摘をしたうえで、「薬剤の作用機序やその使用によってもたらされうる危険性を了解したうえで、これに従うか否かは医師の裁量権の範囲内であり、能書と異なる使用をすることは、日本神経外傷学会のガイドラインにも採用されているところでもあるから、担当医師にはマンニトール投与の時期を逸した過失がある」と認定した（原審は医師の過失を否定）。

(4)　判例を踏まえた個別症例の検討のポイント

　具体的医療臨床における医師の薬剤処方についての過失の有無を判断するポイントについて、上記最高裁判決に従ってまとめると以下のとおりである。

　まず、平成8年最判の「過失推定要件」を踏まえると、①添付文書違反があるか（用法・用量違反の有無、慎重投与違反の有無等）を検討することが出発点となる。そのうえで、添付文書違反がある場合には、次に、その添付文書違反の薬剤処方と事故（有害事象発生結果）との間に因果関係があるか否かの検討が必要となる。そして、この①②がいずれも認められた場合でも、③添付文書に従わない合理的理由があるか否かを検討し、合理的理由が説明可能であれば、医師は薬剤処方に関して法的責任を負うことはない。もちろん、①と③を同時に検討し、③が肯定されるのであれば、あえて②を検討する必要はなくなる。そして、平成14年最判の「医薬品最新情報調査義務」を踏まえ、添付文書の記載以外に、当該薬剤に関する最新情報を検索し知悉する必要があることになるが、このことはまさに③の「添付文書違反の薬剤処方の合理性」を裏付けることにもつながるのである。添付文書以外の薬剤最新情報を提供する資料として具体的に考えられるものとしては、「重篤副作

用疾患別対応マニュアル」「診療ガイドライン」「その他医学文献」等が考えられ、臨床医としては、これら資料に日々注目し調査する必要があるということになる。

3．添付文書違反

(1) 添付文書違反の有無について

これは、添付文書に記載された文言の意味、解釈が問題となる場面であることから、その点に関する医療現場共通の理解が重要となる。この点に関して参考になるのが、厚生労働省が行政通知として示している医薬品添付文書の記載要領である。

(2) 医薬品添付文書の記載（用語上のルール）

(A) 行政通知

以下の行政通知によって、厚労省が一応のガイドライン（記載要領）を出している。

① 「医療用医薬品添付文書の記載要領について」（平成9年4月25日薬発第606号厚生省薬務局長通知・初発昭和51年3月29日薬発第287号）

② 「医療用医薬品の使用上の注意記載要領について」（平成9年4月25日薬発第607号厚生省薬務局長通知・初発昭和51年2月20日薬発第153号）

③ 「医療用医薬品添付文書の記載要領について」（平成9年4月25日薬安第59号厚生省薬務局安全課長通知・初発昭和58年5月18日薬監第38号）

ところが、以下に述べるとおり、上記記載要領の記載内容は一義的に明快でない部分が多く、添付文書の解釈は必ずしも容易ではないという難点がある。

(B) 「使用上の注意」の原則

前項②の「各都道府県知事宛厚生省薬務局長通知薬発第607号」には、「記載に当たって、データが無いか、或いは不十分な場合には、その記載が数量的でなく包括的な記載（たとえば、慎重に、定期的に、頻回に、適宜など）であっても差し支えないこと」との記載がある。つまり、添付文書の「慎重に」「定期的に」「頻回に」「適宜」等の記載がなされている場合は、その前提として

遍く「データが無いか、不十分な場合」だというのである。また、それらの文言は、いわゆる数量的ではない包括的記載であるというのである。つまり、そのような記載の科学的根拠は乏しく、抽象的内容を示すものであるというのであるから、ここから医師に対する具体的行為規範を示すものとは到底考えられず、「このような記載であっても"差し支えない"というレベル」であり、要は、慎重な処方、定期的な観察、適宜用量を増減すること等は、医師の広い裁量に任されているということになるはずである。

具体例をみると、たとえば「抗てんかん薬の添付文書には、「重要な基本的事項」の中で、「検査」について以下の文言が記載されている。

① バルプロ酸ナトリウム
「連用中は定期的に腎機能検査、血液検査を行うことが望ましい」
② カルバマゼピン
「連用中は定期的に肝・腎機能、血液検査を行うことが望ましい」
③ フェニトイン
「連用中は定期的に肝・腎機能、血液検査を行うことが望ましい」
④ クロザリル
「肝機能検査のある患者に投与する場合には、定期的に肝機能検査を行うこと」

このように、いずれも定期的な腎機能検査や肝機能検査の必要性について言及されているような記載文言であるが、そのような定期的な検査の必要性を示すデータが実は存在しないということなのである。そのことも含めて、「行わなければならない」という記載ではなく、「望ましい」という記載文言が合わせて選択されたものと推察されるのであるが、薬剤処方の適否が裁判で問題となると、医師の責任を問う立場からは、これら添付文書の記載文言を引用し、定期的な検査を実施しないで薬剤を処方することが過誤であると主張されることが多い。このような主張がなされた場合には、医療側としては添付文書の記載文言の科学的エビデンスの乏しさを指摘したうえで、医師の裁量の適法性を最大限主張し防御する必要があり、またそれは十分に可能

(C) 「用法・用量」について

　薬剤処方に関する裁判の中で、用法・用量違反による過失を主張されるケースは少なくない。これは、添付文書上の用量についての記載数値をもって、極量、限界量を示すものであるとの理解が勝手に独り歩きしてしまい、それより高用量での処方の後に、患者が急変する等の有害事象が起きると、添付文書の記載に反した用量違反の過失を主張されるという流れである。

　ところが、用量に関しては、添付文書によって記載内容には複数の類型あり、それぞれがどのような基準に基づいて記載文言を別にしているのかに関しては全く不明のままである。たとえば、「年齢、症状に応じて、適宜増減する」との表現は、現在承認されている薬剤の多くの添付文書の用量の中で使用されている。また、「年齢、症状に応じ低用量投与が望ましい」との記載もある一方で、上限が規定されたものもあるが、その用語・上限設定場面等は不統一である。たとえば、「最大常用量」「最大投与量」「初回量」「開始量」「維持量」「標準維持量」「1日量〇〇まで」「1日〇〇を超えない範囲で増減」等、記載文言のバリエーションはかなり多い。その他、年齢に応じた1回量の目安が細かく記載されたものもある。このような不統一な記載では、添付文書の内容をどのように守れというのかが不明瞭といわざるを得ない。

　ちなみに、薬学上は「適宜増減」とは「倍量半量」の意味とするのが一般的理解であるところ、[3]この点について添付文書には全く説明がなく、このことを知らない法律家が多いのはもちろん、実は医師の多くもそのことを知らないのであるが、添付文書に1日量が記載され、その後に続けて「年齢、症状に応じて、適宜増減する」と記載されていれば、記載された1日量に対し、処方医が患者の年齢や症状に応じて、その半分の量から2倍の量まで、裁量的判断によって処方量を決定できるということなのである。この点の理解のないまま、添付文書上の用量を超えて薬剤処方がなされた後に、患者が急変

3　山村重雄『薬剤師のための添付文書活用ハンドブック』（日経メディカル開発・2010年）。

する等の有害事象が起きた症例について過誤を主張されるケースは多いため、そのような形式的クレームに対し、上記のような添付文書の記載文言の意味内容を的確に説明できることが有用となるであろう。

(D) 不統一な添付文書の記載（自動車運転等）

最近問題となっている薬剤処方と自動車運転の関係である。一義的に明快とはいえないこと著しい。記載された添付文書の文言を比較すると、以下のおよそ6種類の記載があることがわかる。

① 「警告：前兆のない突発的睡眠および傾眠等がみられることがあるので、本剤服用中には、自動車の運転、機械の操作、高所作業等危険を伴う作業に従事させないように注意すること」（ロピニロール、プラミペキソール）

② 「眠気、注意力・集中力・反射運動能力等の低下が起こることがあるので、本剤投与中の患者には、自動車の運転等危険を伴う機械の操作に従事させないよう注意すること」（ハロペリドール、クロザピン、BZD等）

③ 「本剤の投与によりめまい、傾眠、意識消失等があらわれ、自動車事故に至った例もあるので、本剤投与中の患者には、自動車の運転等危険を伴う機械の操作に従事させないよう注意すること。特に高齢者ではこれらの症状により転倒し骨折等を起こした例があるため、十分に注意すること」（プレガバリン）

④ 「めまい、傾眠、意識障害等があらわれ、自動車事故に至った例も報告されているので、自動車の運転等危険を伴う機械の操作に従事させないよう注意すること」（禁煙補助薬：バレニクリン酒石酸塩）

⑤ 「本剤の影響が翌朝以後に及び、眠気、注意力・集中力・反射運動能力等の低下が起こることがあるので、自動車の運転等危険を伴う機械の操作に従事させないように注意すること」（多くの睡眠薬）

⑥ 「眠気、めまい等があらわれることがあるので、自動車の運転等危険を伴う機械を操作する際には十分注意させること」（パロキセチン）

まず、上記記載文言の何が不明瞭かというと、まず、薬剤を処方する医師

がどこまですれば良いのかが明らかではないという点である。①から⑤までは、医師に対し、患者を「自動車運転等の危険作業」に「従事させないよう注意する」という記載文言と理解できるが、当該薬剤を処方することと、患者に自動車運転等をさせないこととが等価的に並列の関係にあるとすると、医師は薬剤処方をする限り、当該患者が自動車運転をしないことの保証を求められているかのような解釈すら成立しかねないことになる。しかしながら、現実問題として医師がそこまで保証することは不可能である。この添付文書の解釈問題は、仮に上記のような記載文言のある薬剤を医師が処方したところ、患者が当該薬剤を服薬したうえで自動車運転を行い、交通事故を起こして歩行者を死亡させたケースについて、果たして当該薬剤を処方した医師に法的責任が発生するのかという問題と密接に関係する。添付文書を杓子定規に解釈すると、医師の責任を肯定するという方向に秤が振れる可能性があるのだが、そのような極端な解釈は処方薬剤の承認システムと運転免許システム、そして医師の専門性（処方専門職）との関係でみれば、大きくバランスを失したものとなるため、到底受け入れられない。添付文書に「自動車運転に従事させないよう注意する」と記載された薬剤であっても、当該薬剤を服用したらたちまち患者が交通事故を起してしまう切羽詰った危険性のあるものとされているわけではない。そのような絶対的なエビデンスがあるかというと、どうもいまだそのようなエビデンスはないようである[4]。もしそのような危険な薬剤であれば、到底国から製造販売の承認などおりるはずがないのである。つまり、そのような添付文書の記載で製造販売承認のなされた薬剤は、服用したとしても自動車事故を起す確率自体は低いからこそ承認されていると理解するのが正しい。また、運転免許システム上、添付文書に「自動車運転に従事させないよう注意する」と記載された薬剤を服用している者に例外なく運転免許を付与しないという運用になっていない。つまり、国としては、基本的にそのような薬剤を服用する人に対する運転免許の付与をおこなってい

---

4 月刊臨床精神薬理18巻5号（星和書店・2015年）が特集しており詳しい。

るのである。このようなシステムの中で、医師としては、当該患者の治療にとって好ましい方法として当該薬剤処方を専門的判断の下で決定し、薬物治療が進んでいくのであり、確率的に発生する切迫性のない交通事故が起きた際、上記添付文書の記載文言から、直ちに医師のみが責任主体として登場するというのはあまりに不合理である。

これに対し、上記⑥のパロキセチンの添付文書の記載文言は、「自動車の運転等危険を伴う機械を操作する際には十分注意させること」というものであり、①から⑤までとは異なっている。自動車運転にあたって十分注意すべき主体はあくまで患者であり、医師はそれを促す立場となる。そもそも自動車運転を禁ずる内容でもない。上記システムバランスによって考えるならば、少なくとも、①から⑤までの添付文書の記載文言も、⑥のようにするのが合理的と考えるべきであろう。

(E) 不統一な添付文書の記載（妊婦・授乳関係）

添付文書の不統一な記載で自動車運転と並んで最近問題とされるのが、妊婦や産後の授乳に関する記載である。たとえば、「妊婦」に関しては、①投与しないこと（ハロペリドール、炭酸リチウム）、②投与しないことが望ましい（クロルプロマジン、ビペリデン）、③治療上の有益性が危険性を上回ると判断される場合にのみ投与すること（リスペリドン、クロザリル、パロキセチン、ジアゼパム、スボレキサント、バルプロ酸ナトリウム、フェニトイン他多数）等、複数の記載パターンがあり、また、「授乳中の婦人」に対する記載では、①授乳を中止させること（ハロペリドール、リスペリドン、炭酸リチウム、クエチアピン）、②授乳を避けること（クロザリル）、③授乳を避けさせること（バルプロ酸ナトリウム）、④授乳を避けることが望ましい（パロキセチン、ジアゼパム）⑤投与しないことが望ましい（クロルプロマジン、ビペリデン）、⑥治療上の有益性が危険性を上回ると判断される場合にのみ投与すること（カルバマゼピン）等、複数の記載パターンがある。なお、「妊婦」に対しては「治療上の有益性が危険性を上回ると判断される場合にのみ投与すること」という記載がなされているのに、「授乳中の婦人」に対しては何も記載のないフェ

ニトインの例等もある。まさに、不統一極まりないとしかいえない状況である。これら薬剤について「妊婦」や「授乳中の婦人」への処方を検討する医師としては、上記添付文書の注意書きを具体的にどのようなメッセージとして考えればよいか、読めば読むほど判断に窮することになるのである。[5]

(F)　添付文書と説明義務（異質な要素）

　その他、薬理学的な問題とは異質の、処方に際しての注意書きが添付文書に取り込まれた薬剤も登場している。たとえば、新規抗精神病薬であるクロザピンの添付文書には、「警告」の４番目に「本剤の投与にあたっては、患者または代諾者に本剤の有効性及び危険性を文書によって説明し、文書で同意を得てから投与を開始すること。……」と記載され、さらに「重要な基本的注意」の６番目には「本剤の投与にあたっては、患者または代諾者に本剤の有効性および危険性を文書によって説明し、文書で同意を得てから投与を開始すること。……」等と記載されている。この記載文言に違反してクロザピンを処方した場合、処方後に糖尿病等の副作用が発生したならば、説明文書による同意を得なかったことについての合理的理由を説明できない限り（緊急事態を除き、合理的説明はほとんど不可能である）、クロザピンの用法用量等その他の添付文書違反がなかったとしても、医師は全責任を負うということになるのであろうか。いまだ裁判例のないケースであるが、添付文書を杓子定規に適用すれば、そのような解釈が出て来る可能性は否定できない。そこまで医師に過酷な責任を負わせることの違和感は否めない。

(G)　添付文書の実質的機能

　以上のとおり、最高裁判決が「添付文書違反の薬剤処方は過失を推定する」と判示して以降、科学的合理性のないまま医師の責任加重の傾向を生む一方で、添付文書が製薬会社の製造物責任の免罪符のための道具となっていないか大いに疑問が湧くのである。たとえば、製薬会社が医薬品副作用について

---

[5]　「妊娠。授乳関係」については伊藤真也＝村島温子＝鈴木利人編『向精神薬と妊娠・授乳〔改訂第２版〕』（南山堂・2017年）が参考となるが、なかでも、濱田洋実「添付文書情報の捉え方」16〜23頁が参考になる。

製造物責任法で訴えられても、製薬会社からは、『副作用については添付文書に記載している』『適正な使用方法が記載されている』『適応症は明示している』『用法用量は具体的数値で明示している』『一日最高用量について明示している』『禁忌について明示している』『副作用が疑われる場合の投薬中止を明示している』『死亡報告があることを明示している』等々の理屈を持ち出し、「添付文書には危険性についての告知があるので、これを無視して副作用が出たらそれはすべて医者が悪い」との主張が展開されることになるからである。

医療裁判では、製薬会社に対する調査嘱託、弁護士照会等の結果が原告患者側から提出されることが増えたが、いずれも同様の類の回答が多く、医師は梯子を外される可能性があるのである。

(3) **添付文書の記載に関する最近の動き**

以上に述べたとおり、平成9年の厚生労働省からの出された記載要領に基づく現在の医薬品添付文書の記載文言は、裁判上、医師の薬剤処方に対する過失の有無を判断する資料として利用される可能性があるにしては、その記載文言、記載方法には多くの問題があり、到底、具体的規範としてのレベルには達していないと判断するものである。現在進行中の医療裁判で、医薬品添付文書の記載文言とその内容が争点となっている事件は少なくないであろうが、その際、以上に述べた医薬品添付文書の問題性を踏まえた議論が裁判所でなされることを望むところである。

ところで、平成9年に発表された記載要領と、それに基づく医薬品添付文書の不完全性、問題性は、実は厚生労働省自らがこれを正す作業が現在始まっている。このこと自体、現在の添付文書の記載に多くの問題があることを端的に示しているといえよう。厚生労働省は、平成29年6月8日付で2つの行政通知を発し、添付文書の記載要領の改訂作業を行うことを明言している。すなわち、「医療用医薬品の添付文書等の記載要領について」（平成29年6月8日付薬生発第1号厚労省医薬・生活衛生局長通知）と、「医療用医薬品の添付文書等の記載要領について」（平成29年6月8日付薬生安発第1号厚労省医薬・

215

生活衛生局安全対策課長通知）である。これらによると、新たな記載要領について平成31年4月1日に施行を予定し、令和6年3月31日までは経過措置期間を設定している。そして、施行する平成31年4月1日までの約2年間で、独立行政法人医薬品医療機器総合機構（PMDA）の添付文書の届出・公表システムについて、使用プログラム言語をSGMLからXMLに変更すること等、改正記載要領に対応するための改修を実施し、PMDAのHPで提供している添付文書の検索システムの利便性向上を図るということである。平成31年4月1日から令和6年3月31日までの5年間の経過措置の間は、旧記載要領に基づく添付文書と改正記載要領に基づく添付文書の両方が医療現場に存在することのなるのである。

改正記載要領の具体的内容を示すと以下のとおりである。

① 「原則禁忌」の廃止である。平成20〜22年に実施した厚生労働科学研究での全国の医師および薬剤師に対する添付文書に関する大規模調査で「原則禁忌」の理解度を調査したところ、医師、薬剤師とも約半数が「原則禁忌は禁忌と同等」と回答する一方、約半数が「原則禁忌は慎重投与・併用注意と同等」と答えるなど、同項の位置づけの理解が人によりばらつきがある現状が明らかとなったため、「原則禁忌」は廃止し、今後は「禁忌」または新設する「特定の背景を有する患者に関する注意」の「合併症・既往歴等のある患者」の項等へ記載することとした。

② 「慎重投与」の廃止である。禁忌を除く特定の背景を有する患者への注意は、新設する「特定の背景を有する患者に関する注意」の項に集約することとしたため「慎重投与」は廃止する。今後は、「特定の背景を有する患者に関する注意」の項の下の「合併症・既往歴等のある患者」等の項に記載することとなる。ただし内容によっては「効能及び効果に関連する注意」「用法及び用量に関連する注意」「相互作用」等へ記載する場合もある。

③ 「高齢者への投与」「妊婦、産婦、授乳婦等への投与」「小児等への投与」の廃止である。禁忌を除く特定の背景を有する患者への注意は新設する

「特定の背景を有する患者に関する注意」の項に集約することとしたため、「高齢者への投与」「妊婦、産婦、授乳婦等への投与」「小児等への投与」は廃止する。今後は、新設する「特定の背景を有する患者に関する注意」の項の下の適切な項（「生殖能を有する者」「妊婦」「授乳婦」「小児等」「高齢者」の項）へ記載する。

④　「特定の患者集団への投与」の新設である。禁忌を除く特定の背景を有する患者への注意を集約するため、「特定の患者集団への投与」を新設します。同項の下には「合併症・既往歴等のある患者」「腎機能障害患者」「肝機能障害患者」「生殖能を有する者」「妊婦」「授乳婦」「小児等」「高齢者」の項を新設する。

これら改訂によって、医薬品添付文書の記載文言、記載内容が正されることになるかは、今後の成り行きに注目するしかない。

Ⅲ　添付文書違反の合理性立証

医師が添付文書の記載内容に従わない処方をした場合の合理性を立証する資料として、ここでは「重篤副作用疾患別対応マニュアル」と「診療ガイドライン」について言及しておく。

1．重篤副作用疾患別対応マニュアル

厚生労働省は平成17年から「重篤副作用総合対策事業」を開始した。そして、その第一弾として、「重篤副作用疾患別対応マニュアル」の作成事業を、副作用疾患ごとに、関係学会の協力を得て4年計画で進めたが、最初の成果物として、平成18年11月に、スティーブンス・ジョンソン症候群、間質性肺炎等の副作用疾患の対応マニュアルが取りまとめられた。この対応マニュアルは、厚生労働省ホームページおよび独立行政法人医薬品医療機器総合機構（PMDA）のウェブサイトに掲載され、内科、外科、その他多くの診療科目にわたり、現在80疾患以上について作成されるに至っている。

なお、厚生労働省が従来の医薬品添付文書による医薬品副作用に対する注意喚起を図ってきたことに加えて、重篤副作用総合対策事業を立ち上げ、添付文書とは別に、「重篤疾患別対応マニュアル」を作成することになった理由について、厚生労働省は、それまでの医薬品添付文書の多くが、「警報発信型」注意であり、「予測・予防型」注意になっていないため、新たな副作用防止策が必要であると考えたことにあることを明らかにしている。すなわち、ここでも、厚生労働省自ら、従前からの医薬品添付文書では、医薬品副作用予防のためには不完全不十分であったことを認めているのであるが、それは、添付文書の記載文言が抽象的注意に終始していて具体的をもたないことが問題視されたということである。この点から考えても、医薬品添付文書の記載文言に対して医師に対する行動規範性を認めようとする考え方は間違っているというべきであろう。

ただし、医師としては、この重篤副作用疾患別対応マニュアルは、処方薬剤についての最新情報収集義務（平成14年最判）を果たすべく、把握しておかなければならない重要資料ということができる。これら対応マニュアルを"知らない"は通用しないということである。

2．診療ガイドライン

診療ガイドラインは、医師の医薬品最新情報調査義務を果たす重要ツールとなるとともに、医薬品の適正使用・適法使用を補完する機能があるため、医師としては、最新の診療ガイドラインに注目し調査する必要があることは間違いない。ただし、現在、この診療ガイドラインには問題が指摘されている。それは、診療ガイドラインが乱立しており、診療ガイドラインの客観性・信憑性を担保する方策が乏しく、同時に、統一的な作成基準も存在しないため、ガイドラインのエビデンスレベル・推奨度等への言及がまちまちである等である。このようにガイドラインの世界が混沌としている現状にあるため、一律に、医師の薬剤処方に対する規範的判断の資料とすることは危険である。

ただ、最近の診療ガイドラインの動向について述べると、Minds（Medical

Information Network Distribution）という公益財団法人日本医療機能評価機構が運営する医療情報サービス事業が、平成23年度より厚労省委託事業：EBM（根拠に基づく医療）普及推進事業として実施されていることは注目される。医療情報サービスの目標は、質の高い医療の実現をめざして、患者と医療者の双方を支援するために、診療ガイドラインと関連情報を提供することであり、具体的には、患者と医療者が、充分に科学的合理性が高いと考えられる診療方法の選択肢について情報を共有し、患者の希望・信条や、医療者としての倫理性、社会的な制約条件等も考慮して、患者と医療者の合意の上で最善の診療方法を選択できるように、情報面からの支援をするものとして、質の高い診療ガイドラインが作成されることをめざしているのである。今後、この Minds の方向性にしたがって薬物治療に関する質の高い診療ガイドラインが揃えば、医療現場における混乱、延いては医療裁判における過失判断の混沌を抜け出すことが期待できるところである。[6]

しかしながら、一つ注意したい点があるので指摘しておきたい。Minds の中心的メンバーであり日本医療機能評価機構特命理事である山口直人教授は「診療ガイドラインと Choosing Wisely は同じベクトル」と発言しており、診療ガイドラインは、「患者と医療者の合意の上で最善の診療方法を選択できるように、情報面からの支援」といわれながらも、どうも「無駄な医療（Unnecessary health care）の淘汰」によって医療費を圧縮することに究極の目的がありそうである。これは「Choosing Wisely Campaign」の先駆者である米国（2011年〜）で、アメリカ精神医学会（APA）が抗精神病薬の処方をかなり制限しようとして、不要であるばかりか有害でさえあるような治療介入の一覧示していることからもうかがわれるが、わが国で保険診療の範囲をガイドラインによって画し、経済的側面から医療に縛りをかけようとする医療行政の意向を色濃く反映する可能性があると推察されるのである。[7]

---

6 ウェブサイト〈https://minds.jcqhc.or.jp/〉。
7 木ノ元直樹「裁判所の過失判断基準とガイドライン」精神神経学雑誌119巻3号（2018年）173〜179頁。

219

Ⅳ　まとめ

　医師の薬剤処方に関する法的責任、賠償問題は、医薬品添付文書を中心に論じられてきた。特に、平成8年と平成14年の最高裁判決が確定判例として、医療臨床に重くのしかかっている状況にある。しかしながら、医薬品添付文書の文言自体に多くの問題があるとともに、医薬品副作用の予防という視点において不十分な文書であることも明らかになってきている。また、添付文書に反する薬剤処方についての合理的説明と適法性立証の道もあることから、要は、薬剤の処方権限を国から負託された医師が、自らの研鑽に努め、自己の行った薬剤処方についての積極的説明を可能とする手立てを日頃から講じておくことが肝要であるということになる。

　具体的には、臨床薬理学の重要性を臨床医が十分認識して、臨床薬理学についての知見を深める努力を怠らないことである。薬の開発・販売が製薬会社主導で行われてきている現状を見据えながら、医薬品添付文書の曖昧な文言を、医師の裁量の範疇でのみ考える傾向を極力解消し、医学的、薬学的エビデンスへのアクセスを常に心がけるよう努力することである。特に、医師として薬物動態理論（薬物の吸収、分布、代謝、排泄の経路における薬物の動態理論）への関心を高め、薬物の半減期と定常状態、薬物の相互作用と酵素誘導等についての知識を確実にすることが必要である。このような努力により、薬剤処方に対する合理的根拠のない不当なクレーム、裁判から自らを守ることになるのである。

4 産科医療補償制度創設から現在、その功績と今後の展望

石渡 勇

日本産婦人科医会副会長・石渡産婦人科病院院長

I はじめに

　医療は医療受給者と供給者との信頼関係のうえで成り立つものであるが、医療受給者と提供者の間には認識の差が著しい。沖中重雄東京大学教授は最終講義（1963年）で「私の誤診率は14％であった」といわれた。医療機器の乏しい時代である。名医中の名医である。これを聞いた国民は誤診率の高さに驚いた。一方、医療者は誤診率の低さに驚いた。患者は、医療は完璧なものであり病は必ず治ると期待し100％確実なものでなければならないと思い込んでいる。医療者は医療には多様性があり不確実なものであると考えている。このギャップが医療紛争の背景にある。信頼がなければ、たとえ医療過誤がない場合でも紛争に発展しやすい（〔図1〕）。

　児玉安司氏は過去30年間の医療事故を振り返り、時代の背景から3つの時期に分けて考察している。①嵐の前（1998年まで）：カルテ開示がささやかれていた時代、②医療不信の時代（1999年～2006年）：横浜市大患者取り違え事件、都立広尾病院事件（ヒビテン誤注）、杏林大わり箸事件があり、主要新聞における「医療事故」記事件数が年間383から一気に10倍の3047になるなどマスコミを中心とする医療バッシングの時代、③医療崩壊の時代（2006年～2010年）、福島県立大野病院事件に象徴されている国家権力の横暴である。医師の逮捕、さらには逮捕した警察官を表彰するという前代未聞の暴挙が行

[図1] 患者側と医療側における信頼度と紛争の大きさ

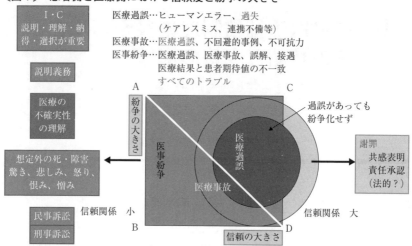

信頼関係がなければ大きな紛争になりかねない。横軸に信頼度、縦軸に紛争度を示した。また、信頼度が高ければ、たとえ、過誤・事故（円で示す）があっても、右に移動し、紛争とはならない。

われた。

　そして筆者は、④2010年から医療再建の時代に入ってきたと感じる。マスコミの論調も医療の本質（生命の複雑性、多様性、医学の限界による不確実性）を語るようになってきた（？）ようにも思える。医師にとって、医療は正当な行為でありながら、しかも不確実なものであるにもかかわらず、死に至るような有害事象が発生したときに、責任をとらされることは真に理不尽である。有害事象が発生したときに、まずは救命に全力を尽くすこと、医療側に過失があれば速やかに賠償するシステムをつくること、医療側に過失がなければ患者を救済するシステムをつくること（無過失補償制度；NFC; No Fault Compensation）、そして原因を明らかにし再発防止・医療の質の向上につなげる流れをつくることが肝要である。それは現在、医師賠償責任保険制度、産科医療補償制度、医療事故調査制度として結実している。

　さて、医療側・患者側双方にとって、脳性麻痺（CP; Cerebral Palsy）事例

における精神的・肉体的苦痛は筆舌に尽くしがたいものである。医療側に過失がなければ、患者側には何らの補償もない。CPの原因は不明な場合が多く、多くの事案が紛争・訴訟となり不毛な争いとなった。日本産婦人科医会（以下、「医会」という）は2003年から本格的な検討を開始した。本稿では、①産科医療補償制度（以下、「本制度」という）の創設に向けて、②本制度の普及、特に産科医療機関の加入促進に向けて、③制度の見直しについて、④関係団体との連携、⑤医療安全・医療の質の向上に向けての会員への啓発、⑥産婦人科診療ガイドラインへの反映、⑦紛争・訴訟の抑止効果、⑧課題、などについて言及したい。

II　本制度の創設に向けて

2003年頃より、医会医療安全部で検討が開始された。2004年に厚生労働科学研究「小児科産科若手医師の確保・育成に関する研究（分科会班長：岡井崇）」が立ち上がり、①NFCの理念と海外での実践状況と②CP事例に対するNFC制度の提言——日本における制度の試案——を報告した。2004年に日本医師会内に検討委員会が立ち上がり、2006年に「医療に伴い発生する障害補償制度の創設をめざして」を提案、さらに同年に「分娩に関連する脳性麻痺に対する障害補償制度の制度化に関するプロジェクト委員会」が立ち上がり「分娩に関連する脳性麻痺に対する障害補償制度について」が答申された。

2006年、自民党内で設立に向けての動きが活発化し、具体的方向性が決まった。「産科医療における無過失補償制度の枠組みについて」が「自民党政務調査会」、「社会保障制度調査会」、「医療紛争処理のあり方検討会」で検討された。

同年12月には、厚生労働省（以下、「厚労省」という）および日本医師会等の要請を受け、日本医療機能評価機構（以下、「機構」という）において本制度の創設に向けての準備委員会が設置され、調査・制度設計等について本格的な検討が開始され、2008年1月に準備委員会において報告書が取りまとめ

られた。補償対象範囲や補償対象者数の推計は、準備委員会に「調査専門委員会」を設置し、医学的・疫学的観点で検討することとなり、産科医療の崩壊を一刻も早く防ぐため委員会の早期の立ち上げが求められた。わが国には全国的なCPの発生率等のデータがない中、沖縄県、姫路市における調査や文献調査に基づき補償対象範囲や補償対象者数の推計について検討し、その後、機構が運営組織になることが決定、制度創設に向けて標準約款、事務フロー、システム設計、審査体制等の検討・準備が進められ、2009年1月に本制度が開始された。また、民間保険を活用することとなった経緯については、少子化対策および産科医療の崩壊を一刻も早く阻止する観点や、他の障害者施策との整合性、CP児が一定の確率で不可避的に生じるものであるという特性を踏まえ、立法化せずに民間保険を活用することとなり、厚労省、日本医師会、日本産婦人科医会、日本助産師会から、公正中立な第三者機関として機構内に運営組織が設置された。

III 本制度の普及、特に産科医療機関の加入促進に向けて

2007年に、医会医療安全部内に無過失補償制度小委員会を設置し、「無過失補償制度」創設に向けた"全国ネット"の構築と協力を会員にお願いした。また、産科医療機関が加入しやすい条件を検討するとともに、都道府県産婦人科医会と共同で、本制度の説明と加入のお願いに全国を飛び回った。CP児の治療にあたる周産期センターの加入が本制度の運用に必須であり、診療報酬の助成・加算の要件となった。また、医療保険に未加入（たとえば、生保など）者に対しても医療機関が保険料を負担するのではなく、公費を投入する、こととなった。このように、すべての分娩医療機関が加入できる環境が整備された。

2018年11月末現在の本制度への加入状況であるが、分娩を扱っている機関は、病院・診療所2979、助産所441、また本制度に加入している機関は、そ

〔図2〕 補償のしくみ

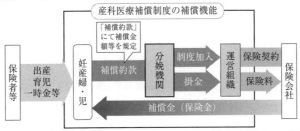

分娩機関は運営組織に取扱分娩数を申告し、これに応じた掛金3万円を支払う。運営組織にて補償対象と認定されると、保険会社から児またはその保護者へ補償金3000万円となる保険金が支払われる。

れぞれ、病院・診療所2794、助産所441であり、未加入は3つの診療所のみである。わが国の99.9％の新生児をカバーしている。

Ⅳ 補償のしくみ

機構は、本制度の運営組織として、分娩機関の制度加入手続、保険加入手続、掛金集金、補償対象の認定、長期の補償金支払手続、原因分析および再発防止等の制度運営業務を行い、分娩機関は自ら管理するすべての分娩について補償を約束する。補償機能の流れを（〔図2〕）に示す。分娩機関は運営組織に取扱分娩数を申告し、これに応じた掛金を支払う。運営組織にて補償対象と認定されると、保険会社から児またはその保護者へ補償金となる保険金が支払われる。

Ⅴ 補償対象となる脳性麻痺の基準

1．償対象基準

一般診査と個別審査により基準が異なる。

第3編 ④ 産科医療補償制度創設から現在、その功績と今後の展望

　一般審査の基準は、出生体重2000g以上、かつ在胎週数33週以上で、「通常の妊娠・分娩」かつ「分娩に関連して発症したCP」によるものと判断できるもの、である。

　個別審査の基準は、出生体重や在胎週数を絶対的基準とすることは難しいため、在胎週数28週以上は「分娩に関連して発症したCP」か否か個別に判断する。低酸素状況が持続して臍帯動脈血中の代謝性アシドーシス（酸血症）の所見が認められる場合（pH値が7.1未満）、かつ、胎児心拍数モニターにおいて特に異常のなかった症例で、通常、前兆となるような低酸素状況が前置胎盤、常位胎盤早期剥離、子宮破裂、子癇、臍帯脱出等によって起こり、引き続き、特有な心拍数パターンのいずれかが認められ、かつ、心拍数基線細変動の消失が認められる場合が対象となる。ただし、補償対象基準は制度発足5年後の2015年1月1日に改訂された（〔図3〕〔図4〕）。一般審査の基準は出生体重1400g以上、かつ在胎週数32週以上に、個別審査基準は、在胎週数28週以上31週までは「分娩に関連して発症した脳性麻痺」か否かで判断する。低酸素状況が持続して臍帯動脈血中の代謝性アシドーシス（酸血症）の所見が認められる場合（pH値が7.1未満）、かつ、低酸素状況が常位胎盤早期

〔図3〕　一般審査の基準の改定

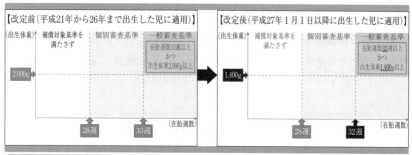

改定後の基準は、平成27年1月1日以降に出生した児から適用されます。

　当初の一般審査の基準は、出生体重2000g以上、かつ在胎週数33週以上である。5年後の見直しで、出生体重1400g以上、かつ在胎週数32週以上となった。なお、個別審査の基準は、在胎週数28週以降であり、改訂されなかった。

Ⅴ 補償対象となる脳性麻痺の基準

〔図4〕 個別審査の基準の改定

改定前 (平成21年から26年までに出生した児に適用)	改定後 (平成27年1月1日以降に出生した児に適用)
在胎週数が28週以上であり、かつ、次の（一）又は（二）に該当すること	
（一）低酸素状況が持続して臍帯動脈血中の代謝性アシドーシス（酸性血症）の所見が認められる場合（pH値が7.1未満）	
（二）胎児心拍数モニターにおいて特に異常のなかった症例で、通常、前兆となるような低酸素状況が前置胎盤、常位胎盤早期剥離、子宮破裂、子癇、臍帯脱出等によって起こり、引き続き、次のイからハまでのいずれかの胎児心拍数パターンが認められ、かつ、心拍数基線細変動の消失が認められる場合	（二）低酸素状況が常位胎盤早期剥離、臍帯脱出、子宮破裂、子癇、胎児母体間輸血症候群、前置胎盤からの出血、急激に発症した双胎間輸血症候群等によって起こり、引き続き、次のイからチまでのいずれかの所見が認められる場合
イ 突発性で持続する徐脈 ロ 子宮収縮の50％以上に出現する遅発一過性徐脈 ハ 子宮収縮の50％以上に出現する変動一過性徐脈	イ 突発性で持続する徐脈 ロ 子宮収縮の50％以上に出現する遅発一過性徐脈 ハ 子宮収縮の50％以上に出現する変動一過性徐脈 ニ 心拍数基線細変動の消失 ホ 心拍数基線細変動の減少を伴った高度徐脈 ヘ サイナソイダルパターン ト アプガースコア1分値が3点以下 チ 生後1時間以内の児の血液ガス分析値（pH値が7.0未満）

改定後の基準は、平成27年1月1日以降に出生した児から適用されます。

　5年後の見直しで、対象となる胎児心拍陣痛図（CTG）の異常波形の種類が多くなった。

剥離、臍帯脱出、子宮破裂、子癇、胎児母体間輸血症候群、前置胎盤からの出血、急激に発症した双胎間輸血症候群等によって起こり、引き続き、特有な心拍数パターン（項目追加）のいずれかの所見が認められる場合である。

2．除外基準

　分娩に関連して発症した脳性麻痺に該当するとは考えがたい、先天性要因や新生児期の要因が考えられる場合である。先天性要因としては、両側性の広範な脳奇形、染色体異常、遺伝子異常、先天性代謝異常、先天異常が考えられ、新生児期の要因としては、分娩後の感染症等である。

3．重症度の基準

看護・介護の必要性が高い重症者として、身体障害者障害程度等級1級または2級に相当する場合を補償対象とする。ただし、身体障害認定基準を参考にするも、本制度独自の診断基準に基づき、判断する。

Ⅵ 各種委員会

6つの委員会が設置され、それを運営委員会が統括している。
○ 運営委員会は制度全般の企画調整、発展、運営に関して審議する。
○ 審査委員会は補償対象に該当するか否かの審査をする。
○ 異議審査委員会は補償申請者から不服申立てがあった場合に再審査する。
○ 原因分析委員会は原因分析に関する運営事項の審議、原因分析報告書を作成する。
○ 再発防止委員会は原因分析された事例の収集・検討、再発防止・医療安全に向けて「再発防止に関する報告書」を作成する。
○ 調整検討委員会は原因分析の結果、一般的医療から著しくかけ離れた医療・極めて悪質な医療の場合、分娩機関等に損害賠償責任があるか否かを審議する。

Ⅶ 原因分析委員会における原因分析

原因分析の流れを（〔図5〕）に示す。分娩機関から提出された診療録、助産録、検査データ等および原因分析のための保護者の意見（事例の概要について、疑問・質問、意見）を基に、「事例の概要」が作成され、7つの部会（構成員は、産科医5名（1名部会長）、小児科医2名、助産師1名、弁護士2名（いわゆる患者側・医療側の弁護士が各1名））で検討され報告書を作成のうえ、さらに、原因分析委員会（構成員は、産科医8名（委員長1名、部会長7名）、小

VII 原因分析委員会における原因分析

〔図5〕 原因分析の流れ

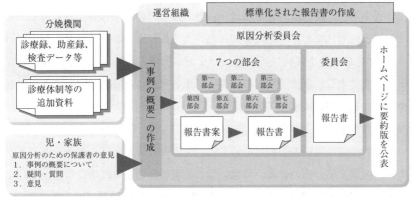

　分娩機関から提出された診療録、助産録、検査データ等および原因分析のための保護者の意見を基に、「事例の概要」が作成され、7つの部会で検討され、本委員会に諮られ、最終的な報告書となり、要約版は機構のホームページに掲載される。

児科医2名、助産師2名、弁護士2名（患者・保護者側、医療機関側各1名）、有識者2名）に諮られ、最終的な報告書となり、要約版は機構のホームページに掲載される。個人情報をマスキングした全文版は限定的ではあるが医学的な目的のために希望する団体などに有料で郵送される。医学的な検討にもかかわらず、弁護士が加わるのは検討の中で問題点を明確化することと、誰にでもわかりやすい報告書にするためである。このようにして標準化された報告書が作成される。

　報告書作成にあたっては細かな点まで配慮されている。すなわち、①原因分析は、責任追及を目的とするのではなく、「なぜ起こったか」などの原因を明らかにするとともに、同じような事例の再発防止を提言するためのものである、②原因分析報告書は、児・家族、国民、法律家等からみても、わかりやすく、かつ信頼できる内容とする、③CP発症の原因分析にあたっては、CPという結果を知ったうえで分娩経過中の要因とともに、既往歴や今回の妊娠経過等、分娩以外の要因についても検討する、④医学的評価にあたっては、今後の産科医療のさらなる向上のために、事象の発生時における情報・

229

状況に基づき、その時点で行う妥当な分娩管理等は何かという観点で、事例を分析する、⑤検討すべき事項は、産科医療の質の向上に資するものであることが求められており、結果を知ったうえで振り返る事後的検討も行っている。CP発症の防止に向けて改善につながると考えられる課題がみつかればそれを提言する。事後的検討の結果は、患者家族にとって誤解不審を誘引しやすい。指摘されている事項を実施してくれればCPにはならなかったと、誤解されやすい。

　医学的評価に用いる表現については、報告書の表現のばらつきをなくすために、医療水準の高い表現から低い順に表現の仕方を14段階に示し、それを参考にしている。「優れている」、「適格である」、「医学的妥当性がある」、「一般的である」、「基準内である」、「選択肢のひとつである」、「医学的妥当性は不明である」、「医学的妥当性には賛否両論がある」、「選択されることは少ない」、「一般的ではない」、「基準から逸脱している」、「医学的妥当性がない」、「劣っている」、「誤っている」、の14段階である。特に、医学的評価をめぐっては誤解を生みやすい。たとえば、原因分析報告書に記載の「一般的ではない」とは、実地臨床の視点から、多くの産科医等によって広く行われている診療行為等ではないという意味であり（逆にいうと、多くはないものの、一部の産科医によっては行われている診療行為等である）、決して不適切であるとか、間違っているという意味ではない。このことは、産科医療補償制度のホームページの「原因分析報告書作成にあたっての考え方」にも掲載されている。

　今後の産科医療の質の向上のために検討すべき事項に用いる表現については、推奨レベルの低いほうから高いほうへ、参考として8段階に表現されている。「……もひとつの方法である」、「……することを推奨する」、「望まれる」、「勧められる」、「必要がある」、「強く勧められる」、「すべきである」、「しなければならない」、である。

Ⅷ　再発防止委員会における再発防止

　再発防止に関する分析等の流れを（〔図6〕）に示す。個々の事例の分析から原因分析報告書には当該医療機関で実施していただきたい再発防止策等を提言する。再発防止委員会では複数の事例の分析からみえてきた知見などから再発防止に関する基本方針を決定し、原因分析報告書の内容を入力・蓄積し、数量的・疫学的分析を行い、委員会で再発防止に関する報告書を作成する。国民、分娩機関、関係学会、行政機関等に提供するとともに、ホームページで公開される。

　2017年12月末現在1606例が分析され、脳性麻痺の主たる原因として、常位胎盤早期剥離、臍帯脱出を含む臍帯因子が多く、主たる原因が明らかでないまたは特定困難とされているものが638例で全体の約40％となっている（〔図7〕）。

　「再発防止に関する報告書～産科医療の質の向上に向けて～」は2011年か

〔図6〕　再発防止に関する情報の流れ

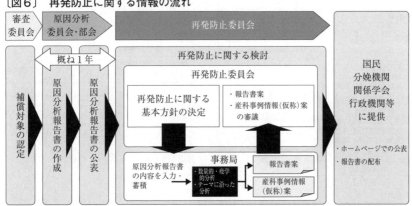

　再発防止委員会では、多数の原因分析報告書の項目を数量的・疫学的に分析し、再発防止に関する報告書を作成する。医療の質の向上のために、国民、分娩機関、関係学会、行政機関等に提供するとともに、ホームページで公表される。

231

ら機構の産科医療補償制度のウェブサイト〈http://www.sanka-hp.jcqhc.or.jp/documents/prevention/report〉に8回（2018年まで毎年）掲載されている。また、分娩機関および関係機関に配布されている。

これまでの分析テーマは、分娩中の胎児心拍数聴取について、新生児蘇生について、子宮収縮薬について、臍帯脱出について、臍帯脱出以外の臍帯因子について、吸引分娩について、子宮底圧迫法（クリステレル胎児圧出法）について、常位胎盤早期剥離およびその保健指導について、子宮破裂について、子宮内感染について、妊娠高血圧症候群について、診療録等の記載について、搬送体制について、母児間輸血症候群について、生後5分まで新生児蘇生処置が不要であった事例について、早産について、多胎について、遷延分娩に

〔図7〕 脳性麻痺の主たる原因

病態	件数
単一の原因	733
胎盤の剥離または胎盤からの出血	272
常位胎盤早期剥離	268
前置胎盤・低置胎盤の剥離	4
臍帯因子	214
臍帯脱出以外の臍帯因子	178
臍帯脱出	36
感染	57
GBS感染	30
ヘルペス感染	11
その他の感染	16
子宮破裂	34
母児間輸血症候群	31
双胎の血流不均衡（胎児母体間輸血症候群を含む）	28
胎盤機能不全または胎盤機能の低下	26
母体の呼吸・循環不全	20
羊水塞栓症以外の母体の呼吸・循環不全	12
羊水塞栓	8
児の頭蓋内出血	28
その他	64

2017年12月末現在 1,606例

主たる原因が明らかでない、または特定困難とされているもの：全体の40％にあたる。

病態	件数
複数の病態が記されているもの（重複あり）	195
臍帯脱出以外の臍帯因子	116
胎盤機能不全または胎盤機能の低下	57
感染	37
常位単盤早期剥離	22
主たる原因が明らかでない、または特定困難とされているもの	638
合計	1,606

1606例が分析され、原因としては、常位胎盤早期剥離、臍帯脱出を含む臍帯因子が多く、主たる原因が明らかでないまたは特定困難とされているものが638例で全体の約40％となっている。

ついて、胎児心拍数陣痛図の判読について、である。

再発防止委員会からの提言集は第1回～第5回の再発防止報告書で取り上げた14のテーマについて「再発防止委員会からの提言」やリーフレット・ポスターなどに取りまとめられている。

再発防止の取組みとして、①再発防止委員会の下に、日本産科婦人科学会、日本産婦人科医会等の専門家から構成される「再発防止ワーキンググループ」を設置している。②現在、日本産科婦人科学会の周産期登録データベース事例と、本制度の補償対象事例との比較研究が行われている。③今後、分娩機関から提出された診療録や胎児心拍数陣痛図等に含まれる情報も活用して、専門性の高い分析を行っていくこととしている。機構の胎児心拍数モニターに関するワーキンググループは2014年1月「脳性麻痺事例の胎児心拍数陣痛図（波形パターンの判読と注意点）」〈www.sanka-hp.jcqhc.or.jp/documents/statistics/docs/taijisinpakusuujinntuuzujireishuu_0116_01_27.pdf〉を公表した。

Ⅸ　本制度の成果と評価

1．脳性麻痺事例の減少

2009年（平成21年）から2011年（平成23年）生まれの児は審査結果が確定している。脳性麻痺の補償対象者は毎年数％減少している（〔図8〕）。

2．産婦人科領域の裁判の減少

脳性麻痺に係る裁判が減少したことも影響し、産婦人科領域の裁判は減少している。2004年（平成16年）から2017年（平成29年）までの状況を、最高裁判所医事関係訴訟委員会「医事関係訴訟事件の診療科目別既済件数」でみると、全診療科は1043件から753件で28％、産婦人科は157件から54件、66％も減少している。その要因は、医会の事故を報告する事業が平成16年に開始、

第3編　④　産科医療補償制度創設から現在、その功績と今後の展望

〔図8〕　審査の実績
審査委員会の開催および審査結果の状況

○　平成29年12月末現在、2,980件の審査を実施し、2,233件を補償対象と認定した。

制度開始以降の審査件数および審査結果の累計　　　　　　　　　　　　　　（平成29年12月末現在）

児の生年	審査件数	補償対象(※1)	補償対象外		計	継続審議	補償申請期限
			補償対象外	再申請可能(※2)			
平成21年出生児(※3)	561	419	142	0	142	0	平成26年の満5歳の誕生日まで
平成22年出生児(※3)	523	382	141	0	141	0	平成27年の満5歳の誕生日まで
平成23年出生児(※3)	502	355	147	0	147	0	平成28年の満5歳の誕生日まで
平成24年出生児	507	356	148	0	148	3	平成29年の満5歳の誕生日まで
平成25年出生児	343	264	54	24	78	1	平成30年の満5歳の誕生日まで
平成26年出生児	274	214	41	18	59	1	平成31年の満5歳の誕生日まで
平成27年出生児	199	176	8	15	23	0	平成32年の満5歳の誕生日まで
平成28年出生児	71	67	2	0	2	2	平成33年の満5歳の誕生日まで
合計	2,980	2,233	683	57	740	7	—

（※1）「補償対象」には、再申請後に補償対象となった事案や、異議審査委員会にて補償対象となった事案を含む
（※2）「補償対象外（再申請可能）」は、審査時点では補償対象とならないものの、将来、所定の要件を満たして再申請された場合、改めて審査するもの
（※3）平成21年から平成23年の出生児は、審査結果が確定している

　2017年12月末現在、2980件の審査を実施し、2233件を補償対象と認定した。脳性麻痺の補償対象者は減少の傾向がみられる。

　2006年（平成18年）に大野病院事件を契機にモデル事業が開始、2008年（平成20年）に産婦人科診療ガイドラインが創設、2009年（平成21年）に本制度が開始、インフォームド・コンセント（I・C）が実施されるようになったこと、が考えられる（〔図9〕）

3．アンケート調査

　アンケート調査として、原因分析報告書に関するもの（平成23年・夏）、補償に関するもの（平成24年6月）、都道府県産婦人科医会に向けたもの（平成

IX 本制度の成果と評価

〔図9〕 産婦人科の訴訟（既済）件数の推移

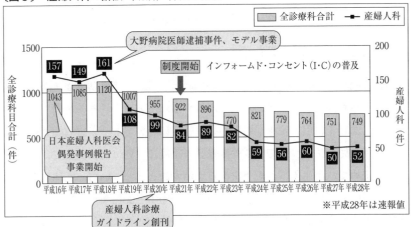

最高裁判所医事関係訴訟委員会「医事関係訴訟事件の診療科目別既済件数」

最高裁判所医事関係訴訟委員会の報告みると、平成16年から平成28年にかけて、全診療科は1043件から753件で28％、産婦人科は157件から54件で、66％も減少している。

24年9月）等、が実施された。

「原因分析が行われたことは良かったですか（分娩機関）」では、とても良かった（31％）、まあまあ良かった（43％）、どちらとも言えない（21％）、あまり良くなかった（3％）、非常に良くなかった（2％）であった。良かった理由として、第三者により評価されたこと、今後の産科医療の向上につながること、原因がわかったこと、などがあげられている。一方、保護者からは、とてもよかった（31％）、まあまあ良かった（34％）、どちらとも言えない（18％）、あまり良くなかった（15％）、非常に良くなかった（2％）で、良かった理由として、第三者により評価されたこと、今後の産科医療の向上につながること、原因がわかったこと、などがあげられている。

「『原因分析報告書』の内容についてご納得いただけましたか（分娩機関）」では、とっても納得できた（14％）、まあまあ納得できた（64％）、だいたい納得できた（17％）、どちらとも言えない（3％）、あまり納得できない（2％）

235

であった。

原因分析に向けての評価は分娩機関および保護者からも高かった。

4．医療上の改善された点

「産科医療の質の向上への取り組みの動向」では、「再発防止委員会からの提言」が産科医療関係者にどのように活かされているか、その動向を把握するため、2017年に引き続き「胎児心拍数聴取について」、「子宮収縮薬について」、「新生児蘇生について」、「診療録等の記載について」に関して、一定の条件を定めて、出生年ごとの年次推移を示すこととしている。2018年から新たに「吸引分娩について」を加えている。2009年と2012年を比較すると、分娩監視不十分が23.8％から11.3％と減少、子宮収縮薬用法容量基準内が22％から48％と向上、子宮収縮薬の文書同意が22.7％から33.1％と改善、新生児蘇生が生後1分以内に開始されたが49.6％から80.5％と改善、診療録等の記載不備は分娩進行について10.1％から5.6％と改善、新生児記録は8.7％から5.6％と改善された。他方で吸引分娩6回以上が6.7％から6.1％と改善されていなかった。

5．ガイドライン等への反映

産科医療補償制度とガイドライン産科編2014：CQ412「分娩誘発の方法とその注意点は？」の解説では、「一旦、臍帯脱出が起こると児の状態は急速に悪化するため、子宮内用量40ｍＬ以下のメトロイリンテル時にも挿入前に臍帯下垂がないことを確認し、破水後ならびにメトロイリンテル脱出後には速やかに臍帯下垂や脱出がないことを確認する。さらにメトロイリンテル使用後に人工破膜を行う場合もあるが、破膜前に児頭固定（ステーション－2以下）を確認する。また破膜前のエコーによる臍帯位置確認は臍帯脱出予防に寄与する可能性がある。陣痛発来後は分娩監視装置を装着し連続監視する。ただし、臍帯下垂がなくても臍帯脱出は起こりえる」、が第1回再発防止に関する報告書に参考として掲載された。また、CQ406「吸引・鉗子分娩の適

応と要約、および、施行時の注意事項は？」では、「実施回数は5回以内、子宮底圧迫法は陣痛発作に合わせて実施する。1陣痛時に陣痛に合わせて行った子宮底圧迫を子宮底圧迫法手技実施1回と数える」、が記載された。今後も、産科医療の質の向上に向けて、本制度の原因分析報告書・再発防止に関する報告書が引用されると考える。

6．新生児医療の進歩

　個別審査における児の未熟性と3疾患（RDS；Respiratory Distress Syndrome, IVH;Intra Ventricral Hemorrhage, PVL; Peri Ventricral Leucoplakia）について検討された。

　RDS（呼吸窮迫症候群）については、出産前の母体へのステロイド投与や新生児への肺サーファクタント投与等で、CPに至るほどの重篤化が克服された。

　IVH（頭内蓋出血脳室内出血）については、CPに至るⅢ、Ⅳ度のIVHは、早産児の脳血管の未熟性に、児の脳の低酸素・虚血を引き起こす何らかの事象が加わって、児の特定部位の血管が破綻して出血することによって発症する破壊的病変であり、未熟性のみでは発症しない。

　PVL（白質周囲軟化症脳室周囲白質軟化症）については、未熟児の脳血管の発達の未熟性を背景に、分娩時の母体の低酸素状況はもとより、虚血を起こす何らかの減少、感染等炎症性の因子が加わることにより、児の脳の白質部分の特定部位が破壊されて発症する破壊的病変である。

　しかも、従来、妊娠28週未満で未熟性が原因と考えられていたCPが医療の進歩によって減少してきている（〔図10〕）。今後の見直しの重要な根拠になると思われる。

7．紛争訴訟および不服申立て

　本制度では、分娩機関が重度脳性麻痺について法律上の損害賠償責任を負う場合、本制度から支払われる補償金と損害賠償金の調整を行うこととなっ

〔図10〕 在胎週数別重度脳性麻痺発症率の比較

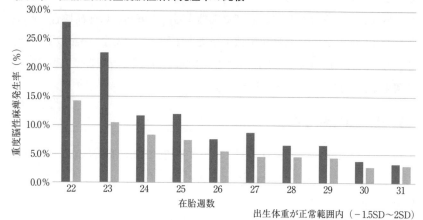

周産期母子医療センターネットワークデータベースより。

従来、妊娠28週未満で未熟性が原因（たとえば、RDS、IVH、PVL 等）と考えられていた CP が医療の進歩によって減少してきているばかりではなく、未熟性だけでは発症しないことがわかってきた。

ている。2017年12月末において、補償対象とされた2233件のうち、損害賠償請求が行われた事案は97件（4.3％）である。また、2017年12月末までに原因分析報告書が送付された1649件のうち、原因分析報告書が送付された日以降に損害賠償請求が行われた事案は34件（2.1％）である。紛争訴訟は本制度が開始されてから大幅に減少している。さらに、原因分析報告書が紛争訴訟の抑止に働いている。本制度の成果と考えられる（〔図11〕）。

審査がすでに完了している2009年から2011年までに出生した児の事案において、「個別審査基準を満たさない」事由で補償対象外とされた件数は212件であり、補償対象外とされた430件の49％となっている。また、補償請求者から不服申立てのあった件数は70件であり、補償対象外とされた430件の16％となっている。不服申立てのあった70件の補償対象外事由は個別審査基準を満たさない32件、除外基準に該当14件、脳性麻痺の定義に合致しない14

〔図11〕 審査および補償の実施状況および損害賠償要求、等について

- 本制度では、分娩機関が重度脳性麻痺について法律上の損害賠償責任を負う場合、本制度から支払われる補償金と損害賠償金の調整を行うこととなっている。
- 平成29年12月末において、補償対象とされた2,233件の内、損害賠償請求が行われた事案は97件（4.3％）である。
- また、平成29年12月末までに原因分析報告書が送付された1,649件の内、原因分析報告書が送付された日以降に損害賠償請求が行われた事案は34件（2.1％）である。

【損害賠償請求等の状況】　　　　　　　　　　　　　　　　　　　　　（平成29年12月末現在）

	件数：（ ）内は解決済み	補償対象件数に対する割合
損害賠償請求事案	97 (53)	4.3%
訴訟提起事案	51 (27)	2.3%
訴外の賠償交渉事案	46 (26)	2.1%
補償対象件数	2,233	―

・別途、訂拠保全のみで訴訟の提起や賠償交渉が行われていない事案が10件ある。
・解決済みの53件中、10件は分娩機関に賠償責任がなく、調整対象外とされている。

【上記のうち、原因分析報告送付後に損害賠償請求が行われた事案】　　（平成29年12月末現在）

	件数	原因分析報告書送付件数に対する割合
損害賠償請求事案	34	2.1%
訴訟提起事案	15	0.9%
訴外の賠償交渉事案	19	1.2%
原因分析報告書送付件数	1,649	―

　損害賠償請求が行われた事案は4.3％であり、原因分析報告書が送付された日以降に損害賠償請求が行われた事案は2.1％である。原因分析報告書が紛争訴訟の抑止に働いている。

件、重症度の基準を満たさない10件であった。異議審査委員会は補償申請者から不服申立てがあった場合の再審査を行う委員会であり、70件が審議された。これらの事案を検証し、さらなる見直しが必要と考える。

X　今後の課題：制度の見直し

　個別審査基準で規定している低酸素以外の原因でも分娩に係る医療事故より脳性麻痺を発症している事例があること、個別審査基準に規定している低

酸素が存在しても、低酸素が生じた時期の違いによって個別審査基準を満たさず対象外になっている事例があること、を考えると個別審査を一般審査とすることも必要になろう。その他、妊娠28週未満の取扱い、除外基準、重症度の基準、補償申請期間、補償額、補償額の支払い方法、も検討対象になると思われる。また、母体死亡・母体後遺障害への補償対象の拡大も検討する必要がある。また、本制度には第三者が入って患者家族と医療機関に説明し、双方で話し合う場が設けられていない。今回のアンケート調査においても誤解・不信が解消されていないケースが多々ある。医療ADR（alternative dispute resolution）等の導入も必要と思われる。

XI おわりに

本制度の目的は、①分娩に関連して発生した重症CP児とその家族の経済的負担を速やかに補償し、②CP発症の原因分析を行い、同じような事例の再発防止に資する情報を提供し、③紛争の防止・早期解決および産科医療の質の向上を図ることである。現在99％の分娩施設が加入し、99.9％の児をカバーしている世界に類をみない補償制度で、10年が経過した。この間本制度の目的はほぼ達成された。すなわち、紛争・訴訟は減少し、CP発生も減少、産科医療の質の向上に寄与している。本制度の今後のさらなる充実を期待したい。

〈参考資料〉
産科医療補償制度　再発防止に関する報告書（第1回～8回）
産婦人科診療ガイドライン産科編2014、2014年
産科医療補償制度10周年特別記念号、2018年

本寄稿は、第300回東京産婦人科医会記念臨床研究会（2018年）で発表した「産科医療補償制度の歩みと今後の展望」に最近の知見を加味したものである。

5　神奈川県医師会医事紛争特別委員会

吉 田 勝 明

横浜相原病院院長

I　はじめに——平沼髙明先生を偲んで

　石川県金沢市に主計町という所がある。地元の人にいわせれば、これを「しゅけいまち」と読む人はよそ者、「かぞえまち」と読むのだという。弁護士平沼髙明先生を講演会等で紹介するときに「ひらぬまたかあき」先生ですと読む人がいる。「ひらぬまたかはる」先生と言わなければもぐりですよね。といった話を筆者がしたときの「そうだそうだ、そのとおりだ」と言わんばかりの笑顔が今でも目に浮かぶ。

　筆者が初めて平沼先生とお会いしたのは平成9年4月、横浜市病院協会の理事を務めるようになってからのことであった。弁護士でありながら法学博士のみならず医学博士の称号をおもちになっている、そして昭和大学医学部客員教授、どんな真面目な、堅物で恐ろしい先生なのか、と思ったものである。しかしその後、幾度となくお話をさせていただく中、とても人間的で、人の心をおもんばかる、そんなことが自然にできる先生だなあと筆者の思いも変わっていった。

　平成14年11月13日からの第15回病院連携ハワイセミナーの研修プログラムで、ハワイへ一緒に研修旅行する機会があった。旅先では法学・医学のみならず、宗教学・歴史そして哲学に至るまでの話を聞かせていただき、その造詣の深いことには驚かされてしまった。そして一緒にラウンドさせていただ

いたゴルフ……ドライバーの飛距離は素晴らしく──当時筆者自身も飛ばしにはいささか自信があったので──争って思い切り振り回したもののその結果はあえなく惨敗。夜のカラオケ……これも人生の酸いも甘いも経験された思いのこもった──心で歌う──と感じたことを覚えている。

そのような縁で髙明先生との距離もずっと近づき、筆者の友人が会長を務める消化器系の学会が石川県金沢で開催された時に特別講演をお願いした。即、引き受けていただき、ふたりで金沢へ──講演会は盛り上がり、講演時間も数十分延長したこと──金沢芸者のお酌で素敵な夜を過ごした。いやいや、飲んで食って遊んでばかりではない。フロイトやユングについて論争し、人生論についても語り続けたりしたものである。そのような中で、裁判に関して教えていただいた言葉がある。それは「絶対的な勝訴より、不本意な和解」。

当時の筆者は何でも完璧主義で「医者側が、悪くないのであれば徹底的に戦う、仮に１万円の損害賠償・慰謝料を得るために、裁判費用が100万円かかっても譲れない」と言っていた時に、いただいた言葉である。続けて、完璧に勝つ必要はない、譲れるところは譲ってやるのも、判決後の関係性で、場合によっては良い結果を生むこともしばしばあるのだと──。

最近読んだある人生論から引いた、「人は100％信じてはだめよ、97％にしておきなさい。残りの３％は万が一にも裏切られた時に相手を許すためのこころのゆとりにとっておきなさい」このようなことにも通じるような重みのある話だったと振り返る。

「法律の生命は論理ではなく、経験である」

（米国連邦最高裁判事オリバー・ホームズ）

この言葉は長年にわたり、医事紛争にかかわっていただき、医療提供者の安全そして国民に対して安心した医療の提供に寄与された平沼髙明先生のためにある言葉と、あらためて感じている。

II　神奈川県医師会医事紛争特別委員会

　神奈川県医師会では、医事紛争特別委員会を設置し、日本医師会、損害保険ジャパン、弁護士と密接に連携を図り、医事紛争の解決にあたっている。

　全国都道府県医師会に先駆けて、昭和33年9月29日第32回県医師会臨時代議員会にて、県医師会医事紛争処理委員会規定案として提出され、10月1日に神奈川県医師会医事紛争処理委員会（以下、「委員会」という）として発足したものである。

　委員会は現在、内科5名、小児科2名、整形外科4名、産婦人科3名、耳鼻咽喉科1名、麻酔科1名、法医学1名、精神科1名、弁護士2名からなる23名の委員で構成され、毎月開催されている。

　なお、眼科・皮膚科・泌尿器科など上記診療科以外の事案を処理するにあたっては、関係委員会等より臨時委員の推薦を得ている。会員から所定の顛末報告書が提出されると、委員会に新規事案として上程され、担当委員が選任される。会員には代理人となる弁護士を選任のうえ、委員会外において、神奈川県医師会にて担当委員による面談が行われる。この面談では診療録、検査記録等に基づき、事実関係の確認がなされる。この面談の結果は、担当委員により、次に開催される委員会にて報告がなされ、医療上および法律上の過失の有無、程度につき全体審議に付される。

　弁護士は、この委員会判定に基づき、相手方との交渉、裁判手続等に臨む。委員会は、有償解決が必要な事案については、弁護士による損害額の積算につき審議し、訴訟等の裁判手続に係る事案については控訴など上訴の要否等につき審議をして、当該事案の具体的処理方針を決定する。弁護士は、同じくこの委員会判定に基づき、相手方との交渉、裁判手続に臨み、医事紛争の解決に至る。

　日本医師会A会員が加入する日本医師会医師賠償責任保険（以下、「日医医賠責保険」という）は、日本医師会が自らの事業として制度運営にあたって

いるので、この保険の適用を受けるべき事案については、上記の手続により委員会の意見を付したうえで、最終の判断は日本医師会の賠償責任審査会の審議に委ねられる。この日医医賠責保険の適用を受けるべき事案を除く、同保険の免責分を補填する100万保険（引受会社は損害保険ジャパン）、また、医賠責保険の病院契約や法人立診療所契約の適用を受けるべき事案（引受会社は損害保険ジャパン）については、委員会の判定が当該事案の最終判定となる。日本医師会より冊子「必携 日本医師会医師賠償責任保険（含む日医医賠責特約保険）解説」が全会員に配布されている。万が一の事故に備える大変重要な内容である。

III 医事紛争防止と解決の道（平沼髙明弁護士筆）

平沼髙明先生は神奈川県医事紛争特別委員会委員を平成2年4月から平成7年3月、平成9年4月から平成27年6月まで、また本会の監事を平成13年4月から平成17年3月まで勤められた。

以下、当時の平沼先生から寄稿いただいた論文を紹介する。

1 はじめに

私が医事紛争特別委員会の委員になって30年は経ったと思われます。その間の状況について、中でもこの10年間を中心に回顧し、検討してみます。

先ず、医事紛争の発生件数ですが、10年間の合計数を比較してみますと、平成14年・15年・17年に増加を示しましたが、平成18年以降はむしろ10％位の減少が認められます。この現象は、全国における医事関係訴訟事件の傾向とほぼ一致していることが判ります。即ち、裁判所へ訴訟を提起した数も、平成15・16・17年がピークであり、その後減って平成20年は平成16年より30％方減少していることが判ります。判決の勝訴率（患者側が勝つこと）は、平成12年には46.9％でしたが、平成21年には

25.3％へと激減しています。

　和解を入れても患者の勝訴率は60％と過去10年で最低を記録しています。これらの要因が何であるかは、未だ明確ではありませんが、横浜市大の患者取違え事件、都立広尾病院の誤注射事件を契機とした医療不信のキャンペーン、それと同時に医師法21条による「異状死」の届出義務の厳格化により、医療機関から警察への届出が、平成14年以降激増したこと、それに関連した福島県の大野病院事件、杏林大学病院の割り箸事件が新聞紙上を賑わすとともに、医療事故に対する警察の行き過ぎた介入の不当性が徐々に明らかになりました。大野事件は刑事無罪、杏林大学事件は刑事・民事事件とも無罪と請求棄却と云う結果となり、医師の過失は簡単には認められないことが徐々に解ってきました。

　更に、東京ほか主要な裁判所に、医療事件専門部が設置され、裁判官も専門的な立場から医療の現場をよく理解したことも大きな原因と云えるでしょう。然し、これで安心することは出来ず、更に医療側においても医療事故を無くすべく、地道な努力が必要だと考えられます。

2　具体的事件からみた医事紛争防止策

①　質の高い医療

　医師の不断の研鑽の必要性。よく云われるように医師は生涯教育が必要であり、医師免許の更新（アメリカでは必要とされる）の必要が叫ばれる中、EBM（根拠のある医療）を尊重し、各科においては学会のガイドラインがある場合には、これを尊重し、ガイドラインに従わないときは、従わないことの根拠をカルテ等に残してください。

②　良いコミュニケーションの技術

　従来の医師は概して患者との対話が十分でない嫌いがあります。患者の病状を分かり易く親切に伝える努力が必要です。患者に温かく接した場合にはアメリカでも訴えられることが少ないと云われています。

③　患者の訴えをよく聞く

　最近の医事紛争例の中にも、患者の訴えをよく聞かない例がまま見受

けられます。乳がんの患者なのに局所を触診せず、データーのみに頼ったため、患者は乳房の異常を他医に伝えたところ、乳がんの診断が下ったものがありました。

　患者の訴えをよく聞く必要のある例としてアメリカの医療記者で有名なダナファーバーの抗がん剤投与事件があります。患者は何かおかしいと不安を感じ医師に訴えましたが、医師は過剰投与に気付かず、患者は退院日に退院しないで、翌日ベッドで死亡していました。この件で教えられるところは、患者が何かおかしいと訴えたことをもっと重視してプロトコールを精査し直せば、事故は回避できたと云えることです。
　④　診療録・看護記録の完備
　診療録（カルテ）は、医療行為のナビのようなものです。カルテに時間の記載を何故しないのか、外傷の場合にデブリードマンが十分か否かの争いになり易いのですが、デジタルカメラで受傷部分を撮っておけば傷が汚かったかどうか等の争いは無くなります。我々法律家も同じですが、この発達したAudio Visual時代に遅れを取っていることは否定できません。
　⑤　患者の情報と教育
　医療機関にもよりますが、概ね1時間近く患者は待っています。この時間を利用して体温測定をしておいたり、来院時の症状、アレルギーの有無、病歴等をペーパーに記載してもらうことは重要です。医事紛争でかなりの件数があるのがアレルギーを知らずに投与したミスです。アレルギーの場合はカルテ上も一見して判るような工夫も必要なのではないでしょうか。というのは、カルテに記載があるのに再度禁忌の薬を投与した例があるからです。
　⑥　インフォームド・コンセント
　昔から、「ムンテラ」といって患者に対する説明の大切なことは教えられていましたが、歴史的には第二次大戦後にナチスの生体実験などを教訓とし、またアメリカにおける患者中心主義の尊重などから、医療行

為はあくまで患者が主体であることの当然の結果として、患者に、これから行う医療行為について十分に説明したうえで、患者の納得を得てから治療行為を行うことを忘れないでください。

判例として有名なのは、エホバの証人の輸血事件（最高裁平成12年2月29日判決）で輸血を拒否する権利を認め、これを無視した輸血の強行は手術中に生じたものであっても、あらかじめ患者の同意が必要とされています。また、乳がんの手術方法についても、全摘出によるか否かを患者に十分に説明したうえで行うべきであるとされたものがあります。（最高裁平成13年11月27日判決）

⑦　患者は消費者である

わが国には、平成12年5月に成立し、翌平成13年から施行されている「消費者契約法」という法律があるのをご存知でしょうか。

この法律で定める「消費者」に患者が該当するか否かについて異論もありましたが、日本医師会は、患者が消費者であることを認めております。

1960年に、ケネディ米大統領が、「消費者宣言」を発表して以来、消費者の権利をいかに保護するかが重要になりました。

消費者の知る権利はその一つです。医療行為においても、医師と患者との間には、専門家と素人の関係があり、情報の質と量に格差があります。

インフォームド・コンセントが必要とされるのも、このような、患者は消費者であるとの基本的な理解をもって診療行為に当たっていただきたいと考えます。

⑧　救急患者・高齢者

救急患者について注意しなければならないことは、救急患者とは通常は初対面のことが多く、患者との間に信頼関係が確立されていないことです。特に、酒に酔って転倒した事故などは、頭部を強打していないかなど慎重に問診などを行うべきで、疑わしい場合には転送するようにし

てください。

　医師会の統計上も明らかなことですが、患者の高齢化が進んでいます（18頁参照）。他人からみて、もう余命いくらもない高齢の患者でも、家族にとって大切な人であり、昔の人と違って最近の家族は、仮に90歳の患者であっても十分な診療を受けていないのではないかという苦情が多く見受けられます。高齢者であり余命が少なくても人間として価値に違いがないことを十分に考慮してください。

　⑨　解剖の必要性

　死亡した事案で、通常の経緯ではないものは診療中の患者の死亡でも、医師法21条に定める「異状死」とされています（最高裁平成16年4月13日判決）。異状死の場合は警察に届け出る必要がありますので、疑わしいときには、医師会なり弁護士に相談してください。

　異状死に当たらない場合にも、遺族の同意を得て解剖することにより紛争が防げることも多いことを念頭において処理してください。神奈川県には独特の剖検システム（21頁参照）がありますので、県医師会に照会してください。

　⑩　医事紛争対策の必要性

　日常から医事紛争対策に興味をもつことを心がけることも大切です。

　医師会の研修を受けたり、最高裁判決のような重要な判決に注意してください。最高裁判決で医事紛争に関係するものは、年に1～2件しかありませんので（最高裁判所ホームページ判例検索システムで見ることができます）、それを知ることはそんなに困難なことではありません。是非関心をもっていただきたいと思います。

　⑪　紛争が生じたときの心得

　不幸にして、患者との間に紛争が生じたときには一人で解決しようと努力するよりも、早刻、医師会に連絡して指示を受けるようにしてください。場合によっては弁護士に依頼して早期解決に努力してください。他の医師に知られたくないなどと心配せずに早め早めに対処することが

大切です。医事紛争委員など関係者は守秘義務を守りますのでご安心ください。

⑫　刑事事件対策

横浜市大の患者取り違え事件や都立広尾病院の誤注射事件などを契機にして、医療事故を刑事事件として立件することが多くなりました。医療事故において医師の刑事責任を追及することの適否は意見が対立するところですが、現在の我が国の司法は刑法上も、業務上過失致死、傷害罪の成立が認められるところから刑事事件となったときには種々の困難なことが生じます。

特に、患者側が刑事告訴を行ったような場合には、警察は捜査せざるを得ないことになっていますので、そのような場合には、一刻も早く弁護士に依頼して、刑事弁護人を選任するのがよいと考えます。

3　おわりに

以上、思いつくままに、且つ、アメリカにおけるリスクマネジメントを参考にしながら、医事紛争防止のために重要と思われる点を列挙してみました。

神奈川県医師会の医事紛争特別委員会は全国的にみても、一、二を争う強力で実力のある委員会であると考えられます。

従って、会員の皆様におかれましては、何等かの医事紛争が発生した場合には、遅滞なく県医師会の医事紛争担当者にご連絡いただき、解決の方法などもご相談くださるようお願いしたいと思います。

Ⅳ　おわりに

「自分で変えられることを変える勇気を持ちなさい。
そして変えられないことを受け入れる心の静けさを持ちなさい。
そのために、変えられることと、

第3編 ５ 神奈川県医師会医事紛争特別委員会

変えられないことを見分けられる力をどうぞ、私に下さい。」

(米国神学者ニーバー)

　こんなことをも教えていただいた──あらためてそう実感し、平沼髙明先生のご冥福をお祈りいたします。

第4編

法医学の挑戦

1 法医学の進歩
―― この50年で何が変わったのか

黒 木 尚 長

千葉科学大学危機管理学部保健医療学科教授

I　50年前の生活と医療

　50年前の1968年（昭和43年）は、高度経済成長期の真っただ中にあり、年平均10％以上の経済成長が達成され、エネルギーは石炭から石油に変わり、太平洋沿岸にはコンビナートが立ち並んだ時期だが、小学校はまだ石炭ストーブであった。当時は、重化学工業化のために産業公害が拡大し、水俣病、新潟水俣病、イタイイタイ病、四日市ぜんそくが四大公害病といわれ、集団訴訟が多発した。[1] 当時のカラーテレビ普及率は5％程度で、パソコンどころか、ワープロも電卓もない時代であった。この4年前の1964年には東海道新幹線が開業し、東京オリンピックが開催され、この2年後の1970年には日本万国博覧会が大阪府吹田市で開催され、その駐車場跡に現在の大阪大学医学部法医学教室があるとは想像できない。

　50年前の医療を想像するには、「1968年8月8日に札幌医科大学心臓外科の和田教授が日本初の心臓移植手術を行った」といえば、それがどのような結末を迎えたかは別として、日本の医療レベルが十分高かったことはわかるであろう。[2] 血液透析（HD）が健康保険の適用となったのが前年の1967年であり、それまでは、重度の慢性腎不全を煩うことが死に直面することでもあっ

---

[1] 〈http://www.hekinan-th.aichi-c.ed.jp/gakka/e/zisaku/waku/rekishi/yondai.html〉
[2] 和田心臓移植事件。〈https://ja.wikipedia.org/wiki/〉

た。心臓ペースメーカーの埋込みが行われるようになったのもその頃であり、完全房室ブロックなどの重症不整脈を煩っても長生きできるようになった。身体障害者福祉法が施行され、障害等級が認定されたのが1950年のことであり、その等級表で臓器の機能の障害により自己の身辺の日常生活活動が極度に制限されるもの（心臓、腎臓、呼吸器など）については、身体障害者1級が認定され、現在も、慢性血液透析を受けている人や心臓ペースメーカーが埋め込まれている人は身体障害者手帳1級を所持している。

今では誰もが知る潰瘍治療薬ガスターなどのH2ブロッカーが登場したのは1985年であり、それまでは胃潰瘍が重症になって潰瘍からの出血が続いたり（出血性胃潰瘍）、穿孔して腹膜炎になったりすると手術をして胃を取るしか方法がなかった。最近は、食事内容や衛生環境の変化の影響でめっきり少なくなった急性虫垂炎ではあるが、当時は右下腹部痛でいわゆる『盲腸』のため、手術で虫垂が切除された子供たちが多かった。日本国民すべてが「公的医療保険」に加入する国民皆保険制度が始まったのが1961年であり、50年前もすでに誰もが自由に医療を受けられるようになっていた。

当時は、寝たきり老人が社会問題になった時期でもあり、寝たきり高齢者の数やその生活実態の深刻さが明らかにされるなど、高齢者福祉サービスが一部の低所得者だけでなく、徐々に一般的・普遍的なニーズとして顕在化してきた。死因の1位は脳血管疾患で高血圧性脳出血が多かった。今のように優れた降圧剤もなければ、頭部CTもなく、頭蓋内病変の診断は脳血管撮影で行われていた。大学病院で頭部CTが使われはじめたのが1975年のことで、全身CTはその2年後で、広く普及したのは1980年以降であった。MRIにおいては大学病院で初めて使われたのが1983年で、普及したのは平成になってからである。先進医療を除いた現代の医療は1985年頃とさほど変わりない

---

3 〈http://www.zjk.or.jp/kidney-disease/expense/index.html〉
4 厚生省社会局更正課『改訂　身体障害認定基準・解釈と運用』（太洋社・1990年）。
5 〈https://www.qlife.jp/square/healthcare/story17457.html〉
6 〈http://www.jira-net.or.jp/vm/chronology_xrayct_01.html〉

ように思われた。

　今はチーム医療が当たり前とされているが、当時の医療職は医師、看護師、薬剤師、歯科医師しかなく、パラメディック自体が存在しなかった。昭和40年代に入ってから、医学的リハビリテーション（以下、「リハビリ」という）の需要の高まりや検査業務の高度化などから、専門技術者の資格として理学療法士、作業療法士、診療放射線技師、臨床検査技師などの新たな資格制度が次々と創設されたのである。[7]

　救急医療については、まだ「救急医学」という学問が存在せず、当然、「災害医学」もなかった。大学に救急部が初めてできたのは1967年の大阪大学医学部付属病院特殊救急部が最初であった。それまで消防車と同じであった救急車のサイレンが、「ピーポー」に変わったのが1970年で、休日夜間急患センターができたのが1972年、一通りの救急医学が確立されたのが1975年頃であった。一般市民が心肺蘇生術を行えるようになったのは1983年で、救急救命士が救急車に同乗し救命処置ができるようになったのは1992年、一般市民のAED使用が認められたのは2004年であった。[8] AEDの普及は救える命を救えるようになった。AEDの心電図判定に基づいて一般市民が除細動を実施した傷病者の45.7％が1カ月後に社会復帰するまでになっている。[9・10]

　当時の大学には、医学部医学科も少なく、医学部の定員も当時は4000名程度で、へき地医療・無医村が社会問題となり、新設医大がその後次々と開設されはじめた。現在、医学部の定員は9419名とのことである。[11] このようにして、医師が倍増してきたのである。

7　中島泉『医学概論』（南江堂・2015年）。
8　木所昭夫「本邦における救急医療の現況」順天堂医学47巻3号（2001年）302～312頁。
9　総務省消防庁「平成30年版　救急・救助の現状」（2018年）99頁。
　〈https://www.fdma.go.jp/publication/rescue/post7.html〉
10　〈https://www.jhf.or.jp/pro/info/kyukyu.html〉
11　〈https://univ-journal.jp/16425/〉

II この50年の法医学

1．死因と平均寿命の推移

　1968年の平均寿命は、男性69.05歳、女性74.3歳と2018年発表の男性81.09歳、女性87.26歳と比べ、12〜13年も寿命が短かかった（〔図１〕）[12・13]。死亡原因についても、１位・脳血管疾患、２位・悪性新生物、３位・心疾患、４位・不慮の事故、５位・肺炎であり、2017年（平成29年）の死因１位・悪性新生物、２位・心疾患、３位・脳血管疾患、４位・老衰、５位・肺炎と比べても大きく異なる（〔図２〕）[14・15]。

　平均寿命が短かかったのには訳がある。当時は、やたら死産が多く、生まれても１歳に満たないうちに亡くなる乳児が多かった。50年前の1968年の新生児死亡率は出生1000に対して9.8で、2016年0.9の11倍であった。乳児死亡率も出生1000に対して15.3で、2016年の2.0と比べ7.7倍であった。死産率も出生1000に対して71.1と2016年21.0の3.4倍であった。１歳に満たないうちに亡くなる乳児が多かったこともあり、「乳幼児突然死症候群」が問題となることもなかった。また、今ではめったにみられない妊産婦死亡も当時は多く、1965年の妊産婦死亡率は出生10万に対して87.6であり、2016年の3.9と比べるとの約23倍にも及んだ。このように周産期医療の進歩により、妊婦や０歳児の死亡が激減した。2016年の乳児死亡は1928名で、うち乳幼児突然死症候群は109名であった[16]。

12　〈https://www.mhlw.go.jp/toukei/saikin/hw/life/life17/index.html〉
13　〈https://seniorguide.jp/article/1012798.html〉
14　〈https://www.mhlw.go.jp/toukei/saikin/hw/jinkou/suii09/deth7.html〉
15　厚生労働省「平成29年人口動態統計月報年計（概数）の概況」（2018年）。〈http://www.pinkribbonfestival.jp/about/pdf/h29.pdf〉
16　厚生労働省・前掲（注15）。

第 4 編　①　法医学の進歩——この50年で何が変わったのか

〔図1〕　平均寿命の年次推移[13]

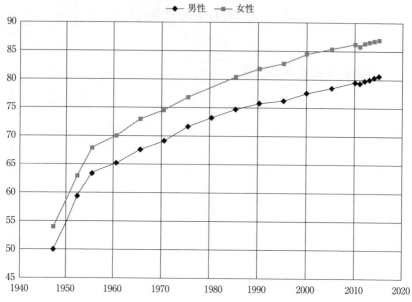

〔図2〕　主な死因別にみた死亡率（人口10万対）の年次推移

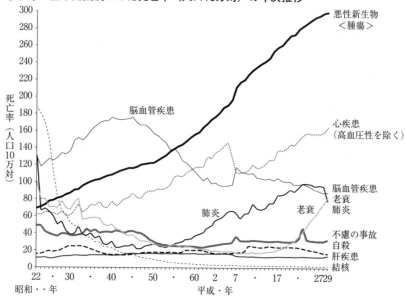

2．当時の平均寿命と遺失利益との関連性

　当時の平均寿命が影響したものとして、逸失利益がある。逸失利益とは、本来得られるべきであるにもかかわらず、債務不履行（自分の債務を履行しないこと）や不法行為（違法に他人に損害を与える行為）が生じたことによって得られなくなった利益であり、交通事故や医療事故などが原因で死亡したり、後遺障害が残ったときに発生する損害賠償金の主たるものでもある。逸失利益は、民事訴訟や損害保険での支払などで問題となるが、後遺障害の場合は、「基礎収入×労働能力喪失率×労働能力喪失期間」に対応するライプニッツ係数で算出され、死亡の場合は、「基礎収入×（1－生活費控除率）×労働能力喪失期間」に対応するライプニッツ係数で算出される。労働能力喪失期間は、後遺障害症状固定時もしくは死亡時の年齢から67歳までの期間であり、ライプニッツ係数とは法定利率で定められた固定5％を用いた複利年金現価であり、中間利息控除である。18歳の場合、労働能力喪失期間は49年となりライプニッツ係数は18.169となる。30歳でのライプニッツ係数は16.711で、40歳では14.643、50歳では11.274となっている[17,18]。この67歳は1964年当時の男性の平均寿命であり、法定利率の5％も当時の金利の高さが反映されている。もし、時代に合わせて、年齢や利息がスライドすれば、ライプニッツ係数が労働能力喪失期間に相当近づくはずであり、支払保険金が著しく上昇し、損害保険料の高騰化を招いたかも知れない。

3．当時の法医学教室における法医実務

　1968年当時の法医学について目を向けることにしよう。法医学教室といえば、司法解剖の鑑定業務が中心であったのはいうまでない。当時の医療と同様に法医業務のシステムはすでに確立しており、現在もほぼ同様のシステム

---

[17] 日弁連交通事故相談センター東京支部編：赤い本『民事交通事故訴訟 損害賠償額算定基準』（2019年度版）．
[18] 〈https://jico-pro.com/columns/71/〉

で行われている。

　50年前の大阪における法医実務を紐解いてみた。当時、大阪府には4大学（大阪大学、大阪市立大学、大阪医科大学、関西医科大学）に医学部法医学教室があり、そこで司法解剖業務が行われていた。大阪大学の当時の鑑定人は松倉豊治教授、加島融助教授、玉置嘉廣助手であり、併設されている大阪府死因調査事務所（現大阪府監察医事務所）の監察医が司法解剖の鑑定人になることもあった。

　1968年は年間に356件の司法解剖が行われていた。解剖記録をもとに全例で鑑定書が作成され、モノクロの写真ではあるが、解剖写真や病理組織写真も添付されていた。ワープロもない時代であったが、鑑定書の書式はB4用紙2部の間にカーボン紙をはさみ手書きすることにより、2部の鑑定書が作成されていた。この仕事を教授秘書が行っていた。司法解剖での解剖の所見、診断のプロセスは、今と全く変わりなく、現代にも通じるというよりも、現代をしのぐ鑑定書であった。

　当時は救急医療も普及しておらず、医療機関での薬剤性ショック死、産褥期の妊産婦の急死も多く、いわゆる診療関連死も目立った。また、嬰児殺を含めた殺人事件、傷害致死事件、川や海での溺死体や火災による焼死体、などの司法解剖も多かった。

　また、モータリゼーションの発達による交通事故死の司法解剖も多かった。CT検査がまだない時代であり、頭蓋内病変の診断が難しいだけでなく、多発外傷の臨床診断も難しかった。1968年の交通事故死者は1万4256人で、1970年の1万6765人まで増え続けた。同年の負傷者数も82万8071人と、1970年の98万1096人まで増え続けた。なお、2015年の交通事故死者数は4117人とピーク時の25％にまで減少し、負傷者数も66万6023人と3分の2程度まで減少している。[19]

　当時は、死産率、周産期死亡率、乳児死亡率、妊産婦死亡率が圧倒的に高

---

19 〈https://www.npa.go.jp/publications/statistics/koutsuu/H29zennjiko.pdf〉

い時期であり、子供を産むことに相当なリスクがあり、医療機関で死亡することも多く、死因が不明とされ、よく司法解剖となった。また、嬰児殺も多く、殺人事件に思われやすいが、当時はトイレが汲取り式しかなく、生み落とし分娩で嬰児殺になることもしばしばあった。『コインロッカーベイビー』が流行語になるほど、嬰児殺が多い時代であった。現在は、ほとんどのトイレが水洗式のため、意図的に殺さない限り嬰児殺になることは少ない。

近年、交通事故死や診療関連死の司法解剖は激減している。交通事故では、CT画像診断などにより臨床診断が容易となり、加えて死亡者も激減していることが要因である。臨床現場で正確な臨床診断ができるようになってからは、司法解剖は、ひき逃げ事件や多重轢過事件、死因が病死の可能性のあるものに限られている。診療関連死については、医療法に組み込まれた新たな医療事故調査制度の運用で対応されるようになったこともあり、司法解剖が少なくなってきたが、50年前と比べれば、圧倒的に安全な医療が心がけられており、診療関連死自体が激減している。また、殺人事件や嬰児殺もそれ自体が減少している。一方、乳幼児の急死や児童虐待などは、刑事事件の可能性があるとされ、以前は監察医による行政解剖だったものが、司法解剖として行われるようになってきた。最近は、司法解剖や行政解剖の前に、CTやMRIを使った死亡時画像診断（Ai：Autopsy Imagingオートプシーイメージング）が導入されることも多くなった。2015年に医療法の改正に盛り込まれた医療事故調査制度では、解剖を行わない場合は、必ず死亡時画像診断を行うこととされている。[20]

4．当時の監察医業務

監察医制度は戦後、公衆衛生の向上を目的に創設されたが、東京23区、大阪市、神戸市などに限られており、監察医が死体検案を行い、死因が不明な場合に行政解剖が行われる。対象は事件性のない場合に限られ、事件の可能

---

[20] 〈https://www.mhlw.go.jp/stf/seisakunitsuite/bunya/0000061201.html〉

第4編　1　法医学の進歩——この50年で何が変わったのか

性がある場合には司法解剖が行われており、その流れは、戦後から全く変化はない。

　大阪府死因調査事務所（現大阪府監察医事務所）は、大阪市全域を扱っており、警察が事件性なしと判断した後、監察医が死体を検案し、死因が不明な場合は、行政解剖を行い、死因を決定する。事件性がないことから、死因は心臓突然死などの疾病、自殺、不慮の事故でほぼ説明できる。

　1968年の大阪府死因調査事務所の年間検案数は1573件で554件が剖検されている。年齢層は成人では20歳代が最多でそれ以降はほぼ均等であった。10歳未満も82件あった。死因は病死574件、中毒死322件、窒息死283件、損傷・温度異常死389件、医療事故・その他5件であった。病死は心臓死が246件と多く、未呼吸1件、その他327件であった。中毒死については、睡眠・精神安定剤31件、一酸化炭素244件、青酸化合物12件、農薬3件、アルコール・シンナー・酸・アルカリ・その他中毒計32件であった。窒息死については、溺死115件、縊死125件、圧死・酸素欠乏・異物43件であった。損傷死・温度異常死は、交通機関72件、墜転落122件、鋭器損傷45件、感電24件、その他損傷74件、温度異常死52件であった。医療事故・その他は、高度腐敗・白骨・その他が5件であった。

　もう少し死因分類が具体的になった1973年の検案数は1965件で、684件が解剖されている。年齢層は成人では30歳代と40歳代が多く、他の年齢層はほぼ均等であり、10歳未満も92件あった。死因は、病死794件、中毒死371件、窒息死388件、損傷・温度異常死406件、医療事故・その他6件であった。病死は心臓死が372件、脳出血141件、肺炎84件、肺結核38件、消化器疾患55件、その他循環器疾患43件、その他中枢神経疾患15件、悪性新生物10件、内分泌疾患10件の順であった。中毒死については、睡眠・精神安定剤12件、一酸化炭素319件、青酸化合物9件、農薬5件、エチルアルコール17件、シンナー5件、その他中毒4件であった。窒息死については、溺死125件、縊死228件、圧死18件、酸素欠乏5件、異物11件、絞扼死1件であった。損傷死・温度異常死については、交通機関89件、墜転落134件、転倒12件、爆発3件、鈍的

損傷74件、鋭器損傷18件、感電18件、その他損傷7件であり、温度異常死は火傷・焼死46件、凍死5件であった。医療事故・その他は、医療事故2件、高度腐敗3件、白骨・その他が1件であった。[21]

なお、直近の2016年（平成28年）の検案数は4496件で1074件が解剖され、大半が65歳以上の高齢者で、乳幼児は0であった。当時の統計分類に合わせると死因は病死3384件、中毒死74件、窒息死503件、損傷・温度異常死350件、医療事故・その他161件であった。病死は心臓死が1840件、脳血管疾患252件、肺炎176件、結核6件、消化器疾患238件、その他循環器疾患227件、悪性新生物181件、内分泌疾患69件、他の呼吸器疾患127件、他の神経疾患28件であった。中毒死については、睡眠・精神安定剤31件、一酸化炭素23件、エチルアルコール9件、シンナー5件、その他中毒11件であった。窒息死については、溺死105件、縊死309件、絞扼死1件、異物89件であった。損傷死・温度異常死については、交通機関21件、転落・転倒231件、鋭器損傷16件、感電1件、その他損傷11件で、温度異常死は凍死17件、熱中症64件、熱傷1件であった。医療事故・その他は、医療事故0件、高度腐敗141件、白骨・その他が9件であった。

　このように50年前であっても、法医解剖業務は法医学教室でも監察医務機関でも、現在と同じぐらいに完璧に行われており、解剖所見に、病理組織検査所見、中毒学的分析結果、生化学検査所見などを適宜加えることにより、死因を正確に診断できる状況になっていた。ただ、現在のような超高齢社会でなかったことから、乳幼児や若年者の突然死が社会問題化されつつあり、対象は若年者や青壮年が中心であった。当時は、原因を検索しても心臓突然死の原因が不明であったため、ポックリ病とは、青壮年急死症候群とよばれることもあった。現在では、Brugada症候群がポックリ病の1つではないかとされている。

21　大阪府監察医事務所「大阪府監察医事務所業報（開設35周年）」（大阪府監察医事務所・1982年）。

5．当時の大阪府監察医事務所の実績

当時の大阪府監察医事務所の実績については、以下のような記載がある。[22]

(1) **細菌・ウィルス学的実績**

1950年10月、大阪市内において「シラス」による集団中毒事件が発生し、多数の死亡者が出た。解剖検査により、まず、その食中毒なることを確定するとともに病理組織学的ならびに細菌学的検査をすすめた結果、阪大微生物研究所の協力を得て、その病原菌が腸炎ビブリオであることが明らかになり、その後、わが国の食中毒の過半数がこの菌の感染によることが判明し、防疫上多大の貢献をなした。

1957年のインフルエンザ（いわゆるアジアかぜ）の大流行に際し、老人の結核や乳児の気道圧迫死と思われたものがインフルエンザA-2ウィルスによることが判明した。

(2) **薬物の異常作用に関する実績**

1953年ペニシリンショック死が社会問題になり、ペニシリンショックに関連する死体を剖検し、その特異体質に関係するもの、ペニシリン過敏症に帰するもの、その他の原因を考慮すべきもの等その実態を明らかにする資料を提供した。

1965年1月～3月の間ピリン剤に係る「アンプル感冒薬事件」が発生し、それに関する死体を剖検した。その結果、ピリン剤がアンプル感冒薬なる形で安易に市販していることの不合理を明らかにし、厚生省に意見を具申、その販売中止を決定するための重要なる資料を提供し、その後の中毒発生の防止に役立てた。

(3) **突然死に関する疫学調査実績**

いわゆる心臓死は当事務所において取り扱う病死例中最も多いが、原因不明の急死も少なくない。その実態について、病理組織学的、細菌学的、生化

---

22 大阪府監察医事務所・前掲（注21）。

学的の多方面にわたり検索を行い、これらの発生予防、本態究明等に努めた。

WHOで問題提示された乳幼児の急死（のちに、乳幼児急死症候群（SIDS））について、1971年に大阪市内における乳幼児急死の解剖主要所見とその病理組織学的所見の概要（1966〜1971年分）を報告した。

(4) **集団災害死における監察医業務実績**

集団災害死における監察医業務については、1970年4月8日午後5時40分頃に起こった天六地下鉄工事バス爆発事故による死者78名を検案したことと、1972年5月13日午後10時40分頃に千日デパート3階からの出火による、7階からの墜落死22名、屋内での圧死3名、一酸化炭素中毒死115名を検案したことが記載されていた。

これらを見る限り、監察医業務についても、50年前でも、現在と同様の診断プロセスで監察医業務が行われ、当時の最高の方法により、中毒死までもがきちんと診断されていることに感心する。

Ⅲ　この50年での法医学の変化

この50年において、法医学分野において大きく変化した項目を取り上げ論じてみたいと思う。

1．死亡診断書の書式改訂

1995年に死亡診断書の書式変更があった。日本では、死亡診断書と死体検案書の様式は共通であり、厚生労働省発行の平成31年度版死亡診断書（死体検案書）記入マニュアルには、『医師は、「自らの診療管理下にある患者が、生前に診療していた傷病に関連して死亡したと認める場合」には「死亡診断書」を、それ以外の場合には「死体検案書」を交付してください。交付すべき書類が「死亡診断書」であるか「死体検案書」であるかを問わず、異状を認める場合には、所轄警察署に届け出てください。その際は、捜査機関による検視等の結果も踏まえた上で、死亡診断書もしくは死体検案書を交付して

ください』と記載されている[23]。

当時の死亡診断書も現在のものと同様、死体検案書を兼ねた様式であったが、死亡の種類は7つあり、①病死および自然死、⑦その他および不詳、外因死が5つあり、②不慮の中毒、③その他の災害死、④自殺、⑤他殺、⑥その他および不詳の外因死であった[24]。

1995年に死亡診断書の書式が変更され、死因の種類が7種類から12種類に増えた。①病死および自然死、⑫不詳の死、に加え、不慮の外因死が7つあり、②交通事故、③転倒・転落、④溺水、⑤煙・火災および火焔による傷害、⑥窒息、⑦中毒、⑧その他から選べるようになった。その他および不詳の外因死は、前回の書式と同じで3つあり、⑨自殺、⑩他殺、⑪その他および不詳の外因であった[25]。

死因については、WHO（世界保健機関）の国際疾病分類（ICD-10）にあるコードに分類され、国際比較できる死因統計となるようになった。それまでは、「急性心不全」という死因が乱用され、1990年のデータでは、監察医制度のない地域で警察医が検視後病死の可能性が高いとされた異状死体の45％で死因が急性心不全であった。ICD-10では、急性心不全は診断名不明確および原因不明の死亡に分類されるようになった。そのため、死亡診断書の記入の注意として、「疾患の終末期の状態としての心不全、呼吸不全は書かないで下さい」と記載されるようになった[26]。

その結果、1995年の死因統計では、「急性心不全」が減少し、かわりに脳卒中の病名が増えたことから、その年だけ死因第2位が脳血管疾患、死因第3位が心疾患になった。その翌年からは、急性心筋梗塞などの虚血性心疾患の死因が増えたことから、従来の死因第2位が心疾患に、死因第3位が脳血管疾患に戻ったものと思われる[27]。

23　〈https://www.mhlw.go.jp/toukei/manual/〉
24　若杉長英『医学要点双書11　法医学〔初版〕』（金芳堂・1983年）。
25　前掲（注23）。
26　前掲（注23）。
27　村山正博＝笠貫宏編『心臓性突然死』（医学書院・1997年）。

2．脳死臓器移植と異状死ガイドライン

　免疫抑制剤であるシクロスポリンが登場し、海外では心臓移植が普通に行われるようになった1980年代後半でも、日本では、心臓移植適応患者は、海外に出かける以外に移植の道はなかった。1968年の「和田移植」は、ドナーとレシピエントの妥当性をはじめ、さまざまな批判を浴び、1997年に脳死臓器移植法が成立するまで、日本の臓器移植は、30年間ストップしてしまった。

　心臓移植を日本で可能にするには、脳死判定や臓器提供のしくみを構築するうえで社会的コンセンサスを得る必要があった。「脳死は人の死か」が社会問題となり、政府が特別立法で脳死と臓器移植の臨時調査会を発足させ、社会的議論があった後、最終答申が出されたのが1992年であった。

　日本法医学会が1994年に異状死ガイドラインを発表したのは、脳死臓器移植との関係性が強いとされる。当時の臓器移植法案では、ドナーカードでの意思表示に基づき脳死臓器移植が行われるとされ、異状死体からの臓器移植の可能性が議論された。異状死体について、唯一記載のある、医師法21条「医師は、死体又は妊娠４月以上の死産児を検案して異状があると認めたときは、24時間以内に所轄警察署に届け出なければならない」だけでは不充分なために作成された。

　異状死ガイドラインの中で、「基本的には、病気になり診療をうけつつ、診断されているその病気で死亡することが『ふつうの死』であり、これ以外は異状死と考えられる。しかし明確な定義がないため実際にはしばしば異状死の届け出について混乱が生じている」としたうえで、異状死を以下のように分類している。[28・29]

　① 外因による死亡（診療の有無、診療の期間を問わない）

　　㋐ 不慮の事故

　　　交通事故、転倒・転落、溺水、火災・火焰などによる傷害

28　吉田謙一『事例に学ぶ法医学・医事法』（有斐閣・2007年）。
29　勝又義直＝鈴木修編『NEW 事例に学ぶ法医学・医事法』（南江堂・2008年）。

窒息、中毒、異常環境、感電・落雷、その他の災害
　㋑　自　殺
　㋒　他　殺
　㋓　不慮の事故、自殺、他殺のいずれであるか死亡に至った原因が不詳の外因死
②　外因による傷害の続発症、あるいは後遺障害による死亡
③　上記(1)または(2)の疑いがあるもの
④　診療行為に関連した予期しない死亡、およびその疑いがあるもの
⑤　死因が明らかでない死亡

　このように、日本法医学会は、異状死ガイドラインを示しながら、異状死体の死因等の究明と臓器摘出の是非の判断は異次元の問題という見解を示してきた。たとえば、頭部を打撲し、あるいは銃創を受けた被害者の腎臓については、死因究明上、解剖に先立つ摘出に問題はない。腎機能は生前の検査所見で、形態は画像で確認できるとし、状況によっては、犯罪死体からの脳死臓器移植が可能であるという見解を示したが、異論も少なくなかった。ただ、この異状死ガイドラインの項目が、1995年に改訂された死亡診断書の死因の種類とほぼ同じであることは注目に値する。

　1997年に臓器移植に関する法律（臓器移植法）が成立し、1999年に臓器移植法に基づく初の脳死からの心臓移植が大阪大学で実施されている。

　臓器移植法では、脳死を死と認めないとする強い意見があることを考慮し、文書により本人が臓器提供を認めている例で、家族も認めている例のみ脳死を死と扱い、臓器移植ができるという世界的に例のない激しい条件を課した。[30・31]

　なお、脳死とは「脳幹を含む全脳の機能が不可逆的に停止」することと定義されている。診断の必須条件として、以下の5項目が定められている。
　①　深昏睡
　②　両側瞳孔径4mm以上で瞳孔固定

30　吉田・前掲書（注28）。
31　勝又ほか・前掲書（注29）。

③ 脳幹反射の消失
④ 平坦脳波
⑤ 自発呼吸の消失

脳死判定においては、2人以上の判定医による第1回の判定から6時間以上経過した後、第2回の判定を行い、第2回の脳死判定（確認）時刻が脳死体の死亡時刻となる。

臓器移植法および付帯規則では、以下のような制約が設けられている。

① 脳死判定に入る前提条件として、確実に診断された原疾患の器質性脳障害により深昏睡と無呼吸をきたし、回復の可能性がまったくないと判断されること。

② 急性薬物中毒、低体温（中心部体温32℃以下）、代謝内分泌疾患の3者は脳死と類似した状態になり得るため除外すべきこと。

③ 臓器提供を前提とした法的脳死判定では、15歳未満の小児と知的障害者など、本人の意思表示が有効でないと思われる症例は、問題があるとして除外される。

2010年には、臓器移植に関する法律（臓器移植法）が改正され、年齢を問わず、脳死を一律に人の死とし、本人の書面による意思表示の義務づけをやめて、本人の臓器提供の意思が不明な場合にも、家族の承諾があれば臓器提供が可能となった。本人の拒否がない限り家族の同意で提供できる。これにより15歳未満の者からの脳死下での臓器提供も可能になった。

3. 突然死

ここでは、50年前ではわからなかったが、現在では、それなりに病態がわかるようになった、当時、乳幼児の急死、ポックリ病（心臓突然死）、入浴中突然死などについて言及する。

(1) 乳幼児突然死症候群（Sudden infant death syndrome：SIDS）

乳幼児急死症候群とは、日頃の健康状態に特に異常のなかった乳幼児や風邪などのごく軽い疾患に患っていた乳幼児が、全く予期しないときに突然死

267

亡し、剖検によっても死因となり得る病変が認められない内因性急死の総称である。このような症例は、欧米では crib death と俗称されていたが、1969年の国際会議で sudden infant death syndrome（SIDS）と統一された。1968年の新生児死亡率は出生1000に対して9.8、乳児死亡率も出生1000に対して15.3と現在の5倍以上高く、乳幼児の感染症による死亡が多かったため、乳幼児の突然死がさほど目立たなかった。当時は、うつ伏せによって鼻口部が閉塞され窒息死するという考えもあったが、乳児の発達機能の解析によりうつぶせ寝と窒息死との関係は否定的となり、1970年代頃から欧米ではむしろ積極的にうつぶせ寝が勧められてきた。その後1980年代後半より欧米では、乳児のうつぶせ寝が乳幼児突然死症候群とかなり密接な関係にあるという報告が出され、1990年代では、諸外国では、あえてうつ伏せ寝にしなければならない理由がなければ、医師や保健婦は積極的にうつ伏せを勧めるべきではないという考えが主流になってきていた。[32]

　一方、日本では、1997年の研究報告までは、あまり議論にもならず、それどころか、うつ伏せのほうが寝つきがよく、絶壁頭になりにくく、整った顔になりやすいという本まで出版され、[33] 1990年代はどちらかといえば、仰向け寝よりもうつぶせ寝で育てられる乳児が少なくなかった。

　乳幼児が急死した場合、解剖を行ってから病理組織検査などを行っても死因を決定するのに難渋することが多かった。吐乳、鼻口部閉塞、肺炎の所見がみられることが多く、3つの所見が軽度もしくはないときに、SIDSと診断されていた。1990年当時、乳幼児の急死は0歳では2～3カ月の乳児が最も多く、次いで1カ月未満の新生児が多い。急死の3分の2は6カ月未満の乳児で、季節的には、冬、春、夏、秋の順で、深夜から早朝にかけて多い。死因は、肺炎、窒息、先天性疾患の順であるが、全く原因不明のもの（SIDS）が約10％あり、死亡した乳児の多くは、1週間以内で感冒症状のものが多かっ

---

[32] 高取健彦編『エッセンシャル法医学〔初版〕』（医歯薬出版・1993年）。
[33] 大関早苗『大関早苗のうつぶせ寝育児法——O脚、デカ顔、絶壁頭よ、さようなら』（集英社・1987年）。

1997年の研究報告により、危険率が、①うつ伏せ寝は仰向け寝の3倍、②両親の喫煙は非喫煙の4.8倍、③ミルク栄養は母乳栄養の4.7倍、④低出生体重児（2499ｇ以下）は成熟児の4.2倍、⑤早産児（在胎37週以下）は満期産児の3.7倍であることが判明した。[34]　その後、仰向け寝の励行、母乳栄養の励行、喫煙の回避、そして低出生体重児や早産を避けるべく、妊婦の安静が図られるようになった。その結果、SIDSによる死亡が、1995年には579人であったのが、1999年には283人、2011年には148人、2016年には109人と減少し続けている。

　臨床研究などにより、SIDSの正確な原因は解明されていないが、現在、呼吸中枢の未熟性・未発達性により、覚醒中枢の機能不全があり、鼻口部周辺に二酸化炭素がたまりやすい状況が起こると、高二酸化炭素血症になり、意識障害を伴う呼吸抑制から無呼吸になり、通常であれば、覚醒して反応性に努力呼吸を行うはずなのにそれが行われず、無呼吸が続き、心停止に陥ると考えられている。[35]

　つまり、50年前には全く原因が不明であったSIDSが、鼻口部閉塞を含め、二酸化炭素が鼻口部にたまらない環境にすれば、おおむね防げることが明らかになった。

(2) ポックリ病（青壮年突然死症候群）

　若年男性（15～40歳）が夜間睡眠中に、うなり声をあげて急死することがしばしば報告されているが、これらは剖検によっても死因がはっきりしないことから通称、ポックリ病とよばれてきたが、現在は青壮年突然死症候群（sudden manhood death syndrome：SMDS）と命名されている。解剖所見では、胸腺肥大、副腎の菲薄、大動脈起始部の幅が狭いことなどがいわれているが、

---

[34] 田中哲郎（主任研究者）「乳幼児死亡の防止に関する研究　総括研究報告書」平成9年度厚生省心身障害研究（厚生省・1997年）。
[35] 救急救命士標準テキスト編集委員会『救急救命士標準テキスト　下巻〔改訂第9版〕』（へるす出版・2015年）。

いずれも明確ではない。[36・37]

　したがって、現在でも解剖を行ってもその原因は不明であるが、不整脈死、たとえば、QT 延長症候群の可能性がいわれている。なお、Brugada 症候群という心電図で右脚ブロック、coved 型、または saddleback 型の ST 上昇を示す突然死があり、睡眠中や安静時に発作が起こるとされ、これなどもポックリ病の範疇に入るかもしれない。

　なお、突然死が発症する原因は、致死性不整脈である。その多くは頻脈性心室性不整脈であるとされ、ほとんどが心室細動であるが、単形性心室頻拍や多形性心室頻拍（トルサドポアン Torsades de pointes）から心室細動に移行する場合もある。その他には、徐脈性不整脈（洞不全症候群と完全房室ブロック）もあると考えられている（〔図3〕）。[38・39]最近では、遺伝子解析が進み、健康な若年者の突然死の原因は、遺伝性不整脈疾患であり、その原因は、心筋の活動電位の形成に関連する細胞膜蛋白、調節蛋白などをコードする遺伝子変異による機能障害であると考えられている。現在、遺伝性不整脈疾患には、先天性 QT 延長症候群（LQTS）、Brugada 症候群（特発性心室細動）、進行性心臓伝導障害（PCCD）、カテコラミン誘発性多形性心室頻拍（CPVT）、QT 短縮症候群（SQTS）、早期再分極症候群（ERS）、不整脈源性右室心筋症（ARVC）などが含まれている。それらの疾患と診断されれば、それぞれに植え込み型除細動器を装着するなどの治療法があり、突然死を防ぐことができる。[40]

　つまり、50年前には原因不明であった、いわゆるポックリ病の原因の多くは、遺伝性不整脈疾患による致死性不整脈であることがわかり、治療によりほぼ予防できることが明らかになった。

36　若杉・前掲書（注24）。
37　高取・前掲書（注32）。
38　的場梁次＝黒木尚長「13章　内因性急死」的場梁次＝近藤稔和編『死体検案ハンドブック〔改訂第3版〕』（金芳堂・2014年）198〜217頁。
39　Bayes de Luna A1, Coumel P, Leclercq JF:Ambulatory sudden cardiac death: mechanisms of production of fatal arrhythmia on the basis of data from 157 cases.Am Heart J. 1989 Jan;117(1):151-9.
40　〈http://www.nanbyou.or.jp/upload_files/h27-1-032.pdf〉

〔図3〕 ホルター心電図記録中の突然死の心電図[39]

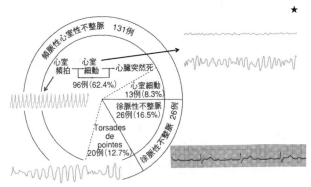

Bayes de Luna らの報告したホルター心電図記録中の突然死の不整脈

(3) 心臓振盪

1976～1985年までの大阪府監察医事務所での疫学研究によるとスポーツ中の急死は、10代の男性に多く、心筋症や冠動脈疾患、QT延長症候群などといった心臓に基礎疾患がある場合に多いとされ、スポーツ開始後、比較的早期に発症する傾向があり、また発症後短時間で死亡するものが多かった[41]。

学校の管理下で体育活動中（体育の授業、運動部活動、体育的行事など）における事故で突然死等に分類されたものは1996年には、全国で48件あったものが、最近では漸減し、2018年では10件であった。これらの多くが不整脈死と考えられている。現在は、AEDが学校には多数配置されていることもあり、スポーツ中の運動中の急死に出会うことは少なくなった。死亡した場合、昔も今も解剖により死因が決定されることが多く、原因不明の心不全が60％を超えたという報告もある。

その当時から、若年者の胸に野球のボールが当たるなど、胸部に比較的軽い衝撃を受けた直後に、突然死することがあることはよく知られていた。しかしながら、解剖を行っても、外力が加わった痕跡すらないことも多く、死

---

41 的場梁次＝大西俊造＝藤谷登ほか「スポーツ中の急死　大阪府下における最近10年間の検討」臨床スポーツ医学5巻1号（1988年）59～65頁。

〔図4〕 ブタの胸部への衝撃により誘発された心室細動[40]

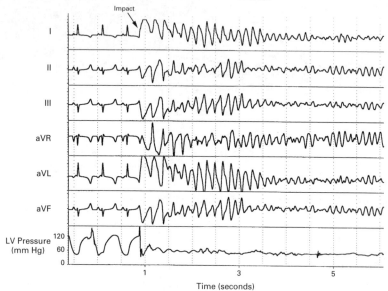

因を病死にせざるを得ない状況が続いていた。

1998年になり、ブタの胸部へボールをぶつけるという衝撃実験によって心室細動（VF）が誘発されることが明らかになった。心拍数がほぼ60回／分のブタの心臓に硬球をぶつけるが、心電図のT波の頂点となる時刻の15〜30ms手前でぶつけると、ほぼ全例でT波の上に心室性不整脈が生じ心室頻拍が起こり、まもなく心室細動となり、何もしなければ、確実に心停止になることがわかったのである（〔図4〕）。胸に硬球がぶつかると、1.5%の確率で心停止に至ることがブタの実験から立証されたのである。この病態を心臓震盪（commotio cordis）とよぶようになり、その心電図の変化を、心室細動を起こす危険な不整脈の1つである、「R on T」になぞられて、「Ball on T」と呼ぶようになった。なお、心臓振盪の胸部への衝撃手段は、野球ボールだ[42・43]

---

42 Link MS, Wang PJ, et al: An experimental model of sudden death due to low-energy chest-wall impact（commotio cordis）. N Engl J Med. 338(25):1805-11,1998.

けと思われがちであるが、実際に調べると、ソフトボール、ホッケーのパック、ラクロスボールなどに加え、上肢、下肢、肩の胸への衝撃や、ボクシング、親のしつけなどでも起こっていることが明らかになった。この研究成果に基づいて開発されたのが、球技用やボクシング用の胸部保護パッドである。[44・45]

つまり、50年前には原因不明であった、若年者の胸部打撲後の急死の原因が心臓振盪であり、胸部保護パッドなどを装着することにより生じやすい環境を避ければ、ほぼ予防できることが明らかになった。

(4) **アルコール性心筋症**

当時は、大酒飲みが急性アルコール中毒以外の原因で急死することが多く、臨床的にも病理学的にも特異的な所見はないため、アルコール以外に原因を考えられないとして、アルコール性心筋症という診断名が用いられるようになった。アルコールの直接作用以外に、飲酒に常用者の心臓障害の総称と考えられている。[46]

最近は、アルコール性心筋症による急死は、なぜかめったにみられなくなってきたが、臨床では、アルコール性心筋症と診断されることがある。日本酒なら1日に4〜5合以上を10年以上飲み続けている方で、なおかつ、心臓が大きくはれて動きも悪くなって、体のだるさ・息切れ・動悸などの症状を訴える方で、他に心不全の原因が見当たらず、お酒を止めると急速に良くなり、アルコールが原因と考えられる場合、アルコール性心筋症と診断される。[47]

(5) **胸腺リンパ体質と薬物ショック死**

当時は、大多数の人には特別異常反応を起こさない薬剤の投与で急死したり、通常では何の異常も示さないような極めて微弱な外力、運動、精神的動揺などのもとで急死する場合が相当多かった。このような体質異常はほとんど生前に予知することはできず、また剖検しても体質異常を直接証明するこ

---

43 輿水健治「若年者の突然死 心臓震盪」日本蘇生学会雑誌 28巻2号（2009年）87〜94頁。
44 輿水健治『スポーツ救急医学』（ベースボールマガジン社・2009年）。
45 輿水・前掲論文（注43）。
46 若杉・前掲書（注24）。
47 〈http://www.ncvc.go.jp/cvdinfo/pamphlet/heart/pamph62.html〉

とは困難であった。

　薬物投与の最中、あるいはその直後（多くは30分以内）から血圧低下など一連のショック症状をきたして死に至るものを臨床的に薬物ショック死と総称している。これらには、①抗原抗体反応であるアナフィラキシーショック死、②抗原抗体反応以外の薬物に対する異常反応死、③薬物の種類や投与量、投与方法などの誤りによる急死、④夾雑物に対する異常反応や中毒死、⑤注射そのものの疼痛や薬液注入に対する異常反応死などが含まれる。

　薬物ショック死には、胸腺肥大例は多く、動物実験で副腎皮質不全のある個体は胸腺やリンパ組織の肥大傾向がみられ、実際に、副腎萎縮による副腎皮質不全とする以外に死因とすべき所見のない急死例もときにみられるとされた。[48]

　胸腺リンパ体質の特徴は、①皮下脂肪組織に富み、皮膚は蒼白、緊張に乏しい。②胸腺が肥大または遺残している。③各部リンパ節またはリンパ組織（舌根部濾胞、扁桃、脾臓、腸粘膜リンパ装置など）が増殖肥大する。④肝臓、甲状腺、骨髄などのリンパ細胞浸潤、⑤動脈系統の発育不全（心臓および大動脈の狭小化）、⑥クロム親和系統（副腎髄質、仙骨腺など）の発育不全である。ただし、常にこのすべてを備えているとは限らない。②が著明で③、④が明瞭でないものは胸腺性体質といい、その反対のものをリンパ体質という。[49]

　内分泌臓器の共働作用の障害を来す迷走神経緊張があり、軽微な刺激によって迷走神経領域の過敏反応を来してショックを来すという。近年、胸腺ホルモンの過剰が心筋グリコーゲンの欠乏を来すことがその死因であるとの説があり、また、副腎機能との関係も重視される。[50・51・52・53・54]

　当時の症例をいくつか呈示する。

48　若杉長英「3．体質異常」四方一郎＝永野耐造編『現代の法医学〔改訂第2版増補〕』（金原出版・1989年）243〜246頁。
49　松倉豊治「第十講　第5章　異常体質」松倉豊治『法医学講義』（大阪大学法医学・1988年）209〜214頁。
50　若杉・前掲論文（注48）。
51　松倉・前掲論文（注49）。

症例1：19歳男性。けんかして頭部を軽打された直後にショック状態となり死亡。胸腺76ｇ、脾腫（180ｇ）、腸間膜腺腫大多数。体格は大きく強健で他に異常所見を認めず。[55]

症例2：6歳男性。解熱剤であるアセトアニリドを半包服用後、まもなく嘔吐、興奮したのち死亡。胸腺は58.9ｇで、その他各部のリンパ組織は発達著明。副腎は小さい。[56]

症例3：44歳女性。性交後急死。胸腺35.8ｇ。一部脂肪化。心臓280ｇ。リンパ節正常。他に異常を認めず。[57]

症例4：69歳女性。風邪引きと肩こり（慢性気管支炎および肩甲関節痛）で受診、消炎鎮痛剤である、サルソグレラン20ml（Ｃパラ〈複合ビタミン剤〉2 ml混合）の静脈注射（注：サリチル酸ナトリウム1ｇを含有したピリン系の鎮痛剤）を受けることになり、その約5 mlの注射を受けたところで急に気分が悪くなり、顔面蒼白、よろめいてきたので、注射を中止して直ちに応急処置を加えたが、約5分後に死亡した。剖検所見としては、身長153cm、体重48kg。栄養状態は普通、各臓器にすでにかなりな老人性変化があるが、特に心臓に冠動脈硬化狭窄、心筋褐色萎縮、その他の退行変性、慢性間質性心筋炎、約1.5倍の大きさの心肥大などがあり、大動脈にアテローム変性強く、一部に潰瘍を形成、脳底動脈も中等度硬化するなど、心臓血管系の障害が著明であり、その他、肝臓・腎臓の萎縮、退行変性が併存、副腎も萎縮して、左右の合計重量は5.7ｇで皮質脂肪が著明に減少している、などの所見があって、死因はこれらの変化、特に心臓病変を基調とし、薬剤注射を動機とした急性心不全（ショック）と判断された。同人の注射直前の身体条件に問題があった。[58]

52　松倉豊治「薬物ショック死と患者の身体的条件」綜合臨床19巻11号（1970年）2495〜2500頁。
53　松倉豊治「ピリン剤異常反応(1)」綜合臨床21巻3号（1972年）504〜510頁。
54　松倉豊治「ピリン剤異常反応(2)」綜合臨床21巻4号（1972年）775〜780頁。
55　松倉・前掲論文（注49）。
56　松倉・前掲論文（注49）。
57　松倉豊治「性交に関係ある急死」綜合臨床20巻5号（1971年）1105〜1110頁。
58　松倉・前掲論文（注52）。

前日に本人の姉が死亡し、1日中その方の家事に忙しく働き、夜は通夜をするかたわら、死者に着せる白かたびらを翌日午前2時までかかって作り上げ、その後4時間ほど仮眠しただけで起床、引き続き葬式の用意にとりかかったが、どうも調子が悪いので受診したということである。すなわち、ここでは、前日来の過労および睡眠不足という身体条件が特に付加されて全体としての不調があった点に注目できる。[59]

これらは、いずれも50年以上前の症例であり、胸腺リンパ体質とおぼしき人が特別異常反応を起こさない薬剤の投与で急死したり、通常では何の異常も示さないような極めて微弱な外力、運動、精神的動揺などの下で急死したと考えられる。当時は、ショックに対する治療法もなければ、心肺蘇生法すら行われておらず、一般人まで日本で行われるようになったのは1983年以降であった。

また、法医学的には、ピリン剤によるいわゆる注射ショック死がしばしば問題になっており、『ピリン剤異常反応』と表記されることもあった。その発現状況は、はじめに嘔気や違和感があってまもなく虚脱、ショック状態に陥るものもあれば、注射直後から突発的に虚脱状態、心不全にいたる者もあり、あるいは叫び声をあげて胸内苦悶、呼吸困難、窒息状痙攣などを初発症状とするものもある。結局は、いずれも全体として急性循環不全の様相を呈するのが一般である。[60]当時は、抗生物質やピリン剤およびサルファ剤が一般に"ショックを起こしやすい"といわれていた。これらのピリン剤、すなわち、ピリン系の解熱消炎鎮痛剤のアンプルは医薬品再評価の結果、1988年に再認可されず、平成の時代には使用されていない。また、ショックなどの副作用を生じる注射製剤自体が少なくなり、医療機関でアナフィラキシーショックになる頻度は激減してきたように思われる。薬剤自体の安全性が向上したことも一因と考えられる。

類似した症例はいくらでもありそうであるが、この30年間では、ほとんど

---

59 松倉・前掲論文（注52）。
60 松倉・前掲論文（注53）。

みられない。また、解剖などを行っても、先ほどの診断基準を満たすような胸腺リンパ体質に遭遇することはまれで、胸腺が遺残している成人に出会うことすらまずない。しかしながら、胸腺リンパ体質類似の特徴を持つ突然死症例に、不整脈源性右室心筋症（ARVC）の原因遺伝子変異を少なくとも5例発見したといい[61]、これらの遺伝子変異を導入したモデル動物の作成を試み、モデル動物の胸腺、脾臓の有意な重量増加、腹腔・腸間膜リンパ節の肥大を確認し、そのモデル動物からカテコラミン誘発性の不整脈が確認できたという[62]。また、胸腺リンパ体質の所見がみられる人に身体活動中心臓突然死が多いので、CTや超音波検査による胸腺腫大の有無や大動脈径の計測をメディカルチェック項目に追加することを提言するという論文も存在する[63]。しかしながら、胸腺リンパ体質が激減したのはまちがいない。

　ただし、薬剤性ショック死は現在もたまにみられることがある。アナフィラキシーショックという診断がつく。アナフィラキシーショックは、Ⅰ型アレルギーによる循環障害で生じる。肥満細胞と好塩基細胞から放出されたヒスタミンなどの生理活性物質によって全身の血管が拡張し末梢血管抵抗が低下する。それに加えて血管透過性亢進による循環血液量減少と心機能低下も関与する。全身の皮膚は紅潮し、しばしば蕁麻疹が観察される。喉頭浮腫による吸気性喘鳴や気管支攣縮による喘息様症候を認めることもある。アナフィラキシーショックによる死亡は、初期の1〜2時間、ことに発症後数分以内のことが多い。

　血液検査による診断は、症状発現後15分〜3時間にかけて血液中のトリプターゼが、15分〜1時間にかけてヒスタミンが上昇するとされているが、一般の施設では測定できないことが多く、アナフィラキシーに特異的でもない。

61　西尾元＝高橋玄倫「不整脈源性右室心筋症原因遺伝子変異は胸腺リンパ体質の分子モデルか」科学研究費助成事業　基盤研究(C)研究成果報告書（2013年）。
62　西尾ほか・前掲論文（注61）。
63　廣渡崇郎＝佐藤啓造＝入戸野晋ほか「身体活動中心臓突然死防止に向けての法医学的検討　身体活動中突然死剖検例と安静時突然死剖検例との比較をもとに」昭和学士会雑誌74巻4号（2014年）428〜453頁。

ショック症状を示したアナフィラキシー例では、治療の第一選択はアドレナリンの筋肉内注射である。必要な量（成人であれば1回最大0.5mgまで、小児では最大0.3mgまで）を、反応を見て5～15分ごとに繰り返す。

　現在、携帯エピネフリン自己注射キット（エピペン®）が、唯一の処置としてハチアレルギー、食物アレルギーを対象に医師により処方できており、エピペン®を本人が所持することにより、現場で、救急救命士や養護教員などの教員、家族が使用することにより、劇的に症状が改善するため、薬剤性ショック死は激減している。

　つまり、50年前にはよくみられた胸腺リンパ体質、一部はそれと関連する薬剤性ショック死は、薬剤の進歩、救急医療の発展、医学の進歩、胸腺リンパ体質自体の激減などにより、めったにみられることはなくなり、アナフィラキシーショックの病態解明と、治療および予防法の確立により、エピペンを本人が所持することにより、ほぼ予防できるようになった。

(6)　**被虐待児症候群**

　乳幼児や小児が両親、両親以外の保育者、兄や姉などから繰り返し虐待を受けたことによって生じた外傷に起因する総称をいう。1962年 Kempe が battered child syndrome と命名した。日本では、被虐待児の解剖例は、1968～1977年にかけて185件（年平均18.5件）あり、5歳以下が91.3％であった。[64・65]

　2000年10月より児童虐待防止法が施行された。この法律の中で、児童虐待とは、保護者がその監護する児童に対し、①身体的虐待、②ネグレクト（養育放棄・怠慢）、③心理的虐待、④性的虐待、の行為をすることとされている。虐待を受けたと思われる児童を発見したときは、児童相談所もしくは福祉事務所に通告する必要があり、通告者の守秘義務は守られるようになっている。児童相談所は、立ち入り調査権、一時保護、施設措置の権限等を持ち、必要に応じて親権者の意向に反する児童の施設措置、親権喪失の申立て等ができ

64　若杉・前掲書（注24）。
65　高取・前掲書（注32）。

る。児童相談所長から警察に援助を求められた場合には、警察署長は適切な処置を講じる義務がある。

このような中、現在も児童虐待が、社会問題化されており、児童相談所での児童虐待相談対応件数は、統計を取り始めた1990年では1101件であったのが、増加の一途をたどり、2019年では13万3778件まで増加している。一方、被虐待児の解剖例は、2007～2014年にかけて166件（年平均20.8件）あり、5歳以下81.3％であった。

つまり、50年前当時も児童虐待による死亡は一定数存在し、現在は若干増えている感がある。最近は児童虐待相談件数の急増が示すように、被虐待児がほぼもれなく通告されている中、児童虐待による死亡が社会問題となっている。今後は、法制度の改正によりほぼ児童虐待による死亡がなくなるのではないかと期待されている。

(7) **入浴中突然死**

入浴中の突然死が社会問題になったのは1988年のことであるが[66]、50年前の当時もそれなりに多くみられていた。大阪府死因調査事務所のデータによると、1964年～1966年の3年間に大阪市内で51名の浴場内死亡があった。死因は溺死15名（29.4％）、固有病変のある心不全25名（49.0％）、脳障害、吐物吸引による窒息、ガス中毒が各3名（5.9％）、心タンポナーデ、大葉性肺炎各1名（2.0％）であった。40歳代18名、60歳代7名、71歳以上16名、その他10名という[67]。一般に浴場内死亡は多くは家族または知り合いの関係がほとんどであるから、検案医としてはそれらについて本人の既往歴などをよく調査して判断の参考とすることができる[68]。なお、当時の大阪府死因調査事務所の検案数は年間1700件程度で、70歳以上が170件前後（10％）であった[69]。つまり、50年前も浴室内での急死は全体の1.0％にみられ、70歳以上では3.1％程度み

---

66 「お年寄りの入浴事故死が交通事故犠牲者上回る」朝日新聞朝刊社会面1988年9月9日聞蔵Ⅱビジュアル。〈http://database.asahi.com/library2/〉
67 松倉豊治「溺死の種々相(2)」綜合臨床 22巻10号（1973年）2028～2034頁。
68 松倉・前掲論文（注67）。
69 大阪府監察医事務所・前掲（注21）。

279

られていた。

　入浴については、40年以上前にも警鐘が鳴らされていた。古くから熱い湯は危険だといわれており、酒に酔って入浴するのはさらに危険であることはよくいわれていた。「高温浴」とされる42℃以上だと一般的に入浴直後に血圧が急上昇し、湯温が高いほど、高血圧の人ほど顕著に表れるとされ、1～2分ほどたつと血管が拡張するため血圧が低下し、4～5分すると再び上昇するとされていた。また、42℃の風呂に10分入ると、脈拍が50～60%増加し、45℃に10分なら、70～80%増しにもなるといわれ、熱い湯は体の負担になり、高血圧や心疾患のある人は熱い湯は避けるべきであるとされていた。[70]

　高齢者の入浴事故が多いことが報道されたのは1988年のことである。[71]高齢者の入浴中の死亡事故が、交通事故死よりも上回っていることに、『成人病診察室』の著者である奈良昌治医師（足利市本町、足利赤十字病院副院長）らが気づいたことにはじまる。同医師らは、「風呂の1人入浴、長湯、熱湯は避けましょう」といっていた。またこの事故を防止するには、①2人以上で入浴するか、1人の場合、ときどき家族が声をかけてやる、②酒に酔って入らない、③温度は40±2℃以内で、湯につかる時間は、1回当たり8分止まりで計2回、を提唱していた。しかしながら、その後はなぜか、「1人入浴、長湯、熱湯は避けましょう」という内容の記事に触れることはなくなった。[72]

　「冬は浴室の外と中の温度差が大きいため、風呂に入ると血圧が急に上昇し、心筋梗塞や脳内出血を起こしてしまうのでしょう」とあり、これが世間の賛同を得たようで、その後は、毎年冬になるとそのような記事が出され、温度差が大きいと発作が起きやすいと信じられるようになった。[73]

　「浴室で溺死するケースは、動脈硬化などの持病を持っている人がほとんどです。寒くて縮まった血管が入浴することで広がる。全身に血液を送ろう

70　松倉・前掲論文（注63）。
71　前掲記事（注66）。
72　「新養生訓9　入浴　『熱湯好き』は有害なり」読売新聞朝刊社会面（都内版）1976年5月25日。
73　「お年寄り入浴中の事故急増」朝日新聞朝刊社会面（京都版）1994年4月14日開蔵Ⅱビジュアル。〈http://database.asahi.com/library2/〉

とするため、心臓に負担がかかり、心筋梗塞などの発作を起こす例が多いのです。特に冬場や冷え込んだ時は危険です。居間や脱衣場、湯船の温度差が大きいため、このような発作が起きやすいのです。難しいかもしれませんが、温度差ができないように工夫するのが大切ですね」、「急激な温度変化が、高齢者の脳や心臓によくない。そこで、脱衣場と浴室は暖房器具などで暖めておく。湯の温度はぬるめにする。ぬるめの湯にゆったりつかった方が湯冷めもしない。どうしても熱い湯でなければという人の場合は、初めぬるくして次第に熱くすることが可能なら、そういう入り方もいい」、「寒い脱衣場と熱いおふろといった温度の変化で、血圧が急激に変化するのが原因らしく、特に冬場が飛び抜けて多い。注意すれば、入浴中の突然死は防げる。血圧変化の危険性をもっと認識して」などの記事が相次いだ。その結果、エビデンスのないままに、ヒートショック説が出現し、浴室暖房とともに定着し、今も一世を風靡している。

　ヒートショックとは、温度の急激な変化によって引き起こされる現象をいう。たとえば、暖かな居室から寒い廊下や脱衣所へ、さらに脱衣後に浴室へ入った後、再び暖かな浴槽内への移動等の激しい温度差によって心臓や脳血管、血流に影響を及ぼすという現象である。血圧の変動を前述した状況にあてはめると、暖かな居室では安定していた血圧が、寒い廊下や脱衣所に移動することで血管は収縮し、血圧は上昇する。その後、脱衣しさらに寒い浴室に入ることでますます血管は収縮し血圧が上昇したところで暖かな浴槽に入ると、急激に血管は拡張し血圧は低下する。この時、急激に血圧が低下することで一時的に脳へ血液が供給されず、虚血状態となる。この虚血状態のときに血液が停滞し貯留している場所で血栓が生じ、脳や心臓に移動すると、心筋梗塞や脳梗塞となる。また、自律神経反射（autonomic nervous reflexes）

74　前掲記事（注71）。
75　「お年寄り、冬の事故にご用心　ふろ場で急変やこんろで引火」朝日新聞朝刊家庭欄（大阪版）1997年1月11日閲蔵Ⅱビジュアル.〈http://database.asahi.com/library2/〉
76　「冬場の熱いおふろ、お年寄りご用心　急激な血圧変化が負担」朝日新聞朝刊家庭欄（大阪版）1999年1月18日閲蔵Ⅱビジュアル.〈http://database.asahi.com/library2/〉

〔図5〕 ヒートショックのメカニズムと考えられる浴室温の違いによる入浴後の血圧変化[77]

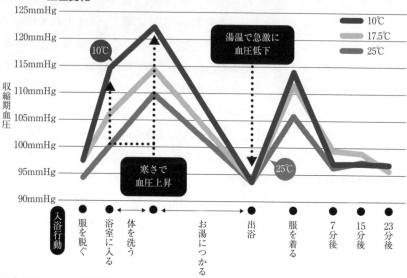

出典：Kanada, et al., K, Effects of the Thermal Conditions of the Dressing Room and Bathroom on Physiological during Bathing（1996）
条件：N＝6（20-21歳女性）、湯温40℃、湿度50％、脱衣5分、洗体5分、浴槽浴5分、着衣5分
※血圧の変動には個人差があります。

や一過性脳虚血発作などにより、失神を起こし、転倒や溺水などの事故に繋がるとされている（〔図5〕）[77・78・79]。なお、「ヒートショック」ということばが登場したのは、新聞記事では1997年9月が最初で、四大新聞に限れば1999年2月[80]が最初であり[81]、入浴事故と関わる医学論文では2010年12月が最初であった[82]。

---

[77] Kanda K, Ohnaka T, Tochihara Y, Tsuzuki K, Shodai Y, Nakamura K :Effects of the thermal conditions of the dressing room and bathroom on physiological responses during bathing. Appl Human Sci. 15(1):19-24,1996

[78] 「『ふぉーらむ』おふろであなたは……『我が家の湯』が一番」読売新聞朝刊生活面1999年2月4日。

[79] 髙橋龍太郎「外来診療のワンポイントアドバイス ヒートショック対策」診断と治療 98巻12号（2010年）2035〜2038頁。

[80] 「浴室用の換気乾燥機、高齢化・共働きで普及進む――居室と浴室、温度差を解消」日経産業新聞1997年9月14日。

「原因は不明であるが、本当にヒートショックなのだろうか」と多くの医師が疑問に思っていたため、論文として「ヒートショック」の記載までに12年以上かかったと思われる。

そこで50年前と大阪府監察医事務所のデータを比較した。2011年〜2015年の5年間の検案数は2万3381件で、70歳以上が1万2660件（54.1%）であった。浴室内死亡は2216件（9.5%）あり、家庭風呂が1973件（89.0%）、公衆浴場が145件（6.5%）、ホテル・旅館が28件（1.3%）で、70歳以上が1790件（80.8%）であった。浴槽内死亡が2063名（93.1%）で、洗い場での死亡が153名（6.9%）であった。死因は、外因死468名（21.1%）、病死1679名（75.8%）、不詳の死69名（3.1%）。外因死は、溺死358名（16.2%）、熱中症46名（2.1%）、アルコール中毒23名（1.0%）、自殺12名（0.5%）の順であった。病死は、高血圧性心疾患や虚血性心疾患などの心疾患1265名（57.1%）、脳出血120名（5.4%）、新生物45名（2.0%）、肝硬変などの肝疾患35名（1.6%）、くも膜下出血22名（1.0%）、脳梗塞20名（0.9%）、肺炎17名（0.8%）、てんかん13名（0.6%）、大動脈疾患11名（0.5%）、腎不全11名（0.5%）であった。

つまり、2011年〜2015年の浴室内での急死は全体の9.5%にみられ、70歳以上では14.1%もみられ、ヒートショックが原因と信じられたまま、入浴中急死は急増していた。年間1万9000人ともいわれ、ほとんどが高齢者であった。監察医が決定した死因は心疾患などの病死76%、溺死16%、熱中症2%で、入浴中急死の病態はわからずじまいであった。

しかしながら、研究レベルでは、高齢者が入浴中に病気により突然死することはまれで、死因は大動脈解離や脳出血、心筋梗塞で死因となりうる病変が確実にあり、入浴中突然死のほとんどは一人入浴によるもので、熱い風呂に長時間浸かり続けて起こる熱中症である可能性が高いことが大阪市内の介

81　黒木尚長「入浴事故の危機管理：なぜ、入浴事故が起こっているのか」総合危機管理3（2019年）84〜90頁。
82　杉本有梨＝伊香賀俊治＝堀進悟＝鈴木昌＝高柳絵里「入浴時の体温予測モデルの開発と熱中症による死亡・入院リスクの予測」日本建築学会大会（富山）学術講演梗概集（D-2環境工学Ⅱ・2010年9月10日）591〜592頁。

護保険施設等入所者の入浴事故の実態調査でほぼ明らかになった。熱い湯での長風呂（42℃・30分以上）の全身浴をすれば、誰もが40℃以上の体温になり意識を失い、42.5℃以上になると心室細動が起こり突然死することがわかってきた。また、高齢者のアンケート調査により、高齢者で入浴中に具合の悪くなった人は１割程度で、いずれも救急車を呼ぶようなものではなく、その８割は熱中症の症状で、ヒートショックを示唆するものはわずか７％にすぎないことがわかった。[83・84・85・86]

　つまり、50年前当時からも入浴中突然死は一定数存在しており、多くが病死、一部が溺死とされていることには今も変わりがないが、高齢社会とともに激増している。研究レベルでは、入浴中突然死の原因はほぼ熱中症であることが判明しており、熱い湯での長風呂（42℃・30分以上）を避けて体温が40℃を超えないように、入浴時間を制限したり、頻回に鼓膜温を計測すれば、入浴中突然死は激減すると考えられる。[87]

Ⅳ　さいごに

　この50年間の法医学について、法医学が関わる制度・システム、法医解剖、法医鑑定の観点から、医療や科学の進歩とともに眺めてきたが、この50年における法医学の進歩が著しいことを具体的にご理解いただければ、望外の喜びである。

83　黒木・前掲論文（注81）。
84　杉本ほか・前掲論文（注82）。
85　「日本救急医学会熱中症に関する委員会熱中症の実態調査　日本救急医学会 Heatstroke STUDY 2012最終報告」日本救急医学会雑誌25号（2014年）846〜862頁。
86　Masaru Suzuki, and Shingo Hori: Experimental investigation in rats to identify the cause of sudden death during bathing in Japan. Acute Medicine & Surgery 2014; 1: 101-104.
87　黒木・前掲論文（注81）。

② 一医療事故裁判と刑事手続における死因究明の問題点

吉田 謙一
東京医科大学教授

I はじめに

　鑑定証人として、検察官や弁護士が、しばしば、死因等に関する専門家の鑑定や証言を自らの意図に合わせて解釈していることをみてきた。裁判官には、検察官や弁護士の意図にとらわれずに、専門家の鑑定・証言を理解したうえで、死因等を客観的に認定したうえで公平な判決文を書いてほしい。ところが、日本の刑事司法、および、刑事裁判においては、法律家が専門家の意見を真摯に理解しようとせず、客観的な事実認定を希求する土壌がないため、不適切な刑事手続や刑事裁判が放置されている。その原因は、法医学や医療に関する鑑定の情報を公開して第三者専門家の批判を受けないまま、そして、医学的判断の決着を待たないまま、安易に法的判断をしてしまうことにあると考えられる。

　杏林大学割り箸事件は、前例のない割り箸の頭蓋内刺入による幼児死亡について、救急診療にあたった医師が刑事責任を問われた事件であり、当時、大きな注目を浴びた。本稿では、「割り箸事件」について、上に提起した問題を検証する。なお、本件には、刑事裁判一審・控訴審で証人を務めた堤晴彦医師によるすぐれた論考がある[1]。

---

[1] 堤晴彦「杏林大学割り箸事件──被告人側の医師証人を経験して感じた刑事裁判の問題点」判時2301号（2016年）7～12頁。

II　割り箸事件概観

　平成11年7月10日、夏祭り行事に参加していた幼児が、綿あめを持ったまま転倒し、軟口蓋に割り箸が刺さったが、自ら抜いた後、救急搬送された。杏林大学医学部附属病院で当直していた卒後3年目の耳鼻科研修医が、喉の奥に割り箸を認めなかったので、帰宅させたところ、翌朝、容体が急変し、同じ病院に救急搬送された後、死亡した。第一審（東京地判平成18・3・28判時2301号13頁）は、担当医が問診、ファイバースコープ、頭部CT検査、脳外科医への紹介をせずに、割り箸を見逃した過失を認めたが、閉塞した左頚静脈洞の再建による救命は困難であるから、無罪と認めたが、過失を認めた。控訴審（東京高判平成20・11・20判タ1304号304頁）は、被告が、割り箸の刺入による頭蓋内損傷は想定しがたいとして、過失はなかったと判示した。

III　急性硬膜下血腫

　本件では、急性硬膜下血腫が問題となった。頭蓋腔は、脳を収める閉鎖腔である。硬膜下血腫は、通常、頭頂部付近の大脳表面と（頭蓋骨を裏打ちする）硬膜の中の静脈をつなぐ"架橋静脈"が、頭部打撲、または、揺さぶりにより断裂して生じる。数十ミリリットル程度の出血で脳が圧迫されると、血流低下と虚血のため脳組織に水が貯まり、腫れる。脳は、いったん腫脹し始めると、脳死を免れないが、症状（意識障害、瞳孔径左右差、嘔吐等）から硬膜下血腫を疑い、コンピューター断層撮影（CT）で早期発見して、血腫を摘出すると、障害なく救命できる。しかし、経時的な症状の観察を怠り、CT検査や手術が遅れて、患者に硬膜下血腫による障害を生じた場合、医師は、過失責任を問われる。一般例と異なり、本件では、死につながる脳腫脹は、左頚静脈の閉塞性血栓と静脈還流障害によるものであり、頚静脈修復による救命は困難であるとされた。

硬膜下血腫の多くは、大脳のある小脳テント（大脳・小脳の間にある硬膜）の上に生じ、大脳の腫脹から、側頭葉下部が小脳テント下にはみ出す"海馬傍回・鉤ヘルニア"、あるいは、大脳半球が反対側にはみ出す大脳鎌下ヘルニアを生じる。一方、後頭蓋窩には、小脳や脳幹部があり、大後頭孔を通じて延髄に続く。そして、後頭蓋窩の硬膜下血腫は、腫脹した小脳・脳幹部を大後頭孔に押し込む"小脳扁桃ヘルニア"を生じうる。生命維持のための中枢のある脳幹部の圧迫は、死に直結する。

Ⅳ　法律家による過失認定の問題点

　医師は、不適切な医療行為と、患者死亡の間に"因果関係"が認められた場合、そして、特定の医療行為の実施（作為）や未実施（不作為）による死亡が、予見・回避できたと判断された場合、過失責任を問われる。しかし、本件事故発生当時、割り箸が頭蓋内に刺入して死亡した事例は報告されていなかったから、医師に予見義務や過失責任は問えない。では、なぜ、医師が起訴されたのか。堤医師は、遺族の懲罰意識、加熱報道や世論に動かされた担当検察官が、刑事医療事件では、前例のない"不作為"による患者死亡で医師の有罪を勝ちとりたい野心に動かされたとみている。

　これらに加えて、筆者は、東大ルンバール事件最高裁判決（最判昭和50・10・24民集29巻9号1417頁）に表れる"法律家の常識"が背景にあると思う。昭和30年、東京大学医学部附属病院で髄膜炎の治療を受けていた3歳児を押さえつけて腰椎穿刺（ルンバール）を強行した後15分ほどして激しいけいれんが起こり、障害が残ったため、児の両親が、国を相手に損害賠償訴訟を提起した。裁判では、ルンバールと脳出血の因果関係が争点となり、4名の鑑定医のうち、因果関係を肯定したのは1名のみであった。CTのない時代、脳出血の根拠はない。ところが、最高裁判所は、医療行為に関する因果関係の認定には、「訴訟上の因果関係の立証は、一点の疑義も許されない自然科学的証明ではなく、経験則に照らして全証拠を総合検討し、特定の事実が特

定の結果発生を招来した関係を是認しうる高度の蓋然性を証明することであり、その判定は、通常人が疑を差し挟まない程度に真実性の確信を持ちうるものであることを必要とし、かつ、それで足りるものである」と述べたうえで、ルンバールと脳出血の因果関係を認めた。

裁判官には、原告側の補償のためには、科学的な根拠より一般人の常識を優先すべきという理由をつくり、その前提に立って、因果関係を認める意図があったと考えられる。しかし、その意図は、その後40年以上、医療裁判における因果関係認定の規範となったままである。そして、確かな根拠を示さないまま因果関係、ひいては、過失を判断してよいという判決文の趣旨は、法律家が事件の法的処理をする道具として利用され続けている。

経験上、医療行為の最中・直後の死亡は、解剖すると、医療と無関係（因果関係が否定される）な事例が多い。一方、従来から、臨床診断と剖検診断を比較し、誤診率を検討した研究がある。臨床診断の4分の1程度に重大な誤りがあり、解剖により訂正されている報告が多い[2]。本来、法的判断の原則は、「疑わしきは罰せず」であるうえ、「医療は、科学的根拠に基づき合理的に判断したうえで実施する Evidence-Based Medicine（EBM）」の原則を考慮すると、産科出血事故に関する福島県立大野病院事件の判決の次の部分を参照すべきである（福島地判平成20・8・20判時2295号3頁）。検察官が、「医師が癒着胎盤の剥離を中断して、直ちに子宮全摘に進むべきであった」と主張したのに対して、裁判所は、「検察官は、当該行為の危険性を具体的に明らかにするだけでなく、当該行為を中止しない場合の危険性を具体的に証明したうえで、より適切な方法がほかにあることを立証しなければならない。そのためには、少なくとも、相当数の根拠となる臨床症例の提示が必要不可欠である」と判示した。筆者は、医療裁判に限らず裁判全般について、科学的根拠を法的判断の必要条件とすべきであり、根拠を示せない場合、法的判

---

[2] Kuijpers CC, Fronczek J, van de Goot FR, Niessen HW, van Diest PJ, Jiwa M. "The value of autopsies in the era of high-tech medicine: discrepant findings persist." J Clin Pathol（2014）67(6) P512-9.

断は謙抑的であるべきと考える。

V 医療事故案件にかかわる司法解剖や刑事手続の問題

　平成11年2月11日、東京都立広尾病院で発生した消毒薬誤注射による患者死亡事件において、「医師は、死体の検案をして異状を認めたときには、24時間以内に所轄警察署に届け出なければならない」とする医師法21条上の「異状死届け出義務」に違反したことが、刑事裁判の争点となった。平成6年、日本法医学会は、診療中の予期しない死亡を「異状死」に含めたガイドラインを提案していた。平成11年4月1日、東京大学法医学教室の教授に着任した筆者は、異状死論争の中、このガイドラインのため、臨床諸学会の批判の矢面に立たされた。なお、割り箸事件は、同年7月に発生した。先進諸国では、診療関連死は、異状死に含まれ、公的死因究明の対象として法に規定されているので、日本法医学会の主張は誤りでない。しかし、日本においては、届出が、刑事捜査の端緒とされることが問題である。

　医師法21条問題は、医療法改正に伴う医療事故調査制度の開始（平成27年10月1日）により解決されたか。答えは否である。なぜなら、どの病院長も、救急外来を受診した患者が帰宅後、容体が急変し死亡したとき、医療事故調査が必要とは考えない。また、救急事例は、警察の捜査対象となるうえ、大半、死因が不明であるので、法医解剖や刑事捜査の対象となる。すなわち、割り箸事件の刑事司法上の問題点は、解決されていないのである。何が問題か。刑事訴訟法47条上、第三者へ司法解剖情報の開示が制限されている。同条は、「訴訟に関する書類は、公判の開廷前には、これを公にしてはならない。但し、公益上の必要その他の事由があって、相当と認められる場合は、この限りでない」と記す。"書類"には、司法解剖の鑑定書等も含まれる。

289

VI 死因に関する問題点

　本件に関する司法解剖を担当した村井達也医師の鑑定書には、割り箸が静脈洞全般の血栓（脳内静脈循環障害）を生じたうえ、小脳損傷から後頭蓋窩（小脳テント下）に硬膜下血腫を生じ、両者が相まって死に至ったと記されている。ところが、検察官は、村井鑑定の中で静脈循環障害を無視し、後頭蓋窩硬膜下血腫死因説を前提に起訴したのである。本来なら、解剖の結果は、関係者に、そのまま伝えるべきである。しかし、解剖後、杏林大学病院には、警察から「死因は、小脳損傷による硬膜下出血、腫脹」としか伝えられなかった。この時点で、検察官は、後頭蓋窩硬膜下血腫死因説に則り起訴する方針であったことがわかる。その後、2名の専門家証人が、検察官の主張を支持する鑑定書を提出するのである。そして、一審、控訴審とも、死因が、頚静脈損傷による脳静脈循環不全、小脳損傷による後頭蓋窩硬膜下血腫のいずれであるかが争点となったのである。

　法医が、自分の司法解剖の情報を第三者専門家に伝えて意見を聞くことは、一般には行われていない。筆者は、東京大学赴任直後に、検察に問い合わせたうえで、必要な場合、第三者専門家に解剖立合いを依頼し、解剖所見・診療経過を見せて意見を聞き、鑑定書に引用している。一方、検察・警察が、筆者に、ほかの法医の鑑定書等を持参して意見を聞きにくる場合、自らのシナリオに合う意見は採用するが、予断なく意見を聞かれることは稀であった。このことは、第三者専門家が予断なく法医解剖や鑑定をチェックできないことを示している。後述するように、英米法圏諸国では、死因究明専従の行政官が、看護師経験をもつ捜査官に死をめぐる情報を集めさせ、その中から客観的事実を認定し、それに基づいて死因を決定し、法的判断の前提とする。一般に、医療関係者の予見・回避が可能とされる死因、または、医療上の作為・不作為に起因した死因と判断されると、医療関係者の責任を問われる。そのため、医療裁判では、死因が争われる。村井鑑定は、おおむね妥当であっ

たのに、第三者専門家のチェックを受けないで済むため、検察官が、独断で死因を主張できたのである。

　刑事裁判一審においては、まず、頭蓋内損傷の診療経験の豊富な有賀徹医師が、弁護側証人として静脈還流障害死因説を唱えた。有賀説は、割り箸が左頸静脈孔を貫通するとき、血栓が生じて頸静脈洞が閉塞され、脳の静脈に還流障害を生じ、急性脳腫脹から頭蓋内圧亢進、さらに脳循環障害から死に至ったとする。筆者は、割り箸の頸静脈孔刺入により、頸静脈が狭窄化し、損傷を受け、心臓への静脈血還流が阻害されて、脳静脈系全般に血栓を生じたと考える。有賀証言に対して、検察官は、小脳損傷による小脳テント下硬膜下血腫により、小脳扁桃ヘルニアから脳幹部・延髄の障害より死に至ったとする2名の脳外科（元）教授（A、B）の共同鑑定書を示し、Bが証言した。しかし、堤医師は、鑑定書を作成したA医師の教室では、本件のような急性頭蓋内損傷を年間1～2例しか診療していないこと、証言時、B医師が、小脳扁桃ヘルニアの存否につき確答しなかったことを指摘した。つまり、B医師は、ヘルニアがないことをうやむやにしたのである。堤医師は、解剖所見（写真）上、小脳扁桃ヘルニアがないことを指摘したうえで、脳重量が平均重量より270グラム程度増加するくらい、大脳腫脹が強かったことから、その原因は、左頸静脈閉塞による静脈還流障害であると証言した。堤証言に対する検察側の有効な反論はなかった。

Ⅶ　過失に関する問題点

　一審・控訴審とも、被告は無罪と判断した。被告の過失に関して、一審判決は、あると判断したのに、控訴審判決は、ないと判断した。一審において、検察官は、自ら提起した1つの争点が弁護側証人によって否定されると、次の争点を提起することを繰り返したため、多数の専門家証人が召喚され、長期間に及ぶ裁判になってしまったと考えられる。十分な知識をもたない検察官が、専門家の意見を十分聞かないで起訴した結果といえる。

一審において、被告は、割り箸を見逃した過失を問われた。しかし、事故現場にいた看護師、救急隊員、杏林大学の救急医、検視官、警察医等多くの関係者が、喉の奥を見たが、誰も割り箸に気づかなかった。また、死後撮影したCT画像上に割り箸は認められなかったのである。さらに、検察官は、村井医師が、「割り箸が軟口蓋から突出していた」と供述したことを根拠に、刑事裁判において、検察官は、被告がファイバースコープを使えば、割り箸をみつけられたと主張した。しかし、専門家が、保存されていた咽頭の標本をみつけ出し、割り箸の刺入経路やファイバースコープの診断可能性を見直した検証により、検察官の主張は否定された。村井医師は、脳を摘出した際、頭蓋底に突出した割り箸に気づいたようである。そして、割り箸の長さと解剖所見を比較して、村井医師が、いつもどおりに咽頭部を切開した"後"に割り箸を見出したと考えるほかないのに、検察官に、「割り箸が、咽頭切開の"前"に見えていたのではないか」と聞かれて、これを認める供述をしたと推測される。このように、検察官は、捜査段階で、自らのシナリオに沿って専門家に事情を聴取したうえで、被告が、ファイバースコープやCT検査を実施せず、脳外科医に紹介しなかった"不作為"により割り箸を見逃した過失があったと主張したものと推測される。堤医師は、そのような検察官にこそ、捜査における"不作為の注意義務違反"の責任を問うべきであるという。不作為とは、第三者専門家に予断を与えず、十分な情報を提供したうえで、意見を聴取しなかったことである。

　一審において、有賀医師は、頸静脈損傷の修復は困難であり、救命可能性は低いと証言した。これに対して、検察側証人である脳外科医は、「90％以上救命可能」と証言したが、弁護側の尋問に対して、「解剖所見をみていない」と答えた。堤医師は、村井鑑定が、静脈還流障害と後頭蓋窩硬膜下血腫の競合説に立ち、救命可能性を50％以下としているのに、検察官が、故意に解剖所見を脳外科医に伝えず、自説である後者を支持する証言を誘導したと推測した。堤医師は、「検察は、訴訟上不利な陳述は証拠として採用しない。科学・医学の世界では、自説の説明に不利なデータを省いて論文を作成する

"捏造"に等しい行為である」と指摘した。堤医師は、さらに、本件裁判の鍵を握る脳が保存されていなかった事実を指摘した。弁護側は、解剖を行った法医学教室に赴き、咽頭・喉頭標本、諸臓器の組織標本を探し出したが、脳はなかった。大半の法医学教室において、脳は、ほかの臓器と別の容器にホルマリン保存された後、小標本を切り出し、残りは5年程度保存される。ほかの臓器を残しておいて、脳のみ廃棄するような法医学教室はない。

　確かに、架橋静脈断裂等による一般的な急性硬膜下血腫では、頭部打撲等の状況を聞き出した場合、意識障害、瞳孔径の左右差等の症状を経時的に観察し、CTにより診断し、手術的に血腫を除去すれば、検察側の主張どおり救命できる。しかし、本件の場合、事故の翌朝、容体が急変する直前にも、母親のよびかけに応答しており、意識清明であったと考えられる。確かに、通常の急性硬膜下血腫の診断・治療に関する医師の"不作為"の過失責任を問う民事裁判は多数あるが、硬膜下血腫に関する刑事裁判例は1つもない。加えて、割り箸が頸静脈孔から頭蓋内に刺入した事例に関する報告は、当時はおろか今日に至るまで1つもない。まして、頸静脈閉塞から著明な脳腫脹を来した患者を手術により救命できる可能性は、手術の困難性から極めて低いのである。したがって、卒業後3年余りの耳鼻科医であった被告ばかりでなく、経験豊富な耳鼻科医であっても、診療経過において、児の死亡は、とうてい予見も回避もできなくて当然であったのである。

　一審では、多数の専門家が、検察官の提起する争点の1つひとつについて証言し、過失を認める主張は否定されたとしかみえない。しかし、裁判官は、具体的な事実をあげることなく、被告が、診療行為における基本的かつ初歩的な作業を怠り、症状の見落とし、救命医療を受ける機会を奪ったことにより、遺族に最善を尽くせなかった悔悟の念が消え去ることはなく、その心情は察するにあまりある（要約）と断定しているのである。法律家は、しばしば、法的判断は、科学的判断とは別であると断定する。しかし、科学的な根拠を示さないで、科学的な行為について過失責任を問う裁判は、魔女狩り裁判とどこが違うのであろうか。

以上より、割り箸事件は、死因究明から刑事裁判に至る全過程において、検察官が、解剖所見、診療経過に関する十分な情報を提供したうえで、第三者専門家の予断なき意見を聴取しなかったことが、誤った起訴から刑事裁判の混乱を招いた根本原因であることがわかる。私は、法的判断の前提として、科学的根拠、および、予断抜きの捜査に基づく厳密な事実認定が厳しく求められない刑事司法の欠陥が、割り箸事件等の医療事件に限らず、冤罪事件の発生要因であると考える。以下、割り箸事件の裁判から明らかになった刑事司法の問題点をどのように解決できるかについて、筆者自身の経験を基に、意見を述べる。

Ⅷ　英米圏との比較からわかる、日本の死因究明制度の問題点

　死因究明制度につき、日本が英米法圏諸国に学ぶべきは、死因究明専従職者が、専門家の意見を、予断を交えずに聞くしくみがあること、情報を公開しながら事実を認定し、事実と科学的根拠に基づいて死因を決定する制度が確立しており、この死因に基づいて法的判断をする原則にある。
　英連邦諸国には、コロナー（検視官）という、司法試験に合格し、法曹実務を5年程度以上経験した、終身職で死因究明専従の法曹が、各行政区に正副2名程度配置されている。[3]一方、米国の都市部等では、メディカルイグザミナー（ME。監察医）という、医療や一般病理の実務経験が資格取得上の要件である行政官医師がいて、その主任が、コロナー役を果たしている。[4]コロナーやME直属の捜査官には、看護師や救急隊員の経験者が多く、事情聴取や遺族対応が得意であり、誇りをもっている。英米圏では、死因究明に関

---

[3] 吉田謙一ほか「英日比較　医療関連死・医療紛争対応行政システム(1)英国のコロナー制度にみる医療事故対応」判タ1152号（2004年）75〜81頁。
[4] 吉田謙一「フォーラム　キングスカウンティー検視局見学記（Vol.1)」医学のあゆみ234巻9号857〜862頁（2010年）。吉田謙一「フォーラム　キングスカウンティー検視局見学記（Vol.2)」医学のあゆみ234巻11号1043〜1046頁（2010年）。

する情報は、原則、開示される。ダイアナ妃の検視法廷における審議内容も公開され、日本でも、BBCの特集番組をみることができた。コロナーは、重要案件について検視法廷を開き、解剖結果、捜査情報、関係者の証言等を事実として認定したうえで、死因、死因の種類（病死・事故死等）を評決し、死亡証明書（死亡診断書・死体検案書相当）を交付する。コロナーが評決した死因が、公式の死因として、その後の裁判の前提となる。日本の死因究明に関して、専門家・専従職でない検察官や警察官が、死因に関する自らのシナリオに基づいて捜査を進めるのと対照的である。

　遺族が法廷で医療過誤を主張した場合、コロナーは、遺族に、「法廷は、死因等、死に関する判断を下すが、過失は判断しない」と説明する。コロナーは、死因究明を指揮し、死因を最終的に決定するとともに、関係者に公正に説明する。筆者が、英国トップの心臓外科の教授に、「先生は、手術中、もし事故で患者さんが死んだらどうしますか」と聞くと、彼は、「届け出るよ。なぜなら、コロナーは法の傘の下に、怒れる遺族から医師を守るからだよ」と即答した。一方、米国で、あるMEに医療過誤事例への対応を聞くと、死亡証明書を遺族に交付し、医学的な説明をしたうえで、裁判所の求めがあれば証言し、医師免許の資格を審査する医師管理団体に報告することもあると答えた。

　コロナー制度の世界最先端を行くのは、オーストラリアの（メルボルンを州都とする）ビクトリア州法医学研究所・コロナー事務所である。2つの行政機関が同じ建物中に入り、職員が一緒に働いているのである。メルボルンで、仮に割り箸事件が起こった場合、どうなるか。まず、異状死届出・法医解剖対象になる。すると、専従の医師、看護師が、カルテを取り寄せてチェックをし、毎週、事例検討会で法医・コロナーと議論をし、各々の死因究明実

5　吉田謙一ほか「英日比較　医療関連死・医療紛争対応行政システム(2)英国の医事審議会 General Medical Council ──医師の自律的な行政処分から医療水準向上活動への熱い展開」判タ1153号（2004年）80～88頁。

6　吉田謙一＝木内貴弘「時論　ビクトリア法医学研究所における医療関連事故予防への取り組み」日本医事新報4228号（2005年）57～62頁。

務に活かしている。コロナーは、複数の類似事故の事例を検視法廷に集め、死因究明に加えて、再発防止策を、関係機関に対して提言する。登録した医師に、警鐘事例の情報が、Ａ４判用紙１枚くらいに要約されてメール配信されている。本件であれば、割り箸が、頸静脈孔から頭蓋内に入って頸静脈や小脳を損傷しうること、診断には造影ＣＴが必要なこと等が伝えられ、遺族には、丁寧に説明され、起訴されることはない。

英米圏諸国と日本の死因究明の比較を要約する。[7] 英米圏では、専従行政官が、専従捜査官や医療専門家の助けを借りて、情報を公開し、法的判断を避けつつ、事実を認定し、事実を基に死因を決め、この死因を基に法的判断を下す。これに対して、日本では、死因究明に従事する警察官、検察官は専従でなく、医療の知識が乏しい。一方、医療専門家が死因究明に協力・評価するシステムがない。そのため、検察・警察が、法的判断を交え、自らのシナリオに沿った捜査を行い、起訴をし、刑事裁判で過失を追及するのである。これらの事情を考えると、割り箸事件は、日本の死因究明制度の不備が生んだシステムエラーといえる。そのうえ、死因究明情報が早期に遺族や当事者（病院）に伝えられず、民事裁判にも利用できない。何より、事故の再発防止、関係者の教育には全く利用できないのである。

コロナー制度、特に、ビクトリア州の制度においては、日常、診療経過と解剖診断の両方を比べながら医療専門家、法医、コロナーが、予断を排して議論し、死因を究明している。そして、検視法廷では、種々の証拠を根拠として、コロナーが公的な死因を決定するので、その後の裁判等において、死因は、争われないはずである。実は、ビクトリア州では、コロナー情報は、刑事・民事裁判に使えない。医療関係者の協力を得るため、遺族等の争訟活動に利用されないようにするためと思われる。代替する制度があるが、紙幅の関係上、本稿では省略する。

---

[7] 吉田謙一『事例に学ぶ法医学・医事法〔第３版〕』（有斐閣・2010年）14～19頁における「第１章 異状死と死因決定の制度」において解説された〔6. 英米圏諸国の異状死届け出制度〕および〔7. ビクトリア州の異状死死因調査制度〕を参照されたい。

日本のように大陸法をとる国々では、英米法圏諸国のように対応できないのか。スコットランドは、大陸法をとるが、コロナーと同様の職責を担う専従検察官、専従警察官で対応している。北欧や東欧においても同様である。検察官や警察官の法的権限を重視する日本に対して、日本以外の国々では、死因究明の公益性・科学性を優先しているのである。

IX 筆者らの医療事故事例の解剖・鑑定に関するトライアル

筆者は、医療事故、医療過誤が最も社会の注目を浴びた時代に、東京大学法医学教室に在籍したため、診療関連死の司法解剖を多数経験し、自分に何ができるかを模索してきた。一例として、インプラント事件をあげて、トライアルを紹介する。判例時報誌に、本件に関する筆者の論考がある。[8]

1．インプラント事件の概要

平成19年5月、インプラント治療専門の歯科開業医が、下顎骨にドリルで穴を開けてインプラント体を挿入しようとしたとき、口腔底から拍動性出血が発生したので、10分くらい圧迫した後、止血できたと思って、再度、ドリルで穴を開けようとしたとき、口腔底がみるみる腫れ上がり、患者が手術台の上で暴れた後、ぐったりした。心停止80分の後、救急搬送先の病院で心拍が再開したが、再出血したので、口腔外科医が止血をしたが、翌日、死亡した。

2．死因の検証

筆者は、口腔底の解剖経験がなかったので、佐藤慶太教授（現在、鶴見歯科大学法歯学教授）に解剖を手伝っていただいた。約3カ月後、解剖と諸検査の結果を下に、鑑定書に、「死因は、オトガイ下動脈損傷による口腔底腫

---

[8] 吉田謙一「医療事故における司法解剖、裁判から見えたもの」判時2292号（2016年）4〜11頁。

脈に起因する窒息死」と記した。刑事一審では、口腔底の動脈走行と損傷の予見が争点となった。一審で証言した佐藤教授は、死因を、低酸素脳症、多臓器不全と証言された。オトガイ下動脈損傷に起因する窒息は、心停止を誘発し、約80分の間に低酸素脳症（実質上、脳死）に陥ったのである。ところが、控訴審に召喚された筆者に、弁護士は、「一審と控訴審で死因が違う。重大な変更をしたのに何ら説明がない」と追及した。

　医学上は、直接死因でなく、原死因を基に、病死・事故死等の別、賠償・補償の当否、関係者の責任を判断する。原死因は、世界保健機関によると、「一連の病的事象の起因となる疾病・損傷・暴力の状況」と定義される。本件の直接死因は、事故直後に判断すれば、窒息、死亡時に判断すれば、低酸素脳症であるが、原死因は、オトガイ下動脈損傷であるから、弁護士の主張は当を得ない。弁護士は、さらに、血中ヘモグロビン値が入院時より死亡時に減少していることを指摘し、心拍再開後、口腔底深部の２カ所の血管損傷部を救急搬送先病院の口腔外科医が直接結紮しなかった止血ミスによる出血性ショックを主張した。しかし、これらの主張に医学的根拠はない（詳細は省略する）し、そもそも、心拍再開時には、すでに脳死状態にあったのである。弁護士は、自らに都合のよい死因を主張して、裁判官を混乱させ、歯科医の責任を後医に転嫁しようとしたと推測される。ここにも、法律家が、死因を操り、有利な法的判断を得ようとする意図が垣間みえる。

　被告歯科医は、何度か類似事故を起こしていることが同業者の間でも話題になっていた。刑事訴訟法47条の壁はあるが、事故原因に関する解剖情報は、当事者ばかりでなく、同業者にとって再発防止の鍵となるものであり、話題になった事故に注目することも当然である。情報活用に関して、佐藤教授は、さまざまなことを試みた。まず、下顎の保存標本の穴に、問題のドリルを突っ込んでどれくらい突出するかを確かめたうえで、CTにより下顎骨の傾きを確かめ、ドリルで穴を開けるとき、必然的に口腔底に深く刺さることを実証した。これを基に、鑑定書には、術前CTによる類似事故の防止を提言した。一方、筆者は、再発防止や関係者の対応の観点から、検察官に事件処理を急

ぐようにアドバイスした。なぜなら、捜査機関の殺人・傷害致死事件以外の事件の処理が遅いことを知っていたからである。特に、医療事故事例では、関係者の事情聴取は直後に行わないと、正確性、公正性の観点から信用できないのである。

半年くらいして、佐藤教授は、刑事訴訟法47条の解釈の問題から責任が追及される不安を振り払って、この事例を、歯科の学会で発表した。約1年後、本件民事裁判について報道され、3年半くらい経つと、民事事件の係属裁判所から、筆者に文書提出命令があった。筆者は、鑑定書の内容に関する所有権をもつ検察官に相談したところ、断るように指示された。その当時の公訴時効5年の1年前くらいから検察の捜査が本格化した。そのためか、刑事事件の被告となった歯科医は、高額の慰謝料を払って遺族と和解した。結局、司法解剖の情報は、死体検案書記載の「オトガイ下動脈損傷による口腔底腫脹に基づく窒息死」とする死因以外、民事裁判には、活かされなかった。

その後、本件が端緒となってインプラントに関する全国調査が実施されたという。また、ある大学の歯科医たちが、解剖体を数十体使って口腔底の動脈の走行を研究したと聞いた。その知見は、刑事裁判の一審において、口腔底の動脈走行が争点となったとき、貢献したようである。さらに、本件は、インプラント診療ガイドラインがつくられる端緒となった。結果として、解剖後まもなく学会発表したことが、いろいろな方面に良い貢献をした。しかし、解剖・鑑定情報は、民事訴訟や遺族対応に活かされなかった。一方、刑事捜査や裁判に悪影響は与えなかったはずである。なお、割り箸事件では、刑事裁判で公開された情報がなければ、民事裁判は進められなかったという。

3．解剖後の遺族への説明

次に、解剖後の遺族への説明について考える。筆者の教室の大学院生が、医療過誤の訴訟を担当している弁護団に依頼をして、顧客に、「なぜ、遺族が医師を訴えるか」についてアンケート調査をしたところ、肉親が司法解剖された遺族が多数いて、解剖後、長い間説明を受けられないことが、遺族が

民事訴訟を提起する最多の原因であること、遺族は解剖執刀医の説明を求めていることがわかった[9]。この学会発表は、新聞報道され、その後、警察が、解剖に遺族を伴う機会が増えた。

あるとき、腎透析カテーテルの挿入中に亡くなった高齢者を解剖した。死因は、カテーテルによる血管損傷に続く血胸であったが、血管の微小な穴をみつけるのには苦労した。抗凝固剤の影響のため出血が止まらなかったと推察される。一方、解剖前不明であった冠動脈疾患をみつけた。遺族は、筆者と同年代の医師であった。説明した後、遺族は、筆者に、「病理解剖をすすめられても、承諾しなかった。無理矢理解剖されたけれど、説明を聞けてよかった」と告げ、最後に、「主治医に過失はないと思っている。間違いのないように」と念を押した。英米圏諸国では、当たり前の法医による遺族対応は、紛争を防止する効果があるのである。

4．救急医療を経て司法解剖となった事例のカンファレンス

最後に、救急医療を経て司法解剖となった事例のカンファレンスについて紹介する。実は、司法解剖事例の4分の1程度は、救急医療を経ているため、救急医に診療情報の提供を受け、助言を受けることが多い。そのため、救急医の協力なくして、死因究明はできない。平成22年頃、日本救急医学会総会において、著名な米国の法医学者トーマス・野口医師が、解剖情報を外傷外科にフィードバックすることの重要性について講演されたとき、日本の救急医たちが、「法医に問題があり、できない」と言ったため、野口医師から、状況打開をすすめられた。そこで、日本救急医学会、東京付近の法医有志と話し合い、東京地方検察庁の理解を得て、事例カンファレンスを立ち上げ、月例検討会を1年半ほど、50例以上、実施したことがある[10]。

その1例を紹介する。パチンコ台の取り合いから、店内で60代の男2人が

---

[9] 伊藤貴子＝信友浩一＝吉田謙一「なぜ遺族は病院を訴えるか」賠償科学36号（2009年）53〜63頁。
[10] 吉田謙一＝辻村貴子＝前田秀将ほか「救急医療を経て司法解剖となった事例における情報取扱いの問題点」医学のあゆみ241巻4号（2012年）289〜293頁。

殴合いのけんかになり、5分くらい経って、そのうち、1人が倒れた。大学の救急部に運ばれて脳梗塞と診断された。翌日、脳梗塞の原因は外傷性頸動脈解離と診断され、カテーテル治療を受けた。打撲により傷ついた頸部動脈に生じた血栓が、脳動脈を閉塞し、脳梗塞を惹起したと推定したのである。一方、脳梗塞による意識障害が続くと、痰を吐けず、あるいは、誤嚥し、さらに、寝返りを打てず、肺の後面に就下した血中で細菌が繁殖するため、肺炎を起こしやすくなる。実際、肺炎を繰り返していた男性は、約5カ月後、中心静脈栄養用の注射針の挿入直後に容体が悪化し、数時間後に死亡し、翌日、司法解剖された。暴行、および、医療行為と死亡との因果関係が問題となった。

実は、死亡前日、相手の男は、頸部打撲による外傷性頸動脈解離が死につながったという診断を基に、有罪の判決を受けていた。検察官は、新たに、傷害致死罪に問えるかについて、拘留期限中（20日間）に判断をしたかった。筆者は、脳外科医に画像を分析してもらい、入院直前の脳梗塞に加えて、少し前に発生した脳梗塞があると知らされた。事例カンファレンスでは、議論が沸騰した。結局、「頸部動脈損傷後5分で、これほど大きな脳梗塞はできない」、「心房細動の既往症から、すでにあった心室内の血栓が、脳に塞栓したと考えられる」という意見にまとまった。実際、頸部動脈の組織所見には、硬化・狭窄を認めたが、外傷性解離を認めなかった。堤医師が、「けんか中の病死だね」というのに、参加していた検察官を含めて、全員が納得した。

X　まとめ

割り箸事件において、司法解剖に基づく法医鑑定は、死因を、頸静脈血栓を伴う静脈還流障害と小脳損傷による硬膜下血腫の競合とする妥当な判断を示した。ところが、検察官は、静脈還流障害を無視し、医学的根拠が乏しいのに、小脳テント下硬膜下血腫死因説を支持する医学鑑定を基に起訴した。そして、刑事裁判においては、次々に争点を主張したため、裁判所は、多数

の医師証人を召喚した。しかし、医学的観点からみると、誤認や無意味な論争が多く、遺族や世論の懲罰感情の火に油を注いでしまった。日本の刑事司法が、死因究明の公益性・科学性を軽視し、法的過失の追及を重視してきた結果ともいえる。

翻って前記IX４「パチンコ屋事件」を見直すと、カンファレンスに参加した法医、救急医は、診療経過と解剖の情報の検討が、各々の教育と実務の質の向上に大きな貢献をしていた。一流大学の医師の発言は、必ずしも正しくなく、チェックが必要であること、チェックのしくみがないことが、冤罪の発生要因であることがわかった。本件では、１週間ほどで終わった（組織検査は、２～３週間かかった）。死因究明は、通常、数年かかる。その間、当初の診断や見立てが、公にチェックされることなく、医学的な知識の乏しい警察官や検察官によって、自らのシナリオに合う供述のみ集められるので、結局、正しい結論に達しない事例が多いと思われる。たとえ、正しい結論に達していても、民事裁判、遺族対応、再発防止、医療安全のいずれにも全く貢献していないのである。

割り箸事件において、パチンコ屋事件と同様の対応をとれば、医療専門家の公平で学術的な評価から、警鐘事例として活用される一方、検察官が起訴することはなかったであろう。法的判断の前には、科学的根拠を基に複数の専門家による、予断を排した議論が必須である。そして、科学的情報の公開や事例カンファレンスが、事故の再発防止、学術ばかりでなく、捜査の適正化・合理化にも貢献するのである。

2000年（平成12年）、米国のインスティチュート・オブ・メディシンという、学識者が政策提言を行う団体が、多数の診療録を基に、全米で４万4000～９万6000件の医療事故が発生していると推定し、「人は誰でも間違える」という文献を発表した。[11]医療事故調査の一義的目的は、真相究明と再発防止で

11　Institute of Health "*To Err is Human*"（邦訳、L. コーン＝J. コリガン＝M. ドナルドソン編／米国医療の質委員会＝医学研究所著／医学ジャーナリスト協会訳『人は誰でも間違える』（日本評論社・2000年））。

X　まとめ

ある。法的判断を誤った事例も、誤りに学び、再発を防止するのには、格好の教材である。しかし、これまで、なぜ、冤罪が発生したかについて、具体的な原因究明が行われたことはない。

　なぜ、杏林大学が受け入れた割り箸事故の患者の受診が、杏林大学割り箸事件の端緒となったか。検察官のヒューマンエラーであるとともに、死因究明制度、刑事司法の欠陥によるシステムエラーであることが明らかである。そして、医療事故ばかりでなく、起訴・裁判における誤った判断にも、真相究明や事実認定の過程のシステムエラーの寄与が大きいこと、そして、誤りに学び、改めるべきことを示している。杏林大学割り箸事件は、20年以上を経て風化する前に、東京地方検察庁の好意により保存された裁判資料のさらなる再評価を通して、刑事司法を見直す端緒とすべき事例である。

③ 医療関連死解剖例から学ぶこと

佐 藤 啓 造

昭和大学医学部法医学講座名誉教授・東京福祉大学社会福祉学部社会福祉学科教授

I はじめに

　全国地方裁判所に係属した民事事件の総数は1990年の10万6871件から15年後の2004年には13万9017件と1.3倍に増加し、医療事故は352件から1110件に増え、3.2倍に増加した[1・2]。2004年までは医療裁判が絶対数の増加にとどまらず、相対的にも増加した。しかし、翌2005年には999件と再び3桁に戻り、2008年以降は700件台で推移している[3]。その理由の1つとして平沼直人弁護士は1999年から2012年の地裁民事第一審通常訴訟事件の認容率は80％台半ばであったのに対し、医事関係訴訟事件の認容率は2008年以降、20％台を推移していることをあげている[4]。

　一方、筆者らは判例と医療関連死解剖例の分析を基に医療過誤・医療訴訟の防止に向けて法医学的検討を行い[5]、医療裁判には至らなかったものの、書類送検が行われたり、民事で和解金が支払われた事例が数多くみられたこと

1　佐藤啓造「医師と法律」澤口彰子ほか編『臨床のための法医学〔第6版〕』（朝倉書店・2010年）174～195頁。
2　平沼直人『顧問弁護士の医療リスクマネジメント』（労災保険情報センター・2014年）。
3　平沼・前掲書（注2）。
4　平沼・前掲書（注2）。
5　岡部万喜＝佐藤啓造＝藤城雅也ほか「医療過誤・医療訴訟の防止に向けての法医学的検討――判例と医療関連死解剖例の分析をもとに――」昭和学士会誌74巻（2014年）190～210頁。

を報告している。本稿では、この報告より医療関連死解剖例の症例数を増やし、詳しく解析することにより、いかにすれば刑事訴追や民事賠償を免れることができるか、そもそも医療関連死の発生を防ぐことができるか、いくつかの提言をする。

II　研究方法

　筆者が、これまでに経験した医療関連死解剖例15例を司法解剖 6 例、行政解剖 1 例、厚生労働省の診療行為に関連した死亡の調査分析モデル事業（以下、「医療関連死モデル事業」という）の解剖 8 例に分類したうえで、事歴、主要解剖所見、死因、医療上問題点、民事・刑事処分の項目に分け、以下、事例ごとに要約する。その内容は司法解剖鑑定書、行政解剖報告書、医療関連死モデル事業評価結果報告書として提出した内容を要約したものであり、モデル事業の解剖例の中には民事処分が定まっていない事例も含まれているが、評価結果報告書の概要が医療安全調査機構のウェブサイト〈http://www.medsafe.jp/〉上へ公表されており、後述のごとく解剖写真を載せることを最低限に控えたので、訴訟の結果に影響を及ぼすおそれはないと判断する。なお、本稿では年齢は〇〇歳代、発生時期は某日と記載し、民事・刑事処分の確定した事例では医学的価置の高い解剖写真を一部モノクロで掲載するものの、個人が特定されないよう十分配慮した。また、刑事処分が定まっていない事例は分析対象からはずし、民事処分が定まっていない事例は解剖写真での提示を最低限に控え、同種の事例発生を予防することに重点をおいて考察した。

6　岡部ほか・前掲論文（注 5 ）。
7　岡部ほか・前掲論文（注 5 ）。

Ⅲ 事例提示

1．事例1

(1) **解剖、医療機関の種別**

司法解剖、個人医院。

(2) **事　歴**

20歳代女性。某日午後6時30分から午後8時まで児頭骨盤不適合のため腹式帝王切開手術を受けた。手術時総出血量350ml。手術時には何ら異常なく、新生児の発育も良好。当日午後10時、翌日午前0時、腹痛を訴え、看護師が執刀医に連絡したが、鎮痛剤ペンタゾシン注射の指示のみ。午前0時20分、看護師が注射をもって訪室したところ、瀕死状態で執刀医がよばれ、蘇生措置が施されたが、午前1時死亡。死亡診断書の死因は急性心不全で、死因の種類は1病死および自然死と記載されていたが、家族は納得せず、警察に連絡。検屍官は司法解剖を選択。

(3) **主要解剖所見**

①腹腔内出血2100ml。②子宮手術創部凝血多量付着（〈写真1〉）。③子宮手術創縫合異常なし。④右心室内気泡多数（〈写真2〉）。⑤脳軟膜血管内気泡・肝動脈内気泡多数（〈写真3〉）。

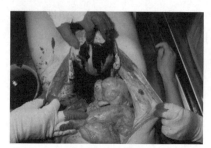
〈写真1〉 子宮手術創部付近に付着した凝血（事例1）

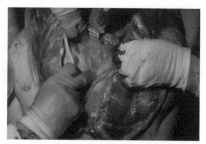
〈写真2〉 右心室内気泡（事例1）

(4) 死　因

　子宮手術時、空気塞栓が起こり、全身に微細気泡が散布され、播種性血管内凝固（disseminated intravascular coagulation：DIC）が招来され、適切に縫合されたはずの子宮手術創から腹腔内に大量出血したことによる出血性ショック死。

〈写真3〉　肝動脈内気泡（事例1）

(5) 医療上問題点

　①個人の産婦人科医院での手術であり、執刀は院長1人で行われた。②常に手術は夕方から夜に行われ、翌日も診療のある院長は夜間、診察に行かず、電話で指示を出すだけであった。③夜勤の看護師は准看護師1人で入院患者数名の管理をしていた。④午後10時頃より腹痛を訴えていたが、ペンタゾシンの注射の指示だけで、院長は診察をしていなかった。

(6) 民事・刑事処分

　①民事処分は、4700万円の損害賠償に加え、子供を小学校入学まで院長夫人が育てることで和解。②刑事処分は、民事賠償を受け、社会的制裁は受けたとして業務上過失致死で書類送検されたものの起訴猶予となった。

2．事例2

(1) 解剖、医療機関の種別

　司法解剖、2次救急病院。

(2) 事　歴

　60歳代女性。気管支炎および腰痛の治療のためセファゾリン1g、ビタミンB$_{12}$1000μgをKN3B250mlに溶解した注射液を点滴静注し始めて、間もなく全身の痒み、悪心を訴えたが、そのまま点滴が続けられ、数分後、ショック状態に陥り、点滴を生理食塩水に変更して蘇生措置が行われたものの、90分後に死亡。セファゾリンは以前、10回以上、同院で点滴を受けているが、

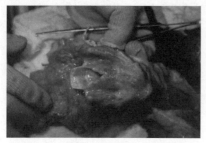
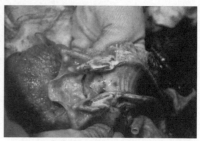

〈写真４〉　咽頭、喉頭浮腫（事例２）　　〈写真５〉　声門下部粘膜下点状出血（事例２）

これまでは異常なく、ビタミンB_{12}は今回、初めて静脈内投与された。

(3) **主要解剖所見**

①咽頭、喉頭浮腫（〈写真４〉）。②咽頭、喉頭粘膜下点状出血やや多数散在（〈写真５〉）。③気管支粘膜充血。④急死所見（強い死斑、暗赤色流動性心臓血、諸臓器うっ血・溢血点）。

(4) **死　因**

急性薬物ショック。原因薬剤としてセファゾリンとビタミンB_{12}の両者がありうるが、薬物使用歴からみてビタミンB_{12}の可能性が高い。

(5) **医療上問題点**

①全身の痒み、悪心を訴えたとき、直ちに点滴を中止していれば、救命できたのではないか。②点滴治療が必要であったのは（CRP:2.5mg/dl）セファゾリンであり、経口投与でもよかったビタミンB_{12}をなぜ加えたのか。

(6) **民事・刑事処分**

①民事処分は、2600万円（市が負担）の損害賠償で和解。②刑事処分は、担当医が業務上過失致死で書類送検されたが、民事賠償と自己退職という社会的制裁を受けていることを受け、起訴猶予となった。

３．事例３

(1) **解剖、医療機関の種別**

司法解剖、２次救急病院。

(2) 事　歴

50歳代男性。腰椎椎間板ヘルニアにて入院中、リハビリ室でストレッチ運動を行っている最中に突然倒れ、そのまま死亡。30歳代から腰椎椎間板ヘルニアにて同院整形外科に通院中、3日前から腰痛の増悪を訴えて同科へ入院した。死亡前日には背痛から胸痛も訴えていたが、精密検査は行われず、漫然とストレッチ運動が行われていた。

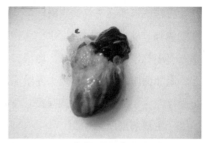

〈写真6〉　急性大動脈解離心嚢穿破部（事例3）

(3) 主要解剖所見

①心タンポナーデ。②急性大動脈解離（〈写真6〉心嚢から腸骨分岐部に至る）。③大動脈硬化アテローム変性高度。

(4) 死　因

急性大動脈解離の心嚢内穿破による心タンポナーデ。

(5) 医療上問題点

①当初、腰痛を訴えていたのが死亡前日には背痛から胸痛も訴えており、当然、急性大動脈解離を疑うべきところ、精密検査は全く行われていない。

(6) 民事・刑事処分

①民事処分は、1200万円の慰謝料（市が負担）で和解。②刑事処分は、担当医が業務上過失致死で書類送検されたが、民事慰謝料と自己退職という社会的制裁を受けていることを受け、起訴猶予となった。

4．事例4

(1) 解剖、医療機関の種別

司法解剖、2次救急病院。

(2) 事　歴

50歳代男性。顔を殴られ、路上に仰向けに倒れた状態で腹部を踏みつけら

れた。病院に搬送され、当直医による診察・検査の結果、左中大脳動脈解離性動脈瘤による脳梗塞の診断で脳外科へ入院となった。このとき血清アミラーゼ中程度上昇、4日後、血清アミラーゼ高度上昇のため腹部外科へ転科し、緊急開腹手術を受けた。膵頭部に著明な挫滅があり、膵頭十二指腸切除を受けた。1カ月後、意識回復しないまま死亡。

(3) 主要解剖所見

①汎発性化膿症腹膜炎。②膵頭部・十二指腸は剔除。③左大脳半球外側部広範な軟化巣（脳幹部は著変なし）。④左中大脳動脈解離。

(4) 死　因

腹部を踏みつけられた際、膵頭部が挫滅され、膵液、胆汁が腹腔に漏れ出したことによる汎発性腹膜炎を発症し、膵頭十二指腸切除術後、縫合不全を招来して腸内容が腹腔に漏出し、汎発性化膿症腹膜炎を発症して死亡。

(5) 医療上問題点

①当直医の専門は脳外科で左中大脳動脈解離を発見し、脳梗塞による昏睡状態と診断して主治医となったが、腹部の診察は疎かにしていたといわざるを得ない。②腹部を踏みつけられたことは付添人が主治医に伝えているので、入院当日の血清アミラーゼ中程度上昇の段階で膵損傷を疑うべきであった。③早い段階で膵損傷が発見され、腹部手術が行われていれば救命できていた可能性が高い。

(6) 民事・刑事処分

①民事処分は、300万円の慰謝料（病院が負担）で和解。②刑事処分は、傷害致死事件の被告弁護人が早い段階で膵損傷が発見され、適切な治療が行われていれば救命できたはずであり、傷害致死ではなく、単なる傷害事件と主張。この主張が容認され、主治医が業務上過失致死で書類送検されたが、起訴猶予となった。

5．事例5

(1) 解剖、医療機関の種別

司法解剖、精神病院。

(2) 事　歴

30歳代男性。統合失調症で入院中の某日午後5時30分、別の統合失調症患者に腹部を蹴られたり、踏みつけられたりした。そのとき、医師不在。午後8時、当直医病院到着。血圧92/80、脈拍100/分、呼吸数20/分。腹部疼痛強度、圧痛強度。冷汗・嘔気・嘔吐あり。安静・経過観察の指示のみ。午後11時30分、血圧84（触診）、脈拍120/分、呼吸数28/分。看護師が医師の診察を求めるも診察なく、30分間隔のバイタルチェックの指示のみ。翌日午前5時、血圧72（触診）、脈拍138/分（緊張弱）、浅頻呼吸、腹部緊満、冷汗著明なるも意識明瞭で疼痛自制可能と患者本人がいうため看護師は医師に連絡せず。午前5時30分、呼吸停止・心停止で発見、医師らによる蘇生措置に反応せず、午前5時50分死亡診断。

(3) 主要解剖所見

①急性汎発性腹膜炎。②回盲弁より口側60cmの部に外傷性回腸破裂。踏みつけた足と脊柱の間で挟まれて破裂したと推定（対応する部の外表皮膚に著変なし）。

(4) 死　因

回腸内容が腹腔内に漏出し、汎発性腹膜炎を発症して死亡。

(5) 医療上問題点

①医師不在時の事件発生。当直医は午後6時からの勤務であったのに午後8時到着。腹部を踏みつけられて腹痛・圧痛強度であるのに腹部X線単純撮影をしていない。ショックの徴候がすでに出ているのに経過観察の指示のみ。②午後11時30分、看護師から診察要請があったのに、医師診察に行かず、30分間隔のバイタルチェックの指示のみ。この時点ですでにショック状態にあることは看護師にも明らかであり、当直医が診察に応じなければ看護師は

311

主治医に連絡して判断を仰ぐべき。③早い段階で当直医、夜勤看護師の誰かが適切な対応をしていれば救命できた可能性が高い。

(6) 民事・刑事処分

①民事処分は、60万円の見舞金で和解。②刑事処分（対加害者）は、心神喪失で不起訴、医療保護入院から措置入院に変更された。③刑事処分（対当直医）は、業務上過失致死で書類送検されたが、後述のごとく免職になっており、社会的制裁を受けているので、起訴猶予となった。④病院内処分は、当直医免職。看護師減給1カ月。

6．事例6

(1) 解剖、医療機関の種別

司法解剖、2次救急病院。

(2) 事　歴

男子高校生。某年1月4日午前0時、喧嘩で背負い投げを食らい、後頭部を路面で強打。午前0時30分、近くの公立病院を受診。頭部X線単純撮影で異常なしといわれ、帰宅。午前2時、頭痛が憎悪して再受診、入院となった。直ちに検査は行われず、午前9時からの頭部CTは予約、鎮痛剤注射で経過観察。午前5時、突然、心肺停止。蘇生措置を受け、心拍動は回復するも、呼吸、意識は回復せず。頭部CTで後頭部に広範な硬膜外血腫確認。5日午前、深昏睡、脳幹反射すべて陰性。脳波平坦。臨床的脳死状態のまま1月15日午前2時死亡。

(3) 主要解剖所見

①脳軟化・浮腫高度（脳死）。②後頭蓋窩硬膜外血腫。③ラムダ縫合・左後頭乳突縫合離開（〈写真7〉）。④左右前頭葉前面、左右側頭葉前面の脳挫傷。⑤後頭部頭皮内・骨膜下

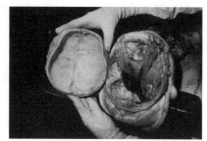

〈写真7〉　ラムダ縫合・左後頭乳突縫合離開（事例6）

出血。

(4) 死　因

後頭部強打によりラムダ縫合、左後頭乳突縫合が離開し、このとき横静脈洞が破綻して後頭蓋窩硬膜外血腫が生起され、脳死に至り死亡。

(5) 医療上問題点

①当直医は1月3日午前9時から1人で500床規模の病院全体の管理を任されており、被害者が受診した4日午前0時頃には疲労の極地にあり、頭部レントゲンでラムダ縫合、左後頭乳突縫合の離開を見落とし、帰宅させた。②4日午前2時、入院させたものの、午前5時頃、心肺停止となるまで何も検査しなかった（午前9時からの頭部CTの予約はしていた）。

(6) 民事・刑事処分

①民事処分は、50万円の見舞金で和解。②刑事処分は、加害者の弁護人は医師が適切な対応をしていれば、被害者は死なずにすんだはずなので、単なる傷害事件と主張。③検察側の証人脳外科専門医が「ラムダ縫合、左後頭乳突縫合は解剖学的に存在するものであり、離開の有無は脳外科専門医でないと判断困難。また、後頭蓋窩の急性硬膜外血腫は急激に不幸な転帰をとるのが大部分で、仮に早く診断できていたとしても、手術による救命は困難である」と証言したため傷害致死事件として扱われ、医師の刑事責任は問われなかった。

7．事例7

(1) 解剖、医療機関の種別

行政解剖、個人医院。

(2) 事　歴

20歳代男性。自宅台所で口から泡を出し、仰向けに死亡しているのを母親が発見。付近に食べかけの食事（米飯、肉入り野菜炒め、牛乳等）と白色の嘔吐物が散乱。数日前に近医を受診し、「痰がからみ、食物が気道の中へ入り、むせて困る」と訴えていた。警察から解剖結果を聞いた両親が医師に損害賠

313

償を請求した。

(3) 主要解剖所見

①後頭蓋窩に3個の血管芽腫（脳幹腹側に2個、背側に1個）。②咽頭、喉頭、気管、気管支内に淡褐色泡沫、胃内容が充満、同部粘膜充血高度。③急死所見（強い死斑、暗赤色流動性心臓血、諸臓器うっ血・溢血点）。

(4) 死　因

後頭蓋窩の3個の血管芽腫が前後から脳幹を圧迫し、嘔吐物を誤えん吸引して窒息死。

(5) 医療上問題点

①血管芽腫は良性で、脳外科手術により摘出することで予後良好なため、患者の訴えを真剣に聞き、2次病院レベルの脳外科ないし神経内科を紹介するべきであった（結果論ではあるが）。

(6) 民事・刑事処分

①民事処分は、50万円の見舞金で和解。②刑事処分は、医師の責任は問われなかった。

8．事例8

(1) 解剖、医療機関の種別

医療関連死モデル事業、3次救急病院。

(2) 事　歴

30歳代男性。頸椎椎間板ヘルニアに対し、ヘルニア核摘出、骨移植、プレート固定術を施行したところ、術後、呼吸停止から脳死状態となり、5カ月後、死亡。遺族がモデル事業事務局に連絡した。

(3) 主要解剖・組織所見

①手術部位にベルリンブルー陽性マクロファージ多数（過去の出血を示唆）。②脳死所見（頭蓋腔に多量液状内容）。③諸臓器うっ血、出血、浮腫（多臓器不全）。

(4) 死　因

敗血症による多臓器不全

(5) 医療上問題点

手術後の呼吸停止の原因は手術部位に術後、生じた血腫による（解剖所見とMRIおよびレントゲン所見が一致）。手術時にドレーンを留置すべきであった。

(6) 民事・刑事処分

①民事処分は、300万円の慰謝料で和解。②刑事処分は、執刀医が書類送検されたが、起訴猶予となった。

9. 事例9

(1) 解剖、医療機関の種別

医療関連死モデル事業、2次救急病院。

(2) 事　歴

60歳代女性。右下肢閉塞性動脈硬化症に対するバイパス手術後に生じた血管閉塞に対し、血栓溶解治療を行ったところ、穿刺部から後腹膜に多量の出血が生じ、ショック状態となり、2週間後に多臓器不全で死亡。

(3) 主要解剖所見

①汎発性腹膜炎。②非閉塞性腸間膜虚血による胃腸管出血壊死。③右腸腰筋部後腹膜血腫。

(4) 死　因

非閉塞性腸間膜虚血による胃腸管出血壊死のための汎発性腹膜炎。非閉塞性腸間膜虚血が出血性ショックに起因するものと推定される。

(5) 医療上問題点

血栓溶解治療に用いたカテーテル抜去時の止血不良が後腹膜血腫および出血性ショックの原因と推定される。

(6) 民事・刑事処分

①民事処分は、200万円の慰謝料で和解。②刑事処分は、医師の責任は問われなかった。

10. 事例10

(1) 解剖、医療機関の種別

医療関連死モデル事業、2次救急病院。

(2) 事　歴

70歳代女性。自宅で転倒し、左大腿骨頸部骨折を受傷。人工骨頭置換術を受け、手術から3週間後のリハビリテーション中に心窩部痛を訴え、38.9℃の発熱。スルペラゾン4g/日の治療を受けたが、3日後に死亡。

(3) 主要解剖・組織所見

①出血性膀胱炎。②膀胱周囲膿瘍。③骨盤腹膜炎。④諸臓器に微小膿瘍多数散在。

(4) 死　因

出血性膀胱炎に続発した骨盤腹膜炎に起因する敗血症性ショック

(5) 医療上問題点

①左大腿骨頸部骨折のため膀胱カテーテルを留置した操作が出血性膀胱炎を引き起こしたか否かが争点となった。②慢性膀胱炎に以前から罹患しており、膀胱カテーテル留置以前から膀胱周囲膿瘍を併発しており、骨折および人工骨頭置換術を受けた侵襲により免疫力が低下し、骨盤腹膜炎を発症し、腹膜炎発症時に発熱と心窩部痛が招来され、敗血症性ショックに至ったと推定した。③人工骨頭置換術を行う前に膀胱周囲膿瘍の治療を行うべきであった。

(6) 民事・刑事処分

①民事処分は、100万円の慰謝料で和解。②刑事処分は、医師の責任は問われなかった。

11. 事例11

(1) 解剖、医療機関の種別

医療関連死モデル事業、3次救急病院。

(2) 事　歴

　70歳代女性。虫垂摘除と胆嚢摘除の既往あり。1年前から腸閉塞を繰り返し発症し、禁食・イレウス管挿入、腸管内容持続吸引などの保存的入院治療で経口摂取可能な状態まで、その都度、回復していたが、この間、誤えん性肺炎を繰り返し、十数種類の抗菌薬が投与されていた。死亡の1カ月前、40℃の発熱があり、血液培養で *Staphylococcus epidermidis* が検出され、さらに数種類の抗菌薬が点滴により投与された。この間、咽頭液や便の培養では多剤耐性アシネトバクターが検出され、大きく報道された。次第に全身状態が悪化し、死亡に至った。

(3) 主要解剖・組織所見

　①腹腔内巨大膿瘍（32×21×2 cm）。後記②と連続。②回盲部から口側95cmの部の回腸に穿孔（15×7 mm）。③癒着性線維性腹膜炎。④諸臓器に微小膿瘍多数散在。⑤胸水、腹水、血液、腹腔内膿瘍内容から細菌が少数検出されたが、多剤耐性アシネトバクターは検出されず。

(4) 死　因

　広範囲にわたる癒着性腸閉塞から小腸穿孔が起こり、腹腔内巨大膿瘍が形成され、敗血症を併発して死亡。

(5) 医療上問題点

　①ポリサージャリー（polysurgery）のため腹腔内ほぼ全般に及ぶ線維性癒着があり、繰り返された腸閉塞と、これに伴う誤えん性肺炎の基礎病変となっていた。②多剤耐性アシネトバクターは本例死亡に直接関与していなかった。③経過中のCT画像で穿孔の危険性の高い拡張した腸管が確認されていたが、呼吸機能が悪く、全身麻酔は困難と判断され、手術適応とならなかった。④回腸穿孔と巨大膿瘍は把握されていなかった。

(6) 民事・刑事処分

　①民事処分は、見舞金50万円で和解。回腸穿孔と巨大膿瘍を病院側が把握していなかったので、患者側弁護士が見舞金を獲得した。②刑事処分は、医師の責任は問われなかった。

12. 事例12

(1) 解剖、医療機関の種別
医療関連死モデル事業、3次救急病院。

(2) 事　歴
40歳代女性。8カ月前、脳腫瘍（多形膠芽腫）の切除術を受けた。1カ月前から再発が疑われ、けいれん発作の予防のため抗てんかん薬バルプロ酸ナトリウム（800mg/日）を処方されていた。入院の2週前、CTとMRIにて再発が確認され、手術予定となった。入院9日前、職場でけいれん発作（部分発作から二次性全般化）があり、病院へ搬送され、比較的新しい抗てんかん薬ラモトリギンが追加処方された。ラモトリギンは常用量の1/8から服用を開始し、2週ごとに1/4、1/2、1/1と漸増する必要があるが、本人が「3日後にサンバの大会があり、出場できる最後の大会なので、最初から効く量を処方してほしい」と訴えたため、最初から常用量の200mg/日が処方された。入院当日朝、自宅で発作が起きたため緊急入院となった。入院4日目、顔面の発赤増強、発疹出現、肝機能値上昇あり。薬剤性皮膚障害が疑われ、ラモトリギン中止。強力ミノファーゲンシー、リンデロン注、グリセオール注点滴開始。入院5日目、皮膚科にて中毒性表皮壊死症（toxic epidermal necrosis：TEN）と診断され、γ-グロブリン、ステロイドパルス療法開始、バルプロ酸ナトリウム中止。入院7日目、救命集中治療室へ転床、気管挿管、人工呼吸器による呼吸管理、血液浄化療法開始。入院11日目、膜型体外循環人工肺（extracorporeal membrane oxygenator：ECMO）による肺機能補助が導入されたが、翌日死亡。

(3) 主要解剖・組織所見
①肺炎・肺出血。肺重量：左1182g、右1324g。両肺ともに背側を中心に肺うっ血、肺出血が著明。5mm大までの白色調の斑状病変多数（〈写真8〉）。組織学的にはグラム陽性の球菌塊多数。②中毒性表皮壊死症。顔面、体幹に広汎な表皮剥離、びらん。両上肢、両大腿では発赤と多数の水疱散在（〈写

真9〉)。③多形膠芽腫、治療後再発。脳1382ｇ。左前頭葉に3.5×3.5×3cm大の欠損があり、囊胞状になる。側脳室および前頭部に開口。囊胞状部後方、頭頂近くの白質に1.5cm大の腫瘍の再発あり。腫瘍細胞は囊胞状になった部分の周囲にも散在。④肝1872ｇ。うっ血と中心静脈周囲の広範な肝細胞壊死。⑤脾204ｇ。うっ血、感染脾。⑥胸水左200ml、右500ml。腹水1500ml。胸水、腹水とも黄色透明。

(4) 死　因

ラモトリギンを最初から常用量服用したことによりスティーブンス・ジョンソン症候群を発症、次第に重症化し、TENに至り、広範な皮膚剥離部よりグラム陽性球菌が侵入、敗血症を発症し、最終的に肺炎、肺出血を併発し、呼吸不全のため死亡したと考えられる。

(5) 医療上問題点

①ラモトリギンの場合、添付文書に明確にスティーブンス・ジョンソ

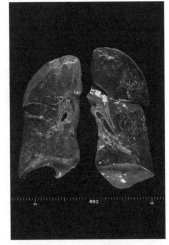

〈写真8〉　左右両肺肺炎・肺出血（事例12）

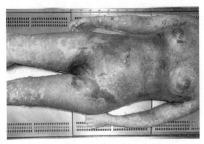

〈写真9〉　表皮剥離、びらん、水疱（事例12）

ン症候群やTEN等の重篤な皮膚・粘膜症状を発症することがあるので、厳重に注意することと警告されているうえ、用法・用量を超えた場合に重篤な皮膚・粘膜症状の発症頻度が高まることが記されている。本例ではバルプロ酸ナトリウム800mg/日を併用しているので、最初の2週間は1日25mgの

8　北原光夫＝上野文昭＝越前宏俊編『治療薬マニュアル2013』（医学書院・2013年）。

319

隔日投与で開始し、その後、25mg/日、50mg/日、100mg/日、200mg/日と1、2週ごとに漸増すべきところを、いきなり200mg/日で開始してしまった。薬剤師から医師へその旨の注意が促されているが、無視されている。②皮膚科医の診察をより早い時期に行うのが望ましい。③入院4日目にラモトリギンを中止した時点でバルプロ酸ナトリウムも中止すべきであった（結果論であるが）。

(6) 民事・刑事処分

①民事処分は、係争中である。②刑事処分は、医師は責任を問われていない。

13. 事例13

(1) 解剖、医療機関の種別

医療関連死モデル事業、3次救急病院。

(2) 事 歴

60歳代男性。第1病日：心室頻拍による失神を来し、病院へ搬送。第2病日：心臓カテーテル検査（冠動脈造影、左室造影）と心筋生検が行われた。1時間後の心エコー検査で前日には認められなかった心尖周囲に限局する8mmの心膜滲出液貯留が確認される。第3病日：心エコーで心膜滲出液の増加なし。病室内歩行可とされる。第4病日：心電図、血液検査等で異常なく、病棟内歩行可とされる。第5病日：喉の鈍痛を訴え、心電図でST上昇。心エコーで心収縮のびまん性低下と心嚢内全周性の心膜滲出液貯留。心嚢穿刺、大動脈内バルーンパンピング（intraaortic balloon pumping：IABP）、経皮的心肺補助（percutaneous cardiopulmonary support：PCPS）などが行われたが、翌日、多臓器不全を来し、死亡。

(3) 主要解剖・組織所見

①左心室後壁の出血を伴う小穿孔（〈写真10〉）。②左心室心内膜下全周性の心筋出血・壊死（心筋梗塞）。③心タンポナーデに対するドレナージチューブ挿入、心嚢内血液25ml。④腹腔内血液4300ml。⑤胸水（左：500ml、右：

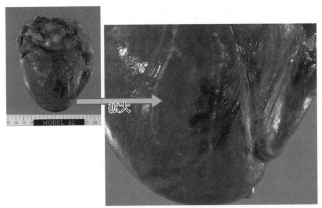

〈写真10〉 左心室後壁の小穿孔（周囲に出血を伴う：事例13）

900ml)。⑥両肺うっ血水腫（左肺1000ｇ、右肺1150ｇ）。

(4) 死　因

　心筋生検時、左心室後壁に微小穿孔が生じ、少量の心嚢内出血を生じた。心筋生検２日後、病棟内歩行可とされ、病棟内を歩行することにより心嚢内出血漸増し、心タンポナーデによる虚血のため心筋梗塞を併発して心タンポナーデおよび心筋梗塞による心原性ショック、多臓器不全で死亡したと考えられる。

(5) 医療上問題点

　①心筋生検後の心エコーで前日には認められなかった心尖周囲に限局する８㎜の心膜滲出液貯留を確認した時点で心タンポナーデを疑い、心臓血管外科医に相談して開胸による止血処置を行うべきであった。②心筋生検後の安静解除が早すぎた（心筋生検翌日病室内歩行可、翌々日病棟内歩行可）。③病棟内歩行可とされた第４病日に心エコーを行い、心膜滲出液が増加していないか確認すべきであった。④心筋生検を行う前に侵襲の少ない検査（CTやMRIなど）を先に行うべきではないか。

(6) 民事・刑事処分

　①民事処分は、不法行為を理由に訴訟を提起する時期を過ぎているが、債

務不履行を理由とする訴訟の時効はまだ過ぎていない。これまで訴訟に至っていないのは心カテ・心筋生検前に検査の必要性、危険性（検査における死亡率20%）について文書と口答で説明するとともに、本人および配偶者から「どんなことが起きてもいっさい訴えたりしません」という文言の入った同意書をとっているためと推定される。②刑事処分は、医師の責任は問われていない。担当医は現在も同じ病院の同じ地位で勤務を続けている。

14. 事例14

(1) 解剖、医療機関の種別

医療関連死モデル事業、透析病院。

(2) 事　歴

80歳代女性。右腎摘出（腎結石）、高血圧、糖尿病、糖尿病性腎症、慢性腎不全、慢性心不全、多発脳梗塞の既往があり、血液透析の必要性と、多発脳梗塞によるえん下障害のための栄養障害の治療の目的で入院となった。透析が導入されたものの、たび重なる誤えんで誤えん性肺炎を繰り返すため、本人および家族の同意のもと胃瘻が造設された。しかし、胃瘻からの確実な栄養摂取にもかかわらず、栄養障害は改善せず、低アルブミン血症が続いていた。入院の1年半後、重症肺炎を併発し、頻脈と血圧低下のためアラームが鳴った際、医師訪室までに15分くらい（家族の主張）を要した。その1カ月後、透析中、突然死亡した。その際、心拍モニターが装着されておらず、家族が警察に告発した。

(3) 主要解剖・組織所見

①糖尿病性腎症および腎硬化萎縮著明。②両側胸水、心嚢水多量。③左心室肥大、微小線維化巣多数散在（虚血性変化）。④多発脳梗塞、脳萎縮。⑤左肺上葉陳旧性肺炎病変。⑥全身栄養障害著明。⑦諸臓器うっ血、浮腫。

(4) 死　因

糖尿病性腎症による慢性腎不全。

(5) 医療上問題点

①死亡の1カ月前に頻脈と血圧低下でアラームが鳴った際、医師の訪室が遅れたこと、重症肺炎を併発した際、蘇生措置拒否（do not resuscitate：DNR）の申し出が家族から出されたのに、死亡直前蘇生措置が施されたこと、透析中心拍モニターが装着されていなかったこと等のため家族の病院に対する不信感が強く警察への告発につながった。②透析による除水を行うと血圧が低下してしまう透析困難例で、慢性心不全、栄養障害と合わせ、加齢による全身衰弱で寿命が尽きたといわざるをえない。

(6) 民事・刑事処分

①民事処分は、家族の病院に対する不信感は強く、民事賠償を担当してくれる弁護士を探しているが、上記結果報告書の内容をみて担当してくれる弁護士が見つかっていない。②刑事処分は、医師の責任は問われなかった。

15. 事例15

(1) 解剖、医療機関の種別

医療関連死モデル事業、3次救急病院。

(2) 事　歴

60歳代男性。20年以上前から血液透析継続中。5年前から2回の経皮的冠動脈形成術の既往あり。胸痛、胸部圧迫感のため入院後、ショック状態となり、冠状動脈疾患集中治療室（coronary care unit：CCU）へ移され、気管内挿管された状態で心カテーテル（心カテ）治療実施。ヘパリン、ニトログリセリンなど心カテから投与されたが、心原性ショックのため死亡した。

(3) 主要解剖・組織所見

①心筋梗塞。②冠状動脈硬化極めて強く、狭窄高度。③両腎硬化萎縮著明。④全身動脈硬化高度。

(4) 死　因

慢性腎不全に起因する高度冠動脈狭窄による不安定狭心症・非ST上昇型心筋梗塞合併のための心原性ショック。

(5) **医療上問題点**
①最初からCCUへ入院させて、集中治療を受けていれば、救命できたのではないかと家族がモデル事業での解剖を希望。②最初からCCUへ入院させ、心カテによる集中治療を行ったとしても、長年の透析による全身の動脈硬化、石灰化は著明で、透析例での寿命の限界である。

(6) **民事・刑事処分**
上記評価報告結果を家族も受け入れ、民事、刑事とも問題とならなかった。

Ⅳ 解説

1．はじめに

診療中に思いがけなく期待に反した悪い結果が起こる場面がある。これを総称して「医療事故」といい、①現代の医学では、いかんともしがたい不可抗力の事故、②国や製薬会社に主な責任のある事故、③患者側の過失による事故、④医療関係者の過失に由来する事故、に分類される。このうち裁判で「医療過誤」と認定され、刑事裁判で業務上過失致死傷を問われたり、民事裁判で損害賠償や慰謝料の支払いが命じられるのは④のみである[9,10,11,12]。①〜③は医師や病院側には主な責任のない事故であるが、日常の診療や医療事故発生時に患者や家族に対する対応が悪いと、少しでも慰謝料をとってやろうとして、あるいはうっぷんの捌け口として医療訴訟が提起される傾向がある[13,14,15,16]。事例14、事例15などが、これに該当する。日頃から患者および家族に対して誠

---

9 佐藤・前掲論文（注1）。
10 平沼・前掲書（注2）。
11 岡部ほか・前掲論文（注5）。
12 平沼直人『医療訴訟Q&A 医療の法律相談』（労災保険情報センター・2012年）。
13 佐藤・前掲論文（注1）。
14 佐藤・前掲論文（注1）。
15 岡部ほか・前掲論文（注5）。
16 平沼・前掲書（注12）。

意ある対応が必要である。

　医療過誤が法的に成立するには、①作為、不作為を問わず、患者の健康や生命を侵害した行為があること、②実際に患者が健康を害したり、生命を奪われたりする損害の発生があること、③医療の専門家として当然払うべき注意を怠り、不注意の状態にあること、④上記①〜③に法的因果関係のあることが必要となる。このうち最も重要視されるのは③であり、「結果予見義務」[17]と「結果回避義務」に分けて詳しく検討される。

2．事例1について

　事例1は腹式帝王切開手術で胎盤を用手剥離する際、空気塞栓が起こり[18]、それが、まず右心房・右心室に至り、肺循環系にみられる毛細血管レベルの血管吻合を介して微細な気泡が肺静脈に流れ込み、全身諸臓器に散布され、微細な気泡の存在により血液の粘稠度が変化してDICが起こり[19]、出血傾向が招来され、適切に縫合された子宮手術創から多量の腹腔内出血を来して出血性ショックにより死亡したものと判断した[20]。被告の医師は死亡診断書に死因を急性心不全、死因の種類を病死および自然死と記載しており、自分に過失は何もないと主張した。確かに、偶発的に空気塞栓が起きたこと以外、解剖結果からも適切な手術が実施されたといえる。しかし、術後の経過観察は明らかに不十分で、手術直後、診察して異常がないことを確認した以後は当日の午後10時と翌日の午前0時に看護師より患者が腹痛を訴えている旨、電話連絡を受けるも、ペンタゾシンの注射の指示を出すだけで診察には行っていない。午後10時の時点で診察に行っておれば、おそらく腹腔内出血を発見（少なくとも出血性ショックにあることは確認）できたはずであり、ちなみに看

17　佐藤・前掲論文（注1）。
18　杉山陽一＝小柴寿弥「第4章　産褥の病理」杉山陽一ほか編『小産科書〔改訂第2版〕』（金芳堂・1977年）。
19　石山昱夫＝高津光洋＝内田政博「第5章　詮塞症」石山昱夫編『臨床法医学』（南山堂・1986年）219〜243頁。
20　岡部ほか・前掲論文（注5）。

護記録には冷汗、頻脈などの記載がなされており、この時点で2次救急病院に転送して子宮摘出と出血性ショックの治療が行われていれば、救命できた可能性が高いと推察される。結果予見義務と結果回避義務の両者を果たしていないと判断され、損害賠償と慰謝料の両者で4700万円に加え、生まれた子を小学校入学まで院長夫人が責任をもって育てることで和解が成立した。民事での和解成立を受け、刑事的には起訴猶予となった。本件では術後管理の重要性を再認識させられた。なお、本件は平成初期の事案であり、看護師の責任は全く問われなかったが、午後10時頃には出血性ショックが始まりつつあり、医師への連絡が腹痛のみではなく、冷汗や頻脈も伝えていれば、被告医師も診察に来た可能性が高く、現在であれば看護師も何らかの責任が問われた可能性がある。医師、看護師の連携、チーム医療の充実が肝要なことが示唆された。

3．事例2について

事例2は60歳代の女性がセファゾリン1g、ビタミンB_{12}1000μgをKN3B250mlに溶解した注射液を点滴され始めてまもなく痒み、悪心を訴えたが、そのまま点滴が続けられ、数分後、ショック状態に陥り、点滴を生理食塩水500ml単独に変更して蘇生措置が行われたものの、90分後に死亡したものである。解剖所見はアナフィラキシーショックを示唆しており、解剖時、採取した心臓血を固相抽出法で抽出し、抽出液を窒素気流下で蒸発乾固した残渣を移動相に溶解して高速液体クロマトグラフィー（high-performance liquid chromatography：HPLC）／質量分析法（mass spectrometry：MS）により分析したところ、セファゾリンが間違いなく同定・定量された。[21]数分しか点滴が入っていないので、低用量のビタミンB_{12}は検出できなかった。（当時のHPLC/MSは感度が低かった）が、診療録にビタミンB_{12}禁と朱書きされて

---

21 Kobayashi K, Sato K, Mizuno Y et al. "Capillary high-performance liquid chromatography-fast atom bombard nass spectrometry of 24 cephem antibiotics." J Chromatogr B Biomed Appl. 1996;677:275-290.

おり、セファゾリンとビタミンB_{12}が間違いなく点滴静注されたと考えられる。死因は急性薬物ショックであり、原因薬物としてセファゾリンとビタミンB_{12}の両者が考えられるが、セファゾリンはそれ以前に10回以上、同院で点滴されているが、これまで何も異常はなく、ビタミンB_{12}は今回、初めて投与されたことから、ビタミンB_{12}のほうが可能性が高いと思われる[22]。本例では次の２点が疑問として残る。第１点は痒み、悪心を訴えたとき、直ちに点滴を生理食塩水に変更しておれば、救命できたのではないかという点である。第２点は本例の治療に不可欠なのはセファゾリンであり、なぜ必須でないビタミンB_{12}を追加したのであろうかという点である。腰痛を訴えているが、ビタミンB_{12}の経口投与で十分であり、静脈内投与すると、しばしばアナフィラキシー様反応を示すことが周知されており[23]、必須でない治療を行うと、思わぬ副作用が発症して不幸な転帰をとることがありうることを警鐘している事例といえる。本件医師も結果予見義務と結果回避義務を果たしておらず、民事で損害賠償と慰謝料を請求され、2600万円で和解が成立している。本件の看護師も痒みと悪心の訴えを無視しており、現在であれば何らかの処分を受けた可能性が否定できない。

4．事例３について

事例３の50歳代男性は腰椎椎間板ヘルニアで当該病院整形外科に通院中であり、今回の腰痛増悪も椎間板ヘルニアの悪化と考え、同科を受診した。担当医も入院が必要なレベルと判断し、入院させたまではよかったが、安易にヘルニアの増悪と判断し、リハビリ室での理学療法士によるストレッチ運動を指示しただけで精密検査を全く行わなかった。死亡前日には背痛と胸痛も加わり、医師であれば当然、急性大動脈解離を疑うべきところ、何の検査も行わず、当日ストレッチ運動の最中突然倒れて死亡するまで放置していた。いつから急性大動脈解離が始まったのか必ずしも明らかでないが、死亡前日

---

22 北原ほか・前掲書（注８）。
23 北原ほか・前掲書（注８）。

に腰痛のほか、背痛と胸痛が加わった時点で、大動脈解離が胸部大動脈から腸骨動脈分岐部まで進展し、死亡当日、大動脈解離が心嚢内に穿破し、心タンポナーデにより死亡したものと考えられる。何も検査しなかった医師は結果予見義務も結果回避義務も果たしておらず、かなり悪質度が高いといえるが、なぜか民事で1200万円の慰謝料（市が負担）に留まっており、民事裁判の少なかった平成初期の事例のためと推察される。なお、病院内処分として主治医は自己退職、整形外科部長は戒告で、理学療法士は口頭による厳重注意であった。

5．事例4について

事例4は50歳代の男性で顔を殴られ、路上に仰向けに倒れた状態で腹部を踏みつけられて病院に搬送され、検査の結果、左中大脳動脈解離性動脈瘤による脳梗塞の診断で脳外科への入院となった。このとき、すでに血清アミラーゼ中程度上昇。4日後、血清アミラーゼ高度上昇のため腹部外科へ転科となり、緊急開腹手術を受け、膵頭部の著明な挫滅が見つかり、膵頭十二指腸切除を受けた。1ヵ月後、意識が回復しないまま死亡した。解剖の結果、死因は腹部踏みつけによる膵頭部挫滅のための汎発性化膿性腹膜炎と判断された。本例の問題点は当直医の専門は脳外科で、左中大脳動脈解離を発見し、同動脈灌流域の左大脳半球外側部広範な脳梗塞による昏睡状態と診断して主治医となったが、腹部の診察は疎かにしていたといわざるをえない点である。入院当日の血清アミラーゼ中程度上昇の段階で、膵損傷を疑うべきであった。本例は腹部を踏みつけられ、膵頭部が足と脊柱で圧挫されたと考えられる。[24] 早い段階で腹部開腹手術を受けていれば、救命できた可能性が高いと思われる。本例も結果予見義務と結果回避義務の両者を果たしていない。民事では300万円の慰謝料で和解が成立。加害者の刑事裁判で被告弁護人は早い段階で膵損傷が発見され、適切な治療が行われていれば、救命できたはずと主張

---

[24] 石山昱夫＝高津光洋＝内田政博「第4章 外傷性ショック」石山ほか・前掲書（注19）181～218頁。

し、これが認められ、訴因が傷害致死から傷害に変更され、これに伴い、主治医が業務上過失致死で書類送検されたが、起訴猶予となった。

6. 事例5について

　事例5は当時の精神科医療における数々の問題点を露呈している。まず、第1に医師不在（日勤の医師のうち1人は午後6時まで在院する規則であったが、当日は全員午後5時前に帰宅しており、当直医は勤務開始時刻の午後6時より2時間遅れて到着）の午後5時30分頃に統合失調症患者が別の統合失調症患者に腹部を蹴られたり、踏みつけられたりした事件が発生したことである。第2は、ようやく2時間遅れで当直医が到着して診察をし、血圧92/80mmHg（脈圧わずかに12mmHg）、脈拍100/分、呼吸数20/分、腹部疼痛、圧痛強度で冷感・嘔気・嘔吐がみられるのに、診療録に腸雑音の記載はなく、腹部X線撮影も行われていない。この時点ですでにショックの徴候が出ているのに経過観察の指示のみであった。この時点において立位か側臥位で腹部X線単純撮影が行われておれば、遊離ガスが確認できたはずであり、直ちに外科病院へ転送されておれば救命できた可能性が高い。ちなみに筆者は大学院生（すでに医師免許は保有）の時、精神科病院で夜間当直中、同様の事件が起き、腹部X線撮影で横隔膜下に遊離ガスを発見し、外科病院へ転送して事なきを得ている。第3は午後11時30分、看護師から診察要請があったのに、当直医は診察に行かず、30分間隔のバイタルチェックの指示をしただけであった。このとき血圧84（触診）、脈拍120/分、呼吸数28/分であり、すでにショック状態にあることは看護師にも容易に判断でき、当直医が診察に応じなければ、看護師は直接、主治医に連絡して指示を仰ぐべきであった（結果論ではあるが）。翌日午前5時、血圧72/分（触診）、脈拍138/分（緊張弱）、浅頻呼吸、腹部緊満、冷汗著明であったが、看護師は当直医に連絡もしていない。午前5時30分、心肺停止で発見され、蘇生措置を受けたものの、午前5時50分死亡診断に至った。本例では早い段階で当直医、夜勤看護師の誰かが適切な対応をしておれば、救命できたものと推察される。事例1〜3および事例5は

医師とコメディカルのスタッフ（事例3は理学療法士、その他は看護師）との連携の悪さも医療事故発生の大きな要素となっている。民事はわずか60万円の見舞金で和解が成立し、当直医は書類送検されたが、起訴猶予となった。全体として統合失調症患者の人権が軽視された感が拭えない。もう一点、本例で指摘したいのは精神病院に入院中の統合失調症患者は大量の抗精神病薬を服用しており、痛みに鈍感になっていることである。死亡直前の午前5時の段階でも意識が清明であるのに痛みは自制できると答えており、看護師が当直医への連絡は必要ないと判断した根拠の1つとなっている。また、事例4と事例5ではともに腹部を踏みつけられ、膵頭部（事例4）ないし回腸（事例5）が加害者の足と自身の脊柱に挟まれ、膵頭部挫滅（膵液が腹腔内に漏出）ないし回腸破裂（回腸内容が腹腔内に漏出）を来し、汎発性腹膜炎を起こしている。腹部中央に強い鈍力が作用すると、臓器が脊柱とで挟まれ、致死的な損傷を招来することがあることを強調しておきたい[25]。なお、本件の当直医は結果予見義務、結果回避義務を果たしていないだけでなく、臨床医としての能力が強く疑われる。基礎医学の教育と研究に携わる医師がアルバイトで精神病院の当直（報酬は安いが、途中で起こされる機会が少ない）をしたのではなく、本件の医師は小児科医であり、臨床医としての能力というより人間性に問題があるのかもしれない。この医師は当直医を免職となっており、社会的制裁を受けているとして起訴猶予になっているが、遺族が被害者の存在を邪魔者扱いしていなければ民事・刑事とも異なった結果となった可能性も否定できない。

7. 事例6について

事例6の男子高校生は某年1月4日午前0時頃、喧嘩で背負い投げを食らい、後頭部を路面で強打した。午前0時30分、近くの公立病院を受診し、頭部X線単純撮影で異常なしといわれ、帰宅した。同日午前2時、頭痛が増

---

[25] 石山ほか・前掲論文（注24）。

悪したので、再受診して入院したが、検査は行われず、鎮痛剤注射で経過観察となった。同日午前5時、突然心肺停止で発見され、蘇生措置を受け、心拍動は回復するも、呼吸、意識は回復せず、頭部CTで後頭蓋窩に広範な硬膜外血腫が確認された。翌5日午前、深昏睡、脳幹反射すべて陰性、脳波平坦、臨床的脳死状態のまま1月15日午前2時に死亡した。解剖で本例は後頭部強打によりラムダ縫合、左後頭乳突縫合が離開し（〈写真7〉）、この時横静脈洞が破綻して後頭蓋窩硬膜外血腫が生起され、比較的短時間で脳死状態に陥り、死亡したと判断された。本例の問題点は1月4日午前0時30分頃に頭部X線単純撮影でラムダ縫合、左後頭乳突縫合の離開を見落とし、帰宅させてしまったことと同日午前2時頃、再受診したので、入院させたものの、同日午前5時頃、心肺停止となるまで何も検査しなかった（午前9時からの頭部CTの予約はしていた）ことである。加害者の刑事裁判で被告弁護人は医師が適切な対応をしていれば、被害者は死なずにすんだはずであり、傷害致死ではなく、単なる傷害事件であると主張したのに対し、検察側の証人である脳外科専門医が、①ラムダ縫合、左後頭乳突縫合は解剖学的に存在するものであり、X線単純写真で離開の有無は専門医でないと判断が困難であり、②後頭蓋窩の急性硬膜外血腫は横静脈洞もしくはS状静脈洞の外傷性破綻によるものであり、急激に発症して不幸な転帰を示すのが大部分で、仮に早く診断できていたとしても、手術による救命は困難であると証言したため、傷害致死事件として扱われ、当直医（卒業して3年目の内科医）の刑事的責任は問われなかった。民事では刑事法廷を傍聴した遺族側弁護人が逸失利益の損害賠償を諦め、50万円の見舞金で和解した。しかし、本件でも医師は結果予見義務と結果回避義務を果たしていない。なお、当病院は筆者が臨床研修を行った病院であり、当直医から直接、話を聞いたところ、年長のレントゲン技師に深夜、CTを指示する勇気がなかったという。筆者も当院で研修していた頃、当直時間中にレントゲン技師を呼び出し、交通事故の被害者のX線撮影を指示し、異常がないことを確認して後日、指導医から叱られたことがある。逆に、事例1や事例5の看護師は深夜に医師を起こすことを遠慮し

331

ており、当時も現在も夜勤時間帯の医師とコメディカルスタッフの負担が重すぎるため、お互いに遠慮して事例1、事例5、事例6のような不幸な事態が招来されている。お互いに遠慮しなくてすむような充実した態勢づくりが求められている。ただし、事例2のように日勤時間帯でも医師と看護師の連携不足は認められ、事例4のように別の診療科の医師同士の連携不足も不幸な結果を招くことを指摘しておきたい。

8．事例7について

事例7の20歳代男性は自宅台所で口から泡を噴き、仰向けに死亡しているのを母親が発見した。数日前に近医を受診し、「痰が絡み、食物が気道の中に入り、むせて困る」と訴えていた。袪痰薬が処方されただけで、精密検査や精査のための病院紹介は行われなかった。行政解剖で死因は後頭蓋窩の3個の血管芽腫が脳幹部を圧迫して嘔吐・誤えんが誘発され、嘔吐物を誤えん吸引して窒息死したと判断された。警察から解剖結果を聞いた両親が医師に損害賠償を請求した。民事法廷に証人出廷した筆者は「結果論からすれば、血管芽腫は脳外科手術で摘出することで完治し、予後良好であるため、[26]医師は患者の訴えをよく聴き、2次病院レベルの脳外科ないし神経内科を紹介するべきであった。しかし、たった1回の受診で、そこまで要求するのは酷ではないか。2、3回経過を観察してから紹介するのが当然と思われる」と裁判官の質問に答えた。そこで、裁判官は50万円の見舞金で和解するように原告・被告双方にすすめ、和解が成立した。筆者自身が白衣の裁判官[27]になってしまったことを後悔している。

9．総　括

事例8～15は筆者1人で行った解剖ではないので、医療関連死モデル事業

---

[26] 伊藤正男＝井村裕夫＝高久史麿『医学書院医学大辞典〔第2版〕』（医学書院・2009年）。
[27] 平沼直人＝藤城雅也＝佐藤啓造「裁判上の鑑定から当事者鑑定へ　医療過誤訴訟における私的意見書の実体と提言」昭和医学会雑誌72巻（2012年）628～636頁。

評価結果報告書の内容を要約したⅢでの記述に留める。モデル事業の解剖例全体としていえることは患者が死亡する前から家族が病院に対して強い不信感を抱いた事例がモデル事業の対象となっており、解剖の結果、病院に手落ちはなく、患者本人の寿命であることが明らかになった事例でも、なお、遺族は民事訴訟を請け負ってくれる弁護士を探し続けている（事例14、15）。事例4〜6の司法解剖例、事例7の行政解剖例、事例8〜11のモデル事業解剖例のように比較的少額の慰謝料もしくは見舞金の支払いに帰結している事例が多いことを鑑みると、訴訟の原因は「とれるものなら少しでもとってやろう」という考え方と遺族の病院に対する不信感の双方が考えられる。本人や家族に不信感をもたれぬよう医師およびコメディカルのスタッフは医療従事者善行の原則に従って患者に「善」をなさなくてはならない。つまり、医療従事者は患者の利益のためになることをしなくてはならない。[28]

　事例1〜13は医師に種々のレベルの過失があるが、この程度であれば刑事的には全く問題とされないか、書類送検されても起訴猶予になっている（事例1〜5および事例8）。しかし、起訴猶予となった背景には、かなり高額な民事賠償をしているか、もしくは本人が自己退職（事例2、3）ないし免職（事例5）に追い込まれていることを忘れてはならない。事例3と事例5は「チコちゃんに叱られてしまう」レベルのボーッとした医師による過失である。事例1〜11は、いずれも医師が結果予見義務と結果回避義務の両者を果たしていない。事例12と事例13は結果予見義務は果たしているものの、結果回避義務は果たしていない。それでも、有害危険な可能性を予見し、患者に説明し、同意書をとっているので、少なくとも刑事的責任は問われず、民事賠償も免れる傾向にある。[29]

　最後にもう一点、指摘しておきたい。事例1〜3、事例5、事例6、事例12は医師とコメディカルのスタッフとの連携の悪さが有害事象発生の原因となっている。医師は薬剤師や看護師の意見を素直に聞いて、それに従ってお

28　佐藤・前掲論文（注1）。
29　佐藤啓造「医療事故剖検例から学ぶこと」昭和学士会誌78巻（2018年）344〜348頁。

れば、死亡事故の発生を防げた可能性が高い。

V おわりに

　医療関連死解剖例の分析から、①医師、看護師、理学療法士は真摯に1人ひとりの患者に応対する、②医師は治療や検査につき、必要性、効果、危険性などを文書と口頭で詳しく本人および家族に説明し、本人の真意のインフォームドコンセントに基づく同意書をとっておく、③医師は看護師の要請があった場合、必ず真摯に診察する、④医師は常に患者の急変の可能性を念頭におく、⑤看護師も患者の病状を常に念頭におき、当直医に連絡して診察がないときは主治医まで連絡する必要性を考慮する、⑥医師は必要でない検査や治療を行わない、⑦医師は自分の専門領域の疾患だけにとらわれず、患者の全身、心の中までみる、⑧腹痛や頭痛を訴える患者には医師も看護師も特に慎重に対応する、ことなどが日常の診療において重要なことが明らかとなった。

　以上を総合して考えると、医療訴訟の発生を防ぐには医師や看護師らの医療従事者は「医療従事者善行の原則」[30]に従い、「至誠一貫の精神のもと、常に患者および家族に対して誠実に対応するとともに、主治医、同僚医師、指導医、看護師、薬剤師、理学療法士などが1つの医療チームとして、お互いに遠慮なく疑問点を尋ね、ダブルチェック、トリプルチェックシステムを構築してサポートし合う態勢を整える」ことが肝要であると思われる。

VI 謝辞・追悼

　本稿を執筆するにあたり、御著書を御下賜くださるとともに貴重なご意見を賜った平沼直人弁護士に深謝します。また、筆者が昭和大学医学部法医学

30　佐藤・前掲論文（注1）。

講座教授の使命を果たすうえで常にやさしく支えていただいた平沼髙明先生に厚くお礼申し上げるとともに、謹んでご冥福をお祈り申し上げます。

④ 法科学とその実務

高 取 健 彦

元東京大学医学部教授・元科学警察研究所所長

　法科学という言葉そのものがわが国では必ずしもなじみがあるとはいいがたい。そこで、法科学の実務について述べるためには、法科学の定義とその歴史的な背景についてまず説明しておく必要がある。[1]

I 法科学とは

　丹羽口徹吉[2]によれば法科学とは、「科学捜査に必要な科学的技術をまとめて体系化しようとする動きがあり、これらを総括して法科学（forensic science）と呼ばれるようになった」としている。また、A. Saferstein[3]は、「法科学とは最も平たく言えば、法律への科学の応用である」としており、限定的にいえば、「法科学とは、司法制度の中で、警察により執行される刑法および民法への科学の応用である」とされている。丹羽口の定義だといささか抽象的でわかりにくいが、Saferstein のそれは、簡潔でわかりやすい。法科学という用語は、学際的な学問分野であることから、これを簡明な文章で定義することは必ずしも容易ではないが、『マグローヒル科学技術用語大辞典』には、「法科学とは、科学を法律上の目的に応用すること」とあり、これは Staferstein の平たくいったほうの定義と一致する。

---

[1] 高取健彦「法科学とその実務」科学74（2004年）1322頁。
[2] 丹羽口徹吉『捜査のための法科学』（令文社・1978年）44頁。
[3] A. saferstein "*Criminalistics – An Introduction to Forensic Science*" (Prentice-Hall・1995) P1.

II　法科学の領域

　犯罪現場に存在するすべての物体が法科学の鑑定・研究の対象となりうる。殺人現場、さまざまな事故現場、窃盗現場、ひったくり現場等を考えてみたらいい。地面に存在する遺留物のみならず、土砂、昆虫、植物、微生物、その他犯罪現場の空間に存在しているダストや花粉、生物・化学テロや爆発テロを想定すれば空気中の爆発物を含めた化合物、微生物等も法科学の鑑定・研究の対象となる。すなわち、一般的に犯罪現場から採取される資料、たとえば、指紋、足痕跡、血痕や毛髪などの伝統的な資料はいうに及ばず、ありとあらゆる物体が法科学の鑑定・研究の対象になることがおわかりかと思う。したがって、これらをカバーする学問分野も多彩である。法生物学（forensic biology）や法中毒学（forensic toxicology）にとどまらず、法昆虫学（forensic entomology）、法地質学（forensic geology）というように法科学の分野に必要な学問名に forensic がつくと法科学の学問分野となりうる。今後、時代の変遷とともに犯罪の質的変化がもたらされてくると、法科学の分野はますます広まることになるであろう。

III　法科学の歴史的背景

1．国外の背景

　W. G. Eckert[4]によれば近代の法科学とその応用は19世紀の半ばに端を発したとしており、それ以前は化学、物理学、生物学や医学はバラバラで統一に欠けていたとしている。また、国によっても法科学の発展がまちまちであった。20世紀に入って、分析機器や分析技術が発展する中で、法中毒学や法血

---

[4] W. G. Eckert "*Introduction to Forensic Sciences*"（CRC Press・1997）P11.

清学が法科学の中で重要になってきたとしている。前記したSafersteinもほぼ同様の法科学の歴史的経過について述べている。

2. 国内の背景

わが国においては、法律上問題となる医学的事項にかかわる物体検査はもっぱら伝統的に大学の法医学教室でこれを行ってきた。警察の研究機関としては、1948年（昭和23年）に国家地方警察本部刑事部鑑識課に科学捜査研究所が設置され、1959年（昭和34年）に現在の科学警察研究所（科警研）に改称されるに至った。1960年（昭和35年）からは古畑種基先生（元東京大学医学部法医学教授）が科警研の所長になって以来、血液型学についての鑑定・研究が飛躍的に発展していった。

一方、現行警察法が1954年（昭和29年）に施行されるに至り、各都道府県警察本部に科学捜査研究所が設立されていった。誕生したばかりの科学捜査研究所の研究員たちは、それぞれの地域にある大学医学部あるいは医科大学の法医学教室へ赴き、血痕や毛髪からの血液型の検査方法を教授してもらっていたのである。

このような状況の中で、科警研の3研究部（科学捜査部、防犯少年部、交通部）のうち科学捜査部は、1970年（昭和45年）に改組されて、法科学第一部と法科学第二部に分かれた。この「法科学」という名称がわが国で公式に使われたのは、これが初めてであった。

したがって、わが国における法科学の歴史は、まさに科警研の歴史でもある。前述したごとく法科学は極めて学際的な学問分野であるばかりでなく、犯罪の質的変化に対応していかなければならないことから、その領域はますます広さを増してきている。以下、科警研の組織も時代の変遷とともに改変されていったが、そのことから述べることにする。なお、1995年（平成7年）までの研究部は、4部門、すなわち法科学第一部（8研究室）、法科学第二部（6研究室）、防犯少年部（3研究室）、それに交通部（3研究室）から成っていた。

(1) 法科学第三部の新設

1995年（平成7年）3月に発生した東京地下鉄サリン事件の鑑定業務の過程で、化学テロ等に対する高度化を図るためには化学部門の充実化が必要不可欠とされ、従来法科学第一部の中に法医研究室と同居していた化学研究室を独立させることとした。

この結果、1996年（平成8年）に法科学第三部が新設されるに至り、同時に1つの研究室（化学テロ部門）が増設され、4研究室になった。その後、2012年（平成24年）にもう1つの研究室が増設され、現在5研究室となった。

(2) 法医研究室から生物研究室へ

2002年（平成14年）4月から、従来の法医研究室が生物研究室に改称された。歴史的には、当研究所が1948年（昭和23年）に科学捜査研究所として発足した当時は、法医学課という名称であった。その後、1959年（昭和34年）に防犯少年部と交通部が加わったことから従来の各課でまとめられていた研究担当課は科学捜査部となる一方、法医学課は法医研究室になった。さらに、前述したごとく、1970年（昭和45年）に科学捜査部は法科学第一部と法科学第二部に分かれ、法医研究室は法医第一、第二研究室に改組されるに至った。その後、法医研究室の研究室が増設されていったが、これらが生物研究室に改称されるに至った理由について触れておかなければならない。

前述した法医学（法医）という用語は、当研究所の発足以来使用されてきたなじみの深い用語である。しかし、法医学の定義やそれをカバーする領域を考えてみると、法医解剖（司法解剖、行政解剖等）を扱わない法医学は、意味をなさない。もちろん、法医学の領域には医師でなければできない医学的判断が要求される事項と医学的知識を備えた医師以外の専門家による判断で可能な事項とがある。後者にあたるのは、物体検査であり、これは法医学の守備範囲ではあるが、必ずしも医師による医学的判断を必要とするものではない。しかし、この物体検査に関する研究およびその鑑定だけの作業では、法医学とはいえない。ちなみに、当研究所は発足以来、一度も法医解剖がなされていないことから考えても法医学という用語を使うのはなじまず、法生

339

物学 (forensic biology)、単に生物という用語を使うほうが実態に即していると考え、生物研究室いう名称に変更したものである。

また、2003年（平成15年）4月からは、生物テロの研究・鑑定を担当する生物第五研究室を立ち上げた。2001年（平成13年）9月11日に発生したアメリカの同時多発テロ事件後、アメリカにおいては炭疽菌による死亡事件が多発し、生物剤によるテロが考えられた。わが国でも炭疽菌まがいの模倣犯が当時多発した。しかし、今やボーダレス化した国際社会の中で、わが国もいつ、どこで生物剤によるテロに遭遇するかわからない脅威にさらされていることに鑑み、これらの研究・鑑定の高度化を図るべく、当研究室を立ち上げたのである。

(3) **法科学第四部の新設**

従来の法科学第一部には、生物学研究室のほかに、心理研究室と文書研究室とが同居していた。人体にかかわるということでひとくくりにしていたが、しょせん学問的には生物と心理、文書は異質のものであり、研究部としてまとまりがなかった。そこで、生体から発する情報を複合的に研究していく必要があると考え、ポリグラフ研究、筆跡等の文書研究と音声研究をそれぞれ情報科学第一、第二それに第三研究室として立ち上げ、いわゆる生体情報科学というくくりで部を構成し、研究の有機的な展開が図れるように2003年（平成15年）に構築したものである。

(4) **防犯少年部から犯罪行動科学部へ**

前述したように防犯少年部は、1959年（昭和34年）に発足して以来、40数年間改称されることがなく、その名称が使われてきた。この間当然のことながら、犯罪の形態、犯罪の質的内容も変化してきていることから、実質的には当防犯少年部は少年の犯罪のみを対象としていたわけではない。一方、当研究部の学問分野からすれば、研究の実態と研究部の名称との整合性を図るという観点からしても、犯罪行動科学部に名称変更することが妥当であると考え2003年（平成15年）に改称された。さらに、研究室も3研究室、すなわち、少年研究室、犯罪予防研究室それに捜査支援研究室とし、所掌も変更するこ

ととなった。加えて、従来の法科学第一部に所属していた心理第2研究室を捜査支援研究室に併合し鑑定あるいは捜査支援が、当研究部においても可能になるようにしたのである。

(5) **交通事故分析部門を交通部へ移動**

交通部も前述したように防犯少年部と同じく1959年（昭和34年）に発足し、同じような経歴をもちつつ、従来は鑑定あるいは捜査支援にはかかわってこなかった。しかし、当研究所のようなミッション型の研究所は、実務としての鑑定あるいは捜査支援に携わるべきだという考え方から、従来法科学第二部にあった機械第一研究室の所掌のうち交通事故解析を担当していた所掌を2003年（平成15年）に交通部（交通規制、交通安全、車両運転の各研究室から成る）の車両運転研究室に移し、車両運転・事故分析研究室として立ち上げたのである。しかし、交通部の将来を考えると、今後さらに抜本的な改変が必要となろう。

以上の組織改変により、研究部門は法科学第一部（5研究室）、第二部（4研究室）、第三部（5研究室）と第四部（3研究室）、犯罪行動科学部（3研究室）それに交通部（3研究室）の6研究部23研究室で構成されるに至った。

Ⅳ 法科学の実務と研究

わが国の法科学の足跡は、まさに科警研の足跡であることから考えて、法科学の実務と研究を語るには当研究所の実務と研究を述べないわけにはいかない。基本的には、実務、すなわち鑑定業務があって、これに対して質の高い鑑定を提供していくためには、この裏付けとしての研究が必要であることはいうまでもない。実務と研究は表裏一体の立場にあり、まさに車の両輪の状況にあるといえる。ところで、前述したように当研究所には、23の研究室があり研究者の定員は100名前後である。各研究室には2～6名の研究者が配属されており、筆者が所長を仰せつかっていた当時、2004年（平成16年）度の研究の内容について各研究部ごとに概略するとともに、現場鑑識につい

341

ても触れることにする。

1．科警研の各研究部

(1) 法科学第一部（法生物学担当）

　顔貌の個人識別に関する研究を行う。これは、たとえばコンビニエンスストア等のATMを利用した犯罪現場で、防犯カメラ等で撮影された犯人の識別は犯罪捜査上極めて重要な研究である。このために、3次元顔貌用レンジファインダーを用いた最新の顔貌像識別システムを開発するに至った。このシステムでは、被疑者の3次元顔画像データを用いて、防犯カメラ等で撮影された犯人の顔画像と同じ大きさ、同じ撮影角度で顔の形態や計測等を解析することができ、高い精度での個人識別が可能となった。

　さらに、新しい毛髪の異同識別、人血および体液斑証明のための新試験法の開発、DNA型大規模検出システムの開発、DNAチップ技術の応用それにバイオテロを対象とした生物剤の分析法・検知法の開発等の研究および鑑定が行われている。

(2) 法科学第二部（法工学担当）

　爆発残渣の分析法に関する研究を行う。最近、わが国においても自爆テロや大規模爆発にみまわれる危険性に脅かされている。もちろん、水際で爆薬の国内潜入を防止することが最も大事であるが、いったんこれが爆発した場合、爆発残渣として残存している微量の火薬類を特定することも、犯罪捜査上極めて重要である。このために、最近の分析機器を使用して幅広い基礎研究が行われている。

　さらに、画像解析法の開発研究、テラヘルツ光を利用した分析法の開発、機械構造物の破壊事故原因究明それに銃器の発射機能と威力の解析研究等が行われている。

(3) 法科学第三部（法化学担当）

　サリン等化学兵器用剤の検査法の開発を行う。わが国は1994年（平成6年）6月に松本サリン事件を、また翌年の1995年（平成7年）3月には東京地下

鉄サリン事件を世界で初めて経験した。地下鉄サリン事件の場合は、極めて大規模で東京は当時パニック状態になり、それはまさに世界を震撼させた事件であった。当時、当研究所ではサリン事件で死亡した犠牲者の血液からサリンの遊離型の分解産物（isopropylmethylphosphonic acid（IMPA））を検出していたが、遊離型のIMPAが血液から検出されなかったケースが多かった。この東京地下鉄サリン事件は筆者が東京大学に在任中に発生した事件であり、当時5例（そのうち4例は急死例）のサリン犠牲者の司法解剖を経験した。上述の科警研の方法による遊離型のIMPAは4例中1例のみ検出されたが、他の3例からはこれが検出されなかった。そこで、われわれは遊離型のIMPAを検出するのではなく、犠牲者の赤血球由来のacetylcholinesterase（AChE）に着目し、これに特異的に結合している結合型IMPAの検出を試みた。その結果、急死例4例のすべての血液からAChEへの結合型IMPAが検出されたことから、これらの死因をすべてサリン中毒死と断定したのであった。

一方、1998年（平成10年）7月には和歌山の毒カレー事件が発生し、4名が死亡したが、コップに残存していた極微量の亜ヒ酸と押収されたそれとの異同識別にシンクロトロン放射光蛍光X線分析法（Spring-8）[7]が応用され、それらの同一性が確認された。現在もSpring-8の応用に関する研究は、継続的に行われている。その他、薬物の新しい分析法および薬物の代謝に関する研究、毒・劇物および環境汚染物質の分析法に関する研究、微細物件の鑑定法の研究、有害ガスの分析法の開発研究等が行われている。

(4) 法科学第四部（情報科学担当）

本研究部は前述したごとく2003年（平成15年）度に新設された研究部であ

---

[5] Y. Seto et al. in "*Natural and Selected Synthetic Toxins – Biological Implications*", A. A. Tu ed., American Chemical Society (1999) P318、K. Kataoka et al.: J. Chromatogr. A, 891 (2000) P295.

[6] M. Nagao et al. Toxicol. Appl. Pharmacol., 144 (1997) P198、M. Nagao et al. J. Chromatogr. B, 701 (1997) P9.

[7] S. Suzuki et al. Analytical Sci., 17 (2001) P163.

り、ポリグラフ装置の開発およびポリグラフ検査に有効な新たな生理反応指標の研究、筆跡および偽造文書に関する研究、声紋による個人識別および声紋自動識別システムの開発研究等が行われているが、鑑定例としては、たとえば脅迫電話や誘拐電話の音声と被疑者の声の異同識別とか、雑音を伴っている音声の明瞭化等の鑑定が多くなっている。

  (5) **犯罪行動科学部（法心理学担当）**

  少年の凶悪・粗暴な背景前兆に関する研究、住民の環境認識と犯罪不安に関する研究、人質立てこもり事件に関する研究、犯罪人像のプロファイリングに関する研究およびこれらに伴う捜査支援が行われている。

  (6) **交通部（交通科学担当）**

  交通信号制御の高度化に関する研究、自動車排出ガス推定システムに関する研究、交通行動に関する研究、ITS 関連装置の影響に関する研究および交通事故の鑑定と事故解析に関する研究等が行われている。

2．現場鑑識

  この領域に入るのは、指紋、写真、足痕跡であるが、これらの実務作業は当研究所では行っておらず、都道府県の警察本部の鑑識課に配属されている技術吏員、事務吏員あるいは警察官がこれらを担当している。

  なお、当研究所では現場鑑識への新しい技術の導入等に際し、その基礎研究等を行うことによって現場鑑識にも関与していることになる。

V　法医学と法科学

  古畑種基[8]によれば、「法医学とは法律上問題となる医学的事項を考究し、これに解決を与える医学である」と定義されている。したがって、法律上問題とはなるが医学的事項ではない事項は法医学では扱わないことになってい

---

[8] 古畑種基『法医学』南山堂（1948年）1頁。

る。そして、多くの法医学の成書に書かれているように、法医学の領域には、①人体検査、②物体検査、③現場検査それに、④書類検査とがある。この中で、②の物体検査の対象となるのは、人体の一部、人体からの分泌物・排泄物、人体に付着している物体、人体の印像それに凶器（成傷器）が対象となるが、上述したごとく非医学的事項は法医学の対象とはならないことになる。

これに対して、法科学の領域は前述したごとく、犯罪現場に存在するすべての物体がその領域になりうる。もちろん、法医学の領域の②の物体検査は、法科学の領域でもあり、法生物学のそれとはオーバーラップすることはあるが、法医学の物体検査イコール法生物学でないことは前述したとおりである。前述したSafersteinの著書[9]には、法科学の中に法病理学（forensic pathology）の項は記載されていない。しかし、同じく前記したEckertの著書[10]には、法科学の中に法医学を入れて記載している。つまり、Eckertは医師で法病理学者であるので法科学を論ずるときは法病理学を対象とするが、医師でない法科学者が法科学を論ずるときは法病理学をその対象にしていないことになる。また、G. Daviesの著書[11]はDaviesが編者で内容は分担執筆であるが、Daviesの専門は無機化学であるせいか、この著書にも法病理学の項の記載がない。法科学の定義からすれば法科学の中に、法病理学が入って不思議なことではないが、上述した内容から考えると法科学の中から仮に法病理学が抜けたとしても法科学が成り立たなくなるわけではない。

法医学の歴史は法医学の成書に譲ることとするが、これは法科学の歴史よりもはるかに古い。これに対して、M. Orfilaは1814年に毒物の検出について、A. Bertillonは1892年に指紋について、A. S. Osbornは1910年に文書鑑識についてそれぞれ本を出版している。このようにバラバラに発展していった研究成果（学問）に対して丹羽口がいうように体系化された学問として法科学という言葉が導入されていったのである。なお、1932年にアメリカのFBI[12]

---

9 Saferstein・前掲書（注2）。
10 Eckert・前掲書（注1）。
11 Forensic Science, American Chemical Society (1986).

の中に法科学的サービスを行うのに理想的な国立の研究室が設立されたとしているが、このFBIにある法科学のスタートの時点から今日に至るまで、法科学の中に法病理学が盛り込まれていないことを付言しておく。

12　丹羽口・前掲書（注1）44頁。

5　歯科法医学
――歯科医学における法医学としての役割

佐 藤 慶 太

鶴見大学教授

I　緒　言

　歯科医学分野における法医学の呼称については、教育機関の間での統一性はないようであるが、文部科学省が所管する歯学教育モデルコアカリキュラム、および厚生労働省が所管する歯科医師国家試験出題基準の両者が定める科目名は「歯科法医学」として共通していることから、本書においてはその名称とする。一般に歯科法医学とは、歯科医師による身元不明死体に対する個人識別に関する学問として連想されやすい。確かに個人識別や身元確認は、歯科法医学の業務の最たるところではあるが、医科における法医学に準じて、「歯科法医学は、法治国家として法的に問題となる事象に対して歯科医学的解釈を与え、諸問題の解決に寄与する学問」として種々さまざまな鑑定業務等を遂行し、それらを基礎とした研究開発、学生への教授等を担当してきた。しかしながら、長きにわたっては、一部の歯学系もしくは医学系教育機関でのみ実績が積み上がってきたものであり、歯科法医学の学問的な立場は、医学分野における法医学の体系内にある一科目として、近年までその組み込まれた関係においてのみ立脚していた感がある。

　この状況から広く歯科医学分野の体系要素として構造化したのは、内閣府が取り組んでいた犯罪見逃し等の是正に関する死因究明制度改革が大きな契機であり、これに東日本大震災で得られた教訓としての災害対策（身元確認）

が乗じて両輪機構となり、いわば、国策としての展開が盛大化したのが特徴であろう。具体的には、その後に施行された「死因究明等の推進に関する法律（平成24年施行）」および「警察等が取り扱う死体の死因又は身元の調査等に関する法律（平成25年施行）」の両法において、歯科医師による身元確認業務、歯科医師における歯科法医学に関する専門性の確保、歯科法医学者の育成等に関して定められた。さらに、この流れを受けた厚生労働省は、初めて、歯科法医学を歯科医師国家試験の科目として基準化し（平成26年度版　歯科医師国家試験出題基準）、平成26年の歯科医師国家試験より出題を続けている。このことは、すなわち、歯科法医学としての学問がようやく歯科医師の業務および具有すべき知識等として根拠づけがなされたことを意味している。一方、文部科学省においても、毎年、全国の歯科大学・大学歯学部に対して、歯科法医学の教授および研究の体制等に関する実態調査を継続しており、監督省として現状の把握を行いつつ、各教育機関に対して歯科法医学に関する教育および研究の充実を促しているのである。これら一連の歯科法医学を取り巻く環境の変化を受けて、国立大学や私立大学においても歯科法医学に関する講座等の新設（復活含む）が相次いでいる。しかし、その数は全国歯科大学・歯学部（総数は29大学）のいまだ半数程度であり、この先の進展が急がれている。

　上述の通り、歯科法医学の学問体系としての発展は、これからが期待されるが、この間においても社会的な役割を果たしてきた多くの活動や取組みの事実があり、その一部について本稿において紹介していきたい。

II　業務と活動

　前述したが、歯科医学における法医学の鑑定業務は、従前より、身元不明死体に対する歯科所見による個人識別が最も連想されやすいが、「法治国家として法的に問題となる事象に対して歯科医学的解釈を与え、諸問題の解決に寄与する学問」としての学問の定義を維持・発展させ、現に種々さまざま

な鑑定等の業務を担ってきた。加えて、近年においては、その範囲や内容は拡張の傾向があり、著者が経験および認識するところの鑑定業務を羅列してみると、およそ以下の通りである。

① 平時における身元不明死体の歯科所見による個人識別
② 有事（災害時）における被災死亡者に対する検案支援（身元確認）
③ 身元不明死体や人体由来組織からのDNA型による個人識別
④ 歯科医療事故事件（民事・刑事）の原因分析および過失性の判断等
⑤ 歯科医業に関連する犯罪等における専門的な解釈
⑥ 食品混入異物等の同定
⑦ 被虐待児の身体被害に関する判定

いずれも、歯科医療との密接な関係があり、これら歯科法医学が臨床医学と同様に応用医学と位置づけられる理由の1つである。したがって、鑑定業務を遂行するにあたって鑑定人に求められる識見は、基礎医学、医事法学、加えて歯科医学に関する中でも、とりわけ臨床歯科医療に関しては相当な量を要する。次項より、上記した業務に関連する著者が関与したいくつかの取り組み等を交えて概説する。

Ⅲ 大規模災害における身元確認

1. 歯科所見による身元確認の国民周知の契機

昭和60年8月12日に発生した航空史上最悪の航空機事故は、搭乗する乗客・乗務員524名のうち、520名が死亡する大惨事となった。所謂、日航機墜落事故である。当時、筆者はまだ歯学生であったため、当然に死亡者の身元確認等の検死を経験していないが、歯科医師による身元確認が奏功している報道を得て、歯科治療に限らず、歯科が寄与する社会貢献の形態として大いにひきつけられ、将来の自身の進路を決定づける一因になっている。後年、医学部法医学の大学院に進んだ際、事故に関連する文献から得た学術情報、

349

および検死を経験した指導教官並びに諸先輩方から受けた訓導等は、大規模災害における身元確認業務のあり方としての修得につながっている。特に、大國勉『身元確認　歯や骨からのアプローチ』[1]は、群馬県警察医会に所属する歯科医師としての同著者が、事故の死亡者の身元確認に主導的な立場(歯科医師団総括責任者)から得た経験等に基づき内実にも詳しく、大いに参考となっている。この事故の特徴の一部を同書の紹介を交えて概説する。520名の死亡者の死因は損傷死や爆裂死がすべてであり、具体的な死因のうち、最も多かったのが全身挫滅であった。これを裏付けるように、遺体の損傷状況は、頭部、四肢、体幹が完全な状態の遺体は177体しかなく、それら以外は離断や分断状態であり、いかに壮絶な外力を受けたかがうかがえる。したがって、死亡者の身体的特徴や所持品等を身元確認の根拠としたのは200件程度と少なく、そのほかは、指紋、歯科所見、血液型の3種を科学的根拠として、検査等による照合が進められた。この3種の科学的根拠による確認件数別の順位は次の通りである。1位：指紋（230件）、2位：歯科所見（78件）、3位：血液型（4件）。実は、身元確認根拠として指紋が1位となったことに航空機事故の特性がある。つまり、あらかじめに搭乗者名簿等のリストが管理されていることから、搭乗者が自宅で使用していた器物等に付着している指紋（在宅指紋）を家族より提供してもらい、これと遺体のものとを照合できることから、最も特定につなげやすかったと考えられる。

　一方、歯科所見による照合については、離断や分断された遺体、死後焼損等によって指紋が採取不能な遺体を中心に実施されている。これも搭乗者名簿を元に、搭乗者が通院する歯科診療所等より家族が診療録を取り寄せることで生前資料の確保が早期に果たされ、その後の円滑な照合作業を可能としている。このように、個人が特定されている集団内に死亡者がある場合の災害を閉鎖型災害とよぶ。しかして、このような閉鎖型災害にしても指紋照合には限界があり、それを補完するのが歯科所見による照合法であることを多

---

[1]　大國勉『身元確認　歯や骨からのアプローチ』(フリープレス・2001年) 369〜436頁。

くの国民が知ることとなった。いわば、国民周知の契機となった事件であったと考えられており、同時に歯科法医学の重要性が取り上げられるようになった。この頃から、各都道府県歯科医師会において、急速に警察協力歯科会等が立ち上がり始めている。ちなみに、事故の死亡者の中には、当時の兵庫県歯科医師会会長並びに役員の計3名が含まれており、この事実も検死を担当した歯科医師達の士気の高揚につながったのかも知れない。

2．東日本大震災における歯科医師の活動

(1) はじめに

　平成23年3月11日午後2時46分に東北地方を中心とする東日本太平洋側一帯を急襲した未曾有の大地震は、わが国における観測史上最大の地震として東北地方太平洋沖地震と命名され、これが齎した一連の災害は東日本大震災とされた。筆者も警察庁の嘱託（日本法医学災害派遣医の体制に基づく）を受け、同年3月14日の深夜には、随伴の部下らと岩手県増派隊として神奈川県警の車両にて同県へと発った。翌未明に盛岡市の岩手県警本部に到着し、同県警本部長からの督励を得て、県内の重度被災地である宮古市の各遺体安置所（千徳体育館、山田健康増進センター、山田体育館、宮町センター等）を巡回し、1週間にわたり検案支援活動に従事した。筆者らが遺体安置所で行った検案支援の業務は、遺体の口腔内を検査し、歯科治療に関する処置状況を中心に確認して、それらをデンタルチャートとよばれる歯型図に死後記録として記す作業を繰り返し行った。また、一部の遺体に対しては、持参した携帯型歯科用エックス線撮影装置で撮影し、身元確認に資する医学的情報の収集に努めた。この際、生前の診療録等との照合による身元確認作業を実施したのは極めて少数であり、デンタルチャート等記録のほとんどは警察に提出し、その後に岩手県歯科医師会に移送されている。したがって、実際の身元確認の作業は、同会の対策本部に詰める会員の歯科医師が、主治医や家族から提供を受けた膨大な量の診療録を相手にし、手作業で照合していたことが後日わかった。大変な労苦であったろう。

351

その翌年にあたる平成24年度において、筆者らは厚生労働省の委嘱を受け、「大規模災害時の身元確認に資する歯科診療情報の標準化に関する研究（厚生労働科学特別研究）（研究代表者・小室歳信）[2]」を実施している。この総合研究の中で分担したのは「東日本大震災での被災3県（岩手・宮城・福島）における診療情報の収集法と照合作業にかかわる調査・分析」であり、被災3県の県警本部並びに県歯科医師会を対象として、被災内容、死因、安置所の設置、身元確認の状況、歯科所見の採取、照合資料、歯科医師の活動、遺体取違い等に関する情報について、事前アンケートに基づく現地での聴取り調査を行っている。おそらくは、東日本大震災の死亡者の身元確認に関して、公的に実施した調査としては、その内容密度が比して高いものではないかととらえている。この調査で把握できたものを抜粋し、以下の通りに示す。なお、いずれの数値も平成24年1月31日時点のものである。

(2) 被災状況

① 死亡者総数　15,811名

② 県別死亡者数　岩手県：4,672体、宮城県：9,533体、福島県：1,606体

③ 身元判明率　岩手県：98.4％、宮城県：99.4％、福島：99.8％

④ 死因別の割合　溺死：約90％、圧死：約3％、損傷死：約2％、焼死：約1％　＊岩手県のみ回答

⑤ 身元確認根拠〔下表〕

県名	身元確認数（体）	確認根拠（件数）			
		身体特徴所持品等	指掌紋	歯科所見	DNA型
岩手	4,596	4,365 (95.0%)	46 (1%)	130 (2.8%)	回答なし
宮城	9,478	8,185 (86.3%)	287 (3.5%)	909 (9.6%)	97 (1.0%)
福島	1,604	1,358 (84.7%)	37 (2.3%)	199 (12.4%)	10 (0.6%)

---

[2] 小室歳信ほか厚生労働科学特別研究・総括・分担研究報告書「大規模災害時の身元確認に資する歯科診療情報の標準化に関する研究」（2013年）15～56頁。

＊（　）内の数値は全体に占める割合
⑥　派遣歯科医師の人数（延数）　3,412名
　　県別内訳（岩手県：871、宮城：2,012、福島：529）
⑦　歯科所見の照合に使用した生前情報の割合
　　診療録：約71％、レセプトデータ：約19％、集団検診票：5％等
⑧　遺体の取り違え数：13体
　　県別内訳（岩手：8体、宮城：1体、福島：4体）

　上掲したデータについて概説してみると、死亡者として発見された死体数は15,861体であり、その約99％の身元確認が可能であった。これほどの大規模災害においては驚異的な数字といえよう。続いて、身元確認の根拠となったものとしては、身体的特徴・所持品が約90％近くを占めており、一方、科学的根拠とされる指紋、歯科所見、DNA型においては、歯科所見が突出した数値を示していた。筆者は、これらの理由として、東日本大震災の特徴とする次の点が大きく関与していると考察している。①3月期の東北で発生した、②死因のほとんどが溺死であった、③開放型の災害だが地方で発生した、④多くの家屋が津波で流された等である。解説すると、当震災の発生期は3月であるが、東北の海水温はまだ低く、遺体のほとんどは湾内等の沿岸の海中で発見されており、すなわち、死体の腐敗は水中の方が土中よりも2倍の時間を要することから（法医学的学理）、天然の冷蔵庫で土中よりも腐敗進行が遅れる環境下で遺体が保管されていたことにより、顔貌等で確認しやすい状況であった。加えて、ほとんどが溺死であったことから、損傷死や火傷死にみられる著しい顔貌の損壊や所持品の焼滅等がなかった。また、重度被災地が3県にまたがり、平日の午後の活動時間帯に生じた開放型災害にもかかわらず、地方で発生したことから、都市部のような他地域からの人の往来が少なく、したがって、被災地に居住もしくは就業していた死亡者がほとんどであった。このことから、各遺体安置所において地外者はほとんどおらず、閉鎖型災害に近い状況があった。しかしながら、多くの家屋が流失したことから、死亡者が生前に使用していた器物等に付着するいわゆる在宅指紋や在

宅DNAの採取が困難であり、これとの照合鑑定がほとんどできず、先述の日航機墜落事故とは異なる状況となった。また、一般にDNA型検査は検査期間が長いことで知られ、染田らが行った調査では[3]、福島県相馬地区においてはDNA鑑定に要した期間は約21日程度（中央値）であり、歯科所見によるそれは約4日（中央値）と報告している。このことからも、大規模災害においては、DNA型による身元確認は遺体の保管等に要する期間や場所等を勘案すると、身元確認根拠としてなじまず、少なくとも第一選択とはならない。

一方、一部の歯科診療所も流失している状況はあったが、照合に必要な診療録は、流失を免れた診療所であれば相当数が保管されており、地域の居住者に関する多量の診療情報が得やすかった。これらのことから、科学的根拠の3要素においては、歯科所見が最も確認率が高かったといえる。ちなみに、指紋やDNAによって確認が可能だったケースのほとんどは、警察にデータ保存されていた犯罪関係者のものと想像している。他方、3県全体で13体の遺体取違いが発生している。特に岩手県においては多くを占める8体が確認されており、これらの原因の大半は顔貌等の身体特徴に偏重して遺族に返還したことによる。岩手県は約95％が身体的特徴等を根拠として返還しており、他の2県より10％程度も高い。このことからか、歯科所見を根拠とした返還も他の2県より突出して低値である。筆者も当時を顧みると、歯科所見の採取の要否については事前に警察が峻別していた状況を記憶している。上述した東日本震災の時期、地域環境等が寄与した身元確認上の好条件に対する代償なのかも知れない。今後の対策としては、全数歯科所見による確認が必定となろう。

(3) **将来の激甚災害に対する備え**

東日本大震災の翌年にあたる平成24年において、政府は将来の激甚震災に関する調査等に基づくこれまでの見解を大幅に修正する報告を発した。その

---

[3] 染田英利＝板橋仁＝菅野明「東日本大震災犠牲者の身元確認作業について——福島県相馬市および南相馬市における事例検討——」日本集団災害医学会誌17号（2012年）200〜206頁。

1つが「南海トラフ巨大地震の被害想定について（第一次報告）[4]」であり、今後30年間における発生確率を70％以上とする激甚災害として関心を集め続け、各省庁並びに地方行政体等は各地の防災計画等の基礎資料として根拠的に活用し、また、一般国民に至っては防災意識の高揚につながっている。著者が最も注目する点は、南海トラフ、東南海トラフ、東海トラフの3つの海溝型地震が同時期もしくは時期を近くして発生した場合の被害想定において、最悪の条件下では最大約320,000名の死亡者が生じる可能性が試算されているところである。前述の通り、東日本大震災においては、約16,000名の死亡者の身元確認に従事した歯科医師の延べ総数は約3,400名であった。この数値的関係を南海トラフ地震の被害想定にあてはめると、最悪被害とされる条件においては約320,000名の死亡者が見込まれていることから、これらの身元確認に必要となる歯科医師数は68,000名に達することとなる（東日本大震災のそれの20倍）。一驚するに、これは全国に開設されている歯科診療所の数とほぼ一致する。歯科医師の多くは個人開業医であることから、すなわち、日々臨床に従事する歯科医師に総動員をかけることに匹敵する数であり、本邦の歯科界をあげての史上最大の作戦をとらざるを得ない。しかして、南海トラフ地震における重度被災地域は広域であり、そこに就業・居住する歯科医師は、激甚震災の被災者として厳しい生活等を強いられるだろうから、少なくとも発災初期の段階においては、当地における相当数の歯科医師には身元確認業務を期待できない。したがって、求められる対策としては、被災地の周辺地域というよりも、むしろ被災状況が軽度もしくはほとんど生じていない遠地からの派遣を十分に視野に入れなくてはならず、このことから派遣元の地域および人数は限定的となるかもしれない。今から体制および運用等のシミュレーションをしておくべきである。

　一方、政府は、東日本大震災以降、本邦における防災対策の体制を大きく改編させ、地域の特性に対応した防災計画等を重視した。これは、地形、気

---

[4] 中央防災会議＝防災対策推進検討会議＝南海トラフ巨大地震対策検討ワーキンググループ「南海トラフ巨大地震の被害想定について（第一次報告）」（2012年）21～22頁。

候、人口、居住や就労の実態および環境等は地域によって異なり、それらの違いが災害の形態や規模等に影響を与えることから、それぞれにかなった防災体制を執ることが肝要だとするもので、地方行政体をヘッドクオーターとして指揮権等を設定する合理的な施策である。これを受けた歯科界の対応の一例として、筆者が所属する鶴見大学を例にあげると、平成26年に横浜市歯科医師会、平成28年に神奈川県歯科医師会のそれぞれと包括連携協定を締結し、災害対策を主体とする連携事業を開始している。これらにおいては、両会に所属する警察協力歯科医師等に対する身元確認に関する研修を定期的に実施し、この中で、東日本大震災における実態を顧みて、特に他業種間の連携も重視して警察、海上保安庁、葬祭業等と連携した訓練に取り組んでいる。また、平成29年には、横浜市と「災害時における歯科医師等の派遣に関する協定」を締結し、この中では、有事において遺体安置所の運営を担う行政官に対して「多数遺体取扱い訓練会」等を通じて指導協力を行っている。

　一方、災害対策に関する研究事業としては、前述の「東日本大震災での被災3県（岩手・宮城・福島）における診療情報の収集法と照合作業にかかわる調査・分析」で得られた課題の1つとして、津波等による歯科診療所の流失等は、遺体記録との照合に必要な生前記録が失われることから、有事に備えた歯科診療情報の確保に関する取組みが求められることが考察された。この具体的な対策として、平成26年度私立大学改革総合支援事業タイプ2（地域の発展）で採択を受けた「地域防災に資する歯科診療情報の管理・運営システム拠点整備事業」を実施している。これは、上述の横浜市歯科医師会等との包括連携協定に基づき、有事を想定して歯科診療情報を事前に確保するため、歯科医療機関に設置した端末から診療情報の一部（口腔内の最終処置状況等）を登録し、それらを専用回線で管理サーバーに送信して二次保存するものである。現在のところ、運用実験として、行政が主催する総合防災訓練等の多数死体取扱訓練等において、大規模災害時を想定した身元確認に活用される生前および死後の歯科診療情報の収載、およびそれらの検索、照合等を行うシステムとしての確認および構築等を継続している。また、このシ

ステムに連携する研究事業として、平成27年度の私立大学等改革総合支援事業「地域の死因究明等に資する死後画像データベースおよび身元照合システム」に基づき、学内に死亡時撮影用の医用 CT 等を設置し、Ai（Autopsy imaging）センターとして開設した。現在までに、地域の死因究明体制への運用に向けて検証を進めている。本システムの目的および概要は、地域において発生した死因および身元不明の非犯罪死体に CT 等による死後画像撮影を行い、画像データを検案医、死亡診断医、身元確認医等に直接提供するか、求めに応じて本学の専門家や委託専門医から得た読影レポートを各々に提供するものである。また、本システムと前述の歯科診療情報・管理運営システムをコミュニケーションさせ、撮影の画像情報と対応する歯科診療情報を共有サーバー上で一体化させて一元管理できるようにし、平時は元より大規模災害等の有事における身元確認にあたっての高次処理機能を担保している（〈図1〉）。これらの取組みが、将来の多死社会における地域の看取り検案の支援、および大規模災害における身元確認体制への一助になればと考えている。

Ⅳ　死因究明制度における歯科医師

1．死因究明関連2法の施行

　本邦において、それまでの死因究明制度を改革し、犯罪死の見逃しの防止等を可能とすることを目的とした2つの法制は、平成24年9月に「死因等の推進に関する法律」として、平成25年4月には「警察等が取り扱う死体の死因又は身元の調査等に関する法律」（以下、「死因・身元調査法」という）として施行された。いずれも与野党の超党派による議員立法として成立しており、筆者も「死因・身元調査法」の法案作成のワーキンググループに参加していたので、実に加速度感のある進め方であったのを記憶している。その背景としては、大相撲時津風部屋で起きた力士の死亡事件、パロマガス器具の欠陥

〈図1〉 鶴見大学における Ai および歯科診療管理システムの概要

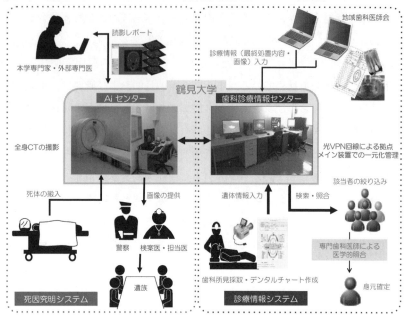

等による死亡事故等をはじめとして、本来、犯罪死であるのに、地域の解剖等の捜査体制の脆弱や不備等を原因として見逃している事例が多数確認され、その対策として急がれたものであった。

「死因等の推進に関する法律」においては、主に本邦の死因究明体制等の環境整備に関してかなり踏み込んだ内容がうたわれており、一例としては、死因究明および身元確認に関する体制強化について、医師、歯科医師の法医学に関わる専門家の育成、遺伝子構造や歯牙による身元確認の体制の充実があげられる。また、同法は2年間の時限法であったため、その期限内における推進を高めるため、内閣府に「死因究明等推進会議」が設置され、歯科からは小室歳信日本大学歯学部教授（当時）が委員として参加し、身元確認に関する体制の基礎作りを担われている。同会議の進展等については、同氏の著書[5]に詳述されているので参照されたい。

一方、「死因・身元調査法」においては、非犯罪死体に対する解剖に関して、遺族からの承諾を必要とせず、警察署長の権限で実施することを可能としたこと、また、歯牙（歯科所見）による身元確認は歯科医師が行うことなどが特徴といえよう。先述したが、歯科医師による身元確認を根拠とする唯一の法制であり、これらによって、歯科法医学の歯科医師試験科目としての基準化がなされ、加えて、全国の歯学教育機関における関連講座等の設置につながっている。このように、歯学教育や研究の専門性において、特定の科目に絞った法制化は実に稀有な事例であろう。「死因等の推進に関する法律」は数年前に失効したが、各都道府県に法医学に関する知見を活用して死因究明等を行う専門的な機関の全国配備事業として「死因究明等推進協議会」が設置されはじめ、地域の特性にかなった死因究明体制の構築および運営が検討されている。ちなみに、筆者の所属する大学がある神奈川県においては、医師会、歯科医師会、医学系大学、歯学系大学、捜査当局、法律家等より構成される協議会が運営されている。一方、最近になり、「死因等の推進に関する法律」の継続法としての措置立法に関する動きがみられている。

V　歯科医療に関連した事故の原因解明

1．歯科医療事故の実態

　平成19年に医療法が改正され、すべての医療機関（病院、診療所、助産所）に医療安全管理と感染対策が義務づけられ、本邦における医療安全体制等の強化が法制によって図られた。医療安全管理等の強化に必要なものは、インシデント（ヒヤリハット）事例から学ぶ危険行為の未然排除、および事故事例における原因分析からなる再発防止の策定と執行等であることはいうに及ばない。しかして、これらは一定の組織構造を有する施設においてのみ、医

5　小室歳信『歯科法医学　歯科医師の身元確認が担う安全・安心な社会生活』（わかば出版・2013年）104〜119頁。

療安全情報としての回収および分析等が組織的に実行されるのであって、特に管理者1名をもってなる診療所においてはそれが難しい面がある。そのせいか、公益財団法人・日本医療機能評価機構が実施する医療事故情報収集等事業の対象となる施設は病院であり、そこから報告された種々の事故情報が医療安全資源として公表されているが、少なくとも、本書の執筆時点においても診療所のそれはまだない。したがって、診療所における医療事故の実態については、不明な点が多いのが現状である。特に、歯科医療施設はほとんどが診療所として開設され、厚生労働省の調べによると、[6]その施設数は全国で約68,000軒であることは別項において述べた。したがって、医療安全管理を定めた改正医療法以降も歯科医療事故の実態に関しては、それを把握するシステムがないことなどから、未知とする状況が続いていた。これを受けて、筆者は、平成23年度・厚生労働科学研究「歯科医療関連職種と歯科医療機関の業務のあり方及び需給予測に関する研究」（研究代表者：三浦宏子）における分担研究として、「歯科医療機関における医療安全の現状と対応策の検討」を担当し、歯科医療事故の実態に関する最初の大規模調査を実施している。本調査においては、個々の歯科診療所を対象とすることは実質的に困難であるため、同診療所の管理者等によって構成される全国47各都道府県歯科医師会を第1群とし、全国歯科大学（歯学部）および全国医科大学（医学部）の付属病院を第2群として設定した。調査の方法は留置型アンケート方式とし、第1群および第2群に共通した項目として、事故内容、関連する診療の態様等を設定した。また、第2群に限っては組織的な集計等がなされていることが想定されたので、レベル分類ごとの実数を提供してもらった。それらの結果について抜粋すると、事故の態様別の順位としては、第1群および第2群に共通して抜歯術に関するものが1位であり、続いて歯内治療が2位であった。

一方、3位については、第1群ではインプラント術であったのに対し、第

---

6 厚生労働省「医療施設動態調査」（平成30年度末概数）。

2群においては投薬が該当し、インプラント術は最下位であった。実は、当時、インプラントに関するトラブルが多発して社会問題に発展していることから、監督省から本研究の実施が要請されたのであった。インプラント事故の原因としては、本来高度な技術および知識が求められる医術であるところ、高額報酬を求めて拙速に診療に導入する開業歯科医師が相次ぎ、未熟な技術等による事故が頻発していたことが指摘されている。これを裏付ける同調査のデータとしては、開業医で受けたインプラント術に問題があったとして、第2群の病院が後医として回復治療等を行っている事例が、過去5年間で少なくとも300件以上存在することが判明した（アンケート回収率約40％）。トラブルの内容としては、下顎管、上顎洞、鼻腔、下顎皮質骨からの穿孔等の骨切削に関する術式過誤が約50％を占めており、個々の歯科医師における基礎的な技術力の具備が問題となった。関連する事件として、筆者は、平成19年に都内の歯科診療所でインプラント手術中に発生した死亡事件の刑事鑑定を経験している。これにおいては、術式の医学適応性等が争点の中心となり、結果、被告の歯科医師に有罪判決が下されている（最高裁判所でも棄却）。この後、インプラント術に関する最大の学術団体が、遅ればせながらインプラント診療指針を策定した。加えて、歯学教育機関においては、インプラント術に関する学生への教授が充実していない点が問題視された。インプラント事故の遠因として、それぞれが自省するべきところである。

　他方、第2群におけるレベル分類別の発生状況において、レベル5（死亡）が過去5年間で8件発生していた（回収率約40％）。個々の事例の内容までは回答を求めていないが、それまで、歯科医療事故死の実数等については全く不明であったところ、当該調査によってその一部が露呈したことになった。その後、これらの成果を追求するべく、特に死亡事故に焦点をおいた研究として、日本学術振興会科学研究「医療事故調査制度への対応に向けた歯科診療関連死の実態に関する調査研究」の研究代表者となり、同研究を遂行している。これまでで判明している内容等を一部抜粋する。本研究は、全国歯科臨床研修指導施設（歯科大学・歯学部付属病院、医科大学・医学部付属病院、一

般病院等）262施設を対象に、日本歯科医学会連合の連携を得て、本邦で初めての歯科医療事故死の実態に関する最大規模の調査を敢行したものである。調査は留置型アンケート方式とし、対象年は平成19年から同28年の10年間とした。調査項目は、レベル３～５までの発生状況、レベル５に関しては個別の内容の詳細等について回答を求めた。その結果、レベル５の発生状況は計17件が確認され（回収率約40%）、多くが口腔外科に関するものであった。事故の発生の転機、診療の具体的な態様、当事者の関係等の実態も把握され、それぞれの関係性において分析を進めている。本研究は平成30年度内に終了することから、研究結果の詳細等は、今後に学術誌等で発表する予定である。

２．歯科から観た医療事故調査制度

　平成11年に都立広尾病院で発生した点滴液誤注事件等以降、医療事故死は医師法21条で定めるところの異状死と扱われ、担当医師による警察署への届け出が義務づけられた。医師は患者が死亡した場合は自らの医療行為を回顧しつつ、さらに患者死体を客観的に検査（検案）し、異状性の有無を確認しなくてはならない。これは、自己評価を強いられているようでもあり、医師の立場は厳しくなり、したがって、ハイリスク医療の現場における医師の数が減った時期であった。一方、歯科医師においては、歯科医師法にて死亡診断の義務は定められているものの、死体検案に関する規定はなく、口腔外科等のハイリスク歯科医療の現場で発生した医療事故死への対応がわからなくなった時期でもある。特に医師法21条異状死体の届け出義務の解釈および履行を巡っては、医療界において混迷を極めていることから、捜査当局に代わる届出先と事故を検証する機構の設置等の取組みとして、平成17年９月より、日本内科学会が厚生労働科学研究「診療行為に関連した死亡の調査分析モデル事業」に着手し、医療界をあげての取組みとしての作業を開始した。この時が、現在の医療事故調査制度の起源となっている。

　筆者は、当初より日本歯科医学会代表の運営委員として参加し、歯科医療事故死の分析・評価の体制構築に従事しつつ、本モデル事業の着地点につい

て注意を払っていた。その理由としては、前述したが歯科医師には死体検案権がないことから、医療事故死の判定が不可能と解釈され、これを補完するために医師が検案を代行する制度が布かれた場合には、歯科医師の死亡診断権にも遡求されて影響が生じる可能性が懸念されたためである。平成20年2月になり、厚生労働省より「医療安全調査委員会設置法案大綱案」が公表され、医療事故死が発生した場合の届け出等を含めた体制が示された。これにおいては「歯科医師は、患者が死亡した際には、死亡診断の過程において医療事故死に該当すると認めた時には、同調査委員会へ届け出する」を旨とするものであった。これに関しては、歯科医師の死亡診断権が担保されていることから、歯科界において大きな問題とならなかったが、本案は結果として、行政に事故調査権を付与することが馴染まなかったことなどから廃案となった。爾来、モデル事業は大きな転換を図り、医療事故死の定義の再考、届け出先の民間化、事故調査の主体等について民意を尊重した緩和性のある調整を図り、さらに一般社団法人・医療安全調査機構を設立し、そこにモデル事業を移転した。この際、日本歯科医師会が同法人の理事として参画を果たしている。その後、平成27年10月に医療法改正による医療事故調査制度が施行された。モデル事業の開始からちょうど10年であり、実に長く混迷のトンネルを彷徨っていたようである。医療事故調査制度の内容に関する詳説は割愛するが、本制度における歯科医療事故死の取扱いにおける諸問題について示しておきたい。別項からも何度も述べているように、歯科医療施設のほとんどは管理者1名をもってなす診療所がほとんどである。医療事故調査制度においては、医療事故としての判断は「提供した医療に起因した予期しない死亡」であるが、これを確定する時間的猶予等の担保には難しい点がいくつかある。まず、歯科診療所で患者が急変した場合、その場で救護処置等を行うとしても、救急搬送が必要となり、近隣の救急救命部等を設置する一般病院に搬送される。そこで、救急医による蘇生処置等が施されるも死亡が確認される。この時、救急医は2つの選択を迫られる。

1つは、従前通り、医師法21条に基づく異状死体の届け出義務であり、も

う1つは、当時者である歯科医師に対し、医療事故調査制度への報告する意思があるか否かの確認である。本邦においては、医療事故死の届け出先と事故検証の体制は、二重標準の状態にある。この際、医師法21条の法理を尊重すれば、当事者の歯科医師には、医療事故としての判断までに与えられた時間は24時間しかなく、この間に、1人の管理者として判断しなくてはならない。医療事故調査支援センターに指定されている日本医療安全調査機構の報告によると、平成29年における医療事故の全体の報告数は341件であり、その内、128件（37.5%）で剖検を実施しているが、21件については司法解剖であった。つまり、一旦は、医師法21条に基づいて警察署に届け出がなされ、その後に同センターに報告された事案が21件に上るのではないかと推察する。一度、司法解剖となってしまえば、その解剖結果等は守秘となることから、非公表となるのはもちろんのこと、当事者側にフィードバックされることもない。また、仮に当事者側が院内調査を敢行しても、捜査状態にあるゆえ、その調査結果について遺族側の理解を得るのは難しいであろう。当事者の歯科医師としては、医療事故調査支援団体として指定されている地域歯科医師会に迅速に相談し、かつ、同歯科医師会の担当者も適切に助言できれば奏功するであろう。あるいは、医療事故としての報告先である医療事故調査支援センターには24時間受付の相談窓口があり、深夜帯などはここから助言を得ることもできる。医療事故の判断に困惑もしくは軽視することで死亡確認した医師への回答を遅滞や延引すれば、最悪の場合、当事者の歯科医師は刑事事件の被疑者となってしまう可能性がある。前述したが、医療事故調査制度は医療界が10年の歳月を費やして結実した貴重な成果である。一般の開業歯科医師や地域歯科医師会が医療事故調査制度とその周辺にある法制および諸事情を深く理解しておくことが課題であろう。これへの対応として、日本歯科医学会連合と日本歯科医師会は連携して、平成28年度より医療事故調査制度研修会を毎年開催しており、筆者も日本歯科医学会連合・医療事故調査委員会の委員として指導にあたっている。平成30年度においては、特に開業歯科医師を対象として、架空事例を用いた演習、制作した映像を教材として、

医療事故死としての判断、地域歯科医師会の役割、医療事故の報告等に重点をおいた内容で研修を行った（平成31年2月16日：於歯科医師会館：東京）。今後は、地方での開催や開催数の増加等が求められる。

Ⅵ　さいごに

　歯科法医学の誕生は、法医学から派生する実学として、その母体から娩出された感がある。それは、何か社会において解決が要される特殊局面に際して、それを果たすための研究開発および教育が推進され、歯科法医学の学問としての体系を少しずつではあるが鍛錬させてきた。先述の通り、大規模災害や医療事故等への対応は、その最たる契機を得てきたといえよう。

　「全ての歯科医師は歯科法医学者である」。これは日本大学歯学部法医学教室・第二代教授の故竹井哲司先生が、約30年前に歯科系雑誌で提言された一文である。歯科法医学の所在は、臨床歯科医学と並列する応用歯科医学にあり、また、鑑定等の業務を果たすためには、臨床に関する知識や経験が必須であるから、したがって、臨床歯科医師に素養があることを一言で説いたものと理解している。図らずも、南海トラフ地震の被害想定に基づく歯科医師の派遣人員数の試算などは、まさに「全ての歯科医師が歯科法医学者になる時」であって、竹井教授の言説が箴言となって効いてくる。一方で、歯科医師人口が過剰だとして、厚生労働省は歯科医師国家試験を厳格化し、合格者数の制限的な調整を図っている。災害対策を考慮すれば、過剰なくらいでなくては全く困るのである。

謝辞
　本書の刊行にあたり、筆者として担当させていただきましたことに、深甚なる謝意を申し上げます。また、故平沼髙明先生におかれましては、法曹界並びに医療界の発展に多大なる御貢献を果たされ、その御功績に真に敬意を表させていただくとともに、謹んで哀悼の誠を捧げます。

第5編

臨床医学の挑戦

1 臨床医学の進歩
―― この50年で何が変わったのか

甲能直幸

杏林大学医学部特任教授・佼成病院院長

I　はじめに

　50年前、私は医師をめざす大学生であった。生命の基である遺伝子・構造が二重螺旋であり、その本体がDNAであることが発見され、すごい発見がされたものだと感じたことを思い出す。それが今では、人の全遺伝子の配列が解明されている。生命40億年の歴史で、700万年前にチンパンジーと分かれ約20種の原人が誕生するが、淘汰されて最終的にはネアンデルタール人との生存競争に勝ち残ったホモサピエンスが、現代人につながっているといわれている。ゲノム解析により、日本人にはネアンデルタール人のDNAが2.4～2.6％受け継がれているという。この気の遠くなるような歴史の生き証人であるDNAの詳細が解明されることは、当時は想像もできなかった。

　この50年間の医学の進歩には目を見張るものがあり、臨床医学においても想像を絶する変化がもたらされている。CT、MRIなど体の内部を詳細に検査する放射線画像検査、内視鏡など光学機器による検査、血液・尿などの微量な成分の変化をとらえる生化学検査など診断技術の進歩により、病気の早期発見、早期治療が可能となった。また、健診の普及、マスコミの啓蒙などにより、国民の健康に対する意識が向上した。現在ではいかにして病気を防ぐかが問われている。本稿では50年間の臨床医学の進歩と変化について概略する。

Ⅱ　平均寿命の変遷と医療制度

　1970年を前にした当時の医療は、戦後の混乱した社会情勢からの脱却がなされ、経済的にも社会的にも落ち着きを取り戻し、社会全体の成長とも相まって大きく成長した時期であった。日本人の平均寿命は戦後には男性50歳、女性54歳であったのが、男性75歳、女性80歳となり、これが1970年代後半には世界一の長寿国となった（〔図１〕）。この変化に大きく貢献したのが医療制

〔図１〕　各国の平均寿命の年次推移1965～2016年
Trends of life expectancies at birth in selected countries, 1965-2016

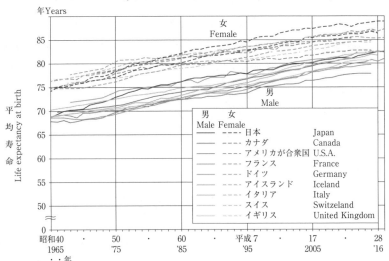

注：1）1971年以前の日本は、沖縄県を除く数値である。
　　2）1990年以前のドイツは、旧西ドイツの数値である。
資料：厚生労働省「完全生命表」、「簡易生命表」
　　　諸外国は、UN「Demographic Yearbook」等
出典：厚生労働省政策統括官（統計・情報政策担当）「平成30年 我が国の人口動態平成28年までの動向」（2018）〈https://www.mhlw.go.jp/toukei/list/dl/81-1a2.pdf〉39頁。

〔図2〕　日本の国民医療費の負担構造（財源別）（平成26年度）

出典：厚生労働省『我が国の医療保険について』〈https://www.mhlw.go.jp/stf/seisakunitsuite/bunya/kenkou_iryou/iryouhoken/iryouhoken01/〉。

度の改革であろう。日本の医療は1961年に国民皆保険制度が導入され、公的医療保険ですべての国民に医療が保障された。この制度の基本は、医療機関を自由に選び自由に受診できるフリーアクセスシステムで、世界的にも非常に安い医療費で高度な医療の提供がなされるものである。すなわち国民の医療受診は担保され、国民に平等な医療がつくり上げられた。この財源は社会保険方式が基本であるが、皆保険を維持するために公費が投入されている。2014年の時点では医療費の40％弱（地方13％、国庫25.8％）が公費となり、現在では医療費をいかに抑えるかが大きな社会問題となっている（〔図2〕）。

Ⅲ　疾病構造の変化

　日本人の国民病といわれた結核は医学の進歩により減少し、戦後の混乱期から脱却し始めた1950年頃から死因の1位は脳卒中となった。脳卒中は高血圧に対する対応や食生活の改善など、医療の適切な対応により漸減し、1980年代に入ると、がんが死因の第1位となった。がんはその後も増加傾向にあり、2016年の統計で死因の順位は、がん・心臓病・肺炎・脳卒中・老衰となっている（〔図3〕）。特に近年、がん疾患が急増しており、本疾患に対しては

〔図3〕 主な死因別にみた死亡率の年次推移――昭和22～平成28年――
Trends in death rates for leading causes of deth,1947-2016

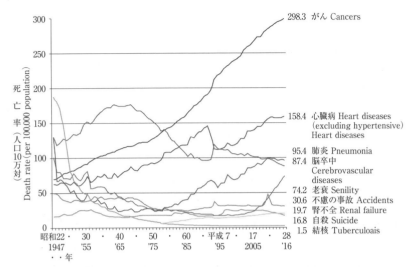

出典：厚生労働省政策統括官（統計・情報政策担当）「平成30年 我が国の人口動態平成28年までの動向」（2018）〈https://www.mhlw.go.jp/toukei/list/dl/81-1a2.pdf〉18頁。

いかに減少させるかが国策となっている。すなわちこの50年間で国民の主な死因は、感染症から、がん・生活習慣病に変化してきた。また、少子高齢化が進み、1人でいくつもの疾患を抱えた慢性疾患患者が増加している。

Ⅳ　がん対策

　がんは1980年代に、脳血管疾患に代わり日本人の死因第1位となり、政府も、がんをいかに減少させるかの対策に取り組んできた。1984年に厚生省（当時）は「対がん10カ年総合戦略」を策定し、がんの本態解明を図った。1994年に厚生省・文部省（当時）・科学技術庁（同）は、がんの本態解明から克服へと銘打って「がん克服新10カ年戦略」を、2004年に厚生労働省・文部科学

省は、がんの罹患率、死亡率の激減をめざして「第3次対がん10カ年総合戦略」を、2014年には根治・予防・共生——患者さんや社会と協働するがん研究——「がん研究10カ年戦略」を設け、がん撲滅に取り組んできた。

がん治療変遷の概略を理解するために、私の専門分野である耳鼻咽喉科・頭頸部外科領域のがん治療の歴史と変遷について触れてみたい。

50年前のがん治療は手術が主体で、がんに侵された組織に安全境界域をつけて、できるだけ大きく切除する拡大切除手術が行われていた。組織の欠損部の修復は人工的な器具により対応されていた。そのため審美性に劣り、患者の苦痛は大きく、体にとっても精神的にも非常に侵襲的な治療であった。放射線は手術の術後再発を防ぐために術後照射が一般的であった。再発すると放射線照射、もしくは抗がん剤による姑息的な治療が用いられ、抗がん剤も副作用が強かった。1970年代になると有茎皮弁（筋肉、皮膚などを介した血管を茎とするため可動域に制限があった）が開発されて、拡大切除後の組織欠損に、機能と形体の保存をめざした再建手術が行われるようになり、術後の各種機能（食事の摂取、嚥下、発声、審美性など）の温存、再獲得が試みられた。病気のコントロールに加えて、生活の質（quality of life；QOL）が問われるようになった。1980年代になると微小血管吻合による遊離組織移植が導入され、再建手術の質が向上し、拡大手術後の機能温存が可能となった（〔図4〕）。21世紀に入ると内視鏡等の光学機器の進歩により、粘膜表面の微細な変化が発見可能になり、従来発見されにくかった早期がんをとらえ、改良され進歩した電気メスなどの切除器具により内視鏡下に粘膜面の切除を行い、低侵襲で機能障害の極めて少ない手法が開発された（〔図5〕）。現在では遠隔操作により、微小な動きが可能なロボット支援手術も利用され始めており、より低侵襲で正確な切除をし、機能の温存を図る努力がされている。

また、放射線治療も従来の線源に加え、重粒子線や陽子線などの高エネルギーの線源を利用し、コンピューターで計算した照射野を絞った手法に、シスプラチンなどの抗がん剤を同時に併用した治療が臓器温存治療として開発され、咽頭がんなどでは手術を回避できる症例も出てきた（〔図6〕）。

また、薬剤の開発もめざましいものがある。放射線治療の歴史は19世紀末に始まるが、抗がん剤の歴史は第2次世界大戦の毒ガスの事故がきっかけとなっている。1943年、米国の輸送艦がイタリアでドイツ軍の爆撃を受け、毒ガスのナイトロジェンマスタードが漏出し、これを浴びた兵士が白血球減少の症状を呈した。その後、研究が進み、1946年に白血病や悪性リンパ腫の治療にナイトロジェンマスタードが用いられるようになった。耳鼻咽喉科領域のがんでは、プロ野球選手ベーブルースの上咽頭がんに対し初期の抗がん剤治療が行われた。テオプテリンにより初期効果は非常によかったが効果は長続きせず、再発をくり返して1948年8月、52歳で上咽頭がんで亡くなっている。抗がん剤の日本での開発は石館守三・吉田富三のナイトロミン、秦藤樹のマイトマイシンCなどがある。1968年にブレオマイシンを梅澤濱夫が開発し、扁平上皮がんや悪性リンパ腫に使用された。耳鼻科領域のがんは扁平上皮がんが多いので頻用されたが、副作用の肺線維症が致命的であるため使用頻度が激減した。私は進行した患者さんにしばしばブレオマイシンを使用しすぐれた効果を認めたが、効果の持続に問題があった。1970年代にはシスプラチンが開発されて、多くのがん腫に使用されるようになった。シスプラチンにいくつかの作用機序の異なる抗がん剤を併用する治療により一次効果も効果の持続も改善された（〔図7〕）。1990年代に分子標的治療薬が登場した。これは発がん機序の各ポイントに特異的に作用するもので、比較的副作用は少ないが非常に高価な点が問題となっている。また、免疫チェックポイント阻害剤も開発され、再発進行がんに使用されている。

　診断に関しても、以前は発症して、がんが大きくなり症状が出てから発見されていた。この時点でがんの塊は 1×10^9（1g）以上の細胞数となっている。これが光学機器、画像診断技術などの進歩により無症状もしくは前がん状態でも診断可能となった。また、近年開始された血液・尿・唾液・髄液などの液体を用いたリキッドバイオプシーは、がん細胞から生じる異常な遺伝子を液体から感知することができるようになった。この技術は体に与える負担も少なく、微量のがん細胞でも診断することができ、今後さらに早期の診

第5編 ① 臨床医学の進歩——この50年で何が変わったのか

〔図4〕 拡大手術後の機能温存

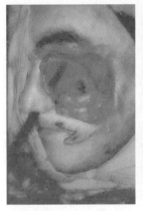
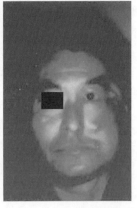

〔図5〕 低侵襲で機能障害の極めて少ない手法

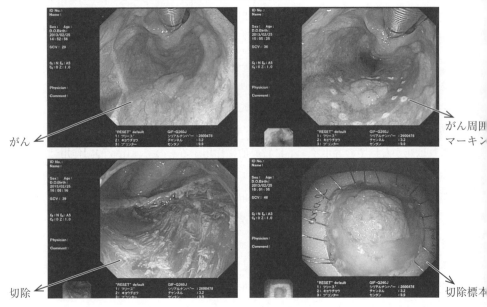

がん　　　　　　　　　　　　　　　　　　がん周囲マーキン
切除　　　　　　　　　　　　　　　　　　切除標本

374

Ⅳ がん対策

〔図6〕 放射線治療と抗がん剤を同時に併用した臓器温存治療

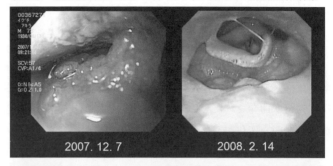

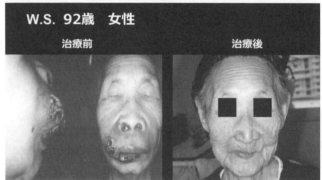

〔図7〕シスプラチンに作用機序の異なる抗がん剤を併用する治療

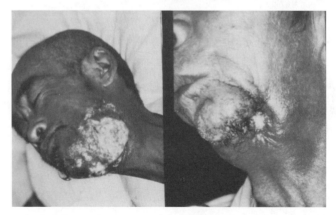

断、転移、再発の発見を可能にすると思われる。

V　新規感染症

　アレキサンダー・フレミングはアオカビがブドウ球菌の成長を抑制することを発見し、抗生物質が開発された。1950年代に大量生産が可能となり、細菌感染症の治療に革命的な変化がもたらされ、外科手術においても手術後の感染がコントロールされるようになり、手術後の感染死亡が激減した。その後、作用機序の異なる多くの抗生剤が開発され医療の現場に提供された。一方、細菌は抗生剤に対してその遺伝子と構造を突然変異させて耐性を獲得する。耐性菌の発生が世界各地で新たな問題となった。この感染症対策は世界共通の問題と認識され、2001年に世界保健機構（world health organization；WHO）で「抗菌薬耐性抑制のための世界戦略」が発表された。抗生剤の使い方は、医師が薬剤耐性を考慮した使用をするのみではなく、患者も薬剤耐性についての知識を深め、医師の処方に従って正確に正しく薬剤を服用し、症状が軽快したからといって途中で服用をやめたり、次の時のために飲み残してとっておくことをしてはならない。完全に菌が死滅する前に服薬を中止すると菌が再増殖し、この過程で耐性も獲得されやすい。国民全体で抗生剤使用に関する正しい知識を共有することが大切である。

　また、新しい感染症として、HIVによる後天性免疫不全症候群（acquired immunodeficiency syndrome；AIDS）、エボラウィルスによるエボラ出血熱、コロナウィルスによる重症急性呼吸器症候群（severe acute respiratory syndrome；SARS）などが発症し、世界を恐怖に陥れた。今後も新種の感染症発生には最大限の注意が必要である。

VI　移植医療

　臓器の機能が極度に低下したり廃絶した場合に、その臓器を他から移植す

ることにより生命の維持を図る試みがなされている。移植に際しての重要な問題が免疫による拒絶反応である。拒絶反応に細胞性免疫が関係していることは1940年代に見出された。そして移植時の拒絶反応を抑えて、臓器の機能を維持させるためには免疫抑制剤が必要不可欠であった。世界では1963年に肝臓、肺移植が行われ、1967年に心臓移植が行われた。日本では1968年札幌医科大学の和田寿郎が心臓移植を行った。1980年代にサイクロスポリンなどのカルシニュリン阻害剤が開発されるまでは、拒絶反応・免疫抑制のコントロールが課題であったが、本剤により飛躍的に移植医療が進歩した。しかし本邦では、心停止をもって死とする考えが浸透しており、脳死に対する国民の理解が得られず、加えて法整備の遅れが移植医療を遅らせた。1980年に、心停止後の角膜、腎臓提供を可能とする「角膜及び腎臓の移植に関する法律」が施行された。海外では腎臓以外にも臓器移植が行われ救命されていたが、国内では1997年に脳死後の臓器提供を可能にする「臓器の移植に関する法律」(臓器移植法) が制定されるまでは実施ができなかった。本法も本人の書面による意思表示が必須であり、実際には条件を満たすことが極めて困難であり臓器提供は制限された。

　2009年に「改正臓器移植法」が制定されるまでは国内の臓器移植は進まなかった。この法律が制定された背景には、移植を必要とする患者の生命は自国で救える努力をするというイスタンブール宣言 (2008年) があったため、これまでは国外に行き移植手術を受けていたが、困難となった。以後、国内の移植医療に対する環境の整備が進み、現在では薬剤の進歩もあり、心臓移植後の5年生存率は95.3% (97人) となっている。今後はゲノム医療の普及により個々に合わせた薬剤の選択が可能となり、免疫抑制剤を効率的に投与する治療の個別化が進み、人工知能 (artificial intelligence ; AI) の活用により多くの情報の解析が瞬時に行われることにより、さらに低侵襲な移植医療が開発されると思われる。しかし、本医療の最大の問題点は提供される臓器が必須なことである。今後は2007年に報告された山中伸弥のiPS細胞(induced pluripotent stem cell) に代表される再生医療の進歩により移植医療の新たな

展開が期待される。

VII　ゲノム医療

　Genome とは遺伝子（gene）と染色体（chromosome）からつくられた造語で、DNA に含まれる情報を指している。生物はこの情報により体がつくられる。このゲノムを調べて病気の診断や治療を行うのがゲノム医療である。現在、急速に進歩し、いくつかの疾患に対して臨床応用されている。本医療は、ゲノム解析が短時間に安価で行われるようになると、個々に対応した治療が可能となり（治療の個別化）、医療そのものが効率的に行われるようになり、大きく変化する可能性がある。ゲノム医療の歴史は1953年にワトソンとクリックが DNA の二重螺旋構造を提唱したことに始まる。

　その後 DNA の配列を調べるシーケンス技術が開発・改良され、1973年には組み換え DNA 技術の開発、1982年には、がん原遺伝子 RAS が発見された。治療に用いられたのは1990年に ADA 欠損症に遺伝子治療が行われたことが最初である。2002年にはゲノムワイド関連解析により心筋梗塞発症の原因 SNP s（single nucleotide polymorphism；一塩基多型）が同定された。2007年には米国で全ゲノムが解読され、2010年には日本人の全ゲノムが解読された。2013年には欧米で遺伝子治療薬の Glybera が承認され、2014年にはヒト全ゲノムシーケンスにかかる費用が1000ドル以下となり、現実的に一般的な臨床医学のレベルでも容易に検査ができる水準になった。

VIII　医療安全に対する考え方・リスクマネジメント

　50年前は"医療の実施"が問題で、その質や安全性に対する議論は成熟していなかった。現在では良質な医療をいかに安全に実施することができるかが問われており、病院では専門の委員会を設置して継続的な検討が行われている。

リスクマネジメントは、1920年代のインフレ下のドイツで企業のリスク全般に対して、その組織を防衛するためのマネジメント手法として産業界に登場した。リスクを予知して合理的に処理し、最小の費用で、被る不利益を最小化することを目標として、組織的なリスク対策に科学的なマネジメント手法を取り入れたものであった。この考え方が医療界に導入されたのは1970年代の米国である。医療訴訟の急増に端を発しており、賠償という財務リスクに備えるために導入された。これが訴訟・紛争防止、その基である医療事故防止へと対象が広げられた。

　日本では1999年1月の横浜市立大学附属病院での手術患者誤認事故後に、厚生省主導で「患者誤認事故予防のための院内管理体制の確立方策に関する検討会」が組織され、病院にリスクマネジメントの構築を求めた。事故よりもはるかに多く発生する前事故的事象のインシデントを収集し、発生要因を分析し、事故防止の対応を継続的・組織的に行うリスクマネジメントは今ではすべての医療施設で行われている。また、医療の現場では、全職員が患者の安全を最優先に考えてその実現をめざす態度や考え方、それを支える組織のあり方が重要なことと認識されている。1999年、米国医学研究所が出した報告書「TO ERR IS HUMAN; Building a Safer Health System」が医療安全に対する考え方のバイブルとなっている。

IX　おわりに

　今まで述べてきたように、医学が進歩しscienceが進歩してくると、われわれはこれまで想像もしなかった問題に直面する。政治により医療の現場が大きく左右されることは上記VI（移植医療）でも述べた。したがって、医療やscienceに関して一般国民、政治家にも正しく理解してもらうことが重要である。政治のレベルで非科学的な判断がなされると、のちに大きな社会全体の問題となるし、社会全体の進むべき方向性を誤ることになる。人の寿命も、医学や医療の進歩により50年から100年、約2倍に延びようとしている。

第5編　①　臨床医学の進歩——この50年で何が変わったのか

遺伝子操作、移植医療などによりさらにその寿命を延長させることも可能になるかもしれない。この時にscienceにかかわる人はしっかりした倫理観をもつことが求められる。マハトマ・ガンジーは7つの大罪（Seven Deadly Sins）として、"労働なき富"（Wealth without work）"良心なき快楽"（Pleasure without conscience）"人間性なき科学"（Science without humanity）"人格なき学識"（Knowledge without character）"原則なき政治"（Politics without principle）"道徳なき商業"（Commerce without morality）"献身なき崇拝"（Worship without sacrifice）をあげている。これからは、まさしく人間性をもった科学、医学、医療が求められよう。

〈参考文献〉
・厚生労働省政策統括官（統計・情報政策担当）「平成30年 我が国の人口動態 平成28年までの動向」（2018）〈https://www.mhlw.go.jp/toukei/list/dl/81-1a2.pdf〉
・厚生労働省「我が国の医療保険について」〈https://www.mhlw.go.jp/stf/seisakunitsuite/bunya/kenkou_iryou/iryouhoken/iryouhoken01/index.html〉
・スティーブ・パーカー（千葉喜久枝訳）『医療の歴史——穿孔開頭術から幹細胞治療までの1万2千年史』（創元社・2016）

② 産業精神保健の概念と精神障害の労災認定後の課題

黒木 宣夫

東邦大学名誉教授・勝田台メディカルクリニック院長

I はじめに

労働者健康状況調査（2017年）[1]によると、「仕事や職業生活に関して強い不安、悩み、ストレスがあるとする労働者」の割合は59.5％にも及び、精神障害等による労災請求件数は毎年、過去最高を更新し、2016年度は1732件（前年度比146件増）、実際に労災認定された件数も、2016年度498件、2017年度506件で認定率は32.8％を呈しており、深刻な状況が続いている[2]。事業者が民事上の損害賠償責任を問われる事例もあり、労働者のメンタルヘルス不調は、企業経営のリスク要因として見逃せない問題であるという認識が定着してきている。メンタルヘルスとは、精神的健康、心の健康、精神保健、精神衛生等とも称され、産業現場だけではなく精神科医療の精神障害治療の現場でも使用されている。本稿では、産業精神保健現場におけるメンタルヘルスの概念と精神疾患の労災認定後の療養の現状と課題に関して報告する。

---

1 厚生労働省「労働安全衛生調査（実態調査）」（平成29年）結果の概況。
2 厚生労働省労働基準局補償課職業病認定対策室「過労死等の労災補償状況」（平成27年度）・精神障害の労災補償状況（2016年6月）。

II　労働安全衛生法とメンタルヘルス

　労働衛生行政の流れの中で、メンタルヘルスが法令上組み込まれたのは、労働安全衛生法の改正（1988年）によって労働者の健康保持増進措置（THP）が事業者の努力義務とされ、この中で初めて位置づけられたが、それまでは従業員の「心の健康」はプライバシーの問題として取り扱われてこなかった。労働安全衛生法では、事業者による定期健康診断の実施（66条）と労働者への結果の通知を義務づけており、健康診断の結果に関して異常の所見がある場合は、事業者は必要な措置に関して医師の意見を聞く義務があり、事業者はその意見を勘案し、必要があるときは、労働者の実情を考慮して就業場所の変更、作業の転換、労働時間の短縮等の措置を講ずるほか、作業環境の調整を図る必要がある。同法では、「事業者は、労働者に対する健康教育及び健康相談その他労働者の健康の保持増進を図るため必要な措置を継続的かつ計画的に講ずるように努めなければならない」と規定されており、これが、労働者の心身両面にわたる健康保持増進措置（THP：トータル・ヘルスプロモーション・プラン）の根拠となっていた。労働者の健康保持増進措置（THP）は、労働者の身体の健康にこころの問題が関係していることが少なくなく、労働者の身体疾患や行動の変化の背景にこころの状態の変化が関係していることが見受けられることが多くなったためで、本人がメンタルヘルスケアを受けたいと申し出た場合、あるいは健康測定の結果、メンタルヘルスケアを受けさせたほうが良いと判断された場合には、気づきやリラクゼーションなどの措置を講ずることが事業者に求められたのである。そして、2000年8月には、労働省（現厚生労働省）によって「事業場における労働者の心の健康づくりのための指針」が策定され、〔図1〕のように4つのケアが示された。

　2004年8月に「過重労働とメンタルヘルス対策の在り方に関する検討委員会」の報告書が厚生労働省から公表され、前述した指針で心の健康づくりを進めることを基本にし、自殺を予防するためには、うつ状態に早期に対応す

〔図1〕 事業場における労働者の心の健康づくりのための指針[3]

> 心の健康づくりの策定
> 1. セルフケア……労働者によるストレスの気づきとストレスへの対処
> 2. ラインによるケア……管理監督者による職場環境の改善と個別の指導・相談等
> 3. 事業場内産業保健スタッフ等によるケア……産業医、衛生管理者等による職場の実態の把握、個別の指導・相談等、ラインへのケアへの支援、管理監督者への教育・研修
> 4. 事業場外資源によるケア……事業場外資源による直接サービス・支援サービスの提供、ネットワークへの参加

る必要があること、家族によるケアも重要で家族が相談する窓口を明確にすること、労働者の意見をくみ上げながら労使、産業医、衛生管理者等で構成される衛生委員会等を活用した労使の自主的取組みが重要であることが強調された。さらに管理監督者の役割が適切な業務管理と情報の提供や相談窓口につなぐなど明確にされたのも大きな特徴として報告書に記載されている。

2006年4月から改正労働安全衛生法（平成17年法律第108号）が施行されたが、労働者の時間外労働（週40時間を基準とし、そこからの超過分）が1月あたり100時間を超え、かつ、疲労の蓄積が認められるときは、事業者は原則として労働者に医師による面接指導（問診その他の方法により心身の状況を把握し、これに応じて面接により必要な指導を行うことをいう）を行わなければならないとされた。すなわち、100時間を超えた時間外労働があり、本人が疲労の蓄積を訴え申し出た者には全例、医師による面接指導を実施するよう義務づけられた。また、時間外労働が月80時間を超え、疲労の蓄積があって健康に不安をもっている者、各事業場で設けた基準に該当する労働者にも面接指導などを行うことが努力義務とされた（労安66条の8、66条の9、104条）。さらに、衛生委員会の調査審議事項として、長時間にわたる労働による労働

---

[3] 労働省「事業場における労働者の心の健康づくりのための指針」（2000年8月）。

者の健康障害の防止を図るための対策および労働者の精神的健康の保持増進を図るための対策を行うことが記載されている。したがって、衛生委員会を活性化することにより、より事業所に合ったメンタルヘルス対策を立てることが要求され、月1回衛生委員会を開いて議事録を残しておくことが必要となった。2005年4月より「労働者の心の健康づくりのための指針(メンタルヘルス指針)——厚生労働省——」の見直しのための専門家会議が開催され、2006年3月に「職場におけるメンタルヘルス対策のあり方検討委員会報告書」が、中央労働災害防止協会から出され、労働安全衛生法(昭和47年法律第57号)70条の2第1項の規定に基づく、同法69条1項の措置の適切かつ有効な実施を図るための指針として、事業者が講じるべき労働者の心の健康の保持増進のための措置(メンタルヘルスケア)が適切かつ有効に実施されるよう、厚生労働省より「労働者の心の健康の保持増進のための指針」が同年3月に公表された。事業者は、メンタルヘルスケアを推進するにあたって、①心の健康問題の特性、②労働者の個人情報の保護への配慮、③人事労務管理との関係、④家庭・個人生活等の職場以外の問題に留意すると同時に、事業場内の関係者が相互に連携し、①教育研修・情報提供、②職場環境等の把握と改善、③メンタルヘルス不調への気づきと対応、④職場復帰における支援等に積極的に取り組む等、前述した4つのケアを継続的に推進することが効果的であるとされている。

　また必要な事業場内産業保健スタッフが確保できない50人未満の小規模事業場におけるメンタルヘルスケアの取組みに関しては、事業者は、衛生推進者または安全衛生推進者を事業場内メンタルヘルス推進担当者として選任するとともに、地域産業保健センター等の事業場外資源の提供する支援等を積極的に活用し取り組むことが望ましいとされた。2009年3月26日に「当面のメンタルヘルス対策の具体的推進について」が厚生労働省労働基準局長(基発第0326002号)から発出され、事業場に対する指導等の実施、メンタルヘルス対策支援センターとの連携や事業場におけるメンタルヘルス対策の具体的推進事項等、職場のメンタルヘルスケアを推進・促進する内容は発出された

が、2014年6月に過労死等防止対策推進法（2014年法律第100号）が議員立法として制定、2015年7月には「過労死等の防止のための対策に関する大綱」が定められ、同年12月1日「ストレスチェック制度」が義務化されたこともあり、「当面のメンタルヘルス対策の具体的推進について」は2016年4月1日基発0401第72号により廃止となった。

Ⅲ　ストレスチェック制度とメンタルヘルス

　2010年4月にうつ病チェック、企業健診で義務化されることが報道され、労働者のメンタルヘルス対策として一気に健康診断時におけるメンタルチェック問題が急浮上した。その後、厚生労働省労働衛生課は「職場におけるメンタルヘルス対策検討会」が2010年5月より開催、同年9月7日に報告書がまとめられた。[4]それによると、健康診断とは別にストレス検査を行ってよいが、一般定期健康診断に合わせ、ストレスに関連する労働者の症状・不調を医師が確認し、面接が必要とされた労働者は産業医等と面接を行い、業務上の措置を講ずることが提案された。そして同年12月22日に労働政策審議会建議「今後の職場における安全衛生対策について」が出され、医師による高ストレスの労働者に対する面接指導制度および医師からの意見聴取を行うことを事業者の義務とする「新たな枠組み」を導入することが適当であるとされた。この建議は2011年10月の労働政策審議会において労働安全衛生法改正要綱が審議された結果、妥当と答申を受け、労働政策審議会を経て同年12月に労働安全衛生法一部改正案「精神的健康の状況を把握するための検査と面接指導の制度」が国会に上程されたが、2012年11月16日国会解散に伴い廃案となった。

　しかし、厚生労働省は、その後、メンタルヘルス不調を未然に防止するため、労働者にストレスチェックを行うことで、労働者個人のストレスへの気

---

[4]　中央労働災害防止協会「職場におけるメンタルヘルス対策検討会報告書」（2010年9月）。

づきを促し、高ストレスと評価された労働者に対しては、適切な事後対応を行うとともに、職場のストレスに関するリスク要因を把握・評価し、職場環境の改善を図ることについての再検討が進められ、再度、労働政策審議会を経て、労働安全衛生法の一部を改正する法律案「心理的な負担の程度を把握するための検査等（法律案の要綱）」が2014年3月の第186回通常国会に提出され、2014年6月19日可決成立、同年6月25日に公布された。廃案となった上記改正案と成立した法律との大きな相違点は、前者はすべての労働者に義務づけていたのに対し、後者は労働者に受診義務はなく、従業員50人未満の事業場については当分の間努力義務とされた点にある。心理的な負担の程度を把握するための検査および面接指導の実施並びに面接指導結果に基づき事業者が講ずべき措置に関する指針のとおり、労働者の心理的な負担の程度を把握⇒面接指導⇒就業措置というストレスチェック制度の実施過程の労働者個人のメンタルヘルスの向上を図ることが一番目の目的である。ストレスチェック制度とはストレスチェックの実施、その結果に基づく医師による面接指導、面接指導結果に基づく就業上の措置、ストレスチェック結果の集団ごとの集計・分析など、労働安全衛生法66条の10に係る事業場における一連の取組み全体をいう。そして労働者個人の就業措置を実施することによって安定就労につなげ、労働者の健康（メンタルヘルス）＝精神的健康を維持増進させることが大きな目的とされている。特に廃案となった「精神的健康の状況を把握するための検査と面接指導の制度」から「心理的な負担の程度を把握するための検査等」（ストレスチェック制度）へ法律の規定名が変更された。メンタルヘルスの保持増進という目的は変わらないが、心理的負担（ストレス）を基本とした規定名に変更されたことは興味深い。おそらく、うつ病等の精神疾患をスクリーニングするための制度と誤解されないように、ストレス対策（一次予防）から労働者のメンタルヘルス向上へつなげたいとい

---

5 厚生労働省労働衛生課「労働安全衛生法の一部改正、ストレスチェック、（心理的な負担の程度を把握する検査）制度」（2014年6月）。
6 厚生労働省令94号、厚生労働省告示251号。

う厚生労働省の意図があったのかもしれない。今まで述べてきたように労働行政から考えると、メンタルヘルスは、健康保持増進措置⇒心の健康づくり⇒心の健康問題⇒精神的健康の状況把握⇒心理的な負担の程度を把握へと変遷しており、この変遷には当時の政治的社会情勢が背景にあるものと考えられる。

Ⅳ 働き方改革とパワーハラスメント対策・メンタルヘルス対策

　働き方改革こそが、労働生産性を改善するための最良の手段であるとして働き方改革実行計画（平成29年3月28日働き方改革実現会議決定）が公表された。働き方改革は、社会問題であるとともに、経済問題であり、日本経済の潜在成長力の底上げにもつながる第三の矢・構造改革の柱となる改革であり、9分野で改革の方向性が明示された。そして、働き方改革関連法は2018年6月27日国会で成立し、この法律の要点は、①労働時間に関する制度の見直し、②勤務間インターバル制度の普及促進、③産業医・産業保健機能の強化、④高度プロフェッショナル制度の創設、⑤同一労働同一賃金、⑥労働者への待遇改善に関する説明義務の強化等であり、医師等を除いて2019年4月から実施される。実行計画では、仕事と子育てや介護を無理なく両立させるためには、長時間労働を是正しなければならないとして「4．罰則付き時間外労働の上限規制の導入など長時間労働の是正」が提示され、その中にパワーハラスメント対策・メンタルヘルス対策が記載されている。

　「企業本社への監督指導等の強化」として違法な長時間労働等が複数事業場で認められた企業などには、従来の事業場単位だけではなく、企業本社への立ち入り調査や、企業幹部に対するパワーハラスメント対策を含めた指導を行い、全社的な改善を求めると記載された。さらにパワーハラスメント対策・メンタルヘルス対策に関しても労働者が健康に働くための職場環境の整備に必要なことは、労働時間管理の厳格化だけではなく、上司や同僚との良

好な人間関係づくりをあわせて推進することであり、このため、職場のパワーハラスメント防止を強化するため、政府は労使関係者を交えた場で対策の検討を行うことが必要であるとしてメンタルヘルス対策等の新たな目標を掲げることを検討するなど、政府目標を見直すとしている。具体的なメンタルヘルス・パワーハラスメント防止対策の取組み強化として、「精神障害で複数の労災認定があった場合に、企業本社に対してパワーハラスメント防止を含む個別指導を行う仕組みや、産業医に対し月100時間超の時間外・休日労働をする労働者の労働時間等の情報を事業者が提供する仕組みの新設など、メンタルヘルス・パワーハラスメント防止対策のための取組を強化するとともに、労働者に対する相談窓口の充実など、社会全体で過労死等ゼロを目指す取組を強化する。さらに、森林空間における保養活動やストレスチェックなどのメンタルヘルス対策を推進する」と健康で働きやすい職場環境の整備の中で記載されている。

　働き方実行計画に記載されたメンタルヘルス・パワーハラスメント防止対策に関しては、明示されたという意味では一歩、前進したといえるが、ハラスメントやメンタルヘルスの対策の難解な側面が検討された結果とはいえず、ハラスメントの背景にある当事者間の対人関係に伴う組織を巻き込んださまざまな問題の具体的な解決・対策までは踏み込んでいない。特にハラスメントを受けた労働災害に起因した精神障害者が、精神科治療とのかかわりの中で、その防止対策を検討する視点が、今後の大きな課題となるであろう。労働災害の原因となったハラスメントの状況を減少化させる取組みとの表現は理念では理解できるが、「企業幹部に対するパワハラ対策を含めた指導」、「上司や同僚との良好な人間関係づくりを併せて推進」、「企業本社に対してパワーハラスメント防止を含む個別指導を行う仕組み」との記載は、どこから、どう手をつけていくのか、という具体的解決・対策に関しては、まさに議論が始まったばかりといえる。ハラスメントが必ずしも加害者が、その行為（部下に対する言動）を自覚されていないことも多く、そのような上司部下に会社として、どうかかわるかは、そう簡単なことではない。ハラスメントに関

しては、互いの主張を聞きながら組織全体としてのかかわりは不可欠であり、対人関係の奥底にある個々人の互いの感情や組織における関係性等を含めたうえでの対策を考える必要があると思われる。

V 精神障害の労災認定後の課題

1．労災認定後の長期療養と職場（社会）復帰

2014年度の労災疾病臨床研究事業では[7]、精神科専門医あるいは精神保健指定医を取得している精神科医342人（95.3％）にアンケート調査を実施したが、精神疾患の適切な療養期間に関しては、「3年以内」との回答は268であり、全体の75.5％を占めていた。症状固定（治癒）と判断される場合の状態に関しては、「臨床的に『問題ない程度』にまで状態が改善した状態を（症状固定（治癒）とする」との回答が最も多く140（39.1％）、次に「服薬を続けていても6ヶ月ほどの安定した状態が継続したら（症状固定（治癒））と判断する」が127（35.5％）であった。2015年度の労災疾病臨床研究事業は[8]、都道府県労働局労働基準部労災補償課長宛てに調査を実施（回収率100％）したが、症状固定（治癒）していない事案のうち療養開始から3年以上経過している事例は720例、その中で5年以上経過している事例は456例（個別調査では458）であり、職場復帰を一度もしていない事例は354例（77.3％）であった。2016年度の労災疾病臨床研究事業[9]、労災認定から4年経過して治癒していない事例は165例（44.6％）であり、治癒していない事例165例のうち、治癒の見通し

---

7 「労働者の治療過程における、主治医と産業医等の連携強化の方策とその効果に関する調査研究（平成26年度総括分担研究報告書）」にある分担研究報告である黒木宣夫「業務に関連した精神科医療の現状と早期復職に関する研究」。

8 「2015年労災疾病臨床研究事業費補助金（分担）研究報告書」にある分担研究報告である黒木宣夫「業務に関連した精神科医療の現状と早期復職に関する調査・研究」。

9 「2016年労災疾病臨床研究事業費補助金（分担）研究報告書」にある分担研究報告である黒木宣夫「業務上認定された精神障害者の早期復職・寛解・治療に関する調査・研究」。

がある事例は12例（7.3%）にすぎなかった。また、治癒していない事例（145）の3年以上の療養事例は132例（91%）であり、ほとんどの事例の療養期間が長期化するといっても過言ではない（P<.0001*）。

2017年度の労災疾病臨床研究事業[10]（10年以上療養している事例）に関して、調査時点で職場復帰している事例は16例（8.2%）であり、職場復帰を果たしていない事例は176例（90.7%。無回答2例を除く91.2%）にも及んでいた。すなわち、ほとんどの事例が休業し、休業給付金を受給していた。2015年度調査では5年以上の事例では調査時点で職場復帰を果たしていた事例は39例（8.5%）であり、同様に446例（88.6%。無回答13を除くと91.2%）に及んでいた。過去に職場復帰していない事例も同様で2015年調査では過去に職場復帰を一度もしていない事例は不明・無回答40を除いた418例の84.7%である354例であり、2017年度調査でも不明・無回答15例を除いた179のうち職場復帰をしたことがない事例は85.0%である152例であった。すなわち、労災認定から5年以上、10年以上経過した長期療養の精神障害事例においては、職場復帰や社会復帰をほとんど事例が試みていないという結果が得られた。まさしく早期に治療し、できるだけ早く職場復帰（社会復帰）させるという労災保険の趣旨から、精神障害の療養に関しては、大きくはずれていることが明らかになった。なぜ職場復帰できないのかは、2017年度調査で「病状が改善しない」が全体の32.8%（20例）であり、次に休業補償給付を生活保護と同様に一生給付されると考えており、職場復帰する意欲が希薄である、休業補償を継続している者の多くは労災保険に依存する傾向があり、安定して高額な労災保険給付を受け取れる等の「手厚い休業補償給付に依存」が15例（24.6%）であった。対策としては職場（社会）復帰に向けた訓練的期間を経て元の職場に復帰できるまたは別会社に就職するしくみを充実させる等の「医療、行政、企業の連携」が13例（37.1%）で最も多くみられたが、一番の問題は、行政、主治医が全く連携がとれていないことが大きな原因であろう。すなわ

---

[10] 「2017年労災疾病臨床研究事業費補助金（分担）研究報告書」にある分担研究報告である黒木宣夫「業務上認定された精神障害者の早期復職・寛解・治療に関する調査・研究」。

ち、1年に1回の監督署への病状報告はあるにしても、どういう状態になったら治癒判断とするのか、治癒要件が定められておらず、精神障害の多様さに関して、客観的に判断するしくみがつくられていない。医療機関に通院はしているが、その状態がなぜ治癒判断ができないのか、さまざまな要因を第三者の立場から評価し、判断決定するしくみがほぼ皆無といっても過言ではない。すなわち、労災認定⇒療養開始⇒休業給付金開始⇒療養継続という図式は存在しても、療養継続⇒治癒判断⇒職場（社会）復帰の図式が欠落しており、このことは、精神障害の労災補償に関しては、大きな課題である。

2．精神科病態の変遷と背景

　長い経過を経て、10年以上の長期療養事例では46例（23.7％）に病名の変更がなされていた。これだけみても精神科病態は時間的経緯により病態が変化する可能性が高く、個体側要因として生来の隠れていた病態が顕在化した可能性もあり、身体疾患のように不可逆的な健康障害を惹起するのと違い、心理的負荷は可逆的な病態を引き起こし、生物学的疾病や生来性の病態が顕在化した傷病へと変遷しうるという視点が、精神障害の労災補償のあり方から欠落しているといっても過言ではないであろう。すなわち、業務に起因した心理的負荷が引き起こした、ストレスが濃厚な病態は、治療過程の中で大きく変化し、その心理的負荷による病態は長い経過の中で減弱化し、それと逆比例するかのように生来性等の個体側要因や認定時点と違った精神科病態に変遷・推移していくという特性が精神疾患・障害に内在するという事実を受け入れた形での職場（社会）復帰を促進し、精神障害に適合する労災補償を検討するべきである。

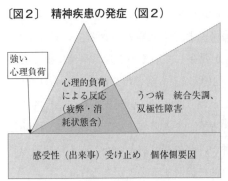

〔図2〕　精神疾患の発症（図2）

　また既存精神障害の悪化に関し

ても、本来、業務外の精神障害であり、労働者の生物学的要因や生来性の特性に起因した精神障害であり、業務に起因した心理的負荷（ストレス）の影響によって心理的反応をした部分（悪化部分）に関して一定の期間、労災補償を行うのは日常臨床に携わる精神科医としては了解できるが、そもそも業務起因性のない病態まで持続的に労災補償を行うのは、一臨床医としては疑問を感ぜざるを得ない。東京高判30・2・22（平成29年（行コ）第30号）〔遺族補償給付不支給処分取等取消請求控訴事件〕で、「障害という事実を業務自体に内在する危険と見ることはできない」との既存精神障害の形成因子の基本原則を踏まえたうえで、業務に起因した心理的負荷と悪化との関係を慎重に判断すべきである。

　2017年度調査を勘案すると、時間が経過するにつれ業務外の要因が加わり、全国の労災補償課宛てに行った調査結果では、担当者が治癒に至る過程で、その対応に苦慮している現状が明らかになった。特に自覚的な症状が改善せず、監督署の近くに行くと当時の聴取調査を思い出したりして、突然不安となり、フラッシュバックするという訴えや面談後に症状が悪化するといった内容が多く、「病状が改善しない」が全体の32.8％（20例）認められたが、精神科医の立場から考えると、治癒（症状固定）や労災補償終了の面談に対する心理的反応の側面もあり、精神疾患の悪化ではない可能性も十分あり、主治医と行政が連携して労働者の労災補償のあり方を検討すべきである。すなわち、ここで精神医学的に留意しなければならないのは、業務中の出来事（時に嫌がらせ、いじめ）を受けた出来事が大きな誘因として労働災害に起因した精神障害が発病した場合、「心の傷」として記憶に残存していることと、疾病（精神障害）としての後遺障害が残存しているのかは、事例によっては区別して考えることも必要である。10年以上も前の出来事を忘れられない、あの出来事から自分は病気になったという訴えは、労働災害時の心理的負荷に対する個体側の受け止め方により病気（精神障害）が、どの程度、関係しているのか、現在の精神状態の影響が、どの程度あるのか、あるいは別の要因で訴えているのかは、慎重に多角的に検討する必要があろう。

3．今後の精神障害の労災治療

　労働者に発病した精神疾患が労働基準監督署に労災請求され、「業務上」の疾病として労災認定されると、当該精神障害の療養には労災保険が適用され、当該精神障害の療養のため労働することができず、賃金を受けられない場合には、「休業補償給付」が支給される。療養の期間については、当該疾患が療養を必要としなくなるまで、すなわち「治癒（症状固定）」するまでの期間とされており、精神科医としては、この療養の過程を通じて、できる限り早期に患者の精神障害を治癒（症状固定）の状態にし、患者の職場復帰（社会復帰）の促進を図ることが望まれる。労働者が傷病に罹患し治療する場合において、治療を担当する主治医と、労働者の健康と安全の観点から職場での対応を担当する産業医との間で、労働者の同意の下に適切な情報交換・連携が図られることが、治療面からも就業面からも有意義であることが指摘されており、労災認定患者を早期に復職させるためには、その連携強化は不可欠といえる。

　精神障害と身体疾患との大きな相違点は、ストレスを受け止める側の心の動きや、精神障害の症状の推移や潜在していた病態が顕在化したり、個体側要因の労働者自身の性格や生来性の能力等の特性の問題が見え隠れしながら病像が変遷するという点である。労災認定時点から大きく傷病名が変更された事例も約4分の1みられた。労災保険の休業補償給付の背景に精神科病態が複雑に変遷し、不幸にも労働災害に遭遇、あるいは労災認定時点で業務が関係した大きなストレス（心理的負荷）が精神障害発病に関係があり、認定時点で因果関係が存在したとしても、その後、長い経過を経ていく過程で、その認定時点で判断されたストレスが持続的に長期に経過した時点の病像や病状の形成因子として持続しているかどうかは、慎重に第三者の視点から検討していくプロセス（過程）が必要である。そして労災保険という労働者のための手厚い補償を、ただ単に生活給付という観点からではなく、精神障害者を自立させる視点に立って、精神障害の適正給付の検討、さらに労働者と

しての職場（社会）復帰を含めた地域および社会の中での位置づけを検討することが喫緊の課題と考える。

Ⅵ　おわりに

　労働安全衛生法の改正（1988年）によって労働者の健康保持増進措置（THP）が事業者の努力義務とされ、産業精神保健（メンタルヘルス）の概念は大きく変遷し、2015年12月にストレスチェック制度が義務化された。[11]精神障害等による労災請求件数は毎年、過去最高を更新し、2016年度は1732件（前年度比146件増）、実際に労災認定された件数も、2016年度498件、2017年度506件で認定率は32.8％を呈しており、特にその支給決定件数を出来事別にみるとひどい嫌がらせ等がトップである（2016年度：74件）ほか、パワーハラスメントが原因となって自殺に至る事案も生じているなど、職場のパワーハラスメントが大きな問題となっており、労働安全衛生法の一部の改正も予定されている。しかし、精神障害の労災認定後の長期療養の問題は一度も議論されていない。早急に労災認定された精神障害の適切な治療・療養のあり方が検討されることを期待する。

11　労働衛生課・前掲（注5）。

③ 認知症と意思決定支援

成 本　迅
京都府立医科大学大学院医学研究科教授

I　はじめに

　地域で生活する認知症の人が増加している。2012年に筑波大学の朝田らにより行われた調査に基づく推計では、認知症患者が462万人、その前段階とされる軽度認知障害患者が400万人と報告されている[1]。認知症では、認知機能の低下や随伴する精神症状によりさまざまな程度に意思決定能力が低下しており、医療機関で治療を受けるときに必要とされる医療同意能力や、地域生活を維持するために必要な民間企業との契約能力が低下している場合がある。このため、医療機関や高齢者と契約を結ぶ必要がある民間企業は、高齢者の意思決定能力を確認することが求められている。それに加えて、意思決定能力が低下していると判断された場合に、本人の意向をくみ取り、周囲の状況とあわせて意思決定を支援する必要がある。医療においては、どのように本人の意思を反映させながら治療方針を決定していけばよいのかが検討されてきた。

　国連障害者権利条約の批准に伴って、国からは「認知症の人の日常生活・社会生活における意思決定支援ガイドライン」[2]が発表されている。京都府では、多職種で検討して認知症総合対策をまとめ京都式オレンジプランとして

1　厚生労働科学研究費補助金認知症対策総合研究事業「都市部における認知症有病率と認知症の生活機能障害への対応」（代表：朝田隆）平成23年度～平成24年度総合研究報告書。

2013年に発表したが、10の達成目標のうち7番目の項目に、認知症の人の意思を尊重する目的で、「私は、自らの思いをうまく言い表せない場合があることを理解され、人生の終末に至るまで意思や好みを尊重されてすごしている」という目標を掲げて5年間取り組んできた。しかし、平成29年度に京都式オレンジプランの達成度の評価のために医療介護の専門職に対して行われたアンケート調査[3]では、「人生の終末に至るまで、わたし（認知症の人）の思いが尊重されると思う」という質問項目に対して、「とてもそう思う」、「少しそう思う」と答えた人の割合は15％にすぎず、本人の意思を尊重できていないと感じていることがうかがわれた。

　われわれは、認知症の人の医療に関する意思決定支援について、2012年から3年間にわたり、科学技術振興機構社会技術研究開発センター（JST/RISTEX）に設定された「コミュニティで創る新しい高齢社会のデザイン」研究開発領域からの助成を得て、中央大学法学部の小賀野晶一教授と花園大学の小海宏之教授と共同で、認知症の専門医と法律家や介護関係者、家族などさまざまな立場の人たちに参加を求め、法的な観点からの課題や現場での実務上の課題と解決策について検討した[4]。本稿では、このプロジェクトでの知見を踏まえ、医療に関する意思決定場面における医療同意能力評価と意思決定支援のプロセスを解説し、その発展として契約や遺言に関する意思決定支援について述べる。

2　厚生労働省：認知症の人の日常生活・社会生活における意思決定支援ガイドライン（2018年）〈https://www.mhlw.go.jp/file/06-Seisakujouhou-12300000-Roukenkyoku/0000212396.pdf〉（2018年12月9日アクセス）。

3　京都地域包括ケア推進機構：認知症総合対策推進プロジェクト　京都式オレンジプラン10のアイメッセージ評価報告書（2018年）〈http://www.kyoto-ninchisho.org/common/pdf/10ai_massage_report.pdf〉（2018年12月9日アクセス）。

4　成本迅『認知症の人の医療選択と意思決定支援』（クリエイツかもがわ・2016年）。

Ⅱ 認知症の症状と意思決定能力の低下

1．認知症の原因疾患とその症状と経過

　認知症は、何らかの脳機能が低下する疾患により認知機能が低下し、それによって生活に支障が出ている状態のことをいう。原因となる疾患は70以上あるが、主な疾患は、アルツハイマー型認知症、レビー小体型認知症、血管性認知症、前頭側頭葉変性症の4つである。アルツハイマー型認知症、レビー小体型認知症と前頭側頭葉変性症は神経変性疾患とよばれ、年単位で徐々に神経細胞に変性がみられる疾患である。血管性認知症は、脳梗塞や脳出血などの血管系の障害により生じる。このうちアルツハイマー型認知症が全体の5割以上を占める。一般に、神経変性疾患は進行が緩徐で、年単位で生活機能が徐々に障害され、自立した生活が難しくなってくる。それぞれの疾患によって脳障害のパターンが異なり、結果として経過や症状も異なってくる。すなわち、アルツハイマー型認知症とレビー小体型認知症では、頭頂葉や側頭葉など脳の後半部に病変があり、一方血管性認知症や前頭側頭葉変性症では、脳の前半部に病変があることが多い。

　認知症の症状は、中核症状とよばれる認知機能障害による症状と、周辺症状、あるいは認知症に伴う行動心理症状とよばれる精神症状からなる。中核症状の主なものとしては記憶障害がある。アルツハイマー型認知症では、近時記憶といって数分から数時間にわたって保持される記憶が障害される。このため、生年月日は簡単に答えることができるが、今日の日付が答えられないといった形で症状に現れる。他に重要な中核症状として、注意障害と実行機能障害があげられる。注意障害があると、さまざまな刺激の中から相手の話を聞き取ったり、持続的に話を聞いたりすることが難しくなる。実行機能障害とは、ATMの操作のような複数の手順が必要な作業を行うことが難しくなることを意味している。いずれも社会生活、とりわけさまざまな場面で

397

の意思決定に大きな影響を与える。

　精神症状としては、もの盗られ妄想といって、自分が物を置き忘れたことを他人が盗ったと考えてしまう症状や、うつ、そして主に夜間に意識レベルが低下して幻覚や妄想などの活発な精神症状を伴うせん妄という病態などがみられる。もの盗られ妄想はアルツハイマー型認知症でみられることが多く、うつとせん妄はすべてのタイプの認知症で一般的にみられる症状である。せん妄は特に頻度が高い病態で、身体疾患で入院した際などによくみられる。これらは治療が可能で可逆的な病態であるが、それぞれ意思決定能力に影響を与える。

2．意思決定能力とは

　意思決定能力は、当該意思決定に関して必要な情報を理解し、論理的に結論を導き出し、相手に伝える能力といえる。医療行為をはじめとする契約行為や遺言においては、この意思決定能力が当該意思決定に対して十分に保持されているかの確認が重要になる。意思決定能力は、日常生活動作や認知機能と関連しているが、必ずしも一致しない。最も重要な点は、必要とされる意思決定能力は、当該意思決定の内容、すなわち複雑さやリスクなどによって規定されるという点である。単純でリスクの低い意思決定については低い能力でも足りるが、複雑でリスクの高い意思決定については高い能力を必要とする。具体的には次項にて解説する。

　医療行為に関する決定については、理解、認識、論理的思考、選択の表明の4つの要素からなると考えられている。それぞれに、ワーキングメモリーや近時記憶、実行機能など複数の認知機能が関与している。このため、認知症患者においては、さまざまな程度にこの医療行為に関する意思決定能力が低下しており、その低下パターンは疾患や病期、病状によって異なる。このような考え方は、契約や遺言においても応用が可能である。

3. 意思決定能力の評価法

　それでは意思決定能力は医学的にどのように評価することができるだろうか。ここでは医療行為に関する意思決定能力、すなわち医療同意能力と契約能力、遺言能力について解説する。

(1) 医療同意能力評価

　前述のとおり医療同意能力は、理解、認識、論理的思考、選択の表明の4要素モデルで一般的に説明されている[5]。医療行為の複雑さやリスクによっても必要とされる能力は異なるとされており、予防接種のようにメリットが明らかでリスクも低いものについては低い意思決定能力でも有効な同意とすることが可能だが、一方で、大腸がんの手術などリスクが高く予後にも大きな影響がある治療について本人の同意を有効とするには高い意思決定能力が必要である。

　評価の前提として、本人の理解力や判断力が最良の状態で評価する必要があり、せん妄やうつなどで理解力や判断力が一時的に低下している場合は、治療方針の決定に時間的猶予がある場合は治療により状態を改善させてから評価する。

　また、医療に関する意思決定においては、医療者と患者の間でもっている情報に大きな不均衡があるため、相手の知識や理解力に応じた説明を工夫することが重要になってくる。説明にあたっては、医学用語や治療方法についてわかりやすく言い換えたり、図で示したりして理解を助けることも必要である（《表1》）。近年は、手術の術式を解説したビデオやイラストを用いたりしてわかりやすくする工夫が行われているが、それらの一般的な工夫に加えて、認知症患者では認知機能障害のパターンに応じて説明方法を変えたり、追加したりすることが求められる。認知症患者の場合は、注意が逸れやすいという特徴があるため、静かな環境でこちらに注意が向いていることを確認

---

[5] Kim S. *Evaluation of Capacity to Consent to Treatment and Research*（三村將、成本迅監訳『医療従事者のための同意能力評価の進め方・考え方』（新興医学出版社・2015年）。

〈図〉意思決定に必要とされる能力と意思決定の内容の関係

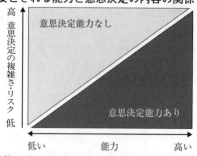

出典：成本迅「医療等の意思決定が困難な人に対する支援の方法〜老年精神医学の視点から」実践成年後見72号（2018年）。

してから話し始めることが必要である。

　次に4つの要素についての評価について述べる。①理解については、病名や病気の症状と経過、治療のメリット、デメリット、治療しないことによるメリット、デメリットなどについて、本人の言葉で説明してもらう方法をとる。これは、アルツハイマー型認知症では他者への同調性が高く、はい、いいえで答えられる質問であれば、深く理解せずに相手の提案に同意してしまう可能性があるからである。②認識については、当該医療行為が自分にとって必要とされていることを理解しているか、すなわち自分の身に起きていることとして理解しているかを確認する。アルツハイマー型認知症においてよくみられる現象として病識の低下がある。これは、自己の認知機能低下を軽く見積もったり、全く問題がないと考えたりすることを指す。このような症状を背景として、医療行為の内容については理解し、自ら説明もできるが、自分の身に起きていることとは認識しないということが生じることがある。説明に関して何かおかしいと思うことはないかを質問することでこのような齟齬が生じていないか確認することができる。③論理的思考は、決定に至った心的過程について患者自身に説明を求めることで確認する。たとえばうつ状態の患者では、治療をしない選択肢を選んだ理由として、自分が罪深い人間なので生きる価値がないからと答えるかもしれない。これは、うつ状態に

〈表1〉 理解を助け本人の意向を推測するための工夫

難聴	・パーテーションなどで区切られた静かな席へ案内する ・補聴器がある場合は装着してもらう ・本人の正面からはっきり語りかける ・筆談する場合は、キーワードを明確に
注意	・人の出入りや他の人の話し声などが気にならず集中できる環境 ・話す前に名前を呼んで注意喚起
記憶	・一文を短く区切る。キーワードとなる言葉は1文に1～2個 ・字や図など視覚的な補助を使うと、記憶に残りやすい。説明の時に使ったメモや図を、後日の確認の時に使うと思い出しやすい。
理解	・平易で簡単な言葉、なじみのある表現で繰り返す ・説明内容のポイントをわかりやすく書いて指し示す
選択	・選択肢を2つに絞る ・「はい」「いいえ」で答えられる質問

出典：加藤佑佳　第2章「医療同意の実際：取り組みと課題」、5「医療同意能力評価の実際」成本迅編著『認知症の人の医療選択と意思決定支援』（クリエイツかもがわ・2016年）の155頁〈表3〉。

伴う罪責感に影響されて導き出した決定であり、論理的思考が歪められていることがわかる。④選択の表明は、必ずしも言葉で伝えられる必要はなく、身振り手振りなどその患者がとることが可能な方法で伝えられればよい。また、聞き取る側がそのような手段を保障する必要がある。ただし、選択は一貫している必要があり、慎重な評価が必要な場合は、時間帯を変えたり、聞き取る人を変えたりして複数回確認することが求められる。

このような詳しい評価に用いる方法として、半構造化面接法とよばれる方法が開発されている。代表的なものとしては、MacArthur Competence Assessment Tool-Treatment（MacCAT-T）があげられる。[6] 個別の医療行為について、その内容、治療の選択肢などについて、前述の理解、認識、論理

的思考、選択の表明の4つの要素に分けて評価するようになっている（《表2》)。それぞれについて点数化するようになっているが、何点以上なら同意能力ありといった基準が設けられているわけではなく、点数を参考にして総合的に判定する。点数をつけることによって評価の客観性が高まり、どの領域の能力が低下しているかも明らかにすることができる。実施すること自体は20～30分で可能であるが、医療行為の説明と質問項目、答えの内容に応じた点数の設定などの準備にかなりの労力と時間を要することから、臨床現場で実施するのは容易ではない。

　簡単に同意能力を評価する方法としては、4つの要素のうち理解のところを取り出して、診断や治療に関して本人の言葉で説明を受けた内容を話してもらう方法がある。このような簡便な能力評価は、認知症の専門医だけでなく他の医療従事者でも可能であり、ケアプランやリハビリテーションなど他の意思決定場面でも有効である。実際、すべての患者について上述のような詳細な同意能力評価を行うことは実務上難しく、このような簡便な評価を行って、同意能力が不十分ではないかという疑義が生じた場合に、専門家による詳しい評価を行うことが現実的である。特に、手術や化学療法など、侵襲性が高く予後に大きな影響のある治療については慎重な検討が必要であり、詳しい評価が適応となる。実際の現場では、能力がないことを証明するよりも、あることを証明するために評価が求められることが多い。すなわち、身寄りのない人に対して本人の同意だけで治療を進めてよいかを判定してほしいというニーズが増えている。単身世帯や高齢者世帯の増加に伴って、今後このようなニーズは一層増えてくることが予想されている。

(2)　**契約能力**

　医療行為に関する意思決定能力評価の考え方は、商品やサービスなどの契

6　Grisso, T., Appelbaum, PS. : *Assessing competence to consent to treatment; a guide for physicians and other health professionals.* Oxford University Press, New York, 1998（北村總子＝北村俊則訳）『治療に同意する能力を測定する　医療・看護・介護・福祉のためのガイドライン』（日本評論社・2000年）。

〈表2〉 医療同意能力を構成する4要素

理解	・医師から受けた説明の内容をどの程度理解しているか ・本人自らの言葉で開示された情報を説明してもらう
認識	・医師から受けた説明の内容を、患者本人が自分のこととして認識しているか ・宗教的信念や文化的背景など個人の価値観も含めて検討する必要があり、最も複雑なプロセス
論理的思考	・医療行為の結果を推測したうえで論理的に考えられるか
選択の表明	・意思が揺れずに自分の意見をはっきり表明できているか ・言葉で伝える以外に、文章にして書く、うなずくなどの手段で伝えられる場合も含む

出典：成本迅「医療等の意思決定が困難な人に対する支援の方法～老年精神医学の視点から」実践成年後見72号（2018年）。

約に際して意思決定能力を評価する場合にも応用することが可能である。こちらから説明したうえで、顧客本人の言葉で契約内容について説明してもらうことで当該契約に必要な意思決定能力を保有しているかを確認することができるだろう。医療行為と同様に、契約にも単純なものから複雑なものまであり、本人のメリットが明確なものから、ある程度リスクを伴うものまであることから、契約の内容や特性に合わせた契約能力の確認体制が求められる。すなわち、複雑でリスクを伴う意思決定であれば高い能力が必要とされるが、本人のメリットが明らかでリスクも低い意思決定であれば低い能力でも同意が可能と考えられる。たとえば、元本割れする可能性があるようなリスクを伴う投資信託を購入するためには高い能力が必要であるが、遺産を受け取ったり、介護サービスを契約したりするにあたっては比較的低い能力でも十分と考えられる。ただし、このような考え方はまだ民間事業者における契約の実務には応用されておらず、今後ガイドラインやマニュアルなどを通して普及させていく必要があると考える。また、当初は意思決定能力が保たれていたが、途中から認知症が発症、あるいは進行して契約能力が低下する場合が

あるため、長期に継続する契約では、契約内容について理解しているか定期的に確認するべきである。

(3) **遺言能力**

近年、遺言時にすでに認知症などで認知機能が低下しており遺言能力がなかったとして死後に遺言無効確認を求める訴訟が増えている。医療同意能力や契約能力と同様に、遺言の内容の複雑さや影響の大きさによって必要とされる能力は異なるとされている。すなわち、これまでに作成していた遺言について一部のみ変更する場合やほぼ法定相続割合に近い相続に関する遺言であれば、低い能力でも可能だが、一部の親族が通常であれば受け取ることができる相続財産を受け取れなくなる場合や、複雑な資産構成の場合などは高い能力が必要と考えられる。このような観点から、医療同意と同じく改訂長谷川式簡易知能スケールの点数など認知機能検査の成績を目安とすることは可能であるが、遺言の内容も合わせて考慮する必要がある。

イギリスでは、遺言能力について判例に基づき以下の基準が示されている。すなわち、①遺言とその結果の性質を理解する能力、②必ずしも詳細を要しないが、自分の財産の性質と規模を想起する能力、③近親者の氏名および彼らの遺贈に対する要求を想起する能力、④遺言者の自然な感情を曲げ、その決断に影響する病的精神状態がないことである。実務においては、このような項目を満たしているかを、遺言を残す時に立ち会った者が確認し、記録に残す必要がある。

Ⅲ 意思決定支援

意思決定支援とは、前述の「認知症の人の日常生活・社会生活における意思決定支援ガイドライン」では次のように定義されている。①認知症の人であっても、その能力を最大限活かして、日常生活や社会生活に関して自らの意思に基づいた生活を送ることができるようにするために行う、意思決定支援者による本人支援をいう。②本ガイドラインでいう意思決定支援とは、認

知症の人の意思決定をプロセスとして支援するもので、通常、そのプロセスは、本人が意思を形成することの支援と、本人が意思を表明することの支援を中心とし、本人が意思を実現するための支援を含む。

　このような支援を提供するには、本人の意向をくみ取るために、先述のとおりわかりやすく説明するとともに、自分の意向を表明しやすい関係を構築することが必要である。普段からかかわっている人に一緒に入ってもらったり、いきなり本題に入らず、その人の生活や人となりを知るような会話をして関係を構築したりすることも役に立つだろう。意向の表明にあたっては、急かされると普段はできるような意思決定の内容でも混乱してできなくなることがあることから、十分時間をとってこちらから助け舟を出しながら語ってもらうようにする。

　十分な説明を行っても認知症のために理解が不十分になったり決定ができなかったりする場合は、意思決定支援を行うことになる。医療に関する意思決定では、病気の治療や苦痛の緩和など患者の利益を目標に、患者と医療者が協力する関係が基本になる。患者が決められない場合は、患者の意思の推定をしつつ医学的観点からの適応やリスクも考慮に入れながら治療方針を決定していく。このとき、主治医だけで決めるのではなく、患者にかかわる看護師やケアマネジャーなどの他の専門職や、家族、後見人、友人などにも意見を求めて決めていくプロセスを経る。これにより、主治医の治療方針が医療的な適応のみに偏ることを防ぎ、本人の病前の意向や好みを決定に反映させることができる。事前指示やアドバンス・ケア・プランニングなど、病前の意向が残されていた場合はそれも参考にすることになる。ただし、事前指示やアドバンス・ケア・プランニングを取得した時期とは患者の意向も変化している場合があり、現在の患者の意向も非言語的な表出も含めて評価しながら総合して決めていく必要がある。倫理的なジレンマが生じていて特に慎重な検討が必要な場合は、臨床倫理委員会という枠組みがあり、通常外部の第三者も委員に加えて開催される。たとえば、明らかに本人のためになる治療を本人、あるいは家族が拒絶する場合や、本人は治療に同意しているが、

治療内容が複雑でリスクを伴うものだったり、治療の結果として生活に大きな影響が出る可能性があったりして、本人の同意が有効かに疑問が残る場合などが適応となる。これにより、さらに公正性を担保することができ、本人の生活の質に関してきめ細かく検討することが可能となる。

契約に関する意思決定支援にあたっても、医療行為と同様にまずわかりやすい情報の提示と信頼関係が必要である。そのためには、単なる認知症に関する知識だけでは不十分で、業種に応じて手順を整備し、ロールプレイなどでコミュニケーションスキルを身に付ける必要があるだろう。われわれは金融機関に勤める人たちを対象にガイドを作成し、研修を行っている[7]。金融機関の窓口や契約の場面で認知症の人への対応が課題となっており、研修を受けることで自信をもって対応できるようになることが参加者から報告されている。今後、高齢者との契約を行う他の業種にも拡大していきたいと考えている。

Ⅳ　おわりに

国連障害者権利条約では、障害をもつ人は法的能力をもつことを前提として対応することが定められている。地域で生活する認知症の人たちの権利が守られ、円滑に身体疾患の治療を受けたり、民間事業者と契約を結んだりすることができる社会をつくるには、高齢者にかかわるすべての人が高齢者、とりわけ認知症のことを理解し、その人の意思を尊重しながら支援するスキルを高めていくことが必要である。超高齢化社会を迎えて、意思決定能力が低下した人が多く地域で生活している日本において特に重要な課題だと考える。

7　成本迅『認知症の人にやさしい金融ガイド』（クリエイツかもがわ・2017年）。

4 スポーツ医学

平 沼 憲 治
日本体育大学保健医療学部整復医療学科教授

I スポーツ医学の歴史

　第2次世界大戦後の日本は、政治、経済は混乱しており、国民生活は困窮していた。疲弊した国民の体力の回復を目的として「国民体育大会」が1945年（昭和20年）に開催された。そして1949年（昭和24年）に、大会を科学的に裏付けるために「日本体力医学会」が開催され、現在も国体開催中に開催県で開かれている。「日本体力医学会」では、国民の健康増進、アスリートの競技力向上のためのトレーニング科学や、けがや疾病の予防に関する研究が多く報告されている。

　1964年（昭和39年）東京オリンピック、1972年（昭和47年）札幌オリンピックが日本で開催された。主催国としては、選手強化をする必要があり、スポーツ科学者の動員やスポーツ損傷対策のための臨床医の帯同・派遣が行われるようになり、スポーツドクターの必要性が認知された。

　1960年代に一般市民のジョギングブームに象徴されるように、国民全体の健康志向とスポーツの普及が進んできた。そこで課題となったのが、ランニング障害（疲労骨折）であった。また競技スポーツでは、膝前十字靱帯損傷、アキレス腱断裂の治療が大きな課題となっており、運動器損傷のエキスパートが必要になってきた。

　1975年（昭和50年）「整形外科スポーツ医学研究会」が発足し、現在も「日

本整形外科スポーツ医学会」として毎年開催されている。1979年（昭和54年）「東日本スポーツ医学研究会」、1980年（昭和55年）「西日本スポーツ医学研究会」が発足し、後に統合され現在の「日本臨床スポーツ医学会」となり、整形外科以外にも内科、脳神経外科、産婦人科、歯科、理学療法士が参加する学会となった。

　1980年（昭和55年）に、日本で最初の「スポーツ整形外科」が、関東労災病院に開設された。それ以前は、整形外科医が一般外来患者と一緒に診療を行っていたが、スポーツ選手のみを対象とした診療科はなかった。「スポーツ整形外科」の設立で、スポーツ損傷の医療が格段に進歩した。初代部長は、中嶋寛之医師で、筆者の恩師である。中嶋医師は、後に東京大学教養学部教授となり、その後日本体育大学大学院教授として招聘された。1985年（昭和60年）、筆者が産業医科大学医学部を卒業し、関東労災病院で臨床研修を行っていたときに、中嶋医師と初めてお会いした。当時東京大学教授であった中嶋医師は、週1回関東労災病院に外来診療と手術を行うため来院されていた。それ以来、中嶋医師に教えを請うことになった。初めての大仕事は、当時女子バレーボール日本代表チームの天才セッターとして活躍していた中田久美選手（現在、日本代表監督）が、ソウルオリンピック1年前に、練習中に膝前十字靱帯を損傷し、関東労災病院に入院し手術を受けることになり、中嶋医師が術者で、筆者が助手を務めることになり、入院中の担当医となったことだった。このニュースは、メディアにも大きく取り上げられ、国民の注目を浴びることになり、当時研修医2年目だった筆者にとっては、大変なことであった。通常このような有名大物選手の場合、担当医も経験豊富な医師がなるところ、中嶋医師の教育的配慮で筆者を担当医にしてくださったことを後に知った。貴重な経験をさせていただき感謝のほかない。

　1991年（平成3年）、慶應義塾大学病院に総合スポーツ外来が開設されるなど、全国にスポーツ整形外来が開設されるようになった。2001年（平成13年）に国立スポーツ科学センターが開設され、オリンピック選手を対象にメディカルチェック、体力測定、スポーツ診療（複数診療科）が行われるようになっ

た。国立スポーツ科学センターができたことで、オリンピックでのメダル獲得に大きく貢献している。

　スポーツドクター制度は1970年代、内科で突然死、脳外科で脳震とう、急性硬膜下血腫等が大きな課題となり、1977年（昭和52年）、日本体育協会主催のスポーツ関係臨床医の相互研修会をきっかけに、1982年（昭和57年）、日本体育協会公認スポーツドクター制度が始まり、スポーツ医学の知識の普及、標準化がなされた。その後スポーツ医学の専門書も多く発行された。

　近年日本は、高齢社会を迎え、医療費・介護費の増大が大きな問題となっている。スポーツ医学分野でもメタボリックシンドローム（内科）ロコモティブシンドローム（整形外科）の対策に取り組んでおり、健康増進に貢献する活動を行っている。

II　スポーツ外傷・障害の予防

　スポーツ外傷・障害の予防を行うためには、その危険因子の発見が非常に重要である。その代表的な事例が、アメリカンフットボール（以下、「アメフト」という）におけるスピアリング（spearing）の反則である。アメリカでは、アメフト選手が、コンタクトで頸髄損傷を起こし大きな後遺症（対麻痺）により、生涯車いすの生活を余儀なくされることが大きな問題となっていた。当時ペンシルバニア大学スポーツ医学教授でNFL（National Football League）フィラデルフィア・イーグルスのチームドクターをしていたトルク医師（Dr. Torg）が、全米の頸髄損傷発生時のビデオ、DVD画像を集め分析した結果、すべての頸髄損傷は、頭の下がったタックル（スピアリング）で起こっていることを発見した。トルク医師はこのことをNFLと話し合い、頭の下がったタックルを禁止するためのスピアリング（spearing）の反則を制定した。この反則制定後、アメフトの指導者は、頭を上げろ（heads up）を合い言葉に指導し、その結果10年後には、頸髄損傷件数は、約10分の1に減少した。つまり、頸髄損傷の危険因子が頭の下がったタックル（スピアリング）であ

ることを発見したことが、その予防につながったのである。

　膝前十字靱帯損傷は、手術治療が必要で、長期リハビリテーションを要する外傷であり、整形外科では、その予防法が大きな課題となっている。発生頻度は、スウェーデンでは、81人/10万人（10～64歳）、ノルウェーでは、85人/10万人（16～39歳）に発生しており、頻発する足関節捻挫の約7分の1である。70％が非接触型損傷で、ジャンプの着地・ターン・切り返し動作・ストップ動作等、相手との接触がない状況で受傷している。特にジャンプの着地動作では、①膝外反、②不十分な膝屈曲肢位が、危険因子であることが、報告されている。サッカー、バスケットボール協会では、医事委員会を中心に介入予防プログラムを作成し、筋力強化、ストレッチ、バランストレーニングを行い、膝前十字靱帯損傷の発生を減少させている。

1．メディカルチェックの重要性

　メディカルチェックで特に重要なのは、心電図検査である。「肥大型心筋症」を有する選手は不整脈を起こし、突然死を起こすことが知られている。そのため、Ｊリーグでは入団時メディカルチェックで各クラブチームに負荷心電図と心エコーを義務づけている。この検査を怠り、見逃し、突然死で死亡した場合のドクターの責任は大きい。プロの世界では、大金が動くため、ドクターの判断も難しい場合があると思うが、人の命に勝るものはないので厳格に行うべきである。マイナーな競技でもメディカルチェックは行われるべきである。

2．心臓震とう

　心臓震とうは若い世代に発症する。中学生が野球部活動中ボールを補給しようとして、ボールを胸に当てボールを拾い送球しようとしたところ、突然意識がなくなり倒れてしまうのが、典型例である。この疾患は、不整脈による心停止であるので、AED（自動体外式除細動器）をすぐに使用すれば救命できるが、その場にAEDがなければ救命できない可能性が高くなる。指導

者は常に、練習中どこに AED があるのかを確認しておく必要がある。もし AED がなければ練習場としては、不適切である。また心臓震とうを発症したことのある選手については、胸部のプロテクターを練習時に着用する必要がある。これらのことを怠り、心臓震とうが発症し、死亡するようなことになれば、その責任は重いと考えられる。われわれスポーツドクターは、現場の指導者に正しい情報を講習会等で伝えていく責務がある。

3．熱中症

　地球温暖化の影響で年々猛暑の日が多くなっているように感じられ、テレビや新聞報道で、運動部活動中の熱中症による死亡事故を知ることがあるが、亡くなった選手のご家族の悲しみや指導者の苦悩を想像してしまう。熱中症は、予防をすることが重要である。まずは、天気予報をチェックし、日中の気温と湿度をチェックしておく必要がある。そして練習の時間帯や練習内容を考慮することが大切である。人間は発汗によって熱を発散させて体温を下げることができるが、湿度が高いと汗が気化しにくくなり、冷却機能が低下し、熱中症を発症しやすくなる。気温・湿度を考慮して練習時間を朝、夕方に変更したり、練習内容を検討し、強度を下げたり時間を短くするなどの対応は大切である。練習中は水分・塩分をこまめにとることが大切で、現在は腸での吸収がしやすいスポーツドリンクの摂取が適している。しかし、こまめに水分・塩分を補給しても下痢をしている状態では、腸での吸収ができないので熱中症が発症しやすくなる。つまり個々の体調を把握しておくことも怠ってはいけない。

　熱中症を発症した場合は、その適切な対応が重要である。日陰で涼しい場所に移動し、アイスを使用するなど冷却に努める必要がある。意識状態が悪ければ、AED、救急車の手配も必要になる。対応の遅れは死亡事故につながるので、指導者は救急蘇生・AED の講習会等に参加し、落ち着いて迅速に対応できるよう準備しておく必要がある。

4．マラソン大会における救急体制

　近年、東京マラソンをはじめ、各地でマラソン大会が開催されている。マラソン大会では、突然の心停止で死亡事故が報告されている。発見から心肺蘇生までの時間が短いほど蘇生率は上がるので、その救急体制は重要である。国士舘大学では、救急医療学科の学生がAEDを担いで自転車に乗り、マラソンコースに待機し、突然の心停止が起こったときに迅速に対応できるように工夫している。私の勤務している日本体育大学保健医療学部の救急医療学科も横浜マラソン大会、青葉区マラソン大会で、教員と多くの学生がボランティアでサポートをしている。2020年東京オリンピックでは、真夏に行われるため救急体制のさらなる充実が求められる。

5．トレーニング中の突然死

　アスリートが自分の競技力を向上させるためには、時には自己の能力を超えるための苛酷なトレーニングをしなければならない。通常体力の限界に近づくと生理的に脳の抑制が働き、苦しくなりトレーニングの継続ができなくなるので、危険な状態を回避する。その限界を超えるトレーニングをするときに、突然の心肺停止が起こる可能性が高くなる。日本体育大学水泳部が中国で高地トレーニングを行ったときに、死亡事故が起こったことや元日本代表サッカー選手松田直樹選手が若くして心筋梗塞で死亡した事例を考えると、個々の体調管理と救急体制が大切であると思う。

Ⅲ　私とスポーツ医学

　筆者は高校時代（麻布学園）、アメフト部に所属し、毎日練習に明け暮れていたが、非常にけがが多く苦労していたため、医学部に進学して将来は中嶋寛之医師のようなスポーツドクターになろうと決意していた。産業医科大学卒業後のスポーツドクター人生は、以下の4期（各約10年）に分けられる。

Ⅲ　私とスポーツ医学

① 初めの10年：スポーツドクターとして腕（手術等）を磨く。
② 次の10年：チームドクターとして道を極める。1996年（平成8年）～2006年（平成18年）横浜Fマリノスチームドクターとして活動。
③ 次の10年：日本体育大学でスポーツ医学の研究。
④ 最後の10年（現在）：スポーツ医学の基礎医学と臨床医学の融合。

1．初めの10年：スポーツドクターとして腕（手術等）を磨く

　関東労災病院で研修医として勤務し、整形外科、麻酔科、外科、脳外科、スポーツ整形外科とローテーションし、一般臨床医として多くを学ぶことができた。まずは、赤ちゃんからお年寄りまで、対応できる整形外科をめざした。そのうえでスポーツ医学を専門にすることを考えていた。研修医の1年目に富士通がアメフト部をつくるので、チームドクターになってほしいと麻布学園のアメフト部1年後輩の興亮（東京大学卒、後にNHK解説者）に依頼され、チームドクターとして活動する機会に恵まれた。当時は社会人3部のチームだったが、今や日本一のチームとなっている。最初の10年で、整形外科専門医、日本体育協会公認スポーツドクターの資格を取得した。

2．次の10年：チームドクターとして道を極める

　スポーツドクターとしての道を歩む中、当時の関東労災病院スポーツ整形外科部長・萬納寺毅智医師から横浜マリノスのチームドクターの依頼があり、お引き受けした。前任者が選手、コーチとうまくいかず辞めることになったと聞き、プロの世界の厳しさを感じながらマリノスの門を叩いた。1996年（平成8年）から2006年（平成18年）、関東労災病院スポーツ整形外科を拠点に、マリノスの全試合、合宿、海外遠征に帯同し、選手の健康管理に努めた。この10年間は、携帯電話のスイッチをオフにすることがなかった。体調の悪い選手から連絡があり、往診することや病院に連れて行くこともしばしばあった。時には、虫歯が原因の歯痛で夜中に起こされ、友人の歯科に連れて行くこともあった。今考えるとよく頑張ったなと思う。就任1年目に日本代表ゴー

ルキーパーでもあった川口能活選手が、手の中手骨3本骨折する事態となった。手術し3カ月後に復帰を果たしたが、途中練習を抑えることの難しさを痛感した。けがが治らない時は筆者もチームを去ることを覚悟して日々を過ごした。けがをした選手が復帰してゴールを決めた時は、最高である。岡田武史監督時代は、Jリーグ2連覇し、良い思い出もたくさんある。

3．次の10年：日本体育大学でスポーツ医学の研究

　横浜Fマリノスのチームドクターを続ける中、日本体育大学のお話をいただいた。スポーツの現場では解決のつかない問題が多くあった。たとえば、肉離れ損傷も時間をかければ、安全に復帰できるが、早く復帰させると再受傷してしまう。指標となる明確な科学的根拠が不十分であると感じていた。また長期リハビリを要する肉離れや腰痛（椎間板ヘルニア）を予防できないかと考えていたが、スポーツ現場では経験に頼ることが多く限界を感じていた。

　2006年（平成18年）から現在、日本体育大学に奉職しているが、肉離れ損傷、腰椎椎間板ヘルニア（変性）の危険因子（遺伝子、身体特性等）に関する研究を行っている。

4．最後の10年（現在）：スポーツ医学の基礎医学と臨床医学の融合

　2014年（平成26年）から保健医療学部長に、2017年（平成29年）から健康管理センター長に就任し、アスリートのメディカルサポートの必要性をより強く感じるようになった。大学側の理解を得て、2018年（平成30年）12月より世田谷キャンパスに日本体育大学クリニックを開設した。夕方の時間帯に診療を行っているので、部活動中のけがの対応が可能となり、学生は授業を休まずに通院できる利点がある。アスリートのメディカルサポートが主の目的であるが、もう1つの大きな目的は、データを集積・一元化し、研究することである。アスリートの健診データ、遺伝子、身体特性、体力測定、けがの既往歴等を集積することで、スポーツ障害（疲労骨折等）危険因子を発見

できる可能性がある。そしてそのデータを裏付ける基礎研究も必要である。子供の頃から同じ競技を続けている、同じ練習をしているアスリートの集団をもち、臨床と基礎医学の側面からアプローチできる施設をもっているのは日本体育大学だけである。今後何年後、10年後、20年後に日本体育大学からスポーツ医学の研究発表が世界に発信されること期待している。

Ⅳ　最後に

　今は亡き叔父（平沼髙明弁護士）が、「正義を貫く」と生前言っておられたが、筆者も「スポーツドクターとしての道を貫く」人生を送りたいと思う。これからもスポーツ選手の生命・選手生命を守れるよう頑張りたい。

5 神奈川県歯科医師会における紛争への取組み

松井 克之
公益社団法人神奈川県歯科医師会会長

末石 倫大
弁護士・社会歯科学会理事

I 序文

　医療訴訟全体の件数は平成16年をピークとして、減少し、平成21年に底を打ち、それ以降は横ばいないし微増傾向となっている（〔図1〕）。そこで、平成15年以降の医療訴訟の件数を診療科目ごとに比較してみると、外科、内科、産婦人科といった診療科目の訴訟件数が減少していることがわかる。しかし、歯科に関する訴訟件数は減少しておらず、むしろ微増傾向である（〔図2〕）。本会は神奈川県に所在しているが、隣接都道府県である東京地方裁判所医療集中部では歯科の医療訴訟の件数が極めて多く（〔図3〕）、都市部において歯科訴訟の件数が多くなるという傾向を示しているのかもしれない。[1]

　このような歯科をとりまく紛争の状況の中で、都道府県歯科医師会として

1　なお、東京地裁の年度ごとの新受件数においては、歯科の事件のうちインプラント手術に関する事件の占める割合が高く（たとえば、平成28年は歯科事件の新受件数34件のうち14件（41.2％）がインプラント手術関連事件）、インプラント治療を実施している歯科医院が東京およびその近郊に集中しているために歯科の事件数が多いのではないかと分析されている。ただし、平成29年においては、インプラント手術に関する事件の占める割合が減少しており（歯科事件の新受件数22件のうち5件（22.7％）がインプラント手術関連事件）、今後も減少傾向が続くのか否か、平成30年以降の動向を注意深く観察し、その原因についても分析を進めていく必要があるとされている（「東京地方裁判所医療集中部（民事第14部、第30部、第34部、第35部）における事件概況等」（平成25年度～平成29年）法曹時報66巻12号57～77頁、同67巻7号33～54頁、同68巻7号27～49頁、69巻7号51～72頁、同70巻7号54～74頁）。

〔図1〕 医事関係訴訟件数

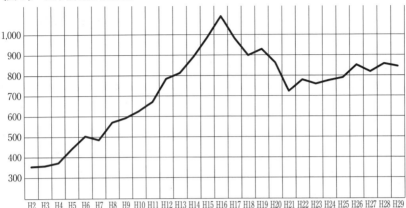

最高裁内医事関係訴訟委員会公表データより

〔図2〕 地方裁判所診療科目別医療訴訟新受件数（平成29年の上位5診療科目に限る）

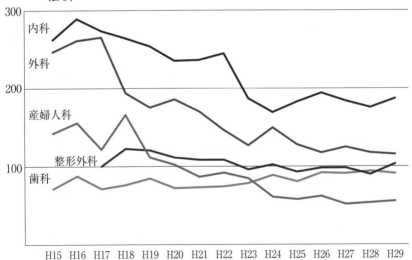

どのように対応していくのが適切であるのか議論のきっかけとすべく、ここに神奈川県歯科医師会における取組みを紹介する次第である。

417

II　本会における医師賠償責任保険の仕組み

　医師賠償責任保険は、医療行為に基づいて他人の身体に障害を発生させて損害賠償責任を負う場合の損害を填補することを主な機能としている。医師賠償責任保険には、病院・診療所の開設者が契約者となり、開設者や管理者が被保険者となるものと、病院・診療所に勤務する医師・歯科医師が契約者・被保険者となって加入する勤務医賠償責任保険とがある。いずれも個々に保険者（保険会社）と契約を締結して加入することも可能であるが、学会、同窓会等を通じて団体加入する例が多い。

　これ以外に、医師会・歯科医師会等が保険契約者となり、個々の会員が被保険者となるものもある。

　神奈川県歯科医師会も、医師賠償責任保険の保険契約者となり、本会の１種会員が被保険者となる形で保険契約を締結している。保険料は会費の中から支払われている。

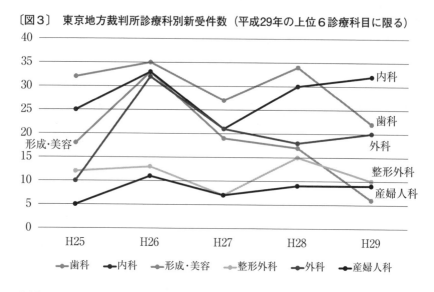

〔図３〕　東京地方裁判所診療科別新受件数（平成29年の上位６診療科目に限る）

このように、歯科医師会においては各都道府県の歯科医師会が保険契約を締結して、個別に医事処理として運用を行っている。他方、医師会の用意している医師賠償責任保険としては、日本医師会が保険契約者となる日医医賠責保険が有名であるが、その運用方法は歯科医師会における運用とは異なっている。日医医賠責保険においては、日本医師会が保険契約者となって、そのＡ会員が被保険者となっているが、100万円の免責金額が設定されており、被保険者の負う損害賠償金額が100万円を超える場合にだけ保険金が支払われる仕組みとなっている。そして、100万円以下の部分については、各都道府県医師会が医師賠償責任保険を用意している。

　医師会においては、100万円を分岐点として都道府県医師会が保険契約者となっている保険と日本医師会が保険契約者となっている保険の両者が関与するのに対し、歯科医師会においては、金額にかかわらず都道府県歯科医師会が保険契約者となっている保険のみで対応することとなる（医師会・歯科医師会の保険以外に、各会員が別段の保険に加入している場合は、当該保険も関与する）。

Ⅲ　神奈川県歯科医師会における取組み

1．医事処理

　Ⅱで述べたとおり、医事処理は都道府県歯科医師会ごとに運用しており、その運用の方法は各会によって差異があるものと思われる。

　本会では医療事故、医事紛争については医事処理検討部会で対応しており、事故の報告から解決まで以下の手順で進められている（〔図4〕）。

①　事故の報告：医療事故、医事紛争が発生したら、会員が本会の事務局に報告。

2　本会会員のうち、診療所・病院・医育機関・介護老人保健施設等の開設者・管理者・歯科責任者等である歯科医師（医療法人の分院の管理者を含む）。

〔図4〕 会員・患者間のトラブルへの医賠責保険適用

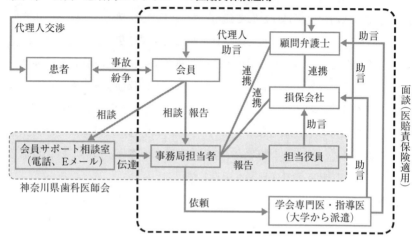

② 対応の決定：事務局において保険会社等と協議し、弁護士による対応が必要な事案か、当事者間（会員と患者）で解決可能な事案か否かを判断する。

③ 歯科医師面談：弁護士対応事案については、担当弁護士、保険会社、医事処理担当役員と当該会員による打合せ（歯科医師面談）を実施して、方針を決定する。

④ 弁護士による交渉：弁護士対応事案については、担当弁護士が会員の代理人という立場で、交渉着手から解決までを担当する。なお、訴外交渉から、調停や訴訟に移行した場合でも、引き続き当該弁護士が対応を行う。

⑤ 解決：交渉で解決が見込めた場合、紛争当事者（会員と患者）間で示談書を取り交わし、解決する。訴外交渉から調停や訴訟に移行した場合には、調停・和解の成立や判決の確定をもって事案としては終了することになる。

2. ①事故の報告について

　会員は、患者から医療行為に基づいて身体に障害が生じたことを主張して金銭請求があった場合には、本会の事務局に連絡を行う。会員は厳密には医師賠償責任保険の対象事案か否かを判断することはできないため、"診療に関して困ったことがあったり、トラブルがあったら事務局に電話する"というレベルでも構わないこととしている。

　ところで、本会では、医事処理（医師賠償責任保険対象事案への対応）とは別に、会員サポートの一環として、会員の相談に乗ったり、弁護士を紹介したりするという対応も行っている。たとえば、会員が医院の所有者（賃貸人）から退去を求められた場合や、従業員との間でトラブルが生じた場合には、弁護士を紹介している。

　会員から事務局に、医事処理として報告がなされたものの、その内容をみると医師賠償責任保険対象事案ではないというケースも実際には少なくない。たとえば、患者から、客観的事実に反する診断書を作成するよう強く求められ、これを断ったことに基づいて慰謝料が請求された、とか、治療内容に不満があるとして治療費の返金を請求された等のケースである。このような場合にも、医事処理ではないとして対応を断るのではなく、会員サポートとして弁護士を紹介することとしている[3]。

　これによって、会員は、医師賠償責任保険の対象事案であるか、そうでないかにかかわらず、弁護士対応が必要なケースでは弁護士に相談することができることとなる。また、初期段階では治療費の返金のみが求められていたが（非対象事案）、後に慰謝料の請求がなされるというケースもありえるところ（対象事案）、非対象事案であるうちから経験ある弁護士が対応すること

---

[3] 弁護士費用を医師賠償責任保険で負担することはできないため、会員が負担することとなる。ただし、その他の保険で対応することができる場合もある。たとえば、本会会員は、別途保険料負担は必要となるが、クレーム行為によって診療が阻害されて弁護士委任をする際の費用が保険金として給付されるクレーム対応費用保険に加入することができる。

によって、医師賠償責任保険の対象事案となったあとも一貫した対応を行うことが可能となる。

このような柔軟な対応をとることで、紛争に相対することとなった会員の助けとなっている。

3．②対応の決定について

本会では、基本的には事務局において保険会社等と協議し、弁護士による対応が必要な事案か、当事者間（会員と患者）で解決可能な事案か否かを判断している。当事者間に争いがなく、有責であることが明らかで、一定の金銭を支払うことで迅速かつ円満な解決が可能と見込まれるものついては、弁護士対応としていない。他方、それ以外の事案については弁護士対応としている。

4．③歯科医師面談について

方針決定に際して専門的な知見を要する事案については、歯科医師面談の際に大学教授を中心とした専門的知見を有する歯科医師等を招き、その助言の下に方針を決定している。このような専門家の関与の下に方針決定することにより、明確な根拠をもって有責・無責の対応することが可能となり、会員にとっても患者にとっても有益となっていることが考えられる。当初はインプラント手術や歯列矯正に関連する事案を中心に専門医を招いていたが、現在は根管治療や補綴など、多くの一般的な開業歯科医師が行っている処置についても専門医を招いて専門的な知見を得るよう努めている。

ただし、大学教授等の専門家の想定する医療水準が、会員の大部分を占める一般の開業歯科医師の医療水準と異なっていることも想定されるところ、このような場合には、医療機関の性格に応じて医療水準が異なることを弁護士が念頭において、当該会員や医事処理担当役員の意見も参考にしながら、面談の進行を行い、方針について協議している。

紛争の初期段階において、交渉を担当する弁護士、専門的知見を有する大

学教授等、保険会社が関与することで、面談自体は有益となるものの、反面、面談の日程調整が困難となり、面談までに2〜3カ月かかってしまう場合もあることが難点である。迅速な対応が要求される事案では面談に先立って弁護士が対応することとなるが、その場合、面談までの間、歯科医学的に確固たる根拠に基づいた対応は困難となる。

5．④弁護士による交渉、⑤解決について

　弁護士は会員の代理人として交渉を行うため、本会の医事処理担当役員や事務局が、患者と直接対応することは基本的にはない。

　解決後、本会を通じて、何らかの賠償を行った会員に保険金による振込みを行って填補がなされる。弁護士費用等は、保険会社から対応が行われる。

6．医事処理事案の件数について

　本会事務局において年度ごとに医師賠償責任保険対象事案（弁護士委任相当事案に限る）として受け付けた案件数は〔図5〕のとおりである。横ばいないし微増傾向であるのは、全国的な傾向や東京地方裁判所の件数の傾向に沿ったものということもできる。心情としては会員への制度の認知が進んだためと考えたい。

　なお、本会では、患者からの電話相談を受け付けているが、この年度ごとの件数は〔図6〕のとおりであり、過去15年間の傾向としては増加傾向にあるといえ、これは明確に社会への認知が進んだためといえる。過去5年間については、横ばいないし微増傾向である。

Ⅳ　結　語

　前述のとおり、本会においては、高い割合で弁護士委任を行っている。原則として弁護士委任を行うことで、迅速に対応すべき案件については、即座に弁護士が対応することができる。また、一度は対象事案でないとされたも

第5編　⑤　神奈川県歯科医師会における紛争への取組み

〔図5〕　本会における医事紛争の新受件数（弁護士委任担当事案に限る）
（相談件数）

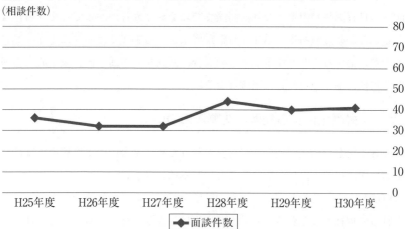

〔図6〕　電話相談件数

年度	相談件数
平成15年度	308
平成16年度	423
平成17年度	570
平成18年度	563
平成19年度	613
平成20年度	643
平成21年度	692
平成22年度	676
平成23年度	657
平成24年度	686
平成25年度	732
平成26年度	795
平成27年度	768
平成28年度	718
平成29年度	776
平成30年度	852
合計	10,472

のでも、会員サポートとして紹介された弁護士が対象事案になったと判断した場合には、会と連携して、医事処理の仕組みに乗せることも可能となっている。積極的に大学教授等の専門家を歯科医師面談に同席してもらうことにより、打合せの充実も図られている。

　他方、課題としては、会員が事務局に相談してから歯科医師面談までの期間があくことである。なお、緊急対応が必要な場合には、さしあたり弁護士を紹介して対応を開始しており、クレーマー的な要素がある場合には一定の効果はあると考えている。

　このような仕組みとなる以前は、担当役員や事務局が事実上患者との交渉に関与する場面もあり、不安と負担は大きく、役員が患者から責任追及の対象とされてしまったケースもあった。

Ⅳ 結　語

　本会が、平沼髙明先生とその薫陶を受けた弁護士との連携の中でこのような体制を築くに至ったことは、本会の会員にとって有益であったと思われ、ひいては本会の所在する神奈川県の歯科医療の発展に寄与しているものと思われる。

　本会の現在の医事処理の仕組みをさらに充実させていく決意をここに記すことで、法律家の側面から医療を支えてきた平沼髙明先生の冥福を祈りたい。

6 死亡時画像診断が活用される背景と最近のトピックス

福原隆一郎

岡山大学病院放射線科

I 病理学における死亡時画像診断

　平沼髙明先生に『医師と患者』（沖中重雄著）という本を見せていただいたことがある。沖中先生は戦後間もない頃の東京大学第3内科教授で、最終講義で在任中の誤診率が14.2％だったと発表したエピソードが有名なそうだが、病理解剖に熱心で在任中の解剖率は86％に及んだそうである（実際に遺族から病理解剖の承諾をとる担当医は相当嫌だったようだが）。1910年に発表された「フレクスナー報告」で病理学と解剖が医療の質の向上に重要であると強調されたことが、アメリカでの高い病理解剖率（約50％）につながり、日本にも波及したものと考えられる。

　その後、世界的に病理解剖率は低下し、アメリカでは2006年には5％を割り、日本では現在2～3％程度のようである。その背景にあるのは、主にCT、MRI、内視鏡等による画像診断、手術や生検等によって得られた検体による臨床病理検査の進歩で、これらによって生前に病態が把握されており、その病態の自然経過で亡くなった場合、死後に解剖する有用性が低下したためと考えられている。

　一方で、医療事故も含め自然経過で亡くなったのではない場合は、現在でも病理解剖の有用性は高いと思われるが、このような場合に病理解剖を行うハードルになっているものの1つに遺族の感情がある。遺族の承諾がないた

めに病理解剖が行われず死因が不明のまま裁判で死因が争われることもあり、筆者自身も平沼事務所で弁護士をしていた際にそのような事件を担当したことがある。

　この問題を解決する方法として、医療事故調査制度でも規定がある死亡時画像診断（医療法施行規則1条の10の4(5)）は、非侵襲的で、遺族の承諾も得やすい検査方法であるが（承諾がなくても違法ではないようだが）、現状で行われている造影剤を使用しないCT撮影では、一定の有用性があるもののそれだけで死因を診断することができないことも多いと思われる。

　厚生労働省の医療事故調査に関するQ＆A（Q13）[1]でも、「外因死に関する先行研究においては、頭部の挫滅、心臓破裂、頸椎骨折といった外傷性変化の解剖所見と死亡時画像診断所見との一致率は比較的高い」、「内因死における解剖所見と死亡時画像診断所見との一致率は、くも膜下出血、脳出血、大動脈解離、大動脈瘤破裂といった出血性の病態等、死因として検出可能である疾患もありますが、心嚢水、心タンポナーゼや肺炎など、確実な診断ができるとはいえない疾患も多くあります。さらに感染症や血栓症など現時点では死亡時画像診断では診断が困難とされている疾患も30％程度ある」との報告が掲載されている。

　ただ、最近報告された海外の臨床研究では、非造影のCTにMRI撮影とCTガイド生検を併用した場合には解剖を若干上回る死因の診断能がある（ただし解剖のほうが正確な症例もある）とするものがある。また、今後人工知能による画像処理も加わり、死亡時画像診断が広まり新たな医学的知見が得られることで、画像から患者1人ひとりの高精度の予後予測を行い最適な治療方針を決定するオーダーメイド医療の発展に貢献する可能性も指摘されている。

1　厚生労働省ウェブサイト。
　〈https://www.mhlw.go.jp/stf/seisakunitsuite/bunya/0000061259.html/〉

II　法医学における死亡時画像診断

　わが国の年間死亡者数は現在130万人を超え、戦後最も少なかった1966年の67万人の2倍近くに達し、いわゆる多死社会に突入しており、2040年には166万人に達すると推計されている。
　一方で、医療費を抑制するため病床数の削減が政府の目標とされており、今後、医療機関外での死亡者数の増加が予想される。
　死体の火葬には医師による死亡診断書または死体検案書が必要であるが（墓地、埋葬等に関する法律および同法施行規則）、医療機関外での死亡者が増加すると、経過や体表検査のみで死因を容易に判断できないケースが増えてくるものと思われる。
　また、犯罪を見逃してしまったケース（パロマ給湯器事件、時津風部屋力士暴行死事件）が報道され、死因究明の重要性が認識されている。
　そこで、死因究明二法（警察等が取り扱う死体の死因又は身元の調査等に関する法律、死因究明等の推進に関する法律）により死因究明体制の強化が図られており、解剖の要否の判断等に死亡時画像診断が活用されている。
　さらに、東日本大震災を契機として、災害時の身元確認体制整備の重要性も認識されており、身元調査にも死亡時画像診断の活用が推進されている。
　現状では、心肺停止後間もなく病院の救急部門に搬送されてきた場合には、通常の患者が使用しているCTで死亡時画像が撮影され、心肺停止後時間が経過している場合には、法医解剖施設等に設置されているCTで撮影されているものと思われる。
　法医学領域においても、非造影のCTで死因を診断できる場合は限定的に考えられているが、最近報告された海外の研究では、造影剤を使用して死後CTを撮影した場合には解剖よりもより多くの所見を指摘できるとするものがある（ただし解剖でしか指摘できない所見もあるので造影CTと解剖を併用することでより質の高い死因究明ができると結論づけている）。

〈参考文献等〉
1　沖中重雄『医師と患者』（東京大学出版会・1971年）
2　高久史麿「血液内科を選んだのは病理解剖の説明が苦手だったから（私の医歴書vol.8）」〈https://www.m3.com/open/iryoIshin/article/344096/〉
3　海堂尊『死因不明社会2018』（講談社文庫・2018年）
4　高林克日己「剖検とCPC」日本内科学会雑誌104巻10号（2015年）
5　木ノ元直樹「法的観点から見た死後・死亡時画像診断のこれからの課題」賠償科学46号（2017年）
6　医療事故調査制度に関するQ＆A（厚生労働省ウェブサイト）
7　Britt M.blokker etal. 'Conventional Autopsy versus Minimally Invasive Autopsy with Postmortem MRI, CT, and CT-guided Biopsy:Comparison of Diagnostic Performance'（Radiology December 2018）
8　Gabriele A. Krombach 'Can Postmortem Imaging Replace Autopsy and Reverse the trend of Dwindling Postmortem Examinations?'（Radiology December 2018）
9　兼児敏浩『多死社会におけるAiのための組織のあり方と体制整備』INNERVISION January（2018年）
10　日本経済新聞2015年6月15日
11　内閣府死因究明等施策推進室「死因究明等の推進」リーフレット（内閣府ウェブサイト）
12　Silk Grabherr etal.'Postmortem CT Angiography Compared with Autopsy:AForensic Multicenter Study '（Radiology July 2018）

第6編

法律家の挑戦

1 損害とは何か──保険法実務の視点から

八島　宏平

損害保険料率算出機構

I　はじめに

　本稿は、自動車事故によって発生した損害とその填補を損害賠償・保険法実務の視点（以下、「実務」という）から考察するものである。被害者の損害発生とその算定、加害者による損害填補は連続する事象だが、それらに関する規律は同一ではない。被害者の損害をどのように把握し損害賠償金として定量化するかは民法によって規律される。この規律の目的は、被害者の損害を過不足なく把握・描出し、合理的に定量化・金銭換算し、現実の賠償金支払いによって損害を回復することである。

　次に、その賠償金負担により発生した加害者の損害が、損害保険金によって填補されることは損害保険契約法によって規律される。この規律は、加害

1　いずれの保険も被保険者が第三者に対して一定の財産的給付をなすべき法的責任を負担したことにより被る損害の填補を目的とする保険であって責任保険であり、その保険事故は自動車事故によって被保険者が法的に損害賠償責任を負担することである。倉沢康一郎『保険法通論』（三嶺書房・1982年）106頁以下。自賠責保険では運行供用者責任（自賠3条）、任意対人保険では不法行為責任（民709条）が帰責の根拠である。なお、本稿では不法行為責任の成立や運行供用者責任の成否については触れない。また、他人性・免責条項などの支払条件に関しても触れない。

2　損害保険契約法からは被保険者と表記すべきだが、煩雑なので以下の記述では「加害者」に統一する。

3　自動車事故ではない不法行為類型である公害・薬害に対する規律は自動車事故と異なるように思われるが、本稿では取り上げない。

者の（損害賠償金支払いにより生じる）損害を損害保険金によって填補することを目的としている。以下、主として責任保険である自動車損害賠償責任保険（以下、「自賠責保険」という）を取り上げ、任意対人賠償責任自動車保険（以下、「任意対人保険」という）にも触れたい。

考察の視点は次のとおりである。実務上、損害発生→把握・算定→損害填補は時間的に近接・連続しているだけでなく相互に関連し影響を及ぼしている、といえる。理論的には個々の論点は独立しており前後の論点との依存・拘束関係はないかもしれないが、自動車事故の損害賠償関係を一体的に解決するためには各論点の解決が調和・整合していることが理想だからである。そして、被・加害者の納得感や公平性の確保、被害者保護制度の安定性・持続性といった理論的でない要素の総体を抜きにして、調和・整合した解決は見出せないと考える。実務上の最優先事項は適正・公平な損害額を算定し、その算定結果に対して被・加害者の合意を形成することである。

II 人身損害の意義

人身損害も損害の一種であるから、伝統的に論じられてきた損害論との関連を整理する。

1．差額説

差額説は、「損害」を「損害とは、もし加害原因がなかったとしたならばあるべき利益状態と、加害がなされた現在の利益状態との差である」として、

---

4 ただし、損害保険契約上の制約（保険金額・免責条項の適用等）によって部分的に填補されることも全く填補されないこともありうる。

5 なお、自賠責保険は人身損害だけを支払対象とする旨法定しており（自賠3条）、任意対人保険も同じ約定内容である。任意対人保険普通保険約款では「死傷」の用語が用いられ、「人の生命身体を害することをいいます。なお、身体に対する侵害を伴わない単なる『驚愕』等の精神的侵害は含みません」と定義している。本稿でも人身損害を対象とし物の損害には触れない。

6 於保不二雄『債権総論〔新版〕』（有斐閣・1972年）135頁。

433

この利益状態の差を金銭に評価して賠償することが不法行為の損害賠償だとする考え方である。これが判例であり実務の立場である。実務では差額説によることを前提に人身損害を積極損害・消極損害・精神的損害に大別し、各損害項目（治療費・休業損害・逸失利益・慰謝料等）を積算して合計する方法（個別損害項目積み上げ方式）によって算定している。

この考え方は、一回的で被・加害者間に立場の交代可能性が高い自動車事故による不法行為と親和性が高いと解される。自動車事故の被・加害者は偶然にその立場におかれたのであって継続的にその立場を有していたのではないし、自動車の運転は大企業経営のように限られた者が行う特有の社会活動ではなく、車両という意味では足踏み式自転車さえも加害者に含む一般的でありふれた社会活動だからである。そして「現在の利益状態との差」には、自動車事故によって発生する蓋然性の高い不利益（後遺障害による逸失利益や、後遺障害による将来介護費用等）が含まれることに今日では争いがない。自動車事故の時点で後遺障害による損害はすでに抽象的に発生しているからである（一方、具体的に算定できるのは自動車事故から一定期間経過後の時点（後遺障害の場合は症状固定日）であり、既発生・未確定・未算定の損害と考えられる）。

2．損害事実説

損害事実説（死傷損害説・労働能力喪失説を包含するものと理解されている）は、消極損害（特に逸失利益）算定の場面で被害者の死亡・後遺障害といった事実を損害ととらえる考え方である。

この算定場面では、差額説に淵源をもつ所得喪失説と損害事実説と親和する労働能力喪失説に加えて死傷損害説の考え方が存在する。理念的には、いずれの考え方によって算定しても損害額は同一にならなければならないと思われるが[7]、実務上採用するには、死傷事実を金銭換算する技術的手法が定型・

---

[7] 損害論分野でこれらの考え方が対立構造にあると評価する見解が多いように思われるが、実務上の感覚では対立しているのではなく技術的な方法論の選択に関する相違であって相互に排他的な関係にはないと考える。

一律賠償方式として標準化されていることに抵抗感があると考える。人間の価値が平等であるとの理想に異論はないが、それが経済的にも同一であるとの結論を支持する被・加害者は多数派ではないように思われるからである（その結果、被・加害者の合意形成が困難になるおそれがある。一方で、すべての人間は平等として包括一律損害額を主張する考え方もある）。とはいえ、これは損害事実説を排斥する理由ではない（後述のように損害事実説寄りの修正は実務上、具体的妥当性を追求する過程で抵抗なく行われている）。

3．実　務

実務上は損害把握・算定の場面で説得力ある理由づけができればよく、説得力は技術的な手法の巧拙によるものであって各説の理論的優位性によるものではないと解されるから、上記のいずれかの立場に拘泥する必要はない。なお、近時の損害論は著しく進展しカラフルな実態を示していると感じられるが、実務側からの反応は必ずしも表面に現れていないとの指摘がある[8]。実務上は、各種新説を採用する必然性がないのでこの指摘を支持したい。結局、「互いに補いあって、それぞれ違った角度から、実務で算定されている『逸失利益』の性質を説明するものと考えればよい」との見解が正当であり、これらの見解は逸失利益に限らず損害全般に妥当するものと考えられる[9][10]。差額説は、すでに規範的評価を機能させることによって部分的に修正されているのであって、実務上は各種新説に依拠しなくても一向に差し支えがないので[11]

8　加藤新太郎「交通事故訴訟における損害をめぐる実体法と訴訟法の交錯」藤村和夫ほか『実務交通事故訴訟大系（3）損害と保険』（ぎょうせい・2017年）10頁注22。これは、森嶌昭夫名古屋大学名誉教授が「最近の法律学説には、自己の説が他の説と異なる新奇なものであることを示すことに重点が置かれ、どのような社会的紛争（課題）を、どのような法律に基づいて（法文解釈）、どのように解決する（結論を導く）のかという、実践的な問題意識に欠けている、あるいは薄いものが少なくないように思われる」とつねづね指摘されることに通じるものと考える。

9　大嶋芳樹「概説」藤村ほか編・前掲書（注8）218頁。

10　逸失利益の把握と算定はフィクションであるから、説得力のあるモデル計算ができ被・加害者が納得できれば差し支えがない。精緻な虚構を支えるのは原始的・直観的な共感である。

11　若林三奈「判批」民法判例百選Ⅱ〔第8版〕（2018年）202頁。

435

ある。

Ⅲ　民法による人身損害の算定

1．差額説＋個別損害項目積み上げ方式の修正

　実務上、差額説と個別損害項目積み上げ方式の組合せを採用していることは前述のとおりだが、この組合せは論理必然的なものではなく、親和性がある（その結果、多数の被・加害者に受け容れられやすくなる）という程度にすぎないと解される。現行法では、損害賠償の方法が原状回復ではなく金銭賠償であるため（民722条1項）、損害を金銭に換算する法技術が不可欠であったところ、その技法として歴史的・経験的に採用されてきたものが個別損害項目積み上げ方式だったと考えられるからである。そのため、この組合せを形式的に適用した結果に妥当性がなかったり説得力がなかったりしたケースでは、融通無碍に各種の修正（損害事実説寄りの修正を含めて）を施すのが実務の現状である。このようなケースは、特に将来発生する逸失利益算定の場面で顕著である。たとえば、無職者である家事従事者や年少者の逸失利益の有無、さらに年少女児の逸失利益算定にあたり女性の平均賃金を用いることの妥当性、減収がない場合の逸失利益の有無等のケースに最適な修正が加えられて実務上定着している。実務の現状は、差額説を基調として利益の差分を金額算定する場面や差分解消（原状回復）の手段として損害事実説寄りの修正を施して具体的妥当性を追求していると評価できると評されるゆえんであ

12　最判昭和49・7・19民集28巻5号872頁のケース。なお、無職者の場合、逸失利益を否定する裁判例も存在する（たとえば、名古屋地判平成17・1・21交民集38巻1号116頁）。

13　大阪高判平成13・9・26判時1768号95頁とその上告審である最決平成14・5・31交民集35巻2号607頁、東京高判平成13・8・20判時1757号38頁とその上告審である最決平成14・7・9交民集35巻4号917頁のケース。いずれも最高裁判所は年少女子の逸失利益算定にあたり全年齢平均賃金を用いるかどうかは事実認定の問題であるとして判断していない。

14　この個々の修正により差額説と個別損害項目積み上げ方式の組合せが現代でも通用し、損害論等に係る各種の新説を採用する必然性をますます乏しくしていると考えられる。

る。たとえば、市営バスの運転手が左手関節に神経症状の後遺障害（自動車損害賠償保障法（以下、「自賠法」という）施行令別表第二第14級）を残したケースで、事故後の減収がなくても被害者の努力や工夫によって後遺障害による業務上の支障を克服しているとの評価を加えることによって労働能力の喪失を認めた裁判例（横浜地判平成28・12・7交民集49巻6号1441頁）や、脊柱の変形障害（自賠法施行令別表第二第11級）を残した会社員の逸失利益算定にあたり、加害者側が脊柱の変形のみでは脊椎の運動の制限が生ずるわけではなく労働能力は喪失していないと主張したことに対し、被害者は症状固定後も実際の日常生活において腰に過度の負担がかからないよう注意する必要があり、腰に負担がかかるスポーツ等も控えなければならないことが認められることから労働能力の喪失を認めた裁判例（横浜地判平成29・1・25交民集50巻1号53頁）などがあり、何らかの認定根拠を加えて後遺障害逸失利益を認容するスタイルは実務上一般的である。

2．損害算定の類型化・定額化

　損害算定の類型化・定額化も進んでいる。これには大きく2つの理由があると考えられている。①大量の交通事件を処理するため裁判所は、個々の事案に応じて証拠に基づいて個別の損害項目を認定するという通常の方法によることなく、損害を損害項目ごとに定型化・定額化して損害額を認定する必要に迫られたという実際的な理由（入院雑費等の少額の損害よりも、争点化しやすい高額な損害部分に損害算定コストを投入するという実務的視点からの帰結でもある）と、②損害事実説が志向する被害者の失われた身体的諸価値をなるべく同一額になるように評価するという理念的・理想的な理由である。た

15　加藤・前掲論文（注8）12頁。
16　この組合せが納得感と安定性を両立させると考える実務家が多数派であり、そして先例踏襲の実務家気質にも合致する。被・加害者に解決策を説明する場合でも、この組合せが普通だといいきることが可能で、そして、その説明は誤っていない。
17　森嶌昭夫「交通事故訴訟と損害賠償の歴史的変遷」藤村和夫ほか編『実務交通事故訴訟大系（1）総論』（ぎょうせい・2018年）18頁。

だし、②に関して実務上は各被害者を類型化した後に定額化しているので、被害者の属性の相違を捨象して一律に損害算定するという手法は採用していない。（類型的な）被害者間の公平性は確保できている現状が、損害事実説の本旨に適合するかどうかは意見が分かれるところだと思われる。

　損害算定の類型化・定額化は、積極損害以外の消極損害、特に逸失利益算定の場面で顕著である。たとえば、典型的に被害者属性を最小化している後遺障害等級表[19]の効用を認める考え方は、①立証の容易性（未就労者や収入の低い若年労働者に顕著）、②被害者間の公平性と紛争解決の予測可能性が高まること（その効用として訴訟提起に至らず紛争解決が期待できること）、③単純明快でわかりやすいことを理由にあげている。[20]これに対する批判は数多くあり、後遺障害等級表に基づく労働能力喪失率採用・適用という現状が後遺障害等級表の規範化を招来しているとの批判（もともと損害額算定の道具にすぎなかったはずなのに、唯一無二の規範となって被害者の実情を反映させない結果を招いている現状への批判）もその１つだが、実務上受容されるほどの対案は見出せていない。後遺障害等級の解釈・適用は、等級表自体の改正を含め、医学的知見の進歩に応じて継続的に修正されており、たとえば高次脳機能障害・脳脊髄液漏出症・非器質性精神障害といった新たな障害（あるいは今まで目に見えることがなかったといわれる障害）への取組みは保守的だが相応に進んでいると思われる。その結果、実務上では後遺障害等級表を基軸に逸失利益を算定し必要に応じて個々の被害者の実情に応じて金額修正するという手法が現実的で穏当と考えられ採用されている。修正要素は、後遺障害等級認定にあたって顧慮されない被害者の年齢、職種、利き腕、知識、経験等の

18　たとえば、被害者の逸失利益を算定する際、自動車事故発生時の被害者の年齢（就労可能年数）、職業の有無と職種、男女の別、婚姻の有無、被扶養者の有無と人数等によって被害者を類型化し、基礎収入額と生活費控除率を認定する算定方法が典型的である。

19　現行の後遺障害等級表（自賠法施行令別表第一・第二）に記載された後遺障害類型（140種類）以外は直ちには損害賠償の対象とならず（後遺症だが後遺障害ではない）、後遺障害等級に応じた労働能力喪失率は一律（幅ではなく）に設定され中間等級も設定されていない。被害者の性別も臓器・外貌の相違程度しか反映していない。

20　伊藤隆裕「後遺症」藤村ほか・前掲書（注８）331頁。

職業能力的諸条件や身体的特徴等である。これらを労働能力喪失率に反映させるなどの手法によって等級認定の硬直化を防止し具体的妥当性を確保し、被・加害者の納得感を高めるべく努めているといえよう。死亡逸失利益の算定も同様の状況である。なお、過失相殺率（自賠責保険では重過失減額制度）の基準化も同様の志向に基づくものであり、後遺障害等級表と同様の機能を果たしている。

3．精神的損害の算定（慰謝料金額の算定）

　精神的損害の算定（慰謝料金額の算定）は本質的には不可能であるため、現状では必然的に類型化・定額化せざるを得ない。慰謝料は被害者の非財産的損害・精神的損害を金銭によって賠償するものだが、精神的な価値はもともと被害者本人の内部にありその内部で完結しているため客観的な価値を把握できないからである。理念的には自動車事故によって精神的分野での利益状態の差が発生すると思われるが、客観的に評価できないから金銭換算不可能であり賠償できないという選択肢は被・加害者には支持されない（したがって実務上もこの選択肢はとり得ない）。加えて、慰謝料は当事者の納得感を高める調整的手段としても機能するので柔軟に増減できることも求められている。たとえば、事故後の加害者側の言動が被害者・遺族の心情を著しく損ねるものであった場合には慰謝料増額事由ありと認定されるケースや、後遺障害等級に至らない後遺症が認められた場合に逸失利益を否定して慰謝料算定の段階で斟酌（増額）するケースが典型例である。類型化・定額化による安

21　一般的な日常生活では感じることのない「辛い」、「悲しい」、「悔しい」といった否定的で、金銭で償わなければ埋め合わせができないと一般的に解される感情というべきであろう。

22　慰謝料には損害賠償額全体を調整することによって具体的妥当性を追求したり、被害者間の公平性を確保したりする政策的な機能も有している。

23　加害者が、飲酒酩酊状態で高速道路を逆走するという常軌を逸した運転によって事故を惹起し謝罪意思の表明等に配慮の欠けたことなどを斟酌し死亡慰謝料増額を認めた裁判例（東京地判平成15・3・27交民集36巻2号439頁）などがある。なお、損害賠償制度は損害の填補が目的であって加害者への制裁を目的とするものではないので懲罰的損害賠償は認められない（最判平成9・7・11民集51巻6号2573頁）。

定性と柔軟性を両立させるため、①被害者の属性（死亡本人慰謝料算定の場面で「一家の支柱」に該当するか等）、②事故態様（死亡本人・遺族慰謝料算定の場面で事故原因が加害者側の一方的で重大な過失によるものであるか等）、③傷害の治療実績（入通院期間・日数に応じた慰謝料計算方式の採用等）、④後遺障害等級（等級に応じた後遺障害慰謝料を認定したり非典型的な心身の毀損状態を逸失利益の算定だけで評価しきれないときに慰謝料斟酌によって具体的妥当性を確保したりすること）等の要素を加味し、さらに修正的に慰謝料増額事由を認定して具体的妥当性を追求するのが実務の現状である。

4．紛争解決・賠償金支払いの早期化

　本来的には、自動車事故による不法行為は法定債権債務関係だから、被・加害者間の当事者同士の限定的な（他の被・加害者間の関係からは独立した）法的関係であって、その解決内容が他の被・加害者間の紛争解決に影響を及ぼしたり、同様の結論になるように拘束したりすることはないはずである。法定債権債務関係の効果（損害賠償額の支払いによる損害の解消）は被・加害者単位に別個独立しているからである。[25] その意味で、損害算定の類型化・定額化は自動車事故による不法行為の唯一の帰結ではないと解されるが、それにもかかわらずこの算定手法および修正方法が採用されているのは、それが被・加害者の納得感醸成と紛争の解決に直結する（しかも細部の不具合は修正可能）という実務上の確信にあったからだと考えられる。加えて、類型化・[26]

---

[24] 後遺障害認定基準に達しない外貌の瘢痕や関節可動域制限といった後遺症に関して、後遺症慰謝料を傷害慰謝料とは別に認めた裁判例（東京地判平成14・6・20交民集35巻3号833頁）などがある。

[25] 一方で被・加害者間の不均衡が著しいために別の考慮が必要になる不法行為類型もある。たとえば、公害による不法行為の場合は、立証責任の困難性を軽減するために一括請求等の方法が一般的な戦術として採用されるとされている。

[26] 被害者に対しても加害者に対しても、他の被・加害者と比べて多くも少なくもない損害賠償額を提示することにより、自分が損をしているわけではないし、自動車事故を奇禍として儲けているわけでもない、との感情を抱かせることは、少なくとも現在のところ納得感を高める効果があったと考える。

定型化が紛争解決・賠償金支払いの早期化に貢献していることも大きいと思われる。早期の解決は、被・加害者の納得感を高めるからである。たとえば、自分の並んでいる列がいつまで経っても進まないのでは結論がいかに正確でも納得感は高まらない。特に、紛争の原因となりがちな消極損害の算定を類型化・定型化したことはその算定が一定範囲内に収まっていれば良しとするフィクションであることから、紛争の萌芽を最小化させる効果があると思われる。裁判所が審理期間の短縮を重視するのは、この事情をよく知悉しているからであって早期の判断によって訴訟当事者の納得感を高めることができれば上訴の割合も減少し訴訟経済にも貢献することを熟知しているからであると思われる。一方、これによって被害者の多様性が損害算定に反映される範囲が狭まることは実務上の限界であって、その修正は個々の民事訴訟の場面でなされる。現今の被害者の権利意識の高揚と、それを下支えする任意対人保険の弁護士費用特約の普及により、民事訴訟提起のハードルは下がりつつあるので、この修正は実効性をもち始めていると解される。

Ⅳ 責任保険による人身損害の填補

1. 責任保険と人身損害の算定および填補の関係

責任保険は、損害賠償の履行確保措置であって人身損害の算定とは連続するが別である[27]。算定した損害額に対する被・加害者の合意が成立し責任保険が、その金額を填補するという先後関係があるだけで損害算定と責任保険契約には論理的な結合関係はない。被・加害者が合意すればどのような形態・程度の損害賠償でも許容され、その際の判断基準は民法（自賠法が適用されるケースでも自賠法4条を経由して民法）であるが、この合意に責任保険契約が拘束されることはない。被害者の損害を填補するのが損害賠償であり、加

27　金澤理『保険法』（成文堂・2018年）166頁。

害者側の損害を填補するのが責任保険契約であるから、填補される損害も損害を被る者も損害算定とその填補の各場面で相違している。しかし、人身損害の算定とその填補との関係は機能的に不可分であるし、最終的な紛争解決は金銭的解決であるから、その大部分を負担する責任保険が損害論・損害算定に及ぼす作用は軽視できないと思われる。実務上、損害論・損害算定はその手段であるはずの責任保険に実質的に依存しつつある、あるいは責任保険によって制約ないしは規定されつつあるように感じられる。

また、責任保険との関連で前記の損害算定類型化・定額化の効果をみれば、この手法により個々の被害者の損害額が概ね安定的に予測できるため、実務上は支払保険金総体の見積りも安定的に予測できることとなり責任保険商品の価格を安定させることができるようになった。保険料水準は、保険金支払後にならないと確定できないからである。その結果、購入者（潜在的な加害者）の保険料負担も（その多寡は別にしても）安定し、毎年の保険料負担を織り込んだ家計・企業運営を予想でき、保険商品購入に躊躇することがなくなったので損害賠償資力を確保でき被・加害者の生活を激変させないことが可能となったのである。現状では、このサイクルはほぼ完成していると思われる。責任保険契約において保険契約者が保険料の対価として購入するのは期待権であるから、その価格が安定することによる納得感を軽視すべきではない。[28]

2．保険契約

保険契約は保険契約者と保険者の間で締結され、その目的は保険団体を形成することにある。この形成による保険制度（経済制度）の発足・維持が、多数の保険契約者の意思であって保険契約はそのための法形式にすぎない。多数の保険契約者を確保し保険料を糾合し原資を確保することによって保険制度という経済制度を維持することができるから、保険契約は必然的に附合契約の形式を採用せざるを得ないし、その結果、契約内容（保険料と保険金[29]

---

[28] 倉沢・前掲書（注1）31頁。なお、保険契約は給付の有無と内容が偶然の事情に依存することが要件となる射倖契約である。

[30]
等の支払条件)は画一化する。これは自賠責保険契約にも通じる理である。

　さらに、強制保険(自賠法5条)である自賠責保険契約は契約自由の原則を修正しているから、この自由を契約者から奪う根拠となる理念(被害者保護という政策目的)が不可欠であるし、加えて契約内容の画一化(保険契約者間の平等)という法形式上の支持材も不可欠である。自賠責保険契約者がこの事態を受け容れる理由は、自己の拠出した保険料負担の程度が公平(どの契約者も同一水準の保険料を拠出していること)で、公平な被害者保護が徹底して実現されているとの納得感と信頼であると考える[31]。そのため、自賠責保険料は車種・保険期間等が同一なら同一額であって保険者の相違による保険料の相違は生じない。この構造は、損害算定類型化・定額化の現状と同根と考える。

3．自賠責保険契約

　自賠責保険契約は損害保険契約であるから実損填補原則に従うが、契約締結段階(入口)が強制化・画一化していることの帰結として実損算定方法(出口)も統一的・画一的である。自賠責保険契約の内容である填補範囲と填補条件は、自賠法と約款により契約自由の原則が修正されている(たとえば、保険金額が法定され契約者が自由に選択できないこと等である)。被害者間の公平性を最大限に確保するため、支払保険金等(当事者間の損害賠償額ではない)は自賠法16条の3によって「自動車損害賠償責任保険の保険金等及び自動車損害賠償責任共済の共済金等の支払基準[32]」(以下、「自賠責支払基準」という)

29　保険契約は保険者によって一方的にその内容が決定され(普通保険約款)、保険契約者はこれを全面的に承認して契約を締結するか否かの選択権しか有しないものであるから附合契約と解すべきである(金澤・前掲書(注27)46頁)。

30　自賠法は被害者の保険会社に対する直接請求権を法定している(同法16条)ため、損害賠償額の支払いを含める意味で保険金等の文言を用いている(同法16条の2)。本稿も同じ文言を用いる。

31　自賠責保険が公保険(国または地方公共団体が実現しようとする政策の手段として用いられる保険)の一種とされるゆえんである(金澤・前掲書(注27)13頁)。その意味で自賠責保険契約者は目的税の負担者に近い立場にあるといえる。なお、保険料水準維持のために支払保険金等の水準を操作するのは政策的配慮であって責任保険の本質からの要請ではない。

第6編　1　損害とは何か——保険法実務の視点から

として法定化されたルールに従って算定される。自賠責支払基準は「総則」以下、「傷害による損害」、「後遺障害による損害」、「死亡による損害」、「死亡に至るまでの傷害による損害」、「減額」から構成され、別表として「労働能力喪失率表」、「就労可能年数とライプニッツ係数表」、「平均余命年数とライプニッツ係数表」、「平均給与額表」を含んでおり、これは被害者の属性を捨象して一律的に損害算定するのではなく、類型化した被害者をその枠内で画一的に（したがって公平に）取り扱うことを示している。自賠責支払基準でも積極損害は原則として現実に発生した損害額であるし、逸失利益は被害者属性（有職者・幼児児童生徒学生家事従事者・働く意思と能力を有する者）、収入額（賃金センサスの平均賃金を超える実収入の有無）、年齢（就労可能年数）、死亡した被害者の被扶養者の有無（生活費控除率）等の組合せによって算定された金額であるし、死亡慰謝料も被害者属性（遺族慰謝料請求権者の人数・被扶養者の有無）によって区別している。そして保険金等の総額には保険金額（自賠法13条、同施行令2条）の上限があり、休業損害額には固有の上限額[33]（自賠法16条の2を受けた自賠法施行令3条の2により日額1万9000円）が法定されている[34]。いずれも被害者保護の公平性確保をめざしたルールである。

ただし、このしくみは自賠責保険制度の枠内でだけ機能するものであり、その枠外ではこのような制約は被・加害者双方にない。被害者は自賠責支払基準以上の損害賠償を求めることができるし、加害者は自賠責支払基準には定められていない過失割合や素因減額を主張して損害賠償額を削減するよう求めることが可能である。自賠責支払基準は運行供用者責任による賠償範囲を限定する機能をもたないので、差額説・個別損害項目積み上げ方式によっ

32　平成13年12月21日金融庁・国土交通省告示第1号、平成22年3月8日改正同告示第1号。
33　保険金額は、保険事故1件あたりではなく被害者1名につき定められ、一保険事故で複数名の被害者が発生した場合は事故全体で上限額が定められるのではなく、被害者単位に保険金額が適用される。また、保険期間内に複数回の保険事故が発生した場合も、各々の被害者に対する保険金額は変動しない（自動復元方式）。
34　休業損害はほかの損害項目と異なり、個人差が極めて大きいため、被害者間の公平性を確保する見地から損害の細目にまで上限額を設けることとしたものである（北河隆之ほか編『逐条解説自動車損害賠償保障法〔第2版〕』（弘文堂・2017年））148頁。

て算定された人身損害の範囲が自賠責支払基準によって算定された保険金等を超えるとき（保険金額を超える場合もある）は、超過部分は加害者の付保した任意対人保険または加害者の個人財産から填補されることになる。また、自賠責支払基準は保険金請求権・直接請求権のいずれを行使する場合でも、自賠責保険会社だけを拘束し裁判所に対する拘束力を（上限・下限ともに）もたない。そのため、自賠責保険会社が被告となった訴訟では自賠責支払基準を超える判決も下回る判決（たとえば、高齢無職者の逸失利益を否定するケースや過失相殺を適用して重過失減額を適用した算定額を下回るケース等）も生じうる。

なお、被害者が直接請求権を行使した場合、自賠責保険会社は自賠責支払基準に従って算定した損害賠償額を支払うが被害者の同意は要件となっておらず、不服のある被害者は異議を申し立てるか民事訴訟を提起して加害者に不足額を請求することになる。

4．自賠責保険の法的免責事由

自賠責保険には責任保険固有のしくみとして法定免責事由の定めがある。保険契約者または被保険者による悪意免責である（自賠法14条）。この悪意は、「わざと」という意味、つまり不正に他人を害する意思（害意）をいうと伝

---

35 最判平成18・3・30民集60巻3号1242頁は、「（自賠）法16条1項に基づいて被害者が保険会社に対して損害賠償の支払いを請求する訴訟において、裁判所は、法16条の3第1項が規定する支払基準によることなく損害賠償額を算定して支払を命じることができるというべきである」と判示している。また、最判平成24・10・11裁判集民241号75頁は、保険金請求訴訟においてもこの理は異なるものではないから「裁判所は上記支払基準によることなく、自ら相当と認定判断した損害額及び過失割合に従って保険金の額を算定して支払を命じなければならないと解するのが相当である」と判示している。

36 これを補うしくみとして保険会社による説明（情報提供）がある（自賠法16条の4以下）。この趣旨は、責任保険からの支払内容・根拠等を文書化（可視化）し被保険者・被害者に適切に提供することにある。保険会社は、政府再保険廃止に伴い被害者保護が後退することのないよう、被害者等に保険金等支払いに関する情報を適時に提供することを義務づけられ、具体的な提供方法は「自動車損害賠償責任保険の保険金等及び自動車損害賠償責任共済の共済金等の支払の適正化のための措置に関する命令、平成13年12月21日内閣府・国土交通省令第2号」（以下、「命令」という）に定められている。北河ほか・前掲書（注34）151頁以下。

統的に解されており、また、未必の故意はここでいう悪意に該当せず、民事上は重過失に含まれると従来から解釈されている。この立場によれば、保険契約者または被保険者が積極的に人を轢こうとして確定的故意犯として有罪判決を受けた場合や、自動車を利用して無理心中し殺人罪が成立する場合のように他人を害する意思の明白なときだけが悪意に該当することになる（最判平成 4・12・18 裁判集民 166 巻 953 頁）[37]。悪意免責が適用される場合は任意対人保険も免責となるケースがほとんどであるため、そのときには保険保護なしの運行供用者責任だけが残り加害者の資力だけが損害填補の原資となる。

V 人身損害に関する実務

1．賠償すべき不利益と賠償を受けるべき不利益

実務上、①被害者の被った多様な不利益のうち、どの不利益を法によって賠償すべき不利益と認めるか（実務上は損害事実説寄りの修正を含む差額説を採用）、②被った不利益のうちどの不利益について賠償を受けるべきか（損害の範囲として自動車事故と損害との間に相当因果関係が必要とするのが実務）[38]、③賠償すべき不利益の金銭換算方法（個別損害項目積み上げ方式）の各段階に分けて思考し、③を責任保険によって填補している。

①に関して、どの不利益を人身損害として賠償の対象にすべきかは実務上安定しており個別損害項目積み上げ方式の基礎を成している。たとえば、自賠責支払基準の「傷害による損害」は、積極損害を治療関係費・文書料・その他の費用と類型化し、さらに治療関係費を応急手当費・診察料・入院料・投薬料等・通院費等・看護料・諸雑費・柔道整復等の費用・義肢等の費用・

---

[37] 北河ほか・前掲書（注34）134頁。
[38] 自動車事故による損害の範囲は通常損害である。特別損害を承認すべき特別の事情を不法行為の被・加害者が有していることは稀と考えられる。両者の間に継続的な取引関係等があって加害者が被害者の特別事情を知っていることが稀だからである。

診断書等の費用に細分化している。また、自動車事故に係る損害賠償訴訟で最も標準的に使用される損害賠償額の算定基準である「交通事故損害額算定基準」（以下、「青い本」という）と「民事交通事故訴訟損害賠償額算定基準」（以下、「赤い本」という）[39]も同様に不利益を類型化している。自賠責支払基準は限定列挙だが「青い本」・「赤い本」は例示列挙と考えられ、裁判例等を基礎にしているため自賠責支払基準よりも個別性が高く、爾後の裁判例の蓄積により変動・拡張しうると解される。また、自賠責支払基準が限定列挙であることの安定性・予測確定性は反面で硬直化につながるが、慰謝料の調整機能によって補充することになる。[40]

②に関して、損害の範囲は相当因果関係のある損害であり、このことは自賠責支払基準が「必要かつ妥当な実費」を支払うと定めていることから明らかである。[41]実務上の難問は、治療費の相当性・妥当性評価である。自賠責支払基準は診察料として「初診料、再診料又は往診料にかかる必要かつ妥当な実費とする」としているが、一方、過剰・濃厚・高額診療、個室料の必要性が争点となるケースは少なくない。柔道整復等の費用（医業類似行為に係る費用）でも事情は同じである。[42]これは自賠責保険に限らず損害賠償全般に係わることで「赤い本」1頁は治療費に関して「必要性、相当性がないときは、過剰診療、高額診療として、否定されることがある。過剰診療とは、診療行為の医学的必要性ないしは合理性が否定されるものをいい、高額診療とは診療行為に対する報酬額が、特段の事由がないにも拘らず、社会一般の治療費

---

[39] 青い本は（公財）日弁連交通事故相談センター編（2018年）。赤い本は（公財）日弁連交通事故相談センター東京支部編（2018年）。

[40] ただし、自賠責支払基準では慰謝料金額が定められており（傷害による損害として日額4200円、後遺障害による損害として各等級に応じて1600万円～32万円、死亡による損害として本人慰謝料350万円等）、慰謝料増額事由は定められていないため、この調整機能は限定的である。

[41] 事故と損害との間の相当因果関係に関しては本稿のテーマではないが、実務の現状は時間的近接性を重視する立場であるといってよいと思われる。

[42] 診療費の基準化・制度化による解決が端的と考える。この点、八島宏平「自賠責保険の歴史およびその運用経過と医療費の現状と課題」交通事故賠償研究会編『交通事故診療と損害賠償実務の交錯』（創耕舎・2016年）9頁以下参照。

水準に比して著しく高額な場合をいう」と明記している。また、「傷害による損害」の範囲は被害者の治療開始から終了までの期間内に限っており、自賠責支払基準は「治療期間の範囲内とする」として明示している。その後の人身損害については治療終了時点で治癒または症状固定の医学的判断に基づき「後遺障害による損害」が認められるケースがある。さらに自賠責支払基準では請求に必要な公的資料の発行手数料も損害立証に必要な費用として支払対象としている。たとえば、被害者が自賠責保険会社に損害賠償額を支払請求する手続は自賠法施行令3条に定められており、請求者の氏名・住所、死亡損害を請求するときは請求者と死亡した者との続柄、加害者・被害者の氏名・住所と事故の日時・場所、当該自動車の自動車登録番号等、保険契約者の氏名・住所、請求する金額・算出基礎を記載した書面を保険会社に提出する必要がある。また、これらの書面には、診断書・検案書ほかの立証資料を添付しなければならないため、自賠責支払基準は積極損害として診断書等の費用（診断書、診療報酬明細書等の発行に係る必要かつ妥当な実費）・文書料（交通事故証明書、被害者側の印鑑証明書、住民票等の発行に係る必要かつ妥当な実費）を支払うものとしている。この場合、立証資料の原本が提出されなければ発行手数料は支払われない（実務上は原本主義とよんでいる）。

2. 賠償すべき不利益の金銭換算方法

前記③の賠償すべき不利益の金銭換算に関する実務上の統一した考え方は、被害者の下で現実に発生した損害額を賠償すべきというもので実額賠償の考え方である。その理由は、被害者に自動車事故によって被った不利益の差を解消させ（不利益がない状態に金銭的に回復させ）、加えて不当利得を排除すること（被害者が自動車事故以前に比べて利益を得ていないこと）にある。実務上は最終的な金銭換算の結果を基に損害賠償関係を解消させること（示談契約締結・民事訴訟終結）が重要なので、被・加害者の合意・納得が不可欠だが、現時点ではこの考え方が最も受け容れられていると解される。なお、自賠責保険では被害者保護と手続簡素化の観点から実額賠償の考え方が自賠責支払

V　人身損害に関する実務

基準において修正され被害者属性に関係なくあらかじめ定められた金額を支払う損害項目があり、これらの金額を実務上は定額とよんでいる（定額を支払うときには定額認定とよぶ）。たとえば、入院中の諸雑費は日額1000円（ただしこの金額を超える立証資料の提出等があった場合は実際に支出した金額）、12歳以下の子供に対する近親者等の入院付添看護料は日額4100円といったものである。また、被害者側の立証負担を軽減するために統計数値を用いて損害を金銭換算する方法もある。たとえば、休業損害は休業損害日額に休業日数を乗じて算定するが、被害者が休業損害日額を立証できない場合は、日額[44]5700円としている。[45]被害者が現実の休業損害日額を立証できた場合はその金額（ただし自賠16条の2による日額1万9000円の上限額が法定されている）を基に算定する。なお、家事従事者には収入の減少が認められないが、自賠責支払基準では日額5700円を支払うこととしている。損害事実説寄りに修正した差額説を採用した典型例と思われる。

3．損害確定の時期

損害確定の時期については、抽象的には自動車事故発生の時期に人的損害が発生し範囲も確定している、神の眼から見ればその被害者の損害はすでに定まっている、といえよう。[46]しかし、その時点で損害を金銭換算することは人知の及ばないところである。特に被害者の事故後の経済状態の変動を事故直後に立証資料が不十分な状態で精緻に予測することは一層困難である。し

43　これらの目的が達せられれば、被・加害者間の公平感も満足させることができると考える。被・加害者自身が自分だけ損をしている、あるいは他の被・加害者が自分より有利に遇されているとの感想をもたないことも実務上は非常に大切なことである。ただし、実額賠償の考え方に対する批判的見解もある。潮見佳男「交通事故損害賠償における損害論──民法の『損害論』からの乖離と接合」（青い本2018年・423頁以下）。

44　休業損害は休業による収入の減少があった場合に認められる損害であるから、自動車事故の時点で収入のなかった者に対しては認められない。収入の有無を判断した後に休業損害日額の立証可否を判定する段階で5700円かそれ以上の休業損害日額が発生したかを判定するという順序である。

45　この金額は制度創設時の賃金センサス18歳平均賃金を365で除した数値を基にしている。

46　損害発生と同時に履行遅滞に陥り遅延利息が発生することは判例上確立している（最判昭和37・9・4民集16巻9号1834頁）。

449

たがって、種々の資料が揃った時点で事故発生時の抽象的な損害が現実化・具体化し算定可能になるといえる。また、損害の種類によって確定時期が定められる場合もある。たとえば、死亡による損害は死亡後に算定可能となり確定するし、後遺障害による損害は症状固定後に算定可能となり確定する。

4．損害填補の調整

　損害填補の調整も実務上は重要である。「損益相殺的な調整」（最判平成5・3・24民集47巻4号3039頁）によって損害賠償と社会保険の関係を調整する[47]ケースである。同一被害者に対して損害賠償金の支払いと各種社会保険給付の支給が競合する事態は以前から生じていた。そして、社会保険給付が損害填補を目的としている場合は被・加害者の利得を防止するために損害賠償と社会保険の間で調整が行われていた。観念的にいえば、損害賠償の視点から行う調整は社会保険給付を被害者の損害額から控除することであり、社会保険の視点から行う調整は給付の支給停止と加害者側への求償権行使（その分が被害者の損害賠償請求権から控除される）である。しかし現状は、社会保障制度と損害賠償・責任保険が相互に関連なく補償ないし損害填補するので、その財源を負担する者の間で公平性を確保し制度全体に対する信頼を維持するためには、この調整に係る具体的な手続を一層整備し、その調整手続を漏[48]れなく実行する態勢を確保することが重要と思われる。[49][50]

---

[47] 本件評釈として丸山絵美子「判批」交通事故判例百選〔第5版〕（2017年）146頁以下およびそれに引用された各文献がある。

[48] 社会保険では第三者行為災害に関する求償権を法定することが一般的（国民健康保険法64条1項、健康保険法57条等）だが、たとえば、社会保険の一種と解される生活保護法で第三者行為求償手続が施行されたのは平成26年7月1日であったほどである（同法76条の2）。

[49] 近年、第三者行為災害に関する求償事務を実効性のあるものとする方針が厚生労働省から保険者に伝達されている（平成27年12月3日付け保国発1203第1号「第三者行為による被害に係る求償事務の取組強化について」等）。従前の反省を踏まえた施策と思われる。

[50] 八島宏平「労災保険給付による損害填補と人身傷害保険金を支払った損害保険会社の保険代位との関係について」損害保険研究80巻2号（2018年）249頁。なお、判例は被害者の行使する自賠法16条に基づく請求額と労災保険法12条の4によって国に移転して行使される同条に基づく請求額が合計して保険金額（自賠法13条）を超えるときは、被害者は国に優先して損害賠償額の支払いを受けることができるとしている（最判平成30・9・27民集72巻4号432頁）。

5．適正・公平な損害額の算定

　実務上の最優先事項は適正・公平な損害額を算定し、その算定結果に対して被・加害者の合意を形成することであるから被害者の受容が不可欠である。この判断は最終的には被害者の主観によって決まることで、被害者のこころの動きに依拠するが、その際の決め手は被害者間の公平ではないかと経験的に考える。他の被害者と同一の基準・算定方法で算定した金額であることが説得力の根底にあると考える。

Ⅵ　まとめ

　損害賠償制度と保険制度の存続基盤は、各々に対する社会の深い共感と信頼である。それには損害算定が死活的に重要で、実務の視点からは損害とは適正・公平に算定され被・加害者が合意できる損害額だといえる。最終的には被・加害者の合意形成によってその適正さと公平さが具体的に実現できるのである。本稿を振り返ると次のとおりである。

① 　現行実務は差額説によって損害を認識しており、具体的妥当性を高めるために場面に応じて損害事実説寄りの修正を加えることがある。個別損害項目積み上げ方式は差額説と理論的一体性はないがその利便性を評価して採用されている。

② 　損害算定の類型化・定額化は被害者群と加害者群との間の均衡と被害者群・加害者群各々の内部の平等を実現することに貢献し、加えて早期の支払いを実現することにも貢献し、被・加害者の納得感を高めている。

③ 　責任保険制度の維持にも被・加害者の納得感が不可欠である。手段である責任保険が実体である損害賠償分野に及ぼしている影響は大きい。自賠責支払基準は、損害算定の類型化・定額化と責任保険分野で軌を一にしている。

④ 　被害者のこころの動きを軽視すべきではない。

2 裁判実務への提言——和解論も含めて

塩 崎 勤
弁護士・元東京高等裁判所判事

I はじめに

　民事裁判の過程は、証拠によって事実を認定しこれに法規を適用して判決をすることであり、その骨組みは民事訴訟法等の法規が規定している。しかし、民事裁判の実際は、このような法的な枠組みだけで簡単に行えるものではなく、実際には、実務家がこの枠組みの中で種々創意工夫し、事件を適正かつ迅速に処理する必要がある。

　近時、民事訴訟の運営のあり方をめぐって種々の本格的な研究がなされ、かつ、多くの参考となる文献が出版され、また、民事訴訟法等も改正されている。私が東京高裁判事を定年退官してから早20年が経過する中で、その後民事訴訟の運営を研究する機会がないため最近の事情に疎いが、在職中の昭和年代に、主として第一審において、民事裁判を適正かつ迅速に処理するため、私なりに取り組んできた方策を、審理、判決、和解を中心に、具体的事例を織り組んでまとめてみたい。

II 事実認定と法令の解釈適用

　事件を具体的に適正かつ迅速に裁判するためには、適正妥当な事実認定と法律解釈が必要であることはいうまでもない。元来、事実認定の問題はケー

Ⅱ 事実認定と法令の解釈適用

スパイケースに委ねられているので、事実認定の研究は、法律解釈の研究に比べて乏しかったが、近時は、研究が進み、多くの貴重な文献も出されてきている。事実認定に関する研究可能な分野として、①裁判科学の研究と応用、②裁判上の経験則一般の研究、③供述心理学の研究と応用、④裁判分析学の応用などがあげられているので、まず、事実認定に関する文献を読んで基礎的研究をすることが必要である。何よりもすでになされた事実認定や経験則に関する判例、裁判例を判例時報、判例タイムズ、金融法務事情、金融・商事判例などの判例雑誌を含めてできるだけ多く読むことが肝要である。特に、第一審において重要なのは、争点整理と事実の認定であるといってよいので、この点について全力を傾注すべきであるということを強調しておきたい。

裁判するについては法令の解釈適用が必要であるということはもちろんであって、かつては法律問題については、ドイツまで文献を注文し、その文献が到着しないので判決を書かなかった裁判官がいたということもあった。ところが、戦後の民事法学の隆盛はめざましく、学者の数は著しく増え、体系書、注釈書の刊行も多く、判例も多く出されているため、ドイツの文献を取り寄せて勉強する必要はなく、第一審では、通説、判例に依拠して判決をすればよいと思う。

狭義の訴訟の分野においてはもとより、ビジネスの世界や市民生活分野の上においても、通説、判例に依拠していると思われるので、私たちの時代は、受験勉強でも実務でもまず通説・判例を勉強することは肝要であったが、当時は民法は我妻榮著『民法講義』、民事訴訟法では兼子一著『新修民事訴訟法体系』で十分であった。

特に、最近は要件事実の研究、教育が進み、実務にも浸透してきているが、その教育は、紛争の実態、紛争の背景という紛争の重要な事情を無視、軽視するものであって、適切な紛争の解決に役立たないという批判があり、現に、寺田治郎元最高裁長官は、私に、最近東京高裁の部長に要件事実にのみ興味をもち、要件事実の法的技術のみでモザイク的な判決をしている判事がみられるが、あれは、法的な紛争の実態を無視したもので、裁判ではないといっ

453

ておられた。

Ⅲ　審　理

　民事訴訟の目的が、民事紛争を適正かつ迅速に解決することにある以上、訴訟の促進をめざすことは当然であり、そのために早期に争点を整理し、集中的に審理し、早期に判決を出すことである。

1．争点整理──書記官との信頼関係の構築

　争点の整理方法には種々の方法があるが、その主たる方策は、当事者双方の準備書面等の交換による方策である。しかし、当事者だけに委ねておれば、争点の整理がまとまることが困難であるので、裁判所が口頭弁論期日または期日外で積極的に釈明すべきであるが、期日外の釈明は主として書記官の電話連絡による釈明である。釈明をするについては書記官の積極的な活動が重要であるが、そのためには、書記官とは日常の事件処理等を通じて仕事仲間としての相互の信頼関係を築いていかなければならない。そのため、私は、毎日、出勤したら書記官室に赴き、書記官等の健康、仕事の進行等を尋ね、その仕事などにも気を配り、無駄な仕事を増やさないように配慮するとともに、事件の早期処理などについて日常的に意見を交換し、釈明等に対する応答等個々の事件の進行についても常に認識を共通にしてきた。特に、証人尋問等があるときには、書記官、速記官に対して事件の概要、証人尋問における重要な論点について説明し、事件処理に興味をもたせ、調書をとりやすくし、また尋問終了後は、証人の信用性について議論し、判決の結論等についても話し合うようにしてきた。

　そのため、書記官等が事件の進行、内容に興味をもち、勉強するようになった結果、欠席判決などは私がお願いしないのに進んで起案をして点検を求めてきたし、法廷で釈明したことについても、その意味などについて積極的に説明を求めてきた。私が一緒に仕事した書記官の中では、勉強することが好

きになり、2人は司法試験に合格し、4人が簡裁判事になるなどしているほか、現に幹部職員として活躍している人もいて、大変うれしく思っている。

2．集中審理

　集中審理は、本来、民事訴訟法が原則として予定しているところであり、心証形成や早期解決等にすぐれているが、それを実施するには種々の難点がある。

(1) 尋問の効率化

　その1つは、法廷を利用できる日は、裁判所全体であらかじめ決められているということである。たとえば合議であれば週1回しか利用できないということである。それで、証人等の多いじん肺などの事件では、半日かけての尋問を2、3カ月に1回の割合で行うとすると、1年や2年がすぐに経過してしまうことになる。そこで、私が考えたのは期日外尋問というイレギュラーの方策を活用することである。東京地裁民事交通部では、合議事件を少なくし、私も単独事件を担当したし、幸い説明会などを開催するための専用の部屋が与えられていたので、これを活用することにし、当事者の了解を得て、非開廷日にこの空き部屋で集中的に証人や本人等を尋問してきたため、多くの事件を処理することができた。

(2) 書記官の録取事務の負担軽減

　もう1つは、書記官の録取事務の負担である。書記官の録取能力は週1回1時間程度であり、速記官の録取能力は1週間で2時間程度である。そこで、上記集中審理事件については、当事者の協力を求め、供述等を録音テープで録取し、当事者の負担で業者によって反訳してもらうという方式で調書を作成してきた。

　この方式では、反訳の費用は当事者の負担となって大変であるが、当事者の方も、この方法によると、早く訴訟が進行するし、裁判所と同時に調書の写しが交付されて訴訟の準備ができるので特に異論がなく、集中審理、事件の迅速な解決に役立ったと思う。

(3) 検証と期日外尋問の活用

　最近は、精巧な写真作成ができるため裁判所が検証に出ることがなくなったが、許されるならば検証と期日外尋問を活用することも工夫した。その事例をいくつか開示することにしたい。

　まず、民事交通部に多数係属していた自衛隊関連事件で検証や期日外尋問を活用した（①、②）。

① 　自衛隊の佐賀基地のヘリコプターが飯塚に赴く途中、山中に落下して2人の隊員が死亡したという事件があった。そこで、佐賀の基地に赴き、実際にヘリコプターに搭乗して落下現場に赴いたほか、基地で関係者を尋問したところ、機体や気象のブリーフィングなどに瑕疵がなく、パイロットの操縦にミスがあったということが判明したが、2人のうち誰が操縦していたかという認定はできなかった。しかし、2人が同時に操縦することはあり得ない、2人のうち1人は加害者、1人は被害者になるので、1人分の損害賠償金の支払いで事件を解決したらどうかと和解をすすめたところ、双方が納得し、和解で事件が解決した。

② 　九州のえびの高原で地雷の演習を行っていたところ、隊員が退避する前に地雷が暴発して隊員が死傷した事件があった。九州の演習現場に出張し、多くの隊員を動員し、演習当時の動きを再現し、負傷した隊員を入院している病院で尋問するなどしたところ、死亡した隊員が原因ではないことが判明したため、和解で解決した。

　自衛隊関連事件以外でも検証や期日外尋問を活用した（③、④）。

③ 　静岡地裁時代、東名高速道路の日本坂トンネルで多くの自動車が追突した事故があった。そこで、事故現場を見分したいと思い代理人の協力を得て御殿場で宿泊し、日曜日の早朝から1時間高速道路を全面通行止めにして実際に火災を発生させ、それを消火するという検証をしたこともあった。

④ 　静岡地裁と札幌高裁時代、山林境界を争う事件があった。私は検証の必要があるとして遠くの山林に入り、当事者の案内で現地を見分した。

特に札幌高裁時代、受命裁判官として旭川管内の深い山林に赴き代理人は山に入ることを避けたが、私は熱心に詳しく現場を検証したことで当事者の信頼を得たのかその場で和解が成立した。当事者の一方が喜び、夕張メロンをたくさん送ろうかと言ってきたが、裁判所はそういうものはいただけないと断った。

　検証等をするには、多額の費用や時間がかかるし、書記官等の事務も過大になるが、昔から「百聞は一見に如かず」といわれているとおり、検証には争点を確実に整理しかつ当事者の信頼も得られるなど多くの利点があるし、早期に事件を解決することにも役立つので大いに活用することを期待したい。

3．担当調査官の派遣

　地方の裁判所であっても、税務関係訴訟や知的財産関係訴訟が係属することがあるが、私は、若干知的財産関係事件の経験はあるものの、税務関係訴訟を担当したことがないので、その解決に困難を来した。そこで、最高裁判所にお願いして、東京高裁の担当調査官を派遣していただき、説明会に立ち会って、当事者の主張を聴取し、その主張をただしてくれたため、当事者が誤りを認めて訴えをとり下げたこともあるし、税務関係訴訟については、担当調査官が争点とそれについての判断もまとめてくれたため、早期に判決して解決できた。このような担当調査官の派遣は私が発掘した異例の方式であってほとんど利用されていないが、事件の迅速、適正のため、活用するよう工夫すべきである。

4．付調停と現地検分

　建築工事の瑕疵に関する訴訟についても、その主張が細かく、その審理、解決するために困難を伴うが、私はこれらの事件については調停に付し、調停委員とともに現場に赴きその瑕疵の現場を検分し、調停委員に瑕疵の有無と修理費用などについて報告を求めたうえ、話し合いをすすめたところ、当事者も裁判官が現地を検分したことに感激し、調停案に納得することが多く、

幸い早期に調停が成立し、1件も判決したことはなかった。

5. 文献の借用・鑑定の活用

　北海道では、小豆等の穀物取引の事件が少なくないが、取引経験のないことはもちろん、参考となる文献も少ない。そこで、代理人に参考文献の借用を求めて、それで勉強したこともある。一般には文献を借用することは、不当とは思わないが、文献の借用は双方の代理人に求め、借用された文献については相手方にも開示すれば、公平を疑われることはないと思う。

　また、広島地裁時代、著名な会社の社員と結婚した有名大学出身の女性が性格の不一致を理由に離婚を求められた事件があった。双方を尋問したが、どうも心証がとれずに困っていたので、双方の代理人の了解を得て、広島家裁の家事担当の調査官に鑑定をお願いした。調査官は詳細な調査をしたうえ、離婚をしなければならないほどの性格の不一致はないとの鑑定結果を提出したので、私はその鑑定に依拠し、離婚理由はないとして請求を棄却した。しかし、この女性は、判決勝訴で面目が立ったことで満足し、その後協議離婚に応じたということを代理人から知らされた。私としては、鑑定をうまく利用した事件だと思う。

6. 特異な事例

　最後に参考までに特異な事例を紹介する。

　その1つは東京高裁時代、社長付き運転手を解雇された者から私個人に郵便為替で100万円が送られてきたことがあった。その処理などをどの部門で処理すればよいか問題となり事件部と総務課で協議してもらった。総務課が担当することになり当事者に出頭を求め、「こんな金は受け取れない」と言って返却した。しかし、その当事者は、「親展」としなかったため私に到着する前に職員に開かれたと思って、再度、「親展」として100万円を送ってきた。再び総務課にお願いして本人に返却してもらった。これは明らかに贈賄罪にあたるので総務課を通して東京高等検察庁にその旨を伝えたところ、高検で

は、そういった変わった人は相手にしないとの返答があったそうである。極めて異例であり、その処理に大変苦慮した記憶がある。

その2は、東京高裁時代、判決を言い渡すと、当事者が鞄の中から突然カメラを取り出し、裁判官席に向かってシャッターを作動させた。私は撮影禁止を命じ、フィルムを提出するよう命じたが、これに応えず、シャッターを作動させながら、法廷内や法廷の裏側を逃げ回り、フィルムの提出を拒み続けると同時に、「逮捕しろよ」「警察官を呼べ」などと不規則発言を続け、証言台の上に座り込んだりした。私が退廷拘束命令を発し、地下の拘束室に拘束した。午後5時頃になって当事者が困ったのか、フィルムを提出するので帰宅させてほしいと頼んできたので、フィルムを預かり、帰宅させる処理をした。このような事例は全く稀有のことで処理に困ったが、よい経験になったと思う。

Ⅳ　判　決

1．判決書きの苦労

裁判所は、裁判をするのに熟したときは判決をすることになる。判決書きは大変だということを聞くが、私はそう感じたことはない。判決書きについて最も大切なことは、判決を書くことを苦にせず、楽しむという精神をもつことである。判決は、短く、かつわかりやすく書くことが必要なので、短くてよいと思えば筆をとりやすいであろう。私は、特に、特殊な才能の持ち主かと思うが、判決でも原稿でも一切下書きはせず、いきなり起案することができ、何百枚の判決、原稿でもそのようにして楽しんできたので、判決書きの苦労をほとんどなかった。

2．判決書きに苦労する裁判官

しかし裁判官の中でも判決に苦労する人が少なくなく、困ったことがあっ

た。

　判決書きを効率よく行うには、まず、手持ち事件を少なくするなど環境を整備するという努力が必要である。私が、静岡地裁に勤務していた頃、合議に係属中の事件が多くあり、若い判事補が処理するのは困難であると考えたので、合議事件のうち２、３件を除いてすべて合議決定を取り消し、裁判長である私と右陪席裁判官に割り振り、左陪席裁判官には、長期未済事件の処理のみに専念できるような体制をとった。しかし、この左陪席裁判官の担当事件の１件が終結したので、起案が済むまで裁判所に出頭しなくてよいということで在宅起案を指示したが、何カ月経っても起案ができず困ったことがあった。この裁判官は、前任の裁判所や前任の裁判長の下で、判決書きのトレーニングが不足していたうえ、仕事についての時間の観念に乏しかったのではないかと思う。

　名古屋高裁、東京高裁でも判決書きを苦にし、期日を守らない裁判官がいたことは事実である。特に判決書きを苦にしない裁判官とは顕著な差がみられた。なぜ、このような差が生まれたかについての原因は不明だが、生来の性格と長年のトレーニングのあり方の違いではないかと思う。

３．時間の厳守

　私は、元来、短気な性格ということもあって、「時は金なり」の精神が身に付き、時間について特に苦心してきた。

　第１は、時間厳守である。古くから「裁判所時間」というものがあって、午前10時開廷と指定されているにもかかわらず少しくらい遅れても裁判はやってもらえるという慣行があったように思う。私は、まず、開廷時間を厳守することにした。午前10時開廷であれば、10時までに法廷に入廷して待っていて、遅れてくる代理人があれば、なぜ遅れてきたのかの理由を釈明などして時間を厳守するよう注意した。初めは代理人から嫌われていたが、次第にその姿勢が理解され、開廷時間が厳守されるようになった。

　第２は、証人等の尋問である。証人尋問については最良の証人に限ること

になるが、代理人に申請証人等の尋問時間を尋ねると、短い時間のほうが採用されると思い30分などと短く伝えるものの、実際に証人が採用されて尋問になると30分を超過することがある。私は予定の5分前には、必ず「あと5分です」と注意し時間に大変厳しい態度を示し、このことから、昔からの「裁判所時間」という悪い慣行が改善されることにつながったと思う。

　第3は、判決の言い渡しである。私は、結審の時には、判決の結論とその書き方を決めているので、必ず言い渡し期日を指定している。人間は本来怠け者であるから、判決期日を追って指定にすると、どうしても判決の言い渡しが延びてしまう。判決が遅いのは、結論を決めずに結審してしまったということもあるようで、実際には、原告請求認容、棄却の2つの判決を起案し、その双方を比較検討して1つに決定するということもあると聞いているが、それは非常におかしい。もし、そうであれば、事件は「裁判に熟して」おらず結審したのが間違いだったということになると思う。

　私は、代理人には厳しく時間厳守を求めるので、自分自身も判決期日は必ず決めることにしているし、延期をしたこともない。かつて、裁判所では、結審後3カ月以内に判決を言い渡さない事例があれば、毎月報告することになっていたが、代理人から裁判所所長に結審後言い渡しがないと言ってくることが多いと聞いている。そこで、かつて東京地裁で判決未済事件を調査したところ、多くの報告ミス事件が判明した。裁判官が故意に報告ミスをするのは情けないことであるから、早急に改善すべきではないかと思われる。

　第4は、昔は、適正な裁判をすることに重心がおかれ、迅速であることは大目にみられていたようであるが、判決が遅いのはもっぱら裁判所の責任であるし、国民は早期の解決を期待しているはずである。そのため、囲碁・将棋や相撲の制限時間と同じで、判決をするにも一定の合理的な限界があるので、裁判官は、判決書きを苦にしないよう努力していただきたいと思う。

4．真実の発見と裁判における証明の程度

　裁判は真実を発見することと考え、また、「真実は発見できる」と思って

訴訟を運営するが、証拠調べを終了しても真実が発見できないことがある。この場合、その処理に困って真実の発見ができるまで判決を書かないということがあるのではないかと、思う。しかし、訴訟における証明は「一点の疑義も許されない自然科学的証明ではなく、経験則に照らして全証拠を総合検討し、特定の事実が特定の結果発生を招来した関係を是認しうる高度の蓋然性を証明することであり、その判定は、通常人が疑を差し挟まない程度」で足りるとされている（最判昭和50・10・24民集29巻9号1417頁〔ルンバール事件〕）。したがって、客観的な真実が発見できなかったとしても、採用された証拠にそれまでの証明に応じた評価を加えたうえで、これらの証拠の内容と当事者間の争いのない事実を経験則に即して説明できるという合理的で理論的なストーリーであるかどうかによって判決を書くべきではないかと思う。そのように考えると、もっと早く気楽に判決が書けて事件を早急に解決できると思う。

5．楽しみながら判決を書く

最近、民事判決書の改善が試みられ、改善委員会の新しい様式の「提案」が出され、これに従った判決が主流になっているかと思われる。民事訴訟法253条によれば、判決書には、「事実」と「理由」を記載しなければならないとされているので、その記載について種々工夫し訴訟当事者のために、民事判決書を記載すべきは当然である。しかし、判決書が当事者のためになっているのかどうかは様式の問題ではなく、理由の記載が簡潔ながらも丁寧にわかりやすいものになっているかどうかということである。そのためには、争点を整理し、集中審理を行ったうえ、事件における中心的な点を明らかにし、これに対する判断を、平易簡明な文体を用い、わかりやすい文章で示すことができるよう努力すべきである。裁判官にとって判決書きは大きな負担となっているといわれているが、裁判官の負担が大きいのは、争点整理、集中審理の実施、事実認定、法的判断であって、これらの点が決まれば判決書きは大して問題はないと思う。

判決書について重要なことは、判決を書くことを苦にしないことで、日々楽しみながら多くの判決を書くことだと思う。私は、陪席裁判官のときには多くの判決を楽しみながら書き、裁判長がどのように修正するかを楽しみに待っていたが、一度も書き直しを指示されたり、大幅に修正されたことはなく幸せであった。やる気が肝要であり、民事紛争を迅速かつ適正に解決することが使命であると感じ、その解決することに楽しみを覚え、できるだけ多くの判決を日々の仕事として書く経験を積み重ねることも肝要だと思う。

　なお、平成30年7月31日付け讀賣新聞朝刊によれば、岐阜地家裁の58歳の判事が、名古屋地家裁岡崎支部に勤務していた平成29年4月から平成30年3月までの間、判決文未完成のまま36件の判決を言い渡し、名古屋高裁の分限裁判により6月28日付けで戒告の懲戒処分を受け、31日付けで依願退職したとされている。このことは、日本の裁判史上、前代未聞の大不祥事である。判決文未済の原因は何かについては明らかではないが、仮に、判決書の作成が不可能であれば、まず、裁判官本人がそのことを明らかにして適切な処置をとってもらうべきであろうし、1件でもそういったことがあれば担当書記官等が認識できるのであるから、そのことを明らかにして善後策をとってもらうべきであろう。岡崎支部全体の危機管理が全く機能していないことは明らかであり、このような無法行為は根絶すべきである。

V　和　解

1．裁判上の和解

　裁判上の和解は、訴訟係属中に、裁判所の面前で、訴訟の当事者が、訴訟を終了させる目的をもって、訴訟物である権利または法律関係に関して、互いにその主張を譲歩して、争いを解決する合意であり、裁判所における民事紛争の解決方法として、判決と並んで極めて重要な制度である。

　しかし、私たちは、和解手続の進め方についての教育を受けることは皆無

であり、かつ、他の裁判官のやり方を直接見分する機会が極めて乏しいため、各裁判官は、それぞれ自分たちなりの方法で和解を進めているといえる。

　かつては、一般に、民事訴訟について判決によるのが中心で、訴訟や判決になじまない一部の事例を和解によって処理すべきであるとする考え方が通説とされ、実際に実務の運用であったと思われる。私たちの若い頃は、上記のような実務であり、判決することを避けて、「和解判事」になるなと教えられ、もっぱら判決書きが仕事の大半であった。

　ところが、近時は、裁判上の和解の有用性が重視され、判決による解決は、控訴、上告があって時間と費用がかかるし、判決で敗訴した側は、感情的に面白くなく、履行の確保も必ずしも万全ではない。しかし、和解は多少の譲歩をするだけで、最終的な解決が得られ、しこりを残さず、しかも履行が迅速かつ確実であるから、これに越したことはないとし、和解を積極的にすすめるべきであるとされている。

　そして、近年、事件処理に占める和解のウエートは大きくなっており、判決とともに「和解もできる判事」になれと教えられている。

2．和解の進め方

　和解の進め方は、裁判官によってさまざまであるが、大別すると、裁判官が、単に当事者に和解の場を提供し、当事者双方からの解決案を聴き、双方に敗訴の危険があるとしてその仲立ちをする方法と、裁判官が必要に応じて審理における心証を開示し、判決に沿った内容の和解案を提示して説得するという方法があると思う。

　私は、昭和59年4月から3年間、東京地裁民事交通部の裁判長として仕事をしてきたが、交通事故訴訟においては、損害額と過失相殺が争いになる事例が多く、和解による解決に適する事例が大半である。そのため、積極的に心証を開示して和解をすすめ、7、8割を和解で解決したように思う。交通事故訴訟においては、実況見分調書や書証が出揃った時期に和解をすすめるが、証拠調べが終わって結審した場合には、判決期日を2、3カ月先に指定

し、その間全件につき和解をすすめ、和解期間は右の期間のみにし、判決言い渡し期日は延期しないで言い渡しをするという方策をとり、判決を避けるため和解をすすめているという方策ではないことを明らかにした。

　その後、通常部に移ってからも和解解決に力を注ぎ、審理が終わって弁論終結した時は全件につき和解をすすめたが、和解を拒否した事例はなかった。

　民事交通部は、当時、労災民事事件や自衛隊関連事件などをも専門的に処理していたが、上記のような事件については、集中的に証拠調べを行い、心証を開示して和解をすすめたので、全件和解が成立し、残念ながら判決を書く機会がなかった。

3．和解で解決した事例

　和解で解決した事件は多いが、印象になる事例を2例ほど紹介する。

　1つは、東名高速道路上に架する歩道橋から投げた石が走行中の自動車にあたり運転手が死亡したため、道路公団を相手に道路の瑕疵があるとして損害賠償請求した事件である。私としては、原告を勝訴させるかどうかの判断に困ったため、和解に付し、双方代理人にその旨を伝えたうえ、原告が勝訴すれば、公団のほうでは全国の歩道橋に高いネットを張るなどして対策をとらなくてはならなくなるし、原告が敗訴すれば、原告のほうが賠償を全く得られなくなって困るのではないか、と伝えた。この事件での加害者は、不明となっている石を投げた者であり原告も公団もともに被害者であるから「痛み分け」で解決したらどうかと説明したところ、私の心情が理解され賠償半額で和解が成立した。

　2つ目は、夜間に磐越西線のSLの乗降口のステップに座って外を眺めていた浪人生がカーブで線路上の路肩に転落し負傷した事故であった。浪人生は自動ドアのない列車自体が瑕疵にあたるとしてJRに損害賠償を請求したところ、前任の裁判長は、自動ドアのない列車は文明国では瑕疵にあたると判断して和解をすすめたが、JR側はこれに応じない。この段階で私に担当が交代した。私は、SL列車の乗降口は手動ドアであるが、乗降口は乗客の

乗降口であって乗客が座るところではなく、SLは全国でも山口線や大井川鉄道なども走っていて瑕疵ではないと思うと説明し説得したところ、JR側は喜んでこれに応じ、浪人生側も納得して若干の見舞金を出すことで和解で解決したということもあった。

4．上告審での和解

あまり、知られていないが、上告審でも和解が行われている。

私は5年間最高裁民事調査官として仕事をしてきたが、印象的なのは、日光東照宮と輪王寺の境内にある五重塔、鐘楼等の所有権の帰属の争いであって、すでに前任の担当調査官の報告書や追加報告書が提出され、和解、調停が何度も試みられたが、不調に終わり一時休戦状態になっていた。当時の中村治朗裁判官が夏休みに記録を読まれ、原判決には疑問があるという心証を得たと思っていたところ、ちょうど東照宮と輪王寺の「共通拝観券」の値上げ問題が浮上したことで和解の気運が生じたうえ、中村裁判官の熱心な説得で双方が譲歩し、最高裁の会議室で私が和解条項を読み上げて和解を成立させたが、当時、非常に生きがいと喜びを覚えた。

また、私が、報告書提出後、審議において和解が相当とされた事件について和解を担当した事件も少なからずあった。事件は、地方の裁判所に嘱託するが、実際の和解は担当調査官が地方に出張して実際に勧告するもので、山形、鳥取、福岡、和歌山などに赴いて和解で処理した事件もあった。調査官としては、報告書の提出後の和解であるので、事件の和解処理のメリットはなく、出張のため2日ほど事件処理ができなくなるので負担が過重となったが、裁判官の指示によるため、全国の裁判所に赴いた。他の調査官については不明であるが、私が最も和解処理が多かったように思う。

5．和解勧試の時間

最後に和解勧試の時間についてみたい。

私は、昭和59年4月東京地裁保全部から民事24部に変わった。私の先任裁

判官は、開廷日の午後5時から和解勧告し、夜遅くまで試みて、その後に書記官と慰労のため酒を飲んだため、判決を書けず、転勤時に判決未済が30件くらいありその処理に困った。私としては定時に仕事を終え、自宅に帰って判決起案をすることにしていたので、和解勧試は非開廷の1日と昼の休み時間を利用してきた。

東京地裁の書記官は私の昼の休み時間の和解勧試の試みに理解を示し協力してくれたため未済事件は減少し、お互いに民事訴訟法の勉強もした。静岡地裁に転勤した際にも昼休み時間に和解勧試をしようとしたところ、書記官は昼休みには和解を入れないように言ってきた。私は、最もなこととは思ったが、そうすると、弁護士の都合等で速やかに和解を勧試をすることができなくなって困るので、書記官は和解勧告に立ち会いすることなく、和解条項も私が作成することにするから、和解調書だけは作成してほしいとお願いしたところ、これが何とか了承されたため、前任者の残した未済事件を大幅に少なくすることができた。東京地裁や北海道管内の書記官は優秀で勉強もよくするが、地方の書記官には仕事をなるべく避けて勉強しない人もいるので、和解勧試などの仕事をするにも困ったことがあった。

Ⅵ　おわりに

最近、童門冬二著『小説上杉鷹山』を読んだ。この書は米沢藩を舞台にその藩政改革と財政再建を主題とした物語である。この青年藩主は、率先垂範して勤倹節約に努め殖産興業を奨め、貧窮のどん底にあった藩を再建した名君である。この藩主の身命を賭した藩政改革に取り組む意気込みにはまず畏敬の念を懐くが、生涯にわたって改革と苦闘しながら耐えぬく強かさにはただ頭が下がる。

現在、わが国の民事訴訟関係では、ITの導入などの制度的な問題や民事実務のあり方などが焦眉の急務として、改革を迫られている。難しい課題であるが成し遂げなければ、わが国の司法の未来はないと信じる。そのために

467

はまず何としても事件の処理にあたる裁判官は、立派なビジョンを創り、確固とした戦術を練り、断固として司法のリーダーとしてその実力を発揮することが必要であると、あらためて思うのである。

　以上、主として私の経験を基に民事実務のあり方について書きつけてきたが、身体的にも精神的にもいささか老化が進みつつある老元判事の「戯言」としてお許しを得たい。

③ 弁護士実務
―― 生命保険協会「裁定審査会」の活動と課題

北 河 隆 之

琉球大学名誉教授・弁護士

Ⅰ　はじめに

　筆者は、平成13年4月から一般社団法人生命保険協会生命保険相談所に設置された「裁定審査会」の弁護士委員（議長）を務めてきた。筆者にとっては、自分の法律事務所における弁護士業務と同等の重みをもった愛着のある仕事となっており、現在まで精一杯取り組んできた仕事であるが、この機会に、裁定審査会の活動をあらためて紹介しながら、いくつかの感想と課題を書きとどめておきたい。本稿における意見や感想に及ぶ箇所は筆者の個人的見解であって、生命保険協会、生命保険相談所、裁定審査会の見解ではないことはもちろんである。

1　弁護士が裁判外紛争解決機関（ADR）の運営に関与できることは社会的にも弁護士個人にとっても大変有意義なことであるが、少し覚悟のいることでもある。たとえば、筆者を含む弁護士委員は、裁定結果に不満な申立人から弁護士会へ懲戒申立てをされたことがある。このような場合には、応訴活動を余儀なくされ、精神的な負担感も小さくない。また、裁定結果に不満な申立人が、裁定審査会事務局ではなく、筆者の法律事務所に直接電話をかけてきたこともある。

2　この間、裁定審査会の弁護士委員と協会委員の共著で「裁定審査会の現状と課題」（1～6）と題する論稿を「法律のひろば」（ぎょうせい）2012年10月号から2013年11月号に断続的に連載したことがある。

II 沿革

　生命保険協会は、平成13年4月から業界の自主的なADR制度として裁定審査会を設置し、公正・中立な立場で紛争の解決にあたってきたが、平成19年9月30日付けで金融庁長官から金融商品取引法に基づく「認定投資者保護団体」としての認定を受け、特定保険契約（保険業法300条の2）を取り扱う生命保険会社を対象事業者として、変額保険、変額年金保険、外貨建保険などにかかわる苦情処理と紛争解決業務にあたってきた。[3]

　金融ADR制度[4]が開始されると、生命保険協会は、平成22年9月15日付けで金融庁長官から保険業法308条の2第1項に基づく、生命保険業務および外国生命保険業務に関する「指定紛争解決機関」の指定を取得し（金融ADRとしては第1号の指定取得である）、同年10月1日から苦情処理と紛争解決の業務にあたっている。指定取得により、時効の中断（保険業法308条の14）[5]、訴訟手続の中止（同法308条の15）[6]が認められることになった。

---

[3] 保険業法に基づく「指定紛争解決機関」の指定取得に伴い、平成23年10月1日をもって「認定投資者保護団体」としての業務は廃止した。

[4] 金融ADRは、ADR一般の利点と金融分野固有の利点とを兼ね備えるものであり、〔ADR法（裁判外紛争解決手続の利用の促進に関する法律）の規制＋上乗せ規制〕となっている（山本和彦＝井上聡『金融ADRの法理と実務』（金融財政事情研究会・2012年）7頁以下〔山本和彦〕）。各業界のADRを超えて統一的包括的なADR機関の設置の必要性も指摘されているが、金融商品の多様性を考えると、筆者自身はその必要性に疑問をもっている。なお、裁定審査会では、他のADR機関との間で、1年に1回程度、審理スタンスや審理方法等について情報交換を行い、運営の参考としている。

[5] 保険業法308条の14は、和解が成立する見込みがないことを理由に紛争解決手続を終了した場合に、申立人がその旨の通知を受けた日から1カ月以内に「当該紛争解決手続の目的となった請求」について訴えを提起したときは、時効の中断に関しては、当該紛争解決手続における請求の時に、訴えの提起があったものとみなすとしている。ADRへの本人申立てにおいては「当該紛争解決手続の目的となった請求」自体がはっきりしないケースも少なくないが、そのようなときは事情聴取の中で当審査会が「請求」を法的な観点からできるだけ整理するようにしている。

[6] 保険業法308条の15によれば、訴訟当事者が受訴裁判所に共同して申し立てることが要件とされているが、筆者はその実例を知らない。

Ⅲ　生命保険協会における苦情処理・紛争解決手続の概要

1．紛争解決等業務

　保険業法に基づく「指定紛争解決機関」の指定を取得したのは生命保険協会であるが、具体的に担当するのは「生命保険相談所」である[7]。金融ADR制度は、苦情処理と紛争解決の両方を対象とする制度となっており、保険業法では苦情処理手続および紛争解決手続に係る業務並びにこれに付随する業務を「紛争解決等業務」と定義し（同法2条40項）、指定紛争解決機関は業務規程において紛争解決等業務実施に関する事項を定めなければならないとされている（同法308条の7第1項）。

2．業務規程および手続実施基本契約

　生命保険相談所の苦情処理手続および紛争解決手続は、保険業法308条の7に基づき定められた「指定（外国）生命保険業務紛争解決機関『業務規程』」（以下、「業務規程」という）と、生命保険協会と各生命保険会社との間で締結された「手続実施基本契約」に従って実施される。

3．苦情処理手続（苦情前置主義）

　生命保険相談所では、苦情前置主義がとられており、裁定審査会に対する紛争解決申立てに先立って、「苦情の申出」をしてもらうことになっている。これは、生命保険相談所の相談員から助言等を得て、相手方生命保険会社と解決に向けて話し合いをしてもらうという趣旨である。生命保険相談所では苦情を受け付けると、情報提供・説明・助言を行うが、解決に至らないとき

---

[7]　生命保険相談所自体の歴史は古く、昭和36年3月に設置されている。昭和40年4月には「調停委員会」が設置され、昭和52年5月には「裁定委員会」へ改組された。平成13年4月に現在の「裁定審査会」が設置されると、従来の「裁定委員会」は現在の「裁定諮問委員会」に改組された。

〔図1〕 苦情受付件数・苦情処理手続件数の変化

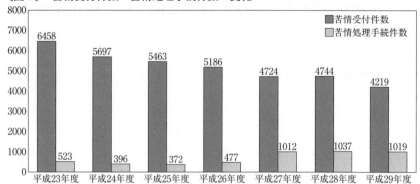

は、相手方生命保険会社に対して苦情を取り次ぎ、解決依頼を行う。相手方生命保険会社に対して解決依頼を行った日から原則1カ月が経過しても解決に至らない場合には、申立人は裁定審査会に対して裁定申立てを行うことができる。

　平成23年度から平成29年度までの苦情受付件数と苦情処理手続件数の推移は〔図1〕の棒グラフのとおりである。

　なお、苦情の内容が募集代理店である銀行の職員の募集行為にかかわるものであるようなケースでは、一般社団法人全国銀行協会が設営する全国銀行協会相談室でも取り扱われるので、申出人にその旨を教示し、申出先の選択を委ねている。

　障がい者対応も重要な課題である。生命保険相談所では、障がい者専用ダイヤルを開設するほか、電話や来訪が困難な障がい者用の「相談等受付フォーム」も用意して対応しているが、障がいの内容や程度もさまざまであるから、引き続き柔軟な対応が求められよう。[8]

---

[8] この問題は裁定審査会における審理（特に事情聴取）においても苦慮するところである。裁定審査会では、視覚障がい者に対する点字による通知や聴覚障がい者に対する手話通訳を介した事情聴取を実施するなどの配慮を行っている。今後も、障がい者の方々の権利が損なわれることがないよう可能な範囲で対応していく必要があるが、ADRとしての限界もある。

4．紛争解決手続

(1) 裁定審査会の特色

　生命保険の特性として、契約者平等の原則、附合契約性、射幸契約性、モラルリスクの存在が指摘されている[9]。

　裁定審査会は、このような生命保険の特性を踏まえ、当事者双方の互譲による解決を斡旋する「調停型」の手続を採用せず、発足当初から「裁定型」の手続を採用してきた。

　これは、最初から和解ありきではなく、まず裁定審査会委員（保険業法308条の13に規定されている「紛争解決委員」に該当する）が、両当事者から提出された書面と証拠、事情聴取の結果等に基づいて法令と約款に基づき判断しながらも、ADRとして、法令と約款のみに重きをおくことなく、より柔軟な解決の糸口となる個別事情（保険会社の不適切な対応等）の把握に努め、それらを反映、考慮した積極的な和解提案（幅広い和解提案）を行うものである。

　この関連では、ADRによる解決は、安易な「足して2で割る」式の解決を求めるものではなく、企業としては、理由のない顧客の主張に対しては安易な妥協を避け、裁判で法的な基準を求めるべき場合には裁判に行くことを決して排除するものではない、顧客に対してフレンドリーでありながらも毅然とした態度が求められている、と指摘されていること[10]も忘れてはならないところである。

　一般的に、裁判との比較において、ADRの利点としては、迅速性、簡易性、廉価性、柔軟性、秘密性、専門性が指摘されている[11]。特に、ADRにとって「秘密性」の保持は極めて重大な価値を有するものであり、原則公開とされる裁判とADRとの顕著な違いとなっている。保険業法は指定紛争機関の紛争解決委員・役員・職員に対して、退職後も含めて刑罰をもって秘密保護義務を

9　北河隆之ほか「生命保険協会『裁定審査会』の現状と課題(2)」法律のひろば2012年12月号56頁。
10　山本＝井上・前掲書（注4）10頁〔山本和彦〕。
11　山本＝井上・前掲書（注4）2頁〔山本和彦〕。

課している（保険業法308条の4、317条の2第10号）。また、業務規程は裁定手続の非公開と裁定審査会の評議を秘密としている（業務規程40条、41条）。しかし、裁判とADRの接点がないわけではなく、それが民事訴訟法上の証言拒絶権（民訴法197条）と文書提出義務（同法220条、231条）である。この点は、ADR法制定時にも議論されたが、ADRの重大な価値である秘密性の保持やADRの健全な発展を確保するためには、証言拒絶権および文書提出義務の除外事由を認めるなど立法的な手当てが望まれるところである。[12]

(2) 受理審査

裁定審査会に対する裁定申立てがなされると、適格性の審査が行われるが、不受理理由がない限り、受理される。不受理理由は、業務規程24条1項1号から9号までに「裁定を行わない場合」として規定されている。

第6号の「当事者以外の第三者が重大な利害関係を有し、当該者の手続的保障（主張・立証の機会）が不可欠であると認められるとき」とは、たとえば、死亡した保険契約者兼被保険者が、生前、死亡保険金受取人を変更していたため、死亡保険金が変更後の死亡保険金受取人に対して支払われたが、相続人から保険会社に対し、受取人変更手続の無効・取消しと相続人への死亡保険金の支払いが請求されたようなときである。このような場合には死亡保険金受取人の手続的保障が不可欠であるが、裁定審査会にはそのような制度が設けられていない。

第9号の「会社の経営方針や職員個人に係る事項、事実認定が著しく困難な事項など、申立ての内容が、その性質上裁定を行うに適当でないと認められるとき」とは、契約申込み当時の保険契約者の意思能力の有無が問題となるときとか[13]、医療記録を精査して本格的な医学鑑定が必要となるようなとき[14]である。

もっとも裁定審査会では、できる限り不受理は避けて受理し、審理する方向で運用している。

---

12 （一財）日本ADR協会「ADR法制の改善に関する提言」（2018年4月25日）7頁、23～25頁を参照。

申立てが受理されると、相手方保険会社に申立書が送付され、相手方から答弁書が提出され、審理が開始されることになるが、申立ての受理後に、相手方保険会社から訴訟や民事調停により解決を図る旨の文書による申し出がなされ、審査会が正当な理由があると認めた場合には裁定不開始となる（業務規程19条1項ただし書）。

(3) 裁定申立て件数・内容の推移

裁定審査会の設置（平成13年）以降、平成29年度までの裁定申立ての件数の推移は〔図2〕のとおりである。「指定紛争解決機関」の指定を取得してから急激に増加していることがわかる。

裁定申立て内容の過去5年間（平成25～29年度）の件数の推移（上位5項目）をみると〔図3〕のとおりであり、契約取消しもしくは契約無効請求と給付金請求が過半を占めている。

(4) 裁定審査会における審理

裁定審査会（全体会）は、現在、弁護士7名、消費生活相談員7名、生命保険協会職員3名、合計17名の委員で構成されているが、その中で、委員3名（弁護士・消費生活相談員・協会職員）で構成される7つの小部会を設けており、申立案件は小部会に配点され、審理される。

申立人の事情聴取は原則として全案件で実施している。[15]約款の解釈だけが問題となるような案件などでは事情聴取はあまり意味がないと思われるが、それでもADRとしては、和解の契機となるような個別事情が見出せないかという観点から事情聴取を実施している。事情聴取を行うと、申立て内容と

13　裁定申立て時には認知症が相当程度進行していることがうかがわれるケースでも、契約申込み時における意思能力が欠けていたと直ちにいうことはできない。申立人に事情聴取を行っても適切な心証を形成することもできない。なお、弁護士が保険契約者の代理人について、契約申込み時の意思能力の欠缺を理由に契約の無効確認（保険料の返還）を求める申立てがあったが、そうであれば本人から弁護士に対する委任も無効ということにならざるを得ない。せっかく弁護士が代理人としてついた以上、慎重な申立てを期待したい。

14　裁定審査会では医学上の問題があるときは医療情報会社を通じて専門医の意見を徴求し判断の参考としているが、本格的な医学鑑定ではない。

15　募集時の状況が問題となるような事案では募集人の事情聴取も原則として実施している。

〔図2〕 裁定申立て件数の推移

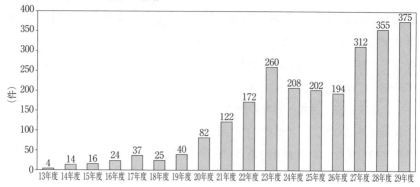

〔図3〕 裁定申立内容（上位5項目）件数の推移（過去5年）

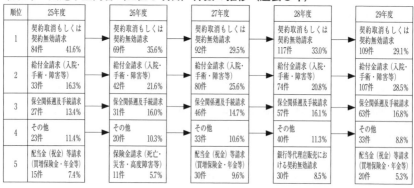

は違うところで問題点が把握できることがあり、そのような個別事情が見出せるときには和解受諾勧告を行うようにしている。

　事情聴取は本部または（申立人が遠隔地に居住しているときは）地方連絡所において実施されるが、地方連絡所で実施するときはテレビ会議方式で実施する。テレビ会議方式の導入も裁定審査会が嚆矢であった。地方連絡所にも出向くことが困難な申立人については、電話会議で実施することもある。[16]
　小部会での審理が終わり、結論が出ると、裁定書案を作成することになる。[17]
裁定書案の作成は部会長（弁護士）が担当するが、その際、各小部会付きの「補

佐弁護士[18]」が作成を手伝ってくれる。裁定書案が小部会で了承されると、月１回開催される全委員が出席する全体会にあげられ、全体会で審議されることになる。このような「２段階審理構造」を採用していることも裁定審査会の特色としてあげられる。全体会で裁定書の内容が修正されたり、小部会に差し戻されたりすることもある。

　全体会では１回につき30件から40件の裁定書が審理されるほか、小部会が判断に迷う問題点についても議論がなされる。このような慎重な２段階審理構造は、指定紛争解決機関の中では裁定審査会のみが採用しているものであり、審理期間の長期化の要因の１つとなることは否定できないが、情報の共有化や、事案間のバランスを図り、公平・公正な結論を導くうえでは極めて有意義なものである。

　全体会で了承された裁定書は、当事者双方に交付（郵送）される。

　裁定審査会が「申立人の申立ての内容を認めるまでの理由がない」と判断したときは、裁定書をもって理由を明らかにして裁定手続を終了する（業務規程37条）。

　裁定審査会が和解による解決を相当と判断したときは、裁定書により理由を付して和解案を提示して和解受諾勧告を行う（業務規程34条１項）。裁定書による和解受諾勧告は、保険業法の「特別調停案」（保険業法308条の７第２項５号）としての性格を有している[19]。

　裁定書による和解受諾勧告について、申立人が受諾するかどうかは自由であるが、相手方保険会社には、原則として受諾義務がある（保険業法308条の

16　生命保険相談所職員が申立人の自宅までタブレットを携行して出向き、タブレットを利用してのテレビ会議も試みたことがあるが、音声や画面が不安定な場合もあることから、改善の余地があるかもしれない。

17　７つの小部会がそれぞれ月２〜３回程度の部会を開催している。

18　補佐弁護士は各小部会に１名ついており、事務局のスタッフという位置づけであるが、裁定書作成の手伝いのほか、部会の審理には常に立ち会っている。補佐弁護士制度は申立案件の急増に伴い、平成23年４月に導入された。

19　保険業法では和解案の受諾勧告と特別調停案とを区別しているが（保険業法308条の７第２項４号・５号・６項）、裁定審査会でも裁定書によらない和解がなされることもある。

7第6項、業務規程34条)。ただし、例外として、申立人が当該和解案を受諾したことを相手方保険会社が知った日から1カ月以内に当該請求に係る訴訟を提起したときは受諾義務を免れる（保険業法308条の7第6項)[20]。

当事者双方が和解案を受諾したときは「和解契約書」が作成され、これにより当事者間に法的拘束力が生じる。

裁定手続を開始したが、裁定手続中の紛争が業務規程32条1項各号所定の事由に該当することが明らかとなったときは、裁定審査会は裁定を打ち切ることができる。打ち切り事由の中には、裁定手続開始後に不受理事由（業務規程24条1項）が明らかとなったときも含まれる。前述のとおり、裁定審査会では、できる限り受理して審理に入る方向で運用しているが、審理を進めても事実認定や判断が困難なケースについては裁定を打ち切らざるを得ないことになる。自殺免責の適用が争点となっているケースの一部、数十年前の募集時の状況が争点となっているケースの一部、慎重な医学鑑定が必要と考えられるケースなどがある。

平成13年度から平成29年度までの審理結果は〈表1〉のとおりである。この表は各年度に申し立てられた事案の審理結果別の内訳を、平成30年3月末時点で整理したものである。平成28年度に申し立てられた案件のうち平成30年3月末日時点で審理継続中のものは11件、平成29年度に申し立てられた案件のうち平成30年3月末日時点で審理継続中のものは204件である。

これに対し、〈表2〉は平成28年度に裁定手続が終了した事案（315件）と平成29年度に裁定手続が終了した事案（358件）の審理結果を整理したものである。

これらによると、裁定審査会における和解率はおおむね3割程度であることがわかる。

一時期、裁定審査会の和解率が低いのではないかという見方が一部にあったが、取扱限度額と苦情の原因が発生した時期の限定があるFOS[21]において

---

[20] 平成29年度においては、1件実例が出ている。

Ⅲ　生命保険協会における苦情処理・紛争解決手続の概要

〈表1〉裁定審査会における審査結果

年度(平成)・申立件数 審理結果等	13	14	15	16	17	18	19	20	21	22	23	24	25	26	27	28	29	合計
審理結果等	4	14	16	24	37	25	40	82	122	172	260	208	202	194	312	355	375	2442
和解が成立したもの	2	4	2	8	14	4	7	18	20	37	54	53	49	56	115	102	44	589
和解が成立しなかったもの	2	10	13	15	19	16	29	56	93	129	197	149	145	134	184	235	122	1426
和解案の受諾勧告がなされたが、当事者が受諾しなかったもの	0	0	0	0	0	0	0	1	0	9	10	4	7	19	17	30	9	106
和解による解決の見込みがなく、裁定手続を終了したもの	1	4	7	9	11	13	25	50	74	103	162	119	112	91	137	170	101	1189
相手方会社からの裁判等による解決の申出が認められ、裁定手続を開始しなかったもの	1	5	2	5	3	0	0	0	2	1	0	0	0	0	0	0	0	19
申立人から申立が取り下げられたもの	0	0	3	0	3	2	1	1	1	2	4	4	4	4	5	8	5	47
事実確認の困難性等の理由から、裁判等での解決が適当であると判断し、裁定手続を終了したもの	0	1	1	1	2	1	3	4	16	14	21	22	22	20	25	27	7	187
適格性がないものとして、裁定を行わなかったもの(不受理)	0	0	1	1	4	5	4	8	9	6	9	6	8	4	13	7	5	90
審理継続中のもの(注)	0	0	0	0	0	0	0	0	0	0	0	0	0	0	0	11	204	215
	0.5	0.29	0.13	0.33	0.38	0.16	0.18	0.22	0.16	0.26	0.2	0.25	0.24	0.29	0.37	0.29	0.12	0.24

(注)平成30年3月末時点の件数
(注)上記の数字は、和解成立割合を示す。

479

〈表２〉　裁定手続終了件数

審理結果等の状況		29年度	28年度
和解が成立したもの		111	103
（和解割合）		(31%)	(33%)
申立人の請求のすべてを認めたもの		16	-
申立人の請求の一部を認めたもの		30	-
申立人の請求を認めなかったが、個別事情を踏まえた解決を行ったもの		65	-
和解金による解決		60	-
その他の解決		5	-
和解が成立しなかったもの		242	205
和解案の受諾勧告がなされたが、当事者が受諾しなかったもの		29	24
和解による解決の見込みがなく、裁定手続を終了したもの		183	152
相手方会社からの裁判等による解決の申出が認められ、裁定手続を開始しなかったもの		0	0
申立人から申立が取り下げられたもの		7	7
事実確認の困難性等の理由から、裁判等での解決が適当であると判断し、裁定手続を終了したもの		23	22
適格性がないものとして、裁定を行わなかったもの（不受理）		5	7
（申立不受理割合）		(1%)	(2%)
合　　　計		358	315

（注）審理結果等の中には、当該年度以前に申し立てられたものも含む。以下同じ。

も、消費者の不服を認めた案件は全体のおよそ３分の１（企業側の反論を認めた案件が全体のおよそ３分の２）とのことであるから、取扱限度額と苦情の原因が発生した時期の限定が全くない裁定審査会における上記和解率は低くはないと考える[23]。

平成28年度と平成29年度裁定手続終了事案の審理期間別件数は〈表３〉の

---

[21] イギリスのFOS（Financial Ombudsman Service）では、苦情の原因が発生した期日が６年を経過したものは取り扱わず、取扱限度額は15万ポンド（１ポンド140円で換算すると2100万円）とされている。ドイツの保険オンブズマンの取扱限度額は10万ユーロ（１ユーロ120円で換算すると1200万円）であるが、会員会社に片面的拘束力を有する決定は１万ユーロ（１ユーロ120円で換算すると120万円）以下の案件であり、１万ユーロ以下超10万ユーロまでは拘束力のない「勧告」が出される。
[22] 内閣府国民生活局「諸外国における消費者ADR体制の運用と実態に関する調査（平成20年２月）」の「各国報告１イギリス」19頁。竹中肇「金融ADR制度への対応——生命保険相談所・裁定審査会」金法1926号（2011年）46頁では、金融会社が多寡は別として消費者の言い分が受け入れられたもの：35％、消費者が負けたもの：65％とされている。

〈表3〉 裁定手続終了事案の審理期間別件数（29年度）

審理期間	29年度	28年度
裁定手続終了件数	358	315
1ヵ月未満	9	10
1ヵ月以上～3ヵ月未満	43	59
3ヵ月以上～6ヵ月未満	185	165
6ヵ月以上～1年未満	107	76
1年以上	14	5

なお、平成29年度に裁定手続が終了した事案のうち、申立人等に対して事情聴取（面談）を実施した事案は、298件（占率83％）であった。

(注) 事情聴取は、本部相談室に加え、最寄りの地方連絡所においてテレビ会議システムを利用して実施可能であるほか、来訪が困難な高齢者・障がい者についてはタブレット端末等を活用するなど、環境整備に努めている。

とおりである。両年度を比較すると、3カ月未満の事案数が減る一方で6カ月以上の事案数が増えており、審理期間は長期化している。これは、申立件数の増加のほか、全案件で原則として事情聴取を実施していること、裁定書による和解案を提示しても申立人から諾否の回答がなかなかこない案件もあることなどの事情があるが、平成29年10月には小部会が1つ増設されたこともあり、審理期間は短縮されていくと思われる。

5．和解内容

前述のとおり、裁定審査会では、裁定型を基本にしながらも、法令と約款のみに重きをおくことなく、より柔軟な解決の糸口となる個別事情の把握に努め、それらを反映、考慮した積極的な和解提案（幅広い和解提案）に努めている。

しかし、保険契約の内容は法令と保険約款に基づき成り立っているのであるから、それにもおのずから限界がある。たとえば、自動車保険で損害賠償の対象となった後遺障害が、保険約款では支払対象となっていないのに、保

---

23 さらに、生命保険の特質（契約者平等の原則、附合契約性、射幸契約性、モラルリスクの存在）を考慮すれば、和解率のみに基づいてADRの実効性等を評価することは必ずしも適当とはいえないと考える。

険金(給付金)を支払うように求める申立てには対応のしようがない。

　個別事情を考慮した和解提案にもさまざまなものがあるが、一例をあげると、募集人が保険契約者からの、保険金・給付金が支払われるかどうかとの問合せに対して、約款によれば支払対象とならないにもかかわらず、支払対象となると返事をしてしまったような場合である。個別事情にもよるので一概にはいえないが、このようなケースでは、紛争の早期解決という観点も踏まえて和解受諾勧告を行うことがある。[24]

6．苦情処理委員会

　裁定審査会および裁定審査会事務局の紛争解決業務に関して苦情のある者は、生命保険協会の「苦情処理委員会」に対して苦情の申し出をすることができる。苦情処理委員会は、生命保険協会の常勤役員やコンプライアンス担当の管理職等で構成され、苦情に係る事情を調査し、必要が認められれば、裁定審査会および裁定審査会事務局に対して「要請」を行う(業務規程第5章)。苦情処理委員会は、紛争解決業務が法令・業務規程に則り適切に実施されたか、申立人の権利が不当に害されていないかについて調査する組織であり、裁定の内容に対する上訴審的・再審的な役割をもつものではない。

7．裁定諮問委員会

　生命保険相談所には、外部有識者5名(学者、弁護士、医師、消費者代表)から構成される「裁定諮問委員会」が設置されている。裁定諮問委員会は、生命保険相談所長(生命保険協会長を兼ねる)からの諮問・相談に応じ、相談所の紛争解決等業務の公正・円滑な運営を図るため勧告・提言を行い、裁定審査会・苦情処理委員会の活動状況について報告を受け、審議のうえ、必要に応じて改善措置を求める。同委員会は、年2回開催され、裁定審査会の委

---

[24] かつて生命保険相談室長を務められ、裁定審査会の発展に尽力された故・竹中肇氏の表現に従えば「紛争を成仏させる」こともADRの役割の1つである。紛争の早期解決とは、そういうことである。

員数名も出席して裁定事案を報告し、意見を頂戴している。

Ⅳ　若干の感想と課題

1．ADRと裁判との役割分担

　裁定審査会で取り扱う案件には、〈表2〉のとおり、「事実確認の困難性等の理由から、裁判等での解決が適当であると判断し、裁定手続を終了したもの」が、終了事案全体の1割に満たないけれども、存在する。実際、数十年前の募集時の状況を事実認定することは著しく困難であるし、また、高額の保険金請求事案などは、厳格な証拠調べ手続による事実認定が必要と考えられる。[25] FOSやドイツ保険オンブズマンでは、前述のとおり、取扱限度額の制限や苦情の原因が発生した時期の限定がなされており、このような諸外国の制度も参考にしながら、ADRにおいて取り扱う紛争に一定の制限を設けることも検討する必要があるように思われる。

2．弁護士代理案件

　弁護士人口が増加した結果、裁定審査会への申立てにおいても、弁護士が申立人代理人につくケースが徐々に増えている。弁護士代理案件については、本人申立てとは異なり、適切な主張・立証がなされることが期待される。しかし、その中には、保険契約の内容自体を十分に理解できていない申立てもある。また、保険契約の無効・取消しの原因としては、要素の錯誤（民法95条）、詐欺による取消し（同法96条）、消費者契約法4条に基づく取消しが主張されることが一般的であるが、それぞれの要件に即した適切な主張・立証がなされないこともある。弁護士が代理人につく機会が増えることは消費者の権

25　裁定審査会における事情聴取では相手方当事者の同席や反対尋問の機会が保障されていない。高額の保険金請求事案では、宣誓のうえで、本人には過料の制裁が、証人には偽証罪の適用があり、当事者に反対尋問権が保障されている裁判手続によることが適切であると思われる。

利擁護のためには望ましいことであるが（弁護士の職域拡大という意味もある）、現状ではその効果が十分に発揮できているようには思われないのは残念である。

3．高齢者対応

　高齢者にかかわる事案は相変わらず多い。生命保険協会でも「高齢者向けの生命保険サービスに関するガイドライン」（平成26年10月24日）を策定しているが、生命保険各社においても高齢者ルールを作成している。[26]

　高齢者事案においては、審理の中で高齢者ルールの内容や適用を確認するが、必ずしも十分でない事例もみられる。高齢者ルールとしては、親族等の同席、複数募集人による保険募集（上司の同席）、複数回の保険募集機会の設定があるが、上司の同席に実効性を期待するのは難しいように思われる。親族等の同席も年齢の近い配偶者では実効性は期待しがたいうえ、保険契約者のほうが子らには知られたくないとして同席を拒否するケースもある。日をあらためての複数回の保険募集機会の設定（オーバーナイト・ルール）が最も実効性が期待できると思われるが、何よりも、当該保険商品が当該高齢者に適合した商品であることが重要である。

4．保険約款の解釈・適用

　生命保険契約はいわゆる「附合契約」であるから、約款の解釈と適用が重要であるが、約款の解釈で悩むことも多い。

　約款の解釈方法について、山下友信教授は「裁判例を全体的にみるときは、文言以外の事情も考慮して合理的な意味内容を探求している……意味内容の探求にあたっては……法律家の知識を前提としたうえで、その保険契約全体および各約款条項の趣旨を考慮しつつ合理的な意義を探求しているのが通例である」とし、「文言からは直ちにうかがえない事情についても考慮したう

26　ただし、募集代理店による募集では募集代理店の高齢者ルールが適用されているようである。

えで意味が付与されているのであり、その事情には場合により約款作成の趣旨（＝保険者の意思であるのが通例である）や沿革といった事情も含まれているのである」と指摘されている[27]。

　筆者も上記指摘のとおりであると考えるが、具体的ケースにおいて、相手方保険会社に約款作成の趣旨や沿革を尋ねても明らかにならないこともある。参考文献がみあたらないこともあり、各生命保険会社において調査・研究を進めてもらうことが望ましい。

V　おわりに

　平成13年から裁定審査会委員を務めてきて思うことは、生命保険協会が人的・物的に裁定審査会の発展・充実に尽力してくださってきたことである。人的側面では優秀な事務局スタッフの配置、審査会委員の増員、補佐弁護士制度の導入であり、物的側面ではテレビ会議設備の先駆的な導入、審査会委員の事務所で過去の裁定書等を閲覧できるシステム（裁定事案検索システム）の構築などである。筆者も、引き続き、適切な消費者の保護と生命保険制度の健全な発展に尽力していきたいと考えている。

27　山下友信『保険法（上）』（有斐閣・2018年）151頁。

第6編 ③ 弁護士実務──生命保険協会「裁定審査会」の活動と課題

〔参考資料〕 指定(外国)生命保険業務紛争解決機関「業務規程」

第1章 総則

(目的)
第1条 本規程は、一般社団法人生命保険協会(以下「協会」という。)が行う、保険業法第308条の5に定める指定生命保険業務紛争解決機関及び指定外国生命保険業務紛争解決機関(以下「指定紛争解決機関」という。)としての相談対応、苦情処理手続及び紛争解決手続に係る業務等(以下「紛争解決等業務」という。)において、保険業法第2条に定める(外国)生命保険業務(以下、「生命保険契約等」という。)に関する保険契約者等からの相談もしくは苦情の申出、または保険契約者等もしくは生命保険会社(外国生命保険会社等を含む。以下「会社」という。)からの紛争の申立があったとき、これに応じて公正中立な立場から、迅速かつ透明度の高い処理を行うことによって、もって生命保険に対する一般の理解と信頼を深め、保険契約者等の正当な利益の保護に資することを目的とする。

(組織・業務を行う時間等)
第2条 協会に前条の目的を達成するため、生命保険相談所(以下「相談所」という。)を設置する。
② 相談所に所長を置き、所長は協会会長がこれにあたる。
③ 相談所に事務局本部として、東京都千代田区に生命保険相談室を置く。また、別表に定める所在地に連絡所を置く。なお、紛争解決等業務を行う区域を限定しない。
④ 相談所に第4章に定める紛争解決手続に係る業務を行うため、裁定審査会を設置する。
⑤ 相談所に相談所の行う紛争解決等業務の公正・円滑な運営を図るため、別に定める裁定諮問委員会を設置する。
⑥ 相談所に第5章に定める紛争解決等業務に関する苦情の受付、苦情の調査及び苦情処理の方法の審議等を行うため、苦情処理委員会を設置する。
⑦ 相談所に苦情、紛争の再発防止・拡大防止および未然防止に資するため、別に定める相談室協議会を設置する。
⑧ 紛争解決等業務を行う日及び時間帯は、月曜日から金曜日の午前9時から午後5時までとする。ただし、国民の祝日に関する法律に規定する休日及び年末年始(12月29日から1月3日までの日)には、当該業務を行わない。

(定義)
第3条 手続実施基本契約とは、本規程に定める紛争解決等業務の実施に関し、協会(指定紛争解決機関)と会社との間で締結される契約をいう。
② 苦情とは、申出時において生命保険契約等にかかる商品、サービスの内容、またはその営業活動等に関して、会社に対する不満足の表明があるものをいう。
③ 紛争とは、第7条第1項第2号に定める相談所のあっせんにもかかわらず、当事者間でなお問題が解決しない場合で、第7条第1項第3号に基づき、保険契約者等または会社から裁定審査会に申立てがあるものをいう。

(会社の協力義務)
第4条 会社は、当該会社に対する保険契約者等からの苦情・紛争の解決の促進を図るため、正当な理由がある場合を除き、相談所から報告・説明または関係書類の提出を求められたときは、これに応じなければならない。また、その他相談所の業務に協力しなければならない。

〔参考資料〕 指定（外国）生命保険業務紛争解決機関「業務規程」

(本規程違反への措置等)
第5条　協会は、会社が本規程に反する行為等を行ったことが判明した場合には、必要な措置・勧告を行うものとする。この措置・勧告は協会が必要と認めた場合にその概要及び会社名を公表するとともに、法律（保険業法第308条の8第1項）に基づき金融庁長官に報告する。なお、この措置・勧告を行うに当たり、協会は、会社が当該措置・勧告に係る事情の説明を行い、自らの正当性を主張できる機会を与え、当該規程に反する行為等につき正当な理由があると認めた場合は、公表等は行わない。

(手続実施基本契約の締結、解除等)
第6条　協会は、会社から手続実施基本契約の締結の申込みがあった場合には、当該会社の苦情処理手続等の態勢整備の状況等を確認し、その結果、当該会社が当該契約に係る債務その他の紛争解決等業務の実施に関する義務を履行することが確実でないと見込まれるときは、拒否することができる。
②　協会は、会社が手続実施基本契約に係る債務その他の紛争解決等業務の実施に関する義務を履行することが確実でないと見込まれるときは、将来に向かって当該契約を解除することができる。また、会社が合併等により生命保険事業を廃業したときは、手続実施基本契約を解除する。

第2章　業務

(相談所業務)
第7条　相談所は、第1条の目的を達成するため、次の各号に掲げる業務を行う。
(1)　保険契約者等から生命保険契約等に関する相談があったとき及び会社の生命保険契約等に関する苦情の申出を受けたときは、これに応じ、適切妥当な処理を行う。
(2)　保険契約者等から苦情の申出を受けたときは、苦情の解決に向けての助言を行うとともに、今後の手続きの概要等について説明を行う。また、生命保険契約等契約上の権利を有する申出人から苦情解決の申立てがあったときは、相手方である会社（以下「相手方」という。）に対し速やかに連絡し、当事者間の意見の調整を図るため、必要に応じて双方から事実の説明または資料の提示を求め、更に双方に対して必要な助言あるいは和解のあっせんを行い、苦情解決の促進を図る。
(3)　前号のあっせんにもかかわらず、相談所が苦情解決の申立てを相手方に連絡した日から、原則として1ヵ月を経過しても当事者間でなお問題が解決しない場合で、保険契約者等または会社から紛争の裁定（以下「裁定」という。）の申立てがあったときは、裁定審査会に付託して裁定の手続を行う。
②　相談所は、申出のあった苦情等に関し、当該苦情等の発生原因等を解明し、その原因等の情報を消費者及び会社に提供することにより、同種の苦情等の再発防止・拡大防止及び未然防止に努める。
③　相談所は、次の各号のいずれかに該当するときは苦情解決の申立てを相手方に連絡しない。
(1)　取り扱う苦情が生命保険契約等に関するものでない場合
(2)　苦情申立人が生命保険契約等契約上の権利を有しない場合

(注意喚起・改善勧告)
第8条　生命保険相談室は、前条第2項に資するため、相談所に対して申出のあった苦情等を分析し、特定の会社の苦情等の発生状況等について特に必要と認めた場合には、協会常勤役員に対し、当該特定の会社に係る状況を報告する。

487

② 前項の報告を受けた協会常勤役員は、当該特定の会社の担当役員または代表者に対し、文書または口頭により注意喚起または改善の勧告を行うことができる。

(会社の報告義務)
第9条　会社は、第7条第1項第2号による相談所からの苦情の解決の求めに対して、迅速かつ誠実に対応するとともに、正当な理由がある場合を除き、当該苦情解決に関する当該会社としての対応の結果を遅滞なく相談所に報告しなければならない。
② 会社は、苦情を真摯に受け止め再発防止に努める。

(周知・他者への委託・関係機関との連携等)
第10条　相談所及び会社は、相談所の周知を図るため、必要な情報の提供等を行わなければならない。
② 相談所は、申立人の意向を確認の上、苦情処理手続または紛争解決手続の業務を法律(保険業法第308条の6)に定める者に委託することができる。
③ 相談所は、紛争解決等業務を遂行するにあたり、関係機関との連携及び苦情処理手続や紛争解決手続の状況等に係る情報交換等に努める。

(職員の育成、監督)
第11条　協会は、研修等により紛争解決等業務に従事する職員の育成に努める。
② 協会は、当該業務の適正な遂行に関し、別に定める当該業務に従事する職員の服務倫理に関する規程等に基づき監督するとともに、苦情処理委員会に対する苦情の申出等も踏まえ、改善の必要がある場合は適切に指導する。

第3章　裁定審査会

(委員の構成と職務、独立性の確保)
第12条　裁定審査会(以下「審査会」という。)は、委員として委嘱を受けた弁護士、消費生活相談員及び生命保険相談室職員の3者からなる委員で構成し、裁定開始の適格性の審査、和解案の提示及び受諾勧告等(以下「裁定手続」という。)を行う。なお、審査会による裁定手続に際しては、必ず弁護士委員を含めることとする。
② 裁定手続の当事者が法律(保険業法第308条の7第4項第3号)に定める実質的支配者等または子会社等(以下本条において「実質的支配者等」という。)であった場合、当該実質的支配者等または協会は、委員が裁定手続の実施に関し、独立して業務を行うことを確保するため、委員に対して直接または間接にいかなる命令や指示等をも行ってはならない。審査会は当該実質的支配者等または協会から委員に対し直接または間接に命令や指示等が行われたと判断した場合は、その対応について審議した上、第2条第5項に定める裁定諮問委員会にその内容を報告する。

(委員の委嘱と任期)
第13条　審査会の委員は、所長が委嘱する。
② 委員の任期は2年とし、重任を妨げない。
③ 委員に欠員が生じたためその補欠として就任した委員の任期は、前任者の残任期間とする。

(委員の委嘱の基準)
第14条　所長は、第1条の目的を達成するに相応しい人格が高潔で識見の高い者に委員を委嘱す

〔参考資料〕 指定（外国）生命保険業務紛争解決機関「業務規程」

る。ただし、次の者に委員を委嘱することはできない。
(1) 法律（保険業法第308条の13　第3項）に定める紛争解決委員の要件に該当しない者
(2) 裁判所法及び弁護士法に定める欠格事由に該当する者
(3) 会社の役職員

(委員の解任)
第15条　所長は、次の各号に掲げる場合を除き、委員を任期中に解任することはできない。
(1) 心身の故障で職務の遂行に耐えないと認めるとき。
(2) 職務上の義務違反、その他委員たるに適しない非行が認められたとき。
(3) 前条ただし書きに定める欠格事由に該当することとなったときまたは該当することが認められたとき。

(議長の選任)
第16条　審査会は互選により議長を選任する。
②　議長に事故があるときは、あらかじめ議長が指名した委員がこれに代る。

(定足数と議決)
第17条　審査会は、委員の過半数の出席によって開催し、その議決は出席委員の過半数をもってこれを行う。可否同数の場合は議長がこれを決する。なお、議長は、審査会を招集せず、委員の意見を書面等で求めることにより、審査会の議決に代えることができる。
②　裁定の申立てにかかる当事者と特別の利害関係にある委員は、議決等に加わらない。
③　審査会は、委員及び当事者の申告に基づき、または必要に応じて自ら調査の上、当該事案に対する特別の利害関係の有無について審議し、議決等への参加・不参加を決定する。

第4章　裁定

(裁定開始の適格性の決定)
第18条　裁定開始の適格性は、審査会において決定する。

(裁定手続開始と裁定不開始)
第19条　審査会は、相談所が苦情解決の申立てを相手方に連絡した日から、原則として1ヵ月を経過しても当事者間でなお問題が解決しない場合で、保険契約者等または会社から裁定申立てがあったときに、裁定手続を開始する。ただし、前条の決定により申立てを受理した後、相手方が訴訟や民事調停により解決を図ることを文書の届出により明確にし、審査会が正当な理由があると認めた場合は、裁定不開始とし、その旨を理由を付して裁定の申立てをした保険契約者等（以下「申立人」という。）に通知する。
②　会社からの裁定申立てがあった場合で、前条の決定により申立てを受理したときは、審査会は他方の当事者となる保険契約者等にその旨を通知し、裁定手続への参加意思を確認しなければならない。確認の結果、参加意思がない場合は裁定不開始とし、その旨を会社に通知する。参加意思がある場合は相手方を当該保険契約者等に読み替えて、次条以降の裁定手続を行う。ただし、この場合、相手方である当該保険契約者等は本規程で会社に求める参加義務及び裁定書による和解案の受諾勧告への受諾義務はなく、いつでも参加意思を撤回することができる。

(裁定の形式)

489

第6編 ③ 弁護士実務──生命保険協会「裁定審査会」の活動と課題

第20条 審査会の裁定は、裁定書により行う。

（裁定開始時の事前説明と同意取得）
第21条 相談所は裁定手続を開始するにあたっては、申立人等に対して、裁定手続等について書面を交付して事前に説明等を行い、申立人等の同意を得るものとする。

（裁定開始の決定、裁定の標準処理期間）
第22条 審査会は、相手方から第19条第1項但書きまたは第26条第1項に定める書類の提出があった後、速やかに裁定を開始するか否かを決定する。
② 審査会は、前項の裁定開始を決定したときから原則として4ヵ月以内に裁定結果の提示等を行う。

（申立書等の提出および相手方への交付）
第23条 申立人が裁定の申立てを行う場合には、その趣旨及び苦情の要点を明らかにした所定の裁定申立書2通並びに証拠書類があるときは、その原本または謄本2通を審査会に提出しなければならない。
② 代理人による申立ては、代理人である弁護士及び弁護士以外の者で代理人として申立てをなすことが止むを得ないと審査会が認めた者に限り行うことができる。この場合において、代理人は委任状等を審査会に提出しなければならない。
③ 申立人が法人である場合には、その代表者の資格を証明する書類を審査会に提出しなければならない。
④ 審査会は、第18条の決定により裁定の申立てを受理したときは、速やかに裁定申立書等1通を相手方に交付する。また、当事者双方に対して申立てを受理した日及び審査会委員の氏名を通知する。

（裁定を行わない場合）
第24条 審査会は第18条の裁定手続に際し、申立ての内容が、次の各号のいずれかに該当するときは、裁定を行わないこととすることができる。
(1) 生命保険契約等に関するものでないとき。
(2) 申立人が生命保険契約等契約上の権利を有しないと認められるとき。
(3) 確定判決または確定判決と同じ効力を有するものと同一の紛争であるとき。
(4) 申立人が保険契約者等の場合、相手方と知識情報力または交渉能力の格差等がないものと認められるとき。
(5) 不当な目的でみだりに裁定の申立てをしたと認められるとき。
(6) 当事者以外の第三者が重大な利害関係を有し、当該者の手続的保障（主張・立証の機会）が不可欠であると認められるとき。
(7) 過去に審査会において判断が示された申立内容であるとき。
(8) 他の指定紛争解決機関において審理継続中または審理が終了したものであるとき。
(9) 会社の経営方針や職員個人に係る事項、事実認定が著しく困難な事項など、申立ての内容が、その性質上裁定を行うに適当でないと認められるとき。
② 前項各号のいずれかに該当し裁定を行わず、審査会が当該申立てを第10条第2項に定める者の紛争解決手続に相当する手続に付することが適当と認める場合、相談所は申立人の意向を確認の上、当該者に紛争解決手続の業務を委託することができる。
③ 審査会は、前2項により裁定を行わないときは、速やかに理由を付して当事者双方にその旨通

〔参考資料〕 指定(外国)生命保険業務紛争解決機関「業務規程」

知する。

(裁定手続への参加義務)
第25条　審査会は、相手方に対し、裁定手続に参加することを要請しなければならない。
②　審査会が、相手方に対し、裁定手続に参加することを要請したときは、相手方は、訴訟や民事調停により解決を図ることを文書の届出により明確にし、審査会が正当な理由があると認めた場合を除き、裁定手続に参加しなければならない。

(答弁書等の提出および申立人への交付)
第26条　審査会は、相手方に対し、遅滞なく、その申立てに対する答弁の要旨を記載した答弁書2通及び証拠書類があるときは、その原本または謄本2通を審査会に提出するよう求めなければならない。
②　審査会は、前項の答弁書等の提出後、第22条第1項の裁定開始を決定したときは、速やかにその1通を申立人に交付する。

(訴訟関係の報告)
第27条　会社は、次の各号のいずれかに該当するときは、審査会にその内容等について報告しなければならない。
(1)　訴訟係属中の申立てのときは、その旨と当該訴訟の請求の理由及び程度
(2)　裁定開始を決定した申立てについて保険契約者等から訴訟が提起されたときは、その旨及び当該訴訟の請求の理由
(3)　前2号のほか、審査会が当該訴訟の程度その他の事項の報告を求めたときは、当該事項
(4)　第1号または第2号の訴訟が係属しなくなったとき、または裁判が確定したときは、その旨及び内容

(事情聴取)
第28条　審査会は、必要に応じ、期日を定めて当事者の出席を求め、直接、またはそれに代わる方法で事情聴取を行うものとする。
②　審査会は、期日を定めて関係者(審査会の指定する者。以下本条において同じ。)の出席を求め、事情を直接、またはそれに代わる方法で聴取することができる
③　当事者及び関係者が、前2項の期日の変更を申請するときは、その期日の原則5営業日前までに、これを行わなければならない。
④　審査会は、原則として当事者及び関係者みずからを出席させるものとする。ただし、審査会が相当であると認める代理人を出席させ、または補佐人とともに出席させることができる。

(報告・説明および資料の徴求)
第29条　審査会は、当事者に対し、裁定に必要な事項についての報告・説明または資料の提出を求めることができる。なお、会社は、正当な理由がある場合を除き、これに応じなければならない。

(意見聴取)
第30条　審査会は、裁定に必要な事項について、会社の役職員及び専門家の意見等を求めることができる。

第6編　③　弁護士実務——生命保険協会「裁定審査会」の活動と課題

(当事者への勧告・提言)
第31条　審査会は、裁定手続における公正・円滑な運営を図るため、必要に応じて当事者に対し勧告・提言等を行うことができる。
(裁定の打切り)
第32条　審査会は、裁定手続中の紛争が次の各号のいずれかに該当するときは、速やかにその裁定を打ち切ることができる。裁定を打ち切ったときは、その旨を理由を付して当事者双方に通知する。
(1)　申立ての内容に虚偽の事実が認められたとき。
(2)　申立人が正当な理由なく、事情聴取に出席しないとき。
(3)　裁定開始後に、第24条第1項各号に定める裁定を行わない場合に該当すると認められたとき。
(4)　その他裁定を行うに適当でない事情が認められたとき。
②　裁定開始後に、相手方が訴訟の提起等を行おうとする場合は、相手方は審査会に理由を説明し、審査会が正当な理由があると認めた場合を除き、裁定手続への参加を継続しなければならない。

(申立ての取下げ)
第33条　申立人は、いつでも、所定の裁定申立取下書を審査会に提出して、裁定の申立てを取下げることができる。
②　審査会は、前項により裁定の申立ての取下げがあったときは、その旨を相手方に通知する。

(裁定書による和解案の提示と受諾勧告・受諾義務)
第34条　審査会は、当事者間で和解を受け入れる用意があるときまたは当事者間に和解が成立するように努めても容易に解決しない場合等でなお裁定を行うことが相当であると認めたときは、公正妥当な立場から裁定書による和解案を作成し、理由を付してこれを当事者双方に提示して、その受諾を勧告することができる。
②　前項による裁定書による和解案の提示を受けた場合、次の各号のいずれかに該当する場合を除き、会社はこれを受諾しなければならない。
(1)　保険契約者等が和解案を受諾しないとき。
(2)　保険契約者等が和解案を受諾したことを会社が知った日から1ヶ月以内に会社から当該申立ての内容に係る訴訟が提起され、同日までに当該訴訟が取り下げられないとき、または訴訟係属中の場合に当該訴訟が取り下げられないとき。
(3)　保険契約者等が和解案を受諾したことを会社が知った日から1ヶ月以内に当該申立ての内容について、当事者双方で仲裁法に定める仲裁合意がされたとき、または当該和解案によらずに別の和解や調停が成立したとき。

(受諾義務に違反する行為)
第35条　会社に前条第2項の受諾義務に違反する行為(以下「受諾義務違反行為」という。)があったと審査会が判断した場合、審査会の求めに応じ、会社は受諾義務違反行為を行った理由を審査会に説明しなければならない。
②　審査会が会社が受諾義務違反行為を行ったことにつき正当な理由がないと判断した場合、協会は、会社名、当該受諾義務違反行為の具体的内容、会社が当該受諾義務違反行為を行った理由を公表するとともに、法律(保険業法第308条の8第1項)に基づき金融庁長官に報告する。

(和解の成立、義務履行の調査等)
第36条　審査会は、裁定手続中に当事者間に和解が成立したとき、または当事者双方が審査会の

492

〔参考資料〕 指定（外国）生命保険業務紛争解決機関「業務規程」

裁定書による和解案を受諾したときは、当事者に対し遅滞なく、和解契約書を作成し、その写し1通を審査会に提出するよう求めなければならない。
② 相談所は、保険契約者等から申出があるときは、和解契約書で定められた和解内容の義務の履行状況を調査し、会社に対しその義務の履行を勧告することができる。

（申立内容を認めるまでの理由がない場合の裁定手続の終了）
第37条 審査会は、審理の結果、申立人の申立ての内容を認めるまでの理由がないと判断したときは、速やかに裁定書をもってその理由を明らかにし、裁定手続を終了する。
② 裁定手続を終了したときは、裁定書を当事者双方に交付する。

（裁定手続の終了）
第38条 審査会の裁定は、前条の他、裁定不開始の通知をしたとき、裁定打切りの通知をしたとき、当事者双方が裁定書を受諾したとき及び審査会に和解契約書の提出があったときをもって終了する。
② 第34条 第2項に定める各号のいずれかの理由により、当事者が裁定書を受諾しなかったときは、裁定不調によりその裁定は終了したものとみなし、速やかにその旨を当事者双方に通知する。

（通知方法）
第39条 裁定手続に関する当事者への書面による通知は、原則として簡易書留を利用する。また、協会加盟会社への書面による通知は、確定日付が必要な場合を除き、原則として協会、協会加盟会社間専用の便を利用する。なお、内容等によっては口頭により通知することもできる。

（裁定手続の非公開）
第40条 審査会の裁定手続は公開しない。ただし、審査会が適当であると認めた者を出席させ、必要に応じ意見を求めることができる。また、当事者の同意を得て、審査会が相当と認める者の傍聴を許すことができる。

（評議の秘密）
第41条 審査会の評議は秘密とする。

第5章 紛争解決等業務の苦情処理

（紛争解決等業務の苦情の取扱い）
第42条 紛争解決等業務に関して苦情のある者は、その概要を記載した苦情申出書を苦情処理委員会（以下、「委員会」という。）に提出して苦情の申出をすることができる。
② 委員長は、前項の苦情申出書を受け付けたときは、次条に定める委員会を招集し、その苦情に係る事情の調査及び苦情処理の方法について審議し、決定する。
③ 委員長は、前項の決定に従い苦情を処理し、その結果を苦情の申出をした者に書面または口頭により通知しなければならない。

（委員会の運営）
第43条 委員会は5名以内の委員で構成し、委員は協会の常勤役員、事務局長及びコンプライアンス担当の管理職にある者（いずれも紛争解決等業務の運営及び執行に関係しない者に限る。）

第6編 ③ 弁護士実務——生命保険協会「裁定審査会」の活動と課題

の中から所長が任命する。
② 委員会は、互選により委員長を選任する。委員長に事故があるときは、あらかじめ委員長が指名した委員がこれに代わる。
③ 委員会は、委員の過半数の出席によって開催し、その議決は、出席委員の過半数をもってこれを行う。可否同数の場合は、委員長がこれを決する。なお、委員長は、委員会を開催せず、委員の意見を書面等で求めることにより、委員会の議決に代えることができる。
④ 紛争解決等業務に関する苦情の申し出を行った者と特別の利害関係にある委員は、議決等に加わらない。
⑤ 委員会は、前条第2項により招集されたときは、苦情に係る事情を調査した上で、苦情処理の方法について審議し、決定する。
⑥ 委員会の会議は公開しない。ただし、委員会が適当であると認めた者を出席させ、必要に応じ意見を求めることができる。
⑦ 委員会の評議は秘密とする。

第6章 雑則

(委員等の秘密保持)
第44条 審査会及び委員会の委員もしくは委員であった者、または生命保険相談室及び連絡所の職員もしくは職員であった者は、その職務に関して知り得た秘密を漏らし、または自己の利益のために使用してはならない。また、その義務を履行するため、その義務を遵守することを約する書面を協会に提出しなければならない。
② 苦情処理手続及び裁定手続の当事者は、手続上知り得た一方の当事者の秘密を同人の同意がある場合を除き、漏らし、または自己の利益のために使用してはならない。

(負担金・料金・費用)
第45条 相談所の紛争解決等業務に要する費用は、協会加盟会社が負担する協会の会費から支出し、協会加盟会社の保険契約者等からの相談及び苦情の申出はすべて無料とし、裁定の申立ては手数料を徴収しない。ただし、当事者、補佐人等の事情聴取等への出席費用その他手続費用は当事者各自の負担とする。

(金融庁長官への報告)
第46条 協会は、紛争解決等業務の処理状況を、定期的に金融庁長官に報告する。

(業務に関する処理の記録・保存)
第47条 相談所は、紛争解決等業務に関する手続について法律(保険業法第308条の11及び同法第308条の13 第9項)に基づき、これを記録し、保存する。

(裁定手続に関する提出書類、記録の秘密保持)
第48条 相談所は、当事者双方から提出された裁定手続に関する書類等及び陳述された意見等の内容、前条の記録について、別に定める協会の書類等の保管・廃棄に係る規程に基づき、秘密の安全管理のための組織的、物理的、技術的な必要かつ適切な措置を実施する。
② 相談所は、当事者双方から提出された裁定手続に関する書類等は返還しない。ただし、当事者から返還の請求があったときは、写しを作成し、以後その写しを提出された書類等とみなして保管し、提出書類等を返還する。

〔参考資料〕 指定（外国）生命保険業務紛争解決機関「業務規程」

(公表)
第49条　相談所は、業務状況並びに審査会の活動状況について、件数等の公表を行う。なお、裁定概要を公表する場合は、プライバシーに配慮するとともに申立人の同意を得るものとする。

(本規程の改廃)
第50条　本規程の改廃は、理事会の議決を経て金融庁長官の認可によるものとする。
②　裁定手続に要する裁定申立書等の様式及び実務的運営事項は審査会が別に定める。

【別表】

連絡所名	所在地	連絡所名	所在地
札幌・苫小牧	北海道札幌市	三重県	三重県津市
函館	北海道函館市	滋賀県	滋賀県大津市
旭川・北見	北海道旭川市	京都府	京都府京都市
釧路・帯広	北海道釧路市	大阪府	大阪府大阪市
青森県	青森県青森市	兵庫県	兵庫県神戸市
岩手県	岩手県盛岡市	奈良県	奈良県奈良市
宮城県	宮城県仙台市	和歌山県	和歌山県和歌山市
秋田県	秋田県秋田市	鳥取県	鳥取県鳥取市
山形県	山形県山形市	島根県	島根県松江市
福島県	福島県郡山市	岡山県	岡山県岡山市
茨城県	茨城県水戸市	広島県	広島県広島市
栃木県	栃木県宇都宮市	山口県	山口県下関市
群馬県	群馬県前橋市	徳島県	徳島県徳島市
埼玉県	埼玉県さいたま市	香川県	香川県高松市
千葉県	千葉県千葉市	愛媛県	愛媛県松山市
神奈川県	神奈川県横浜市	高知県	高知県高知市
新潟県	新潟県新潟市	福岡	福岡県福岡市
山梨県	山梨県甲府市	北九州	福岡県北九州市
長野県	長野県松本市	佐賀県	佐賀県佐賀市
富山県	富山県富山市	長崎県	長崎県長崎市
石川県	石川県金沢市	熊本県	熊本県熊本市
福井県	福井県福井市	大分県	大分県大分市
岐阜県	岐阜県岐阜市	宮崎県	宮崎県宮崎市
静岡県	静岡県静岡市	鹿児島県	鹿児島県鹿児島市
愛知県	愛知県名古屋市	沖縄県	沖縄県那覇市

制定　平成22年9月15日
施行　平成22年10月1日
改正　平成26年2月21日（平成26年4月1日施行）
　　　平成28年9月30日
　　　平成30年3月31日

④ 死と刑事事件

勝 丸 充 啓
弁護士・元広島高等検察庁検事長

I はじめに

　当時は西新橋にあった平沼髙明法律事務所での初代の司法修習生として実務修習を受けたのは、昭和50年代前半であった。平沼先生から教わったことは多々あるが、中でも、先生の法律家としての「考える」姿勢には、深く学ばせていただくことが多かった。先生は、世人の常識にとらわれることなく、いつも自分の頭で考えておられた。私は、検事任官後約37年間、全国の検察庁あるいは法務省で勤務したが、先生から教わった法律家としての「考える」姿勢を忘れたことはない。

　実務法律家の主たる仕事は、第1に、法律的視点に基づく真相究明あるいは事実確定を行うこと、第2に、確定された事実関係について的確な法解釈を行うこと、第3に、時代の要請に応じて適切に法や法制度の改廃あるいは新設を提案することにあると思うが、それぞれに「考える」姿勢が大切である。第1の法律家としての真相究明あるいは事実確定は、新聞記者の取材とはやや異なり、あくまでも法律的視点を前提にしてのものである。誰が殺人事件の犯人かを問うには、法律家も警察官も新聞記者も目的を同じくするが、それに共謀の成否とか責任能力の有無などの法律的視点が加味されてくると、それらに焦点を当てた法律家としての真相究明や事実確定が必要になってくる。第2の法解釈が法律家の大事な仕事であることはいうまでもない。法律

家を名乗る前提たる司法試験は、受験生に一定の事実関係を与えたうえで主として法解釈について試しており、大学法学部の授業も法解釈を中心に教えている。法律家を名乗る人々の多くは、法解釈こそわれわれの仕事であると自信をもっているのではないか。第3の、いわば立法に関することは、三権の中でも立法府の所掌するところであり、これを他人事と意識している法律家もないでない。しかし、実社会の中で法律や法制度と日々向き合っている法律家が、既存の法や法制度の改廃や新規の立法に建設的にかかわらずして、何が法律家か。ドイツ議会の法務委員会のメンバーは全員が法律家であり、ドイツ法律家大会の議論はさまざまな法改正に大きな影響を与えている。私も、さまざまな立法に主体的にかかわってきたつもりである。

　さて、私の法律家としての検察庁勤務と法務省勤務は、検事人生のそれぞれおよそ半分を占めるが、今回、先生の追悼論文集に寄稿させていただくにあたり、検察庁勤務、法務省勤務それぞれの経験から、「死と刑事事件」について考えさせられたことを1つずつ選んで小稿にまとめたい。前者は、法律家の使命は真相究明あるいは事実確定にあると痛感させられた事件についてであり、後者は、法律家が行うことのできる法解釈の限界についてである。前記の法律家の仕事の第1と第2に関することである。第3の、法や法制度の改廃や新設に関することについては、また別の機会に譲りたい。

II　川治プリンスホテル火災事件とホテルニュージャパン火災事件

1．川治プリンスホテル火災事件

　まずは、検察現場の経験から、川治プリンスホテル火災事件を取り上げる。私は、検事に任官したものの、そう長く検事生活を続けようとは思っていなかった。もともと弁護士志望であったが、いきなり弁護士になるのではなく、裁判官あるいは検事の経験を経て弁護士になるのも悪くないと考えて検事に

任官した。それが、辞めることなくほぼ定年まで検事生活を続けるきっかけとなったのが、私が、宇都宮地検勤務当時、検事任官3年目に担当した川治プリンスホテル火災事件である。

　川治プリンスホテルは、栃木県の山奥にある川治温泉にあった。西武系列のプリンスホテルとは無関係の、宿泊収容人員約250名の個人経営のホテルであった。火災が発生したのは、昭和55年11月20日である。午後3時過ぎ頃、工事現場で使っていたガスバーナーの火がホテルに燃え移り、瞬く間にホテル全館が火煙に覆われた。当時、ホテルには、紅葉見物に来ていた東京都の2つの老人クラブの客が宿泊していたが、建物は増築を繰り返して迷路のようになっており、従業員の避難誘導もなかったことから、多くの客が逃げ遅れた。新建材から出る有毒ガスに巻かれた者も多く、死者は、宿泊客40名、従業員3名、バスガイド1名、添乗員1名の合計45名に上り、わが国ホテル火災史上、最大の死者を出す大惨事となった。

2．死者の声を聞け

　本件は、事件発生から起訴まで、約1年間を要した。その間、時間をみつけては東京に出張し、亡くなられた被害者宅を順次訪問し多くの遺族の方にお会いした。老人クラブの旅行会での出来事であり、亡くなられた方の多くは老人である。仏壇の前で手を合わせると、亡くなられた人の数だけ「死」がみえた。検事の仕事では、死と向き合うことは少なくない。殺人事件はもとより交通事故による死亡事件もある。任官3年目の検事といえども、事件を通して「死」とは何度も向き合ってきた。しかし、45人もの方の死と一度に向き合うのは、初めての経験だった。東京で私を迎えてくれた遺族の方の多くは、仏壇の前で、亡くなられたお爺さん、お婆さんの思い出を懐かしく語ってくれた。「この旅行をずっと楽しみにして出かけたのに、このようなことになってしまい残念でならない」「もう少し長生きしてくれればもっと親孝行できたのに、それができず悔しい」などと言い、最後は、「従業員に避難誘導訓練もしないで、防災設備の設置を怠っていたホテル経営者を厳罰

に処してほしい」などと訴えてきた。しかし、ほんのごく一部ではあるが、この被害者の方は、自宅ではあまり大事にされていなかったのではないかと感じる遺族もいた。被害者の話はそっちのけで、慰謝料をいくらとれるかと質問してきたり、私の眼の前で兄弟間の相続争いの素振りをみせる遺族もいなかったわけではない。

　事件発生から起訴まで約1年を要した難事件である。今でこそ、刑事責任を含めホテル経営者が防火防災責任を負うことは確立されたものとなっているが、この事件の捜査当初は、ホテル経営者の管理責任や監督責任を刑事的に問うには、証拠関係を含め種々難しい問題があると意識されていた。火災の直接責任は失火者にあり、ホテル経営者が失火自体に関与したわけではない。それでも、刑事的に、経営者の管理責任や監督責任を問えるのか。それについて確立した捜査手法も、決め手となる裁判例も乏しかった。それを見越して、経営者側の弁護団は、遺族との示談ができれば本件の起訴を免れることができるのではないかと期待し、被害者の遺族との示談交渉を急いでいた。私が遺族の方を回るのに少し遅れて、弁護団の方たちも遺族と連絡を取り始めたようである。そんな折、弁護団を取材していた新聞記者が、ある弁護士が次のようなことを言っていると教えてくれた。すなわち、「被害者の中には、火災の際に逃げようと思えば逃げられたのに、わざと逃げなかった者がいるようだ。逃げなかったのは、自宅で子供たちに大事にされておらず、東京の家族のところに戻りたくなかったからだろう。こういう人は、いわば自殺であり、火災と死亡との因果関係がないので、被害者からはずすべきだ」と言っているというのである。ひどいことをいう弁護士だと思った。確かに、煙と火炎の中で足がすくんで動けなかった方もいたであろう。自宅で大事にされていなかったと思われる被害者の方もいなかったわけではない。しかし、これらを結びつけて、被害者が自分から死を選んだかのようにいうのはひどすぎると思った。楽しみにしていた老人会の旅行に参加して、そこで自ら死を選ぼうとする方などいるはずがない。生きていれば、火炎の恐怖を語ることもできる。孫と遊ぶ楽しみを話すこともできる。しかし、亡くなってしま

えば、何もいえない。「死」とは、一切の声を出せなくなることである。自分の一切の主張が封じられることである。足がすくむ火炎の中で、被害者は叫んでいたに違いない。「助けてください」、「私は、死にたくない」と。私には、その声が聞こえるような気がした。その声に耳を澄まし、その声を世に伝えてあげるのが、検事の仕事だと思った。捜査を遂げ、真相を解明し、金儲けに夢中になり一切の防災対策を怠っていた経営者を起訴にもち込み、亡くなられた方の悔しさを裁判で示していくのが、私に与えられた使命だと思った。

　管理過失を問う刑事事件の捜査は、警察主導では難しい面がある。将来の裁判、過失の法的構成を見越して法律的要点をおさえた検事主導の証拠収集が必須であった。私は、消防署の指導を無視し、避難誘導訓練を全く行わなかった人的過失、防火戸・防火区画の設置を怠った物的過失、これらにつき予見可能性、結果回避義務、結果回避可能性を証拠上丁寧に積み上げて約1年間の捜査を遂げ、経営者夫婦の過失を認定した。実質的経営者であった専務（経営者の妻）は、逮捕後も一切の責任を認めようとしなかった。専務は、警察での取調べを拒否し、拒食に及んだ。私は、専務を拘置所に移監し、連日取り調べた。専務は、私の前では質問に答えたが、自らの責任は決して認めようとはしなかった。しかし、専務が承認せざるを得ない、弁解の余地のない不利益事実はたくさんあった。机を叩くとか、大声を出すとか、そんなことは一切なく、淡々とした静かな取調べであった。質問する私の後ろには、真相を解明してほしいと願う45人の死者がいた。その声を聞きながら、拘置所での取調べは続いた。専務は、逃れようのない多くの不利益事実を認めた検察官面前調書に署名した。死者の声を聞け。この事件で、私は検事を辞められなくなった。

3．川治プリンスホテル火災事件の起訴と裁判

　宇都宮地検は、消防署の改善勧告を無視し、儲け重視で危険な増築を繰り返していた経営者夫婦を業務上過失致死傷罪で起訴し、実質上の経営者で

Ⅱ　川治プリンスホテル火災事件とホテルニュージャパン火災事件

あった専務（経営者の妻）には禁固２年６月の実刑判決が下された。同専務は、公判でも否認を続けたが、二審も一審判決を支持し、最高裁で確定した（最決平成２・11・16刑集44巻８号744頁）。最高裁判所が、ホテル火災での経営者の防火防災責任を明確に認めた初めての決定であり、この種事件での実刑確定も画期的なことであった。また、この事件を契機に、ホテル・旅館に防火基準適合表示制度（適マーク制度）が制定されることになった。

　本件最高裁決定は、ホテル火災事件あるいはビル火災事件についての指導的裁判例であるので、最高裁決定の職権判断部分の一部を抜粋して引用する。最高裁決定は、検察の主張に沿ったものであり、防災対策の不備を人的なものと物的なものとに分けて過失構成する手法は、この事件で確立した。

　「被告人は、旅館業等を目的とする有限会社川治プリンスホテルの取締役であり、代表取締役である夫の甲と共同して川治プリンスホテルの経営に当たっていたが、甲がホテル経営の意欲を失っていたこともあって、常時同ホテルにおいて執務し、直接従業員を指揮監督して日常の業務を行うとともに、同ホテルの建物の維持管理はもちろん、新築、増改築を実行し、これらの業務と関連して防火防災管理の業務も行っていた。……同ホテルにおいては、消防法によって要求されている防火管理者の選任及びその届出はもとより、火災発生時における宿泊客の避難誘導等に関する消防計画の作成及びその届出は一切行われておらず、消火、通報及び避難の訓練等は一度も実施されていなかった。また、同ホテルの旧館は、建築基準法令によって、各階段部分を防火区画とし、外壁の開口部である旧館１階、２階と新館１階、２階との各連絡通路にそれぞれ煙感知器連動式甲種防火戸を設置することを義務付けられており、被告人は、旧館以外の建物部分から火災が発生した場合、これらの設備が設けてあれば、煙及び火炎の流入、拡大を防止し、旧館の宿泊客等の生命・身体の安全を確保できることを、所轄藤原町消防署及び栃木県土木建築課の改善勧告等により認識していたにもかかわらず、これらの設備を設けていなかった。なお、同ホテルにおいて、右の各設備を設けることを困難ならしめる事情は存在しなかった……本件火災については、同ホテルにお

いて、あらかじめ消防計画を作成し、これに基づき避難訓練を実施して、従業員間に避難誘導の方法を周知徹底させるとともに、新館2階と旧館2階との連絡通路部分に煙感知器連動式甲種防火戸を設置し、かつ、旧館2階ないし4階の中央及び西側の各階段部分を防火区画としていたならば、右の防火戸及び防火区画の設置により、少なくとも約30分間は旧館内への煙の流入を阻止することができ、避難誘導時に若干の混乱が起こったとしても、訓練を受けた従業員の避難誘導により、旧館内の宿泊客及び従業員の全員は、右の30分間内に安全な場所に避難することができたと認められる……右の事実関係によれば、被告人は、甲と共に川治プリンスホテルの経営管理業務を統括掌理する最高の権限を有し、同ホテルの建物に対する防火防災の管理業務を遂行すべき立場にあったことが明らかであるが、宿泊施設を設け、昼夜を問わず不特定多数の人に宿泊等の利便を提供する旅館・ホテルにおいては、火災発生の危険を常にはらんでいる上、被告人は、同ホテルの防火防災対策が人的にも物的にも不備であることを認識していたのであるから、いったん火災が起これば、発見の遅れ、初期消火の失敗等により本格的な火災に発展し、建物の構造、避難経路等に不案内の宿泊客等に死傷の危険の及ぶ恐れがあることはこれを容易に予見できたものというべきである。ところで、被告人は、同ホテルにおいては、防火管理者が選任されていなかったのであるから、必要と認められる消防計画を自ら作成し、あるいは幹部従業員に命じて作成させ、これに基づく避難誘導訓練を実施する義務を負っており、また、被告人は、旧館2階ないし4階への煙及び火炎の流入、拡大を防止し、宿泊客等の生命、身体の安全を確保するため、建築基準法令に従い、自らの責任において、新館2階と旧館2階との連絡通路部分に煙感知器連動式甲種防火戸を設置し、旧館2階ないし4階の中央及び西側の各階段部分を防火区画とする義務を負っていたというべきである。そして、被告人が右の義務を履行するため必要な措置をとることを困難ならしめる事情は存在しなかったところ、本件火災による宿泊客及び従業員の死傷の結果については、被告人において、あらかじめ消防計画を作成してこれに基づき避難誘導訓練を実施するととも

に、右の防火戸・防火区画を設置していれば、双方の措置が相まって、本件火災による宿泊客等の死傷の結果を回避することができたものと認められる。

してみると、本件火災による宿泊客等の死傷の結果は、被告人が右のような義務があるのにこれを怠ったことによるものであるから、被告人には過失があり、被告人に対し業務上過失致死、同傷害罪の成立を認めた原判決の判断は相当である」。

4．ホテルニュージャパン火災事件

　川治プリンスホテル火災事件の約1年半後、昭和57年2月8日午前3時過ぎ頃、東京都内のホテルニュージャパン9階から出火し、9階、10階部分をほぼ全焼させ、宿泊客ら計33人が死亡した。ホテルニュージャパン火災事件は、都心で発生した大惨事であったことに加えて、火災現場から助けを求める宿泊客の姿がテレビに映し出されたことやホテル経営者が白木屋株買い占め事件で名を馳せた横井英樹氏であったことから、センセーショナルに報道され、横井英樹氏の管理責任、監督責任の追及に国民の関心が向けられた。

　事件発生後しばらくして、私は、宇都宮地検から東京地検に異動となり、ホテルニュージャパン火災事件の捜査を担当することになった。ホテルニュージャパンの建物は、Y字型の基本構造のうえ、Y字のそれぞれの先がヒトデのように分かれる複雑な造りとなっていた。客室はその4階から10階までを中心に約420室、宿泊定員は約782名であった。ホテルニュージャパン火災事件の捜査も難しい捜査であったが、最も苦労したのは、事実関係の解明すなわち火と煙の流れの解明であった。深夜の出来事であり、火災初期段階の目撃者は少ない。死者は語れず、生き延びた人の多くも記憶が混乱していた。何が起こったのか。私は、多くの生存者の方の話を丁寧に聴く一方、出火場所の9階部分を中心に、廃墟と化した建物に足繁く通った。火と煙はどう流れたのか。宿泊客は、その中をどう動いたのか。死者の声に耳を傾けながら、分・秒刻みの事実確定の作業が続いた。警視庁も、約60名からなる捜査本部を立ち上げ、全力をあげて捜査に取り組んだ。私は、彼らとともに、

数えきれないほど現場を検証した。ある警察官は、目撃者の重要供述の真偽を確かめるために、被目撃者と同じように素っ裸になって汚れた床に転がった。深夜の火災であり、同じ状況下の深夜に現場検証することもよくあった。私は、東京地検の宿直室に泊まり込むことが多く、警察の捜査本部の方々も麹町警察署によく泊まっていた。苦労をともにした警視庁の当時の捜査仲間とは、その後30数年間、毎年のように酒を酌み交わす仲となった。その間に鬼籍に入った捜査仲間も多い。煙と火の流れについて泊まり込みで鑑定書を書き上げてくれた東京理科大学の半田隆教授も、しばらくして亡くなられた。その葬儀の席で号泣していた弟子の方の姿が忘れられない。ご負担をかけすぎたのかもしれない。当時の捜査仲間が集まるたびに、ホテルニュージャパン火災で亡くなられた33名の方々、半田教授、そして先に逝ってしまった捜査仲間を悼む。死が結ぶ縁である。

　ホテルニュージャパン火災事件の捜査では、川治プリンスホテル火災事件の捜査経験が大いに役に立った。ホテル経営者の管理責任、監督責任を問う考え方は、川治プリンスホテル火災事件の例を踏襲している。東京地検はホテル経営者の横井英樹氏らを業務上過失致死傷罪で起訴し、横井英樹氏については禁固3年の実刑判決が確定した（最決平成5・11・25刑集47巻9号242頁）。最高裁判所の裁判要旨は、以下のとおりである。

　「ホテルの客室から出火し、スプリンクラー設備やこれに代わる防火区画が設置されておらず、従業員らにおいても適切な初期消火活動や宿泊客らに対する通報、避難誘導等ができなかったため、多数の宿泊客らが死傷した火災事故において、ホテルを経営する会社の代表取締役社長として、ホテルの経営、管理業務を統括する地位にあり、その実質的権限を有していた者には、スプリンクラー設備又はこれに代わる防火区画を設置するとともに、防火管理者を指揮監督して、消防計画を作成させて、従業員らにこれを周知徹底させ、これに基づく消防訓練及び防火用・消防用設備等の点検、維持管理等を行わせるなどして、あらかじめ防火管理体制を確立しておくべき注意業務を怠った過失があり、業務上過失致死罪が成立する」。

5．部下への指導——死者の声を聞け

　その後、私は、福井、水戸、さいたまの3地検で、検事正を務めた。被害者死亡事件では、部下に対して、「死者の声を聞け」と言って指導した。最初は、皆キョトンとする。死者の声など聞こえるわけがないと反発する。しかし、話しているうちに、死者の声に耳を澄ませようとする検事も少なくはなかった。

　被害者死亡事件で、遺族の処罰感情の強弱や遺族との示談の有無が、被疑者の起訴不起訴の判断や求刑に影響することは少なくない。しかし、遺族のいない被害者はどうなるのか。遺族と仲のよくなかった被害者についてはどうか。遺族の処罰感情に重点をおきすぎると、処罰の不均衡を招きかねないうえ、時として真実発見の要請や被害者の無念の情をないがしろにしてしまうおそれがある。被害者死亡事件で、遺族と示談ができたから被疑者を不起訴にしたいとか、遺族が宥恕しているので被疑者の求刑を減らしたいとか言う検事が決裁に来ると、検事正である私はその検事に問う。死者の声は聞いたか、死者はそれでよいといっているのかと。部下は、最初はキョトンとし、そのうちに死者の声に耳を澄まし始める。

Ⅲ　脳死は死か

1．法務省刑事局刑事課

　次に、私が法務省刑事局勤務の時代に直面した「脳死」の問題を取り上げる。私は、昭和61年から、法務省刑事局刑事課に局付検事として勤務していた。刑事課の所掌事務は、一般刑事事件、官紀事件、財政経済事件、選挙事件、交通事件などの刑事事件の検察に関するものである。各省庁が罰則付きの法令をつくる際には、内閣法制局の審査を受けるほか、法務省刑事局の罰則審査も受けなければならない。法令の形式だけ整っていても、検察が実際

に使えない罰則をつくられては困るからである。罰則に係る条文の書きぶりについては、語句の意味をよく確かめておかねばならない。条文にある語句の定義が不明確であると、構成要件があいまいになり、その罰則が結局は使えなくなるおそれがある。今は、罰則審査の担当が刑事局各課に分散されているが、当時は、刑事課がその多くを受けもっていた。刑事課は、法案を起案してもってくる各省庁に対して、罰則に関係する条文の記載ぶりの相当に細かいところにまで注文をつけた。そのため刑事課は、各省庁からは相当煙たがられていたに違いない。このような罰則審査の仕事のほか、刑事課の仕事の1つに、全国各検察庁から寄せられる法解釈に関する質疑への回答があった。起訴不起訴の判断や証拠判断は各検察庁の責任で行われることであるが、その前提たる条文の語句の意味や法解釈が各検察庁で不統一であってはならない。構成要件に関する条文の語句の意味は、明確であり全国的に統一されているべきである。しかし、立法時にすべての事態を想定できているわけでもなく、法制定後に事情が変化することも多い。裁判例もなく、条文の記載ぶりのみからでは犯罪の成否を判断しがたいときに、各検察庁は、刑事局に質疑してくる。たとえば、刑法172条に虚偽告訴罪（昔の誣告罪）が定められているが、そこに書かれる「懲戒」は弁護士法の懲戒も含むかなどという質疑や「菊花紋章」を石碑に刻む行為は軽犯罪法違反に該当するかなどという質疑がきた。こういう質疑があると、担当局付検事は、必要に応じ国会での説明を含め立法時の資料を収集し、同種裁判例や関係裁判例を調べ、関連法令を精査する。場合によっては、刑事課の局付検事全員が集まって議論を尽くす。その過程で、罰則を規定する法令を所管する省庁の担当課とも合議する。法律のプロの検察官が質疑してくるほどの案件だから、当該法令を所管する省庁といえども、簡単には結論を出せず、そのような事態は立法時には全く考えていませんでしたなどと素直に回答してくることも多い。さまざまな議論の積み重ねを経て、担当局付が質疑回答案を起案する。そして、参事官、課長、さらには局長の決裁を経て、質疑をしてきた検察庁に法務省刑事局の法解釈を伝える。こうして、先例のない案件については、法務省刑

事局を通し、全国検察庁の法解釈の統一が図られている。刑事局が積極回答した事案は、質疑してきた検察庁により起訴されることが多く、有罪判決を経て裁判例として確立していく。

　質疑回答はいつでも悩ましいものであるが、担当した多数の質疑の中で、私が完全に頭を抱えてしまった問題が、1つある。それは、刑法199条は、「人を殺した者は、死刑又は無期もしくは……」と規定するが、その「人」には脳死患者を含むかという質疑であった。この質疑は、水戸地検から刑事局になされ、私は、一般刑事事件担当の局付検事であったことから、この質疑に答えを出さねばならない立場にあった。もちろん、私1人で質疑回答するわけではない。決裁の過程で回答が変わることもないわけではない。しかし、最初の回答案を起案するのは、担当局付の仕事であり、最初の回答案はそれなりの重みをもつ。

2．筑波大膵肝同時移植事件

　水戸地検が告訴を受理した事件の概要を紹介しよう。昭和59年9月筑波大学附属病院で、脳死患者から摘出した膵臓および腎臓の移植手術が行われ、移植手術を受けた患者は約1年後に死亡した。この移植手術に関し、東京大学医学部付属病院の医師らが中心となり、患者の権利検討委員会および脳死反対全国署名活動委員会が結成され、その会員らが、昭和60年2月12日付けで、移植手術を実施した筑波大学附属病院の外科教授らを殺人罪等で水戸地検に告発した。当時は、伝統的な死の判定方法である三兆候説（心臓死説ともいう）が定着している一方、厚生省（当時）は、昭和58年に厚生科学研究費による特別研究事業として「脳死に関する研究班」を発足させ、脳死の判定指針および判定基準の研究を進めていた。研究班の中心は、杏林大学の竹内一夫教授である。告発状によれば、告発の理由の1つは、「近時、臓器移植を提唱する医師を中心として、脳死をもって死亡と判定すべきということが強く言われるようになってきた。しかしながら、脳死の問題はわが国においても、いまだ厚生省が研究班に答申を求めている段階にすぎず、国民一般

はもとより医師の間での合意さえ得られていない状態である。したがって、現状においては、脳死説を法的に肯定することはできず、伝統的な死の判定方法である三兆候説が唯一の死の判定基準と言わざるを得ない。右の前提の下では、肝臓の摘出や2個の腎臓の摘出行為それ自体殺害行為であることは明白である」ということであった。昭和60年12月6日に脳死に関する研究班は、「脳死の判定指針および判定基準」（いわゆる竹内基準）を公表するが、脳死に関する議論はおさまることなく、その後、脳死問題は、医師、法律家のみならず哲学者、宗教家、評論家を巻き込んだ大議論に発展していくのである。

　脳死は死か。担当局付として、いかなる結論を出すべきか。当時は三兆候説が主流であり、医師は、自発呼吸の非可逆的停止、心拍動の非可逆的停止、瞳孔散大と対光反射消失を確認し、肺、心臓および脳の機能停止を認め、死を判断していた。他方、竹内基準は世間の全面的支持を得るには至っていなかった。告発状に記載されたような理由も含めて、刑法的には脳死は死でないと結論づける途もあった。当時は、移植手術や移植医に対する不信感は根強いものがあり、刑事課において、脳死は刑法的には死でないと回答しても、世間からの極端な違和感はなかったとも思われる。しかし、それでよいのか。刑事課が脳死は死でないと回答すると、水戸地検は、筑波大教授を殺人罪で起訴する可能性が出てくる。そうすれば、脳死患者からの移植手術は今後一切行われなくなるかもしれない。それでよいのか。仮に水戸地検が筑波大教授を殺人罪で起訴すれば、脳死は死かの判断は、最終的には裁判所に委ねられることになる。脳死は死か、このような問題を判断する立場に、裁判所を追い込んでよいものなのか。

　逆に、竹内基準が示されたこともあり、刑事課において、脳死は刑法的には死であると、あるいは脳死説が一部で有力になっている以上、心臓死のみを刑法上の死であるとは断言できないと回答する途もあった。そのように回答すれば、水戸地検は、筑波大教授を不起訴にする。検察のお墨付きを得て、脳死は刑法上の死となり、脳死患者からの臓器移植は、今後どんどん行われ

ていくだろう。それでよいのか。脳死に関する世論が揺れている中で、検察が、脳死患者からの臓器移植にお墨付きを与えてよいのか。そこにも強い疑問があった。

脳死は死か、一局付が考えるにも、法務・検察が答えるにも、重すぎる問題であった。しかし、法務・検察は、この問いから容易に逃れられない理由があった。それは、公訴時効の問題があるからである。当時、殺人罪の時効は15年であった。行為時から15年内に水戸地検が告発事件を殺人罪で起訴しなければ、それは、事実上、脳死患者からの臓器移植を認めたに等しい。告発された殺人罪を時効にかけることだけは避けたかった。また、告発には、死体損壊、虚偽公文書作成などの公訴時効期間の短い罪も含まれていた。仮に死体からの臓器移植なら、臓器の摘出は死体損壊罪にあたりうるというのである。死体損壊罪の時効期間は3年にすぎない。刑事課としては、脳死が死であるか否かについての結論は出せないとしても、死体損壊罪の時効期間である移植から3年内に、刑事課としての何らかの姿勢を示す必要があった。

3．和田心臓移植事件

ところで、検察が臓器移植問題で悩まされたのは、筑波大膵肝同時移植事件が最初ではない。昭和43年8月8日札幌医科大学で行われた和田寿郎教授によるわが国最初の心臓移植事件もまた、当時の検察に難しい判断を迫った事件であった。和田心臓移植事件については、多数の文献があり、検察庁の不起訴処分後も殺人罪の疑いが根強く指摘される一方、後日、和田教授自身の反論も出版物として公表されるなど、真相は闇の中である。[1]

事案の概要は、以下のとおりである。昭和43年8月7日正午過ぎ、当時21歳の大学生Y君が水泳中溺水事故を起こし、救急車で小樽市の野口病院に搬送された。Y君は、救急車内でいったん蘇生したが、呼吸困難状態が続き、意識は戻らなかった。Y君は、翌8日午後7時36分救急車に乗せられ、午後

1　和田寿郎『脳死と臓器移植』（かんき出版・1991年）。

8時5分札幌医大に運び込まれた。和田教授率いる胸部外科チームは、同日午後10時10分Y君を脳死判定し、(心停止後に心臓を摘出するという条件で) Y君の両親に心臓提供の同意を求め、(午前2時8分にY君の心臓の自動能が認められるが) 翌午前2時30分頃、Y君の心臓を摘出し、重傷の心臓弁膜症で入院していた18歳のM君に移植した。M君は、一時は自立歩行が可能になるまで回復したが、血清肝炎等を併発し、手術後83日目の同年10月29日に死亡した。M君の死亡により、手術後は和田教授をもてはやしていたマスコミの論調は変わり、各方面から心臓移植手術についての種々の疑問が呈され、ついに和田教授は2つのグループと一個人から殺人罪および業務上過失致死罪で告発されることになった。告発者の中には2人の元厚生大臣が加わっているが、それだけ当時の世間の眼は厳しかったのであろう。

　事件は、札幌地検が捜査することになった。当時は、脳死という概念が社会的に定着しておらず、捜査は、心臓死説を前提に行われた。Y君に対する殺人罪の成否のポイントは、午前2時30分の心臓摘出時に、Y君は生きていたかどうか、その心臓に自動能が認められていたかどうかである。札幌地検は、そのときにY君が生きていたかどうか不明であるとして、和田教授に嫌疑不十分の裁定を下した。しかし、世間は、その裁定に必ずしも納得しなかった。不起訴になった事件の不起訴裁定書とか捜査報告書なるものは、本来公表されないものである。しかし、本件では、検察の処分後かなりの期間を経てのことではあるが、不起訴裁定書案に加えて詳細な捜査報告書までが世に出てしまった[2]。今なら情報流出などといって大騒ぎになるところだが、昔はおおらかであったのか。あるいは、地検の処理結果に納得していない検察関係者がわざと外部に流したのか。当時の札幌地検の発表と、流出したものとして出版物で引用されている上記捜査報告書等を合わせ読めば、本件は起訴不起訴の限界事例であり、当時の検察が起訴不起訴の決定に相当悩んだことがうかがわれる。検察は、脳波測定をしたという和田教授の主張を全面否定

2　共同通信社社会部移植取材班編『凍れる心臓』(共同通信社・1998年)。

するなど、和田教授の説明には多くの偽りが含まれていることを認定している。また、取り出されたM君の心臓が一時行方不明になり、その後発見された大動脈弁が他人のものである可能性が出てくるなど、レシピエント側の病状が、本当に心臓移植を必要としていたものかどうかも疑問視されている。医師あるいは医師仲間による嘘の説明、証拠隠し、記録の改ざん、口裏合わせが行われ、それらにより検察の捜査、真相究明が阻害された可能性がある。本件を、限りなくクロに近い灰色と世間は評価した。しかし、札幌地検の下した結論は嫌疑不十分の不起訴であった。これだけの大事件になると、処分については、地検の判断だけでなく、札幌高検、最高検の判断を仰ぐことになる。法務省刑事局も、法律解釈を述べる立場等から、その議論に加わることもある。本件当時、法務省刑事局に在籍していた元参議院議員の佐藤道夫氏は、本件不起訴処分につき、後日、朝日新聞紙上で「死の判定やその他の点でかなりの疑問があった。しかし、医学の進歩を考え、起訴しなかったと記憶している」と語ったとされる。佐藤氏の発言は佐藤氏個人の感想のようでもあり、当時の検察が医学の進歩の点をどのようにあるいはどの程度考慮に入れていたか、その真偽は不明である。しかし、仮にそれが本当なら、その思惑は必ずしも成功しなかった。すなわち、和田心臓移植事件を契機に、臓器移植に対する世間の不信感が定着し、その後の長い間、医師に臓器移植を慎重にさせ、脳死論議の足も引っ張ったからである。和田心臓移植事件の問題は、手術室という密室で行われたことについての客観的記録があまりに乏しいことである。そのうえで、医者同士の口裏合わせや記録改ざんの疑いもある。手術室という密室で行われた行為につき、その場にいた医療関係者が本当のことを話さないので、そこで何が起こったか、何が行われたか証拠上確定できず、検察は、事件を嫌疑不十分として処理せざるを得なかった。こういう検察の処分が、証拠判断として仕方のないものであったとしても、世間が納得しないのも当然であった。そういう手術が行われることを安易に

---

3 小松美彦『脳死・臓器移植の本当の話』（PHP新書・2004年）255頁。

認めてはならない。

　和田心臓移植事件の不起訴は、当時の検察にとって苦渋の決断であった。筑波大膵肝臓器移植は、和田心臓移植に比べれば、はるかにクリーンなものであったが、それは和田移植が客観証拠の保全という点であまりにダーティであったというだけで、医師に対する世間と検察の不信感は拭えておらず、安易に臓器移植への途を開いてはならないという和田心臓移植事件の教訓は、担当局付の私の中にも根強く染み着いていた。

4．司法の限界

　司法が何をどこまで判断できるかについて、立法権、行政権との関係、統治行為論などで一定の限界があることは自明の理である。また、宗教上の教義や信仰の問題についても、司法で判断することが適当でない場合があろう。では、死の定義についてはどうか。

　筑波大膵肝同時移植事件につき、検察が、脳死を否定し、従来の心臓死説に従って医師を殺人罪で起訴すれば、脳死は死かの判断は、裁判所に委ねられることになる。まさに具体的な事件についての判断であり、しかも条文の語句の法解釈に関することなので、形式的には、裁判所が判断すべき事項であろう。しかし、私は、当時の時点で、脳死は死かの判断を裁判所に委ねるのは適当でないと考えた。それは、個人の宗教観、倫理観にも深くかかわることであり、哲学とも無縁でない。国民の間で議論を尽くし、最終的には、司法ではなく、まず立法で解決する途を探るのが本来の筋であろうと考えた。

　また、国民的議論を行わないで、裁判所がいきなり脳死は死であるとかないとか判断したとして、国民がそれを尊重するかどうかも心配であった。司法がその権威を保ち得るとするなら、それは国民が司法の判断を尊重するからである。最高裁判所の最終決定が出るや否や、「不当判決」の垂れ幕が掲げられ、しかもそれがそのままマスコミで報道される国に司法の権威があると、自信をもって言えるのだろうか。権威のない司法が、脳死は死であるとかないとかいったら、かえって混乱を招くだけではないか。私は、裁判所に

脳死が死かの判断をする資格がないといっているわけではない。当時としては、それは時期尚早であると考えたということである。

5．法の限界と法律家の謙虚さ

　筑波大膵肝同時移植事件につき、私は刑事局付として、脳死は死であるかについて質疑回答の原案を起案すべき立場にあった。脳死は死であるにせよ、死でないにせよ、どちらの立場でも大論文は書けたであろう。刑事局付は、法律家としてそれくらいの能力はもっている。しかし、そのような起案をするのが適当なのか。法解釈は法律家の仕事ではあるが、状況によっては、法解釈すること自体を控えたほうがよいことがある。法にも限界がある。その限界を知って、法律家は謙虚にならねばならないことがある。刑法に規定される殺人罪の「人」とは何か、脳死は死か。この問題について、昭和の時代の終わり頃、私は、その判断は、その時点で、法律家が結論を下すべきことではないとの結論に至った。そこで、法律家が先走って結論を出すのは、いずれの回答にせよ、法律家の傲慢ではないかと思った。

　刑事課は、水戸地検への回答を先延ばしにした。当時の内閣内政審議室にお願いし、「死」という語句の規定される法令を所管する各省庁に集まっていただき、「死」の意味についての勉強会を始めてもらった。ほとんどすべての省庁が、死に関する法令を所管していた。脳死が死であるとされると、何が変わるのか。それぞれが考えた。私が直接関与したのはそこまでである。その後、私は刑事課から異動となり、一等書記官としてドイツに赴任し、平成4年に帰国した。その間に、日本では、いわゆる脳死臨調が開かれ、脳死についての国民的議論が広がり、平成4年1月22日に脳死臨調最終報告が示された。その後、国会での議論も進み、平成6年1月に脳死および臓器移植に関する各党協議会・臓器移植法案要綱がつくられた。さらに紆余曲折を経て、平成9年7月いわゆる臓器移植法が成立した。奇しくも、私は、そのとき、法務省刑事局刑事法制課の参事官として、まさにわが仕事として、臓器移植法案の成立を身近にお手伝いし見守る立場にいた。国会は立法機関とは

いうものの、当時のわが国では、本当の意味での議員立法は珍しかった。しかし、臓器移植法案は、三権分立の名にふさわしく、国会議員の議論を経て、まさに議員立法として提出されたものであった。それだけに、内容的には、さまざまな論点が残されていた。妥協の産物と揶揄する声もあり、法解釈論者を含め、ここが不十分だとか、あいまいだとか批判的な意見を述べる者が大勢いた。しかし、私は、国民的論議を経て法案が提出され、国会議員が、党議拘束をはずして法案に賛否の票を投じる姿をみて、感無量であった。脳死は死か、それは、一義的には、法律家が決めるものでなく、国民が決めるものであると信じていたからである。法律家は、後から出ていけばよい。

　検察は、臓器移植法の施行を受けて、平成10年3月31日、筑波大膵肝同時移植事件について嫌疑不十分とする不起訴処分を行った。脳死と臓器移植に関する文献は多数あるが、資料的には、町野朔＝秋葉悦子編『脳死と臓器移植〔第3版〕』（信山社出版・2009年）がまとまっている。臓器移植法案についての議論の概要や検察の和田心臓移植事件および筑波大膵肝同時移植事件の処理結果、その他脳死と臓器移植に関する各界の見解などについては、同書が参考になろう。

　刑事事件に関し、生と死の狭間は難しい問題である。脳死が死かの議論は今後も続くであろう。安楽死や尊厳死についての議論が古くからある一方、いずれはiPS細胞からのクローン人間の生死などという新しい問題が出てくるかもしれない。それらが刑事事件として問題提起されるとき、法律家は、謙虚に、自らの立ち位置を明確にして、生と死の狭間をみつめなければならない。

5 原子力事故損害賠償
――放射線被曝と疾病との因果関係を中心に

卯 辰 昇

元㈱損害保険ジャパン文書法務部上席法務調査役・法学博士

Ⅰ はじめに

　2011年の福島第一原子力発電所事故（以下、「福島原発事故」という）は、各国の原子力規制当局や原子力産業に大きなインパクトを与え、各国の原子力損害賠償法だけではなく、原子力損害賠償条約の改定や発効を促す契機にもなっている。[1]

　人間に影響を与える電離放射線や放射能は、人間の知覚では認識できず、潜在的被害者に不合理かつ不必要な不安や回避行動をとらせることになる。この特異性こそが、人々に過剰な反応を引き起こし、潜在的被害者の数を増加させることになる。

　原子力事故は、人や財物、そして環境に広範な影響を及ぼし、潜在的な被害規模が大きくなることは、1986年の旧ソ連チェルノブイリ原発事故により

---

[1] 原子力損害の補完的な補償に関する条約（CSC）が、わが国の署名・締結により発効した（2015年4月15日）。CSCは、米国主導で推進され、原発輸出サプライヤーを免責し保護することを目的とした原発推進に寄与する条約である。近隣の原子力発電国が締約しておらず、CSCに規定された締約国からの拠出金による賠償措置の増額効果も小さく、また裁判管轄が事故発生地国に専属する等、越境損害を受けた場合の日本国民にとっては不都合な条約である。CSCを批判的に論じたものとして、卯辰昇「PA法責任法理の展開」損保研究75巻4号（2014年）58頁以下参照。また、わが国改正原子力損害賠償法も2020年から施行の見込みである。しかし、賠償措置額の増額や国と原子力事業者の責任明確化などの重要論点に関する改正はなく、電力会社の仮払金支払資金を極めて限定された範囲で国が貸し付ける制度を新設するにとどまる等、およそ原発事故を受けて行われる法改正とはいえないものである（2018年第197回国会（臨時会）で改正法成立）。

515

第6編　⑤　原子力事故損害賠償——放射線被曝と疾病との因果関係を中心に

実証されている。

　チェルノブイリ原発事故による越境損害としてドイツ連邦政府は国民に対する補償を行った。社会的平穏を迅速に回復するために、暫定的な支払いを含む速やかな補償が必要と考えられ、雨に濡れて帰宅した家族が、放射能に汚染したとして濡れた服を処分した費用や、約2500キロメートル離れたキプロスへ避難した者の旅費、そしてアルジェリアから輸入したチェリーの販売不能損失等、"奇妙"な補償も行われた。

　大規模な原子力事故の後、その被害規模は国境を越え、また世代を超え（胎内被曝としての子孫への影響）、数十万から数百万人に及び、そのような被害者に対する損害賠償額は巨額になる可能性がある。

　一方、1979年の米国TMI原発事故は、放射性物質の漏出による公衆被曝は無視できるほど低いレベルであったとされているが、放射線被曝を理由とした訴訟が多数提起された。これらの訴訟においては科学裁判としての因果関係の立証が問題となったが、因果関係の立証方法をめぐり、その後の原子力関連立法や改正法にも影響を及ぼしている。

　福島原発事故の損害賠償は、原子力損害の賠償に関する法律（以下、「原賠法」という）18条により設置される原子力損害賠償紛争審査会の福島原発事故に関する中間指針等（中間指針と第四次までの追補。以下、「中間指針等」という）に示された賠償範囲に関する考え方を参考に、東京電力に対する直接請求、原子力損害賠償紛争解決センター（原賠ADR）での和解仲介、そして民事訴訟を通じて行われている。

2　ドイツ原子力法38条(2)は、原子力事故発生国において、ドイツ国民の訴追が成功する見通しがない場合に、Ausgleich durch den Bundとしてドイツ国民の連邦政府に対する補償金請求権を規定している。旧ソビエト連邦が支払いを拒んだので、チェルノブイリ原発事故によりドイツ国内で生じた「損害」について、約30万件の請求があり、約5億マルク（約2.5億ユーロ）の補償金が支払われた。Norbert Pelzer, "Facing the challenge of nuclear mass tort processing", Nuclear Law Bulletin 99 (2017) at 46.

3　中間指針等は裁判上の規範になるものではないが、因果関係概念については、相当因果関係説、損害概念については個別的損害項目・差額説をとり（不動産損害については一部修正している）、損害が福島原発事故による賠償範囲にあるかどうかを判断している。

516

本稿では、福島原発事故による損害賠償の構造について考察したうえで、主として因果関係論に焦点をあて、TMI 原発事故訴訟を低線量被曝による身体損害賠償の観点から検討し、低線量被曝に起因する疾病に対する因果関係の立証について考察する。そして、将来的な課題として不法行為損害賠償としての低線量被曝による疾病に対する被曝者救済の方向性について論じる。

II　福島原発事故による損害賠償の構造

1．原子力事業者の損害賠償責任

　福島原発事故を原因とする損害賠償については、損害が「核燃料物質の原子核分裂の過程の作用又は核燃料物質等の放射線の作用若しくは毒性的作用」(原賠法2条2項) により生じたものであり、民法上の損害賠償に関する規定の特則である原賠法が適用される。

　わが国原賠法は、原子力事業者に無過失責任を負わせる (同法3条1項) が、米国や他の諸国の原賠法が一般的に採用している賠償責任の額に一定の制限を設ける有限責任制を採用せず、原子力事業者は、民法上の原則である無限責任を負う。[4]

　また、原子力事故による損害賠償責任は原子力事業者に集中し (原賠法4条1項)、たとえ原子力事故が原子炉の設計、建設の欠陥等に起因して生じたとしても、原子炉機器の納入者に対する求償権行使が制限され、故意のある自然人を除き原子力事業者以外の者が責任を負うことはない (同法5条1項)。

---

[4]　日本の他、ドイツ、スイスが無限責任制をとる。世界最大の102基の原子炉を有する米国は、プライス・アンダーソン法 (PA 法) により原子力事業者は、民間から得られる最大額の保険 (4.5億ドル) と事業者による事後拠出基金 (事業者間相互扶助制度：140.4億ドル) により最大144.9億ドル (2018年11月1日以降) で責任制限される。ただし、現行 PA 法上、原子力事業者は、事後立法措置により追加的な損害賠償義務を負うことが予定されている (42 U.S.C. § 2210 (e) (2) (3), (i) (2) (B))。

第6編　⑤　原子力事故損害賠償——放射線被曝と疾病との因果関係を中心に

　したがって、原子力事業者としての東京電力は排他的に原子炉の運転等により生じた損害に対し、「異常に巨大な天災地変又は社会的動乱によって生じたもの」でない限り（原賠法3条1項ただし書）、無過失、無限の責任を負うことになり、その賠償資力の確保手段として賠償措置を講じていた（同法6条）。

　賠償措置は、原子力損害賠償責任保険契約（原賠法8条）および原子力損害賠償補償契約（同法10条）の締結または供託により、一原子力発電所あたり1200億円とされている（同法7条1項）。地震、噴火または津波による損害は、原子力損害賠償責任保険契約では免責とされており、政府との間で締結される原子力損害賠償補償契約により補償される（原子力損害賠償補償契約に関する法律3条1号、同施行令2条）。

　福島原発事故は地震ないし津波が原因で生じたものであり、その規模は異常に巨大な天災地変に該当しないものとされている。したがって、東京電力は免責されず、損害は原子力損害賠償補償契約により補償されるが、賠償措置額を超過した損害については、事後的に国の援助を受けながらも東京電力が損害額全額についての責任を負う（原賠法16条）。福島原発事故による損害賠償は、国の援助措置として、原子力損害賠償・廃炉等支援機構法（旧原子力損害賠償支援機構法）により設立された原子力損害賠償・廃炉等支援機構（旧原子力損害賠償支援機構）を通じた資金援助などを受けて行われている。[5]

---

[5]　東京電力による賠償金支払額は、約8.6兆円となっている（東京電力ホームページ「賠償金のお支払い状況」2018年11月9日現在）。破局的な原子力事故が生じた際の事前の賠償措置がいかに無力（無意味）なものであるかが明らかになったといえる。わが国だけでなく世界各国の原子力損害賠償措置額が低く抑えられ、また適切な規制措置がとり得ない理由が、情報優位者の原子力事業者と原子力保険を引き受ける保険者の裏切りに起因する「市場の失敗」と政府の「政策の失敗」によることは、福島原発事故前にすでに指摘していたところである。卯辰昇『現代原子力法の展開と法理論』（日本評論社・2002年）。以下、「拙著〔第1版〕」という）279頁以下（同〔第2版〕（2012年）285頁以下（以下、「拙著〔第2版〕」という））参照。前掲（注1）のとおり、改正原賠法でも賠償措置額の増額はなされず、国と原子力事業者の責任明確化等、重要な論点に関する改正もなされていない。

518

2．原子力事故と因果関係のある損害

　福島原発事故は、原発周辺だけでなく遠隔地にまで及ぶ未曾有の損害を引き起こし、事故との事実的因果関係を問題としうる損害は、現在もなお発生し拡大し続けている。

　原賠法上、東京電力は、被害者に生じた人的、物的損害だけでなく、物的損害を伴わない直接被害者としての事業者に生じる風評損害や取引先企業の営業損害等の純粋経済損失（Pure Economic Loss）、そして核物質環境汚染としての除染費用損害に対しても損害賠償責任を負う。[6]

　東京電力が賠償すべき損害の範囲は、民事損害賠償責任の一般法である民法に従い、原賠法上は、放射線作用等と相当因果関係の及ぶ損害ということになる。[7]　原賠法は、核燃料物質の原子核分裂の過程の作用等により生じた損害を原子力損害と規定する（同法2条2項）だけであり、前述のように、これらの作用・事故との間に相当因果関係のある損害はすべて含まれる。

　わが国不法行為損害賠償論は、公害、薬害、そして交通事故損害賠償を中心に発展してきた。福島原発事故による損害賠償は、個別損害項目ごとに、差額説と相当因果関係説により損害額を算定する方式を基本としている。

　しかし、新たな損害概念として差額説を基本としながら「住居確保損害」としての再取得費用の賠償や環境損害、そして公害・薬害損害賠償における疫学的因果関係を発展させる晩発性疾病に対する確率的因果関係等、わが国不法行為損害賠償論に影響を与える可能性のある損害論、因果関係論がある。

---

[6]　風評や取引侵害による営業損失等、事業者に生じる直接損害としての法益侵害性について、拙著〔第1版〕114頁、191頁以下、拙著〔第2版〕116頁、193頁以下参照。また、CSCの原子力事故による損害賠償範囲も、環境汚染の修復費用（I条(f)(iv)）、締約国裁判所の認容を条件に環境汚染によらず生じた純粋経済損失（同(vii)）に及ぶ。

[7]　東京電力に対する損害賠償は、原賠法のほか、民法709条や717条による請求も可能であり、必ずしも原賠法上の放射線作用等と相当因果関係の及ぶ範囲にとらわれないといえる。

3．放射線被曝による晩発的生命・身体損害、精神的損害、医療検査費用損害

　中間指針（平成23年8月5日）は、避難等対象者が避難等を余儀なくされたために被った生命・身体的損害を賠償すべき損害としている。また、生命、身体損害は、原子力事故との相当因果関係が認められる限り当然に賠償の対象となる損害である。一方、晩発性疾病としての低線量被曝に起因する疾病（身体）損害は、損害賠償を請求する者が放射線被曝と疾病との相当因果関係を立証する必要がある。

　また、同中間指針は、避難等対象者が原発事故により一定期間避難を余儀なくされ、平穏な生活が妨害されたことに対する精神的苦痛は、原発事故と相当因果関係のある損害として賠償の対象となるものとしているが、疾病発症リスクが増加することの恐怖感に基づく精神的損害については言及していない。疾病発症を損害としてとらえると、発症前の恐怖感や苦痛が精神的損害として賠償範囲に含まれるかについては、後述の米国PA法の賠償範囲との比較を含め検討する必要がある。

　さらに、同中間指針は、避難等対象者が放射線被曝の有無や被曝が健康に及ぼす影響を確認する目的で必要かつ合理的な範囲で検査を受けた場合の検査費用は賠償範囲に含まれるとした。発症までの潜伏期間があり、また疾病発症に対して確率的影響にとどまる低線量被曝者が継続的ながん検診等の医療検査（medical monitoring）を受ける費用が賠償の対象となるかについても次項以下で検討する。

Ⅲ　TMI原発事故訴訟——低線量被曝による身体損害賠償請求

　福島原発事故の低線量被曝に起因する晩発性疾病に対する賠償について検討するにあたり、TMI原発事故の放射線被曝と疾病との因果関係を争点と

Ⅲ　TMI 原発事故訴訟——低線量被曝による身体損害賠償請求

した訴訟（以下、併合され審理された訴訟を「本訴訟」という）について考察する。がん等の非特異性疾病と低線量放射線被曝との因果関係の立証について、科学的証拠に関する専門家証人の適格性を含め争われたものである。本訴訟は、放射線被曝や有害物質の曝露から生じる疾病に起因した損害賠償請求に関し、共同訴訟あるいは選定当事者による集団申立て等、わが国でのクラス訴訟類似の大規模不法行為訴訟における原告の立証責任のあり方についても示唆を与えるものである。

　連邦法である PA 法（Price Anderson Act）は、1988年の改正後、すべての原子力事故について、原子力事故発生地の州の連邦地裁を第一審の専属管轄裁判所とし、異常原子力事故（Extraordinary Nuclear Occurrence：ENO）に該当する原子力事故の場合（TMI 原発事故は、ENO にも該当しなかった）には、原子力事業者の抗弁権を放棄させ実質的に原子力事業者は無過失責任を負う。しかし、証拠原則等は、州の不法行為コモン・ロー（制定法・慣習法）によるものとしている。したがって、因果関係の立証は、米国の州で一般的に採用されている証拠の優越（Preponderance of Evidence）基準によることになる。

　本訴訟は、TMI 原発事故に起因して原子炉から放出された放射性物質に被曝したことにより、悪性腫瘍に罹患したと主張する2000人以上の原告からの損害賠償請求訴訟であった。個別の訴訟は、事故発生地のペンシルヴェニア州の連邦地裁に併合され審理された（〔図表1〕参照）。

8　原告代表が一定の共通的利害を有する者を当然に代表し、クラスから離脱（オプトアウト）するとの選択をしない限り、勝訴・敗訴にかかわらず判決効は個々人に及ぶクラス訴訟とは異なる。
9　Atomic Energy Damages Act（Price Anderson Act）、Pub. L. No.85-256、71 Stat. 576、42 U.S.C. §2210. PA 法は原子力法の一部であり、米国の原子力損害賠償法と位置づけられる。PA 法については、拙著〔第1版〕、〔第2版〕および卯辰・前掲論文（注1）に詳述している。
10　42 U.S.C. §2210(n).
11　原発事故の場合、NRC（原子力規制委員会）が、a．原発敷地外への相当量の放射性物質の漏出あるいは放射線レベルの上昇があり、b．敷地外で重大な身体傷害あるいは財物損害が発生するおそれがあると決定したものをいう（10 C.F.R. §140. 81-140. 85）。

521

第6編　⑤　原子力事故損害賠償——放射線被曝と疾病との因果関係を中心に

〔図1〕　TMI原発事故による放射線被曝を原因とする疾病に対する損害賠償請求訴訟

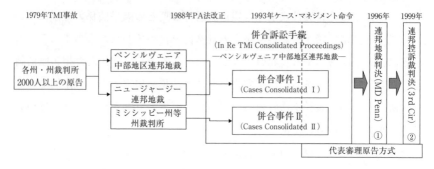

1．放射線防護に関する被告の注意義務と原告の立証責任

　本訴訟において、被告原子力事業者は、原告に対する放射線防護に関する注意義務に違反していなかったとして、訴訟は却下されるべきと主張したが、連邦地裁は、原子力事業者が負うべき注意義務について規定する州法は、連邦法によって専占され、連邦法により注意義務の基準が設定されるとした。[12]

　被告からの中間上訴の申立てを受けて連邦控訴裁は、原子力事業者が負うべき注意義務と因果関係に関し、原告は以下の4要件を立証する必要があるとした。

①　被告は、1979年（事故時）に有効であった連邦規則に定める排出基準を上回る放射性物質を環境中に放出したこと。

②　原告は、放射性物質に曝露したこと。ただし、上記①に定める基準値を超えるものでなくてもよい。

③　原告は、身体傷害・疾病を被ったこと。

④　放射線は、かかる傷害・疾病の原因になっていること。

　連邦控訴裁は、原子力事業者の負うべき放射線防護の基準は、連邦規則に定める基準であり、「合理的に達成できる限り低く保つ」とするALARA（as low as reasonably achievable）ではないとしたが、上記4要件を示し、放射線

12　In re TMI Litigation Cases Consolidated II, 904 F. Supp. 379 (M. D. Pa. 1994).

被曝と原告が疾病を被ったことに因果関係が認められるかに関し審理を尽くさせるべく連邦地裁に差し戻した。[13] 放射線被曝と疾病に関する閾値のない直線（Linear Non-Threshold : LNT）モデルは、どんなに少ない被曝であっても、がん発症リスクがあるとするものであるが、ALARA を注意義務の基準とすると、民事陪審員に広い裁量を与えることになり、適切ではないとしたものである。[14]

2．放射線被曝と疾病との因果関係の立証

差戻し後の連邦地裁では、原告等が被曝した放射線レベルが争点となり、科学的証拠の認容に関する基準（ダウバート基準）[15]に沿った審理が行われ、原告側の医学的因果関係に関する専門家証人の証言を排除すべきとする被告のサマリ・ジャッジメントの申立てを認める判決を行った。さらに、サマリ・ジャッジメントの及ぶ範囲が争点となり、地裁は次のように判断した（〔図表1〕①）。[16]

① 併合訴訟における代表原告方式による審理の意味

12人（原告・被告双方が選定、ただし、最終的に10人）の典型的疾病を有する者に対する審理結果は、すべての原告に及ぶ。[17] すなわち、専門家証人の証言が排除されるならば、本訴訟が、代表原告に対する審理を通じて、すべての原告に共通の証拠となる問題について行われる限り、当該裁定によってすべての原告が拘束される。

---

13 In re TMI, 67 F. 3d 1103 (3d Cir. 1995).
14 In re TMI, 67 F. 3d 1103, 1115-16 (3d Cir. 1995).
15 連邦証拠規則702条の科学的証拠の許容性に関する基準は、「専門家証言は一般的承認を得ている必要はなく、争点事実の立証のために、2つの要件が充足されていればよい。第1要件として、申請された証拠が信頼するに足り、科学的知識に裏付けられた方法論によるものであること（信頼性基準）。そして、第2要件として、争点に関連したものであり、陪審の判断に役立つものである（関連性基準）」というものであった。
16 In Re TMI Litigation Consol. Proceedings, 927 F. Supp. 834 (M.D. Penn. 1996).
17 10人のテスト原告の疾病は、急性リンパ性白血病、慢性骨髄白血病、甲状腺がん、細胞がん腫、甲状腺腫、右足骨がん腫、肺がん、卵巣腺がん、膀胱がん、聴覚神経腫の10種類の悪性腫瘍である。

② 審理原告の因果関係の立証

専門家証人の証言が、審理原告の主張（被曝と疾病との医学的因果関係）を裏付ける証拠としては不適格であるとすれば、他のすべての原告についても放射線被曝と疾病との医学的因果関係を立証できない。

3．差戻し後連邦控訴裁判決

上記の地裁判決に対し、原告は以下を主張し控訴したところ、控訴裁は、以下②について、原審判決部分を破棄し再度原審差戻し判決を行った（〔図表1〕②）。[18]

① 10人の審理原告に対する判断

被曝線量に関する専門家証言を不当に排除し、被告からのサマリ・ジャッジメントの申立てを認容したのは誤りであるとの主張に対し、ダウバート基準に従った原審判断を認容した。

② 非審理原告に対するサマリ・ジャッジメントの効果

審理原告に対するサマリ・ジャッジメントの効果を非審理原告に及ぼすことは、非審理原告の陪審審理を受ける権利（合衆国憲法第7修正）を侵害するおそれがある。

すなわち、①については、原告側専門家証人の理論は、「ブローアウト理論」に代表される、事故時極めて高濃度の放射性希ガスが放出され、原告等は、100mSv（10rem）以上の被曝をしたというものであり、最大でも1mSv以下の被曝であったとする政府機関等多くの調査機関の調査結果を覆すだけの根拠を示し得なかったものである。

4．連邦控訴裁判決における低線量被曝と疾病との因果関係に関する判断

連邦地裁判決を破棄し再度差し戻した上記3の②に関する連邦控訴裁の判

---

18 In Re TMI Litigation 193 F. 3d 613 (3rd Cir. 1999).

断は次のようなものであった。
① 低線量放射線被曝とがん発症との因果関係
すべての原告が100mSv以上の被曝をしたことを立証しなければならないとする地裁の判断は誤りである。すなわち、極めて低レベルの被曝であっても、電離放射線は細胞に不可逆的な影響を与えるに十分なエネルギーを有しており、がん発症に対する放射線被曝に「しきい値」はない。
② 原因確率法（Probability of Causation (PC) Methodology）による因果関係の立証
原因確率法による因果関係論が有力に主張されている以上、審理原告に対するサマリ・ジャッジメント（100mSv以上の被曝の証明がなければ疾病との因果関係は認められない）を、非審理原告に及ぼすことは誤りである。

しかし、差戻し後地裁判決は、原告からの原因確率法による因果関係の立証主張に対し、ディスカバリ終了時点の証拠が採用されるべきであり、新たな因果関係の立証法は認められないとして却下した。そして、上訴を受けた控訴裁も地裁判断を支持し、原告敗訴として終結した（2003年）。TMI原発訴訟において、原因確率（PC）による因果関係の立証が否定されたものではなく、証拠の提出時期において採用されなかったものであり、放射線被曝や有害物質曝露による疾病に関する原因確率による因果関係の立証の適否について次項以下で考察する。

Ⅳ 低線量被曝に起因する疾病に対する因果関係の立証

1．不法行為訴訟における因果関係の立証

(1) 証拠の優越基準
米国の不法行為訴訟では、原告の因果関係の立証は、前述のTMI原発訴

訟においても採用されていた「証拠の優越」基準を満たすことが必要とされ、原告は50％超の確からしさ（more likely than not）があることを立証しなければならない。

因果関係は、事実的因果関係（cause in fact）と近接的因果関係（proximate cause）により判断され、事実的因果関係があっても近接的因果関係（近因あるいは法的因果関係）がなければ因果関係が認められない[19]。近接的因果関係は、事実的因果関係に法的な縛りをかける法理であり、わが国の相当因果関係と類似した法理といえる。原子力事故の放射線被曝に起因する潜在的疾病（latent diseases）としてのがん発症を立証するためには、まず事実的因果関係を立証する必要がある。

米国の民事陪審では、陪審員は事実的因果関係の存否を判断する。放射線被曝や有害物質曝露を訴因とする不法行為損害賠償請求においては、被曝や曝露が疾病の原因となるかについての事実的因果関係の立証が決定的に重要であるが、証拠の優越によっても事実的因果関係を立証することは容易ではない。

因果関係の一般的なルールは、原告は、「被告の行為がなければ被害は起こりえなかった」ことを証明しなければならないということである。事実的因果関係を立証するためには、「あれなければこれなし（but for test）」基準あるいは米国不法行為リステイトメント第2版[20]が採用する実質的要因（substantial factor test）基準を満たす必要がある。証拠の優越を満たすことが困難な放射線被曝と疾病との因果関係の立証については、科学的知見を有する専門家証言により主張を補強し、証明度としての証拠の優越基準を満た

---

[19] 近接的因果関係は多義的（曖昧）な概念であり、後述の米国不法行為リステイトメント第3版では、近接的因果関係を原告の危害が行為者の不法行為により生じたリスクに起因して生じたものであるとし、端的に責任の範囲(scope of liability)と定義している。RESTATEMENT (THIRD) OF TORTS: LIAB. FOR PHYSICAL AND EMOTIONAL HARM §29 cmt. a. (2010).

[20] 米国各州の州法と判例法の現状を分析し、おおよその共通事項を法分野ごとに法典の形にして注釈をつけたもの。米国法律家協会（American Law Institute）が編纂しているものであり、法律ではなく二次資料にすぎないが、多くの州の裁判所が判決に引用している。

さなければならない。

一方、不法行為リステイトメント第3版は、事実的因果関係と近接的因果関係を融合させる傾向があるため、実質的要因基準を放棄しているといえるが、多くの州裁判所は、依然としてリステイトメント第2版が採用する実質的要因基準によって事実的因果関係を判断していると考えられる。[21]

(2) **放射線被曝による事実的因果関係の立証**

原子力施設の操業や事故による疾病を訴因とする不法行為損害賠償請求において、原告は事故発生地の州不法行為コモン・ロー上の因果関係法理に従って因果関係を立証する必要がある。[22]

多くの州のコモン・ロー上、有害物質曝露による損害賠償請求においては、当該物質への曝露が一般的に特定の疾病を発生させること（一般的因果関係：general causation）を立証しなければならない。すなわち、特定のがんが、放射線被曝に起因する可能性があることを示す必要がある。しかし、一般的因果関係は、被曝と疾病との間の一般的な因果関係を示すものにすぎず、さらに、被告が放出した放射線による被曝が原告のがん発症の原因であること（個別的因果関係：specific causation）を専門家の証言（科学的証拠）に基づき立証しなければならない。[23]

事実的因果関係を立証するためには、一般的因果関係に加えて、原告の疾病が被告の放射線被曝によるものであるとする個別的因果関係を少なくとも50％を超える確率があるとする証拠の優越基準で立証する必要がある。[24]

特異的な発症物質を特定しうる医薬品や化学製品とは異なり、放射線源は

---

[21] June v. Union Carbide Corp., 577 F. 3d 1244-45 (10th Cir. 2009).
[22] 42 U.S.C. §2014 (hh).
[23] 放射性物質への曝露による疾病を訴因とする損害賠償請求において、原告は当該物質が疾病の原因になりうること (general causation)、そして原告の疾病が当該物質の曝露によるものであること (specific causation) を立証する必要があるとした。Golden v. CH2M Hill Hanford Grp., Inc., 528 F. 3d 681, 683 (9th Cir. 2008).
[24] 50％以上の確率には、曝露されていない集団における疾病発生率の2倍以上の発生率を示す疫学的証拠が示されなければならないとする。Cano v. Everest Minerals Corp., 362 F. Supp. 2d 814, 820 (W.D. Tex. 2005).

特定できず、また原子力事故によって引き起こされるがんと他の放射線源によって引き起こされるがんとの間に顕著な差異も存在しない。したがって、放射線被曝と疾病との個別的因果関係を立証することは容易ではない。

2. 原因確率による因果関係の立証

低線量被曝による身体への影響は高線量被曝のように決定的（確定的）ではなく確率的であり、被曝レベルにより疾病が発症する可能性はあるが確実性はない。原告に被曝の事実と疾病があっても、被曝が疾病の原因となったことの個別的因果関係を立証できなければ損害賠償を得ることができない。しかし、被曝が原告のがん発症の一因となっていれば、被曝との因果関係を確率的にとらえることも可能である。

がんの発症には、喫煙、食事、肥満、運動不足、職業等さまざまな要因（交絡要因（Confounding Factors））があり、個別的因果関係を立証するための放射線疫学（Radiation Epidemiology）において、放射線被曝と疾病との確率的な関係を立証するためには、放射線被曝以外の交絡要因を加味した分析が必要になる。

米国において、有害物質への曝露と疾病との因果関係が問題となった代表的な事例として、枯葉剤訴訟（Agent Orange Litigation）がある。米国のベトナム帰還兵らが米国連邦政府と枯葉剤製造会社に対して枯葉剤により健康被害を受けたとして集団訴訟（class action）を提起したものである。

本訴訟は、判決前に、裁判上の和解で決着しているが、裁判官は、「原因物質に1000万人が曝露し、1100人ががんを発症した場合、曝露せずにがんを発症する者が1000人であるとすると、100人が当該物質の曝露によるものと考えられ、原因物質ががん発症に寄与した確率は9％（100／1100）である」とし、この確率では州不法行為法上損害賠償が認められる因果関係の立証に成功したことにはならないとした。[25]

---

[25] In re Agent Orange Prod. Liab. Litig., 597 F. Supp. 740, 837 (E.D.N.Y. 1984).

そこで、Ie を曝露者発症率、Iu を非曝露者発症率とすると、曝露者と非曝露者の発症率の相対危険度（Relative Risk:RR）は、Ie/Iu となり、原因確率（PC）は、次の算式で表される。

$$PC = \frac{Ie - Iu}{Ie} = \frac{Ie/Iu - Iu/Iu}{Ie/Iu} = \frac{RR - 1}{RR}$$

したがって、枯葉剤訴訟の例示に基づく相対危険度は1.1であり、原因確率は9％（(1.1 − 1)/1.1 = 0.09）となる（〔図表2〕参照）。

〔表1〕 枯葉剤訴訟における原因確率の推定

	曝露者集団	非曝露者集団
疾病発症	1100人	1000人
疾病非発症	9,998,900人	9,999,000人
合計	10,000,000人	10,000,000人
発症率	0.011％	0.01％
相対危険度	1.1	
原因確率	9％	

また、後述の放射線被曝補償において用いられる原因確率（寄与危険度（attributable risk percent）ともいう）は、以下の算式のとおり、放射線被曝に起因する過剰がん発症リスク（RadRisk）を、一般集団のがん発症リスク（BasRisk）と RadRisk の合計で除した数値を百分比で表しており、上記の枯葉剤訴訟における疾病の原因確率（9％（100/100＋1000））に等しいものとなる。[26]

$$PC = \frac{RadRisk}{RadRisk + BasRisk} \times 100\%$$

原因確率は、0〜100％の範囲の数値で表され、0は放射線ががんを発症させる可能性がなく、100はがん発症の確率が100％であることを意味する。

---

[26] 42 C.F.R Part 81. エネルギー従業員労働災害補償プログラム法（EEOICPA）において、申請疾病の放射線起因性を判断する基準として採用されている。

証拠の優越を満たす50％超の原因確率は、1000/(1000+1000)、すなわち $RadRisk／BasRisk ≧ 2$ でなければならず、相対危険度で2倍を超える発症を立証しなければならないことになる（Doubled Dose）[27]。

個別的因果関係に関する専門家証言において、45％の原因確率では証拠の優越を満たしていないとしたウラン加工会社に対する放射線被曝関連疾病を訴因とする不法行為損害賠償請求訴訟判決がある[28]。放射線被曝等有害物質の曝露を訴因とする不法行為損害賠償請求において、証拠の優越、すなわち50％超の原因確率の立証を要するとするのは、原告の請求を棄却させるに等しい基準になるといわざるを得ない。

1990年の破局的原子力事故に対する大統領委員会報告（以下、「委員会報告」という）[29]において、数十ラド（rad）（およそ数百mSv）の高線量被曝であってもがん発症の原因確率は50％以下であり、低線量被曝によるがん発症の原因確率をもって証拠の優越を満たすことは困難であるとしていた。

一方、遺伝的要因により低レベルの曝露でがん発症の蓋然性を高める可能性があり、一般的因果関係として50％を超える原因確率を要件とすることは不適切であるとするものがある[30]。

3．放射線関連疾病に対する行政補償制度

原因確率による因果関係の立証は、放射線関連がんの因果関係を推定するための合理的な方法であるとして、ILO（国際労働機関）の文書にも採用され（World Health Organization 1989）、放射線被曝に関する労災認定の基準として世界各国で使用されてきた経緯がある。

---

[27] Cano v. Everest Minerals Corp・前掲（注24）参照。
[28] Wilcox v. Homestake Mining Co., 619 F.3d 1165 (10th Cir. 2010).
[29] Presidential Comm'n on Catastrophic Nuclear Accidents, Report to the Congress (1990) at 110. PA法に基づき設置された大統領委員会が、責任制限額を超過する破局的原子力事故が生じた場合の補償計画を研究し、1988年の改正法発効後2年以内に連邦議会に報告することが義務づけられていた（42 U.S.C. §2210 (1)）。
[30] In re Hanford Nuclear Reservation Litig., 292 F. 3d 1137 (9th Cir. 2002).

わが国でも、厚生労働省の原爆被爆者認定における放射線起因性の判断に採用されていた。

たとえば男性の白血病の場合、被爆時年齢（0～30歳まで31段階）と被爆線量（2～100センチグレイまで12段階）に合わせて372の「原因確率」の数値が小数点一桁（24.1％など）で表示されており、個別の疾病ごと、性別（男性、女性あるいは両性）ごとに15表が提示されていた。

しかし、米国における放射線被曝補償等の行政上の損失補償制度やわが国の原爆被爆者認定制度（以下、「行政補償制度」という）においては、放射線起因性を原因確率により判断することを改め、一定の要件を充足することにより因果関係を推定する方向にあり、原因確率による因果関係の証明が必ずしも被害者の救済につながっているとはいいがたい。[31]

原発事故による多数の潜在的疾病発症被害者を原告とする不法行為損害賠償請求訴訟において、伝統的な証拠原則を適用し訴訟上の解決を図るための費用（専門家証言を得るための費用）や手続の複雑さ、裁判の長期化を回避するために、不法行為訴訟に行政補償的解決の枠組みを組み入れる方向性が考えられる。複雑な放射線理論の理解を必要とする放射線被曝事件は、法的に厳密な事実解明よりも行政補償による解決が適しているとも考えられる。とりわけ、大量の被曝者が発生し、特定のがん発症の確率が高まる原子力事故が典型である。

米国における放射線被曝疾病に対する行政補償制度として以下のものがある。

(1) エネルギー従業員労働災害補償プログラム法（Energy Employees Occupational Illness Compensation Program Act（EEOICPA））[32]

エネルギー省（DOE）管轄の核兵器製造工場等に従事していた者に対する

31　原因確率は、2001年（平成13年）に厚生労働省が改定した原爆症の認定基準で取り入れられたが、現在は、被爆者援護法の精神に則り、被爆者救済の観点から、被爆の実態に一層即したものとするために新方針が採用されている（厚生労働省疾病・障害認定審査会（原子爆弾被爆者医療分科会）「新しい審査の方針」平成20年3月17日（最終改正：平成25年12月16日））。

32　42 U.S.C. §7384 et seq.

労災補償制度であり、国立労働安全衛生研究所（National Institute for Occupational Safety and Health: NIOSH）が、職業上の被曝ががんの50％以上の原因であると認定した場合に、15万ドルの一時金と医療補償が受けられる。

しかし、上記にかかわらず、指定された施設で一定期間従事し被曝した「特別被曝集団（Special Exposure Cohort）」に属する者が、特定のがん（骨肉腫や腎臓がん等22種類のがん）を発症した場合は、因果関係の立証責任を負うことなく補償を受けることができる。

(2) **放射線被曝補償法**（Radiation Exposure Compensation Act of 1990（RECA））[33]

同様に、放射線被曝者に対する補償のための法律であり、核実験に関係した軍人および文民、核実験場近辺で被曝した一般市民およびウラン鉱山労働者などへの補償が行われる。核実験被害者補償法であり、特別犠牲者に対する国家補償といえる。

補償申請者は、被曝と疾病との因果関係を立証することなく、特定の地域で被曝し、特定期間労働または居住した後に特定の疾病に罹患したことの確定診断を受けることによって補償を受けることができる[34]。すなわち、因果関係を推定することにより補償を行うものである。

補償は次の3区分に従って行われ、放射線被曝により影響を受ける州および郡が特定されている。③の風下地域として、ネバダ州、ユタ州、およびアリゾナ州内の郡が指定されており、これらの郡に居住し、特定の疾病に罹患した者が対象となる。

① ウラン鉱石採掘、精錬、ウラン鉱石輸送業務従事者……100,000ドル[35]
② 大気圏内核実験場で職務に従事した者（軍人等）……75,000ドル

---

[33] 42 U.S.C. §2210 note; enacted as P.L. 101-426 on October 15, 1990.
[34] 2015年3月の司法省の発表によると、約4万3000件の申請に対し、約3万件が認容され、補償金額は約20億ドルとなっている。ただし、RECAは、時限法であり、補償申請は、2022年1月10日までに行う必要がある（Sec.8 (a) of RECA, as amended by P.L. 106-245）。
[35] これらの者は、RECAの一時金に加え、EEOICPAにより5万ドルの一時金と医療補償が受けられる。

③　ネバダ州核実験場の風下居住者……50,000ドル

疾病として、上記②の核実験場で被曝した者について、白血病（最初の放射性降下物の降灰による被曝後2年以上経過しての発症が条件）のほか、多発性骨髄腫や肺がん等18種類の腫瘍やがん（同5年以上経過しての発症が条件）が特定されている[36]。

4．不法行為損害賠償における管理された賠償スキーム

　低線量被曝に起因する潜在的疾病に対する損害賠償方式として、PA法の有限の賠償措置を前提に裁判所を拘束する配分基準を法定するか、あるいは独立した行政補償方式を導入することが考えられる。

　委員会報告は、重大な原子力事故が発生した場合の損害賠償について、行政手続（管理補償スキーム：専門委員会等による管理された補償スキーム）と司法手続（通常の訴訟による解決）を比較し、行政手続に一定のメリットを見出していた。専門委員会制度は、迅速な補償を実現し、司法資源を節約し、原子力科学および医学の技術的問題を解決するため専門家の活用を制限することを含んでいる[37]。

　一方、PA法は、すでに一定の管理メカニズム的特質を有しているといえる。すなわち、ENOに該当する原子力事故の際には、原子力事業者の抗弁権を放棄させ、有限の保険ファンドから均等な補償がなされるような法構造となっている（〔図表3〕参照）[38]。

　すなわち、NRC（原子力規制委員会）やその他の利害関係人の申立てにより、原子力事故が発生した州の連邦地裁が、原子力事故による損害賠償責任額が損害賠償措置額を超過すると決定した場合、損害賠償責任訴訟に多くの制限が加えられる。たとえば、被害者に対する支払いは、裁判所の事前の承認がない限り、損害賠償措置額の15％に制限される。さらに、15％を超過する額

---

[36]　42 U.S.C. §2210 note.
[37]　Presidential Comm'n・前掲 Report（注29）at 34-35.
[38]　42 U.S.C. §2210(a),(b),(n)(1).

〔図2〕 PA法による管理賠償スキーム

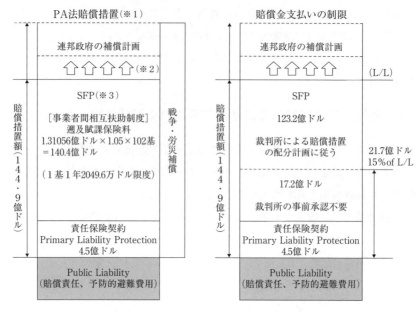

（※1） プライス・アンダーソン（PA）法（42 U.S.C. §2210）による賠償措置（10 C.F.R. §140.11 (a)(4)(2018)）
（※2） 賠償措置額増額の可能性（42 U.S.C. §2210 (e)(2)(3)、(i)(2)(B)）
（※3） Secondary Financial Protection

の支払いは、裁判所が、NRCやその他の利害関係者が作成する補償金分配方法を承認するか、支払いによって後続の請求者の権利を侵害しないものと認めるまでは行われない。裁判所に提出される補償計画には、低線量被曝に起因する晩発性疾病に対する支払いに備えた事前の賠償措置額の配分計画も含まれる。

　しかし、PA法に完全な管理メカニズムを組み込むことは必ずしも妥当ではない。管理メカニズムは、原告の訴訟を通じた事実解明や柔軟な解決の機会を失わせ、また原告の陪審審理の保障（合衆国憲法第7修正）の侵害につながるともいえる。

5．比例責任（Proportional Liability）

　そこで、前述の委員会報告でも提示されていた原因確率による比例責任（Proportional Liability）ルールの採用が考えられる。

　委員会は、連邦議会に対し、原子力事故に起因する潜在的疾病に対する損害賠償について、比例責任を導入するようPA法を修正すべきであるとした。[39] すなわち、放射線被曝と特定の疾病との間に強い因果関係がある者に対しては完全賠償を、弱い因果関係のある者に対しては比例的な賠償をすべきであり、因果関係の強弱の判断は、原因確率法により行うのが適切であるとした。具体的には、疾病に対する被曝の原因確率が50％を超える者に対しては完全賠償、20％から50％の者に対しては、比例した割合の賠償、そして20％未満の者に対しては、被曝と疾病の因果関係を否定するというものであった。

　しかし、1998年のNRC報告は、原子力事業者の遡及賦課保険料の増額や原子力責任保険金額の増額勧告等、2005年法につながる勧告を含んでいたが、低線量被曝と晩発性疾病との因果関係の立証に関する条項新設についての勧告を見送った。[40] 当時、PA法対象外の低線量被曝とがん等の疾病との因果関係を推定するための確率的アプローチを用いた行政補償制度の改正準備が進んでおり、NRCは、PA法の因果関係と損害賠償規定の修正を勧告することは時期尚早であると考えたのである。[41]

　TMI原発事故後のPA法の立法提案において、潜在的疾病に対し原因確率による因果関係の立証を肯定的にとらえていた。しかし、前述のように現状において、証拠の優越を基準とする限り、原因確率による因果関係の立証は不法行為損害賠償においては、必ずしも被害者救済につながらないのではないかと考えられる。

39　Presidential Comm'n・前掲 Report（注29）at 101.
40　U.S. Nuclear Regulatory Comm'n, "The Price-Anderson Act - Crossing the Bridge to the Next Century: A Report to Congress", NUREG/CR-6617 (1998) at 131.
41　1990年に制定された放射線被曝補償法（RECA）（前掲（注33））の2000年改正を意味する。

V 不法行為損害賠償としての低線量被曝による疾病に対する被曝者救済の方向性

1. 放射線被曝訴訟における因果関係の立証

　本稿で考察してきた因果関係論は、人間に対する放射線の健康影響に関する基礎的理解に基づいている。放射線は、どんなに低線量であっても細胞分裂を制御する人間のDNAに損傷を及ぼし、しばしば2年から10年の潜伏期間の経過後に、被曝線量に比例してがん発症確率が上昇すると考えられる。[42]

　米国民事訴訟における証拠の優越は、民事陪審員に事実が確実に真理であると信じさせることではなく、因果関係があるのかないのか不明とせず、どちらが有利かとわかる程度のものであれば足りる。しかし、前述のように米国において、証拠の優越基準であっても放射線被曝と疾病との因果関係を立証することは容易ではない。

　わが国の原爆被爆者医療給付認定申請却下処分取消請求事件最高裁判決（最判平成12・7・18裁判集民198号529頁）は、原爆症認定要件である被爆者の放射線起因性の意義およびその立証として、原告は、放射線と疾病との因果関係について、ルンバール事件最高裁判決（最判昭和50・10・24民集29巻9号1417号）で示された通常人が疑いを差し挟まない程度の高度の蓋然性を立証することを要するものとした。本判決は、原審が言及した「相当程度の蓋然性」の証明では足りず、民事訴訟一般で要求される高度の蓋然性の証明が必要であるとしたものである。

　一方、医療過誤訴訟において、当該医療が行われていれば患者がその死亡の時点においてなお生存していた「相当程度の可能性」があれば、医師に可

---

[42] EPA Radiogenic Cancer Risk Models and Projections for the U.S. Population (2011) at 6. ただし、すべてのがんにあてはまるものではないが、骨髄白血病、肺がん、皮膚がん、甲状腺がん、胃がんなどは、放射線被曝との発症関連性が強いとされている。

能性侵害による損害に対し不法行為損害賠償責任を認める判決（最判平成12・9・22民集54巻7号2574頁）がある。

以上により因果関係の証明度は、次のような原因確率として表すことができると考えられる。すなわち、証拠の優越（50％超）＜相当程度ないし優越的蓋然性（60％ないし70％以上）＜高度の蓋然性（80％程度）である。

民事陪審制度のないわが国においては、裁判官の心証形成上、因果関係は、原則的には高度の蓋然性を必要とすることにおいて米国よりも証明度は高く、相当程度の蓋然性であってもその立証は容易とはいえない。

2．福島原発事故による晩発性疾病被害者に対する補償

そこで、上記の証明度に従った因果関係の立証ができず、疾病の原因が原発事故によるものかどうか不明確な場合、原発事故の原因者である原子力事業者が免責されるのか、あるいは疾病に寄与した原因割合（確率）に応じた比例的な責任を負うべきなのか、それとも国が補償を行うべきなのかといった賠償（補償）主体の問題にもなりうる。破局的原子力事故が発生した場合に、放射線被曝した者に対する賠償（補償）はいかにあるべきか、本稿で考察したように米国においてTMI原発事故を契機に具体的に検討されてきた問題である。

傷害や疾病による医療費あるいは死亡に対する補償には、次の3つの方式がある。第1は、公的医療保険制度としての医療給付である。国が傷害や疾病の原因にかかわらず、必要なすべての国民に医療を提供するものであり、医療の提供にあたって誰が責任を負うべきかを検討する必要はない。第2は、因果関係の存否と誰に責任を負わせるかについて特別の行政法に基づき行政機関が決定し管理する方式（以下、「行政管理方式」という）である。典型的なものが、労災補償に関する法律や前述の米国エネルギー従業員労働災害補償プログラム法によるものである。第3が、不法行為法に基づき司法に責任負担者を決定する権限を委ねる方式（以下、「司法管理方式」という）であり、交通事故損害賠償や原子力事故損害賠償が典型的なものである。

第6編　⑤　原子力事故損害賠償——放射線被曝と疾病との因果関係を中心に

　米国では、前述のように大規模な原子力事故が発生した場合の晩発性疾病発症者に対する賠償を上記の司法管理方式から行政管理方式へ変更するようPA法の改正が必要であるとする提言がなされた経緯があり、また現行のPA法においても司法管理方式と行政管理方式の折衷的な方式が採用されているとみることができる。

　原爆被爆は、high level single short-term dose（高レベル瞬間的曝露）であるのに対し、チェルノブイリ原発事故や福島原発事故による被曝は、low level long-term exposure（低レベル長期曝露）であり、原爆被爆者に対する疫学調査の結果を原因確率として類推することは必ずしもふさわしいものとはいえない。

　また、発症までの潜伏期間の長い放射線被曝疾病に対する相対危険度に基づく原因確率は過小評価となる傾向があり、訴訟において因果関係を立証することが困難になるとの批判がある。すなわち、原因確率はある時点における被曝による疾病発症の確率を求めるものであるが、被曝発症者集団（群）の中で、過剰発症者以外の者の中に被曝によりがん発症時期が早まる者や被曝がなければがんが発症しなかった者が含まれる。したがって、相対危険度が1（被曝者発症率＝非被曝者発症率）であっても、理論的には、疾病発症者のすべてが放射線被曝による可能性があり、真の原因確率（PC）は100％となりうる（以下、「修正原因確率」という）。[43]

　一方、行政管理方式としての米国の放射線被曝補償において、「一定期間」の放射線被曝を要件に疾病との因果関係を推定している。福島原発事故において帰還困難区域や居住制限区域を設定し、住民の不要な被曝を回避することは、行政管理方式による救済を講ずるにしても重要な意味がある。

　福島原発事故による放射線被曝疾病の因果関係は、第三者への危害増加の

43　Sander Greenland, "Relation of Probability of Causation to Relative Risk and Doubling Dose: A Methodologic Error That Has Become a Social Problem", American Journal of Public Health, August 1999, Vol. 89, No. 8. Greenland教授は、米国で判例として定着している曝露群の寄与危険度を原因確率（PC）と等値し、証拠の優越により50％超の確率を要求することを批判している。

統計的な確率に比例したものとして原子力事業者に責任を負わせる必要があると考えられる。すなわち、司法管理方式により解決するためには、原因確率（あるいは修正原因確率）による比例責任原則（米国大統領委員会勧告やかつての原爆症認定基準で採用）により因果関係の強弱を判断し、原子力事業者に晩発性疾病に対する割合的な損害賠償責任を認める方向で検討することが必要である。

さらには行政管理方式として、特別の補償法を制定することにより特定の居住地に一定期間居住した者が特定の疾病を発症した場合には、米国の連邦補償制度およびわが国の公害犯罪処罰法で採用されている因果関係の推定規定[44]により、被曝と疾病との因果関係を認め医療費給付や一時金補償を行うことが考えられる。[45]

3．低線量放射線被曝による精神的損害・医療検査費用損害

一般的に米国不法行為コモン・ロー上、放射線被曝による疾病発症リスクの増加を理由とする精神的損害に対する賠償請求は認められないとされていた。[46]すなわち、PA法の対象となる原子力事故とは、放射性物質等により身体傷害（bodily injury）、疾病（sickness）、死亡、および財産の損害を生じさせる事象と定義され、[47]放射線に被曝しただけでは身体傷害や疾病に該当せず、発症することが損害とされている。

しかし、放射線被曝によりがん発症リスクが高まることに対する精神的苦

---

44 人の健康に係る公害犯罪の処罰に関する法律（公害犯罪処罰法）は、因果関係立証の困難さを緩和するため，行為と危険結果との間の因果関係の推定規定を設け、その排出によりそのような危険が生じうる地域内に同種の物質による公衆の生命又は身体の危険が生じているときは、その危険は、その者の排出した物質によって生じたものと推定するとしている（5条）。

45 山嵜進「放射線被ばくによる健康障害と低線量被ばくにおける放射線起因性の立証」法と実務12号（2016年）571～572頁は、低線量被ばく領域における放射線起因性の立証は困難であるが、大事故による低線量放射線被ばく者救済には、個別立法措置により、原因確率を用いた補償制度の創設も政策的課題として伏在するとされる。

46 Presidential Comm'n・前掲 Report（注29）at 88.

47 42 U.S.C. §2014 Sec 11. q.

痛や継続的ながん検診等の医療検査（medical monitoring）を受けることが、PA法上の身体傷害に該当し賠償の対象となるかについて、近時の連邦裁判所の判断は分かれており、身体傷害・疾病の発症を要件としない連邦裁判例もある。[48]

このように、判断が分かれているとはいえ、損害が核燃料物質の原子核分裂の過程の作用等との相当因果関係が認められるものである限り賠償範囲に含まれるわが国原賠法の損害の範囲より狭いといえる。

米国は、前述のとおり、PA法の賠償措置額（約145億ドル）を有限の賠償ファンドとみなし、破局的原子力事故が生じた場合の賠償金配分方法を法定しており、被害者に対し司法管理と行政管理の折衷的な方式で比例的な賠償（補償）が行われることが予定されている。

一方、わが国は、原子力事業者の責任額に制限がなく、また放射線作用等との相当因果関係の及ぶ損害は賠償範囲にあるとされるところから、損害を限定的にとらえる必要はなく、また有限の賠償措置額を前提とした比例配分的賠償方式をとる理由もない。[49]

原子力事故による放射線の不可視性は、人々に致命的な脅威にさらされているように感じさせる。放射線リスクは、通常の災害や事故によるリスクとは明らかに異なるものであり、このような恐怖感に基づく人々の認識を不合理なものとみなすことは適当ではない。

したがって、疾病発症前の疾病発症リスクの増加を理由とする精神的苦痛、および医療検査費用は、原子力事故と相当因果関係があり賠償範囲にある損害であると考えられる。

---

48 WILLIAM D. O'CONNELL, "CAUSATION'S NUCLEAR FUTURE:APPLYING PROPORTIONAL LIABILITY TO THE PRICE-ANDERSON ACT Liability to The Price-Anderson Act", Duke Law Journal Vol.64（2014）at 370.

49 米国の145億ドル（約1.6兆円）（5年ごとに見直され、前掲（注4）のとおり、2018年11月1日から事業者間相互扶助制度による拠出金が8％増額されている（Federal Register/Vol. 83, No.185/Monday, September 24, 2018）。なお、原子力損害賠償責任保険は、すでに3.75億ドルから4.5億ドルに増額されていた）に対し、わが国は改正法によっても賠償措置額はわずか1200億円と変わらず、意味のある有限の賠償ファンドとして機能するとはいえないものである。

Ⅵ　おわりに

　本稿で考察してきた低線量放射線被曝と晩発性疾病との因果関係、疾病発症への恐怖感に基づく精神的損害、そして医療検査費用については、TMI原発事故を契機に頻発している米国での放射線被曝不法行為損害賠償請求訴訟において、相対危険度を原因確率として因果関係を判断する限り、いずれも認められることが困難であることを明らかにしてきた。

　一方、わが国においては、これらの損害が、損害論として否定されることはないであろうが、被曝との因果関係の立証は必ずしも容易ではないと考えられる。わが国は、原爆被爆者認定において、原因確率による因果関係の判定を改めたが、晩発性疾病発症者からの不法行為損害賠償請求に対して司法的解決を図るにしても修正された原因確率により割合的な賠償を認める必要があると考えられる。

　また、米国の放射線被曝補償法（RECA）におけるネバダ州核実験場の風下居住者と同様、福島原発周辺住民は、福島原発の「風下」居住者として、原因行為者である東京電力への求償を前提とする特別法による補償が必要であると考えられる。

　福島原発事故は、米国TMI原発事故と同様、原子力施設の操業による施設周辺住民らの低線量放射線被曝による身体損害賠償請求を誘発する契機となる可能性がある。

　改正原賠法においても原子力事業者は責任額の制限なく賠償責任を負うが、原子力事故損害賠償は、原子力損害賠償・廃炉等支援機構による米国の事業者間相互扶助制度を模倣した原子力事業者拠出金等の支援措置を通じ、結果として国民がこれらの損害を負担することになることを認識しなければならない。

541

第7編

医と法は何ができるのか

1 医と音楽

中 村 俊 夫
公益財団法人佐々木研究所理事長・前聖マリアンナ医科大学総合診療内科教授

本書において、筆者には「医と音楽」というテーマをいただいた。以下、下記項目について記させていただくこととする。

Ⅰ 平沼髙明先生との出会い
Ⅱ 平沼髙明先生と音楽
Ⅲ 音楽の医療における効用
Ⅳ 音楽を人間はどのように認知しているのか、そのメカニズムについて医学はどこまで解明できているのか

Ⅰ 平沼髙明先生との出会い

最初に平沼髙明先生との出会いについてふれる。

平沼髙明先生は神奈川県医師会の顧問弁護士を1989年から2019年まで務めておられた。また、聖マリアンナ医科大学横浜市西部病院が1987年に開院して以来、顧問弁護士を務めていただいていた。また、平沼髙明法律事務所には2016年から公益財団法人佐々木研究所傘下の杏雲堂病院がお世話になっている。

筆者は神奈川県にある聖マリアンナ医科大学に1988年から2006年まで勤めていた関係で、平沼髙明先生とは面識があった。特に筆者が同病院の副院長時代には病院経営会議などにおいて先生にしばしばお目にかかるようになった。その間、筆者が時に休暇を利用してウィーンに音楽を聞きに出かけてい

ることを耳にされ、音楽についてお話をする機会をいただくようになった。先生からは、モーツァルトのピアノ協奏曲全集が高い評価を得ているアルフレッド・ブレンデルが再録音を開始したことや現代タンゴの巨匠アストル・ピアソラの存在などを教えていただいたことを特に記憶している。

Ⅱ 平沼髙明先生と音楽

　平沼髙明先生は特に音楽に大変造詣が深く、日本モーツァルト協会や日本ヴェルディ協会の役員としても活躍された。

1. 日本モーツァルト協会における活動

　日本モーツァルト協会には1961年に入会され、同協会の監事を2009年から6年間（3期）務められた。日本モーツァルト協会事務局の中川貴介氏からは次のようなご連絡をいただいている。

　「持ち前の明るさと気づかいのあるやさしい性格で平沼さんは皆から愛されていました。40歳以上も年が離れている私のこともいつも気づかってくださり、私はこれまで何度も平沼さんに励まされてきました」。平沼髙明先生の暖かなお人柄が偲ばれる言葉である。

　平沼先生の会員番号はK450（ピアノ協奏曲第15番変ロ長調）だったそうだ。吉田秀和は『モーツァルトその音楽と生涯』（全5巻。1巻～4巻が2014年、5巻は2015年に学研プラスから刊行）の中でこの作品について、次のように述べている（この書籍はNHK-FM「名曲の楽しみ」を書籍としてまとめたもののため、文章が話言葉になっている）。

　　これは（引用者注：ピアノ協奏曲第15番変ロ長調）1784年3月15日の作曲。同じ月の24日、つまり3月24日の演奏会で初演されました。前にもお話ししましたけど、モーツァルトはこの年の2月から、自分の作曲した作品についてはきちんとしたカタログを作り出したので、これからは「何月何日に作曲した」

なんてことまでよくわかるようになります。
　この頃、彼はだいたい続けざまに3曲のピアノ・コンチェルトを書いているんですけど、これはそのうちの1曲ということです。オーケストラは弦の他は、オーボエ、ファゴット、ホルンが各2本、それにフィナーレだけはフルートが加わるという編成になっています。
　この曲も、この頃モーツァルトが書いたピアノ・コンチェルトの一般的な性格、つまり明るくて陽気で、しかもいたるところにデリケートな味わいがある（圏点は引用者）という特徴を持っています。特にこれをきいていて目立つのは、なんていいますかね、優美な、優雅な柔軟性とでもいった点ですね。ピアノの扱いはもちろんのこと、音楽の形の作り方の上でも、この頃の流行語を使えば、非常な柔軟構造になっていましてね。形式の一般的な性格はきちんと踏んでいるんだけど、その中に自由で即興的な要素がどんどん入ってきましてね。どこか崩してみてもいいような、あるいは取り替えてみてもいいような、そういう自在さがあるんですよ。ということは、彼の中の幻想的な楽想の泉から次々と湧き出てくるものが、ここに反映しているという風にいってもいいかもしれませんね。そういう自在なところと、形を守っていて崩れないところと、その両方がひとつになっている。だから天才の作品だということになる。その特徴を、僕は今申し上げたようなところに求めたいと思います。
　………この頃モーツァルトは3曲のピアノ・コンチェルトを続けて書いたと申し上げましたけど、第1曲は前にきいたK449。これはお弟子さんのために書いたんだから少し単純なもので、残る2曲、今きいたK450と来週きくK451のニ長調、それからもうひとつ、K453、ト長調、こういう曲を全部、モーツァルトは故郷のザルツブルクにいるお父さんのところに送りましてね、その時手紙をつけている。「私は変ロ長調とこの長調のコンチェルトでは、どっちがいいともいい切れないんだけど、しかし性格はまるで違うように書きました。弾くとなると、ピアニストはちょっと汗をかかなきゃなりませんけどね。ただ同じ汗をかくにしても、変ロ長調のほうがよくできているような気がするんです」なんて書いています。僕も同感で、僕がもしピアニストだったら、やっぱり今の曲のほうを弾きたいと思いますね。

　ピアノ協奏曲第15番からモーツァルトはそれまでのピアノ協奏曲のあり方を刷新し、自己の芸術的な欲求を打ち出したピアノ協奏曲を作曲するように

なったといわれている。彼自身第15番から第17番までの3曲を「大協奏曲」とよんで第14番と区別しているが、第15番は、ピアノのテクニックや表現上の可能性の拡大が試みられているだけでなく、オーケストラの編成が増強され、オーケストラに独立した役割を与えていると評価されている作品である。さすがモーツァルトの作品をよく聞き込まれた平沼髙明先生ならではの選曲と感心させられる。

2．日本ヴェルディ協会における活動

　日本ヴェルディ協会では、2000年12月から2011年12月まで理事、2012年1月から2013年12月まで監事、2014年1月1日から12月31日まで理事、2015年からは顧問を務められた。2004年には、日本ヴェルディ協会会報「VERDIANA」第11号に「演出過剰の時代」の表題で下記の文章を寄稿しておられる。

　ヴェルディ協会主催の2004年2月のオペラツアー10日間に参加して、ナポリ、ボローニャ、ピアチェンツァ、ジェノヴァ、トリノでオペラを鑑賞した。
　先ず、立寄ったローマで、坂本鉄男・栄子夫妻のご自宅に伺い、栄子女史の手料理とともにイタリアのもろもろのことどもをお聞きすることが出来たのが愉しい旅の第一歩であった。栄子女史は、二期会の元歌手であり、わがヴェルディ協会の顧問でもあるが、今から10年程前、原山道衛専務理事とローマで栄子女史にお会いしたのがそもそもの縁のはじまりである。
　その夜、栄子女史は日本人にはオペラは無理であるとするのに対し、我々は日本人にもオペラは可能だとして打打発止の激論となった。イタリアに30年もいらして、ヨーロッパのオペラを良く知っている栄子女史の立論は経験によって裏付けられた重みがあった。
　西洋音楽は我々に可能かとのクエスチョンは小澤征爾も密かに抱く疑問のようである。小澤のオペラが不評とのニュースを聞くが子どもの頃にオペラなど聞いたこともない小澤にとって、オペラは心の底から湧いてくるものに欠けていたとしても、至極当然のことではあるまいか。
　この問題は、またの機会に譲るとして、今回のオペラツアーに私が期待した、

オーソドックスで堂々とした舞台に出会えなかったのが残念であった。

特に、ひどかったのは、ピアチェンツァのテアトロ・ムニチパーレにおける「仮面舞踏会」である。同劇場は展示会場の一隅に設けられており、舞台は国技館の土俵の如く観客に囲まれているものであり、時代はケネディ大統領のころの設定であって、歌手の声もオーケストラもマイクを付けスピーカーによって音量が拡大されたものであった。

東京においても、国立第2劇場の演出のいくつかはモダンなものであり、常々、苦苦しく思っている。

このことについては、寺崎裕則氏の「音楽劇の演出―オペラをめぐって」の中で、氏が尊敬する、フェルゼンシュタインの言葉を引いて、以下の如く述べられている。

「1世紀が経とうとするが、オーソドックスのものが、未だに確立されていない。『作品の総譜を、文字通り受け取り、作品本来の姿を舞台に表現しようとはせず、奇をてらった解釈や中味をそっちのけで具象化の物珍しさばかりを追い、名作をダシにして己の趣味主張をし、観客の歓心を買うために見世物化してしまったオペラやオペレッタが横行し、それをこれぞ革新的な演出、新しい解釈などと誉めそやす批評家もいて』(フェルゼンシュタイン)オーソドックスなものが確立されないまま、新奇さや物珍しさの方向に進んでいる傾向が世界的に出来てしまったことだ。(寺崎裕則　音楽劇の演出　オペラをめぐって　東京書籍)」。

誠に、同感である。オペラが綜合芸術であることは否定しないが、オペラの主は音楽であり、演出は従たるべきである。

現在、流行するモダンな演出と音楽はどう拘っているのであろうか。

考えてみると、我々日本人は、明治の文明開化とともに、西洋を受け入れたため、絵画では印象派から入門し、音楽ではロマン派から入ったわけである。ヨーロッパの美術館を数多く見ている内に、印象派の絵画が弱々しいものに見えてきた経験を有する私にとって、音楽の世界でも同じ様な感じをもっている。

オーソドックスなオペラ演出で舞台をみると、美術、衣装が秦西名画をみるように美しいのである。

小林秀雄が、有名な「モオツアルト」の中で、「わが国では、モオツアルトの歌劇の上演に接する機会がないが、僕は別段不服にも思わない。上演されても目をつぶって聞くだろうから。」という、くだりがあり、ウィーンで、あ

るモオツアルティアンと論争したことがある。小林の論旨は、モオツアルトのオペラはシンフォニィであるとの点にあるのであるが、私も近頃の演出をみると、目をつぶって聞きたくなるのである。そのうえ、歌手がミスキャストで結核で死にそうもない大女が椿姫など演じていると目をつぶりたくなるのは私一人ではあるまい。近衛秀磨も彼の随筆の中で同じようなことを云っている。

　ピアチェンツァの仮面舞踏会から、ふと思ったのだが、この高度に発達したオーディオの時代に、マイクをつけることが、果していけないことだろうか。演出家がこれ程までに自己主張を強めるのであれば、音楽演出家が現れて、時代の最先端のオーディオに乗せてみるのも1つの考えである。

　あるとき、私は「グランドホテル」という、ニューヨークのミュージカルの東京公演をみて、現代のオペラはミュージカルだなと感心させられたことがある。

　永竹先生にこの話をしたら、言下に否定されてしまったが、私は本気で思っている。

　何故ならば、オーケストラの音量なども、もっと欲しいなと、ベートーベンの「エロイカ」などを聞くといつも感じるのである。戦前のあるレコード好きが、本場のオケを聞いて、その低音の足りなさを嘆いたとの話が、だからレコードなどで音楽を聞くべきでないとの立論に使われていたことがあるが、逆に、オーディオでなければ出せない音量もあることは確かなのである。愚妻をある日本のオーケストラの演奏会に連れていったところ、彼女曰く、家のオーディオでウィーンとかベルリンフィルを聞く方が良いと云った。歌謡曲とかポピュラー音楽の歌手には、声量が乏しくて生の声では聞かれるものではないが、マイクを上手く使って上手な歌手は沢山いるのである。

　クラシックの世界でも、マイクの乗りの良い歌手がいないとは云えない。しかも、現在の発声法も異常なものであり、もっと自然な色気のある発声に戻れる可能性もある。

　考えは、四方八方に拡がるが、オペラは、原語上演が良い。私はイタリア語を勉強しているが、モオツアルトのオペラの歌詞を理解したい一心からである。近衛秀磨が南米で第9を演奏したとき、「フロイデ」とくるところを「ゴイク」と云うので面喰ったとの話がある。歌というものは歌詞の意味が解ると、その歌の良さが倍増するものである。マリアカラスの歌う、カルメンのババネラを聞いていて、フランス語の良さがしみじみ解った。

終りに、オペラというものは、芸術ぶったりしないで、飲食でもしながら楽しむべきものではないだろうか。歌舞伎なども酒を飲み飲食しながらみたものである。日本では、宴席と相撲が、今もって飲食しながら楽しんでいる。ヨーロッパの歌劇場の個室に入ると、前列のみが舞台が見えるが、後の席では舞台は見えないが、彼らは、一家とか友人恋人と来て、酒を飲んだり、おしゃべりしながらオペラを楽しんでいたに違いない。林光の「日本オペラの夢（岩波新書）」に「こうして、新しいオペラを、共に作っては試み、楽しみながら考え、集まっては去ってゆく場所、それがオペラ劇場と呼ばれることになるだろう。それは寄席と教室、アトリエとサーカス小屋が一緒になったようなもので、とりあえずは、あるだろう。そこでは、針1本落ちる音にもピリピリと神経を立てるのではなく、だれかの連れてきた子どもが、たまに笑いながら走っても、風がひと吹きしたくらいにしか感じられないような、悠々たる秩序があって、そこで人々は『いま』をわすれて夢をみるのではなく、夢のなかに『いま』を見るのだろう。」とあるが、私もそう思う。

　ゲイジュツになってしまうと、それぞれが先生になってしまい、保存しないと維持できない代物になってしまうからである。今回のオペラ鑑賞で感じたのは観客の関心度が低調なことであった。拍手も東京の客に比べて冷淡だった。若しかするとクラシック音楽はヨーロッパの若者にソッポを向かれているのではなかろうか、そこにもってきて楽しくもない演出とくると増々客は遠のいていくに違いない。

　文句ばかり云っているようだが、永竹先生はじめ仲間の皆様との楽しい10日間であったことに感謝しています。（平成16年6月11日筆　ひらぬま・たかはる）

　この寄稿でピアチェンツァで鑑賞されたオペラの舞台が貧弱だった点を指摘されておられる。確かに近年オペラの演出が装置も含めて以前と比較すると簡略化された舞台が散見されるようになってきているのは事実である。しかし、オペラの公演には舞台装置を含めると大変大きな経費が必要であることを考慮すると、特に地方都市での公演では舞台装置にかけられる費用には限度があるのはやむを得ないと感じる。1981年や1988年のミラノスカラ座の引越し公演における「ラ・ボエーム」のフランコ・ゼフィレッリ演出のレベルの舞台を地方都市公演に期待するのは少し厳しいのではと思ったところで

ある。

　さらに、「オーケストラの音量なども、もっと欲しいなと、ベートーベンの『エロイカ』などを聞くといつも感じるのである」とも述べておられる。

　2018年に創立100周年を迎えるアメリカの名門クリーヴランド管弦楽団が、2002年から音楽監督を務めるヴェルザー゠メストとともに8年ぶりに来日し、ベートーヴェンの交響曲全曲演奏会を行った。初日には交響曲第3番「英雄」が演奏された。ヴェルザー゠メストはこの曲で弦楽器が18-16-11-10-8、木管楽器は倍管という巨大な編成を組んだ（ちなみにサー・サイモン・ラトルが最近リリースしたCDにおけるこの曲の弦楽器編成は12-10-8-6-5である）。この公演を筆者はサントリーホールの2階席で聞いたが、サントリーホールというすぐれた会場であったこともあり、コントラバスの低音もしっかりしたバランスで聞こえるすばらしい演奏であった。この公演には天皇、皇后両陛下が臨席しておられたが、演奏終了後もしばらくお席を離れることなく拍手をされておられたのが印象的であった。平沼髙明先生がお元気であれば、ご一緒させていただき、感想をお聞きしたいと思った次第である。

3．専門職における音楽などの教養の意義

　平沼髙明先生は音楽以外にも絵画や文学などをはじめとする芸術分野に、深い理解と広い見識をおもちの方であった。以前、関東労災病院の佐藤譲病院長にお目にかかった折に、平沼髙明先生の高い教養に驚嘆しておられたことを記憶している。

　ピーター・ドラッカーが『ポスト資本主義社会』の中で管理職における教養の大切さについて以下のように述べている。

> 　知識社会への移行とは、人が中心になることにほかならない。知識社会では、教養ある人間が社会のシンボルとなり、基準となる。教養ある人間は、知識が中心的な資源となるポスト資本主義時代における社会の代表である。その結果教養があるということの意味が変わる。教養ある人間なるものの定義が

第7編　1　医と音楽

> 決定的に重要となる。
> 　教養ある人間は、未来を創造するためとはいわないまでも、少なくとも現在に影響を与えるために、自らの知識を役立たせる能力をもたなければならない。ポスト資本主義社会は、これまでのいかなる社会にも増して教養ある人間を必要とする。偉大な遺産を理解することを不可欠とする。
> 　われわれが必要とする教養ある人間は、他の偉大な文化や伝統を理解する者である。同時に、人文主義者の教養課程に特有の書物偏重主義を超越する。教養ある人間は、分析的な能力だけでなく、経験的な知覚の能力をもつ。
> 　とはいえ、教養ある人間が、未来はともあれ現在を理解するには、西洋の伝統を中核に据えざるをえない。未来は脱西洋かもしれない。反西洋かもしれない。だが非西洋ではない。未来の物質文明と知識は西洋を基盤とせざるをえない。(ドラッカー (上田惇生訳)『ポスト資本主義社会』(ダイヤモンド社・2007年) から筆者が要約)

　ここで指摘されている西洋文明を概観した資料としては、筆者は個人的には1969年にケネス・クラークが作成しBBCテレビにて13回にわたって放映された『Civilization』は極めてすぐれた内容と思っている。この番組は米英で大きな反響をよび、当時ホワイトハウスで内輪の上映会を催したことでも知られている (現在 Amazon で DVD が入手可能)。その後テレビ用の脚本に若干の手を加えた成書が発行されたが、1975年には邦訳も出版されている。
　この書籍の中でモーツァルトについて以下のような記述がある。

> 　モーツァルトの音楽の多くは、18世紀当時通用していた様式で書かれました。彼は、この音楽の黄金時代にのびのびとくつろぎ、当時の諸形式に余すところなく精通していましたので、そういう形式を破棄することが必要とは感じませんでした。実際彼は、当時の音楽のなかで完成の域に達していたあの明快さと正確さを好みました。
> 　しかし、この完成された形式は、ロココ様式からは程遠い二つの特質を表現するために用いられました。一つは、その一風変った憂鬱、天才の孤独にしばしば取り付くほとんど恐慌同然のあの憂鬱でした。モーツァルトは、年端も行かぬうちからそれを感じていました。もう一つの特徴はその正反対に

552

近いもので、人間にたいする、また人間関係というドラマにたいする熱烈な興味でした。

またオペラについては次のように述べている。

　オペラはゴシック建築に次いで、西欧人の最も奇妙な独創の一つです。どんな論理を操っても、その発達を予知することはできなかったことでしょう。オペラが理性の時代に完成されたというのは、一見驚くべきことに思われます。しかし18世紀初期最大の芸術が宗教芸術であったように、ロココ様式最大の芸術的創造はまったく不合理なのです。

　西欧文明のなかで、オペラにそのような威信を——多種多様な流行や思考様式より長続きしている威信を——与えたのは、いったい何でしょうか。なぜ人々は、一語も分からず、あらすじもほとんど知らぬまま、演奏に耳を傾けながら三時間も黙々と坐っている気になるのでしょう。なぜドイツやイタリアでは、国じゅういたるところのまったくちっぽけな町までが、この不合理な娯楽に依然として多額の予算をつぎ込むのでしょうか。一つにはもちろん、それが、フットボールの試合と同じく、熟達した伎倆の発揮であるからです。しかし私の考えでは、何よりもそれが実際に不合理であるからなのです。『ばかばかしくて口に出せないようなことも、歌うことはできる』のです——たしかにそうでしょう。しかしあまりにも微妙すぎて、あるいはあまりにも深く感じすぎて、あるいはあまりにも啓示的か神秘的すぎて口に出せないことも、歌うことはできますし、また歌う以外にない場合があります。

　われわれが《ドン・ジョヴァンニ》から受ける印象は、単純どころではないからです。彼は、数ある悪役の主人公中最も曖昧です。かつてはまったく単純で生気を添えると思われていた幸福と愛の追求が、複雑で破壊的なものとなりました。そしてドン・ジョヴァンニを英雄たらしめた悔い改めの拒絶——これは、文明のまた別の局面に属する問題です。

さらにケネス・クラークは同著で、シェイクスピアについて、次のように述べている。

　シェイクスピアは、宗教的信念を持たず、また人間にたいするヒューマニ

> スティックな信念さえ持たなかったこの上なくすぐれた詩人として、最初の存在にちがいありませんし、また最後の存在かもしれません。
> 　人生のどうしようもない無意味さを彼ほど強烈に感じた者がいるでしょうか。キリスト教世界の崩壊、そして宗教改革につぐ悲劇的な分裂が生じる以前には、まず想像を絶する人生観でした。しかし人間の精神は、この空虚を凝視し抜くことで、新たな偉大さに到達したと思うのです。

文明の発達過程とこれらの天才との関係について、ケネス・クラークはさらに次のように述べている。

> 　文明史を研究する際、われわれは、個人的才能と一社会の道徳的・精神的状態とを釣り合わせるよう努めるべきです。一見不合理に思われるかもしれませんが、私は個人的天才の方を信頼します。これまで世界に生じた価値あるもののほとんどすべては、個人の力に帰せられるべきだ、というのが私の考え方です。それにもかかわらず、ダンテ、ミケランジェロ、シェイクスピア、ニュートン、ゲーテといった歴史上最高の偉人たちは、ある程度まで各時代のいわば集大成であるにちがいない、と感じないわけにはいきません。ひとり超然と発展したにしては、あまりにも広大、あまりにも統括的すぎるのです。

そのうえで最終章の「英雄的な物質文明」を次のように締めくくっている。

> 　本書の冒頭で、一文明を枯渇させるのは、他の何よりも自信の喪失だ、と申しました。二度の戦争をはさんで、われわれは、すんでのことに滅亡するところでした。マルクス主義の道徳的・知的失敗で、英雄的な物質文明に代わるべきものがなにも残されておりませんし、それでは不十分なのです。楽観的になるのもけっこうですが、われわれの前途を必ずしも喜んでばかりはいられないのです。

アラブの春以後のアフリカの政治的混迷、それに起因する欧州の難民問題、また米国のトランプ政権発足後の国際協調への信頼の喪失など、現在の国際情勢の不安定性を鑑みるとき、ケネス・クラークの半世紀前の指摘が現実味

を帯びてきているのではないかとの懸念を強く感じる。

　西欧文明の発展段階で出現した知の巨人の業績とその文明史における意義について、さらには教養として理解すべき西洋文明の本質を、これほど明快に解説してくれている資料（番組）は現在でもほかにはほとんどないと思っている。

　前述の『ポスト資本主義社会』の中で、ケネス・クラークは「教養ある人間は、知識が中心的な資源となるポスト資本主義社会における社会の代表である」と述べている。平沼髙明先生は医事法の実務分野ですぐれた業績を残されたが、同時に同分野で優秀なお弟子さんを育てられたことでも知られている。先生の高い教養に裏打ちされた卓越した人間性を慕って、多くの人材が集まってこられた結果であると理解している。

III　音楽の医療における効用

　本項以降では、本稿のテーマ「医と音楽」について記すこととする。ただし、筆者は音楽と医学（医療）との関係について専門家ではないので、成書からの引用が中心となることをお許しいただきたい。なお、引用に際しては、地の文章とつながりも考えながら、かなり改変した。原著者にお礼とお詫びを申し上げる。参考・引用にした文献については末尾にまとめて掲記する。

1．ナインチンゲールの功績

　旧約聖書に紀元前2世紀頃ユダヤの王サウルのうつ状態を、ダビデがハープ演奏によりやわらげたという記載があり、また日本では、天の岩戸に閉じこもった天照大神の怒りを歌舞により鎮めたという『古事記』の記述がある。これらを歴史的にみると、音楽療法の最初とみなすことができるといわれているが、科学的裏付けをもった近代の音楽療法の発展は、第2次世界大戦後になる。

　20世紀になって近代音楽療法が発展する以前に、19世紀半ばに患者のケア

第7編　① 医と音楽

における音楽の有用性について気がついていた医療人がいた。近代看護の創始者といわれるフローレンス・ナインチンゲールである。彼女が1860年に発刊した『看護覚え書』に次のような記述がある。本書は今でも看護を学ぶ者にはバイブルとされる名著である。

> 　病人に音楽を聴かせることの効用については、従来ほとんど注目されてこなかった。実際問題として、病人に音楽を聴かせるとなると、現状ではたいへんな出費となるために、その一般への普及は問題外とされているからである。ここでは簡単に私の考えだけを述べておく。音の持続が可能な楽器・すなわち声楽を含めた吹奏楽器と弦楽器とは一般的に良い効果をあげており、反対に、ピアノのような音がつながらない楽器の音は逆の効果をもたらす。いかに優れた演奏といえども、ピアノの音は病人を痛めつけるが、一方、「埴生の宿」や「柳の下にたたずんで」といった曲の旋律を、ごく普通のオルガンでかなでてみると、病人の気分はかなり鎮まる。もっともこれは、その曲名からくる連想とはまったく関係がない。
> 　音楽は、《活力に充ちている》健康人に対しては、巧まずして、その活力溢れる生命の悦びを呼び起し、《活力のあるはずのない》病人に対しては、悦びをもたらし、また自分の無力に対する神経の苛立ちをぬぐい去ってくれる。(フローレンス・ナインチンゲール『看護覚え書』(現代社・1968年))。

本稿のテーマとははずれるが、フローレンス・ナインチンゲールの生涯と業績についてここで簡単にふれておく。

彼女は、イギリスの裕福な家庭の次女として1820年に生まれた。当時のイギリス上流階級の女性としてはめずらしいことであったが、父の方針で外国語をはじめ哲学、数学、天文学、経済学などの本格的な教育を受けている。成人後看護に携わったナインチンゲールは、当時病人の世話をする単なる召使いとされていた看護師に専門教育が必要なことを訴えるとともに、しっかりした看護管理体制を確立した。1854年にはクリミア戦争に従軍し、戦地の病院での高い死亡率を目の当たりにした彼女は、統計の知識を使って独自に考案した「鶏のとさか」とよばれる円グラフを作成し、戦死者の多くが戦闘で

受けた傷そのものではなく、傷を負った後の治療や病院の衛生状態が十分でないことが原因で死亡したことを明らかにした。実際に病院の衛生環境を改善し、死亡率を劇的に下げることに成功した。ナイチンゲールは「近代看護教育の生みの親」としてはもちろんのこと、統計学の先駆者としても高く評価されている。

2．音楽療法

　米国では20世紀初頭から、主にニューヨークを拠点に働く医師や看護師、あるいは音楽家が、臨床の場で音楽を活用する効果を語る論文を医学雑誌や新聞に発表し始めた。また同じ頃、病人の心身に音楽がどのような影響を及ぼすかというテーマで講義を行う大学もあった。

　音楽と医療の関連についてのこのような関心の積み重ねは、やがて第2次世界大戦を機に近代音楽療法が確立するに至る。心身ともに傷を負った多くの帰還兵たちは、総合的なリハビリテーションを受けることによって社会復帰をめざした。その過程で、病院に招かれた演奏家や音楽教師の主導する音楽活動が、医学的治療だけでは対処できない彼らの心の痛手を癒すことが確認されたのである。

　米国における20世紀前半、特に1940年代は、このような初期的な研究や大戦直後の音楽活動の実践を基盤として、音楽療法が1つの学問領域として体系づけられる時期となった。また大学機関では、精神科医を中心とする医療従事者と協力体制が築かれ、専門家としての音楽療法士を養成することも始まった。

　一方20世紀後半には、英国でもさまざまな障害をもつ人々への、音楽による心理的ケアが盛んになった。その先駆者としてジュリエット・アルヴァンの名があげられる。アルヴァンはパブロ・カザルスを師にもつプロのチェリストであったが、しばしば障害をもつ子供の施設や精神科の病院に出向き、そこで生活する人々を前に演奏した。彼女はその活動の中で、一人ひとりの音楽への反応を観察したうえで個々に音楽的な応答をすることによって、

人々の心が開かれていくことを実感した。このような生の音楽による個別的なかかわりは、今日も英国の音楽療法の基本図式として確実に受け継がれている。さらにアルヴァンは専門家の育成にも携わり、1968年に英国初の音楽療法士養成課程を創設した。

日本では、1967年に東京芸術大学でアルヴァンによって講演会が開かれ、音楽療法が紹介された。その反響は大きく、2年後再び来日したアルヴァンは東京、大阪などで障害児の音楽療法実践を披露した。その後各地で音楽療法の研究会が誕生し、施設や病院などで実践が始まっている。

1997年から日本での音楽療法士資格認定制度が開始され、複数の教育機関で療法士の養成が行われている。2001年には日本音楽療法学会が設立され、音楽療法士資格の認定や研究の推進を担っている。学会の音楽療法士資格審査を受けるためには、講習会での研修や3年以上の臨床実践経験が必要とされている。学会認定による音楽療法士は現在3000名を超えている。

音楽療法は、現在ではがん患者などの終末期ケアを行う緩和ケア（ホスピス）領域や認知症患者に対する回想療法などを中心に幅広く実施されている。

3．音楽と他の認知能力

「クラシック音楽を聞くと知能が向上する」、「モーツァルトの音楽が良いらしい」という話を聞いたことがあると思われる。これはいったい本当なのか。音楽の聴取や演奏は、私たちの知能や一般的な認知面に、何らかの影響を与えるのだろうか。あるいは、子供時代から青年期にかけて、器楽や声楽の練習を積むことで獲得される音楽的な諸能力は、音楽以外の認知能力との間に何らかの関係をもったり、影響を与えたりするのだろうか。音楽を聞くことが音楽以外の認知的能力に影響を及ぼすのかについて多くの研究が行われている。

こうした問題に考察のきっかけを与えたのが、一般に「モーツァルト効果」とよばれるようになった、音楽聴取と空間的知能の問に関連性があることを示唆するフランセス・ローシャーらの報告（Rauscher, F. H. (1999) Nature,

400, 827-828）が発端である。

　ローシャーらは音楽聴取と空間的知能の間の関連性について報告したが、この報告はその後拡大解釈されいわゆる「モーツァルト効果」と喧伝されるようになった。「モーツァルト効果」と称される現象には、3つの事柄が混同して含まれていると考えられている。1つ目は、短時間の音楽聴取の直後に、大学生の空間的知能が一時的に向上したとする現象を指す。2つ目は、クラス授業の中でモーツァルト音楽を背景音楽として呈示したところ、情緒行動障害児たちの不適応行動が減少したという、背景音楽としての効果である。3つ目はモーツァルトに限らずクラシック音楽の正式な訓練が、子供の一般知能を向上させるとの報告を指す場合である。第3のものは「聴取」に関連するのではなく、長期間の「音楽教育／訓練」に関する別の問題を扱っていると考えられる。

　これらの点については以下のように理解されている。

　第1に、「モーツァルトを聞くと知能が（長期的に）向上する」ということは、現在は確認できないという結論になっている。正しくは、短期的な音楽聴取の直後に、認知能力の一時的な向上がある程度認められたということであるが、その理由は、音楽による覚醒と快気分による気分調整が導いた、認知への影響とみられている。

　第2に、背景音楽による情動や行動の鎮静効果については、特にモーツァルト作品の多くがもっている中庸・安定的でポジティブな感情的性格特徴が、聞き手の気分や過剰行動を適応的に調整し、落ち着かせた可能性はありうるだろうとされている。こうした音楽は、古典派の音楽や「鎮静的音楽」に共通する性格として、モーツァルト以外にも存在する可能性が残されていると考えられている。

　第3に、長期的な音楽学習や訓練（特に個人レッスン）が認知能力へ与える影響については、空間課題、語的能力（音素の識別、読解力）では肯定的な結果が認められているが、算数との関連は確認されていない。一般知能との関連では、少なくとも否定的結果は出されていないが、それは、西欧では

もともと音楽の学習を選択する子供たちの知能が高い傾向がみられることによるかもしれないと考える研究者もいる。

IV 音楽を人間はどのように認知しているのか、そのメカニズムについて医学はどこまで解明できているのか

　19世紀半ばに、パリの外科医ポール・ブローカは脳の損傷により発話ができなくなった症例を剖検記録とともに発表した。失語症の最初の報告である。認知神経科学は、このブローカの報告に始まったとされる。その数年後には、脳の損傷により音楽能力も障害を受けることが報告された。以後150年、言語の脳内メカニズムについては多くが明らかになったが、音楽のそれはまだ暗中模索の状態といわれている。それには以下の理由が考えられる。第1に、通常の発達を遂げれば一定の能力の獲得が保証されている言語に比し、音楽能力には個人差が非常に大きいこと、第2に、障害についての検査法が音楽では確立されていないこと、第3に、動詞や名詞のない言語は存在しないにもかかわらず、地域によってはリズムやハーモニーのない音楽は存在するなど、様式が多様であること、である。しかし、最近数十年の主に画像診断技術とコンピュータの進歩により、音楽の脳内メカニズムについても次第に明らかになってきている。

　音楽が人間にどのようにして理解されるようになったのかについては、進化論からみた興味ある議論が存在する。ダニエル・J・レヴィティンは著書『音楽好きな脳——人はなぜ音楽に夢中になるのか』（邦訳は、西田美緒子訳。白揚社・2010年）で次のように述べている。詳細は原著に譲るが、要約すると以下のとおりである。

　スティーヴン・ピンカーの「言語は明らかに、進化的な適応の賜物であるが、音楽は適応の副産物（スパンドレル）にすぎない」とする説をダニエル・J・レヴィティンは正しくないと述べ、進化論的に次のように説明できると

Ⅳ 音楽を人間はどのように認知しているのか、そのメカニズムについて医学はどこまで解明できているのか

記載している。

　音楽はどこから来たのか。進化からみた音楽の起源の研究には目覚ましい歴史があり、ダーウィン本人にまでさかのぼることができる。ダーウィンは、人類または旧人類の求愛の儀式の一部として、自然淘汰を通して音楽が生まれてきたと考えていた。ダニエル・J・レヴィティンは科学的な証拠もこの考え方を支持していると述べている。

　彼の意見を整理すると、音楽について医学的見地からはこれまでに次のようなことが解明されている。それは、①人間が言語を理解する能力と音楽を理解する能力の間には強力な関係があり、②人間が音楽の本能をもったことは進化論的にみると種の保存という点からも意味のあることである、③人間は言語を理解する能力を身に付ける前から音楽を理解する能力をもつこと、そして、④その能力は胎生期からすでに獲得していること、である。

　子宮の中で、羊水に浮かんだ胎児は音を聞いている。母親の心臓の鼓動が、時に早まったり、ゆっくりになったりしながら、絶え間なく聞こえている。そして、胎児は音楽も聞いていることが、アレクサンドラ・ラモンドの研究によってわかってきた。

　また、イアン・クロスは、音楽は進化的適応性をもち、言語に劣らず人類の生態に深く根ざしているもので、言語にはみられない柔軟なその性質が、ヒトの認知面や社会性における柔軟性獲得にとって重要な機能を果たしたと主張している。特に、音楽というコミュニケーション媒体のもつ「意味の曖昧性」が、大切な特徴と考えている。言語は意味を狭める機能をもつので、意味同士がぶつかることもある。その点、音楽は意味的には曖昧で（ぶつかり合うリスクは低い）、にもかかわらず「流動的意図性（fuloating intentionality）」をもっている。つまり比喩的な抽象レベルでは、共通した意図的な「何か」を伝えることができる。それは気分や雰囲気や「思い」などかもしれないが、言語では意見がぶつかりかねない集団の中にあって、音楽はこの性質によって認知的なしなやかさを生み出すと同時に、社会的交感機能をもち得る。音楽は人々の間に一体感や「絆」を結び、社会を維持存続さ

561

せるのに大きな役割を果たしているとしている。

　心理学や脳科学の進歩により、音楽が人間の発達にとって極めて大きな意味をもっていることが次第に明らかにされてきているのである。

〈参考・引用文献〉（発行年次順）
・Kenneth Clark『Civilisation』（BBCVideo〈PAL方式〉・1969年）
・ケネス・クラーク『芸術と文明』（法政大学出版局・1975年）
・PFドラッカー（上田惇生訳）『ポスト資本主義社会』（ダイヤモンド社・1993年）
・谷口高士編著『音は心の中で音楽になる』（北大路書房・2000年）
・ウイリアム・ベンゾン（西田美緒子訳）『音楽する脳』（角川書店・2005年）
・ダニエル・J・レヴィティン（西田美緒子訳）『音楽好きな脳』（白揚社・2010年）
・フロレンス・ナイチンゲール（湯槇ますほか訳）『看護覚書〔改訳第7版〕』（現代社・2011年）
・星野悦子編著『音楽心理学入門』（誠信書房・2015年）
・佐藤正之『音楽療法はどれだけ有効か』（化学同人・2017年）
・S・ケルシュ（佐藤正之訳）『音楽と脳科学』（大路書房・2019年）

2　首長・元大学病院長としての地域医療
——大磯町がすすめた健康づくり「おあしす24健康おおいぞ」をきっかけにして

中﨑 久雄

大磯町長

I　はじめに——大磯町長となるまで

　1968年に神戸大学医学部を卒業後、国立がんセンター病院で研修医（外科学）、1980年に東京大学より医学博士の授与、そして東海大学医学部外科学教授、また2003年に東海大学医学部付属大磯病院の院長、2010年に大船中央病院の院長と、長きにわたり医師・臨床医（外科医）として保健医療へ携わってきた。

　長年、外科手術をしてきたが、多くの患者は手術を必要とするほど病気が進み、身体を壊した状態にあった。日頃の生活習慣を見直せば防げた方も数多くいた。本当に大切なのは、病気になる前の日頃からの食生活や運動といった生活習慣であり、真の医療とは病気になりにくい身体をつくるための「予防医学」にあると思っている。予防医学は、時には日常の生活で忘れがちになるものである。習慣的に食事や運動などにその要素を導入することは努力のいることである。

　2010年に医者を辞し、町長選挙に出馬、現在町長の職にあるが、当時の大磯町は、外からみればとても美しく何ら問題等もない町であった。しかし、ちょうど人口増がピークを迎えた頃であり、65歳以上の高齢化率は26％を超え、全国平均と比較しても高い状況にあった。この数値は、今後、人口が減少傾向に転じることで、右肩上がりに増加することが予想され、大きな産業

もない大磯町にとって、年少人口や生産年齢人口が減少して高齢者人口が増えることは、税収確保が困難になる一方、社会保障費は増加することになり、財政運営は危機的状況を迎えることを意味する。しかしながら、町政運営の中身はしがらみにより物事が決められない状況が続き、これでは、次世代を担う子どもたちの未来や、将来の大磯町が末期症状を迎えてしまうため、大手術をして健全な状態にしなければならない状況にあった。

　町長をめざす決断をしたきっかけは、当時の大磯町の現状を憂う12名の方々がわが家を訪れたことであった。当時の大磯町は、3期12年の間に1期ごとに町長が変わる、まさにオリンピック町政と揶揄される状態にあった。物事の継続性はなく、時の町長は、顔色をうかがい決断と持続性がなく、町の方向性は不安定であった。不退転の決意でしがらみなく進むことを12名の有志が筆者に求めた。当然、峻拒したが、入れ代わり立ち代わり訪問され、受けざるを得ない状況であった。

　町長選挙の候補者となったのは、素人の筆者のほか、現職、3期目の町会議員、さらに有力な町会議員の3名であったが、公約に何を掲げるかについては非常に悩んだ。多くの課題に力を入れ、取り組まなければならないものの中でも行財政、医療・福祉、教育を柱とし早急に改革を進めることとした。特に、医者である時に常日頃から重要性を認識していた医療・福祉分野の予防医学への取組みは、早急に着手しなければならない重要な課題に位置づけた。そして、選挙の結果、筆者が町長に選ばれたのである。

Ⅱ　改革の始まり

1．「地域の中の気軽に行ける健康サロン」、「おあしす24健康おおいそ」の取組み

　大磯町では、かつて医師と保健師が地域を回り健康相談をしていたこともあったそうだが、昔は、まだ積極的かつ戦略的な保健事業などは行われてい

なかった。町が活力を維持するためには、町民1人ひとりの健康づくりが必要であり、そのためにすべきことを積極的に実行していくことが必須の取組みであると確信していた。まずは、医療・福祉分野のめざすべき目標を、年々増え続ける医療費の抑制を重点施策として、「町民の皆さんが心豊かに暮らせる町の実現」を掲げた。

この目標に向け"町民の皆さんが役場に来られないのであれば、こちらから各地域に出向こう"という発想の転換を図り、保健師や管理栄養士が町内の24地区に出向き、血圧測定や検尿、投薬相談、食生活指導などの健康相談や健康指導を行うことで、予防医学を徹底して実践する"地域の中の気軽に行ける健康サロン"となる「おあしす24健康おおいぞ」（以下、「おあしす24」という）の取組みをスタートさせた。

かつて、長野県の佐久市では巡回医療や訪問医療が行われていたが、大磯町も約17平方キロメートルと狭い町のため、保健師が巡回することで、町民の健康管理や食生活への助言、さまざまな相談を気軽に受けることができる体制づくりをスタートさせた。

そして、取組みの名前の由来となる「おあしす」は、"ほっとできる心のオアシスのような憩いの場"、「24」は"町内の自治会数"、また、「健康おおいぞ」は、町内の24地区すべてで取組みを展開することで、健康な人が大磯町に"多いぞ（増えてほしい）"という保健師を中心とする専門職チームの願いを込めたものである。

取組みを開始するにあたっては、健康づくりに関する意識向上を図ること、町全体で健康づくり（QOLの向上・健康寿命の延伸）に取り組むこと、そして、年々増え続ける医療費の伸びを少しでも抑制するといった3つの目標を設定した。

目標に向かい、町民自らが健康に対する関心を高め、健康づくりに関する意識向上を図り、町全体で健康づくりに取り組むため、健康相談や健康教育、健康に関する啓発活動などを町内24の各地区にある地区会館を会場として開催していくこととした。また、今まで、組織の中の各部署に点在配置され多

くの時間を事務仕事にとられていた専門職の保健師と栄養士を、チームとして1つの課に集中配置して、どんどん地域に出て行ける体制を整えることで、町民の声を生で聞き、その声を町民のための事業や取組みに反映させようと考えた。さらに、町の保健事業の案内や、がん検診、特定健診など、さまざまな健診への受診勧奨を行うことによる受診率の向上も重要な取組みの一つに加えた。

対象者は、高齢者だけでなく、赤ちゃんからお年寄りまで全町民としたが、中でも特に、ふだんから体調があまりよくない状況でも医療機関を受診しない方や医療を中断したままにしている方を受診につなげていくことも重要視した。「おあしす24」がめざすものは、健康講話や健康相談、食生活指導を通し予防医学を普及することで、病気を発症する前に食い止め、重症化を予防することにより、年々増え続ける医療費の伸びを将来的に抑制していくことにある。しかし、取組みにより医療費がいくら抑制できるかの具体的な試算は難しく、すぐに結果が出るものでないことは当初から認識しており、ある程度長い期間、医療費の推移に注目して、事業効果や影響などについて継続的に動向を把握していくこととした。

以下では、「おあしす24」の取組みをどのように進めてきたか、時系列で具体的に紹介していく。

2.「おあしす24健康おおいぞ」の実践

「おあしす24」を始動するために行った準備は3点ある。1点目は、地域に飛び込んでいくマンパワーを集結させるため、組織上いくつかの部署に分散されていた専門職（保健師・管理栄養士）を1つの部署（スポーツ健康課）に集中配置した。専門職チームの層を厚くすることで、地域に出向く「おあしす24」の事業スタイルを実現させることができた。2点目は、「おあしす24」で健康講話を担当するため、新規に医師の雇用を検討した。そして、3点目は、町内各地区の区長や役員、民生委員・児童委員等からの「おあしす24」への協力である。各区長には、地区会館の会場確保をお願いし、民生委

員・児童委員には、できる範囲で高齢者や母子、独居世帯への声かけやチラシ配布等をご協力いただいた。「おあしす24」のような新しい事業は、内容が浸透していないため人を集めることが難しい面もあるが、民生委員・児童委員だけでなく、地区役員の方々を通して地域の方に周知いただき、町長として自らも参加することで、参加者の誘導や獲得ができた。2011年4月からのスタートに向け、2010年12月の町長就任から短い期間で取組みの準備ができた背景には、行政だけではなく、さまざまな方々へ取組みについて説明しご理解と協力をいただけたことが大きな力であったと思っている。

「おあしす24」が取り組んだのは、専門職チームが一方的に健康づくりを説明するような授業スタイルの講座ではなく、参加者や地区の役員が専門チームと膝を交え、お茶を飲みながら、健康や病気、家族のこと、日々の生活（食事や運動、生きがいづくり等）のことなどを気軽に情報交換することで、各地区の中で町民同士が新たな触れ合いや助け合いの場となることを期待するものであった。また、専門職チームも今まで以上に地域や町民の多くの情報を把握することで、保健指導などのスキルアップにもつながるとの思いもあった。そして、参加者数の把握や内容検討のためのプレ開催を経て、2011年4月から「おあしす24」をスタートした。初年度の2011年度は、159回開催して、延べ1933人の方に参加いただくことができた（〈表1〉〈表2〉参照）。

なお、初年度は、2011年3月に発生した東日本大震災の災害支援に派遣された町保健師が、「慢性疾患等で定期的に薬の処方を受けていた方が避難所生活となり、服用していた薬を医療チームに伝えられず苦労していた」場面を体験したことから、「おあしす24」において、災害に備えた薬の持ち歩き方や「おくすり手帳」の活用法などを伝える取組みや、各種団体やグループ活動の場に保健師や管理栄養士等が参加して、健康や病気に関する講話等を行う「ミニおあしす」と名づけた取組みも関連づけ実施した（〈表3〉参照）。

また、「おあしす24」の参加者からの要望等も事業に反映しながら内容をブラッシュアップしていくため、各会場でのアンケート調査を実施したところ、高齢者に多い目や耳、歯の病気、夏バテやインフルエンザなど季節ごと

〈表1〉「おあしす24」健康おおいそ実施計画

開催回数	原則、各地区毎月1回開催
開催時間	約2時間（午前：10時〜12時、午後：1時30分〜3時30分）
対象者	赤ちゃんから高齢者まで　どなたでも
開催内容	◇健康講話 　　生活習慣病や介護予防、感染症など毎月テーマを設定して、健康・病気に関する正しい知識や情報を提供することで、健康状態の理解や健康づくりに取り組むためのきっかけをつくり、自らの力で健康管理できることを目指す。 ◇簡易検査 　　自分の体の状態を知るための測定や検査を実施して、体重、体脂肪、尿検査、骨密度測定、体力測定などの結果から健康状態を確認できるようにする。 ◇健康相談 　　身近な健康や食事、薬に関する話、医療機関のかかり方（受診科の選択、かかりつけ医を持つこと等）などの相談に対し適切な情報を提供するとともに、活用が図れるように保健師・管理栄養士が支援を行う。個別相談コーナーでは、継続的な保健指導が必要な場合は個別相談カードを作成して相談内容を管理する。 ◇大磯こゆるぎ体操※ 　　毎回、終了前に全員で行う。
職員体制	原則、保健師2名、管理栄養士1名
連携体制	相談等の結果により、事後フォローが必要な場合、保健師・管理栄養士の保健指導などを関係機関（医師会、歯科医師会、薬剤師会、地域包括支援センターなど）や関係部署と連携して対応。必要に応じかかりつけ医等へも連絡・調整を行う。
周知方法	開催日程、講話内容等は、町広報紙、回覧・掲示板掲示、町ホームページ等

※大磯こゆるぎ体操…ゆっくりとした太極拳や気功の動きを取り入れ、転倒予防や心身のリラックス効果を目指して心と体の健康づくりを推進する町のオリジナル健康体操（平成22年度考案）。

〈表2〉 2011年度「おあしす24」結果

開催回数	24地区、延べ開催回数　159回 （毎月開催地区4地区、最少開催地区1地区（2回/年））
参加者数	延べ参加者数　1,933人
講話 テーマ	・生活習慣病予防（食事バランスガイド、塩分摂取、血管年齢測定、体脂肪測定） ・認知症予防、健口体操 ・インフルエンザ・肺炎予防、ノロウイルス対策 ・ロコモ予防、体力測定、大磯こゆるぎ体操 ・骨の健康（骨密度測定、カルシウム摂取）おおいそ骨太体操 ・熱中症予防、夏バテ予防、食中毒予防 ・災害に備えた薬の持ち歩き方、おくすり手帳活用法 ・大磯こゆるぎ体操（毎回）
健康相談	個別相談数　567人
簡易検査	血圧測定、尿検査

〈表3〉「ミニおあしす」結果

開催回数	4回
参加者数	延べ参加者数　146人

に気をつけたい健康への配慮、骨密度・血管年齢・体脂肪の測定による健康チェック、認知症・ロコモティブシンドロームといった介護予防、簡単な運動や体操、一人暮らし用レシピなど生活習慣改善をテーマにした健康講話への声や、町のがん検診など各種健診をよく知らないなどの声も聞かれたことから、繰り返し伝えることの重要性などを再認識できた。ほかにも、腰痛・膝痛・高血圧に関心があるといった声も多く聞かれ、腰痛や膝痛は下半身が弱くなっている証拠でもあることから、転倒予防などの介護予防への取組みの必要性も明らかになった。

　1年間を通し地域を定期的に訪問することで専門職チームの顔や名前を覚

えてもらい、知った顔を見てほっとしてもらえるような関係づくりなど、着実に地域との良好な信頼関係を構築することができた。一方、自発的な健康づくりへの取組みに継続して参加された方は少数であり、この課題に対し、継続して参加された方がいた地区を検証した結果、共通して明らかになった特徴は、健康づくりを推進するキーパーソン的な存在が必ずいたことであった。地域の中の気軽に行ける健康サロンを定着させていくためには継続的な取組みや普及啓発だけではなく、キーパーソンとなる人材発掘なども効果的な手法として対策を講じていく必要性を感じた。

Ⅲ 派生して生まれた「お宅 de おあしす」「おあしす新聞」

取組み2年目となる2012年度は、135回開催で、延べ1633人の参加があった(〈表4〉参照)。

2年目の展開は、前年度1年間の実施状況を踏まえ、課題等の解決に向け、新しい取組みを派生させていったことである。

まず1つ目は、母子を対象とした「母と子のおあしす」開催の取組みである。「おあしす24」は、赤ちゃんから高齢者までどなたでも参加できることから、地域の世代間交流に効果があることを期待していたが、参加者は、高齢者が多く、赤ちゃん連れの母親が参加しても、ほかの参加者に気をつかい、ゆっくり参加できないような姿も見受けられた。そこで、より子育て中の母子が参加しやすい環境をつくるため、母子を対象とした育児相談や母親の健康づくりをテーマにした講話などを聞く機会を、町内24地区の中から5カ所選んで開催した。この取組みは、その後も、子育て世代の交流の場である「つどいの広場」や幼稚園を会場として継続して開催している状況にある。

2つ目は、体調や身体の具合が悪く会場に自分で来られない方にこそ「おあしす24」は必要であることに気づき、その対策として、訪問指導を行う「お宅 de おあしす」のスタートである。

3つ目は、個別相談からの発見による、「健診結果説明会」の開催である。

Ⅲ　派生して生まれた「お宅 de おあしす」「おあしす新聞」

〈表4〉　2012年度「おあしす24」結果

開催回数	24地区、延べ開催回数　135回 　　　　（毎月開催地区1地区、最少開催地区5地区（3回/年））
参加者数	延べ参加者数　1,633人
講話 テーマ	・ロコモ予防 ・筋力維持のための食事 ・健診（検診）を受けよう ・夏バテ対策、 ・体力チェック ・健診結果の見方 ・免疫力アップ法 ・食べ物の力で病気予防 ・こころの健康づくり ・大磯こゆるぎ体操
健康相談	個別相談数　185人
簡易検査	血圧、尿検査、体脂肪、骨密度、血管年齢、足指力

※下線は、新たに取り入れた内容

　健康診断を受けている方は、経年変化を把握し、主治医と健診結果について確認し合っている方がいる一方で、数値結果が良いのか悪いのか把握しておらず、健診結果を活かしきれていない方が多くいることが判明したので、健診結果の見方や医療機関の受診方法の相談など、一人ひとりにきめ細かく対応していくことをめざした取組みである。現在、説明会は、特定健診やがん検診等の健診結果が送付される10月から12月頃に「おあしす24」とは別に開催することで、個別に健診結果の相談ができる機会として定着しており、説明会の開催により、健診から要医療者が適切な医療につなげるだけでなく、生活習慣や服薬等と検査値の関係への理解につなげることができ、自身の健康度がわかることで継続的な健康づくりへの取組みの動機づけにもつながっています。（〈表5〉参照）。

　また、参加できなくても健康情報が得られ、町民の健康づくりへの関心を

〈表5〉「健診結果説明会」結果

	地区会館での講話		健診結果説明会 保健センター会場
開催月	6月（健診開始時期）	10月〜12月（健診終了時期）	10月〜2月
内容	「健診を受けよう！〜上手に健診を利用するコツ〜」 ・町で実施の健診内容 ・健診と検診の違い ・受診時の注意事項 ・精密検査になったら	「健診結果の見方」 ・基準値の考え方、各検査値の意味 ・検査値の経年変化を見ること ・BMIの計算 ・動脈硬化の危険度の計算 ・動脈硬化と血管の変化や腎臓への影響	実施内容は左に同じ 希望者は終了後に個別対応 （広報、健診結果通知案内を同封し、申し込みによる参加）
参加者数	15地区16回、延べ169人	22地区31回、延べ303人	3回、延べ49人

高められるよう「おあしす24」から得られた地域の健康課題や参加者の声、簡易測定や健康講話の内容などを「おあしす新聞」として四半期ごとに年4回発行し、町内全域に配布するとともに、バックナンバーは町のホームページにも掲載した。

Ⅳ "産・官・学"連携

3年目を迎える2013年度は、137回開催して、延べ1714人の方に参加（〈表6〉参照）があった。この年は、"産・官・学"連携による取組みを開始した年になる。

「おあしす24」をきっかけに、大学から共同研究の申入れがあり、大学との連携による健康づくり事業の分析や神奈川県と連携した取組みも実施していくことで、"産・官・学"連携による新たな事業展開を開始した。

〈表6〉 2013年度「おあしす24」結果

開催回数	24地区、延べ開催回数　137回
参加者数	延べ参加者数　1,714人
講話テーマ	・健康は口から始まるって本当？（歯科衛生士による口腔機能向上の講話） ・血圧の新常識、自己管理の達人になろう（生活習慣病予防） ・かかりつけ医の活用（平塚保健福祉事務所協力による講話） ・免疫力アップ（インフルエンザ・ノロウイルス感染症予防） ・身体を動かして楽しく脳活、スクエアステップ（認知症予防、ロコモ予防） ・スクエアステップエクササイズ（SSE） ・下肢筋力維持プログラムモデル事業6ヶ月間（ロコモ予防：※産官学連携事業）3地区 ・下肢筋力測定（ロコモ予防：※産官学連携事業）24地区 ・大事にしてますか？　あなたの足（ロコモ予防） ・高血圧と塩分のお話（平塚保健福祉事務所の医師の講話） ・大磯こゆるぎ体操
健康相談	個別相談数　106人
簡易検査	毎回実施：血圧測定、尿検査 全地区実施：下肢筋力測定（産官学連携事業）　延べ　513人 その他：体組成、骨密度測定、血管年齢等

※下線は、新たな取組み

　第1弾は、早稲田大学スポーツ科学学術院の荒尾孝教授と協力した「おあしす24」などの取組みのアンケート調査やデータ分析による評価の実施、第2弾は、東海大学体育学部の中村豊教授および医療機器メーカーアルケア㈱と連携した町内24地区での身体機能の低下予防（ロコモ予防）の取組みの実施である。そして、第3弾は、神奈川県との共同事業として、生活習慣病の重症化の恐れがあるハイリスク者を対象に、重症化予防に焦点をあてた"かながわ保健指導モデル事業"（大磯町では「プレミアムおあしす」と名づけた）の実施です。この事業は、国民健康保険加入者の中から生活習慣病のハイリ

スク者を対象に、具体的な資料の見方や主体的に行動変容できるような問いかけを行うインターグループ手法を用いたもので、まさに自らが実践する生活改善による予防医学そのものであった。町民全員を対象とした「おあしす24」とは別の事業となるが、県からは町の「おあしす24」や「健診結果説明会」などの事業が評価され、県が推進する「未病」のコンセプトにも一致していることから、海老名市、寒川町とともにモデル市町に選定され、県からの保健師派遣も受け、3年間で町民の健康づくりの支援に取り組むことができた。

　また、2年間実施してきた「おあしす24」の結果を通じてみえてきたことは、町民一人ひとりは「いつまでも自分のことは自分でできるようにしたい（健康寿命を延ばしたい）」と強く希望しており、そのためには、成人期からの健診を活かした生活習慣病予防は大切であり、さらにさかのぼると生活習慣病予防の原点は子どもの頃からの健康づくりにあることが明確になってきたのである。

　そのため、2013年度からは健康課題のクリアをめざした取組みも展開した。まず1つ目は、生活習慣病予防への対応である。高血圧や糖尿病などの生活習慣病を中心とした疾病予防やすでに生活習慣病を抱えている方が重篤な合併症を引き起こさない対応を行うという大きな課題に対し、多くの方が健診結果を利用し活かせるようになることか、未受診者や医療中断などにより生活習慣病のコントロールが不良な方に受診勧奨や継続的な保健指導をしていくため、県の"かながわ保健指導モデル事業"も活用しながら重症化予防への取組みを進めた。次に2つ目は、機能低下予防（運動機能、認知症予防）への対応である。高血圧や糖尿病などの生活習慣病に加え、高齢期には足腰の衰えや認知症など、加齢によるさまざまな身体の機能低下から寝たきり・介護など将来への不安が大きくなることから、自立した生活を送る（健康寿命の延伸）ための機能低下（運動器・口腔・認知機能）予防に対する取組みを大学や民間企業との連携により進めた。3つ目は、若い年齢からの健康的な生活習慣を獲得することである。幼少期の頃からの正しい生活習慣やバラン

スのとれた食生活の積み重ねが将来の健康の源となることから、若い世代に対し、正しい生活習慣をテーマにした健康教育や相談、また、子育て世代に対する子ども中心の生活により自分の健康が後回しにならないような生活習慣病の予防など、自分や家族の健康管理に関心をもつ契機となるための取組みも継続して進めていくことにした。

V　新たな取組みの拡大——「アンチロコモ教室」スタート

　4年目となる2014年度は、144回開催で、延べ1718人の方が参加（〈表7〉参照）した。この頃になると「おあしす24」の取組み自体が町全体に定着し、介護事業者などさまざまな団体からの協力申入れなどもあり「おあしす24」が取り組む3つの健康課題のうち、重要な視点となる機能低下予防（運動機能、認知症予防）への協力もいただけるようになった。

　また、2014年度は、前年度に導き出した3つの健康課題の取組みを継続するだけではなく、新国民病といわれる「ロコモティブシンドローム」への予防についても、これまで以上に力を注いでいくため、「おあしす24」とは別フィールドで産・官・学連携による「アンチロコモ教室」をスタートさせた。前年度に実施した産官学連携による下肢筋力測定「筋力強化モデル地区」は、半年間の取組み後、下肢筋力の変化をみる研究であったが、「おあしす24」は参加自由のため、同じ人物の結果を追うことが難しい状況にあった。そこで、2014年度からは参加者の筋力変化について「見える化」を進めるため「おあしす24」とは切り離し「アンチロコモ教室」への参加者を募り、月1回、計6カ月間のロコモ予防を進める取組みを開始した。なお、「アンチロコモ教室」における大学での指導内容は、町保健師が「おあしす24」にも活用したことで、幅広くロコモ予防対策を推進することもできた。

　ほかにも、2013年度から開始した「プレミアムおあしす」ではインターグループの手法も学んだことから、「おあしす24」においても、その手法を用いた管理栄養士による食事量などを振り返る内容や自宅の味噌汁の塩分測定

〈表7〉 2014年度「おあしす24」結果

開催回数	24地区、延べ開催回数　144回
参加者数	延べ参加者数　1,718人
講話テーマ	・さあ、身体を動かそう！ロコモチェック、筋力測定、体組成測定 ・お口の健康＜歯科衛生士による口腔機能向上の講話＞ ・スクエアステップを体験しよう！ ・<u>昨日食べたものを思い出そう！（食生活のバランス・骨粗しょう症予防）</u> ・<u>頭の体操にチャレンジ！脳年齢測定（認知機能向上）</u> ・身体を動かして楽しく脳活！（認知機能向上、ロコモ予防） ・<u>わたしのこころは私がサポート（こころの健康）</u> ・大磯こゆるぎ体操
健康相談	個別相談数　265人
簡易検査	毎回実施：血圧測定、尿検査 地区実施：体組成測定　脳年齢測定、筋力（握力・片足立ち等）測定

※下線は、新たな取組み

による減塩の工夫などの講話にもつなげていくことができた。

　さらに、少し観点は異なるが、心の健康やストレス解消法などを知っていただくことを目的に、新たな自殺予防対策となる「ゲートキーパー養成研修」の内容なども「おあしす24」に取り入れた。

　2015年度の「おあしす24」は、163回開催して、延べ2207人の方に参加いただいた（〈表8〉参照）。

　産官学連携事業として2014年度から開始した「アンチロコモ教室」が2年目となり、下肢筋力アップのための「いけいけ体操」や「いけいけ手帳」などのノウハウが確立できたことから、「おあしす24」でもノウハウを積極的に活用し、ロコモ認知度や筋力維持への意欲を高めることができた。また、自身の老いと向き合う年代の参加者の多くが体力測定の結果に関心をもち、スクワットなどの体操は日常生活の中でも定着していった。ほかにも、有料老人ホーム所属のキャラバンメイトを講師にした認知症への理解や認知症サ

〈表8〉 2015年度「おあしす24」結果

開催回数	24地区、延べ開催回数　163回
参加者数	延べ参加者数　2,207人
講話テーマ	・味噌汁を持って集まれ〜塩分濃度測定（生活習慣病予防） ・遊びリテーション・こころとからだのリフレッシュ（認知症予防） ・いけいけ体操でロコモ予防 ・お口の健康〈歯科衛生士による口腔機能向上の講話〉 ・スクエアステップ体験会 ・呼吸法、筋膜リリース ・筋トレで膝の痛み改善〈理学療法士による体の手入れ〉 ・からだチェック（筋力・体組成・血管年齢・骨密度測定　ロコモ予防） ・大磯こゆるぎ体操
健康相談	随時対応
簡易検査	血圧測定・尿検査（毎回実施） 体組成測定　脳年齢測定、筋力（握力・片足立ち等）測定

※下線は、新たな取組み

　ポーター養成講座を町内全地区の会場で開催することができ、地元の健康づくり団体である「食生活改善推進団体」や「SSEリーダー会」[1]、平塚保健福祉事務所、介護事業者等（有料老人ホーム、訪問看護ステーション）と一緒に「おあしす24」に取り組む体制などもできあがった。取組み開始から5年目が経過したこの頃になると、専門職チームと参加者の距離はぐっと近づき、個別相談の時間枠を設けず、自然な会話で相談に対応する場面なども増えていった。

---

[1] 2012年度に筑波大学大藏倫博准教授によるスクエアステップリーダー講習会を開催し、16名のリーダーが誕生した。町民から生まれたSSEリーダーによる、脳活（認知症予防とロコモ予防を兼ねる）としてSSE体験会を「おあしす24」の場で開催した。なお、SSEとは、スクエアステップエクササイズの略で、スポーツ医学、健康体力学、老年体力学の専門家が連携して開発したエクササイズであり、25センチメートル四方の正方形のマス目（横に4列、縦に10列）のマット上を決められた順序でステップを踏みながら前進する運動。

Ⅵ　継続と発展

　2016年度は、123回開催して、延べ1654人の方に参加いただいた（〈表9〉参照）。6年目を迎え「おあしす24」にかかわる地域の病院や薬局、介護事業者などからの協力内容の幅はさらに広がり、専門性を活かした健康講話などは参加者から大変好評を得た。協力者からは、自分たちの本来の活動を町民に知ってもらうことで、生活習慣病や機能低下予防など「おあしす24」の健康課題に合致した内容に専門性を加え継続開催することができるように

〈表9〉　2016年度「おあしす24」結果

開催回数	24地区、延べ開催回数　123回
参加者数	延べ参加者数　1,654人
講話テーマ	・長寿の秘訣～塩分の謎を知る～、塩分濃度測定 ・お口の健康〈歯科衛生士による口腔機能向上の講話〉 ・自宅でできるロコモ予防！（運動器の機能低下予防） ・スクエアステップ体験会 ・膝の痛みは予防できる（体の手入れ） ・介護のプロから学ぶ認知症（認知症予防） ・理学療法士による健康チェック ・脳と体を活性化・健康レクリエーション（認知機能向上・ロコモ予防） ・骨租しょう症ってなんだろう？〈整形外科看護師〉 ・薬の疑問をスッキリ解決！〈薬剤師〉 ・ウォーキングの効果〈体育学部准教授〉 ・大磯こゆるぎ体操
健康相談	随時対応
簡易検査	血圧測定、尿検査 骨密度測定、体組成測定　脳年齢測定、筋力（握力・片足立ち等）測定

※下線は、新たな取組み

なった。

　なお、6年目になり、一部地区からは、会場確保や地区での情報伝達の回覧などについて地域の特性を考慮した効率的な取組み方などの意見があったことから、開催回数や開催時期などを見直し、再検討することにした。

　2017年度は、123回開催して、延べ1725人の方に参加いただいた（〈表10〉参照）。

　さまざまな立場で「おあしす24」に協力いただく地域の専門家やSSEなどの健康づくり団体などと一緒に多様な方向から幅広く取組みを展開していく中、最も身近な相談機関である地域包括支援センターとの連携も始まった。7年目でようやく「おあしす24」に取り組むことができた。また、歯科衛生士や管理栄養士、薬剤師、理学療法士、老人ホーム施設長、声楽家、整形外

〈表10〉　2017年度「おあしす24」結果

開催回数	24地区、延べ開催回数　123回
参加者数	延べ参加者数　1,725人
講話テーマ	・認知症と寝たきりを防ぐ！歯と口腔ケア〈歯科衛生士による口腔機能向上〉 ・生きがいを支えるための身体づくり〈理学療法士による運動機能低下予防〉 ・整形外科ナース直伝！骨粗しょう症対策 ・スクエアステップ体験会（認知機能向上・ロコモ予防） ・気持ち良く歌って脳の活性化〈声楽家の指導による認知症予防〉 ・介護のプロが教える認知症（認知症予防） ・脳と体を活性化・健康レクリエーション（認知機能向上・ロコモ予防） ・住み慣れた地域で過ごし続けるために〈地域包括支援センター〉 ・大磯こゆるぎ体操
健康相談	随時対応
簡易検査	血圧測定・尿検査（毎回） 骨密度測定　血管年齢測定　体組成測定　脳年齢測定

科看護師、体育学部准教授など専門家の方々が講師に加わっていただくことで内容の充実などを図ることができるようになった。

　なお、2017年度は、地区からの意見等もあり開催回数や開催時期などを見直したが「おあしす24」の今後の方向性や進め方については、直接町民の声を取り込む必要もあると判断して、開催を支援いただいている各地区の役員や民生委員・児童委員等に集まってもらい、意見を出し合う「おあしすミーティング」を開催した。自分の地区の様子を説明したり、ほかの地区の様子を聞いたりすることで、お互い刺激となり、自分の地区の「おあしす24」をあらためて考える機会にもつなげることができた。

　そして、8年目となる2018年度も「おあしす24」は継続している。医療費を抑制していくための取組みが必要である。これからの健康づくりへの取組みは、産官学など多様な主体による連携や健康づくりに力を貸してくれる関係機関などと手を取り合いながら進めていかなければ立ち行かなくなると思っている。

　また、医療費の抑制には町民の行動変容が必要であり、そのためには地域の絆を強め、小さなグループ単位での健康講話は有益であり、今後も「おあしす24」への取組みは継続、発展させていく必要がある。

　町の保健師等は、限られた人員しかおらず、健康増進や子育て支援、国保事業、介護予防事業など多岐にわたる保健業務を行いながら、継続して「おあしす24」へ取り組めているのは、保健師を集中配置した組織体制が大きな要因と考えるが、外部からの協力を柔軟に受け入れたことや、産官学連携事業などの成果を積極的に活用したことにもあると思っている。

　町全体を元気にするために、町民一人ひとりの健康づくりを"予防医学の大切さを伝える"ことで始めた「おあしす24」の取組みは、従来の保健センターを会場とした健康教室とは形態が異なり、保健師や管理栄養士が地域会館を繰り返し巡回するもので、町民の皆さんとともに試行錯誤を繰り返しながら、誰でも参加できる地域の中の健康サロンをめざし取り組んできたものである。

VI 継続と発展

　また、「おあしす24」から発展した特定健診の場を活用して自身の運動機能の状態を見える化した「ロコミル」やロコモリスクの高い方への下肢筋力向上の効果がある「アンチロコモ教室」などは、多くのメディアにも取り上げられ、健康づくりの町「おおいそ」を国内だけでなく、国外にまで発信することができた。かつて大磯町の健康づくりがこれほどまでにメディアに取り上げられたことは過去にはなかったことである。産官学連携事業である「ロコミル」や「アンチロコモ教室」は、WHOの視察をはじめ、神奈川県の未病ブランドへの認定や大学による日本臨床スポーツ医学会誌の「高齢女性への運動介入による地域保健プログラムの効果」として論文掲載されるなど、多方面から注目を集める取組みになっている。

　「おあしす24」は、初年度に始めた取組みから比較すると、さまざまな取組みや事業などが生み出され展開させることができたと思っている。また、「おあしす24」が町民生活に定着し、健康づくりに関する意識が高まり、町全体で健康づくりに取組む体制づくりも構築できてきたと思っている。

　今後も「おあしす24」に継続して取り組んでいかなければならない思いがある一方、今までと同じことを継続していくだけではなく、今後の高齢者の健康づくりに特化した健康寿命延伸への普及啓発など、予防医学をキーワードにした取組みへと変革させるなど、その時々に応じ形態を変化させていかなければならない。すべての取組みを町主導から少しずつ地域主導へシフトさせながら、「地域の中の気軽に行ける健康サロン」に高齢者の居場所づくりの要素も組み入れ定着させていく必要があると思っている。

　そのためにも、筆者は、町民の健康づくりへの取組みに対し、今まで医療に携わってきた経験などをこれまで以上に大磯町に注ぎ込み、町長として先頭に立ち、職員、町民、地域を含め関係機関や関係者などと一緒になり取り組んでいくことで、"町民の皆さんが心豊かに暮らせる町"を実現していきたいと考えている。

Ⅶ　これまでの結果

　冒頭で述べたとおり、「おあしす24」の当初の3つの目的については、以下のような効果がみられた。
　①　健康づくりに関する意識向上を図る
　　　さまざまな取組みへの参加者の反応の多様化や参加人数の増加、また、結果として各種健診の受診率の上昇傾向が認められる。参加者の延べ人数が7年間で2万3000人を超え、ほかの地区の会場に参加する方もみられるなど、健康への意識向上が芽生えてきている。（〈表11〉参照）
　②　町全体での健康づくり（QOLの向上、健康寿命の延伸）に取り組む
　　　「おあしす24」への出席率は、65歳以上の方で男女・年度ともに増加してきている。健康に関する意識をはっきりともってきていることが、参加された方々から確認できている。そして、平均余命と健康寿命との差（介護を必要とする期間）が、男性では短縮（0.41歳）女性では差は認められなかった（〈表12〉）。
　③　医療費の伸びについて（費用対効果は認められる）
　　　「おあしす24」を中心として進めてきたさまざまな健康づくりへの取組み結果として、国民健康保険の医療費は全体では各年度、神奈川県の1人あたりの医療費を上回っている状況（〔図1〕参照）にあり、その差は小さくなる傾向にある。
　　　年度別に「おあしす24」への取組みに多く参加されている65〜74歳までの方は、開始初期の2012年度は大磯町は神奈川県1人あたりの医療費を上回っていたが、2013年度以降は逆転し神奈川県を下回る状況へと変化してきている。「おあしす24」を中心として進めてきたさまざまな健康づくりへの取組みは、一定の医療費抑制効果があるものと推測できる（〔図2〕参照）。
　また、健診結果を活かして生活習慣病予防を進める取組みとして、「おあ

〈表11〉 参加者数集計

		地区別おあしす	ミニおあしす	健診結果説明会	母と子のおあしす	お宅deおあしす	プレミアムおあしす	職員おあしす	合計
2011年度	回数	159	4						163
	人数	1,933	146						2,079
2012年度	回数	135	14	11	6			2	168
	人数	1,633	557	49	182	8		98	2,527
2013年度	回数	137	14	19	5		7	2	184
	人数	1,714	449	444	190	127	121	100	3,145
2014年度	回数	144	26	15	6		24	4	219
	人数	1,718	833	349	168	213	433	80	3,794
2015年度	回数	163	28	18	5		8	2	224
	人数	2,207	913	225	143	0	209	40	3,737
2016年度	回数	123	52	15	5		18	1	214
	人数	1,654	1,427	117	140	93	246	25	3,702
2017年度	回数	123	42	25	4		4	3	201
	人数	1,725	2,341	126	63	0	39	50	4,344
7年間合計	回数	984	180	103	31		61	14	1,373
	人数	12,584	6,666	1,310	886	441	1,048	393	23,328

〈表12〉 本町の平均余命・健康寿命の変化

男性

	2010年	2017年	差
平均余命	80.42歳	82.04歳	1.62歳　延伸
健康寿命	79.09歳	81.12歳	2.03歳　延伸
差	1.33歳	0.92歳	△ 0.41歳

女性

	2010年	2017年	差
平均余命	86.64歳	87.12歳	0.48歳　延伸
健康寿命	83.38歳	83.8歳	0.42歳　延伸
差	3.26歳	3.32歳	0.06歳

〔図1〕 1人あたりの医療費（全年齢）

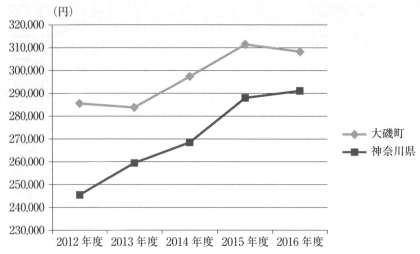

しす24」の1つとして展開した「健診結果説明会」や「プレミアムおあしす（生活習慣病重症化予防）」（2013～2015年度）などについては、大磯町の国民健康保険被保険者のデータ（KDBシステム）において、人工透析患者数は、県や同規模自治体では増加しているが、大磯町では減少している（〔図3〕参照）。

さらに、「おあしす24」の講話や「ロコミル・アンチロコモ教室」を通じて、ロコモティブシンドロームの予防に取り組んだ成果として、町全体のロコモティブシンドロームの認知度が増加するとともに、「おあしす24」において、2013年度から口腔・運動器の機能低下予防に取り組んだ成果として、町の65歳以上の人口が増える中において、2014年度以降の新規介護認定者数は減少後、維持状態にある（〔図4〕〔図5〕参照）。

Ⅷ　最後に

「おあしす事業」は、7年間の歩みの中で、参加者の声を聞きながら健康課題を見出し、企画・実践の振り返りから、いくつもの新たな事業を生み出

Ⅷ　最後に

〔図2〕　65歳〜74歳1人あたり医療費

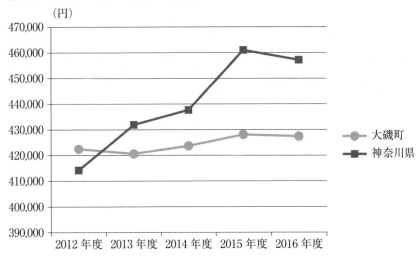

〔図3〕　患者1000人あたり人工透析者数

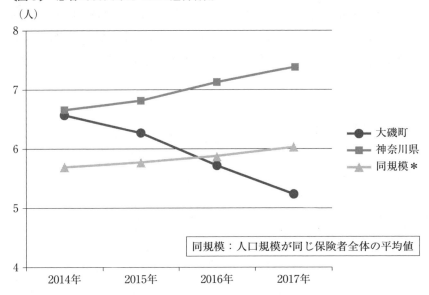

し発展させてきた。今後も、地区を巡回する「おあしす24」を土台として、身近な地域の中で自分自身の健康について振り返り、健康相談や健康に関する情報を得ることができる"身近な健康サロン"として継続していく。

町内24の自治会は人口規模や高齢化率、地域活動の内容などは異なり、それぞれに特徴があり、「おあしす事業」のとらえ方もさまざまだが、8年間の継続により、地域での健康づくりの土台は築けた。

今後は、行政主導から地域主導へのシフトを図りながら、健康づくりについて地域での自主的な活動が活性化するよう継続して取り組んでいかなければならない。

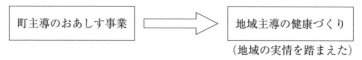

謝辞

この地域医療おあしす24健康おおいその8年間の町職員の取組みは、一歩一歩着実に情熱をもちつづけたすばらしいものでありました。その努力は多くの行政の参考となるものと信じます。その努力に対し深甚なる感謝を表します。

※資料提供：大磯町役場

Ⅷ　最後に

〔図4〕　ロコモティブシンドロームを知っていますか

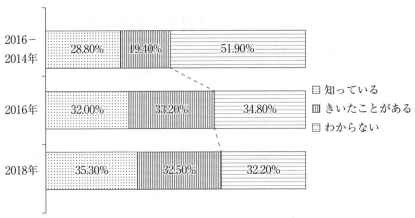

〔図5〕　大磯町高齢者人口の伸びと新規の介護認定者数の変化

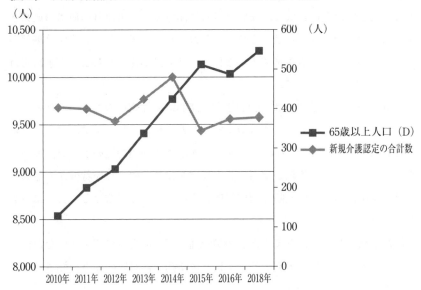

③ 医療トラブルにおける病院と医療側弁護士

北澤　将

虎の門病院事務部次長

I　診療継続こそ使命

　平沼髙明法律事務所に、繰り返し救われてきた。
　病院の最も重要な使命は、診療の継続である。病院は、診療をコンスタントに提供し続けなければならない。さらに診療では、医療職の研鑽の成果が、十分に患者に還元されねばならない。したがって筆者のような病院管理部門には、診療を阻害するさまざまな案件を、極力最小化させることが求められる。
　診療を阻害する案件には、労働法上の諸問題や従業員のモラルハザードなど、人事労務管理上のテーマも数多い。しかし最大のリスクは、患者の一部との間に生じる「医療トラブル」である。2000年代初頭の嵐のような医療バッシングを経て、今日病院が遭遇するトラブルにはどのような特徴があるのか。トラブル解決のための病院の初期対応、交渉、そして補償はどのように行われるべきか。
　医療トラブルでは、さまざまな事例を通して平沼先生にご指導いただいてきた。感謝を込めて、医療トラブルにおける病院側対応の要点を記させていただく。

Ⅱ　トラブルは訴訟だけではない

　病院におけるトラブルは、訴訟にとどまらない。病院では連日さまざまなトラブルが発生する。背景には価値観の多様化や期待値の上昇によって、病院の提供する医療に対する厳しい社会の視点がある。数百人の見知らぬ人々が共同生活を行う病棟や、1日数千人の人々が行き交う外来は、まさしく「人間のるつぼ」である。生活全体が満ち足りた今日、価値観は多様化し、病院と患者の間では、想像を絶するトラブルが発生する。

　医療トラブルが病院に与えるダメージは深刻である。対応と症例検討には多くの時間を要する。診療を阻害されるだけでなく、メンタル面で勤務不能になる職員も多い。

　世の中のトラブルの多くは、当事者間の交渉によって解決されるように、医療トラブルの多くも、まずいったんは当事者間交渉に解決が委ねられる。些細なトラブルをすべて司法の場に持ち込んで解決するのは現実的ではない。反対に当事者間交渉に失敗し、本来軽微なトラブルを、裁判にまで至らしめてしまう対応も、また問題である。

　「裁判を何としても回避して解決する」方針をとる医療機関がある。しかし事実関係を検証することなく、安易に妥協することは、虎の門病院（以下、「当院」という）の選ぶ方向ではないと考える。

　医療トラブルにおける病院管理部門の役割は、訴訟に至る、至らないにかかわらず、案件の病院側対応である。初期の対応と傾聴から、院内調整、申し出受入れ・拒否の通知・さらに補償交渉が、主な役割となる。

　交渉の席では常に、「貴院には優秀な弁護士がついているのだろう」と言われ続ける。「当院に誤りがあれば補償しますが、誤りがなければ補償はお断りします。弁護士には法律指導をいただいています。指導には全幅の信頼をおいています」と回答を続けた。

Ⅲ　病院を取り巻く環境

　今日病院で発生するトラブルの背景には、3つの特徴があげられる。

1.「安全・安心」ノーリスク・ハイリターンと医療の現実

　リスクとは「不確実性に伴う危険」または「損害の発生する可能性」であって、当然望ましいものではない。しかしリスクをとることで医療が進歩したのも事実であり、リスクと患者の利益は本来不可分である。実際には病院においてリスクは避けて通ることはできず、絶対安全（リスクゼロ）はあり得ない。

　一方で現実の社会では、何よりも安全を求める風潮が加速している。企業が経営のキーワードを、「より安く」から、「安全・安心」にシフトして久しい。社会は企業に対し、「安全と安心の提供と、そのための法遵守」を求めるようになった。

　病院に対してもこうした考えが当然のごとく適用される。「最新の治療は享受したい。しかし過誤が患者に生じた場合、病院が患者にリスクをとらせていたことは許しがたい」と責任を猛然と追及するようになった。

　さらに患者の高齢化に伴い、服薬や処置の必要な患者が増加した。一般的な社会の感覚は「手術＝リスク高い・服薬や処置＝リスクが低く安全」というものだ。こうした認識は、手術以外にも多様なリスクが潜んでいることを知る医療者とは、大きなかい離がある。服薬や処置で過誤があった場合、「安全に行われて当然なはずの服薬や処置が、注意不足によって安全に行われなかった」ととらえられ、トラブルとなる。

　新しい治療法も「効能効果が大きく、治療期間が少ない」と紹介されて次々と登場する。しかし中には、新しい治療法ゆえのリスクが存在する場合がある。それでも当初の期待が大きいため、リスクを医療者は説明していても、実際には患者の「耳に入っていない」状況にある。このため否応なしに、期

待値だけが大きくなる。治療がうまく進まない場合、期待値が大きかっただけに、失望は怒りに変化するのである。

2．一般化したクレーム

　企業への苦情申立てに抵抗が薄れ、病院も「文句を言われて当たり前」になった。したがって病院へのクレームの大半は、大声を張り上げる、暴力をふるうといった「異常クレーム」ではなく、自身の考えを冷静に主張する「通常クレーム」である。
　通常クレームの大半は、「患者さんの声」として病院の業務改善につながる類のものである。しかし一部の特異な価値観を背景にしたクレームは、難しいトラブルに直結する。
　クレーム増加の背景には、団塊世代が病院の主要患者世代に突入したことと無関係ではない。ケネディ大統領が4つの権利を唱えたのは1962年のことである。4つの権利とは「安全を求める権利」「知らされる権利」「選択する権利」「意見を聞いてもらう権利」であった。高齢者となった団塊世代は、同時期に思春期を過ごされた。クレームが一般化し、患者が消費者権利の主張に抵抗がなくなった1つの背景と考える。

3．レビュー社会と期待値の過上昇

　受診する前に病院のレビューを読み、下調べを行ってから、受診するのはもはや当たり前になった。今までの病院選びは、他医療機関からの紹介を除けば、主に口コミと雑誌記事に限られていた。しかし今や受診後には、レビューに自身の体験と感想、病院の対応をこと細かに公開する。公開されたレビューをさらに他の患者が閲覧し、受療行動を決める。こうした流れは、もはやとどめようがない。レビューを参照に病院を決めることは、患者にすれば「より良い治療を受けたい」という、当然の要求である。かたや病院にすれば、好印象のレビューによって、患者を集める効果が期待できる。両者の利益が合致し、レビューは加速度的に広がっている（レビューの多くは、

良い評価を中心に掲載している）。

　しかしここに「期待値の過上昇」「価値基準の個人差」という伏兵が潜んでいる。「自らが選んだ病院で、期待を裏切られたのは心外」「レビューやネットに書いてある治療と、実際に受けた治療が異なる」と、トラブルにつながる。レビューを通して発信された病院への評価は、病院サービスの成熟につながる一方で、「文句を言われやすい病院」の土壌にもなっている。実際「サイトで見た治療と違う」というトラブルは多い。

　今日の病院は、①ノーリスク幻想、②権利主張の拡大、③期待値の過上昇という３要素から生じるトラブルに、常に対峙せねばならない状況にある。

Ⅳ　トラブル解決に欠かせないもの

　医療トラブルへの対応にあたり、病院に最も欠かせないものとは何か。それは案件への明確な「病院の見解」である。いわば病院側の案件に対する、「考えの軸」ともいえるものだ。軸がぶれるようでは先方からの要求に応じて、回答がそのたびに変わってしまう。このためいつまでも、不毛な議論が続く。しかし病院の見解が明確に固定されれば、断るべきは断る。応じるべくは応じると、病院の対応が明確になる。明解な見解を病院が確立しているかどうかは、確実に患者に伝わる。

　病院の見解を明確にするには、３つの視点が欠かせない。

　１つ目は「法的な視点」である。本件が訴訟になった場合、どのような帰結を迎えることになるか。法的な視点を得るには、医事紛争に精通した弁護士の意見が欠かせない。病院の行った治療行為と患者側の訴える被害に、因果関係があるかどうか。訴訟が回避できないとなれば、過去のさまざまな判例から、本件がどのような帰結を迎えるか。また過去の類似例と本件との相違点は何か。争点はどの部分か。病院側の瑕疵がないことを証明する書証・医療記録は備わっているか。医学的正しさの根拠となる参考文献や意見書が取得できるか。法的に検証すべき事項は多く、とうてい病院側が独力で検証

し得るものではない。

　２つ目は「社会的な視点」である。医療バッシング華々しかりし時代と現在では、社会が病院に向ける視点も異なる。他医療機関における同様のトラブルへの対応、メディアからの問合せへの対処、患者や周辺からの要求が理にかなったものかどうかの検討。個人情報の漏えいやプライバシー侵害・ハラスメントといった、医療にとどまらないトラブル対応への温度感など、企業における危機管理同様の視点である。

　さらに医療は百人百様の「人」が対象であるため、補償が必要な場合、その内容は千差万別である。したがって弁護士だけでなく、弁護士と連携する損害保険会社の見解が重きをなす。すぐれた医療側弁護士は、損害保険会社との協働に長けている。

　最後は「医学的視点」である。医学的視点の確定には、病院自らが症例を丁寧に分析したうえで、プロフェッショナリズムを発揮して分析を進めねばならない。その分析は病院の独りよがりになったものでは、社会の信頼を得ることはできない。医療事故調査制度が示すように、専門領域の第三者を招聘したうえで、記録を残し公開することが必須となりつつある。こうした医学的分析における因果関係の分析において、弁護士が不可欠である。

　「法的視点」「社会的視点」「医学的視点」の３つの視点によって確定された病院の見解は、確固たる病院の「軸」となる。病院見解さえ明確になれば、見解に従い、その後の交渉を進めるにせよ、申入れを拒絶するにせよ、病院・弁護士・損害保険会社の協動によって一歩一歩進めれば、おのずと終着はみえてくる。反対に病院見解があいまいなままでは、訴訟に至らない案件ですら、相手方の主張に左右され、病院は劣勢に追い込まれる。

V　病院見解を固める大切さ

　病院の見解を確定することがいかに重要か、苦い経験と平沼先生からの指導を通じて、身をもって学ばせていただいた。優秀な医療側弁護士は、病院

見解を固めるように病院を導く。医学的見解の結論は病院に委ねつつ、案件が及ぼした影響を多角的かつ平等な視点で俯瞰し、総括する。さらに患者と病院関係者に対し、わかりやすくその理の説明に尽くす。当院では、平沼髙明法律事務所からこうした指導を当然のように受けてきた。

指導を通じて、病院管理部門が医療トラブルで多くを担うことになる、「交渉」について学んだ事項を記したい。

VI 交渉の前提

交渉の前に、以下のプロセスが終了していることが前提である。実際の現場では、動転のあまり、このプロセスから外れてしまいがちだ。

> 患者さんからの要求分析→事例検討＋今回のトラブルが発生した原因究明→病院責任の検討→病院見解の確定→わかりやすい説明

上記プロセスが未終了であれば、交渉に入っても論点が定まらず、解決はおぼつかない。

VII 病院が行う交渉の範囲

医学的見解が合併症であれば補償はゼロ円スタートであり、何らかの対応としても見舞金相当になる。事務方として交渉できる範囲は現実的にここまでである。

結果に対し何らかの補償が必要となる場合、深入りは禁物である。残念ながら病院は損害賠償の計算については素人であり、患者もまた同様である。素人同士が損害賠償額の交渉を行ったとしても納得感を得られるわけもなく、感情も高ぶり、冷静な解決点を見出すことは難しい。

損害賠償額の算出が必要になる場合には、損害賠償の専門家である弁護士への早期委任こそがスムーズな解決につながる。先方が弁護士に委任してこ

ない場合でも、弁護士委任が必要と判断した場合は、躊躇なく委任すべきであり、中途半端な当事者交渉は解決を遠のかせ、お互いのためにならない。同時に病院が加入している医師損害賠償保険の保険会社担当者との相談も行い、当院の見解と賠償のレベルについて検討を行う。

　一方で交渉の適応でない事例で交渉を行うことは、事態を泥沼化させる。病院に事実関係と因果関係いずれにも責任がなければ、交渉に応じない。トラブルの解決につられ、安易に交渉した場合、要求のエスカレートを招く。

　当初先方が弁護士委任をしていない場合、対応は患者側と病院が直接両者で行うが、補償に踏み込まざる得なくなった段階では、必ず弁護士と損害保険担当者と方向を同期しつつ進める。

VIII　対応プロセスの確認——やりとりは文書が基本

　交渉開始時に、今後のやりとりについて、お互いのルールを確認する。双方の窓口は誰か、どういった方法でやりとりを進めるか、また時間はどのくらいかかる予定か、事前に説明する。確認を怠ると、レスポンスに不信感をもたれたり、自宅へ電話すべきであったにもかかわらず、職場に電話するなど、さらにトラブルとなる。

　言った、言わないの争いを防ぐため、要所を文書でやりとりしつつ進める。さらに交渉のさまざまな時点で、いろいろな付添人や同席者が登場する場合があるが、複数の交渉窓口は、全くプラスにならない。窓口が複数化しそうな気配がみえた時点で、委任状の提出を求め、交渉相手を1人に絞る。

IX　期待値を上げない

　トラブル解決に対しての要求は、患者それぞれの価値観と経験によって左右される。「病院は当然、このくらいは対応するはず」と、「期待値」を自らに都合よく想定する傾向がある。

特別な配慮を求める要求に対しては、「期待値」を必要以上に上げないことが肝腎である。容易に認めると「粘れば何とかなる」と、さらに期待値を上げて、次のエスカレートした要求を誘発する。致し方ない理由で特別な配慮をする場合は、「今後はこうした対応はしない」、「今回限りということを理解していただけないのであれば、今回の対応もしない」と釘を刺し、さらに対応を記録に残す。病院見解の説明によって、「病院の対応はここまで」と伝わることが必要である。

例外的対応をして譲歩する場合ほど、その場は楽でも後のリスクが大きく、後々にしっぺ返しを受けることが多い。さらに間違った不適切な対応は、「悪事千里を走る」のことわざどおり、すぐに世間に伝播する。

X 相互理解ができない場合も

病院職員は、「最後は理解し合えて、トラブルが解決できる」という希望を抱く。しかし残念ながら、価値観が多様化した現在、双方が100％満足の解決はほぼ期待できない。「今、すべてを解決できなくてもよい（＝話を聴くにとどめる）」、「今回は決裂が必要（＝丁寧にお断りする）」といった選択も判断の候補にしなければ、要求をすべて受け入れることになる。

「トラブルが世の中に出るのは恥」といった考えは捨て去り、「正しい判断であれば社会的に評価され、批判を恐れる必要はない」と考えて臨む。このような意思を固めるためにも、病院の見解が定まっていることが必要だ。

XI 着地点を決めておく

交渉は本来、「相互譲歩によるトラブル解決の手段」である。交渉は、あくまでも満足・不満の仕分け作業であり、仕分け作業のためには、相互の要求を「譲歩できるもの」、「譲歩してもよいもの」と、「譲歩できないもの」、「できれば譲歩したくないもの」の4つに分類する。譲れないものと譲るべきも

の双方があって、初めて交渉になる。双方がこの点を認識していなければ、交渉自体が成立しない。医療トラブルでは往々にして、相手に向ける怒りのために、この視点を見失いがちである。交渉は（こちらが劣勢の場合が大半でも）交渉である以上、どちらにとっても100対0はなく、「不満の分配作業」といった認識を双方で共有し続けたい。結論（着地点）は「つまり○○○というわけか」をこちらからではなく、相手方から言わせることができれば上首尾である。

交渉を始める前に、病院としての解決の着地点の目安を決めておく。その際には弁護士の指導を求める。あらかじめ着地点の目安を決めることで、先方の主張の強弱やキャラクターに左右されることなく、交渉の覚悟が備わってくる。

XII　交渉の要素

1．3つの要素

交渉において、要求と譲歩を円滑に決定していくためには、3つの要素がある。

① 利益：解決の要素として最も大きなもの。利益を「金銭のみ」と考えないことで、交渉のカードを増やす。
　・（交渉成立によって得られる）相手方の時間
　・（交渉成立によって守られる）相手方の立場
　・（交渉しないことで）予想される相手方の不利益の回避（実在しない利益）
② 法律：病院が正面に押し立てると、反発される。弁護士の見解、指導による病院側見解のバックボーンとして、まずは扱う。
③ 感情：組織、個人としての真摯な態度

交渉においては、さらに常に次の3点を意識しつつ、要求と譲歩を形づくる。

○　相手が望んでいると思われる解決
○　解決のための譲歩・要求案（先例慣習的なもの、またはオリジナルなもの）の検討（それぞれの案の長所・短所と影響の考察）
○　自分なりの交渉の分析と解決策→上層部への報告＋承認

　相手方の考えを明確にするため、先に相手方の主張を聞き取るように努める。交渉では、後攻が圧倒的に有利である。こちらの譲歩とそれに伴う苦労（の強調）を示しつつ、譲れない点についての譲歩を引き出せないか、やりとりを行う。反対に先方の譲歩がある場合は、ほかの要求に備える必要がある。

　相手方の要求と譲歩を予測する1つの方法として、相手方の背景を考えることがあげられる。属する業種や職種などで、何が重視されるか。公共機関であれば法律順守や各種手続が、サービス業であれば接遇姿勢が、建設業であれば品質と納期が優先される傾向がある。相手方の行動基準の背景をリサーチすることで、解決への着地点を探る。

　譲歩を引き出す展開として、次のような説明がある。

2．類似ケースにおける先例

　「以前にも今回と同様の事例を、当院では何回か経験しております。その際は、合併症として、専門医の診療をお受けいただくことで対応しました。このことは、説明文書にも記載しています」と、先例を説明する。

　「先例があったのに、今回も同じトラブルを起こしたのか」と、指摘される場合もある。しかし先例における対応を示すことで、「今回自分だけ我意を通そうとしても、無駄か」と、主張をトーンダウンさせる効果がある。

　最近は反対に、インターネット上の類似トラブル事例を、プリントアウトして持参されるケースに遭遇する。インターネットによって「トラブル解決の相場感」＝「この程度は対応してもらうべき予測」がつくられやすくなっている。

XIII　トラブル対応のパス化

　交渉時、病院では通常、患者要求をいったん院内に持ち帰り、病院幹部に諮ったのちに後日対応を伝えることが多い。しかしこうした対応は、特に初期トラブルへの管理部門の対応としては、デメリットが多い。なぜならばその場で迅速に判断できない責任者は、患者に「決定権のない人間」という印象をもたれる。さらに、「自分は病院に尊重されていない。病院は本件を重大に考えていないのではないか」と、受け取られてしまう。

　対策としては、どうしても発生するトラブルについては、発生後の対応を事前に上司や関連部署の了解を得て決めておく。交渉の場で対応を判断し、院内の処理は事後了解で対応する。つまり、「頻出トラブル対応のパス化」である。

　迅速な対応は案件解決への意思を示し、結果、問題の早期処理につながる。特に初期トラブル対応に、迅速さは欠かせず、対応は早ければ早いほど効果がある。

　それでも人の心理は難しいもので、当日、現場での判断にはいくばくかの時間をかける。申し出た側も、責任者に即断されると申し出た充実感が得られず、かえって満足しないことがある。「責任者が悩んだ末に裁量し、判断した形」をつくり出すのが理想である。

XIV　職員フォロー

　相手方要求を受け入れる場合、病院の対応は、案件に関係した職員の意向と反する場合がある。したがって、対象職員に対して説明を十分に行い、納得を得なければならない。案件に関係した職員に説明すべき点は、①今回の案件の解決策・着地点、②解決に向け、今回の対応をする理由、③（こちらに非がある場合）当事者である職員の改めるべき点の３点である。

職員への説明を怠ると、心底からは納得していない職員の対応は改善されない。違う患者に対し同様のトラブルを繰り返す、申し出があった患者とのトラブルが再燃する、といった要因になる。組織への帰属意識が薄れつつある現在、職員への対応不足は、内部告発のリスクを生む。さらに「はっきりNOと言えない臆病な責任者」といった心象を、職員の中に芽生えさせる。これらはさまざまな点で、病院にとって悪い影響がある。

XV　説明会の要求

　医療過誤が起きた場合、時系列的に「説明会」開催の要求を受ける。説明会は名のとおり病状説明会にとどまらず、「今後の補償」「本件への対応を病院はどう考えるのか」といった内容に進んで行く。
　説明会開催の要求に、すべて応じるべきか。「必ずしもすべてに応じる必要はない。最適と考えられる方法が書面による回答であれば、説明・報告義務は果たされる」という平沼先生の指導を前提に対応する。病院の希望的観測「説明すればきっと理解してもらえるだろう」は、通用しないことが多い。特に患者家族への説明の段階を過ぎ、相手方弁護士を帯同しての説明会には、注意が必要である。
　相手方弁護士を帯同しての説明会要求の目的は、①当方の過失構成の検証、②訴訟提起のスクリーニング、③争点把握の3つである。すなわち説明会の目的には、「説明会によって最初から得るもの」が想定されている。弁護士の助言を得る前に、こうした説明会に応じる危険はいうまでもない。

XVI　劣勢な交渉

　最も難しいのは病院側に瑕疵があり、説明会・補償交渉に臨まないわけにいかない場合である。いうまでもなく、医療過誤補償の一番難しい点は、対

象が人体であり、回復の難しい点にある。

　劣勢な交渉に繰り返し臨んできたものの、常に足が竦むような感覚にとらわれる。必要なのは技術にとどまらず、むしろ胆力であろうが、胆力は一朝一夕に育つものではない。それだけに繰り返しになるが、病院見解の確立が不可欠である。

XVII　気持の整理

　補償交渉では常に（現在の医療では不回避な結果であったとしても）心情的には「わかりました」と受け取りがたいもの。自身に置き換えてみても想像に難くないところである。席についた瞬間から、患者・家族に自らの発言すべてを否定され、反論される暴風雨のような状況におかれる。それ自体は致し方ないことと諦めるしかない。

　重い医療過誤に関する話し合いは、短時間でも精神的な疲労は極限に達する。言われたことのすべてを全力で受け止めてはいけない。相手が当然抱く不満や要求を、たまたま自分に表出させているだけととらえる。全力で受け止めてしまうと、心理的圧迫に耐えられず、あるタイミングでコップから水があふれ出すように自壊してしまう。

　人体に関する補償交渉は、損害保険会社など一部の専門家を除けば、多くの人間が経験するものではない。経験のないことに対する過剰な恐れが自意識の肥大をよび、からだが竦んで反応できなくなる。これは自分に課された「役割」であって自分の「人格」とは関係ないと考える。役割として担当していることだから、相手からいかに責められようとも自分の人格やプライドを否定されたりするものではない、と切り離す。自意識から自分を解放するには、「仕事として対応する」のみだ。こうした場面でも、弁護士は態度に微塵の揺らぎすら感じさせない。驚嘆させられると同時に、辛い場面での心の拠り所である。

XVIII 禁忌——自宅訪問

　説明会を行った後の補償交渉は、「自宅訪問」を求められる場合がある。「自宅は極力避けるべきだ」と繰り返し平沼先生からいさめられたにもかかわらず、自宅を訪問せざるを得ない立場に追い込まれ、助言が身に染みた。

　間取りもわからない一般家庭への訪問は、病院の会議室とは段違いの心理的プレッシャーを受ける。靴を脱ぐ行為も交渉には不得手である。さらにトイレを借りるたびに、お茶をいただくたびに「すみません」の連呼になり、ますます心理的に追い込まれる。万が一「帰さないぞ」と言われればエンドレスになりかねず、せめてニュートラルな公共の場所（ホテルのラウンジや喫茶店等）を選べないか考えるべきであった。公共の場所で面談することで、お互い穏やかに振る舞わざる得なくなる効果が期待できる。先達の助言は聞くべきである。

XIX 誠意の基準

　当初感情の爆発から始まった患者側の発言も、次第に今後の対応にテーマが推移する。しかし終わりなく「誠意をみせよ」と感情的議論が繰り返される場合がある。誠意とは一部負担金の減免など金銭的なものなのか、他の要求なのかは、案件によって異なる。ただし誠意にも一定の基準が必要であり、本来その基準の最もパブリックなものが、法律である。

　感情的な議論から逃れる方法として「話し合いの目的を確認させてください。病院の説明と対応の正誤を決める場所なのか、（多くは「そうだ病院の説明と対応は納得できない」と返されるが）それとも本件を解決するための場所なのか。もし病院見解を正すのが目的ならば、病院の見解は今説明申し上げたとおりなので、解決が遠のいてしまう」と現実的議論に引き戻す。それでもなお感情的発言に先方が終始する場合、今後の話合いによる解決に、暗

雲が立ち込めていると判断せざるを得ない。「……すべき論」や「すじ論」には乗らず、「誠意をみせよ」と同様に対応する。

さらにクレーム対処論には、「クレームを申し出てきた本人に、交渉の過程や結果を通じて病院のファンになってもらうこと」というものがある。しかし病院管理部門が対応するトラブルは、通常のクレームとは異なり、容易な解決は難しいものである。したがって交渉を通じて病院のファン獲得をめざすのは、あくまでも交渉の副次的な成果物と考えるべきである。

XX 破談も

双方の主張が全く歩み寄れない場合や、補償内容に大きな差がある場合など、着地点が見出せない場合がある。事後展開を予測し、破談をも事前に想定しておかねばならない。

病院側が、医療行為と被害の間に、因果関係が認められないことを説明しても、なお納得を得られない場合もある。この場合は因果関係の証明責任は、患者側にあることを指摘する。丁寧に指摘しないと、「責任を放棄している」と責められる。しかし、現実は「因果関係を立証できない訴えには、対応しない」のが、トラブル対応の基本である。

破断の決断はもちろん個人で担うのではなく、顧問弁護士にアドバイスを仰いだうえで、マネジメントに了解をとる。無理な示談は紛争の再燃につながり、真の解決にはならない。あえて破談を選ぶことも、場合によっては必要な判断になる。断る場合、大いに心理的負担が大きい。

XXI おわりに

何かを判断することは、常にストレスがかかる。どのような判断も、失敗の可能性は残る。しかし、トラブルを放置し、病院への社会の信用を失うことが、より大きなリスクである。100％完璧な対応はないものと考え、冷静

に対応するほかはない。「平沼弁護士や先輩なら、こんな場合どう対応するか」と思いをめぐらせ、腹を据えて臨む。交渉にハッピーエンドは期待できない。勝ち負けを超えて「このトラブルが整理できてよかった」との思いの共有によって幕引きができれば、ベストではないだろうか。

　医療が社会的に糾弾される時代は、決して一過性のものではない。今日週刊誌の誌面において、医療は記事の定番になっている。画像見落とし報道をはじめとして、医療が2000年代初頭のような批判を再び受ける要素は、決して皆無とはいえない。

　病院は医療トラブルに今まで以上に備え、学ぶことを迫られている。今後も起こるに違いない新手の医療トラブルを乗り越え、病院が診療を継続するには、医療側弁護士との協働が、今まで以上に不可欠である。

　当院が平沼髙明法律事務所から繰り返し教えられたのは、「エビデンスに基づいた適正な医療を提供し、それを確実に記録する限り、医療トラブルを無用に恐れることはない」ということである。同事務所に救われ、現在働き続けている当院の職員は、2019年春に完成する新病院においても、病める人々の治療を続ける。

　平沼髙明先生の逝去は医療界全体の損失である。しかし学問は先生の指導を受けた多くの弁護士に、今日引き継がれている。

　思いつくままに医療トラブルに対して病院管理部門がおかれている現状と、平沼髙明法律事務所からいただいた指導・教訓を記させていただいた。拙文は重ねてご容赦いただきたい。

　平沼髙明先生　永い間、本当にありがとうございました。

4 弁護士——平沼髙明の挑戦

平 沼 大 輔

弁護士

I　はじめに

1．何に挑戦したか

　私の父平沼髙明が、法律家として、弁護士として、何に挑戦したのかと問われれば、それはやはり、医療事故の分野と専門家責任（プロフェッショナル・ライアビリティ）およびその保険の分野であるというのが、父を知る大方の人の意見ではないかと思われる。本稿でも、この２つを中心に論じてみたい。

2．キャリアと研究対象

　医療事故、専門家の責任・専門家賠償責任保険という２分野が中心的な研究対象となった所以には、父の弁護士としてのキャリアが大いに関係している。
　父の弁護士登録は1961年４月であるが、モータリゼーションの急速な進展を背景に、また父の叔父が損害保険会社に在職していたことも手伝って、独立開業後の1963年から交通事故を専門として、父は弁護士人生をスタートさせた。父から聞いたところでは、当時、損害保険会社では交通事故の賠償問題を扱える若手の弁護士を募集していたとのことである。父は、終生にわたり自動車を運転した自動車好きであったため、喜んでこの募集に手を挙げた

ものと思われる。

このように、父は弁護士人生の当初から交通事故案件を通じて賠償責任保険に関わっていた。そして、交通事故の損害論、賠償問題の処理を通じて医学に興味をもち、やがて、医療過誤事件の医療側代理人としての仕事を手がけるようになっていった。さらに、医療過誤事件を処理するうちに、医師のみならず専門家全般の責任に興味が広がっていったのではないかと思われる。

弁護士賠償責任保険の発売が1976年、税理士職業賠償責任保険が1987年であるが、父はこれらの専門家賠償責任保険にその発売当初から審査会などを通じて関わっていた。また、1994年の日本私法学会のシンポジウムでは「専門家の民事責任」が取り上げられたが、同シンポのための専門家責任研究会のメンバー（オブザーバー）に加わり、「医師の責任からみた専門家責任」[1]を発表した。そこで、弁護士、建築士など専門家の責任を深く考察する機会を得たことで、後年、専門家賠償責任保険の研究を本格的に開始し、学位請求論文「専門家責任保険の理論と実務」により博士号（法学）を授与されることにつながったと考えられる。

以上に述べたとおり、交通事故の損保弁護士からスタートして、医療過誤事件の医療側代理人となり、また、損害保険会社が設置する専門家賠償責任保険の審査会への関わり、学会での研鑽というキャリアを通じて、

　　交通事故の賠償問題⇒医学・医療⇒専門家の民事責任⇒専門家賠償責任保険

というように、興味、考察の対象が展開していったものと考えられる。

3．挑戦の軌跡

では、医療事故、専門家の責任・専門家賠償責任保険という2分野において、何に挑戦したのか（というより、どのような視点、方法論によって挑戦をしたかといったほうが適切と思われる）。私なりの答えを先にいってしまうと、それは法律学の分野における諸科学の融合であったと思われる。

1　平沼髙明『専門家責任保険の理論と実務』（信山社出版・2002年）83頁。

I はじめに

　1982年、昭和大学の法医学担当であった渡辺富雄教授の主唱のもとに日本賠償医学研究会（現・日本賠償科学会）が設立され、父は当初からのメンバーであった。同学会の設立趣意の詳細については、「第2編　賠償科学の挑戦」所収の別稿に譲るが、その主たる目的は医学と法学の融合にある。[2]さらに、父は、医学のみならず、哲学、思想、宗教、経済学、工学など広く諸科学と法学との融合を常に念頭においていたと思われる。父の著作には、随所に哲学、中国古代思想、医療倫理、職業倫理などの系統の文献が引用され、法と経済学にも関心を示すなど、法律学以外の知見の導入に積極的であった。比較法的考察が多用されているのも特色かと思う。

　父が、法律学の枠に閉じこもっていては適正妥当な紛争の解決を導き得ないと考えるようになったきっかけは、おそらく交通事故事案におけるむち打ち損傷問題であったと思われる。[3]そこでは、まずは法学と医学の相互理解が求められるのであり、さらに、医学的、工学的アプローチの融合、そして被害者の心因、社会的要因にまで考察を加える必要がある。むち打ち損傷がマスコミでも報じられ社会的問題となったのは1960年代であるが、[4]当時、青年弁護士であった父が、被害者からのむち打ち損傷の主張に対し、説得的な反論・反証を行い裁判所を説得するには、法律学の知識だけでは足りないと痛感したであろうことは容易に想像できる。

　父の著作には、科学によればいかなる事象でも解明可能とする近代合理主義的思考への批判、また、法律家的な思考過程に対する自省が多くみられるのであるが、これも交通事故、医療事故などの事件に遭遇する中で、医学は決して対象を客観的に観察して得た解に基づく自然科学ではなく、これまでの経験と伝承に基づく1つの実践に過ぎないこと、医学上の常識は変化し現在の知識が必ずしも絶対ではないことなど、そういった事柄をいかに上手く

2　日本賠償科学会編の教科書『賠償科学〔改訂版〕』（民事法研究会・2013年）のサブタイトルは、「医学と法学の融合」である。
3　平沼・前掲書（注1）はしがき。
4　前田均・前掲書（注2）116頁。

裁判所へ伝えるか、呻吟した末のことであったと思われる。

　専門家責任の分野では、ことに専門家の倫理性やその職務の愛他性に強い関心を寄せていた。「よきプロフェッションの多く存在する社会は理想的な社会である」[5]と断言しており、専門家の社会にとっての有用性についてはあまり疑いをもっていなかったと思われる。

　そして、日本においても、医師、弁護士、税理士、建築士といった専門家が損賠賠償請求に頭を痛める時代の到来をみて、専門家賠償責任保険のあり方という視点から、専門家の社会的使命、より良き専門家とは何かを常に模索していたと考えられる。

4．その他の業績

　医療事故、専門家責任・専門家賠償責任保険以外の分野についても、交通事故刑事事件や日照権、建築紛争、手形小切手などに関しての著作を遺している。これについても、後ほど簡単に紹介したい。

5．経歴・人となり

　父の経歴と人となりについて、息子として接し見聞きした範囲で、ご紹介したいと思う。

II　医療事故

1．はじめのころ

　現在では、当平沼髙明法律事務所が医療事件を専門とする事務所であると、ある程度知られていると思われるが、父がいつから医療事件を手がけるようになったのか、正確な時期ははっきりしない。私が中学・高校生であった

---

[5] 平沼・前掲書（注1）84頁。

1980年代に、雑誌「日経メディカル」が自宅に届けられるようになり、近頃は医療関係の仕事をしているのだと漠然と感じていた。そして、1993年ころ、司法修習生であった大学の先輩が父の事務所を訪問したことがあり、その先輩から、「君のお父さんの事務所は医療事件専門の事務所だよ」と聞き及び、父が医療事件を専門的に手がけていることを知った次第であった。

判例検索で調べたところ、浦和地判昭和56・7・22判タ451号119頁（架工義歯の方法によらなかった歯科医師につき、説明および治療上の義務違反がないとされた事例）が父の名前をみる最初の医療事件のようである。

それにしても、まだパソコンおよびインターネットというツールがなかった時代、カルテを解読するだけでもひと苦労であり、医学文献の調査などは本当に大変であったと聞いている。この時代、医療訴訟に対応できる法律事務所は東京でもかなり限られていたようである。医療訴訟では、カルテのコピーに逐語的に赤字で翻訳を付すのが実務での作法となっているが、この方法は父が医療訴訟を担当する中で生まれたものと聞いたことがある（父が考案者であるかははっきりとしないが）。

2．医学と法学の融合

以前にまとめられた父の経歴によれば[6]、1983年に雑誌「循環科学」にて「脳死をめぐって」を発表したのが、医療に関する初の論稿のようである。

すでに述べたとおり、父は、交通事故の損害論との関係で医学の重要なことを認識し、その縁で日本賠償医学研究会に参加、その後、必然的に医療事件に関係するようになった。したがって、医療事件に関わった当初から、医学と法学の融合、臨床医学と賠償の問題を念頭に研究を行っていたものと思われる[7]。

父は、医学と法学の融合について、賠償医学創刊号にて「賠償医学とは何か」を発表しているが、ここでは1987年発刊の賠償医学5号「法律学と賠償

---

[6] 『平沼髙明先生古稀記念論集　損害賠償法と責任保険の理論と実務』（信山社出版・2005年）425頁。
[7] 平沼髙明『医事紛争入門』（労働基準調査会・1997年）はしがき。

医学」から引用したい。

　まず、「従来の日本の医学は自然科学的色彩が濃く、人文としての側面が没却されてきた。しかしながら、医学は社会科学であり、疾患中心主義ではなく、患者中心主義でなければならない」といい、医学と法学の両側面からの学際的研究の必要を説いている。そして、「損害賠償と言う観点から後遺障害をみたときに、単に疾病としてでなく、障害を負った者を中心とするならば、その人のおかれた社会的不利こそ最も重視されなければならない」として、被害者中心の後遺障害の理解を提唱している。

　さらに、脳死の問題にも触れ、「これからの社会は、医学上の問題を医学のみの狭い知見で解決することは許されない。医学が社会科学である以上、法的思考にさらされざるを得ないのである」といい、学際的研究の本質は、二元主義ではなく多元主義にあるのであり、法学も医学も相互に影響し合うことで新しい価値観が生み出され、賠償医学のあり方もそこにある、と結んでいる。

　翻って医学の現状をみると、ゲノム解析やゲノム編集などの遺伝子工学・遺伝子治療、臓器移植、幹細胞研究と再生医療、終末期医療、生殖補助医療など、医学・医療の進歩によって新たな問題が生起し、それらが提起する課題に対処するための医療倫理・生命倫理が求められている。そのため、医療にかかわる法令、ガイドラインが乱立状態となり、医療に法や法律家が関与する場面は著しく増大している（医療の法化現象）。

　現代はまさに、医学と法を分けては考えられない社会となっている。父が医学と法学について述べるところを改めて読んでみると、医学は社会科学であることを強調していて、医療の法化現象を予期していたのではないかと思わせるところがある。

3.『医事紛争入門』について

(1) 概　要

　1997年に発行された『医事紛争入門』は、父のとって初めての医療、医事

紛争を題材とした単行本である。本書は、1983年から労災病院を開設する労働福祉事業団（現・独立行政法人労働者健康安全機構）の機関誌「ろうさいフォーラム」に連載された「医事紛争シリーズ」、「続・医事紛争シリーズ」をまとめたものである。

テーマは、「医事紛争増加の背景」、「医療水準」、「医療行為と因果関係」、「期待権侵害理論」など、医事紛争の重要な部分をおおむねカバーしたものとなっているが、医療側代理人の著作としては意外にも「患者の立場を強調」した[8]内容となっており、「患者の権利と医療行為」というテーマに1章を当てて、「患者の自己決定権」、「ガンの告知」、「インフォームド・コンセント」、「誓約書の効力」、「手術説明・同意書」などが取り上げられている。

また、プロフェッションとしての医師の職業倫理、愛他的精神で社会のために奉仕すべきことが強調されているのも既述のとおりである。

以下、同書より私が興味を持ったところを紹介したい。

(2) 自己決定権の重視

父は、患者の自己決定権を重視した解釈論を随所で展開している。たとえば、専断的治療行為が患者にとっての利益性のゆえに正当化されるかという問題において、次のとおり述べている。

「ただ考えていただきたいのは、医師と患者とは個人として対等な関係にあること、人間にとって生存することそのことが神聖なる絶対的価値ではないのではないか、そうでなければ、あらゆる時に、あらゆる民族、種族、宗教において、ひとびとが生命よりも偉大と考える何ものかのためによろこんで生命を犠牲にしたことがまったく理解できないだろうということ、医学的見地と言うけれども、医学は単なる自然科学ではなく、社会科学であること、患者の自己決定に対して、それが『不合理』であると誰が判断しうるのかということです」。

その他の箇所でも、ジョン・スチュアート・ミルの『自由論』（「幸福にな

8　平沼・前掲書（注7）はしがき。

るから、賢明だから、正義だから、といってそれだけで人に強いることは正当とはいえない」）なども引用し、患者の自己決定を重視する姿勢を強調している。

　最近では、ユヴァル・ノア・ハラリが、中世の人々について、「死後には永遠の至福が訪れると信じていたのならば、彼らは信仰を持たない現代人よりもずっと大きな意義と価値を、自らの人生に見出していただろう」といい、「中世の人々が人生に見出した死後の世界における意義も妄想であり、現代人が人生に見出す人間至上主義的意義」も同じく妄想に過ぎないと看破している。

　誤解のないよう断っておくと、父は死ぬ権利まで認められると主張したものではない。「人間は『死』というものに対して、死自体を知ることが出来ず、理性的には死は解くことのできない、死は永遠の謎である。ハイデッガー流に云えば、人間とは最後に必ず来る死という不可知なものを伴って存在している存在である。したがって、人の生命について、死を選択することには、慎重にならざるを得ない」との見解に立っていたものである。

　ただ、合理主義、人間至上主義を絶対視する考えに対し、患者の人生観、価値観はそれぞれであり、その自己決定を不合理と判断する権利は、医師はじめ誰にもないという当たり前のことをいいたかったのだと思われる。

(3)　医療行為の特質

　医療行為の特質につき、①病的過程と医療行為の拮抗競争関係、②危険性の内在、③基準の不明瞭、④個体特性の分散性、をあげている。

　そして、「法律家の多くは、上の特質に無関心であり、医学は自然科学であって、すべての究明は可能であるとか、医学的原因と結果との間には明確な方式があるはずであるとの医学に対する理解の不十分なものが多いのです。このような立場に立つ人々は、過失を推認することに大胆であったり、細心の

9　ユヴァル・ノア・ハラリ『サピエンス全史（下）』（河出書房新社・2016年）233頁。
10　平沼髙明「尊厳死・安楽死」野村好弘＝小賀野晶一編『人口法学のすすめ』（信山社出版・1999年）299頁。
11　平沼・前掲書（注10）308頁。

注意をすれば薬物ショックや手術中の事故は起こらないとしやすいのです」として、医学を自然科学と理解する法律家の判断過程を戒めている。

(4) 「期待権侵害論」に関して

本書が執筆された当時、患者は医師に対し、診療時の医療水準による医学知識・技術を駆使して診療してくれるという期待を有しており、この期待を裏切ったとして、「期待権」侵害の主張が医療訴訟で増加傾向にあった。

この「期待権侵害論」につき、父は、従来の法理論からは認められないであろうとしつつ、「期待権の内容を、患者の生活（生命）の質であり、患者の人生の可能性の侵害とみるときは、自己決定権とも密接に関連してくる」として、不法行為で保護されるべき正当な利益にあたるとしている。

その後、平成12年9月22日に最高裁判所は「相当程度の可能性」の侵害が不法行為となることを認めた。父の意見はこれに近いものと考えられる。

4. 中国訪問

日本賠償科学会は、その活動の一環として1986年から毎年中国を訪問し学術交流を行っていた。父に頼んで人民服（中山装）をお土産に買ってきてもらったことをよく覚えている。この中国訪問で築いた交友関係は父の晩年まで続き、中国からお客さんが来ると、父は喜んで訪日旅行に連れだって出かけていたように思う。

学術交流の成果は、『渡辺富雄還暦記念　賠償医学・日中学術交流抄録集』（非売品・1988年）にまとめられており、父のものとしては、巻頭言「法律学と賠償医学」、「賠償医学からみた中国法医学」、「日本における賠償医学への法律家の対応」が収められている。「賠償医学からみた中国法医学」を読むと、中国古代法医学の歴史は古く、世界的に最も早く発達していたこと、法医学

---

12 「けだし、生命を維持することは人にとって最も基本的な利益であって、右の可能性は法によって保護されるべき利益であり、医師が過失により医療水準にかなった医療を行わないことによって患者の法益が侵害されものということができるからである」。

13 イエロー・マジック・オーケストラ（YMO）の着ていた「赤い人民服」が実は人民服ではないことを、本稿執筆のため調べてはじめて知った。

は医学部の必修科目であり、法学部には法医学の教授が常勤していることなどが指摘されており、中国における法医学の意外な充実ぶりに驚かされる。

III 専門家責任・専門家賠償責任保険

1. 専門家責任研究会への参加

　冒頭に述べたとおり、1994年の日本私法学会におけるシンポジウム「専門家の民事責任」の準備のため、父は、専門家責任研究会に参加した。

　同研究会は、川井健帝京大学教授（元一橋大学学長）が責任者となり、メンバーは、民法の浦川道太郎早稲田大学教授、鎌田薫早稲田大学教授、下森定法政大学教授、能見善久東京大学教授、森嶌昭夫名古屋大学教授、商法の落合誠一東京大学教授、西嶋梅治法政大学教授、弥永真生筑波大学助教授、民事訴訟法の小林秀之上智大学教授（以上、肩書は当時のもの）という錚々たる顔ぶれであった。父にとって大変な栄誉であったことと思われる。

　ここで、父は、「医師の責任からみた専門家責任」[14]と題する論文を発表している。内容は、医師の責任、注意義務（医療水準）の評価基準について論じたうえで、弁護士の責任、建築家の責任との比較を行った内容となっている。詳細は原典にあたっていただきたいが、この論文の結論部分で引用されているメイソンの言説が興味深く、父の考えとも一致すると思われることから、引用させていただく。

　「医師と患者間のような相互関係を法律を主体とした見地から捉えることは、相互関係に多かれ少なかれ微妙な、しかし重要な変化をもたらすことになる。法が医師に要求するものは、医療倫理法則が要求することとかなり似通ったことがらの反映ではあろうが、それらに従うべき理由は双方で根本的に異なる。信頼と尊厳は道徳によって支配された関係には芽生えるが、法律

14　平沼・前掲書（注1）83頁。

規則の下での関係では芽生えにくい。法は他の生活場面の事件に対してはいかに正しくあろうとも、過剰な警告つきの形式性を医師と患者の関係に導入することは、それがお互いを潜在的な敵とみることを意味するなら、結局患者の利益にはならない」[15]。

患者と医師の関係を契約関係とみることを批判し、「信認関係（fiduciary relation）」とみる見解も[16]、ほぼ上記と同一線上の見解と思われる。

私自身もメイソンの指摘に同意するところであるが、とはいえ、法律規則や契約関係を離れて患者・医師関係を考えるとしても、実際の訴訟など紛争処理の場で、具体的にいかなる帰結の違いをもたらすのかがよくわからない。われわれ法律家がどのような道具立てでどのように考えればいいのか、あまりはっきりとしないというのが率直な印象であるが、父にいうと怒られそうである。

(2) 専門家賠償責任保険

専門家の民事責任の研究は、いわば当然に専門家賠償責任保険の研究へと父を駆り立てたようであり、2001年、父は学位論文「専門家責任保険の理論と実務」により、中央大学より博士号を授与された。もっとも、父が、弁護士賠償責任保険など専門家賠償責任保険と業務上のかかわりをもったのは、学位取得より以前のことであった。

学位論文では、専門家賠償責任保険のうち、弁護士賠償責任保険、医師賠償責任保険、建築家賠償責任保険、税理士賠償責任保険について、保険の特色、審査会制度、主な免責事由についての解釈、裁判例などが論じられている。

このうち、当事務所が担当した弁護士賠償責任保険の免責条項の解釈が争われた東京高判平成10・6・23金判1049号44頁を紹介する。

この事案は、弁護士が訴訟の相手方の建物取壊しおよび動産類の破棄・処分を自力で行ったことが、賠償責任保険の弁護士特約条項にいう「他人に損

---

[15] J.K. メイソンほか『法と医の倫理』（勁草書房・1989年）15頁。
[16] 樋口範雄『医療と法を考える』（有斐閣・2007年）17頁。

615

害を与えるべきことを予見しながらした行為」にあたるかが争われた事案である。

被保険者弁護士である控訴人は、同条項は故意免責条項と同趣旨のものであると主張したのに対し、判決は、「『故意』とは、第三者に対して損害を与えることを認識しながらあえて損害を与えるべき行為に及ぶという積極的な意思作用を意味するのに対し、『他人に損害を与えるべきことを予見しながらなした行為』とは、他人に損害を与えるべきことを予測し、かつこれを回避すべき手段があることを認識しつつ、回避すべき措置を講じないという消極的な意思作用に基づく行為を指すものであり、故意による行為とは別個の行為を意味する」として、控訴人の主張を斥けた。同条項は、「認識ある過失」を定めたものと理解されるのである。

その趣旨につき、父は、「認識ある過失の場合は、弁護士の倫理観と相容れないことから、故意免責とは別に定められたものである[17]」と説明している。

現在でも、専門家賠償責任保険に関する文献、研究は多いといえない状況であり、父の論稿は専門家賠償責任保険につき、その制度を知るうえでまずは参照されるべき文献であると思われる。

Ⅳ　その他の業績

医療事故、専門家責任・専門家賠償責任保険以外の分野の著書、論文としては、手形小切手法や交通事故の法律相談もの、失火責任、工作物責任、スポーツ事故、学校事故、交通事故被害者の素因減額や割合的認定論、製造物責任、名板貸責任などがある。

1．日照権

『日照 私道 境界の法律相談』（学陽書房・1973年）は、当時、父の事務所に

---

[17] 平沼・前掲書（注1）24頁。

勤務されていた安藤一郎先生、服部訓子先生との共著であり、父は日照部分の執筆を担当している。同書のはしがきに記されているように、まだ日照権に関する判例、学説が少ない時代のものであり、その執筆に労力を注いだと語っていた。出版された1973年の夏休みに、一気に原稿を書き上げたといっていた記憶がある。

2．交通刑事事件

　父の著作としては異色のものに、交通刑事事件に関する「〈証言でゆがめられた事実〉人は、その外見・過去・社会的身分からの偏見を超えられないか」[18]がある。

　事案は、被告人が、首都高速道路において、長さ約46メートルの非常駐車帯を利用して、無理な追い越しをかけようとし、その結果、他車を巻き込む事故となったという業務上過失傷害事件である。自動車を運転する人であれば、わずか46メートルの首都高の非常駐車帯を利用して追い越しをかける者などいないことはすぐにわかることであり、父は、公判における弁護活動により、検察官の公訴事実の立証は失敗し、無罪判決が出ると喜んでいた。ところが、結審直前に、裁判所が訴因変更を検察官に指示するという思わぬ事態が発生し、被告人は有罪となってしまう。被害車両の助手席に現職の検察官が同乗しており、同人の供述がそのまま公訴事実となっていたり、捜査官が医師に診断書の偽造を教唆した疑いがあるなど、非常に問題の多い事件であった。父は、この論稿のはじめに次のように記している。

　「『ある国民がもつ文化の性格は、その国の刑事裁判のあり方によって、おおよそは判断することができる』とあるアメリカの学者がいっています。戦後38年、新刑事訴訟法が歩んできた道は、日本の文化の性格を表しているのでしょうか」。

　この事件は、その後に漫画化もされ、父は「弁護士　高岡英明」として登

18　弁護実務研究会編『弁護始末記14』（大蔵省印刷局・1986年）115頁。

場している。高岡先生は実際の父よりも50％増しくらい、渋く、深妙な人物として描かれている。[19]

V　経歴・人となり

1．経　歴

　父は、1933年5月17日、私の祖父の赴任地であった長野県松本市天白町にて出生した。天白で生まれたことに父は愛着を持っていて、ゴルフボールに「天白」とのネームを入れて満悦であった。

　その後、幼少期から司法修習で大阪に赴任するまで、東京都品川区の実家暮らしであった。東京の東部ではないが、下町育ちといってよいと思う。『医事紛争入門』のはしがきにあるとおり、幼少期より病弱で生死の境をさまよったこともあったようである。戦中戦後の食糧難も重なり、健康面では恵まれた人生ではなかった。

　小学校6年生の時に終戦を迎え、非常にがっかりしたと、父から何度か聞かされている。旧制の東京都立第一中学校に合格し、その後、新制の都立日比谷高校へと進学している。旧制中学校の最後の学年であり、中学校時代は下の学年が入学して来ず、寂しかったと聞いている。高校卒業後、父の兄と同じく中央大学に進学した。

　1958年10月に司法試験に合格し、1961年4月、弁護士としての人生をスタートさせた。交通事故の損保弁護士としてのキャリアを積み重ね、1984年に東京三弁護士会交通事故処理委員会委員長となった。父の話では、損保側の弁護士が委員長となるのは当時珍しく、父が初めてであったかもしれない。

　2004年7月に日本賠償科学会の理事長に就任している。

　大学関係では、昭和大学医学部客員教授、中央大学法学部講師を歴任し、

19　今風にいうと、かなり「盛ってある」のである。

また、2001年3月に中央大学にて法学の博士号を、2011年3月に昭和大学にて医学の博士号を授与されている。
　以上が父の略歴である。

2．人となり

　幼少期の私の記憶に残る父は、日曜日はゴルフに行って家におらず、平日の夜にはいつも書斎でクラシック音楽を楽しんでいたように思う。何といってもモーツァルトが大好きであった。幼い私が父の書斎に行くと、「これは誰の曲？」とクイズを出すのであるが、「モーツァルト」と答えておけば、だいたい正解であった。

　日本モーツァルト協会と日本ヴェルディ協会に加入し、その交友関係で海外旅行に行くなど、生涯を通して音楽に親しむ人生であったと思う。私が中学3年生の1982年暮れから翌1983年初めに、音楽の友社主催のツアーに連れて行ってもらい、ウィーンフィルのニューイヤーコンサートを聴いたことはよい思い出として残っている。

　父は大変な読書家であり、ベッドの周りは常に蔵書で囲まれているような状態であった。また、テレビが好きで、ベッドサイドの小さなテレビを朝からよく見ていたのを思い出す。

　非常に明朗快活な人で常に冗談を口にしていた。当事務所に勤務していた堀井敬一先生は、父がいつも話しかけてきて仕事の邪魔をするので大変であったと私におっしゃっていた。気づけば今、私も事務所のイソ弁に父と同じことをしている。

　大学受験、司法試験受験の時期において、私は父から一度も勉強しろといわれたことがない（反面、司法浪人の私があまりにも勉強せず何の憂いもなく生活しているので、感心されたことはあったが）。予備校の本などではなく、本格的な論文を読めというだけであった。私も今、若い法科大学院生などに勉強のことを問われると、同じように答えている。

　小さいころはよくドライブに連れて行ってもらい、海外旅行にも行った。

夏の軽井沢では毎年のようにゴルフに連れ行ってもらったものである。

　父との思い出は尽きないが、私にとってはとにかく優しい父であった。

VI　結びに

　先に述べたとおり、父は、医学が社会科学であることを強調していた。その認識に現在でも誤りはないと思うが、一方で目覚ましいテクノロジーの発達により、医学はますます純粋な客観的科学の方向へ進んでいるようである。その他の学問も、たとえば心理学などでは自然科学的手法によることが当然となりつつある。父が熱心に赤鉛筆で線を引いた蔵書にクロール・アンブロセリ『医の倫理』（白水社・1992年）があるのだが、その冒頭にすでに次の記述があることをみつけ、引き付けられた。父はどう思っていたのであろうか。

　「今や医学は、科学と技術という武器を手に入れた[20]。したがって、医学を神聖視することを一切止めなければならない。今日の医師が法廷に立たねばならないとすれば、厳密に職業的観点から、つまり患者との関係において、その意志決定についての責任を問われるためで、良心を裁くためではないし、まして、単なる医師会評議員会でもない、ごく普通の法廷である。

　　　　　　　　　　　　──ジョルジュ・カンギレム、1959年──」

　かつて、専門家は、自らを無知な大衆の保護者・指導者とみなしていたと思われるが、やがて大衆は消費者とよばれ、専門家と消費者はあくまで対等な立場にあるとされた。父もそう強調していた。その専門家も、いまやＡＩに取って代わられて消費者から見捨てられる時代の到来に怯える存在となっている。

　今回、本稿執筆のため父の著作を紐解き、その考えを知ったが、この先行き不透明で困難な時代に弁護士はどうあるべきか、父と話してみたいと思いながら、擱筆することとしたい。

---

[20] 下線部は父が赤線を引いていた箇所である。

〔執筆者一覧〕

第1編　医と法の課題
　平沼　直人（ひらぬま・なおと）　弁護士・医学博士
　有賀　徹（あるが・とおる）　独立行政法人労働者健康安全機構理事長

第2編　賠償科学の挑戦
　杉田　雅彦（すぎた・まさひこ）　弁護士
　鈴木　俊光（すずき・としみつ）　弁護士・税理士・明治大学名誉教授
　小賀野　晶一（おがの・しょういち）　中央大学法学部教授
　田口　智子（たぐち・ともこ）　昭和大学医学部法医学講座
　道解　公一（どうげ・こういち）　昭和大学医学部法医学講座

第3編　医療訴訟・損害賠償の課題
　加々美　光子（かがみ・みつこ）　弁護士
　加治　一毅（かじ・かずき）　医師・弁護士
　木ノ元　直樹（きのもと・なおき）　弁護士
　石渡　勇（いしわた・いさむ）　日本産婦人科医会副会長・石渡産婦人科病院院長
　吉田　勝明（よしだ・かつあき）　横浜相原病院院長

第4編　法医学の挑戦
　黒木　尚長（くろき・ひさなが）　千葉科学大学危機管理学部保健医療学科教授
　吉田　謙一（よしだ・けんいち）　東京医科大学教授
　佐藤　啓造（さとう・けいぞう）　昭和大学医学部法医学講座名誉教授・東京福祉大学社会福祉学部社会福祉学科教授
　高取　健彦（たかとり・たけひこ）　元東京大学医学部教授・元科学警察

621

〔執筆者一覧〕

　　　　　　　　　　　　　　　研究所所長
　　佐藤　慶太（さとう・けいた）　鶴見大学教授

第5編　臨床医学の挑戦
　　甲能　直幸（こうの・なおゆき）　杏林大学医学部特任教授・佼成病院院長
　　黒木　宣夫（くろき・のぶお）　東邦大学名誉教授・勝田台メディカルク
　　　　　　　　　　　　　　　　　リニック院長
　　成本　迅（なるもと・じん）　京都府立医科大学大学院医学研究科教授
　　平沼　憲治（ひらぬま・けんじ）　日本体育大学保健医療学部整復医療学
　　　　　　　　　　　　　　　　　科教授
　　松井　克之（まつい・かつゆき）　公益社団法人神奈川県歯科医師会会長
　　末石　倫大（すえいし・ともひろ）　弁護士・社会歯科学会理事
　　福原　隆一郎（ふくはら・りゅういちろう）　岡山大学病院放射線科

第6編　法律家の挑戦
　　八島　宏平（やしま・こうへい）　損害保険料率算出機構
　　塩崎　勤（しおざき・つとむ）　弁護士・元東京高等裁判所判事
　　北河　隆之（きたがわ・たかゆき）　琉球大学名誉教授・弁護士
　　勝丸　充啓（かつまる・みつひろ）　弁護士・元広島高等検察庁検事長
　　卯辰　昇（うたつ・のぼる）　元㈱損害保険ジャパン文書法務部上席法務
　　　　　　　　　　　　　　　　調査役・法学博士

第7編　医と法は何ができるのか
　　中村　俊夫（なかむら・としお）　公益財団法人佐々木研究所理事長・前
　　　　　　　　　　　　　　　　　聖マリアンナ医科大学総合診療内科教
　　　　　　　　　　　　　　　　　授
　　中﨑　久雄（なかさき・ひさお）　大磯町長
　　北澤　将（きたざわ・しょう）　虎の門病院事務部次長
　　平沼　大輔（ひらぬま・だいすけ）　弁護士

あ と が き

　ここに故平沼髙明先生を追悼して貴重な論文集が編纂されました。医と法とをめぐる諸々の課題と、それらに対する多くの論考とが述べられています。まずは執筆にあたった先生方や、編集に携わった代表編者の方々、関係の各位に厚く御礼を申し上げます。

　さて、故平沼髙明先生は、法律の実務にあってはまことに多くの有意な後進を導かれてきたことは周知でありますが、御自身は同時に昭和大学医学部において医学博士の学位も授与されています。最近では弁護士と医師の両資格を有して、いわばダブルライセンスを利用した活動も少なからず見受けられますが、先生は医と法のはざまで、おそらくは医学の側に立ったものの考え方を学ぼうとされたプロセスにおいて、正に向上心が高じて学位取得へとなったのではないかと想像いたします。

　ここで医師である筆者自身にこのことを置き換えてみると、法曹におけるものの見方が、医学のそれとはやはり異なることを感じざるを得ません。たとえば、医師によるヒューマンエラーは医療過誤としてしばしば問題とされ、その原因が荷重労働にもあるだろうと「医師の働き方改革」が俎上に載っています。労働時間の長い外科系医師、救急科医師等をはじめ、臨床研修医（国家試験合格後の2年間）を含む医師全体の4割以上が週あたりの労働時間について60時間を超えているようです。一般的に「当直勤務とは睡眠に時間を割くことができるもの」とされますが、医師は救急外来を訪れる患者に少なからず忙殺されるので、このような当直は労働ととらえ、当直明けの勤務をいかに軽くできるかが重要とされます。しかし、これとて小規模病院や医師数の少ない地域の病院などでは、思うような時間配分はままなりません。そもそも勤務医の絶対数について、また診療科による医師数の違いや、医師数の地域差などと、この問題は人的資源を確保するための診療報酬にも絡む困難なテーマです。いずれにせよ、医師が好んで労働基準法を破っているのではなく、守っていては患者を救えないという実態があります。法律の世界と

あとがき

われわれ医師の世界との乖離をまざまざと実感します。

また、医療事故で訴訟になる理由を考えてみると、実は患者・家族へのグリーフケアの遅れにより、残された家族の悲しみが恨みとなり、不幸な経過をたどることがあり得ます。グリーフケアについては、医療がそもそも不確実なこととも関連していて、医療の提供側に何らの過失がなかったとしても、生物学でもある医学の実践においては、そもそも予想のつかない展開があるなど、すべてにわたってあらかじめ説明できているなどまずは不可能です。したがって、重大な合併症や偶発症が起こり得て、また密かに進行していた病気が診療行為の前や後で生じることもあります。そこで、患者やその家族にとって、このことへの理解が充分になされていなければ、またたとえそれなりの理解があったとしても、悲嘆に責められることは否めません。この悲嘆は、患者やその家族のみならず、関与していた医療者も同じです。ここにグリーフケア、つまり「近しい人と死別した人が悲嘆（グリーフ）から立ち直る過程を支援する」取組みの真髄があります。しかし、このような支援のしくみがわが国では未熟であるといわざるを得ません。

以上のように２つの例を示しましたが、いずれも医と法の立場が協働して社会を動かすなど、大きな目的を共有してそれに向かっていくなら、必ずや良い方向への歩みを進めていけそうに思います。かつて日本賠償科学会は「損害賠償に関する諸問題を医学と法学の両側面から学際的に研究し、人身傷害の認定並びに民事責任の認定の適正化に資することを目的とする学会である」として1982年に創設されました。このことに長らく尽力され、その黎明期において、故平沼髙明先生は医と法のいずれの価値規範についても御自らの中にそれらを具現化すべく、特に前者について医学博士にもおなりになったのではなかろうかと想像することができます。

しかし、偉大な先生でもお一人では医と法にまたがる課題を克服することは容易ではなかったはずで、そのことがこの追悼論文集の編纂に至った大きな理由のようでもあります。そのようであるなら、ここに寄稿された方々はもちろん、日本賠償科学会の会員はこぞって、つまり皆で協力し合いながら、

あとがき

医と法にまたがる諸課題へ挑戦し続けていくことこそ追悼の本旨と心得ます。先生は、私たち会員皆に切磋琢磨を課しておられるというわけです。ですから、私たちは皆できっとそのようにして行きたく思います。

　以上の次第により、故平沼髙明先生にはどうか安らかにお眠りください。ここに先生のご冥福を切にお祈り申し上げます。

　平成31年4月吉日

　　　　　　　　独立行政法人労働者健康安全機構理事長　**有賀　徹**
　　　　　　　　　　　　　　　　　　　　　（前日本賠償科学会理事長）

平沼髙明先生追悼　医と法の課題と挑戦
2019年7月8日　第1刷発行

定価　本体9,500円＋税

編　者	有賀　徹　　小賀野晶一　　木ノ元直樹
	黒木　尚長　　杉田　雅彦　　平沼　直人
発　行	株式会社　民事法研究会
印　刷	文唱堂印刷株式会社

発行所　株式会社　民事法研究会
〒150-0013　東京都渋谷区恵比寿3-7-16
　　　　　TEL 03(5798)7257　FAX 03(5798)7258　(営業)
　　　　　TEL 03(5798)7277　FAX 03(5798)7278　(編集)
　　　　　http://www.minjiho.com/　　info@minjiho.com

落丁・乱丁はおとりかえします。　ISBN 978-4-86556-300-9 C3032 ¥9500E
表紙デザイン：袴田峯男

■医学と法学の両面から論じた損害賠償の教科書！■

【「賠償科学概説」改題】

日本賠償科学会創立30周年記念出版

賠償科学 改訂版
―医学と法学の融合―

日本賠償科学会 編

Ａ５判・762頁・定価 本体6,500円＋税

▷▷▷▷▷▷▷▷▷▷▷▷ 本書の特色と狙い ◁◁◁◁◁◁◁◁◁◁◁◁

▶各種の損害賠償問題について、同一テーマを医学と法学の専門家が複眼的思考により論じ、公正・妥当な損害賠償を探求する、類例のない画期的な書！
▶軽度外傷性脳損傷（MTBI）、脳脊髄液減少症（低髄液圧症候群）、線維筋痛症、複合性局所疼痛症候群（CRPS）、非器質性精神障害を新たに論究した改訂版！
▶わが国最高峰の執筆陣（研究者・医師・弁護士）が論証しつつ、新たな発展と変革を促す先端的課題を提起する関係者待望の書！
▶研究者や医師・弁護士などの実務家はもちろん、法科大学院や医学部で学ぶ学生など、賠償責任論に関わるすべての人に必携！

❖❖❖❖❖❖❖❖❖❖❖❖ 本書の主要内容 ❖❖❖❖❖❖❖❖❖❖❖❖

第１部　総論編
　Ⅰ　賠償科学の概念・目的
　Ⅱ　日本賠償科学会史
　Ⅲ　賠償科学研究対象
　Ⅳ　韓国の賠償科学
　Ⅴ　諸外国の賠償科学
　　　－フランスの損害論を中心として
　Ⅵ　賠償科学教育
　Ⅶ　今後の賠償科学のあり方
第２部　各論編
　第１章　むち打ち損傷問題
　第２章　因果関係問題
　第３章　ＰＴＳＤ問題
　第４章　精神医学問題
　第５章　高次脳機能障害問題
　第６章　交通事故と医療過誤問題
　第７章　交通事故と保険制度
　第８章　医療水準論
　第９章　診断書・死亡診断書・意見書・
　　　　　鑑定書問題
　第10章　モラルリスク問題
　第11章　逸失利益
　第12章　インフォームド・コンセント
　第13章　軽度外傷性脳損傷（ＭＴＢＩ）
　第14章　脳脊髄液減少症（低髄液圧症候群）
　第15章　線維筋痛症
　第16章　複合性局所疼痛症候群（ＣＲＰＳ）
　第17章　非器質性精神障害
第３部　参考資料編
　【参考資料１】
　　賠償医学・賠償科学総目次（１号～39号）
　【参考資料２】　日本賠償科学会役員一覧

発行　民事法研究会

〒150-0013　東京都渋谷区恵比寿3-7-16
（営業）TEL. 03-5798-7257　FAX. 03-5798-7258
http://www.minjiho.com/　info@minjiho.com

■医師法の全条文を統一的かつ平明に解説！

医師法
―逐条解説と判例・通達―

平沼直人 著

Ａ５判・249頁・定価　本体3,500円＋税

本書の特色と狙い

▶抽象的な医師法の条文に、沿革・趣旨を踏まえ、医師法施行令・同規則・判例・行政解釈を盛り込んで詳解した待望の書！

▶医師法の条文に関連する判例・裁判例と行政通知・疑義照会回答を網羅するとともに、条文の中に織り込み、わかりやすく解説したコンメンタール形式の概説書！

▶平成30年の法改正に対応し、医師の資質向上のあり方についても言明！

▶現役の弁護士であり、医学博士の学位を併せもつ著者が、医師法の条文と真摯に向き合った、すべての医療関係者にとって必読の書！

▶『医師法』と端的に題するわが国初めての書！

本書の主要内容

第１章　総　　則
第２章　免　　許
第３章　試　　験
第４章　研　　修
第５章　業　　務
第６章　医師試験委員
第７章　雑　　則
第８章　罰　　則

発行　民事法研究会

〒150-0013　東京都渋谷区恵比寿3-7-16
（営業）TEL. 03-5798-7257　FAX. 03-5798-7258
http://www.minjiho.com/　info@minjiho.com

新刊のご案内 2019年6月
（2019年3月～2019年6月分）

民事法研究会
http://www.minjiho.com/

※書籍の価格はすべて本体価格（税抜）の表示となっております。
※ご注文は、最寄りの書店へご注文いただくか、または弊社へ直接ファクシミリにてご注文ください。

6月刊

平沼髙明先生追悼　医と法の課題と挑戦
A5判上製・638頁・定価 本体9,500円+税　有賀　徹・小賀野晶一・木ノ元直樹・黒木尚長・杉田雅彦・平沼直人　編

医師法―逐条解説と判例・通達―
A5判・249頁・定価 本体3,500円+税　平沼直人　著

外国人雇用の実務必携Q&A〔第2版〕―基礎知識から相談対応まで―
A5判・331頁・定価 本体3,600円+税　本間邦弘・坂田早苗・大原慶子・渡　匡・西川豪康・福島継志　著

判例消費者契約法の解説―契約類型別の論点・争点の検証と実務指針―
A5判・373頁・定価 本体4,000円+税　升田　純　著

権利擁護と成年後見実践〔第3版〕―社会福祉士のための成年後見入門―
B5判・332頁・定価 本体3,800円+税　公益社団法人　日本社会福祉士会　編

エンターテインメント法務Q&A〔第2版〕―権利・契約・トラブル対応・関係法律・海外取引―
A5判・398頁・定価 本体4,200円+税　エンターテインメント・ロイヤーズ・ネットワーク　編

5月刊

書式　不動産執行の実務〔全訂11版〕―申立てから配当までの書式と理論―
A5判・691頁・定価 本体6,100円+税　園部　厚　著

宗教法人実務書式集
A5判・345頁・定価 本体4,000円+税　宗教法人実務研究会　編

4月刊

再考　司法書士の訴訟実務
A5判・303頁・定価 本体3,500円+税　日本司法書士会連合会　編

相続実務必携
A5判・326頁・定価 本体3,500円+税　静岡県司法書士会あかし運営委員会　編

キャッシュレス決済と法規整―横断的・包括的な電子決済法制の制定に向けて―
A5判上製・468頁・定価 本体8,600円+税　千葉惠美子　編

完全講義　民事裁判実務の基礎〔第3版〕（上巻）
A5判・521頁・定価 本体4,500円+税　大島眞一　著

3月刊

詳解　消費者裁判手続特例法
A5判上製・278頁・定価 本体3,200円+税　町村泰貴　著

ソーシャルワーク実践による高齢者虐待予防
A5判上製・324頁・定価 本体4,000円+税　乙幡美佐江　著

最新情報の詳細は、弊社ホームページをご覧ください。　http://www.minjiho.com/
注文申込書は裏面をご覧ください。

アンケートご協力のお願い

FAX 03-5798-7258

購入した書籍名	医と法の課題と挑戦

● 弊社のホームページをご覧になったことはありますか。
　・よく見る　　　・ときどき見る　　　・ほとんど見ない　　　・見たことがない

● 本書をどのようにご購入されましたか。
　・書店（書店名　　　　　　　　　　　）　・直接弊社から
　・インターネット書店（書店名　　　　　　　　　　　　）
　・贈呈　　　　　　　　　　　　　　　　・その他（　　　　　　　　　　　　　）

● 本書の満足度をお聞かせください。
　（　0　1　2　3　4　5　6　7　8　9　10　）

● 上記のように評価された理由をご自由にお書きください。

　[   ]

● 本書を友人・知人に薦める可能性がどのくらいありますか？
　（　0　1　2　3　4　5　6　7　8　9　10　）

● 上記のように評価された理由をご自由にお書きください。

　[   ]

● 本書に対するご意見や、出版してほしい企画等をお聞かせください。

　[   ]

■ ご協力ありがとうございました。

住　所（〒　　　　　　）
フリガナ
氏　名　　　　　　　　　　　　　　　　　　TEL.（　　　　　　　　　　内　　　　）
（担当者名）　　　　　　　　　　　　　　　FAX.（　　　　　　　　　　　　　　　　）

お得な情報が満載のメルマガ（新刊案内）をご希望の方はこちらにご記入ください。
Email：　　　　　　　　　　　　　　　　　　　　　　　　（メルマガ希望の方のみ）

注文申込書

ご注文はFAXまたはホームページにて受付けております
FAX 03-5798-7258
http://www.minjiho.com

お申込日　令和　年　月　日

書籍名	冊
Law & Technology【年間購読】年4回刊・年間購読料 8,229円（税・送料込）	号から購読申込み

本申込書で送料無料になります
※弊社へ直接お申込みの場合にのみ有効です。
※ホームページからご注文する際は、下記のクーポンコードをご入力ください。送料が無料になります。

クーポンコード　minjiho2019
有効期限　2020年3月31日まで

個人情報の取扱い　ご記入いただいた個人情報は、お申込書籍等の送付および書籍等のご案内のみに利用いたします。

（新刊案内1906）